저작권법

최승재 · 김시열

法 文 社

머 리 말

저작권법 공부는 일본어 배우는 것 같다. 쉽게 볼 수 있지만 하면 할수록 어렵다. 문화산업의 기본법으로 저작권법의 중요성은 커져 간다. 이미 시중에는 좋은 교과서들이 다수 있다. 이 책은 그 교과서들을 대체하는 것을 목적으로 한 책이 아니다. 학부강의나 창작자를 위한 강의에도 사용할 수 있는 책을 저술하자는 것이 필자들의 집필목적이다. 대표 저자의 경우 2015년부터 세종대학교 교수로서 저작권법 강의를 하면서 학부 수준의 강의에 적합하면서 현장에서의 창작자들이 참고할 수 있는 책이 필요하다는 생각을 절감했다. 2024년 1학기부터 김시열 교수는 전주대학교 교수로 부임하였다. 이 책을 통해서 필자의 생각을 현실화하는 것이 더욱 필요해졌다. 이에 저작권법의 내용 중 독자를 고려할 때 불필요하거나 이해하기 어려운 내용은 과감히 제외하였다. 이들에게 크게 필요하지 않은 내용을 넣어 군이 저작권법을 어렵게 할 이유가 없다고 생각하였기 때문이다. 이 책에서는 필자들이 실무를 하면서 저작권법의 이해를 위한 가장 현실적으로 의미가 있는 내용들을 사례를 중심으로 하여 소개하는 것을 목적으로 하였다. 그중 이런 점에서 이 책은 사례에 집중하여 집필하고자 노력하였다.

그리고 이 책은 저작권법을 백과사전식으로 정리하기보다는 학교에서의 강의 혹은 창작자들이 창작과정에서 접할 중요사항들에 집중하여 그 쟁점들을 잘 이해할 수 있도록 하는 것으로 목적으로 하였다. 즉, 주석서의 성격을 가지는 것을 목표로 하기보다는 강의에서 사용할 수 있도록, 그리고 실무가들이나 현장에서의 창작자들이 해당 쟁점을 쉽게 이해할 수 있도록 하고자 하였다. 저작권법 강의용 책을 생각하기 시작한 것은 2012년 독일 킬(Kiel) 대학교에 방문학자로 가면서 대학의 Haimo Schack 교수님을 만나서 그분의 저서를 선물 받았던 때가 시작이었다. 10년이 넘은 시간 이제 현실이 되었다. 앞으로도 저작권법을 이해하기 위해서 이 책이 할 역할을 묵묵히 할 수 있으면 한다.

이 책은 이런 목적을 위해서 미국의 사례중심 교과서(Cases and Materials) 방식으로 저술하고자 했다. 법학공부를 하는 것은 해석학과 입법학이 있는데, 해석학을 하는 것을 원칙적인 모습으로 하였다. 이 책은 학자들보다는 학생이나 실무가들을 위한 것이라서 시간을 별도로 들이지 않고 책 안에서 완결되게 하는 것을 고려하였다. 특히 다음과 같은 점들에 주안점을 두었다.

1. 수업시간에 법학을 공부하면서 해석법학의 기초인 법조문을 찾아보지 않는 문제를 해소하기 위해서 책에 조문을 가급적 그대로 포함하였다. 수업 중에 조문을 보지 않고 수업을 듣게 되면 왜 그런 해석을 하게 되는지에 대한 이해를 위해서는 조문을 제시하는 것이 필요하다고 본다. 별도로 찾아보라고 하면 찾아보지 않는 경우를 피하기 위함이다.

2. 인용을 하는 교과서 저자들은 가급적 최고의 법학자들(박성호, 이해완, 임원선, 오승종, 윤태식 등)을 대상으로 하였다. 정립되지 않은 소수의 견해를 피하기 위함도 있고 최소한 이분들의 주장이라도 이해하였으면 하는 바람이 있기도 해서이다.

3. 판례도 원문을 그대로 인용하고, 사실관계도 필요한 범위에서 인용하고자 했다. 수업을 해보면 무슨 사안인지도 모르고 법리를 외우기도 하는데, 인공지능 시대의 사람을 상대로 한 강의에서 할 일은 아니라고 생각한다. 그래서 판례도 원문을 읽고 쟁점과 의미를 이해하도록 하고자 하였다.

4. 생각하면 하는 점, 토론하면 하는 쟁점들을 부각시켜 보려고 했다. 사람을 사람답게 하는 것은 '생각'이라고 생각한다. 회의하는 자아, 이것이 내가 존재하는 이유이다. 심화학습을 하고자 하는 학습자들이 참고할 수 있게 저자가 그 주제에 대해서 참조하였으면 하는 논문을 표시하였다.

5. 이 책은 현장 창작자와 저작권 실무자들을 염두에 두고자 했다. 창작을 하는 현장에서 전문적으로 법학을 공부하지는 않았지만 저작권에 대한 이해는 필요한 독자들을 대상으로 하고자 했다.

"최선의 방법은 그날그날에 일어날 일들을 적어두는 것이다. 뚜렷하게 관찰하기 위해 일기를 적는 일. 아무리 하찮게 보이는 일이라도, 그 뉘앙스며 사소한 사실을 놓치지 않는 일과, 특히 그것들을 분류하는 일. … (중략)… 아무렇지도 않은 것을 신기하게 만들어서는 안된다."(장 폴 사르트르, 방곤 譯, 『구토(La Nausée)』, 삼중당, 1993, 3면). 이 책은 일기처럼 정리하던 것들을 기록한 결과물이지만 그렇다고 어렵게 아는 척을 하기 위해서 쓴 책은 아니다.

    마지막으로 문화산업의 최일선에서 묵묵히 역할을 하고 있는 법문사에 감사드리며, 특히 힘든 편집 작업을 해주신 김제원 이사님께 감사드린다. 3교 교정 작업에 참여한 세종대학교 법학과 최유열, 이지범 군을 비롯한 로스쿨 준비반 학생들, 그리고 일본 츄오대학교 법학부 최정원 군에게도 감사의 마음을 전한다. 모두 건승하기를 기원합니다.

2024. 6.

저자를 대표하여

세종대학교 연구실에서

최승재 씀

차   례

제 3 장   저작자와 저작권자   109

제4장 저작권의 종류와 이용   149

제 5 장　저작재산권 행사 제한 　　259

제6장　저작인접권　　　　337

제7장 저작권법에 의한 권리 등   375

제 **1** 장

저작권법의 역사

"제가 원하는 것은 자유입니다.
누구도 저와 제 사람들을 건들지 못하도록
제 말, 행동에 힘이 실리고
어떠한 부당함도
누군가에게도 휘둘리지 않는
제 삶의 주체가 저인 것이 당연한
소신의 대가 없는
그런 삶을 살고 싶습니다."

드라마 〈이태원 클라스〉 중에서
'박새로이(배우 박서준)'의 대사

제1장 저작권법의 역사

제1절 저작권법의 등장

인간의 창작의 역사는 과거 선사시대(先史時代)로 거슬러 올라가야 하겠지만, 현대적 의미의 저작권법의 역사는 수백 년에 그친다. 저작권법의 역사는 왕의 역사라고 할 수 있다. 왕은 왕국을 지배하는 과정에서 창작이 자신을 중심으로 해서 이루어지도록 할 필요가 있었다. 이탈리아의 '매디치' 가문은 예술의 융성을 이끌었고, 루이14세는 프랑스 문화를 '베르사이유' 궁전을 거점으로 하여 발전시켰고, 지금도 파리를 세계문화의 중심이 되게 하였다. 그렇지만 이와 같은 예술의 존재와 저작권법의 등장은 바로 연결되지 않는다.

저작권법은 인쇄기술의 발전에 의하여 그 탄생이 가속화되었다.[1] 이런 점에서 저작권법이 본격화된 것은 인쇄술의 발전과 연결되어 있다고 본다. 구텐베르크(Gutenberg, 1406-1468)의 인쇄술은 성경을 대중이 읽을 수 있게 하였다. 이전에 성경은 필사본으로 이어지면서 소수의 성직자와 수도사들이 독점하였다. 그 결과 성경 한 권의 가격은 엄청났다. 인쇄술의 발전은 인간의 사상과 감정을 고정화하고 이를 여러 민중에게 퍼뜨릴 수 있게 하였다. 인쇄술은 이후 이탈리아의 르네상스와 종교개혁의 시발점이 되었다. 이 과정에서 인쇄술의 파괴력을 알게 된 독일의 공국들이나

---

1) 우리나라는 1377년 세계 최초로 금속활자를 만들어 「직지심체요절」을 출판할 만큼 인쇄기술이 뛰어났음에도 불구하고 저작권의 개념이 확립되지 못하였는데, 그 이유를 민간 중심의 상업적 출판이 활발하였던 유럽의 경우와 달리 관(官) 중심의 검열 및 시장통제적 출판, 그리고 학문의 다양성을 배척하는 풍조 등에서 찾기도 한다. 유럽 역시 저작권이 발달하기 시작한 계기가 정부 중심의 통제체계에서 민간 중심의 상업적 출판이 활발해지는 16세기 이후이기 때문이다.

영주들은 출판에 대한 독점권을 가지려고 했다.

인쇄기술에 대한 특혜 부여는 15세기 중엽 베니스에서 시작되었는데, 인쇄기술을 보유한 슈파이어 지방의 John이 1469년 베니스에서 5년간 독점을 허락받은 것을 그 시초로 보고 있다.[2] 동로마 제국(Eastern Roman Empire)은 476년 서로마제국이 멸망한 뒤에도 오랜 기간 동안 이슬람의 공격을 받으면서도 '콘스탄티노플'(지금의 '이스탄불')이라는 천해의 요새를 방어하면서 지켜오다가 1453년 제20차 콘스탄티노플공방전에서 마침내 함락되면서 다수의 기술자들이 유럽으로 가게 되었다. 베니스는 이 과정에서 특허제도를 활용하여 르네상스를 맞이하게 된다.[3] 피렌체의 코시모 데 메디치도 이 시기 동로마제국과의 교류를 활발하게 한 인물의 한 사람이다. 베니스와 제노바 등의 북부이탈리아의 도시들은 함대를 구성하여 동로마제국과의 교역을 활발하게 하고 있었다. 14세기 유럽을 덮친 흑사병이 15세기가 되면 어느 정도 사망률이 감소하면서 안정세로 접어들게 되었고, 1453년 동로마제국의 멸망은 역설적으로 이탈리아 르네상스의 촉매제가 되었다. 하지만 이와 같은 문화융성에도 불구하고 근대적인 저작권법은 아직 등장하지 않았다.

최초의 근대적 저작권법으로 불리는 1709년 영국의 '앤여왕법(Statute of Anne)'이 제정된 이후 근대 저작권제도는 어문저작물을 중심으로 일부의 대상에만 저작권을 부여하였다. '앤여왕법'은 출판업길드의 독점을 규제하고자 하는 목적 하에 한시적으로 출판업길드의 독점을 인정하고 그 기간이 만료되면 해당 저작물을 공유(共有)의 대상이 될 수 있도록 한 것이다.[4] 앤여왕법에 의해 보호되는 권리는 법 제정당시 이미 출판된 책의 보호기간으로 부여하였던 21년의 보호기간이 만료된 1731년경부터 발생하였다.[5]

영국에는 인쇄기술이 1476년 William Caxton에 의하여 전해진 것으로 본다. 이후 인쇄설비를 갖추는데 드는 비용이 상당함에 따라 인쇄업자들은 투자에 따른 이익을 보장받고자 하였고, 인쇄출판업자로 구성된 출판업길드는 1557년 국왕으로부

---

2) 이탈리아의 특허권과 저작권과 같은 지식재산권에 대한 보호는 이탈리아 르네상스의 원천의 하나였다. 특허에 대해서는 1474년 베니스에서 10년을 부여하였다.
3) 최승재·김영기·박현우, 「신미국특허법」, 제2판, 법문사, 2023, 1면.
4) 최초 14년의 보호기간이 만료되면 1회에 한하여 14년간 추가로 보호를 더 받을 수 있었으며, 법률 시행 전 이미 행사하던 출판업길드의 독점은 21년으로 한정되었다.
5) 박성호, 「저작권법」, 제3판, 박영사, 2023, 6면.

터 칙허장(royal charter)을 받아 영국 내에서 인쇄 및 출판에 관한 시장에서의 독점권을 행사하게 되었다. 이러한 독점은 영국 정부와 출판업길드의 이해관계 일치에 따른 것으로 정부는 출판물을 통제하고 출판업 길드는 시장을 독점하고자 하는 목적을 이루는데 적절한 이해관계를 갖추었기 때문이다.

앤 여왕법은 검열(censorship)을 목적으로 한 법이다. 창작자의 권리보호를 직접적인 목적으로 하는 법이 아니다. 칙허장(royal charter)을 허여받은 회사는 왕의 허락을 받은 출판물만을 출판할 수 있었기 때문에 왕의 이익과 출판업자의 이익이 일치하였다. 결과적으로 출판업자의 독점권을 인정한 앤여왕법은 유럽의 여러 국가들에서 모방되고 도입되었다. 그 과정에서 유럽에서의 저작권법은 출판업자의 법이 아니라, 저작권자의 법으로 변모되었다.[6]

1774년 Donaldson v. Beckett 사건[7]에서 영국 귀족원(House of Lord)은 저작자 또는 그 권리승계인은 저작물이 출판되지 않은 경우에는 보통법상 영구적 권리를 갖지만, 출판된 이후에는 앤여왕법이 규정한 보호기간 동안만 보호를 받는다는 판결을 했다. 이 사건을 계기로 보호기간이 한정된 지금과 같은 저작권제도가 정착되었고 독립적인 저술로 생계를 유지하는 저작자가 등장하였다.[8]

---

6) Samuel Ricketson, The Birth of the Berne Union, 11 COLUM.-VLA J.L. & ARTS 9 (1986) p.1.

7) Donaldson v. Becket, London (1774). Hansard, 1st ser., 17 (1774) : 953-1003. 이 사건에서 제기된 5개의 문제는 다음과 같다.
1. Whether, at common law, an author of any book or literary composition, had the sole right of first printing and publishing the same for sale, and might bring an action against any person who printed, published, and sold the same, without his consent?
2. If the author had such right originally, did the law take it away upon his printing and publishing such book or literary composition, and might any person afterward reprint and sell, for his own benefit, such book or literary composition, against the will of the author?
3. If such action would have lain at common law, is it taken away by the Statute of 8th Anne: and is an author, by the said statute, precluded from every remedy except on the foundation of the said statute, and on the terms and conditions prescribed thereby?
4. Whether the author of any literary composition, and his assigns, had the sole right of printing and publishing the same, in perpetuity, by the common law?
5. Whether this right is any way impeached, restrained, or taken away, by the statute 8th Anne?
https://www.copyrighthistory.org/cam/tools/request/showRecord.php?id=commentary_uk_1774 (2023. 12. 25. 최종접속).

8) 박성호(2023), 7면.

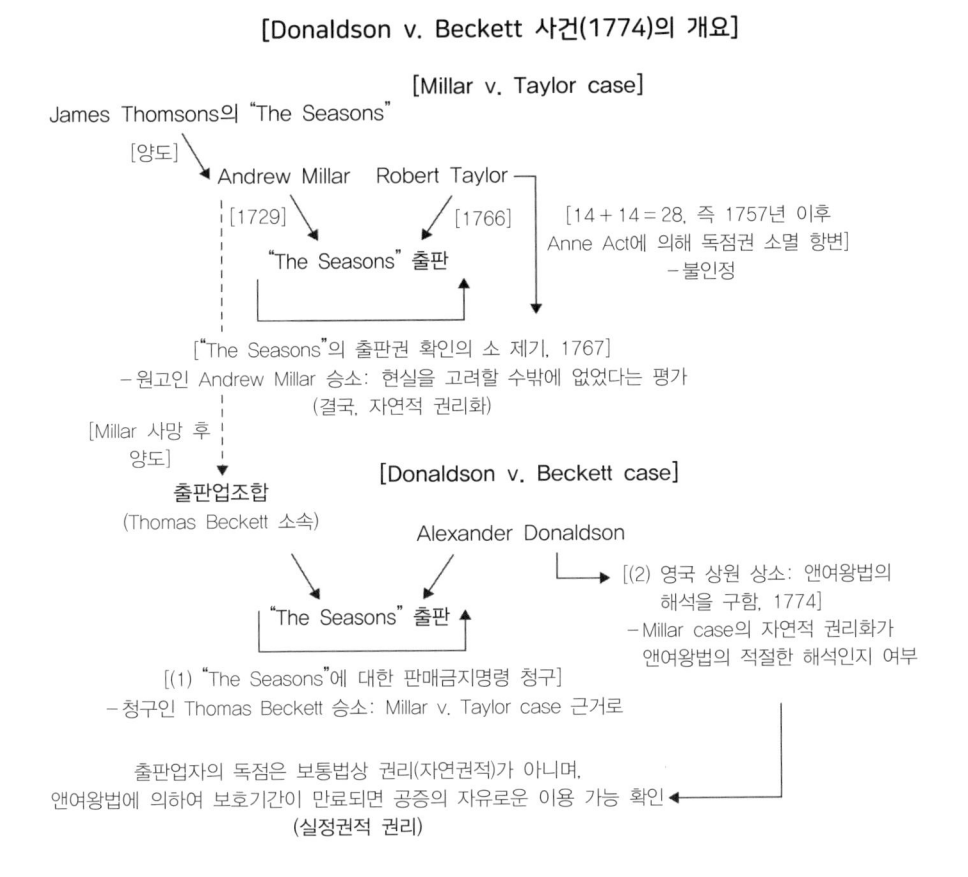

[Donaldson v. Beckett 사건(1774)의 개요]

[Millar v. Taylor case]

James Thomsons의 "The Seasons"

[양도]

Andrew Millar   Robert Taylor

[1729]   [1766]   [14 + 14 = 28, 즉 1757년 이후
Anne Act에 의해 독점권 소멸 항변]
– 불인정

"The Seasons" 출판

["The Seasons"의 출판권 확인의 소 제기, 1767]
– 원고인 Andrew Millar 승소: 현실을 고려할 수밖에 없었다는 평가
(결국, 자연적 권리화)

[Millar 사망 후
양도]

[Donaldson v. Beckett case]

출판업조합
(Thomas Beckett 소속)

Alexander Donaldson

[(2) 영국 상원 상소: 앤여왕법의
해석을 구함, 1774]
– Millar case의 자연적 권리화가
앤여왕법의 적절한 해석인지 여부

"The Seasons" 출판

[(1) "The Seasons"에 대한 판매금지명령 청구]
– 청구인 Thomas Beckett 승소: Millar v. Taylor case 근거로

출판업자의 독점은 보통법상 권리(자연권적)가 아니며,
앤여왕법에 의하여 보호기간이 만료되면 공중의 자유로운 이용 가능 확인
(실정권적 권리)

1789년 프랑스혁명(French Revolution)[9]은 저작권법에서도 의미가 있다. 구체제 (the ancien régime)는 혁명으로 사라지고 루이 16세는 단두대에서 처형되었다. 기존 체제에서 검열을 목적으로 존재하였던 저작권법은 이제 새로운 시대에 개혁의 대상이 되었다. 1791년 저작권법은 저작자의 사후 5년까지 음악이나 드라마 창작에 대한 독점공연권을 보장하였다. 1793년법에서는 장르를 구별하지 않고 모든 창작자에 대해서 독점적 복제권을 인정하였다. 프랑스의 1791년 저작권법과 1793년 저작권법은 1709년 앤여왕법에서는 생각하지 않았던 창작자의 자연권(自然權)의 보장이라는 점에 기초하였다. 이 법은 이후 유럽대륙의 벨기에, 이탈리아, 네덜란드, 그리

---

9) 프랑스 혁명사에 대해서, 주명철, 『Liberte: 프랑스 혁명사』, 여문책, 2015; 사토 겐이치, 『소설 프랑스 혁명』, 한길사, 2012 참조.

고 신성로마제국 붕괴이후의 여러 독일역내 국가들의 저작권법에 영향을 주었다.

1886년 통일된 이탈리아와 독일은 독자적인 저작권법을 입법하였다.[10] 독일에서는 '서적의 무단복제'가 불법인지 여부에 대한 논쟁이 발생했고, 칸트(Immanuel Kant, 1724-1804)가 이 논쟁에 관여하였다. 칸트는 '쾨니히스베르크(Königsberg)'(지금은 러시아령 '칼리닌그라드')에서 태어났다. 그가 성장을 하는 동안 프로이센이 변방에서 독일통일을 주도하는 국가가 되고 있었다. 1788년 프로이센 군주가 된 '프리드리히 빌헬름 2세'는 출판의 자유를 제한하면서 검열을 강화하였다. 이 과정에서 1789년 프랑스혁명의 발생으로 검열은 더 강화되었다. 칸트는 자신이 잡지에 기고하고자 계획했던 원고들이 검열관들에 의해서 출간이 거부되자 이를 예나(Jena)대학의 철학부에서 출판하도록 했고, 1793년 『이성의 한계 안에서의 종교(Die Religion innerhalb der Grenzen der bloßen Vernunft)』가 출간되었다. 칸트는 이런 일련의 경험을 통해서 비판적인 지적활동은 자유로운 의사소통을 통해서 이루어질 수 있다고 보았다. 개인들의 표현의 자유는 모든 사안에 대해서 이성을 자유롭게 활용할 수 있도록 하는 조건이면서 필수요소가 된다고 보았다.[11]

한편, 대서양 건너 미국은 1791년부터 독자적인 저작권법을 가지고 있었는데, 미국법제는 영국법의 영향을 받아 이를 계수한 것으로 대륙국가들의 저작권법과는 구별되는 형태로 발전하였다.[12] 미국에서 처음으로 저작권법을 입법한 것은 1783년 코네티컷주였다. 이 법은 통해서 저작자와 그 상속인들은 14년씩 2회에 걸쳐서 독점적인 출판권을 가질 수 있었다.[13] 이후 여러 주들이 저작권법을 입법하였고, 이후 연방헌장(the Articles of Confederation)에는 없었지만, 연방헌법은 저작권조항(copyright clause, United States Constitution Article I, Section 8, Clause 8[14])을 두어서 저작권을 비롯한 창작자의 보호를 헌법에 명문화하였다. 그리고 이에 따라 1790년 연방의회는 저작권법(the Copyright Act of 1790)을 입법하였다. 1790년 미국 연

---

10) Samuel Ricketson(1986), p.1.
11) Anne Barron, *Kant, Copyright and Communicative Freedom*, Law and philosophy, London School of Economics (2011), p.1.
12) Samuel Ricketson(1986), p.10.
13) Samuel Ricketson(1986), p.10.
14) [the United States Congress shall have power] To promote the Progress of Science and useful Arts, by securing for limited Times to Authors and Inventors the exclusive Right to their respective Writings and Discoveries.

방저작권법의 특징 중의 하나는 외국인에 대한 차별을 명확하게 규정하였다는 점이다.[15)

저작권법의 역사를 보면 저작권이 부여되는 대상, 즉 저작권 보호대상은 점차 확대되어 왔으며, 현대에 이르러서는 저작권의 영향을 받지 않는 산업분야가 거의 없다고 할 수 있을 정도로 저작권 보호가 광범위한 대상에 미치고 있다. 특히 정보통신 분야의 급속한 발달로 인하여 저작권 제도 역시 디지털 정보통신 산업 분야의 발전에 제도적인 균형을 맞추고 있다. 이러한 경향은 문화산업에 한정되었던 전통적인 저작권의 관심을 전 산업분야에 걸쳐 확대하는 결과로 나타나고 있다.

새로운 기술은 늘 저작권법에 큰 영향을 주었다. 사진의 등장은 종전 회화에 대한 인식을 바꾸었고, 영화는 일부의 예술을 전부의 예술로 바꾸었고, 이를 통해서 인간이 문화를 향유할 수 있도록 하는 질을 높였다. 미켈란젤로의 대리석 조각을 대신해서 로댕이 청동(靑銅) 주물로 조각을 할 수 있게 된 것도 저작권법의 지형을 바꾸었다. 인터넷 빅뱅이 DMCA를 낳았고, 2024년 인공지능은 저작권법에 다른 도전을 제기하고 있다. 저작권법에 여러 임팩트를 미친 것을 결국 기술이고 이런 기술의 진보는 인간의 창작에 영향을 주고 있다.

제 2 절   저작권법의 존재 이유에 대한 고찰

1. 저작권법이 없으면 인간은 창작을 하지 않을까?

인간은 저작권법이 없을 때에도 창작을 했다. 음악을 하고 춤을 추었다. 저작권법이 없는 국가에서도 부족들은 불을 피우고 음악을 하고 구전동화를 대를 이어서 전승했다. 저작권법이 없다고 해서 인간들이 창작을 멈출까? 그에 대한 답은 그렇지 않다고 생각한다. 인간들은 여전히 창작을 할 것이다. 그림을 그리고 노래를 할 것이다. 그렇다면 왜 저작권법을 제정하고 저작권자들을 보호해야 하는가?

---

15) 1790년 연방저작권법 제5조("Nothing in this act shall be construed to extend to prohibit the importation or vending, reprinting or publishing within the United States, of any map, chart, book or books, written, printed, or published by any person not a citizen of the United States, in foreign parts or places without the jurisdiction of the United States.").

　저작권법은 저작권자들을 보호하기 위한 법인가. 답은 그렇기도 하고 아니기도 하다라고 생각한다. 저작권법의 목적은 문화창달이지 저작권자의 보호가 아니다. 저작권자 보호는 수단이다. 저작권자를 보호하지 않아도 문화창달이 된다면 굳이 저작권자를 보호할 이유가 없다. 이 저작권법의 목적에 대한 이해는 중요하다. 우리 저작권법 제1조 목적조항은 "이 법은 저작자의 권리와 이에 인접하는 권리를 보호하고 저작물의 공정한 이용을 도모함으로써 문화 및 관련 산업의 향상발전에 이바지함을 목적으로 한다."라고 규정한다. '문화 및 관련 산업의 향상발전'이 바로 문화창달이다. ① 저작자의 권리와 이에 인접하는 권리를 보호하는 것과 ② 저작물의 공정한 이용 도모를 그 수단으로 한다. 문화는 기본적으로 많은 사람들이 향유해야 발전한다. 이 두 개의 수단(to balance the needs of users and the right of the authors and publishers to economic benefits)들은 사안들에서 저울에 올려져 서로 형량이 되어야 한다. 다시 말해 저작권법은 궁극적으로 문화 및 관련 산업발전에 이바지하는 방향으로 작용하며, 이를 위하여 저작자의 권리(저작인격권 및 저작재산권)와 이에 인접하는 권리(저작인접권)의 보호, 그리고 저작물의 공정한 이용 도모를 그 수단으로 삼고 있는 것이다. 현대 저작권법은 이 둘의 균형을 도모하는 것을 목적으로 하고 있다.

　영화와 드라마가 다수 창작되어 대중이 영상저작물을 향유할 수 있고, 음악이 귀족의 궁정음악이 아니라 대중음악이 됨으로써 비로소 문화 및 관련 산업의 향상발전이 이루어질 수 있다. 저작권법의 목적은 문화의 융성과 향유이다. 저작권자를 보호하는 것이 저작권법의 목적을 달성하기 위한 수단이다. 구글의 공정이용 주장이 미국 연방대법원에서 받아들여지는 것은 바로 이런 형량의 결과이다. 저작권은 재산권으로서 저작자와 분리된 재산을 다른 사람들과 공유(share)하기 위한 것이며, 동시에 다른 사람들로부터 자신의 창작물을 사용하는 것을 배제(exclude)하는 기능을 한다.[16)]

　저작권법을 오로지 저작권자만을 보호하는 법이라고 이해하곤 하는데, 저작권법의 목적에 대한 제1조에서 보는 바와 같이 저작권법은 저작권자의 권리보호와 이용자의 공정한 이용을 모두 보장함으로써 권리자와 이용자 간의 균형을 유지하도록

---

16) Anne Barron(2011), p.1.

하고 있다. 저작권법의 목적조항은 저작권법에 내재된 불확정성을 보완하는 가장 중요한 해석기준이라는 점에서 중요성이 있다.

이런 점에서 저작권을 보호하기 위한 가치, 즉 법익이 지키고자 하는 대상은 불확정 개념으로 이루어져 있다. 이러한 불확정성을 제거하기 위하여 저작권법을 통한 일정한 기준(요건)을 제시하게 된다. 따라서 제시된 기준(요건)에 충족하면 보호가 이루어지며, 충족되지 않는다면 보호가 이루어지지 않게 되는 것이다. 이에 저작권법은 법의 존재 목적을 고려하여 그러한 불확정성을 해결하게 된다. 저작권법의 해석에 있어서 최종적인 기준은 저작권법의 목적이다.

2. 저작권법의 존재 근거는 무엇인가?

현대 사회가 저작권을 법률로서 보호하는 이유에 관하여는 경제적 측면과 권리적 측면으로 구분하여 생각해볼 수 있다. 전통적으로 저작권법은 로크(John Lock, 1632-1704)의 '노동투여에 대한 재산적 대가(property claims based on investment of labour)'라는 관점에서 발전하였다.[17] '이마의 땀(sweat of the brow)[18]' 이론이라고 국내에 소개된 이런 로크의 생각은 노동과 그에 대한 대가로서의 권리라는 등식으로 설명된다. 로크가 노동이론(labor theory of ownership)을 제시하면서 던진 질문은 신이 인간에게 세상을 공유하도록 하였는데 인간이 소유를 한다면 그 이유는 무엇인가이다. 이 질문에 대한 출발점은 인간에게 이미 독점적으로 주어진 것이 있는데, 그것이 바로 인간의 몸이라는 것이다. 이런 점에서 세상의 물건은 전유적인 것(특정인의 소유)과 공유의 것이 있다. 인간의 몸이 그 인간의 소유라면 그 인간이 몸을 사용해서 한 노동과 그 노동의 결과도 그 인간에게 귀속되는 것이 맞다. 이에 따라 공유인 부분에서 배타적 소유권이 인정되는 부분이 발생한다. 즉 신체와 노동에

---

17) John Locke, Two Treatises of Government: In the Former, The False Principles, and Foundation of Sir Robert Filmer, and His Followers, Are Detected and Overthrown. The Latter Is an Essay Concerning The True Original, Extent, and End of Civil Government, 1689. https://en.wikisource.org/wiki/Two_Treatises_of_Government/Book_II (2023. 12. 25. 최종접속).

18) 창세기 3장 19절에 이를 기술하고 있다. "By the sweat of your brow you will eat your food until you return to the ground, since from it you were taken; for dust you are and to dust you will return."

대한 배타적 소유권에서 사물에 대한 파생적 소유권이 발생한다.

그러나 현대의 저작권 이론은 창작성에서 권리의 근거를 찾고 있으며 더 이상 이런 노동 내지 투자에서 권리의 근거를 찾지 않는다. 영미법에서는 아이디어 · 표현 2분법(idea-expression of dichotomy)을 통해서 저작권에서의 보호대상을 창작적 표현으로 보고, 인간의 정신적 소산인 인간의 지적 창조물 중에서 보호할 만한 가치가 있는 것들에 대하여 법이 부여하는 권리로 이해한다.[19]

인간이 창작한 창조물의 가치는 사회적 이익의 개념으로 보느냐 혹은 자연적 소유의 개념으로 보느냐에 따라 달리 근거를 생각해볼 수 있다. 저작권의 보호 근거, 즉 보호의 전제가 되는 가치를 사회적 이익으로 보는 관점에서는 시민이 지적 창조물을 창출하게 되면 그것 자체가 가치를 갖기보다는 해당 창조물이 사회에 존재함으로써 사회적 후생이 높아지므로 이러한 창작을 장려하기 위하여 대가로서 저작권을 인정한다(인센티브 이론).[20] 반면, 그 가치를 자연적 소유에 따른 것으로 보는 관점에서는 인간이 지적 창조물을 창출하게 되면 그것 자체로 자연적 소유권을 향유하게 되며, 국가는 이를 인정하고 명확히 하기 위하여 저작권을 인정한다(자연권 이론).[21] 즉, 전자는 대가로서 저작권을 인센티브로 부여하는 것이라면, 후자는 자연적 소유이므로 당연히 저작권이 존재하는 것으로 이해한다. 전자의 입장은 영미법계 국가들이 취하며, 후자의 입장은 대륙법계 국가들이 취하는 것으로 보이나 저작권법의 국제적인 조화로 인해서 이런 차이는 상당 부분 수렴되었다고 본다.

이에 대해서 자연권 이론이 권리자체의 정당화 근거이고, 인센티브 이론을 저작권의 한계를 설정하는 보충적 고려요소로 보아 양자는 상호보완적인 것으로 보는 견해[22]가 있으나, 필자는 '제도보장'[23]의 성격을 가지고 있는 저작권은 자연권으로

---

19) 미국법원의 Baker v. Selden, 101 U.S. 99 (1879) 판결이 원천인 것으로 이해된다.

20) 박성호(2023), 16면.

21) 박성호(2023), 15면.

22) 박성호(2023), 16면.

23) 제도보장은 입법자에게 제도의 본질적 내용을 침해하지 않는 범위 안에서 제도의 구체적 내용과 형태의 형성권을 광범위하게 인정한다. 이런 점에서 '최소보장의 원칙'이 적용된다. 기본권의 경우에는 본질적 내용을 침해할 수 없음은 물론 '최대보장의 원칙'이 적용되어 제도보장과 구별된다. 제도보장의 예로 정당제도의 보장이 있다.

헌법재판소는 종래의 통설적 제도보장론과 유사한 입장에서 기본권보장과 구별되는 제도보장의 개념을 인정하고 기본권보장의 효과와 구별되는 최소한 보장 원칙을 제도보장의 효과로서 제시하면서 제도보장에 관한 판례들을 축적하였다고 하면서 한국에서 제도보장론은 단지 이론으로서

서 당연히 존재하는 권리라기보다는 인센티브 시스템으로서 인위적으로 설계된 것
으로 제도자체의 존재근거도 한계지우는 근거도 모두 인센티브 이론에 의해서 설명
할 수 있다고 본다. 우리 헌법 제22조를 보면 제2항은 "모든 국민은 학문과 예술의
자유를 가진다."라고 자유권으로 규정하면서도(기본권 형식), 제2항은 "저작자·발
명가·과학기술자와 예술가의 권리는 법률로써 보호한다(제도보장형식)."라고 하여
제도보장으로 규정하고 있다.[24]

제 3 절   저작권법의 국제적 조화와 조약법

1. 미국의 카피라이트(copyright)법과 독일의 창작법(Urhebersrecht)

저작권법은 저작재산권을 중심으로 하는 영미법계의 법과 창작자와 그 인격권
(moral right)을 중심으로 하는 대륙법계의 법으로 나뉜다. 미국의 Copyright와 독
일의 Urhebersrecht는 철학적인 차이를 가지고 있다. 미국법은 경제적인 관점에서
물건을 복제하고 생산하는 것에 중점을 두고 있다. 그런 점에서 미국 저작권법의
시각은 투자자들의 경제적 이익을 보호하여야 한다는 생각에 기반한다. 이러한 생
각은 미국법의 계약자유의 원칙과 결합하여 저작권법에 의한 제한을 가급적 자제하
게 한다.[25] 그러나 이와 같은 경제적 관점 중심의 저작권법에 대한 이해는 독일법
의 시각에서 보면 동의하기 어려운 지점들이 생긴다. 그 대표적인 것이 저작인격권
과 관련된 문제이다.

이들 법계는 일원론과 이원론이라는 이름으로 불리기도 한다. 실제 베른 조약의
체결과정에서 볼 수 있는 것처럼 현대 저작권법의 과제가 구현되는 방식은 국가별

가 아니라 헌법재판에 활용되는 실제적 의미가 있다는 문헌으로, 박상돈·김일환, "제도보장 관
  련 헌법재판소 판례에 대한 관견", 인하대학교 법학연구, 제2집 제1호, 2021, 599-625면 참조.
24) 헌법재판소 1997. 4. 24. 선고 95헌바48 전원재판부 결정 등을 보면, 헌법재판소는 제도적 보장은
  헌법제정권자가 특히 중요하고도 가치가 있다고 인정되고 헌법적으로도 보장할 필요가 있다고
  생각하는 국가제도를 헌법에 규정한 것으로, 주관적 권리가 아닌 객관적 법규범이라는 점에서 기
  본권과 구별된다고 보고 있다.
25) Haimo Schack, Urheber-und Urhebervertragsrecht 5. Auflage MOHR SIEBECK (2010) s.
  12.

로 상이하다. 독일 저작권법은 일원주의(Monoismus)를 취해 저작재산권과 저작인격권을 유기적으로 연결해서 본다.[26] 저작재산권은 본권의 구속 하에 지분권이 존재하는 것으로 설정적 양도로 처분할 수 있지만 저작인격권은 처분할 수 없다. 저작인격권은 권한의 신탁적 위임이나 저작인격권 제한은 가능하지만 이전이나 설정적 양도를 허용하지 않는 형태를 취하는 것이다.[27] 이에 비해, 프랑스 저작권법, 일본 저작권법, 우리 저작권법은 이원주의를 취한다. 이원주의는 저작인격권과 저작재산권을 서로 다른 성질의 권리로 이해하고 독립적으로 바라본다. 그리고 저작재산권은 재산권의 하나이므로 양도와 상속이 가능하고, 반면 저작인격권은 인격권의 하나이므로 양도와 상속이 불가능한 일신전속적 권리로 보는 것이다.[28]

국제적인 공통이해를 보면, 저작재산권의 보호라는 면은 양자의 차이가 없다. 제조업 중의 산업에서 점차 산업의 중심이 IT산업으로 면모하면서 이제 무형의 지식에서 가치를 창출하는데 많은 중요성을 두고 있다. 이는 재화의 대량생산이라는 산업의 목적이 이제는 전통적인 제조업 이상으로 소위 MAGA(Microsoft, Amazon, Google, Apple)과 같이 혁신시장으로 변화되고 있다. 이 과정에서 재산의 핵심역량이 되는 것은 특허권이나 저작권과 같은 지식재산권이다.

그리고 지식재산권은 이러한 시장의 형성에 밀접한 관계를 맺고 있다. 점차 산업에 있어서 지식재산권의 중요성이 크게 대두되는 이유가 여기에 있다. 지금의 시대에서 지식재산권은 세 가지 문제에 직면하여 있다. 이는 어떻게 지식재산권의 창출을 유도할 것인지, 지식재산권 창출의 효율적 방안은 무엇인지, 그리고 창출된 지식재산권으로 인한 가치의 배분은 어떻게 할 것인지에 관한 것이다. 이 문제들은 산업과 밀접한 연관성을 갖게 된 지금의 시대에 있어서 충분한 논의를 거쳐 반드시 해결하여야 하는 문제이다.

지식재산권이라는 용어에서 볼 수 있듯이, 이는 재산에 관한 권리이다. 재산권은 기본적으로 점유에 기초를 둔 물건의 소유에 관한 것으로서 지식재산권 역시 기본적으로는 이에 기초한 것으로 볼 수 있다. 그러나 유체물(有體物)을 대상으로 한 민법상의 소유권 개념과 달리 지식재산권은 무체물(無體物)을 대상으로 한다는 점에

---

26) 박성호(2023), 250면.
27) 박성호(2023), 251면.
28) 박성호(2023), 251-252면.

큰 차이가 있다. 특히 기존 민법상 소유권의 대상, 즉 재산은 권리소유자의 이용과 소유가 중심이 되는데 반하여, 지식재산권, 특히 저작권은 내재된 공공재적 특성[29] 으로 인하여 자신 또는 타인의 이용이 필연적으로 전제되어야 한다는 특징을 갖는 다. 이는 유체물은 소유 자체로서 가치를 갖지만, 지식재산권은 그것이 이용됨으로 써 보다 큰 가치를 창출할 수 있기 때문이다.

세계 각국은 지식재산권에 관하여 다양한 법률적 구성을 갖고 있다. 우리나라는 이에 관하여 문화적 창작을 보호하는 법률과 산업적 창작을 보호하는 법률로 이원 화 되어 있다고 보는 것이 기본이다. 전자에 해당하는 것이 저작권법이고, 후자에 해당하는 것이 특허(실용신안)법, 디자인보호법, 상표법 등이다. 그런데 문화와 산업 을 기준으로 분류하는 전통적 방식은 변화하고 있다. 문화와 산업을 명확하게 구분 하기보다는 양자가 서로 융합되는 현실을 고려할 수밖에 없다. 이에 저작권법 역시 기존에 문화에 관한 법률로서 존재하였으나 현재는 문화기본법이자 산업발전 확대 를 위한 법률로 보는 것이 타당하다고 본다.

2. 저작권에 대한 국제조약의 발전

외국저작물의 보호는 조약의 형태로 이루어진다. 미국은 건국 초기 당시 선진국 이었던 영국 등 대륙의 저작물을 모방하는 국가였다. 이 과정에서 저작권의 보호는 초기 양자조약(bilateral agreement)의 형태로 이루어졌으나 시간이 지나면서 다자 조약(multilateral agreement)의 필요성이 증가하였다.

(1) 1886년 베른조약(Berne Convention)

이 수요를 충족시킨 첫 국제조약이 '베른조약'이다. 1886년 체결된 베른조약은 각국이 만족할 수 있는 최소한의 요구(minimum satisfactory standard)를 충족하도 록 하면서도 보편적인 접근법(universal approach)을 수용하였다. 이 과정에서 합의 된 원칙은 3가지이다. ① 저작물에 대한 최소한의 보호를 제공한다.[30] ② 외국저작 물은 상호주의에 의해서 보호된다.[31] ③ 무방식주의[32]를 택해서 어떠한 등록이나

---

29) 경제학에서는 '비배제성'과 '비경합성'을 공유재의 특성으로 이해하는데, 이런 점에서 보면 지식재 산권은 공유재로서의 특성이 있다.
30) Minimum standard of protection for a work.

등기 등을 요구하지 않는다.

1878년 파리에서 개최된 만국박람회는 저작권법에도 영향을 미쳤다. 문학인회 (Société des gens de lettres)가 창립되면서 이 모임에 저명문필가, 법률가 등의 인사들이 모였다. 이 모임에서 거물이었던 〈레미제라블(Les Misérables)〉의 작가 '빅토르 위고(Victor Hugo, 1802-1885)'가 참석하면서 어문저작물을 보호하기 위하여 일련의 원칙들에 대해서 합의를 이루었고, 이는 ALAI(l'Association littiraire et artistique internationale)의 창립으로 이어졌다.

이 조약은 우리 저작권법도 기본으로 하고 있는 전세계적인 저작권법의 기본조약이 되었다. 1886년 조약 체결 이후에도 1908년 베를린법, 1928년 로마법, 1948년 브뤼셀법, 1967년 스톡홀름법, 1971년 파리법 등 지속적으로 조약은 개정이 되었다. 그리고 1989년 마침내 미국이 베른조약 체약국이 되었다.[33]

(2) 1952년 세계저작권협약(Universal Copyright Convention)

이 조약은 미국을 염두에 둔 조약이다. 미국은 영국으로부터 독립을 하고 영국과 전쟁을 하면서 프랑스의 도움으로 영국군을 미국에서 몰아낼 수 있었다. 그러나 미국은 여전히 신생국으로 미국의 시각에서 볼 때 베른조약은 장벽으로 기능하게 될 것으로 판단하였다.[34] 그 결과 1952년 당시 미국은 베른조약의 체약국이 아니었을 뿐 아니라 미국은 1886년 베른조약 체결 당시에도 이 조약의 체약국이 되는 것을 원하지 않았다. 1952년 이 조약은 미국을 체약국으로 하는 하나의 저작권법 체계조화를 위하여 마련된 조약이었다. 그러므로 이 조약은 1989년 미국이 베른조약 체약국이 되면서 의미를 상당 부분 상실하였다.

우리나라는 1986년 저작권법 시행과 함께 이 협약에 가입하였고, 1987년 10월 1일 이 협약이 우리나라에서도 발효되었다.[35] 이 조약에 의한 저작권법 개정으로 저

---

31) Foreign works to be protected in each member state in the same manner as available to its own works.

32) Protection is automatic - no need for registration or notice or deposit.

33) House Report of the Berne Convention Implementation Act of 1988, H.R. REP. NO. 100-609 (1988).

34) Samuel Ricketson(1986), p.10.

35) 조약의 국내법적 효력에 대해서는, 최승재, "조약의 국내법적 효력에 대한 연구", 서울대학교 법학석사학위논문, 2000 참조. 조약은 자기집행력이 있는 조약과 그렇지 않은 조약으로 나뉘는데,

작권법상 저작물 예시를 현실화하고, 외국인 저작물의 보호를 강화하여 상호주의 원칙에 따라서 보호하기로 하며, 단체명의저작물의 경우 법인 등 사용자가 저작자로 의제되는 등 다수의 개정이 이루어졌다.[36] 1988년 서울올림픽을 앞두고 외국인의 저작물 보호가 쟁점이 되었는데, 이를 위해서 1986년 저작권법 제3조 제1항은 "외국인의 저작물은 대한민국이 가입 또는 체결한 조약에 따라 보호된다. 다만 당해 조약 발표일 이전에 발행된 외국인의 저작물은 보호되지 아니한다."라고 규정하였다. 이에 따라 1987년 10월 1일 전에 발행된 외국인의 저작물은 1986년 저작권법 아래에서는 여전히 공유저작물로 판단되어 저작권법에 의한 보호를 받을 수 없었다.[37]

(3) WTO TRIPs(Agreement on Trade-Related Aspects of Intellectual Property Rights, 무역관련 지식재산권에 관한 협정)의 등장과 저작권법

세계무역기구(World Trade Organization)의 설립과 이에 부속된 '무역관련 지식재산권에 관한 협정(TRIPs)'에도 저작권에 관한 내용이 규정되었다. 1993년 우루과이라운드(Uruguay Round)가 타결되는 과정에서 종래 '관세 및 무역에 관한 일반협정(GATT, General Agreement on Tariffs and Trade)' 시스템에서 규율이 어려웠던 지식재산권의 중요성이 높아졌다. 그런데 유엔 세계지적재산권기구(WIPO, World Intellectual Property Organization)[38]의 지식재산권 보호조약들의 집행규정이 미비하다는 점이 지적되고 있었다. 이런 상황에서 체결된 WTO TRIPs 협정은 지식재산권 보호에 있어서 최소보호기준의 보장과 기존협약 플러스 방식을 통해서 컴퓨터 프로그램과 데이터베이스 보호, 대여권, 저작권 보호기간, 저작권제한, 저작인접권의 보호 등에 대한 규율을 하였다.[39] 이에 따라서 우리 저작권법도 개정되었다.[40]

저작권조약의 경우가 후자의 예이다. 이 경우에는 조약체결이 되더라도 별도로 국회에 의한 이행입법(implementation act)이 필요하다.
36) 박성호(2023), 11면.
37) 박성호(2023), 12면.
38) 1964년 설립된 국제기구이다.
39) 이에 대한 상세는 박덕영, "WTO TRIPs 협정상의 저작권 보호체계와 최근 동향", 국제법학회논총, 제96호, 2003, 43-74면.
40) 관련 개정 이력에 대해서는 박성호(2023), 12-13면 참조.

(4) WIPO Copyright Treaty(WCT)

1996년 이 조약이 체결되면서 인터넷에 대한 저작권법의 대응이 조약으로 규율되었다. 디지털 기술의 등장으로 인하여 저작권에 대한 적절한 보호를 어떠한 방식으로 할 것인지가 이 조약의 주된 논의사항이었다. 디지털 기술에 의한 디지털 저작물이 등장하기 이전에는 서적과 같은 저작물을 복제할 수 있는 기술이 부족하고 설사 복제하더라도 원본에 비하여 낮은 품질로 인하여 자연적 복제방지가 이루어진 면이 있었다. 그러나 현재와 같은 디지털 시대에는 복제가 클릭 한 두 번으로 가능할 정도로 용이하며 품질 역시 원본과 동일하거나 오히려 보정 등을 통해 더욱 좋아지기도 한다. 따라서 저작자에게 가해지는 경제적 손실은 과거에 비하여 비교할 수 없을 정도로 커졌다고 볼 수 있다. 불법복제가 이루어지면 시장에 해당 저작물을 대체할 수 있는 대상의 공급이 증가되면서 저작권자가 그 동안 얻고 있던 시장가격이 낮아지게 된다. 그런데 시장을 저작권자와 불법복제자가 함께 공유함에 따라 저작권자가 얻는 가치는 상당히 감소하게 된다. 불법복제로 인하여 낮아지는 시장가격의 정도는 복제의 한계비용과 동일하다고 할 수 있다. 특히 일반 상품의 경우 저작권의 보호가 설사 이루어지지 않는다고 하더라도 상품의 출시 이후 일정기간 누릴 수 있는 리드타임(lead time)에 상당한 이익을 확보할 수 있다. 그러나 저작권 분야에서는 해당 저작물이 시장에 등장한 시점에는 그 가치가 미미하나 시간이 지날수록 점차 가치가 발현된다는 특징을 갖는다. 이에 저작권의 보호 없이 리드타임 등을 통한 가치의 확보가 불가능하며 시장실패를 초래하게 될 수밖에 없다. 즉, 저작권의 보호가 이루어지지 않는다면 이와 같은 현상을 통하여 저작자의 창작의욕을 저하시키는 원인으로 작용할 수밖에 없으며, 산업적 관점에서도 발전의 원동력을 상실하게 하는 원인이 된다. 이에 대한 대응을 국제적으로 할 필요성이 있었고, 그 응답이 WCT였다고 할 수 있다.

제 4 절   우리나라 저작권법의 역사

대한민국헌법은 제22조에 저작권 보호에 대한 문화국가조항을 두고 있다. 헌법 제22조 제2항은 "저작자 · 발명가 · 과학기술자와 예술가의 권리는 법률로써 보호한다."고 규정한다. 이런 헌법의 취지에 따라서 특허법, 저작권법 기타 지식재산권법을 입법하고, 이와 같은 목적을 달성하기 위해서 저작자·발명가·과학기술자와 예술가를 보호하여 이들의 권익을 옹호함과 아울러 민족문화의 창조·발전에 공헌하도록 하고 있다.[41]

우리나라에서 현대적 저작권법은 1908년 8월 12일 「조선에서의 발명, 디자인, 상표 및 저작권에 관한 미일조약」에 따른 것을 최초로 하며, 이에 따라 1908년 8월 16일부터 일본 「저작권법」을 의용하여 적용하기 시작하였다. 광복 이후에도 한동안 일본법이 의용되다가 1957년 1월 28일 대한민국 「저작권법」이 제정되기에 이른다.

이후 수차례 전면개정 및 일부개정이 이루어졌다. 우리 저작권법은 1957년 우리 저작권법 제정 이후에도 세계저작권협약 가입에 즈음한 1986년 개정, 1986년 저작권법 이후부터 WTO/TRIPs 협정 발효에 따른 1995년 개정(1996. 7. 1. 시행) 및 베른조약 가입까지의 시기가 분기점이 되었다. 그리고 2011년 6월 30일 한-EU 자유무역협정(FTA, Free Trade Agreement) 이행을 위한 개정, 2011년 12월 2일 한-미 FTA 이행을 위한 개정 등을 거쳐 현재의 「저작권법」에 이르고 있다.[42]

우리 저작권법은 출발점에서 대륙법계의 속성을 가진다. 그래서 우리 저작권법은 저작권과 저작인접권에 관한 것을 내용으로 하며, 저작권은 저작인격권과 저작재산권으로 구성된다. 법체계상 저작권법은 형식적 의미의 저작권법을 의미하는데, 이는 국회에서 제정되어 현재 유효하게 작용하고 있는 저작권법을 의미한다. 구별되는 개념으로 실질적 의미의 저작권법이 있는데, 이는 창작적 표현에 대한 보호가 이루어지는 모든 규범을 의미한다.

저작권법 제2조 제1호에서 저작물을 '인간의 사상 또는 감정을 표현한 창작물'이라고 정의하고 있다. 저작권법 제4조 제1항은 이 저작물을 9가지 유형으로 분류하고 있다. 어문저작물, 음악저작물, 연극저작물, 미술저작물, 건축저작물, 사진저작물, 영상저작물, 도형저작물, 컴퓨터프로그램저작물을 열거하고 있는데, 이 규정은 한정적 열거가 아니라 저작물을 표현형식에 따라 분류한 예시규정이다. 이런 저작권법의 규정형식은 처음 신설된 1986. 12. 31.개정법의 제4조 내지 제6조의 규정과 별다른 차이 없이 유지되고 있다.[43]

---

41) 허영, 「한국헌법론(전정20판)」, 박영사, 2024, 502면.
42) 박성호(2023), 10면.

[지식재산권 법률의 구분]

구분		법률	보호대상
문화적 창작을 보호하는 법률		저작권법	저작권(저작인격권, 저작재산권)
			저작인접권
산업상의 창작을 보호하는 법률	발명/고안/ 디자인을 창작	특허법	발명
		실용신안법	고안
		디자인보호법	공업상 미적 창작
	영업을 식별	상표법	등록상표, 서비스표
		부정경쟁방지 및 영업비밀 보호에 관한 법률	주지표장, 원산지표시, 영업비밀

따라서 어느 저작물이 여기에 예시된 저작물 분류 중 어느 하나에 속하지 않는다고 하더라도 '인간의 사상 또는 감정을 표현한 창작물'로서의 기본요건을 갖추고 있다면 저작물로 인정될 수 있다. 하지만 '응용미술저작물'의 경우에서 알 수 있는 것처럼 명확하게 예시되어 있지 않은 경우 저작물성이나 성립요건 등에 대하여 논란이 있을 수 있으므로 입법적으로 이를 포함하기 위한 저작권법 개정도 이루어졌다. 이에 따라 현행 저작권법은 순수미술과 대비되는 응용미술을 저작권법 제4조 제1항 제4호에 회화, 서예, 조각, 판화, 공예 등과 함께 미술저작물의 하나로 예시하고 있다. 그러면서 제2조 제15호에서 '응용미술저작물'은 물품에 동일한 형상으로 복제될 수 있는 미술저작물로서 그 이용된 물품과 구분되어 독자성을 인정할 수 있는 것을 말하며 디자인 등을 포함한다고 정의하고 있다.[44]

---

43) 윤태식, 『저작권법』, 박영사, 2020, 73면.
44) 전문영, 『저작권 노트/저작물과 저작자 편』, TERRA, 2021, 195-196면.

제 **2** 장

보호대상인 저작물

"장그래씨, 삶이 뭐라고 생각해요?"
"거창한 질문 같아요? 간단해요.
 선택의 순간들을 모아두면 그게 '삶'이고 '인생'이 되는
 거예요.
 매 순간 어떤 선택을 하느냐, 그게 바로 '삶의 질'을
 결정 지어요."

드라마 〈미생〉 중에서 석율역의 배우 변요한의 대사

보호대상인 저작물

제1절 저작물의 성립요건

1. 성립요건과 창작성

제2조(정의) 이 법에서 사용하는 용어의 뜻은 다음과 같다.
1. "저작물"은 인간의 사상 또는 감정을 표현한 창작물을 말한다.

저작물은 인간의 사상 또는 감정을 표현한 창작물을 의미한다(법 제2조 제1호). 따라서 인간의 정신적 노력에 의하여 창출된 사상이나 감정의 창작적 표현물이라 하면 모두 저작물로 인정될 수 있다.[1] 따라서 저작물은 '인간의 사상 또는 감정을 표현' 및 '창작성의 존재'를 모두 갖추어야 인정될 수 있다. 이것을 저작물의 성립요건이라 한다. 어떠한 창작의 결과물이 저작물로써 저작권법에 의한 보호를 받을 수 있는지 여부를 판단하는 기준은 이 저작물의 성립요건이다. 이 성립요건이 중요한 이유이다. 이 요건을 구체적으로 살펴본다.

첫째, 인간의 사상 또는 감정을 표현한 것이어야 한다.

---

[1] 이에 관하여 2006년 개정되기 이전의 저작권법에서는 저작물을 "문화·학술 또는 예술의 범위에 속하는 창작물을 말한다."고 규정하고 있었는데, 점차 문화·학술 또는 예술의 범위에 속하지 않는 성격의 저작물 유형(컴퓨터프로그램, 설계도면 등)까지도 저작권 보호대상으로 확대되는 경향을 고려하여, 개정법에서는 '문화·학술 또는 예술의 범위에 속하는'이라는 요건을 삭제하였다. 그리고 '인간의 사상 또는 감정을 표현한'의 요건을 추가한 것이다. 그런데, 법문의 개정내용으로만 보면 저작권 보호의 대상이 되는 저작물의 외연이 확대된 것으로 생각할 수도 있겠으나 실제로는 기존에도 지적(知的) 또는 문화적 포괄개념에 속하는지 여부가 중요한 것으로 보았으므로 해석의 차이를 둘 필요는 없다고 한다. 이해완, 「저작권법」, 제2판, 박영사, 2012, 23면; 오승종, 「저작권법」, 제4판, 박영사, 2016, 44면.

저작물은 인간의 사상 또는 감정을 표현한 것이어야 하며, 인간이 아닌 것에 의하여 창작된 것은 저작물로 인정될 수 없다. 예를 들어 소프트웨어를 실행시킨 결과 자동으로 그림이 그려지는 것이나 자동으로 조각이 새겨지는 것, 침팬지가 그림을 그리는 것 혹은 사진을 찍는 것 등은 인간에 의한 것이 아니므로 저작물에 해당되지 않는다.

최근에는 인공지능 등에 의한 창작에 저작권을 부여하여야 할 것인지 여부에 대한 논란이 일고 있다. 저작권의 기본원칙 및 헌법·소유권 제도 및 우리나라와 같은 대륙법계 국가의 경우에는 인격권의 존재 등을 고려 할 때, 인간이 아닌 것에 저작권을 직접 부여하고 저작권에 기한 경제적 이익을 직접 향유하도록 하는 것은 아직까지는 부정적으로 보인다. 일부 국가의 경우에는 인공지능과 같은 자율적 창작도구의 소유자에게 인공지능 등이 창출한 창작물에 대한 가치를 향유할 수 있도록 하는 정도이다.

한편, 사상과 감정의 표현이어야 하므로 객관적 사실 그 자체는 이에 해당할 수 없다. 따라서 실제 동물 가죽, 바닷물에 의해 가공된 유목, 자연석에 나타난 무늬나 흠집, 코끼리가 그린 벽화 등은 사상 또는 감정을 표현한 것이 아니므로 저작물이 아니다. 또한 회원가입 양식지, 역 구내에 비치된 열차시간표 및 요금표 등도 그것이 인간의 정신적 활동의 산물이라 할 수는 없다.[2] 최근에는 바둑 기보를 저작물로 볼 수 있는지 여부에 대한 논의가 이루어지고 있는데, 바둑은 우연적 요소가 아니고 인간의 정신활동에 의한 것이므로 사상과 감정의 표현에 해당할 수 있다는 견해[3]와 일정한 규칙과 제한 안에서 승패를 위한 전략적 선택일 뿐이지 사상과 감정의 표현으로 볼 수 없다는 견해로 구분된다.

이때, 인간의 사상 또는 감정은 외부적·객관적으로 표현된 것이어야 한다. 사상 또는 감정(아이디어)은 표현 안에서 구체화될 수 있다. 단순히 사상 또는 감정이 머

---

[2] 물론 양식지 등의 편집 등에 창작성이 인정되는 경우에는 구체적 사안에 따라 편집저작물에 해당할 수 있다.

[3] 한편, 긍정설의 입장에서 저작권법 개정이 시도된 사례가 있다. 제20대 국회에서 조훈현 의원이 대표발의한 저작권법 개정안(의안번호: 1408, 발의연월일: 2016. 8. 4.)은 바둑 기보를 저작물의 예로 명시하는 개정안을 제출한 바 있다. 이 개정안은 기존의 저작권법 제4조 제1항 제8호에서 규정하는 도형저작물의 예시에 '기보(棋譜)'를 추가하는 것을 내용으로 하였다. 물론 이 조항에 명시 여부와 상관없이 명시된 것 자체로 모두 저작물성을 인정받는 것은 아니고 개별 기보가 저작물의 성립요건을 충족하는지 여부를 판단하여야 한다는 점은 기존과 다르지 않다.

릿속에 존재하는 정도로는 저작권법의 목적을 달성할 수 없으며, 그것이 외부로 표출되어야 한다는 것이다. 저작권법상 보호의 대상이 되는 표현은 표현을 이루는데 사용되는 도구(기법, 화풍 등)가 아니라 외부에 나타난 표현 그 자체를 의미한다. 특히 구체적인 글 그 자체, 소리나 시각적 묘사뿐만 아니라, 저작물에 내재하는 아이디어와 문자적 표현 사이에 존재하는 층을 포함하는 해당 저작물 표면에 놓여 있는 요소까지 표현의 범주로 본다.[4] 이때 아이디어와 문자적 표현 사이에 존재하는 층은 통상 비문자(비문언)적 표현이라 한다. 비문자적 표현은 구체적인 사건의 전개과정, 세부적인 등장인물의 성격 등이 해당된다. 객관적인 표현이 존재하면 되는 것이므로 골방에서 노래를 불러서 타인이 듣지 못하였거나, 비밀일기장이어서 타인이 볼 수 없다는 등의 이유로 표현이라는 점이 부정되지 않는다. 즉 공표와 표현은 구별된다.

둘째, 창작성이 있는 것이어야 한다.

창작성은 실질적으로 타인의 것을 모방하지 않고 독자적으로 창작된 것을 의미하는 상대적 개념이다.[5] 따라서 특허법 등의 요건인 '신규성' 및 '진보성' 등과는 큰 차이가 있다. 한편, 창작성은 예술성과도 구분되므로, 예술성이 낮다고 하여 창작성이 인정되지 않는 것은 아니다. 즉 예술성이 낮더라도 창작성이 인정되어 저작물로서 저작권이 부여될 수도 있는 것이다.

창작성의 인정 근거는 통상 노동이론의 관점과 유인이론의 관점으로 구분된다. 노동이론의 관점에서는 저작자의 정신적 노력에 대한 대가로서 창작성을 인정, 즉 저작권을 부여한다고 본다. 반면 유인이론의 관점에서는 저작자의 노력 여부는 크게 중요하지 않으며 사회의 문화적 발전 등을 유인할 수 있는 일정 수준의 창작성이 인정될 수 있어야만 창작성을 인정하여 저작권을 부여할 수 있다고 본다.

> **대법원 1995. 11. 14. 선고 94도2238 판결('세탁학기술개론' 사건)**
>
> 창작성이란 완전한 의미의 독창성을 말하는 것은 아니며 단지 어떠한 작품이 남의 것을 단순히 모방한 것이 아니고 작자 자신의 독자적인 사상 또는 감정의 표현을 담고 있음을 의미할 뿐이어서 이러한 요건을 충족하기 위하여는 단지 저작물에 그 저작자

---

4) Paul Goldstein, *Goldstein in Copyright*, Vol. Ⅱ, LexisNexis (2010), p.2:33.
5) 오승종, 「저작권법 강의」, 제4판, 2023, 24면.

나름대로의 정신적 노력의 소산으로시의 특싱이 부여되어 있고 다른 저작자의 기존의 작품과 구별할 수 있을 정도이면 충분하다.

대법원 2005. 1. 27. 선고 2002도965 판결('설비제안서도면' 사건)

창작성이란 완전한 의미의 독창성을 말하는 것은 아니며 단지 어떠한 작품이 남의 것을 단순히 모방한 것이 아니고 작자 자신의 독자적인 사상 또는 감정의 표현을 담고 있음을 의미하므로 누가 하더라도 같거나 비슷할 수밖에 없는 표현, 즉 저작물 작성자의 창조적 개성이 드러나지 않는 표현을 담고 있는 것은 창작성이 있는 저작물이라고 할 수 없다.

위의 첫 번째 판례의 관점은 창작성은 독자적으로 만들어진 것이면 인정될 수 있다는 입장[6]인 반면, 두 번째 판례의 관점은 창작성은 독자적으로 만들어져야 할 뿐만 아니라 타인과 구분되는 작자의 창조적 개성이 함께 요구된다는 입장으로 나타난다. 여러 가지를 종합하면, 현재 우리나라 대법원의 입장은 대체로 창조적 개성을 요구하는 유인이론의 관점에서 창작성의 인정 근거를 찾고 있는 것으로 보인다.

그런데 창조적 개성의 정도는 소설, 음악 등과 같은 문예적 저작물 보다는 설계도면, 컴퓨터프로그램 등과 같은 기능적 저작물에 엄격하게 적용될 수밖에 없다. 일반적으로 창조적 개성은 최소한도의 이상일 것이 요구되는데, 기능·소재·사실이나 원작물과의 관계 등을 고려할 때 표현의 자유도가 낮다는 등의 특성을 갖는 대상에 대하여는 상대적으로 높은 정도의 창조적 개성을 최소한도의 기준으로 보기도 한다. 즉, 최소한도의 창조적 개성은 구체적 사안에서 상이한 기준을 적용받게 되는 것이다. 예를 들어 CAD 도면의 경우에는 그 작성방식의 정형성 및 제한성, 도면작성 대상 등 창조적 개성이 표출될 수 있는 다양성이 확보되지 못하므로 상대적으로 높은 수준의 창작성을 요구할 수밖에 없는 것이다. 이러한 경우에는 저작권법에 의하여 보호받는 범위가 문예적 저작물에 비하여 상대적으로 좁다. 정도의 문제를 포함하는 개념인 창조적 개성 인정을 위한 구체적인 수준은 대상 저작물의 유형 및

---

6) '세탁학기술개론 사건'의 판례에서 '다른 저작자의 기존의 작품과 구별할 수 있을 정도이면 충분하다.'라는 판시를 단순히 정신적 노동만으로 이루어진 작품이 아니라 누가 하더라도 동일하거나 유사할 수밖에 없는 작품과 구별되는 일정한 창작적 유인이 이루어질 수 있을 것을 의미하는 것으로 보아 유인이론의 관점을 나타내는 것으로 해석할 수 있다고 한다. 오승종(2023), 27면.

기능이나 내용 등에 따라 개별적으로 판단될 수밖에 없다.

2. 아이디어 · 표현 이분법

인간의 창작적 표현만이 저작물이 될 수 있으며, 사상이나 감정 그 자체는 저작물이 될 수 없다. 즉, 사상 및 감정과 같이 아이디어에 속하는 것은 저작권이 부여되지 않고 표현에 해당하는 부분만이 저작권 부여가 가능하다는 원칙을 '아이디어 · 표현 이분법'이라 한다. 따라서 아무리 많은 노력과 창작적인 사상이 발현된 것이라 하더라도 그것이 표현으로 나타나지 않고, 아이디어 차원이라면 저작권이 발생하지 않으므로 누구라도 이를 자유롭게 이용할 수 있다.[7]

아이디어나 이론 등의 사상 및 감정 그 자체는 설사 그것이 독창성, 신규성이 있다 하더라도 원칙적으로 저작물일 수 없으며, 저작권법에서 정하고 있는 저작인격권 및 저작재산권의 보호대상이 되지 않는다. 특히 학술의 범위에 속하는 저작물의 경우 그 학술적인 내용은 만인에게 공통되는 것이고, 누구에 대하여도 그 자유로운 이용이 허용되어야 하는 것이므로 그 저작권의 보호는 창작적인 표현형식에 있지 학술적인 내용에 있는 것은 아니다. 따라서 저작권의 보호대상은 아이디어가 아닌 표현에 해당하고, 저작자의 독창성이 나타난 개인적인 부분에 한하므로, 저작권의 침해 여부를 가리기 위하여 두 저작물 사이에 실질적인 유사성이 있는가 여부를 판단함에 있어서도 창작적 표현에 해당하는 부분만을 가지고 대비하여야 한다. 즉, 저작권이 부여될 수 있는 것은 '창작성이 있는 표현'에 한정되고, 창작성이 있는 아이디어, 창작성이 없는 표현 등은 저작권이 부여될 수 없다.

> **대법원 1993. 6. 8. 선고 93다3073, 3080 판결('희랍어 분석방법' 사건)**
>
> 저작권법에 의하여 보호되는 저작물은 문학 · 학술 또는 예술의 범위에 속하는 창작물이어야 하는바(저작권법 제2조 제1호), 여기에서 창작물이라 함은 저작자 자신의 작품으로서 남의 것을 베낀 것이 아니라는 것과 수준이 높아야 할 필요는 없지만 저작권법에 의한 보호를 받을 가치가 있는 정도로 최소한도의 창작성이 있다는 것을 의미한

---

7) 물론 저작권법의 측면에서 자유로운 이용이 가능하다는 의미이고, 만약 그 표현물이 특허권 등과 같은 다른 권리가 부여되어 있다면 저작권법상의 자유로운 이용이 허용된다고 하더라도 해당 특허권자의 허락이 있어야 그 이용(실시)이 가능하다.

다(대법원 1997. 11. 25. 선고 97도2227 판결 참조). 그리고 저작권법이 보호하는 것은 문학·학술 또는 예술에 관한 사상·감정을 말·문자·음·색 등에 의하여 구체적으로 외부에 표현하는 창작적인 표현형식이고, 그 표현되어 있는 내용 즉 아이디어나 이론 등의 사상 및 감정 그 자체는 설사 그것이 창작성이 있다 하더라도 원칙적으로는 저작권법에서 정하는 저작권의 보호대상이 되지 아니하며, 특히 학술의 범위에 속하는 저작물의 경우 그 학술적인 내용은 만인에게 공통되는 것이고 누구에 대하여도 자유로운 이용이 허용되어야 하는 것으로서 그 저작권의 보호는 창작적인 표현형식에 있지 학술적인 내용에 있는 것은 아니므로, 저작권의 침해 여부를 가리기 위하여 두 저작물 사이에 실질적인 유사성이 있는가의 여부를 판단함에 있어서도 창작적인 표현형식에 해당하는 것만을 가지고 대비하여야 할 것이다(대법원 1993. 6. 8. 선고 93다3073, 3080 판결 참조).

원심판결 이유에 의하면, 원심은 그 판시와 같은 사실을 인정한 다음 원고의 경우 비록 기존의 전통 한의학이론이나 다른 서적들에 의하여 이미 알려진 상응요법, 오지 진단법 등의 이론을 기초로 하였으나 이를 체계적으로 정리하여 새로운 수지침이론을 정립하였음은 물론 이를 원고 나름대로의 표현방식에 따라 이 사건 원고 저작물인 'B강좌'를 저술한 이상 이는 원고의 창조적인 정신적 노력에 의하여 만들어진 작품으로서의 성격을 가지고 있다 할 것이고 거기에 일부 기존의 이론 등이 포함되었다 하여 이를 달리 볼 것이 아니므로 원고의 'B강좌'는 저작권법에 의하여 보호되는 저작물로서의 창작성을 가지고 있고, 피고는 그 저작물인 'A강좌'를 저술하여 제작함에 있어 'B강좌'의 이론 전개 방식이나 서술 내용, 그림, 도표 등을 그대로 인용하거나 일부 변경 또는 순서를 바꾸는 등의 방법으로 원고 저작물을 실질적으로 복제함으로써 원고의 'B강좌'에 대한 저작권을 침해하였다고 판단하였다.

기록과 위 법리에 비추어 살펴보면 원심의 이와 같은 사실인정과 판단은 옳고, 거기에 채증법칙 위배로 인한 사실오인이나 법리오해 등의 위법이 있다고 할 수 없다.

상고이유 주장은 이유 없다.

그런데, 아이디어와 표현의 경계는 명확하게 기준이 정해진 것은 아니다. 저작물의 종류, 특성 및 내용에 따라 저작권으로 보호받는 표현 부분과 보호받지 못하는 아이디어에 해당하는 부분을 구분하는 구체적인 경계는 다르다. 문학과 같은 예술 작품에 대해서는 표현이 넓게 인정될 수 있을 것이나, 일정한 사실을 바탕으로 하거나 특정한 기능을 구현하는 것을 전제로 한 표현의 경우에는 표현의 범주를 넓게 보아 저작권을 넓게 인정하게 되면 지나치게 저작권을 넓게 보호하게 되어 학문 및 예술 등의 자유를 제약하는 효과를 가져올 수 있기 때문이다.

결국 아이디어와 표현을 분리하는 방법은 각 저작물에 따라 또한 각 사안에 따라 개별적으로 판단되어야 하는 문제이다.[8] 이때의 판단은 저작권법이 기본 원칙으로 제시하고 있는 창작에 대한 인센티브와 공공의 이용 사이에서 균형이 유지되어야 한다는 점을 고려하여야 한다. 이에 관한 예로서, 희곡 '키스'의 제1막 대사 중 대부분을 차지하는 "나 여기 있고 너 거기 있어"의 대사가 저작권법이 보호하는 표현에 해당하는지에 관하여 이를 부정한 사례, 방송프로그램의 제목을 표현하는 방식, 출연자가 상대방을 '여자 0호'라고 부르는 방식, 출연자의 등장방식, 자기소개 방식, 도시락 선택으로 호감을 표현하는 방식, 게임으로 데이트권을 얻는 방식 등에 관하여 이를 저작권법이 보호하는 표현으로 볼 수 있는지에 관하여 이를 부정한 사례 등이 있다.

> ### 서울고등법원 2006. 11. 14. 자 2006라503 결정('왕의 남자' 사건)
>
> #### 2. 소명사실
>
> 이 사건 기록에 심문 전체의 취지를 종합하면, 다음 각 사실이 소명된다.
>
> 가. 신청인은 1996. 11.경 희곡 '키스'를 저작한 희곡작가 겸 대학교수이고, 피신청인들은 2005. 12. 29. 국내 개봉된 영화 '왕의 남자'의 제작사(피신청인 1, 2), 영화감독(피신청인 3), 배급사(피신청인 4)이다.
>
> 나. 희곡 '키스'의 제1부에서 주인공 남녀가 서로 떨어져 서 있는 가운데 별지 제3목록 기재와 같은 대사(그중 밑줄 그은 부분인 '나 여기 있고 너 거기 있어'라는 대사가 영화 '왕의 남자'에서 표절하였다는 부분이다. 이하 '이 사건 대사'라 한다)를 하고 있는데, 희곡 '키스'는 '소통의 부재'라는 주제를 효과적으로 나타내기 위하여 이 사건 대사와 이 사건 대사의 변주된 표현들을 치밀하게 배열하여 반복 사용하고 있다.
>
> 다. 영화 '왕의 남자'의 초반부 제8장과 마지막 제83장에서는 조선시대의 광대인 두 주인공 장생과 공길의 장님놀이 장면이 나오는데, 그 장면과 대사는 별지 제2목록 기재와 같고, 그중 제83장은, 장생과 공길이 외줄을 위에서 줄을 힘껏 튕겨 하늘 높이 띄우는 영화의 마지막 장면(제82장) 이후에, 엔드 크레딧(End Credits: 어느 영화의 제작에 관여한 모든 사람들의 이름을 자막으로 보여주는 것)이 오르면서, 장생, 공길, 칠

---

8) Peter Pan Fabrics, Inc. v. Martin Weiner Corp., 274 F.2d 487, 489 (2d Cir. 1960).

득, 팔복 등이 꽹과리와 북을 치며 걸어가는 장면과 영화의 한 장면이었던 장생과 공길의 장님놀이가 재영되고 있다.

라. 영화 '왕의 남자'의 원작 희곡인 '이(爾)'는 말장난, 성대모사, 흉내내기, 재담, 음담패설 등 언어유희를 이용하여 시정을 풍자하고 정치적 비리를 고발했던 조선시대의 소학지희(笑謔之戲)를 통하여 극의 갈등과 인물관계를 전개하고 있는데, 그중 장생과 공길의 장님놀이 장면에서 이 사건 대사가 사용되고 있다.

3. 피보전권리에 관한 판단

가. 저작권 침해 여부에 관한 판단기준

어문저작물로서 저작권법에 의하여 보호를 받기 위하여는 우선 그것이 '창작성 있는 표현'에 해당하여야 하고, 또한 저작권 침해를 인정하기 위해서는 ① 주관적 요건으로서, 침해자가 저작권 있는 저작물에 의거하여 그것을 이용하였을 것, ② 객관적 요건으로서, 침해저작물과 피침해저작물과의 실질성 유사성이 인정되어야 하며, 특히 어문저작물의 경우에는 작품 속의 특정한 행이나 절 또는 기타 세부적인 부분이 복제됨으로써 양 저작물 사이에 문장 대 문장으로 대칭되는 부분적 문자유사성(fragmented literal similarity)뿐만 아니라 작품 속의 본질 또는 구조를 복제함으로써 전체로서 포괄적인 유사성(comprehensive nonliteral similarity)도 감안하여야 할 것이다.

나. 이 사건 대사의 창작성 여부

이 사건 대사는 일상생활에서 흔히 쓰이는 표현으로서 저작권법에 의하여 보호받을 수 있는 창작성 있는 표현이라고 볼 수 없고, 또한 소을 제1, 2호증의 각 기재에 의하면, 시(詩) 등 다른 작품에서도 이 사건 대사와 유사한 표현들이 자주 사용되고 있음을 알 수 있다.

다. 실질적 유사성 여부

앞서 본 바와 같이 신청인의 어문저작물인 희곡 '키스' 제1부에서는 별지 제3목록 기재와 같이 이 사건 대사 및 이 사건 대사의 변주된 표현들을 치밀하게 배치하여 이러한 일련의 표현들의 결합을 통하여 인간 사이의 '소통의 부재'라는 주제를 표현하고 있는 반면, 영화 '왕의 남자'에서 사용된 이 사건 대사는 영화대본 중의 극히 일부분(영화대본은 전체 83장으로 되어 있는데, 그중 2개의 장의 일부에 인용되고 있다)에 불과할 뿐만 아니라, 이 사건 대사는 장생과 공길이 하는 '맹인들의 소극(笑劇)'에 이용되어 관객으로 하여금 웃음을 자아내게 하거나(8장), 영화가 끝난 뒤 엔드 크레딧과 함께 '맹인들의 소극' 장면을 보여줌으로써 관객으로 하여금 영화 '왕의 남자'가 광대들의 눈을 통하여 조선시대 제10대 왕인 연산군을 둘러싼 갈등과 이로 인한 죽음을 표현하고자 하였던 다소 무거운 이야기에서 벗어나 다시 일상으로 돌아가 웃을 수 있게 만드는 것이어서, 이 사건 대사가 '소통의 부재'라는 주제를 나타내기 위한 표현으로 사용되었다고 볼 수 없으므로, 양 저작물은 실질적인 유사성이 없다고 할 것이다.

대법원 2017. 11. 9. 선고 2014다49180 판결('짝' 사건)[9]

1. 상고이유 제1점에 대하여

가. (1) 저작권법 제2조 제1호는 저작물을 '인간의 사상 또는 감정을 표현한 창작물'로 규정하여 창작성을 요구하고 있다. 여기서 창작성은 완전한 의미의 독창성을 요구하는 것은 아니라고 하더라도 창작성이 인정되려면 적어도 어떠한 작품이 단순히 남의 것을 모방한 것이어서는 아니 되고 사상이나 감정에 대한 작자 자신의 독자적인 표현을 담고 있어야 한다. 그리하여 누가 하더라도 같거나 비슷할 수밖에 없는 표현, 즉 저작물 작성자의 창조적 개성이 드러나지 아니하는 표현을 담고 있는 것은 창작성이 있다고 할 수 없다(대법원 2011. 2. 10. 선고 2009도291 판결 등 참조).

구체적인 대본이 없이 대략적인 구성안만을 기초로 출연자 등에 의하여 표출되는 상황을 담아 제작되는 이른바 리얼리티 방송 프로그램도 이러한 창작성이 있다면 저작물로서 보호받을 수 있다. 리얼리티 방송 프로그램은 무대, 배경, 소품, 음악, 진행방법, 게임규칙 등 다양한 요소들로 구성되고, 이러한 요소들이 일정한 제작 의도나 방침에 따라 선택되고 배열됨으로써 다른 프로그램과 확연히 구별되는 특징이나 개성이 나타날 수 있다. 따라서 리얼리티 방송 프로그램의 창작성 여부를 판단할 때에는 그 프로그램을 구성하는 개별 요소들 각각의 창작성 외에도, 이러한 개별 요소들이 일정한 제작 의도나 방침에 따라 선택되고 배열됨에 따라 구체적으로 어우러져 그 프로그램 자체가 다른 프로그램과 구별되는 창작적 개성을 가지고 있어 저작물로서 보호를 받을 정도에 이르렀는지도 고려함이 타당하다.

(2) 저작권의 침해 여부를 가리기 위하여 두 저작물 사이에 실질적인 유사성이 있는지 여부를 판단할 때에는, 창작적인 표현형식에 해당하는 것만을 가지고 대비해 보아야 하고, 표현형식이 아닌 사상 또는 감정 그 자체에 독창성·신규성이 있는지를 고려하여서는 아니 된다. 저작권의 보호 대상은 인간의 사상 또는 감정을 말, 문자, 음, 색 등에 의하여 구체적으로 외부에 표현한 창작적인 표현형식이고, 거기에 표현되어 있는 내용 즉 아이디어나 이론 등의 사상 또는 감정 그 자체는 원칙적으로 저작권의 보호 대상이 아니기 때문이다(대법원 2013. 8. 22. 선고 2011도3599 판결 등 참조).

---

9) 본 사건은 대법원에서 일부 파기환송되어 서울고등법원에서 조정(서울고등법원 2018. 5. 18. 자 2017나28964 조정조서)으로 종결되었다.

나. 이러한 법리와 아울러 적법하게 채택된 증거들에 비추어 알 수 있는 아래와 같은 사정들을 종합하여 보면, 원심 판시 원고 영상물은 리얼리티 방송 프로그램으로서 아래에서 보는 기존의 방송 프로그램과 구별되는 창작적 특성을 갖추고 있어 특별한 사정이 없는 한 저작물로서 보호 대상이 될 수 있다.

(1) 원고 영상물은 결혼적령기에 있는 일반인 남녀가 '애정촌'이라는 공간에 모여 일정 기간 함께 생활하면서 자기소개, 게임, 데이트 등을 통해 자신의 짝을 찾아가는 과정을 녹화한 리얼리티 방송 프로그램이다.

기존에도 결혼적령기에 있는 남녀들이 출연하여 게임, 대화 등을 통해 최종적으로 자신의 마음에 드는 상대방을 선택하여 짝을 이루는 형식의 방송 프로그램은 존재하였다. 하지만 원고 영상물은 프로그램을 진행하는 사회자가 없이 출연한 남녀들이 한 장소에 모여 합숙 생활을 하면서 제작진이 정한 규칙에 따라 행동하도록 하고 그 과정에서 일어나는 상호작용을 대상으로 삼아 객관적으로 관찰할 수 있도록 한다는 점에서 기존에 존재하던 프로그램과는 구별되는 특징이 있다.

(2) 원고 영상물은 출연한 남녀들이 짝을 찾아가는 모습을 최대한 꾸밈없이 드러나도록 하고 시청자들이 이를 객관적으로 관찰하는 느낌을 갖도록 여러 가지 요소들을 선택하여 결합하고 있다.

즉, 프로그램에 출연하는 남녀들이 상당 기간 동안 사회로부터 격리되어 합숙하면서 짝을 찾는 일에만 몰두하게 할 뿐만 아니라, 출연자의 나이와 직업을 제외하고는 나머지 신상정보가 드러나지 아니하도록 하고, 남녀별로 각각 통일된 유니폼을 입도록 하며, 출연자들을 좀 더 객관화된 대상으로 표현하기 위하여 남자 1호, 여자 1호 등과 같이 사회에서 일반적으로 사용하지 아니하는 호칭을 사용한다.

그리고 자기소개 시간을 통해 출연자가 자신의 매력을 드러내도록 하고, 같이 도시락을 먹을 이성 상대방을 선택하도록 하며, 원하는 이성 상대방과 데이트할 권리를 획득하기 위하여 동성 간에 경쟁을 하도록 하는 등의 장치를 통해 일반 사회에서 짝을 찾기 위한 경쟁의 모습을 좀 더 축소하여 상징적으로 보여주고 있다.

여기에 제작진과의 속마음 인터뷰나 가족과의 전화 통화 등의 요소를 프로그램 중간 중간에 배치하여 출연자의 솔직한 모습과 속마음을 드러내어 시청자들에게 전달하도록 하고 있다.

나아가 이러한 전체적인 사건의 진행이나 출연자의 심리 등을 다큐멘터리 프로그램과 같이 평어체와 문어체를 사용하는 성우의 내레이션을 통해 시청자들에게 전달함으로써 짝을 찾아가는 남녀의 모습을 객관적으로 관찰하는 느낌을 극대화하고 있다.

(3) 원심이 들고 있는 원고 영상물을 이루는 개별적인 요소들은 아이디어의 영역에 속하거나 다른 프로그램에서도 이미 사용되는 등의 사정으로 인해 그 자체로만 보면

창작성을 인정하기에 부족한 점이 있다. 그러나 원고 측의 축적된 방송 제작 경험과 지식을 바탕으로 위와 같은 프로그램의 성격에 비추어 필요하다고 판단된 요소들만을 선택하여 나름대로의 편집 방침에 따라 배열한 원고 영상물은 이를 이루는 개별요소들의 창작성 인정 여부와는 별개로 구성요소의 선택이나 배열이 충분히 구체적으로 어우러져 위에서 본 기존의 방송 프로그램과는 구별되는 창작적 개성을 가지고 있다고 할 수 있다.

3. 합체의 원칙과 필수장면의 원칙, 사실상의 표준

아이디어·표현 이분법과 관련된 개념으로 합체(merge)의 원칙과 필수장면(Scènse à Faire)의 원칙, 그리고 사실상의 표준 원칙이 있다.

합체의 원칙은 어떠한 아이디어를 표현하는데 있어서 해당 아이디어를 표현하는 방법이 특정의 표현 이외에 달리 표현할 수 없는 경우(이러한 경우를 아이디어와 표현이 합체되었다고 한다), 그 표현에 저작권을 부여하여 보호하게 되면 사실상 그 아이디어까지 저작권으로 보호하게 되는 결과를 가져오므로, 이러한 표현은 저작권을 부여하지 않다는 원칙이다. 이는 아이디어와 합체되는 표현을 저작권으로 보호하게 되면 해당 아이디어에 대해서도 독점을 인정하게 되므로, 아이디어의 자유로운 유통을 보장하도록 하기 위함을 이유로 한다. 합체의 원칙은 설계도, 컴퓨터프로그램 등 기능적 용도를 갖는 저작물에서 주로 나타난다.

필수장면의 원칙은 어떠한 아이디어를 표현으로 구현하고자 할 때 필연적으로 포함되어야 할 수밖에 없는 표현에는 저작권을 부여하지 않는다는 원칙이다. 즉, 어떠한 작품 유형에 따라 전형적으로 내포되어 있는 플롯 등의 경우에는 각기 요소가 표현에 해당한다고 하더라도 저작권을 부여하여서는 안된다는 원칙이다. 이 원칙은 합체의 원칙과 유사한 개념을 갖고 있으나, 필수장면의 원칙이 주로 소설, 희곡 등과 같은 저작물에 주로 적용되는 반면, 합체의 원칙은 설계도, 컴퓨터프로그램 등과 같은 기능적 저작물에 주로 적용된다는 점에 차이가 있다.

한편, 저작자가 창작을 할 당시에는 특정한 아이디어를 표현할 수 있는 방법이 매우 다양하여 해당 표현에 저작권을 부여하는 것이 문제가 없었으나, 이후 여러 가지 현실 및 환경변화로 인하여 그 아이디어를 표현하기 위해서는 동일한 표현만을 이용할 수밖에 없는 경우, 즉 표준화된 경우가 있다. 이를 사실상의 표준(de facto standards)이라 한다. 표준화된 표현에 저작권을 부여하게 되면 다른 경쟁자가 새로운 제품으로 시장에 진입하는 것을 사실상 막는 효과를 가져올 수 있다. 자유로운 경쟁을 제약하는 것은 사회 전체의 이익에 반하므로 부적절한 것으로 본다. 이에 표준화된 표현은 표준화가 이루어지기 전에는 당연히 저작권이 부여될 수 있지만, 표준화 이후에는 저작권에 의한 보호가 제한될 수 있다.

제 2 절   저작물의 유형

1. 서   설

저작권법은 저작물의 종류와 관련하여 어문저작물, 음악저작물, 연극저작물, 미술저작물, 건축저작물, 사진저작물, 영상저작물, 도형저작물 및 컴퓨터프로그램저작물을 예시한다. 이와 같은 저작물의 유형은 단순히 예시에 불과하므로 제시된 유형 중 어느 하나에 명확하게 해당하지 않는다고 하더라도 저작물의 성립 요건을 충족하였다면 저작권법에 의하여 보호를 받는 저작물로 인정된다.

저작권법은 저작물의 예시로 소설·시·논문·강연·연설·각본 그 밖의 어문저작물, 음악저작물, 연극 및 무용·무언극 그 밖의 연극저작물, 회화·서예·조각·판화·공예·응용미술저작물 그 밖의 미술저작물, 건축물·건축을 위한 모형 및 설계도서 그 밖의 건축저작물, 사진저작물(이와 유사한 방법으로 제작된 것을 포함한다), 영상저작물, 지도·도표·설계도·약도·모형·그 밖의 도형저작물, 컴퓨터프로그램저작물을 명시하고 있다(법 제4조 제1항).

이처럼 저작권법에 의하여 보호되는 저작물 유형은 매우 다양하게 존재하고 있으며, 역사적으로도 저작물의 유형은 불변하는 것이 아니라 그 유형이 점차 확장되고 있다.[10] 따라서 저작권이 부여되는 대상, 즉 저작물의 유형은 명확하게 한정될 수 있는 것이 아니라, 시대 및 산업 등의 요청에 따라 다르게 존재할 수 있는 것이

---

10) 미국의 경우를 보더라도 1790년도 이후 계속적으로 저작물의 유형이 확장(1790년: 지도·도표 및 인쇄된 서적, 1802년: 디자인·판화 및 에칭, 1831년: 작곡, 1856년: 연극적 구성, 1865년: 사진 및 네가티브, 1870년: 조상(彫像) 및 모형, 1908년: 저작자의 모든 저술, 1912년: 영화, 1972년: 녹음물, 1976년: 컴퓨터프로그램)되고 있다.

다. 이에 어떠한 작품이 저작물에 해당하는지, 즉 저작권법에 의하여 보호를 받을 수 있는 대상인지 여부를 판단할 때에는 앞서 예시된 저작물 유형에 속하는지 여부를 기준으로 판단할 것이 아니라, 해당 대상이 저작물의 성립요소를 모두 충족하는지 여부를 기준으로 판단하여야 한다. 다만, 이어서 살펴볼 내용과 같이 저작물 성립요소는 동일하게 적용되더라도, 각각의 저작물 유형에 따른 특성이 존재하므로 이러한 점을 함께 고려하여야 한다.

한편, 1957년 저작권법 제정 당시 제2조는 '저작물의 예시'에 현행법이 규정한 예시 외에도 '연주・가창・음반'도 포함하였으나 1986년 12월 31일 저작권법이 개정되면서 이들은 저작인접권의 보호대상이 되었다. 2009년 개정되기 전 저작권법 제4조 제2항은 "위 제9호의 컴퓨터프로그램저작물의 보호 등에 관하여 필요한 사항은 따로 법률로 정한다."라고 규정하고 1986년 「컴퓨터프로그램보호법」이 별도로 제정되었다가 2009년 저작권법 개정으로 컴퓨터프로그램보호법이 저작권법에 흡수되어 종전 저작권법 제4조 제2항은 삭제되었다.

> **제4조(저작물의 예시 등)** ① 이 법에서 말하는 저작물을 예시하면 다음과 같다.
> 1. 소설・시・논문・강연・연설・각본 그 밖의 어문저작물
> 2. 음악저작물
> 3. 연극 및 무용・무언극 그 밖의 연극저작물
> 4. 회화・서예・조각・판화・공예・응용미술저작물 그 밖의 미술저작물
> 5. 건축물・건축을 위한 모형 및 설계도서 그 밖의 건축저작물
> 6. 사진저작물(이와 유사한 방법으로 제작된 것을 포함한다)
> 7. 영상저작물
> 8. 지도・도표・설계도・약도・모형 그 밖의 도형저작물
> 9. 컴퓨터프로그램저작물
> ② 삭제

2. 어문저작물

어문저작물은 소설・시・논문・강연・연설・각본 등 언어나 문자에 의하여 표현된 저작물을 의미한다. 소설・시・논문 등과 같이 문자로 이루어진 것뿐만 아니라 강연・연설 등과 같이 구술로 표현된 저작물도 이에 속한다. 어문저작물에 속하는 것으로는 저작권법에 예시되어 있는 소설・시・논문・강연・연설・각본 이외에도 일기・대학입학시험 문제・한자옥편・홍보용 팜플렛 등도 해당될 수 있다.

그런데 어문저작물의 저작물성에 대해 주로 문제되는 것은 저작물의 제호·단순한 표어·슬로건 등이 인간의 사상 또는 감정을 표현한 것으로서 저작물로 인정될 수 있는지 여부에 대한 것이다. 어문저작물로 인정되기 위해서는 창작성, 즉 창조적 개성이 표출되어 있어야 하는데, 제호·단순한 표어·슬로건 등과 같이 아주 적은 수의 단어로 조합된 경우에는 그 표현의 방법이 제한되는 것으로 볼 수 있으므로 저작물성 판단이 엄격하게 이루어지게 된다. 따라서 글이나 문장 등이 어문저작물에 해당하는지 여부와 관련하여 문장이 비교적 짧고 표현방식에 창작·궁리를 할 여지가 없거나, 단순히 사실을 소개한 것으로서 다른 표현을 상정할 수 없는 것 또는 구체적인 표현이 매우 흔한 것 등은 저작자의 개성이 반영되어 있다고 보기 어려우므로 저작권법으로 보호받을 수 있는 저작물에 해당하지 않는다.[11] 이러한 점을 고려할 때 제호나 단순한 표어, 슬로건 등은 현실적으로 저작물로 인정되기는 쉽지 않다.

서울중앙지방법원 2012. 7. 23. 자 2012카합996 결정('내가 제일 잘 나가사끼 짬뽕' 사건)

설령 현대 사회에서 제호가 갖는 사회적·경제적 중요성 등을 고려하여 제호의 저작물성을 일률적으로 부인하지 않고 제호 중 창작적 사상 또는 감정을 충분히 표현한 것을 선별하여 독립된 저작물로 보호하는 입장에 선다고 하더라도, 이 사건 제호는 '내가 인기를 많이 얻거나 사회적으로 성공하였다'는 단순한 내용을 표현한 것으로서 그 문구가 짧고 의미도 단순하여 어떤 보호할 만한 독창적인 표현형식이 포함되어 있다고 보기 어려우므로, 비록 이 사건 가요에 이 사건 제호와 동일한 가사가 반복되어 나온다 하더라도 그것만으로 이 사건 제호가 저작물로 보호되는 것은 아니다.

서울고등법원 1998. 7. 7. 선고 97나15229 판결('하이트맥주 광고문구' 사건)

삿뽀로 맥주주식회사도 온도감응잉크를 사용한 상표를 사용한 제품의 광고에서 '맛있음을 알려줍니다', '보십시오 삿뽀로의 잔은 차가운지 차갑지 않은지 문자가 알려주고 눈으로 알 수 있습니다', '지금이 마실 때입니다'라는 문구를 사용한 사실, 앞서 본 1989. 8. 21. 발행된 일본 발명협회공개기보에서도 '최적온도를 눈으로 볼 수 있는' 등의 표현이 고안의 설명 중에 사용된 사실을 각 인정할 수 있다.

---

11) 서울중앙지방법원 2008. 10. 9. 선고 2006가합83852 판결.

　판단컨대, 위에서 본 바에 의하면, 원고의 아이디어와 같이 열감지테이프나 열감지 잉크 등의 온도감응수단을 부착하여 가장 맛있는 온도에서 맥주나 음료수를 마실 수 있도록 한 고안에 대하여는 그 광고나 설명에서도 맛있는 온도를 시각적으로 확인할 수 있다는 내용이 필수적으로 포함되게 되어 있다 할 것인데, 원고가 제안한 광고문구와 피고가 사용한 위 광고문구 사이에의 각 뒷부분 '눈으로 확인하세요'와 '눈으로 확인하십시오' 부분은 그 표현에 있어 유사하고, 또한 원고가 제안한 문구의 앞부분인 '최상의 맛을 유지하는 온도'와 피고가 사용한 '가장 맛있는 온도가 되면(암반천연수 마크가 나타나는 하이트)'의 부분도 위 발명협회공개기보에 표시된 '최적온도를 눈으로 볼 수 있는' 등의 표현과 유사한 것일 뿐만 아니라, 원고가 위 제안서에 예시한 광고문구와 피고가 사용한 광고문구는 모두 '맛있는 온도'를 '눈으로 알 수 있다'는 단순한 내용을 표현한 것으로서 그 문구가 짧고, 의미도 단순하여 그 표현형식에 위 내용 외에 어떤 보호할 만한 독창적인 표현형식이 포함되어 있다고 볼 여지도 없다 할 것이어서 위 광고문구에 저작권을 인정할 수 있는 전제로서의 창작성이나 아이디어로서의 참신성을 인정할 수 없다 할 것이다.

서울남부지방법원 2013. 5. 9. 선고 2012고정4449 판결('이외수 트윗글' 사건)

　일반적으로 트윗글은 140자 이내라는 제한이 있고 신변잡기적인 일상적 표현도 많으며, 문제된 이 사건 트윗글[12] 중에도 문구가 짧고 의미가 단순한 것이 있기는 하다. 그러나, 이외수의 그러한 트윗글 조차도 짧은 글귀 속에서 삶의 본질을 꿰뚫는 촌철살인의 표현이나 시대와 현실을 풍자하고 약자들의 아픔을 해학으로 풀어내는 독창적인 표현형식이 포함되어 있는 것이 대부분이고, 각 글귀마다 이외수 특유의 함축적이면서도 역설적인 문체가 사용되어 그의 개성을 드러내기에 충분한 사실을 인정할 수 있다. 따라서, 이 사건 이외수의 트윗글은 전체적으로 이외수의 사상 또는 감정이 표현된 글로서 저작물이라 보는 것이 옳으므로 변호인의 이 부분 주장은 받아들이지 아니한다.

　단순한 문안 인사나 사실의 통지에 불과한 편지는 일반적으로 저작권에 의한 보호 대상이 아닐 수 있지만, 학자·예술가가 학문상의 의견이나 예술적 견해를 쓴 편지뿐만 아니라 자신의 생활을 서술하면서 자신의 사상이나 감정을 표현한 편지는 저작권에 의한 보호대상이 된다. 이때 편지 자체의 소유권은 수신인에게 있지만 편

---

12) 예를 들면, "변명을 많이 할수록 발전은 느려지고 반성을 많이 할수록 발전은 빨라진다.", "한 놈만 패겠다는 생각으로 올인하라. 그것이 장점이 돼 열등감을 가릴 것이다.", "그대가 그대 시간의 주인이다. 무엇이 푸르냐고 나에게 묻지 마라. 그대가 푸른 것이 곧 진실이다." 등이다.

지글의 저작권은 통상 편지를 쓴 발신인에게 남아 있게 된다.

> **서울지방법원 1995. 6. 23. 선고 94카합9230 판결('이휘소 편지글' 사건)**
>
> 저작권법에 의하여 보호를 받는 저작물이라 함은 문학, 학술 또는 예술의 범위에 속하는 창작물을 말하는바, 단순한 문안 인사나 사실의 통지에 불과한 편지는 저작권의 보호대상이 아니지만, 학자·예술가가 학문상의 의견이나 예술적 견해를 쓴 편지뿐만 아니라 자신의 생활을 서술하면서 자신의 사상이나 감정을 표현한 편지도 저작권의 보호대상이 된다고 할 것이며, 편지 자체의 소유권은 수신인에게 있지만 편지의 저작권은 통상 편지를 쓴 발신인에게 남아 있게 된다고 할 것이다.
>
> 위 소설에는 위 이휘소의 행적을 묘사하면서 중간 중간에 위 이휘소가 미국 유학을 떠난 후인 1955. 2. 5.부터 1972. 8. 30.까지 사이에 어머니인 신청외 박순희에게 보낸 40여 통의 편지를 게재하고 있는데, 그 편지의 내용은 위 이휘소가 미국에서의 유학 및 가정생활과 연구활동 등에 관한 것으로, 위 편지에는 위 이휘소가 생활속에서 느끼는 감정, 어머니와 형제 등에 대한 그리움, 물리학에 관한 평소의 생각 등이 나타나 있는 사실이 인정되므로, 위 편지는 위 이휘소의 감정과 사상이 표출되어 있는 것으로 저작물에 해당된다고 할 것이다.
>
> 한편, 위 이휘소는 1977. 6. 16. 미국 시카고 교외의 고속도로상에서 교통사고로 사망하였는데, 당시 일부에서 그가 단순한 교통사고가 아니라 교통사고를 위장하여 살해되었을 가능성이 있다는 의혹이 제기되기도 한 사실, 피신청인 공석하가 1986년경 위 이휘소를 알게 되었는데, 위 이휘소의 삶과 죽음에 관하여 관심을 갖게 되어 1987. 12. 말경 위 이휘소에 관한 자료를 수집하기 위하여 위 박순희를 찾아간 사실, 피신청인 공석하가 1988. 1.하순경 위 박순희에게 위 이휘소에 대한 존경심에서 위 이휘소에 관한 글을 쓰겠다고 하자, 위 박순희가 위 편지를 피신청인 공석하에게 건네주어 이를 위 소설에 게재하게 된 사실, 신청인들은 미국에 거주하면서 우리나라에 온 적이 없기 때문에 위 편지를 입수할 수도 없었고 위 이휘소의 사후 15년 이상이 지나도록 위 편지를 입수하려고 노력한 적도 없었으며, 국한문혼용체로 쓰여진 위 편지를 읽을 수도 없는 사실, 위 이휘소의 편지 및 행적이 공표되어 위 이휘소가 우리나라에서 유명해지기 전까지는 신청인들이 위 편지의 저작권을 주장한 바가 없는 사실이 인정된다. 따라서 위 편지의 수신인이 모두 위 이휘소의 어머니인데, 위 편지에서 위 이휘소의 유학생활 및 학문연구활동 등이 잘 드러나고 있고 위 이휘소와 신청인들의 명예를 훼손할 만한 내용이 전혀 없기 때문에 어머니인 위 박순희가 위 이휘소의 사후에 위 편지를 공개하고자 했을 경우 위 이휘소가 이를 반대하지 않았을 것으로 보이며, 미국에 거주하는 신청

인들이 위 편지에 별다른 이해관계가 없어 이를 입수하려고 노력한 흔적이 전혀 없었으므로, 위 이휘소가 어머니인 위 박순희에게 위 편지를 이용하거나 다른 사람들로 하여금 공표하는 것을 묵시적으로 승낙하였다고 볼 수 있고, 위 박순희가 피신청인 공석하에게 위 편지를 공표하는 것도 묵시적으로 허락하였다고 할 것이며, 위 소설에서 위 편지를 일부 변경하였다고 하더라도 이는 위 이휘소의 사망 후에 행해진 것으로 그 행위의 성질 및 정도에 비추어 사회통념상 그 저작자인 위 이휘소의 명예를 훼손하는 것이라고 인정되지 아니하여, 결국 신청인들이 위 이휘소의 상속인으로서 위 편지의 저작권을 상속받았음을 전제로 하는 신청인들의 위 주장 부분은 이유 없다(이렇게 보지 아니하는 경우에는 아들로부터 받은 편지를 공표한 위 박순희는 위 편지를 무단 공표함으로써 며느리 또는 손자, 손녀가 상속한 저작권을 침해한 것이 되어, 우리의 사회통념상 이를 용인할 수 없다).

3. 음악저작물[13]

(1) 개 념

음악저작물은 음에 의해 인간의 사상 및 감정을 표현한 창작물을 말하며, 음악이라면 그 장르를 불문하고 모두 포함될 수 있다. 우리나라는 저작물로 성립되기 위해서 '고정'될 것을 요건으로 하지 않기 때문에, CD 등에 수록되지 않았다고 하더라도 음악 그 자체로서 저작물이 될 수 있다.[14] 따라서 즉흥연주라 하더라도 그 표현된 악곡 및 가사 등이 음악저작물로 인정될 수 있다. 한편, 악곡뿐만 아니라 가사가 함께 수반되는 경우에는 가사를 어문저작물로 따로 볼 것이 아니라 악곡과 가사를 함께 하나의 음악저작물로 본다. 이때의 음악저작물은 결합저작물에 해당하는 것으로 보는데, 이는 악곡과 가사가 각기 분리하여 사용될 수 있다는 특징 때문이다. 물론 가사는 분리하여 별도의 저작물로 볼 수 있기 때문에 악곡과 분리하여서는 어문저작물의 성질도 갖는다.

음악저작물은 크게 가락(melody, 선율), 리듬(rhythm), 화성(harmony)으로 구성되며, 이 세 가지 요소들이 일정한 질서에 따라 선택·배열됨으로써 음악적 구조를 이루는 것으로 본다. 음악저작물의 가치는 소리 전달에 의한 느낌 또는 관념에 있

---

13) 음악저작물에 관한 내용은 최승재·김시열·이경호, 「음악저작권 침해 분쟁의 구조와 대응의 논리」, 커뮤니케이션북스, 2022에서 발췌하여 정리하였다.
14) 참고로 미국은 '고정성'을 저작물의 성립요건으로 두고 있다.

으므로, 창작성 여부는 듣는 사람의 느낌과 관념을 기준으로 하여 전체적으로 판단[15]되어야 한다.[16] 저작자의 창조적 개성이 주로 투영됨으로써 창작성 평가에서 중요한 요소로 다루어지는 것은 가락이다.[17] 장르나 연주기법 등에 따른 표현의 제약이 가장 낮으며, 표현의 다양성이 가장 높게 나타날 수 있기 때문이다.[18] 이에 실무적으로도 가락을 중심으로 하여 창작성 여부를 판단하는 경우가 다수다.[19] 또한 음악저작물이 인간의 감정에 호소할 수 있도록 하기 위해서는 사람들이 선호하는 감정과 느낌을 불러일으킬 수 있는 음의 배합을 이루어야 하는데, 음의 배열 가능성은 이론상으로 무한대이나 그중 듣기 좋은 느낌을 주는 경우는 한정되고 나아가 대중의 취향에 부합하는 경우는 더욱 한정되며, 사람의 목소리가 포함되는 가창곡의 경우 더욱 제한된다.[20]

(2) 악보의 저작권적 지위

일반적으로 음악저작물은 사람이 가창하여 발생하는 고른음과 악기에서 연주되는 고른음, 그리고 소음이 결합한 형태로 나타난다. 가락, 화성 및 리듬의 구성요소를 지니는 음악은 구성요소의 전부 혹은 일부를 조합하여 조직화한 음의 흐름을 감상하는 예술이라 할 수 있다. 즉, 음악저작물의 표현상 본질은 앞에서도 언급한 것과 같이 청각적 감상에 있다. 그런데 음악저작물에 대한 저작권 침해 분쟁 과정이나 일반적인 음악저작물에 대한 논의에서 악보를 음악저작물과 치환되는 대상으로 보는 경우가 있다.

악보는 음을 보표(음을 기보(記譜)하기 위해 5개의 선을 동일한 간격으로 가로로 그려

---

15) 시각작용과 함께 별도의 지각작용을 요구하는 어문저작물과도 차이가 있다.

16) 서울중앙지방법원 2015. 8. 21. 선고 2013가합58670 판결. 이 판결은 '화성(chord)'이라는 표현을 사용하고 있으나, '화성(harmony)'이 적합한 표현이다. 이에 본문에서는 이를 수정하여 표현하였다.

17) 권영준, 「저작권 침해판단론: 실질적 유사성을 중심으로」, 박영사, 2007, 198면.

18) 송영식 · 이상정, 「저작권법개설」, 제9판, 세창출판사, 2015, 490면.

19) 한편, 서울민사지방법원 1995. 1. 18. 자 94카합9052 결정('칵테일 사랑' 사건)에서는 주(主) 가락을 그대로 둔 채 코러스를 부가한 이른바 '코러스 편곡'으로 코러스가 상당한 비중을 차지하고 있고, 코러스 부분이 주 가락을 토대로 단순히 화음을 넣은 수준을 뛰어넘어 편곡자의 노력과 음악적 재능을 투입해 만들어져 독창성이 있다고 판단한 것과 같이, 상당한 제약은 있을 수 있겠으나 가락이 아닌 화성 등이 창조적 개성이 나타난 표현이 될 수 없는 것은 아니라고 한 바 있다.

20) 수원지방법원 2006. 10. 20. 선고 2006가합8583 판결.

놓은 표, staff)에 고정한 것을 의미한다. 과거에는 저작권법에 복제권의 개념을 명시하면서 악보 자체도 녹자적인 저삭물로 볼 수 있도록 할 어지가 있었으나,[21] 현재는 악보를 음악저작물과 대응되는 창작성 있는 표현으로 보지 않는다. 책의 활자 등은 그 안에 표현된 내용을 고정하는 수단에 불과한 것과 같이 악보 역시 음악저작물을 고정하는 것에 불과한 것이다.[22] 따라서 음악저작권 침해는 악보 자체를 허락 없이 복제하여서 발생하는 것이라기보다는 악보에 내재한 음악저작물을 저작권자의 허락 없이 복제하였기 때문에 발생하는 것이다.

(3) 관용적 표현의 문제

많은 음악저작권 침해 사건에서 사용되는 논리로써 유사한 표현 부분이 관용적 표현에 해당하므로 저작권법에 의해 보호받는 대상이 아니라고 주장하는 경우가 있다. 관용구(idiom)는 사전적으로 '관용적으로 둘 이상의 단어가 결합하여 특정한 뜻을 나타내는 언어 형태'라는 의미를 갖는다. 이 관용구는 창작성이 인정되지 않아 저작권에 의해 보호받는 표현이 될 수 없다는 것이 저작권법의 태도이다.[23] 음악을 구성할 때 관용적으로 사용되는 가락 등은 특정한 사람이 해당 관용적 표현을 독점할 수 없는 공유의 영역에 존재하는 것이므로 저작권이 부여되지 않는다는 것이다. 이론적으로 음의 배합은 무한대의 경우의 수를 갖고 있음에도 불구하고, 사람들이 선호하는 감정과 느낌을 불러일으킬 수 있도록 곡 전반에 흐르는 곡의 양식을 염두에 두고 특정의 조를 바탕으로 음을 전개하다 보면 그 배합에는 한계가 존재할 수밖에 없다.[24] 그런데 이를 보호 대상으로 삼게 되면 오히려 과도한 제한을 가하게 됨으로써 창작을 위축시킬 수 있다는 점을 미보호의 이유로 한다. 따라서 하나의 악곡에서 저작권법에 따라 보호받을 수 있는 부분은 관용구와 같이 공유의 영역에 속하는 부분을 제외한 나머지 부분에 한정된다. 다만 관용구의 인정에서 단순히 유사한 악곡이 기존에 다수 존재한다는 것만으로 관용구로 인정되지는 않는다. 만일 과거로부터 존재하는 악곡과 유사한 부분이 많이 있더라도 이와 구별되는 창작적이

---

21) 2006. 12. 28. 법률 제8191호로 개정되기 이전의 저작권법 제2조 14호에서 복제의 정의에 악보를 공연 또는 연주하는 등을 복제로 볼 수 있도록 한 바 있다.
22) 권영준(2007), 191면 등.
23) 권영준(2007), 199면.
24) 서울고등법원 2011. 4. 13. 선고 2010나77424 판결.

고 독자적인 개성이 표출된 부분이 있다면 이는 저작권이 부여될 수 있는 표현에 속할 수 있다.

> ### 서울고등법원 2017. 6. 22. 선고 2015나25893 판결('주님의 풍경에서' 사건)[25]
>
> 원저작물이 전체적으로 볼 때에는 저작권법이 정한 창작물에 해당한다 하더라도 그 내용 중 창작성이 없는 표현 부분에 대해서는 원저작물에 관한 복제권 등의 효력이 미치지 않는다. 따라서 음악저작물에 관한 저작권침해소송에서 원저작물 전체가 아니라 그중 일부가 상대방 저작물에 복제되었다고 다투어 지는 경우에는 먼저 원저작물 중 침해 여부가 다투어지는 부분이 창작성 있는 표현에 해당하는지 여부를 살펴보아야 한다(대법원 2012. 8. 30. 선고 2010다70520 판결 등 참조).
>
> 저작권법 제2조 제1호는 저작물을 '인간의 사상 또는 감정을 표현한 창작물'로 규정하고 있다. 위 규정에서 말하는 창작물이란 창작성이 있는 저작물을 말하고, 여기서 창작성이란 완전한 의미의 독창성을 요구하는 것은 아니라고 하더라도, 적어도 어떠한 작품이 단순히 남의 것을 모방한 것이 아니라 작자 자신의 독자적인 사상이나 감정의 표현을 담고 있어야 한다는 것을 의미한다(대법원 2011. 2. 10. 선고 2009도291 판결 등 참조).
>
> 한편, 음악저작물은 일반적으로 가락(melody), 리듬(rhythm), 화성(harmony)의 3가지 요소로 구성되고, 이 3가지 요소들이 일정한 질서에 따라 선택·배열됨으로써 음악적 구조를 이루게 된다. 따라서 음악저작물의 창작성 여부를 판단함에 있어서는 음악저작물의 표현에 있어서 가장 구체적이고 독창적인 형태로 표현되는 가락을 중심으로 하여 리듬, 화성 등의 요소를 종합적으로 고려하여 판단하여야 한다(대법원 2015. 8. 13. 선고 2013다14828 판결 등 참조). 나아가 음악저작물은 그 이용 가능한 소재에 한계가 있어 매우 보편적인 음이나 화성의 연속, 리듬의 설정 등은 공유되어야 할 것이므로, 만일 음악저작물 중 일부가 대중들에 의해 일반적으로 공유되어 온 관용적인 표현에 불과하다고 인정될 경우 그 부분은 저작권법에 의해 보호되지 않는다. (중략)
>
> 결국 피고 음악저작물에 복제되었다고 다투어지는 원고 대비부분 1, 2의 구성요소 중 가락은 원고가 자신의 노력과 음악적 재능을 투입하여 제작함으로써 자신의 감정을 표현한 것임이 분명하고, 달리 원고가 다른 음악저작물에 의거하여 원고 음악저작물을 제작함으로써 스스로 타인의 저작권을 침해하였다거나, 원고 대비부분이 오랫동안 수많은 음악저작물에 사용되고 일반 대중들에게 노출되어 공유의 영역이 되었다는 등의 사정도 엿보이지 아니한다. 반면 원고 대비부분 1, 2의 화성, 리듬은 오랫동안 수많은

---

25) 대법원에서 상고기각(대법원 2017. 11. 23. 선고 2017다25413 판결).

음악저작물에 사용되고 일반 대중들에게 노출되어 공유의 영역이 되었다. 할 것이나, 가락을 중심으로 하여 리듬, 화성 등의 요소를 종합적으로 고려하여 판단하여 보면 원고 대비부분 1, 2의 경우 저작권법에 의하여 보호를 받는 부분에 해당한다.

서울중앙지방법원 2015. 8. 21. 선고 2013가합58670 판결('봄봄봄' 사건)

저작권법 제2조 제1호는 저작물을 '인간의 사상 또는 감정을 표현한 창작물'로 규정하고 있는바, 위 규정에서 말하는 창작물이란 창작성이 있는 저작물을 말하고, 여기서 창작성이란 완전한 의미의 독창성을 요구하는 것은 아니라고 하더라도, 적어도 어떠한 작품이 단순히 남의 것을 모방한 것이 아니라 작자 자신의 독자적인 사상이나 감정의 표현을 담고 있어야 한다는 것을 의미한다.

한편, 음악저작물은 크게 가락(melody, 선율), 리듬(rhythm), 화성(chord)으로 구성되고, 음악저작물의 가치는 소리의 전달에 의한 느낌 또는 관념에 있으므로, 창작성 또는 실질적 유사성은 듣는 사람의 느낌과 관념을 기준으로 전체적으로 판단되어야 한다. 나아가 음악저작물은 그 이용 가능한 소재에 한계가 있어 매우 보편적인 음이나 화성의 연속, 리듬의 설정 등은 공유되어야 할 것이므로, 만일 음악저작물 중 일부가 대중들에 의해 일반적으로 공유되어 온 관용구에 불과하다고 인정될 경우 그 부분은 저작권법에 의해 보호되지 않는다.

대법원 2015. 8. 13. 선고 2013다14828 판결('안동역에서' 사건)

1. 원심은 제1심판결 이유를 인용하여, (1) 그 판시 원고 대비 부분을 포함한 원고 음악저작물은 저작권법에 의해 보호를 받는다고 판단하고, (2) 그 판시 피고 대비 부분이 원고 대비 부분과 유사하다는 등의 이유로, 피고에게 저작권 침해를 원인으로 한 손해배상책임을 인정하였다.

2. 그러나 원심의 이러한 판단은 다음과 같은 이유에서 수긍하기 어렵다.

가. 원저작물이 전체적으로 볼 때에는 저작권법이 정한 창작물에 해당한다 하더라도 그 내용 중 창작성이 없는 표현 부분에 대해서는 원저작물에 관한 복제권 등의 효력이 미치지 않는다. 따라서 음악저작물에 관한 저작권침해소송에서 원저작물 전체가 아니라 그중 일부가 상대방 저작물에 복제되었다고 다투어지는 경우에는 먼저 원저작물 중 침해 여부가 다투어지는 부분이 창작성 있는 표현에 해당하는지 여부를 살펴보아야 한다(대법원 2012. 8. 30. 선고 2010다70520, 70537 판결 참조).

한편 음악저작물은 일반적으로 가락(melody), 리듬(rhythm), 화성(harmony)의 3

가지 요소로 구성되고, 이 3가지 요소들이 일정한 질서에 따라 선택·배열됨으로써 음악적 구조를 이루게 된다. 따라서 음악저작물의 창작성 여부를 판단함에 있어서는 음악저작물의 표현에 있어서 가장 구체적이고 독창적인 형태로 표현되는 가락을 중심으로 하여 리듬, 화성 등의 요소를 종합적으로 고려하여 판단하여야 한다.

나. 위 법리와 기록에 비추어 살펴본다.

(1) 원심판결 이유와 기록에 의하면 다음과 같은 사정들을 알 수 있다.

① 원심이 인용한 제1심 판시 비교대상1 저작물은 원고 음악저작물보다 앞서 2002년 미국에서 공표되었는데, 이를 부른 가수인 소외인은 그래미상을 수상하는 등 가스펠(gospel) 음악사상 영향력 있는 가수로 손꼽힐 정도로 널리 알려졌고, 한편 원고는 미국에서 음악대학을 수료한 이후 계속하여 음악활동을 해 오고 있는 작곡가이다.

② 그런데 원고 대비 부분을 원심이 인용한 제1심 판시 비교대상1 부분과 대비해 보면, 원고 대비 부분의 시작음이 '솔'인 데 비해 비교대상1 부분의 시작음이 '도'인 정도의 차이가 있을 뿐이어서 두 부분의 가락은 현저히 유사하고, 리듬도 유사하다.

③ 또한 원고 대비 부분의 화성은 원고 음악저작물보다 앞서 공표된 다수의 선행 음악저작물들의 화성과 유사한 것으로서 음악저작물에서 일반적으로 사용되는 정도의 것이다.

(2) 위와 같은 비교대상1 저작물에 대한 원고의 접근가능성과 원고 대비 부분 및 비교대상1 부분 사이의 유사성을 종합하면 원고 대비 부분은 비교대상1 부분에 의거하여 작곡된 것으로 추정되고, 또한 원고 대비 부분과 비교대상1 부분은 가락을 중심으로 하여 리듬과 화성을 종합적으로 고려할 때 실질적으로 유사하다고 할 것이며, 원고 대비 부분에 가해진 수정·증감이나 변경은 새로운 창작성을 더한 정도에는 이르지 아니한 것으로 보인다.

그렇다면 원고 대비 부분은 창작성이 있는 표현에 해당한다고 볼 수 없어, 이 부분에 대해서까지 원고의 복제권 등의 효력이 미치는 것은 아니라고 할 것이다.

(3) 그런데도 원심은 원고 대비 부분의 창작성에 관하여 제대로 심리·판단하지 아니한 채 피고에게 저작권 침해를 원인으로 한 손해배상책임을 인정하고 말았으니, 이러한 원심판결에는 음악저작물의 창작성에 관한 법리를 오해하여 필요한 심리를 다하지 아니함으로써 판결에 영향을 미친 위법이 있다. 이 점을 지적하는 상고이유 주장은 이유 있다.

4. 연극저작물

연극저작물은 배우나 무용수가 몸짓이나 특정한 동작을 통하여 사상이나 감정을 창작적으로 표현한 것이며, 연극·무용·무언극·뮤지컬 등이 해당한다. 다만 이들 예시로 든 장르의 작품 전체가 연극저작물의 성격을 갖는 것이 아니고, 그 가운데 몸짓과 같은 형태의 표현만을 의미한다. 연극의 경우 어문저작물인 극본, 미술저작물인 무대장치, 음악저작물인 배경음악, 그리고 실연에 해당하는 연출 및 연기 등의 요소로 구성되어 있는데, 과연 이들을 제외한 연극 고유의 저작물이 존재하는지에 대해서는 일부 논란이 존재하기도 한다.[26]

> **서울고등법원 2012. 10. 24. 선고 2011나104668 판결('샤이보이' 사건)**
>
> 이 사건 안무에 사용된 각종 동작의 요소를 개별적으로 분석하면 피고들이 2012. 8. 6.자 검증설명서에서 지적하고 있는 바와 같이 각종 댄스 장르의 전형적인 춤 동작, 그리고 이미 공개된 여러 춤에서 발견되는 특징들과 유사한 측면이 있지만, 이 사건 안무는 '샤이보이'라는 노래의 전체적인 흐름, 분위기, 가사 진행에 맞게 종합적으로 재구성된 것이고, 4인조 여성 그룹 '시크릿' 구성원(전효성, 정하나, 송지은, 한선화)의 각자 역할(랩, 노래, 춤 등)에 맞게 춤의 방식과 동선을 유기적으로 구성하였으며, 기존에 알려진 다양한 춤 동작도 소녀들로 구성된 '○○○'과 '○○○○'라는 악곡의 느낌에 맞게 상당한 창조적 변형이 이루어졌고, 각 춤 동작들이 곡의 흐름에 맞게 완결되어 이 사건 안무 역시 전체적으로 하나의 작품으로 인식되는 점 등을 종합하면, 이 사건 안무는 전문 안무가인 원고가 '샤이보이' 노래에 맞게 소녀들에게 적합한 일련의 신체적 동작과 몸짓을 창조적으로 조합·배열한 것으로서 원고의 사상 또는 감정을 표현한 창작물에 해당한다.

반면, 무용이나 무언극 등은 연극저작물의 인정이 보다 용이한데, 이는 몸짓을 수단으로 하여 인간의 사상과 감정을 표현하기 때문이다. 무용 등의 경우에는 무보와 같이 고정될 수 있는 무언가가 필요하다는 논의도 있었으나, 고정성을 저작물 성립요소로 인정하지 않는 우리나라는 무용 등이 그 자체로서 저작물로 인정되는 것이지 굳이 무보 등이 반드시 필요하다고 할 것은 아니다. 한편, 무용수는 해당 무

---

26) 김정완, 「저작권법 개설」, 제2판, 전남대학교출판부, 2014, 58면 등.

용 등을 즉흥적이든 혹은 자신이 창작한 것이든 직접 창작한 것이라면 해당 무용 등에 대한 저작권은 무용수가 갖게 되나, 무보가 이미 마련되어 무용수는 그것에 따라 동작을 한 것에 불과하다면 무용수는 실연자의 지위만을 갖게 된다.

최근에는 뮤지컬의 저작물성이 논란이 되고 있다. 뮤지컬은 음악과 춤이 극의 구성·전개에 긴밀하게 짜 맞추어진 연극으로서, 각본·악곡·가사·안무·무대미술 등이 결합된 종합예술의 분야에 속하고 복수의 저작자에 의하여 외관상 하나의 저작물이 작성된 경우이다. 그러나 창작에 관여한 복수의 저작자 각자가 이바지한 부분이 분리되어 이용될 수도 있다는 점에서, 다수의 단독적인 저작물의 결합에 불과한 '결합저작물'로 다루고 있다. 이에 뮤지컬의 제작 전체를 기획하고 책임지는 뮤지컬 제작자라도 그가 뮤지컬의 완성에 창작적으로 기여한 바가 없는 이상 해당 뮤지컬에 대한 권리를 갖는 저작권자라고 볼 수 없으며, 뮤지컬의 연기자·연출자 등은 해당 뮤지컬에 관여한 실연자로서 그의 실연 자체에 대한 복제권 및 방송권 등 저작인접권을 가질 뿐이다.

> ### 대법원 2005. 10. 4. 자 2004마639 결정('사랑은 비를 타고' 사건)(재항고기각)
>
> 저작권법 제2조 제13호는 '2인 이상이 공동으로 창작한 저작물로서 각자의 이바지한 부분을 분리하여 이용할 수 없는 것'을 공동저작물의 정의로 규정하고 있는바, 저작물의 창작에 복수의 사람이 관여하였다고 하더라도 각 사람의 창작활동의 성과를 분리하여 이용할 수 있는 경우에는 공동저작물이 아니라 이른바 결합저작물에 불과한 것이라고 보아야 한다.
>
> 원심은, 신청인들이 뮤지컬 '(제목 생략)'(이하 신청인들이 기획·제작한 뮤지컬을 '○○뮤지컬'이라 하고, 피신청인들이 기획·제작한 뮤지컬을 '이 사건 뮤지컬'이라 한다)의 저작권자이거나 공동저작권자라는 신청인들의 주장에 대하여 판단하기 위한 전제로서, 뮤지컬은 음악과 춤이 극의 구성·전개에 긴밀하게 짜 맞추어진 연극으로서, 각본, 악곡, 가사, 안무, 무대미술 등이 결합된 종합예술의 분야에 속하고 복수의 저작자에 의하여 외관상 하나의 저작물이 작성된 경우이기는 하나, 그 창작에 관여한 복수의 저작자들 각자의 이바지한 부분이 분리되어 이용될 수도 있다는 점에서, 공동저작물이 아닌 단독 저작물의 결합에 불과한 이른바 '결합저작물'이라고 봄이 상당하고, 한편 뮤지컬 자체는 연극저작물의 일종으로서 영상저작물과는 그 성격을 근본적으로 달리하기 때문에 영상물제작자에 관한 저작권법상의 특례규정이 뮤지컬 제작자에게 적용될 여지가 없으므로 뮤지컬의 제작 전체를 기획하고 책임지는 뮤지컬 제작자라도 그

가 뮤지컬의 완성에 창작적으로 기여한 바가 없는 이상 독자적인 저작권자라고 볼 수 없으며, 뮤지컬의 연기자, 연출자 등은 해당 뮤지컬에 관여한 실연자로서 그의 실연 자체에 대한 복제권 및 방송권 등 저작인접권을 가질 뿐이라고 판단하였는바, 기록과 앞서 본 법리에 비추어 보면, 원심의 위와 같은 판단은 정당하여 수긍되고 거기에 재항고 이유의 주장과 같은, 공동저작물에 관한 법리오해, 영상저작물에 관한 특례의 적용범위에 관한 법리오해 등의 위법이 없다.

원심은 나아가, 그 채용 증거를 종합하여 판시와 같은 사실을 인정한 다음, 비록 신청인 1, 신청인 2가 ○○뮤지컬의 제작자, 신청인 3이 연출자로서 ○○뮤지컬의 제작 및 공연에 참여하고, 신청인 2가 외국 영화로부터 ○○뮤지컬의 기본설정을 착안해 내어 이를 대본작가나 작곡가에게 제공하였으며, 신청인 3이 일부 대본의 수정이나 가사 작성에 관여함과 아울러 ○○뮤지컬의 제작과정 및 공연에 이르기까지 전체적인 조율과 지휘·감독을 한 바 있기는 하지만, ○○뮤지컬의 대본을 실제로 완성한 신청외 1이나 그 대본에 따라 곡을 붙인 신청외 2는 신청인들의 피용자가 아니라 독자적인 활동을 하면서 각자 그 스스로의 재량에 따라 예술적인 감각과 기술을 토대로 뮤지컬의 대본과 악곡을 작성할 능력이 있는 희곡작가 또는 작곡가로서, 신청인들로부터 대본작성 및 작곡에 대한 대가로 월급 형태의 급여가 아닌 완성된 작업의 대가를 지급받았으며, 신청외 1이나 신청외 2가 ○○뮤지컬의 대본과 악곡에 관한 저작권을 신청인들에게 양도하였다고 볼 만한 아무런 자료가 없고, 또 연출자를 변경한 이 사건 뮤지컬이 배우들의 연기나 안무, 조명, 무대장치 등 연출자에 의해 달라질 수 있는 부분까지 ○○뮤지컬과 동일하다는 점에 대한 소명도 없으므로, ○○뮤지컬의 제작자로서 그 완성에 창작적으로 기여한 바 없는 신청인 1, 신청인 2나 ○○뮤지컬의 연출자로서 이를 실연한 데 불과한 신청인 3은 ○○뮤지컬에 대한 저작권이나 저작인접권을 주장하여 피신청인들의 공연의 금지를 구할 수 없다고 판단하였다.

한편 스포츠 경기에서 이루어지는 연기(演技)가 연극저작물에 해당할 수 있는지에 관하여 논란이 있다. 이러한 스포츠 경기는 예술적 요소와 기술적 요소, 그리고 운동 능력이 결합된 형태로 이루어진다. 다만 연기를 위한 안무 등은 점수배점, 동작의 기능적 연결, 정해진 동작 등에 의한 제한이 반영된 결과물인데, 이러한 제한적 요소를 제외하고 과연 창작적 표현이 존재하는지 여부에 대한 견해가 나뉘고 있다.

5. 미술저작물

(1) 개 념

미술저작물은 회화·서예·조각·공예·응용미술저작물 등과 같이 형상과 색채에 의하여 미적으로 표현된 저작물을 말한다.[27] 저작물의 성립요건에서 살펴본 바와 같이, 저작물로 인정되기 위해서 반드시 완성된 작품일 것을 요구하지는 않으므로 미완성의 미술 작품이라 하더라도 그 자체로 인간의 사상과 감정을 창작적으로 표현한 것으로 볼 수 있다면 미술저작물로 인정될 수 있다. 이때 예술성은 미술저작물 인정에 영향을 미치지 않는다. 예술성을 갖추지 못하였다 하더라도 남의 것을 베낀 것이 아닌 독자적으로 작성한 것으로 저작자 나름의 창조적 개성이 표현된 것이라면 저작물성이 인정될 수 있다. 미술저작물은 회화와 같이 2차원 평면을 사용하는 경우도 있고, 조각이나 공예 등과 같이 3차원입체를 사용하는 경우도 있다. '제프 쿤스(Jeff Koons, 1955-)'와 같은 작가들은 2차원에 구현된 미술작품을 3차원으로 예술화하기도 한다. 세상에서 가장 비싼 풍선 강아지라는 별명을 가진 '벌룬독(balloon dog)'의 경우에는 크기와 재질을 변화시키기도 한다. 이런 '차용미술'은 종종 저작권 침해와 관련된 논란을 불러일으키기도 한다.[28]

그런데, 미술저작물과 미술품의 차이를 주의할 필요가 있다. 레오나르도 다빈치의 모나리자를 생각해보자. 모나리자라는 그림 그 자체는 저작물에 해당한다. 반면 모나리자 그림을 액자에 넣거나 아니면 모나리자가 그려진 종이는 모나리자라는 미술저작물이 종이 등에 고정된 것으로 제품에 해당한다. 앞서 살펴본 음악과 악보, 소설과 책의 관계와 동일하다. 따라서 미술저작물을 구입하는 것과 미술품을 구입하는 것은 구입의 대상이 무엇인지, 즉 권리를 구입하는 것인지 아니면 상품을 구입하는 것인지에 따른 상당한 차이가 있다.

미술저작물과 관련하여 주로 논의되는 작품 유형은 회화·서예·만화·공예·무대장치 등 이다. 회화나 서예 등은 실용성이 고려되지 않은 순수한 미적 창작활동으로서 창작성이 있다면 저작물로 인정하는데 크게 이론(異論)은 없다. 만화 역시

---

27) 윤태식(2020), 78면.
28) 차용미술에 대해서는, 조채영, "공정이용과 동일성유지권의 충돌에 관한 연구: 현대예술에서 독창성의 의미와 차용예술을 중심으로", 연세대학교 법학박사학위논문, 2017 참조.

도 미술저작물로 인정하는 데 문제는 없으나 스토리를 수반하기 때문에 언어적 저작물의 성질(비문자적 창작성이 인정되는 경우 포함)도 함께 갖는다고 볼 수 있다. 공예는 실용성을 내포하고 있다는 점에서 응용미술의 일종으로 볼 수도 있으나 공예품이 양산품이 아니라 일품제작된 것이라면 실용성을 제외할 때 미적 창작성이 있다면 응용미술이 아닌 보통의 미술저작물로 인정할 수 있을 것이다. 한편 무대와 관련하여서는 저작물성 인정 범위에 관하여 논란이 있다. 이는 무대장치가 도면으로 이루어진 장치디자인의 복제물에 불과한 것으로 보아야 할지, 혹은 무대장치 외에 의상이나 조명을 포함하는 무대효과 전체를 미술저작물로 볼 수 있을지 등이 그 논란의 대상이다. 현재 일반적인 견해는 무대장치 역시도 미술저작물의 성립요건을 충족한다면 미술저작물로 볼 수 있고, 무대효과 전체는 저작물로 인정하지 않고 개별적 분리를 통해 각각 창작성이 인정된다면 요소별로 저작물성을 인정할 수 있다고 본다.

(2) 응용미술저작물

최근에는 응용미술저작물이 산업적 영역과 연관되어 많은 활용이 이루어지고 있다. 응용미술이란, 일반적으로 순수미술에 대응하는 말로서 산업상의 이용 기타 실용적 목적을 가진 미술작품을 뜻한다. 1957년 저작권법은 공예만을 저작물로 정하고 있었다. 1986년 저작권법 개정시 응용미술작품이 포함되었고, 2000년 개정시 '독자성 요건을 갖춘 응용미술저작물'을 미술저작물로 보호하였다.[29]

문제된 사례를 보면 대한방직염직도안(서울고등법원 95나10475 판결), 전기보온밥통 디자인(수원지방법원 99노4546 판결), 플라스틱 쟁반 도안(서울고등법원 99라784 결정), 묵주 디자인(헌법재판소 2004헌마478 결정) 등의 사례가 있었다.[30] 건축물의 경우에도 미적인 특성이 있을 수 있다는 점에서 응용미술에 속하는 것으로 볼 수도 있지만 저작권법은 건축물을 별도의 저작물 유형으로 다룬다.

응용미술저작물은 저작권법 제2조 제15호에서 "물품에 동일한 형상으로 복제될 수 있는 미술저작물로서 그 이용된 물품과 구분되어 독자성을 인정할 수 있는 것을 말하며, 디자인등을 포함한다."라고 정의한다. 즉, 디자인 등이 물품과 구분되는 독

---

29) 전문영(2021), 197면.
30) 전문영(2021), 200-201면.

자성이 있어야 하며(분리가능성), 물품에 동일하게 복제될 수 있어야(복제가능성) 저작물로 인정될 수 있는 것이다. 이와 함께 저작물로 인정되기 위한 기본 요건인 표현에 대한 창작성이 존재하여야 함은 당연하다(창작성).

구체적인 요건을 살펴본다. 먼저 창작성의 정도와 관련하여, 응용미술저작물 역시 저작물이므로 인간의 사상과 감정을 표현한 창작물이어야 함은 동일하다. 여기서 창작성이란 저작자 자신의 작품으로서 남의 것을 베낀 것이 아니라는 것, 그리고 수준이 높아야 할 필요는 없지만 저작권법에 의한 보호를 받을 가치가 있는 정도로 최소한도의 창작성이 있다는 것을 의미하기도 하며,[31] 기능적 저작물에 관하여는 그 표현형식에 좀 더 높은 개성과 특색이 요구되기도 한다.[32] 이는 특허법상의 요건인 신규성과는 차이가 있는 것으로써, 우연히 다른 저작물과 동일한 저작물을 만들었다 하더라도 기존의 것을 보고 베낀 것이 아니라 스스로 창작(저작)한 것이라면 이는 창작성이 있어 저작물로 성립할 수 있다고 할 것이다.[33] 다만 이와 같은 창작성은 대상 저작물이 기능적 저작물인지 여부에 따라 창작성의 요구 범위, 즉 보호범위가 달라지게 된다. 그리고 산업적 목적의 이용을 위하여 동일한 형상으로 복제가 가능하여야 하며, 당해 물품의 실용적, 기능적 요소로부터 분리가 가능하여야 한다. 분리가능성과 관련하여 법원은 "응용미술저작물이 당초부터 상업적인 대량생산에의 이용 또는 실용적인 기능을 주된 목적으로 하여 창작된 경우에는 그 모두가 바로 저작권법의 저작물로 보호될 수는 없고, 그중에서도 그 자체가 그 실용품의 기능과 물리적으로 혹은 개념적으로 분리되어 식별될 수 있는 독립적인 예술적 특성이나 가치를 가지고 있는 것만이 저작물로 보호된다 할 것"이라 판시하고 있다.[34]

---

31) 대법원 1997. 11. 25. 선고 97도2227 판결.
32) 대법원 2011. 2. 10. 선고 2009도291 판결; 대법원 2010. 12. 23. 선고 2008다44542 판결.
33) "창작성이란 완전한 의미의 독창성을 말하는 것은 아니며 단지 어떠한 작품이 남의 것을 단순히 모방한 것이 아니고 작자 자신의 독자적인 사상 또는 감정의 표현을 담고 있음을 의미할 뿐이어서 이러한 요건을 충족하기 위하여는 단지 저작물에 그 저작자 나름대로의 정신적 노력의 소산으로서의 특성이 부여되어 있고 다른 저작자의 기존의 작품과 구별할 수 있을 정도이면 충분하다고 할 것이다." 대법원 1995. 11. 14. 선고 94도2238 판결; "저작물에 요구되는 창작성이란 완전한 의미의 독창성을 의미하는 것이 아니라 단지 어떠한 작품이 남의 것을 단순히 모방한 것이 아닌 작자 자신의 사상, 감정을 담고 있는 것을 의미하는 정도일 뿐". 서울고등법원 1995. 5. 19. 선고 95나8746 판결.
34) 수원지방법원 2000. 5. 4. 선고 99노4546 판결.

(3) 디자인권 중복 보호 문제

저작권법상 응용미술과 관련하여, 공업상 이용할 수 있는 디자인, 즉 디자인보호법상 디자인권 보호와의 관계를 어떻게 볼 것인지 논란이 있기도 했다. 이에 대해서는 ⅰ) 저작권과 디자인권의 중첩적인 적용을 부정하는 입장과 ⅱ) 중첩적인 적용을 무제한적으로 인정하는 입장, 그리고 ⅲ) 중첩적인 적용을 인정하되 저작권법과 디자인보호법이 충돌하지 않는 범위내에서 인정하는 입장으로 구분된다. 현행 저작권법은 이 가운데 세 번째 입장, 즉 원칙적으로는 저작권과 디자인권의 중첩적 보호를 인정하되, 저작권법 및 디자인보호법의 규정 범위를 고려하여 상호 충돌하지 않는 범위에서 이루어지도록 한 것으로 볼 수 있다. 이러한 논의의 흐름에 따라 응용미술저작물의 저작권 보호범위의 변화를 잘 보여주는 것이 '대한방직 사건'과 '히딩크넥타이 사건'이다.

> **대법원 1996. 2. 23. 선고 94도3266 판결('대한방직' 사건)**
>
> 응용미술작품에 대하여는 원칙적으로 의장법에 의한 보호로써 충분하고 예외적으로 저작권법에 의한 보호가 중첩적으로 주어진다고 보는 것이 의장법 및 저작권법의 입법 취지라 할 것이므로 산업상의 대량생산에의 이용을 목적으로 하여 창작되는 모든 응용미술작품이 곧바로 저작권법상의 저작물로 보호된다고는 할 수 없고, 그중에서도 그 자체가 하나의 독립적인 예술적 특성이나 가치를 가지고 있어 위에서 말하는 예술의 범위에 속하는 창작물에 해당하여야만 저작물로서 보호된다고 할 것이다.

> **대법원 2004. 7. 22. 선고 2003도7572 판결('히딩크넥타이' 사건)**
>
> 위 도안이 우리 민족 전래의 태극문양 및 팔괘문양을 상하 좌우 연속 반복한 넥타이 도안으로서 응용미술작품의 일종이라면 위 도안은 '물품에 동일한 형상으로 복제될 수 있는 미술저작물'에 해당한다고 할 것이며, 또한 그 이용된 물품(이 사건의 경우에는 넥타이)과 구분되어 독자성을 인정할 수 있는 것이라면 저작권법 제2조 제11의2호에서 정하는 응용미술저작물에 해당한다고 할 것이다.

두 판례에서 볼 수 있듯이 대한방직 사건의 판결에서는 응용미술에 대한 저작권저 보호를 디자인권을 통한 보호에 대한 예외적인 깃으로 인식하였으나, 저작권법 개정으로 응용미술이 저작물로 보호될 수 있도록 된 이후의 히딩크넥타이 사건 판결에서는 응용미술이라 하더라도 저작물로 성립할 수 있는 요건을 충족한다면 디자인권과는 별개로 권리의 보호가 가능하다고 하였다. 즉, 응용미술에 대한 보호가 넓어진 것이라 할 수 있다.

> **서울고등법원 2011. 4. 13. 선고 2009나111823 판결('삼베질감무늬' 사건)**
>
> 저작재산권 침해행위란 저작물 중 저작재산권의 보호대상이 되는 부분, 즉 창작성 있는 표현 부분을 무단으로 복제·공연·공중송신·전시·배포하거나 이를 이용하여 2차적저작물 또는 편집저작물을 작성하는 행위를 말한다.
>
> 그런데 선을 상하 및 좌우로 교차시켜 삼베의 질감을 묘사하는 기법은, ① 자연계에 이미 존재하는 삼베의 질감을 사실적으로 묘사하는 것인 점, ② 삼베의 질감을 묘사하기 위해서는 선을 상하 및 좌우로 교차시키는 것이 필수적인 점 등에 비추어 보면, 이른바 아이디어의 영역에 해당하는 것이지 표현에 해당하는 것은 아니어서 저작권의 보호대상이 아니라고 봄이 타당하다.
>
> 따라서 원고의 주장과 같이 이 사건 문양이 이 사건 삼베 바탕을 모방하여 자유롭고 끊어진 선을 상하 및 좌우로 교차시켜 삼베 질감을 나타낸 것이라 하더라도, 이는 저작권의 보호대상이 아닌 아이디어를 차용한 것에 불과하므로, 이를 두고 이 사건 작품에 대한 저작권을 침해한 것이라고 할 수는 없다.

6. 건축저작물

건축저작물은 인간의 사상 또는 감정이 토지상의 공작물에 표현된 창작물을 말한다. 이에는 건축물, 건축을 위한 모형 및 설계도서 등이 속한다. 건축물은 건축법상 건축물 등에 해당하여야 하는 것은 아니며, 주거가 가능한 구조물을 포함하여 주거의 목적을 갖지 않는 정자, 전시장, 교량 등이 모두 포함된다. 다만, 미술저작물로서의 조형물과 구별될 수 있도록 기본적으로 주거를 목적으로 하지 않더라도 사람의 통상적인 출입이 가능하도록 되어 있어야 건축저작물로 볼 수 있을 것이다. 아울러 실내건축 역시 건축저작물로 인정된다.[35] 이에 인테리어 결과물은 건축저작물에 해당한다.

건축물이 저작물로서 저작권법의 보호를 받는 부분은 건축물을 구성하는 개개의

---

35) 오승종(2023), 616면, 74-75면.

구성요소가 아니라 건축물을 통해 표현된 미적 형상으로서의 전체적인 디자인이다. 즉 건축물의 기능적 목적을 고려하고 개개의 구성요소를 미적으로 선택 및 배열, 조합함으로써 만들어지는 전체로서의 틀을 의미하는 것이다. 건축물의 기능적 요소는 창작적인 부분이 있다고 하더라도 저작권법에 의한 보호대상이 되지 못한다. 인간의 사상 또는 감정의 창작적 표현에 해당하는 부분이 건축물의 외관에 투영된 부분에 한하여 저작권이 부여된다. 다만 권리가 인정되는 그 표현의 범위는 건축물 외관 전체만을 의미하지는 않으며, 일부분이라 하더라도 건축가의 창조적 개성이 표현으로 나타났다면 저작권법에 의해 보호될 수 있다.[36]

다만, 건축저작물은 그 특성상 기능적·실용적 목적을 갖는 것이 보통이기 때문에 그 외관에 인간의 사상과 감정을 표현함에 있어 상당한 제약이 따르게 된다. 창작적 표현의 제약으로 인하여 건축물의 저작물성 판단은 주거적 기능, 실용적 기능 및 기술적 기능 등의 건축물의 특성을 고려하여 보호범위를 한정하여야 한다.

건축을 위한 모형과 설계도서는 성질만 고려하면 도형저작물의 성격을 갖고 있기도 하지만, 저작권법은 건축저작물로서의 모형 및 설계도서와 도형저작물로서의 모형 및 설계도서를 구분하여, 건축물의 경우에는 건축을 위한 모형 또는 설계도서에 따라 이를 시공하는 것까지 복제의 범위에 포함하도록 예외를 두고 있다. 따라서 도형저작물인 설계도를 따라 제작하는 것은 복제에 해당하지 않으나, 건축저작물인 설계도를 따라 건축하는 것은 복제에 해당하여 저작권 침해에 해당하게 된다. 이러한 점에서 설계도에 관하여 건축저작물 또는 도형저작물 중 어느 것에 해당하는지 여부를 구분할 실익이 있다.

> **서울중앙지방법원 2015. 2. 13. 선고 2014가합520165 판결('스크린골프장' 사건)**
>
> 나. 판 단
>
> 1) 저작권법에 의하여 보호되는 저작물이기 위해서는 인간의 사상 또는 감정을 표현한 창작물이어야 하므로 그 요건으로서 창작성이 요구되나, 여기서 말하는 창작성이란 완전한 의미의 독창성을 말하는 것은 아니며 단지 어떠한 작품이 남의 것을 단순히 모방한 것이 아니고 작자 자신의 독자적인 사상 또는 감정의 표현을 담고 있음을 의미할 뿐이어서 이러한 요건을 충족하기 위해서는 단지 저작물에 그 저작자 나름대로 정신적

---

36) 오승종(2023), 77면, 616면.

노력의 소산으로서의 특성이 부여되어 있고 다른 저작자의 기존의 작품과 구별할 수 있을 정도이면 충분하다(대법원 2011. 8. 25. 선고 2009다73882 판결 등 참조).

골프장의 경우 연못이나 홀의 위치와 배치, 골프코스가 돌아가는 흐름(이른바 Routing Plan) 등을 어떻게 정하느냐에 따라 다른 골프장과 구분되는 개성이 드러날 수 있고, 시설물이나 골프코스의 배치 및 루팅 플랜 등을 정함에 있어 골프장 부지의 지형, 토양, 일조방향, 바람, 식생 등 자연적 요소와 진입도로, 관리도로, 상수, 오수, 전기, 통신 등의 관로배치 등을 종합적으로 고려함으로써 골프장의 전체적인 미적 형상을 표현하게 되는바, 앞서 든 증거에 의하면 제1, 2, 3골프장은 클럽하우스, 연결도로, 홀(티 박스, 페어웨이, 그린, 벙커, 러프 등), 연못과 그 밖의 부대시설 등의 구성요소가 골프장 부지 내에서 배치되고 서로 연결됨에 있어 각각 다른 골프장들과 구별할 수 있을 정도로 창조적인 개성이 인정된다고 할 것이므로, 저작권의 보호대상인 저작물에 해당한다고 볼 수 있다.

2) 또한, 앞서 든 증거 및 갑 제7호증의 1, 2, 3, 제16호증, 제21호증의 1 내지 제22호증의 각 기재에 의하여 인정되는 제1, 2, 3골프장의 각 조성공사 진행과정, 피고가 시뮬레이션 시스템 개발 당시 원고 B 등에게 이용허락을 구하였던 점 등에 비추어 볼 때, 제1, 2, 3골프장에 대한 각 저작재산권은 각 골프장의 최초 조성자들(제1골프장은 원고 A, 제2골프장은 원고 B, 제3골프장은 주식회사 I)에게 원시적으로 귀속된다고 봄이 상당하고, 원고 C, D는 2011. 9. 23.경 주식회사 I로부터 제3골프장에 관한 자산 및 영업권 등 일체를 포괄적으로 양수함으로써 제3골프장에 관한 저작재산권도 양수하였다고 할 것이다.

3) 이에 대하여 피고는, 원고들로부터 각 이용허락을 받았다는 취지로 항변한다.

살피건대, 원고 A의 경우 제출된 증거들만으로는 피고가 원고 A으로부터 제1골프장에 관한 이용허락을 받았다고 인정하기에 부족하다.

또한, 나머지 원고들의 경우 을 제1호증의 1, 2의 각 기재 및 변론 전체의 취지에 의하면, 피고는 2009년경 원고 B, 주식회사 I와 각 "3D 골프코스 기술협약"을 체결함으로써 원고 B 및 주식회사 I로부터 각 해당 골프코스의 디자인과 골프장의 명칭을 사용하는 것에 대한 동의를 받은 사실은 인정되나, 한편 갑 제8호증 내지 제9호증의 2, 을 제4호증의 각 기재 및 변론 전체의 취지에 의하면, 위 협약상 피고는 원고 B 등에 대하여 기술자문 등의 의무를 부담하는데, 원고 B 등은 2011. 6. 14.경 사단법인 J를 통하여 피고에게 피고의 위 의무 불이행을 이유로 위 각 협약을 해지한다는 통보를 한 사실이 인정되는바, 위 각 협약은 이로써 적법하게 해지되었다고 할 것이므로(을 제9,

10, 15 내지 19호증의 각 기재만으로는 위 인정을 뒤집기에 부족하다), 결국 피고의 위 항변은 이유 없다.

4) 따라서 피고는 원고 A의 허락 없이, 그리고 원고 B 등의 위 각 협약해지 이후에 도 계속하여 제1, 2, 3골프장을 거의 그대로 재현한 시뮬레이션 시스템을 사용하면서 이를 업그레이드하는 한편 스크린골프 운영업체에 그 사용을 위한 온라인 서비스를 제 공함으로써 제1, 2, 3골프장에 대한 원고들의 저작재산권(복제권, 전송권)을 침해하 였다고 할 것이므로, 피고는 저작재산권침해로 인한 원고들의 손해를 배상할 의무가 있다.

대법원 2009. 1. 30. 선고 2008도29 판결('아파트내부평면설계도' 사건)

상고이유를 본다.

구 저작권법(2006. 12. 28. 법률 제8101호로 전문 개정되기 전의 것, 이하 같다) 제2 조 제1호는 저작물을 "문학·학술 또는 예술의 범위에 속하는 창작물"로 규정하고 있 는바, 위 법조항에 따른 저작물로서 보호를 받기 위해서 필요한 창작성이란 완전한 의 미의 독창성을 말하는 것은 아니며, 단지 어떠한 작품이 남의 것을 단순히 모방한 것이 아니고 작자 자신의 독자적인 사상 또는 감정의 표현을 담고 있음을 의미하므로, 누가 하더라도 같거나 비슷할 수밖에 없는 표현, 즉 저작물 작성자의 창조적 개성이 드러나 지 않는 표현을 담고 있는 것은 창작성이 있는 저작물이라고 할 수 없다. 한편, 구 저 작권법은 제4조 제1항 제5호에서 "건축물·건축을 위한 모형 및 설계도서를 포함하는 건축저작물"을, 같은 항 제8호에서 "지도·도표·설계도·약도·모형 그 밖의 도형저 작물"을 저작물로 예시하고 있는데, 설계도서와 같은 건축저작물이나 도형저작물은 예 술성의 표현보다는 기능이나 실용적인 사상의 표현을 주된 목적으로 하는 이른바 기능 적 저작물로서, 기능적 저작물은 그 표현하고자 하는 기능 또는 실용적인 사상이 속하 는 분야에서의 일반적인 표현방법, 규격 또는 그 용도나 기능 자체, 저작물 이용자의 이해의 편의성 등에 의하여 그 표현이 제한되는 경우가 많으므로 작성자의 창조적 개 성이 드러나지 않을 가능성이 크다(대법원 2005. 1. 27. 선고 2002도965 판결 참조). 그리고 어떤 아파트의 평면도나 아파트 단지의 배치도와 같은 기능적 저작물에 있어서 구 저작권법은 그 기능적 저작물이 담고 있는 기술사상을 보호하는 것이 아니라, 그 기 능적 저작물의 창작성 있는 표현을 보호하는 것이므로, 설령 동일한 아파트나 아파트 단지의 평면도나 배치도가 작성자에 따라 정확하게 동일하지 아니하고 다소간의 차이 가 있을 수 있다고 하더라도, 그러한 사정만으로 그러한 기능적 저작물의 창작성을 인 정할 수는 없고 작성자의 창조적 개성이 드러나 있는지 여부를 별도로 판단하여야 할 것이다(대법원 2007. 8. 24. 선고 2007도4848 판결 참조).

원심은, 피고인은 서울 강남구 삼성동 (이하 생략) 소재 피고인 회사 대표이사인바, 2006년 7월경 위 회사 사무실에서 저작권자인 ○○기획 대표 공소외인의 허락을 받지 아니하고 ○○기획에서 제작한 아파트백과 책자 내용을 불법으로 복사한 아파트 평면도 및 배치도에 피고인 회사명을 기재하여 피고인 회사 인터넷 홈페이지에 게재함으로 써 공소외인의 저작권을 침해하고, 피고인 회사는 피고인의 대표이사인 피고인이 피고 인 회사의 업무에 관하여 위와 같이 위반행위를 한 것이라는 이 사건 공소사실에 대해 서, 아파트의 경우 해당 건축관계 법령에 따라 건축조건이 이미 결정되어 있는 부분이 많고 각 세대전용면적은 법령상 인정되는 세제상 혜택이나 그 당시 유행하는 선호 평 형이 있어 건축이 가능한 각 세대별 전용면적의 선택에서는 제약이 따를 수밖에 없고, 그 결과 아파트의 경우 공간적 제약, 필요한 방 숫자의 제약, 건축관계 법령의 제약 등 으로 평면도, 배치도 등의 작성에 있어서 서로 유사점이 많은 점, 이 사건 평면도 및 배치도는 기본적으로 건설회사에서 작성한 설계도면을 단순화하여 일반인들이 보기 쉽게 만든 것으로서, 발코니 바닥무늬, 식탁과 주방가구 및 숫자 등 일부 표현방식이 독특하게 되어 있기는 하지만 이는 이미 존재하는 아파트 평면도 및 배치도 형식을 다 소 변용한 것에 불과한 것으로 보이는 점 등에 비추어 보면, 이 사건 각 평면도 및 배 치도에 저작물로서의 창작성이 있다고 보기 어렵다는 이유로 피고인들에 대하여 무죄 를 선고하였는바, 위 법리에 비추어 보면 원심의 그와 같은 조치는 정당하고 거기에 저 작물에 관한 법리오해 등의 위법이 없다.

그 외 나머지 상고이유 주장 요지는 결국 사실심인 원심의 전권에 속하는 증거의 취 사선택과 사실의 인정을 탓하는 취지에 불과하거나 이 사건 공소사실과 다른 사실을 전제로 원심의 판단에 법령적용 위반의 잘못이 있다는 취지의 주장에 불과하여, 적법 한 상고이유가 되지 못하거나 이유 없다.

그러므로 상고를 기각하기로 하여 관여 대법관의 일치된 의견으로 주문과 같이 판 결한다.

서울중앙지방법원 2007. 11. 29. 선고 2007가합77724 판결('등대도안' 사건)

가. 원고의 스케치 등이 미술저작물에 해당하는지 여부

[원고의 주장]

원고는 피고 B으로부터 G 숲 공원 입구에 설치할 조형물을 제작해 달라는 요청을 받고 경마장의 출발선을 막 벗어난 순간의 역동적인 경주마를 형상화하기로 마음먹고 기수를 태우고 달리는 경주마의 위치와 형태, 경주마들이 달리는 레인이자 관람객들이 지나가는 통로를 구분하는 토피어리의 배치, 조형물의 전체적인 크기, 소재, 형상 등을 구체화하는 단계로서 우선 기본적인 구상을 스케치하였고, 그 스케치를 바탕으로 구상을 발전시켜 드로잉 및 렌더링을 작성하고 기마상을 제작하였으며, 피고 B의 부탁을 받고 스타트 조형물의 작품소개를 위해 원고의 구체화된 작품구상을 모형으로 제작하였으므로 원고의 스케치, 드로잉, 렌더링, 모형, 기마상은 모두 원고의 창작성과 개성이 표현된 미술저작물에 해당한다고 주장한다.

[피고들의 반론]

피고들은 원고의 드로잉, 렌더링은 피고 B이 원고에게 보내 준 경주마가 달리는 사진을 컴퓨터그래픽 프로그램을 이용하여 변형시킨 것에 불과하고, 원고의 모형은 플라스틱 장난감으로 만든 것에 불과하여 그 표현방식이 지극히 조잡하여 저작물로서 인정되기 위한 최소한의 창작성도 없으므로 이들이 미술저작물에 해당하지 않는다고 다툰다.

[판 단]

(1) 증거(갑1, 2의 1·2, 4, 5의 1 내지 18, 7의 1 내지 6, 9, 10, 12의 1, 14, 16, 17의 1·2, 18, 21의 1·2·3, 22, 을2, 18 내지 32, ㈜H조경에 대한 사실조회결과)에 변론 전체의 취지를 종합하면, 다음과 같은 사실을 인정할 수 있다.

(가) 원고는 1991. 12. 27. 국립현대미술관장으로부터 원고가 원고의 작품을 국립현대미술관에 기증한 데에 대한 감사의 표시로 감사장을 받았고, 2000년 무렵 유럽연합 특허청 청사에 원고가 제작한 조형물을 설치하는 등 여러 작품활동을 하였다.

(나) 피고 B은 조경회사인 ㈜H조경이 서울시의 G 숲 공원 조경설계공모에 참가하려는 것을 알고, ㈜H조경이 조경설계공모에 당선될 경우에 피고 B이 조경에 사용될 조형물을 설치하는 일을 맡을 수 있을 것으로 예상하여 2003. 1. 무렵부터 ㈜H조경에 대해 조경설계의 기본방향을 제시하고, 공원의 조경에 사용될 수 있는 미술작품의 사진등을 제공하였다.

(다) 피고 B은 ㈜H조경이 2003. 3. 무렵 조경설계공모에 당선되자 G 숲 공원이 조성될 서울 뚝섬 일대가 조선시대에 말을 키우던 곳이고, 1980년대까지 경마장이 있었던 점에 착안하여 2003. 4. 무렵 원고에게 G 숲 공원에 말 조형물을 설치할 수 있도록 작품을 구상해 달라고 요청하였다. 이에 따라 원고는 2003. 5. 무렵 피고 B에게 공원을 배경으로 토피어리 위에서 한 마리 말이 앞발을 높이 쳐드는 모양으로 된 조형물의이미지 사진을 제공하였으나, 피고 B은 그 사진과 같은 조형물이 G 숲 공원의 조경과 어울리지 않는다는 이유로 2003. 6. 무렵 원고에게 여러 장의 경주마 사진을 보내면서 기수를 태운 경주마들이 경주(경마)하는 모양의 조형물을 구상해 달라고 하였다.

(라) 원고는 2003. 8. 무렵 말 조형물을 서구의 공원형태에 한국의 사찰에서 외부세

계에서 내부세계로 들어오는 입구 개념을 접목하는 것으로 형상화하기로 하고, 공원을 상징하는 수개의 토피어리 위에 기수를 태운 경주마를 각각 배치하고, 공원의 입구에서 도심(외부세계)의 긴장된 생활로부터 단절하여 휴식을 주는 공원(내부세계)로 들어오는 사람들이 그 단절을 느낄 수 있도록 경주마들이 배치된 수개의 토피어리 사이에 사람들이 지나갈 수 있도록 보행로를 설치하는 조형물을 구상하고서 기수를 태운 4기의 경주마들이 4줄의 토피어리를 각각 레인으로 삼아 경주를 하는 모양을 스케치로 표현하여 피고 B에게 보냈다. 또 원고는 2003. 10. 무렵에는 장난감가게에서 말 모형(미니어처 모형)과 기수 및 사람 모형(미니어처 모형)을 구입하여 조립한 후 스프레이 라커를 이용해 도색한 다음 경주마들이 배치된 각각의 토피어리 사이로 G 숲 공원을 찾은 사람들이 걷는 모양의 모형을 만들어 피고 B에게 보냈고, 피고 B은 2003. 10. 무렵 ㈜H조경과 서울시의 관계자에게 원고로부터 받은 모형과 스케치를 가지고 G 숲 공원 입구에 설치될 스타트 조형물에 관한 작품을 소개하였다. 피고 B은 2003. 10. 무렵 원고에게 경주마의 사진과 조형물이 설치될 조형물설치공간의 도면(원고의 구상에 따라 ㈜H조경이 그렸고, 설치공간이 각각의 경주마가 설치될 토피어리로 나누어진 도면) 등을 보내면서 조형물의 제작을 위한 구체적인 모형을 제작해 달라고 요청하였고, 원고는 2004. 6. 무렵 기마상을 만들어 피고 B에게 보냈다.

(마) 피고 B은 2003. 11. 무렵 동신미술과 카트티로부터 청동으로 만든 경주마 1기당 제작비를 47,483,700원(부가가치세 별도)과 5,500만 원(부가가치세 별도)으로 산출한 견적을 받고, 2004. 4. 무렵 저작권심의조정위원회에 원고의 스케치를 피고가 저작한 미술저작물로 등록하였으며, 2004. 4. 무렵 피고 C건설㈜가 G 숲 공원 조성공사의 시공자로 결정되자 그 무렵부터 피고 C건설㈜의 직원인 피고 D, E에게 기마상 등을 보여주면서 조형물의 시공비(공사대금) 등에 관해 협의하였다.

그런데 피고 C건설㈜는 2004. 9. 무렵 피고 B에게 말 조형물의 시공비를 2억 4,000만 원 이상 받아들일 수 없다고 통보하였고, 이에 따라 원고와 피고 B은 당초 구상하였던 경주마의 수와 크기 등을 줄이는 문제 등에 관해 협의하였으나 서로 의견이 맞지 않자 원고는 '스타트' 조형물의 제작을 포기하기로 하였다.

(2) 그런데 저작권법에 의해 보호되는 저작물이라 함은 인간의 사상 또는 감정을 창작적으로 표현한 것으로서 문예, 학술, 미술 또는 음악의 범위에 속하는 것을 말하고, 저작물의 요건인 창작성이 인정되기 위해서는 예술적으로 높은 평가를 받을 수 있는 것 이어야 할 필요는 없으며, 저작자의 어떠한 개성이 창작행위에 나타나 있으면 충분하다(대법원 1999. 11. 26. 선고 98다46259 판결 참조).

앞서 본 전제사실과 위 인정사실에 따르면, 원고는 독일에서 미술대학의 교수로 재직하면서 조각가로 활동하고 있고, 국내의 미술관에도 그 작품을 기증한 적이 있는 등 조형물 등 미술작품의 제작을 업으로 하고 있다. 또 피고 B이 공원에 설치할 말 조형물을 제작해 달라는 요청에 따라 원고가 스케치 등을 그리고, 기마상 등을 만들게 되었고, 원고의 스케치, 드로잉, 렌더링, 모형, 기마상 등은 피고 B의 요청에 따라 기수를 태운 경주마들이 경주를 하는 모양의 조형물을 구체화하는 과정에서 그려지거나 만들어진 것으로 모두 경주마들이 배치된 수개의 토피어리 사이에 사람들이 지나갈 수 있도록 보행로가 설치된 조형물[이는 도심(외부세계)의 긴장된 생활로부터 단절하여 휴식을 주는 공원(내부세계)로 들어오는 사람을 환영하는 의미를 지니고 있다]을 일관하여 표현하고 있는 창작물들이다(비록 원고의 모형의 제작방법이 조잡하기는 하지만, 그 모형의 표현이 스케치의 표현을 구체화시킨 것인 한 제작방법의 난이도를 이유로 스케치 등과 달리 볼 수는 없다). 더욱이 원고가 피고 B의 요청에 따라 스케치 등을 연속해서 그리거나 제작함에 있어 가장 초보적인 단계의 작품구상을 표현한 것이 원고의 스케치인데, 피고 B은 원고의 스케치를 미술저작물로 등록하기도 하였다.

이러한 사정에 비추어 보면, 피고 B이 원고에 대해 요청한 '기수를 태운 경주마들이 경주를 하는 모양의 조형물'은 단순한 아이디어 또는 사상 내지 감정이라고 할 것이지만, 원고가 그 사상 등을 구체적으로 표현한 원고의 스케치 등은 원고의 창작적개성이 충분히 표현되어 있으므로 미술저작물에 해당한다고 봄이 상당하다.

7. 사진저작물

사진저작물은 인간의 사상 또는 감정이 일정한 영상의 형태로 표현된 창작물을 말한다. 과거에는 사진이 사물을 정확하게 재현하는 것에 불과한 것으로 인식되어 이를 저작물의 한 유형으로 인정할 것인지에 대해 많은 논란이 있었으나, 1908년 베른협약 베를린 개정회의를 통하여 사진을 저작물로서 인정하기 시작하였다.

사진은 피사체의 선정, 구도의 설정, 빛의 방향과 양의 조절, 카메라 각도의 설정, 셔터의 속도, 셔터찬스의 포착, 기타 촬영방법, 현상 및 인화 등의 과정에서 촬영자의 개성과 창조성이 인정되어야 사진저작물로 인정되어 저작권법에 의한 보호를 받을 수 있다. 즉, 단순히 기계적으로 피사체를 정확하게 재현하는 것에 불과한 경우에는 사진을 찍는 사람의 창작적 개성이 표현될 수 있는 여지가 거의 없기 때문에 저작물로서 보호받을 수 있는 표현이 없다고 할 수 있다.

서울고등법원 2013. 7. 31. 자 2013라346 결정('성형외과사진' 사건)

나. 판 단

1) 이 사건 ①, ② 사진의 저작물성은 인정하기 어려우니, 저작권에 기한 사용금지 등 청구권은 피보전권리가 될 수 없다.

앞서 본 바와 같이 저작권법에 의해 보호되는 사진저작물에 해당하기 위해서는 촬영방법, 현상 및 인화 등의 과정에서 촬영자의 개성과 창조성이 인정되어야 한다. 특히 성형수술 전과 후의 비교 사진은 상반되는 효과를 강조함으로써 성형수술의 광고효과를 극대화하려는 실용적 목적이 강하고, 그러한 목적에 따라 선택하는 촬영 방법, 현상 및 인화의 방법은 제한적일 수밖에 없어 촬영자의 창작성이 발휘되는 부분이 크지 않다는 점을 고려하여야 한다.

이 사건에 있어서 이 사건 ①, ② 사진 등은 모두 성형모델들이 성형 수술의 전후 모습을 대비함으로써 성형수술의 효과를 나타내고자 하는 실용적 목적에서 앞서 본 바와 같이 수술 전·후의 수술 부위를 각 촬영한 사진을 대비하고 시간순으로 변화하는 모습을 촬영한 것으로, 성형수술의 장면, 성형모델의 변화 등을 충실하게 표현하여 정확하고 명확한 정보를 전달하기 위한 전형적인 촬영 방법, 현상 및 인화의 방법을 선택하여 사용한 것으로 보이는 점, 특히 촬영 후 이미지 조작이나 기술적 뒤처리에 의하여 완성된 부분이, 촬영자의 창작성이라는 관점에서 볼 때, 특별히 차별성이 있다고 보기 어려운 점 등 기록에 나타난 여러 사정에 비추어 보면, 설령 신청인의 주장과 같이 성형모델들이 3개월이 넘는 기간을 설정하여 의상, 머리, 화장 각 분야 전문가들의 협조를 받아 전문 스튜디오에 의뢰하여 촬영하였다고 하더라도, 이 사건 ①, ② 사진 등에 촬영자의 개성이나 창조성이 있다고는 보기 어렵고, 달리 이를 소명할 뚜렷한 자료가 없다.

따라서 이 사건 ①, ② 사진 등은 저작권법에 의해 보호되는 (사진)저작물로 보기 어려우니, 이 부분 신청인의 주장은 이유 없다.

한편, 다른 저작물을 사진으로 촬영한 경우, 즉 조각이나 회화, 건축물 등을 촬영하여 사진으로 만든 경우에 해당 사진에서 피사체의 선택, 구도의 설정 등 창작성이 인정된다면 이를 사진저작물로 볼 수 있다. 그러나 피사체가 되는 저작물의 저작자 및 저작권자의 허락을 받아야만 2차적저작물작성권 침해 등과 같이 저작권 침해에 해당하지 않는다. 그러나 가로·공원·건축물의 외벽 그 밖에 공중에게 개방된 장소에 항상 전시하는 미술저작물 등은 개방된 장소 등에 항시 전시하기 위하여 복제하는 경우나 해당 사진을 판매할 목적으로 촬영하는 것이 아니라면 원저작권자의 허락을 받지 않더라도 자유롭게 촬영을 할 수 있다.

8. 영상저작물

영상저작물은 연속적인 영상(음의 수반 여부는 가리지 않는다)이 수록된 창작물로서 그 영상을 기계 또는 전자장치에 의하여 재생하여 볼 수 있거나 보고 들을 수 있는 것을 말한다(법 제2조 제13호). 영화·드라마 및 영상광고 등 창작성을 갖는 모든 영상물이 이에 해당한다.

영상이 연속적으로 구성되어 있어야 하지만, 그 영상이 반드시 정해진 순서에 따라 나타날 필요까지는 없다. 따라서 비디오게임의 경우에도 정해진 순서에 따른 영상이 나타나는 것이 아니고 사용자의 조작에 의하여 매번 달리 영상이 나타나게 되지만 이 역시 영상저작물로 볼 수 있다.[37] 아울러 영상을 기계 또는 전자장치에 의하여 재생할 수 있는 것이어야 하므로 이러한 장치에 의한 재생이 이루어지는 형태가 아닌 경우에는 통상 영상과 비슷한 형태를 나타낸다 하더라도 영상저작물로 볼 수 없다. 서적의 한 귀퉁이에 각 면마다 그림을 그리고 이를 빠르게 넘김으로써 연속적인 동작을 하는 것과 같은 효과를 나타낼 수 있지만, 이러한 것은 연속적인 동작을 하는 그림(장면)에 해당하지만 영상저작물로 인정되지는 않는다. 영상저작물은 다른 유형의 저작물과 달리 고정성을 요구한다는 특징이 있다.[38] 저작권법은 저작물의 성립요건에 있어서 원칙적으로는 일정한 매체에 고정되어 있을 것을 요구하지 않는데, 영상저작물의 경우에는 그 특성을 고려하여 예외적으로 고정을 요건으로 하는 것이다.

모든 영상물이 다 영상저작물로 저작권법에 의한 보호를 받을 수 있는 것은 아니며, 창작성을 갖추고 있어야만 보호가 가능함은 당연하다. 이때 단순히 기계적으로 일정한 장면을 촬영한 정도라면 창작성은 인정될 수 없으며, 소재의 선택과 배열·카메라 구도의 선택·필름 편집 및 그 밖의 제작기술로 표현되는 창작성이 존재하면 저작물로 인정된다.[39]

---

37) 오승종(2023), 87면, 616면.
38) 이 부분은 논란이 있지만 고정성을 요건으로 한다는 견해가 다수설이다.
39) 서울고등법원 2012. 6. 13. 선고 2011나52200 판결.

서울고등법원 2012. 6. 13. 선고 2011나52200 판결('모기와의전쟁뉴스' 사건)

가. 이 사건 뉴스: 원고 ○○○○의 저작물

원고 ○○○○은 이 사건 뉴스는 저작권법상 저작물로서 원고 ○○○○의 영상저작물이라 주장하고, 피고는 이 사건 뉴스는 단순히 사실의 전달에 불과한 시사보도에 불과하므로 저작권법의 보호대상에 해당하지 않는다고 다툰다.

저작권법의 보호대상이 되는 것은 외부로 표현된 창작적인 표현 형식일 뿐 그 표현의 내용이 된 사상이나 사실 자체가 아니므로 단순히 '사실의 전달에 불과한 시사보도'의 정도에 그친 것은 저작권법 제7조제5호에 따라 그 보호대상에서 제외되나, 보도 표현에 있어 독창적이고 개성 있는 표현 수준에 이른 것이면 제외되지 아니한다. 한편 영상저작물은 그 보도된 표현과 별도로 소재의 선택과 배열, 카메라 구도의 선택, 필름 편집, 그 밖의 제작기술로 표현되는 창작성이 존재하면 저작물로 인정된다.

살피건대, 갑 제1, 2호증, 제3호증의1, 2, 을 제1~14호증의 각 기재에 변론 전체의 취지를 종합하면, 이 사건 뉴스의 보도문에서 '모기와의 전쟁', '첨단 기술', '기발한 아이디어' 등 모기 관련 각종 언론의 기사들에서 통상적으로 사용되는 표현들이 사용 되었으나, 여러 개의 맨홀 구멍을 통하여 소독약을 동시에 뿌릴 수 있는 문어발 방역기가 사용되고, 모기가 좋아하는 색깔과 냄새로 모기를 유인하여 죽이는 장치가 사용되며, IT 기술을 접목하여 모기 개체 수를 자동으로 집계하여 방역반에 전송해주는 장치 사용을 부각하는 등 다른 보도 기사들과 구별되는 표현들이 사용되었고, 해마다 심해지는 고온 현상으로 모기의 수가 증가하여 친환경 방법으로는 감당할 수 없어 최첨단 기술과 아이디어들이 동원되고 있다는 전체적인 평가가 실렸으며, 위 보도문이 담긴 이 사건 뉴스에서 해당 장치들이 사용되는 다양한 장면을 여러 각도에서 촬영함과 동시에 아파트 주민, 구로보건소장의 인터뷰를 함께 전달하고, 위와 같이 촬영된 영상이 '○○○ ○○○○○'에서 방송되는 분량과 형식에 맞게 편집되고, 원고 ○○○○의 기획으로 원고 ○○○ 및 ○○○ 기자 등 그 사원들이 업무로 제작하여 ○○○ 텔레비전 방송국을 통하여 방송되어 이 사건 뉴스와 같은 동영상으로 공표된 사실을 인정할 수 있다.

위 인정 사실에 의하면, 이 사건 뉴스는 단순한 사실의 전달에 불과한 시사보도에 불과한 것이 아니라 고유한 표현으로 재구성된 사실과 기자의 평가가 담긴 보도문을 효과적으로 전달하기 위하여 전문적인 기술로써 연속적인 영상으로 촬영하고 재구성하여 편집한 영상저작물이고, 원고 ○○○○과 사원들 사이의 계약 또는 근무규칙 등에 다른 정함이 있다는 사정도 보이지 않는 이상 이 사건 뉴스는 원고 ○○○○의 저작물에 해당한다.

한편, 영상저작물은 그 제작에 있어서 상당히 많은 사람들이 창작적 기여를 하게
된다. 즉, 다수의 사람들이 창작에 참여하므로 최종적으로 창작된 저작물에 대하여
매우 복잡한 권리관계를 가질 수밖에 없다. 그런데 이러한 점은 해당 영상저작물의
활용이 원활하게 이루어지기 어렵게 하며, 제작을 위해 투자한 자본의 회수를 어렵
게 하는 등 많은 문제를 내포한다. 이에 저작권법은 영상저작물에 관하여는 특례를
두어 추가적인 사항을 규정한다.

9. 도형저작물

도형저작물은 인간의 사상 또는 감정을 지도·도표·설계도·모형 및 도형 등에
표현한 창작물을 말한다. 지도 및 설계도 등과 같은 평면적인 도형과 지구본 및 퍼
즐모형 등과 같은 입체적인 도형 모두 이에 해당한다.

지도는 가장 대표적인 도형저작물 중 하나이다. 지도상에 표현된 자연적 현상과
인문적 현상은 사실 그 자체일 뿐이어서 저작권의 보호대상은 아니다. 그런데 특정
의 지도가 저작권법에 의한 보호대상에 해당하는지 여부를 판단하기 위해서는 지도
의 내용이 되는 자연적 현상과 인문적 현상을 종래와 다른 새로운 방식으로 표현하
였는지, 그 표현된 내용의 취사선택에 창작성이 있는지 등을 고려하여야 한다. 즉,
지도의 저작물성은 표현방법 및 소재의 선택과 배열에 창작성이 있는지 여부에 따
라 결정된다.

> **대법원 2003. 10. 9. 선고 2001다50586 판결('전국도로관광지도' 사건)**
>
> 저작권법에 의하여 보호되는 저작물이기 위하여는 문학·학술 또는 예술의 범위에
> 속하는 창작물이어야 하므로 그 요건으로서 창작성이 요구되는바, 일반적으로 지도는
> 지표상의 산맥·하천 등의 자연적 현상과 도로·도시·건물 등의 인문적 현상을 일정
> 한 축적으로 미리 약속한 특정한 기호를 사용하여 객관적으로 표현한 것으로서 지도상
> 에 표현되는 자연적 현상과 인문적 현상은 사실 그 자체로서 저작권의 보호대상이 아
> 니라고 할 것이어서 지도의 창작성 유무의 판단에 있어서는 지도의 내용이 되는 자연
> 적 현상과 인문적 현상을 종래와 다른 새로운 방식으로 표현하였는지 여부와 그 표현
> 된 내용의 취사선택에 창작성이 있는지 여부가 기준이 된다고 할 것이고, 한편 지도의
> 표현방식에 있어서도 미리 약속된 특정의 기호를 사용하여야 하는 등 상당한 제한이

있어 동일한 지역을 대상으로 하는 것인 한 그 내용 자체는 어느 정도 유사성을 가질 수밖에 없는 것이라 할 것이다.

원심판결 이유에 의하면, 원심은 그 채용 증거를 종합하여 원고가 자신이 발행한 지도책들의 창작성에 대한 근거사실로 내세우는 사실 중 ① 전국을 권역으로 나누어 각 권역마다 다른 색상을 부여하고 위 권역을 다시 구획으로 나누어 각 구획마다 다른 번호를 부여한 후 구획번호 순으로 각 구획에 대한 세부지도를 편제하고, 속표지 상반부에 천연색 고속도로 사진을 배경으로 제호와 출판사를 표시하고, 하반부에 지도에 사용된 기호를 설명하는 범례를 표시한 점, 권말에 찾아보기 면을 만들어 지명·관공서·대학·언론기관·금융기관·종합병원 등 주요 기관의 지도상의 위치와 전화번호를 수록하면서 찾아보기 다음에 전국의 호텔 목록과 전국 유명 음식점 안내를 수록한 점, ② 각 구획면의 좌우 상단 모서리에는 그 구획이 속하는 권역의 색상을 바탕색으로 사각형을 만들어 사각형안에 구획번호를 역상으로 표시하고, 그 옆에 지명을 흑색으로 표시하면서, 각 구획면의 상하좌우 여백 중앙에 굵은 화살표를 하고 화살표의 중앙에 연속되는 지역의 구획번호를 표시하고, 하단 여백 우측 끝 부분에 그 구획의 위치를 도해식으로 표시한 점, 각 구획면의 가로·세로를 각각 나누어 좌표로 설정한 다음 구획면 가장자리에 테두리를 둘러 그 위에 각 좌표를 표시한 점, 도로의 구간거리를 표시한 점, ③ 지표상의 자연적·인문적 현상을 표시하는 기호에 있어, 도로의 경우 도로 종류에 따라 각각 다른 색상을 사용하고, 주유소·국보·보물·사적·절·계곡 등 주요장소 및 관광지 등은 색상이 있는 약기호로 표현한 점, ④ 서울에서 각 시·군까지의 거리를 시군거리표로 표현한 점, ⑤ 건물의 표시를 실형으로 표시하고, 건물의 용도별로 색상을 구분한 점, ⑥ 아파트의 동별로 동번호와 아파트 평수를 표기한 점 등의 표현방식과 그 표현된 내용의 취사선택은 원고들 주장의 지도책들 발행 이전에 국내 및 일본에서 발행되었던 지도책들이 채택하였던 표현방식과 그 표현된 내용의 취사선택에 있어 동일·유사하고, 이를 제외한 원고 주장의 나머지 표현방식 및 그 표현내용의 취사선택도 국내외에서 보편적으로 통용되는 기호의 형태를 약간 변형시킨 것에 불과하므로 원고 발행의 지도책들의 창작성을 인정할 수 없고, 나아가 원고 발행의 지도책들에서 잘못 표기한 지명이나 건물명 상당수가 피고 발행의 지도책에서도 잘못 표기된 사실은 인정되나, 달리 피고가 원고 발행의 지도책들에 있는 특유한 창작적 표현을 모방하지 않은 한 그와 같은 사정만으로는 피고가 원고의 저작권을 침해하였다고 인정하기에 부족하고 달리 이를 인정할 만한 증거가 없으므로, 피고가 원고 발행의 지도책들에 관한 저작권을 침해하였음을 전제로 한 원고의 청구는 더 나아가 살펴볼 필요 없이 이유 없다는 취지로 판단하였다.

위에서 본 법리와 기록에 비추어 살펴보면, 원심의 판단은 정당하고, 거기에 상고이유에서 주장하는 바와 같은 지도의 저작물성에 대한 법리오해나 심리미진 등의 위법이 있다고 할 수 없다.

그러므로 상고를 기각하고, 상고비용은 패소자가 부담하도록 하여 관여 법관의 일치된 의견으로 주문과 같이 판결한다.

대법원 2010. 4. 5. 선고 2009도14298 판결('오니온맵' 사건)

상고 이유를 본다.

저작권법에 의하여 보호되는 저작물이기 위하여는 문학·학술 또는 예술의 범위에 속하는 창작물이어야 하므로 그 요건으로서 창작성이 요구되는바, 일반적으로 지도는 지표상의 산맥·하천 등의 자연적 현상과 도로·도시·건물등의 인문적 현상을 일정한 축적으로 미리 약속한 특정한 기호를 사용하여 객관적으로 표현한 것으로서 지도상에 표현되는 자연적 현상과 인문적 현상은 사실 그 자체로서 저작권의 보호대상이 아니라고 할 것이어서 지도의 창작성 유무의 판단에 있어서는 지도의 내용이 되는 자연적 현상과 인문적 현상을 종래와 다른 새로운 방식으로 표현하였는지 여부와 그 표현된 내용의 취사선택에 창작성이 있는지 여부가 기준이 된다고 할 것이고, 한편 지도의 표현방식에 있어서도 미리 약속된 특정의 기호를 사용하여야 하는 등 상당한 제한이 있어 동일한 지역을 대상으로 하는 것인 한 그 내용자체는 어느 정도 유사성을 가질 수밖에 없는 것이다(대법원 2003. 10. 9. 선고 2001다50586 판결 참조). 원심은, 그 판시와 같이 도시의 여러 구조물 중 주요 관광지나 구조물만을 선택하여 지도에 표시하거나, 전체 도시 중 주요 관광구역 내지 상업구역을 선택·구획하여 지도에 표시하는 방법 및 구조물 등을 실사에 이를 정도로 세밀하게 묘사하는 등의 방식은 이 사건 오니온맵 서비스가 제공되기 이전이 미국내외 디지털지도에서 널리 사용되고 있던 것인 점, 어떤 지역의 지도가 일반적인 평면적 지리지도의 기반을 크게 벗어나지 않는 범위에서 그중 특정구역이나 주요 구조물을 취사선택하여 지도에 표시하는 것은 해당 지도의 용도와 목적에 따라 정하여지는 것일 뿐 이를 들어 아이디어의 표현이라고 할 수 없고, 그와 같은 특정 구역이나 주요구조물을 지도상에서 입체적인 형태로 표시하는 방법 자체도 아이디어에 불과한 점, 지도상에서 특정 구역이나 주요 구조물을 부각하여 표시하는 방법이나 주요 구조물을 입체적으로 표현하는 방법은 경우에 따라 창작성 있는 표현방법이 될 수도 있으나, 이 사건에서 오니온맵이 주요 구조물을 표현하는 방법은 구조물의 본래의 형상에 가깝게 입체적인 형태로 표시하되 지도의 목적에 맞도록 단순화한 것일 뿐이어서 그와 같은 표현에 어떤 창작성이 있다고 하기 어렵고, 그 외에 특정구역을 바라보는 시각이나 특정 구역을 부각시키는 방법에서 어떠한 창작성을 찾기 어려운 점 등을 종합하면, 검사가 제출한 증거들만으로 이 사건 오니오맵의 창작성을 인정하기 부족하고 달리 이를 인정할 증거가 없다는 이유로 이 사건 공소사실을 무죄라고 판단한 제1심판결을 그대로 유지하였다. 앞서 본 법리와 기록에 비추어 원심판결이유를 살펴보면, 원심의 위와 같은 판단은 정당한 것으로 수긍이 되고, 거기에 상고 이유에서 주장하는 바와 같은 지도의 저작물성에 관한 법리를 오해하는 등으로 판결에 영향을 미친 위법이 있다고 할 수 없다. 그러므로 상고를 모두 기각하기로 하여 관여 대법관의 일치된 의견으로 주문과 같이 판결한다.

또한 설계도의 경우 그 표현방식에 있어서 일정하게 통일된 규격과 방법을 정하고 있어서 그 방식에 따라 설계도를 작성하게 되면 표현에 있어서 작성자의 창작적 개성이 나타나기는 매우 어렵다. 이에 설계도의 창작성 판단은 매우 엄격하게 이루어진다. 예를 들어 CAD를 이용하여 도면을 그렸을 때 생각한 사항을 달리 표현하기에는 방법의 한계가 크기 때문에 작성자는 표현의 선택범위가 매우 협소하게 된다.

이처럼 기능적 저작물의 성격을 갖는 도형저작물은 해당 도형물이 저작물로서 저작권법에 의한 보호를 받는지 여부의 판단은 엄격한 창작성 판단으로 이루어진다. 물론 기능적 저작물이 아닌 도형저작물은 창작성 판단 시 엄격성이 높게 적용되지 않는다.

> **대법원 2011. 5. 13. 선고 2009도6073 판결('종이접기도안' 사건)**
>
> 상고이유를 판단한다.
>
> 구 저작권법(2006. 12. 28. 법률 제8101호로 전문 개정되기 전의 것, 이하 같다) 제4조 제1항 제8호는 "지도, 도표, 설계도, 약도, 모형 그 밖의 도형저작물"을 저작물의 하나로 예시하고 있는데, 이와 같은 도형저작물은 예술성의 표현보다는 기능이나 실용적인 사상의 표현을 주된 목적으로 하는 이른바 기능적 저작물로서, 기능적 저작물은 그 표현하고자 하는 기능 또는 실용적인 사상이 속하는 분야에서의 일반적인 표현방법, 규격 또는 그 용도나 기능 자체, 저작물 이용자의 이해의 편의성 등에 의하여 그 표현이 제한되는 경우가 많으므로 작성자의 창조적 개성이 드러나지 않을 가능성이 크지만, 기능적 저작물도 구 저작권법의 보호대상이 되기 위해서는 작성자의 창조적 개성이 나타나 있어야 할 것임은 물론이다(대법원 2005. 1. 27. 선고 2002도965 판결 등 참조). 그리고 기능적 저작물에 있어서 구 저작권법은 그 기능적 저작물이 담고 있는 기

술사상을 보호하는 것이 아니라 그 기능적 저작물의 창작성 있는 표현을 보호하는 것이므로, 설령 종전의 저작물 등과 다소간의 차이가 있다고 하더라도 그러한 사정만으로 그러한 기능적 저작물의 창작성을 인정할 수는 없고 작성자의 창조적 개성이 드러나 있는지 여부를 별도로 판단하여야 할 것이다(대법원 2007. 8. 24. 선고 2007도4848 판결 참조).

위 법리와 기록에 비추어 살펴본다. 원심 판시 별지 일람표 제1, 3, 4, 5, 6, 7의 ④, 9, 10 부분(이하 '이 사건 쟁점 종이접기 부분'이라고 한다)은 정사각형의 종이를 이용하여 정삼각형, 정오각형, 정육각형 등의 도형을 만드는 방법, 변을 2, 3, 4, 5, 6등분 등으로 분할하는 방법 및 정십이면체를 만드는 방법 등의 과정을 순서도에 따라 그에 관한 도면과 일정한 규약에 의한 점, 선이나 화살표의 기호 등으로 표현하고 일부 과정에 수학적인 설명 등이 부가되어 있다. 그런데 이 사건 쟁점 종이접기 부분의 순서도에서 앞, 뒷면을 나타내는 방식이나 접은 선, 각종 화살표 기호 등은 국내 및 일본의 종이접기 분야에서 표준화된 기호 또는 도식이고, 위 순서도에 부가된 수학적인 설명 등은 수학 분야 등에서 널리 알려져 있는 기본적인 원리를 표현한 것에 불과한 점, 한편 이 사건 쟁점 종이접기 부분은 국내 및 일본에서의 관련 종이접기 순서도에 비하여 그 배치나 순서 등에서 일부 차이가 있기는 하지만, 그 종이접기 방법이 새로운 것도 아니고 새로운 표현형식으로 도면을 그리거나 설명한 것도 아니며 누가 작성하더라도 달리 표현될 여지가 거의 없을 뿐 아니라, 설령 작성자에 따라서 다소 다르게 표현될 수 있는 여지가 있다고 하더라도 이 사건 쟁점 종이접기 부분에 작성자의 창조적 개성이 드러나 있다고 할 수 없는 점 등에 비추어 볼 때, 이 사건 쟁점 종이접기 부분은 구 저작권법상의 저작물로서의 창작성이 있다고 보기 어렵다고 할 것이다.

그럼에도 이 사건 쟁점 종이접기 부분에 대하여 이와 달리 판단한 원심은 기능적 저작물의 저작물성에 관한 법리를 오해하여 판결에 영향을 미친 위법이 있다.

따라서 원심판결 중 이 사건 쟁점 종이접기 부분은 앞서 본 바와 같은 이유로 파기되어야 할 것인바, 이는 원심이 이유에서 무죄로 인정한 원심 판시 별지 일람표 제2, 7의 ③, 8 부분과 일죄의 관계에 있으므로 그 부분이 함께 파기되어야 한다.

그러므로 원심판결을 파기하고, 사건을 다시 심리·판단하도록 원심법원에 환송하기로 하여 관여 법관의 일치된 의견으로 주문과 같이 판결한다.

서울고등법원 2014. 3. 31. 자 2013라293 결정('종이퍼즐전개도' 사건)

나. 저작권법 2조 1호는 저작물을 인간의 사상 또는 감정을 표현한 창작물을 말한다고 규정하고 있는데 창작물이라 함은 창작성이 있는 저작물을 말하고, 여기서 창작성

이라 함은 완전한 의미의 독창성을 요구하는 것은 아니라고 하더라도 적어도 어떠한 작품이 단순히 남의 것을 모방한 것이 아니고 작자 자신의 독자적인 사상이나 감정의 표현을 담고 있어야 한다. 그러므로 누가 하더라도 같거나 비슷할 수밖에 없는 표현, 즉 저작물 작성자의 창조적 개성이 드러나지 않는 표현을 담고 있는 것은 창작물이라고 할 수 없다(대법원 2005. 1. 27. 선고 2002도965 판결 참조). 특히 저작권법 4조 1항 8호에서 들고 있는 도형저작물은 예술성의 표현보다는 기능이나 실용적인 사상의 표현을 주된 목적으로 하는 이른바 기능적 저작물로서 그 표현하고자 하는 기능 또는 실용적인 사상이 속하는 분야에서의 일반적인 표현방법, 규격 또는 그 용도나 기능 자체, 저작물 이용자의 이해의 편의성 등에 의하여 그 표현이 제한되는 경우가 많으므로 작성자의 창조적 개성이 드러나지 아니할 가능성이 크지만, 기능적 저작물도 저작권법의 보호대상이 되기 위해서는 작성자의 창조적 개성이 나타나 있어야 한다(대법원 2005. 1. 27. 선고 2002도965 판결, 대법원 2007. 8. 24. 선고 2007도4848 판결, 대법원 2011. 5. 13. 선고 2009도6073 판결 등 참조). 그리고 저작권의 보호 대상은 사람의 정신적 노력에 따라 얻어진 사상 또는 감정을 말, 문자, 음, 색 등에 의하여 구체적으로 외부에 표현한 창작적인 표현형식이고, 거기에 표현되어 있는 내용 즉 아이디어나 이론 등의 사상 및 감정 그 자체는 원칙적으로 저작권의 보호 대상이 아니므로 저작권의 침해 여부를 가리기 위하여 두 저작물 사이에 실질적인 유사성이 있는지 여부를 판단함에 있어서도 창작적인 표현형식에 해당하는 것만을 가지고 대비해 보아야 하고, 표현형식이 아닌 사상이나 감정 그 자체에 독창성·신규성이 있는지 등을 고려하여서는 아니 된다(대법원 2000. 10. 24. 선고 99다10813 판결, 대법원 2011. 2. 10. 선고 2009도291 판결 등 참조).

이 사건에서 채권자와 채무자의 입체 퍼즐은 모형 그 밖의 도형저작물로서 예술성보다는 특별한 기능을 주된 목적으로 하는 기능적 저작물에 해당한다. 그런데 채권자와 채무자의 숭례문, 광화문, 첨성대 모형의 유사한 부분은 동일하거나 같은 시대의 유사한 건축양식이 반영된 역사적 건조물을 우드락 퍼즐의 조립이라는 방식적 한계 속에서 최대한 실제와 유사하도록 구현하기 위한 것으로 누가 하더라도 같거나 비슷할 수밖에 없어 저작물 작성자의 창조적 개성이 드러나지 않는 표현을 담고 있어 창작물이라고 할 수 없으므로 저작권법에서 보호대상으로 하고 있는 표현이라기보다는 아이디어 또는 보호받지 못하는 표현에 해당한다고 보아야 한다. 한편 전개도에서 가장 중요한 표현요소인 조각 퍼즐의 구성, 모양, 배치, 개수 등이 다르므로 그 모형의 전개도는 실질적으로 유사하다고 보기 어렵다.

또한 채권자와 채무자의 서대문형무소 모형 중 채권자의 모형은 건물의 외관보다는 건물 내부의 모습을 주로 보여주는 형태의 전개도이고, 채무자의 서대문형무소 모형은 건물의 외관을 주로 보여주면서 건물 일부의 내부 모습을 보여주는 전개도인데 건물 내부의 모습을 보여주는 부분은 아이디어에 불과하고, 그 구체적인 표현도 다르며, 최종적인 구현의 형태와 전개도에서 가장 중요한 표현요소인 조각 퍼즐의 구성, 모양, 배치, 개수 등이 다르므로 그 모형은 실질적으로 유사하다고 보기 어렵다.

그리고 채권자의 상해임시정부청사 모형과 채무자의 서대문형무소 모형의 유사한 부분은 같은 시대의 유사한 건축양식이 반영된 역사적 건조물을 우드락 퍼즐의 조립이라는 방식적 한계 속에서 최대한 실제와 유사하도록 구현하기 위한 것으로 누가 하더라도 같거나 비슷할 수밖에 없어 저작물 작성자의 창조적 개성이 드러나지 않는 표현을 담고 있어 창작물이라고 할 수 없으므로 저작권법에서 보호대상으로 하고 있는 표현이라기보다는 아이디어 또는 보호받지 못하는 표현에 해당한다고 보아야 한다. 또한 건물 내부의 모습을 보여주는 부분도 아이디어에 불과하고, 그 구체적인 표현도 다르며, 최종적인 구현 대상 자체가 다르고, 전개도에서 가장 중요한 표현요소인 조각 퍼즐의 구성, 모양, 배치, 개수 등이 다르므로 그 모형의 전개도는 실질적으로 유사하다고 보기 어렵다.

10. 컴퓨터프로그램저작물

(1) 개 념

컴퓨터프로그램저작물은 특정한 결과를 얻기 위하여 컴퓨터 등 정보처리능력을 가진 장치(이하 '컴퓨터'라 한다) 내에서 직접 또는 간접으로 사용되는 일련의 지시·명령으로 표현된 창작물을 말한다(법 제2조 제16호).

연혁적 측면에서 보면, 컴퓨터프로그램을 저작권으로 보호할 수 있는지에 관한 논란이 이루어졌던 소위 1세대 논의(1970년대-1980년대)를 통하여 컴퓨터프로그램을 구성하는 요소 중 소스코드와 실행코드(목적코드)의 저작권 보호 입장이 확립되었고, 컴퓨터프로그램의 유형 및 사용형태를 불문하고 저작물의 성립요건만 충족한다면 그것이 ROM에 저장된 것이든, 운영체제프로그램이든 저작권법상 보호대상으로 된다는 것이 명확히 되었다.[40] 이후 진행된 2세대 논의는 문언적으로 표현되지 않은 비문언적 부분을 어디까지 저작권으로 보호할 것인지에 대한 논의로서 컴퓨터프로그램의 보호범위와 관련하여 아이디어·표현 이분법의 구체적 기준 및 실질적

---

40) 이해완, 「저작권법」, 박영사, 2007, 904면.

유사성의 판단 기준에 관한 문제가 논의된다. 최근에는 권리 부여라는 면에서 이루어지던 기존의 논의에서 더 나아가 그 보호의 경계를 실무적으로 어떻게 명확히 할 수 있겠는지에 대한 논의가 이루어지고 있다.

컴퓨터프로그램은 그 형태가 어문저작물과 유사하므로 어문저작물의 일종으로 저작권법에서 보호하고 있다.[41] 하지만 프로그래밍 언어를 이용하여 컴퓨터가 일정한 기능을 수행하도록 하는데 그 목적을 갖는 컴퓨터프로그램은 그 자체로서 일정한 정보 제공을 목적으로 하는 어문저작물의 특성과 상이하다. 따라서 저작권법은 그러한 차이점을 고려하여 별도의 저작물 유형으로 명시하여 보호하고 있다. 어문저작물과 유사한 관점에서 컴퓨터프로그램저작물을 다룸에 따라, 저작권법이 보호하는 컴퓨터프로그램저작물은 원시코드(source code)와 목적코드(object code)를 전형적인 것으로 본다.[42] 어문저작물의 일종이므로 컴퓨터프로그램저작물 역시 그 표현 형태는 어문저작물과 유사한 특성을 갖는다. 즉, 원시코드나 목적코드 그 자체와 같이 문자로서 이루어진 부분적·문자적 표현과 그러한 문자적 표현 이면에 해당하는 표현인 전체적·비문자적 표현이 존재한다. 그런데 컴퓨터프로그램저작물은 효율성의 고려 및 일련의 지시·명령의 수행이라는 특성으로 인하여 전체적·비문자적 표현에 창작성을 인정하는데 있어서는 보통의 어문저작물에 비하여 매우 엄격한 판단 기준이 적용된다.

한편, 자동생성코드·주석 등은 작성자의 창작성이 인정되지 않거나 지시·명령의 기능을 수행하지 못하므로 컴퓨터프로그램저작물에 속하지 않는다. 특히, 데이

---

41) TRIPs 제10조 제1항에서 컴퓨터프로그램은 원시코드(source code)와 목적코드(object code)를 불문하고 모두 베른협약상의 어문저작물로서 보호되어야 한다고 규정하고 있다. "Article 10 (Computer Programs and Comoilations of Data) 1. Copmputer programs, whether in source code, shall be protected as literary works under the Berne Convention (1971)", 미국의 경우도 어문저작물(literary works)은 컴퓨터프로그램과 컴퓨터데이터베이스를 포함한다는 의회보고서에 따라서 1976년 저작권법 개정 시 컴퓨터프로그램을 저작물의 범위로 포함시켰다.

42) 컴퓨터는 각종 데이터를 처리하는 것을 목적으로 하는 매우 정교화된 전자적 장치이나, 그 자체로는 어떠한 기능도 수행할 수 없고 이는 사람이 작성한 프로그램에 의해서만 기능 수행이 가능하다. 이때 컴퓨터가 읽고 이해할 수 있는 언어를 기계어라고 한다. 기계어는 인간의 언어와는 달리 2진언어(binary code)로 이루어져 있으며 사람이 2진언어를 이해하는 것은 매우 어렵다. 그러므로 프로그래머는 고급언어인 소스코드(source code)를 작성하고 이를 기계어로 변환(컴파일, compile)하여 컴퓨터가 이해할 수 있는 소위 목적코드(object code)라고 하는 2진언어를 만들게 된다. 김시열, "컴퓨터프로그램의 실질적 유사성 판단을 위한 정량적 분석에 관한 연구", 지식재산연구, 제6권 제4호, 2011, 69면.

터 파일은 일반적으로 컴퓨터프로그램저작물로 인식하는 경향이 많은데 지시·명령의 기능을 수행하지 않고 단순히 일정한 사항을 디지털화하여 정보로 저장하고 있는 형태인 데이터 파일은 컴퓨터프로그램저작물에 해당할 수 없다. 예를 들면 라이브러리 파일 등이 이에 속한다.

> **서울고등법원 2013. 8. 29. 선고 2012나95785, 95792 판결('RFID 단말기' 사건)**
>
> 저작권법상 컴퓨터프로그램저작물이라고 함은, 정보처리능력을 가진 장치(이하 '정보처리장치'라 한다)에 대하여 직접 또는 간접으로 사용되는 지시와 명령의 조합으로서 그에 따라 정보처리장치를 작동하게 하여 일정한 처리를 하게 하는 것을 말하고, 그와 같은 프로그램으로서 창작성이 있는 것이 저작권법 제2조 16호의 컴퓨터프로그램저작물로서 저작권법의 보호를 받게 된다. 따라서 전자파일로서 기록매체에 전자적으로 기록되고 정보처리장치가 이를 읽어 받아들일 수 있도록 된 것이라도 위와 같은 기능을 가지지 아니하는 것은 프로그램으로 되지 아니한다. 정보처리장치에 의한 프로그램의 처리에 있어 어떤 시스템에서 프로그램을 실행시켜 일정한 처리를 하기 위하여 해당 프로그램 이외에 그 프로그램에 처리 정보를 제공하는 데이터가 필요하고, 시스템의 효율성을 고려하여 데이터를 흔히 본체 프로그램과 별개의 파일에 기록하여 두기도 한다. 이러한 경우 프로그램이 그 파일을 읽어와 정보처리장치가 그 결과를 처리하지만 정보처리장치에 대한 지시·명령이 포함되어 있지 아니하므로 저작권법상 프로그램은 아니다. … (중략) … 이러한 사정에 비추어, ECO_RFID.INI 파일에 기술되어 있는 내용은 정보처리장치 내에서 특정한 결과를 직접 또는 간접으로 발생시키는 지시나 명령에 해당한다고 볼 수 없고, ECO_RFID.INI 파일은 단지 응용프로그램으로 하여금 초기 정보를 인식하도록 하는 역할을 하는 정보파일이나 데이터파일에 불과한 것으로 보인다. 그뿐만 아니라 ECO_ RFID.INI 파일에 기술되어 있는 내용은 누가 작성하여도 거의 동일하게 되는 것이거나 간단한 내용에 불과하여 프로그램 작성자의 어떠한 개성이 발현된 것으로서 인간의 사상 또는 감정을 창작적으로 표현한 저작물에 해당한다고 볼 수도 없다.

저작권법 제101조의2는 컴퓨터프로그램저작물로 보호받는 대상에 속하지 않는 대상을 명시하고 있다. 이에 따라 프로그램 언어(프로그램을 표현하는 수단으로서 문자·기호 및 그 체계), 규약(특정한 프로그램에서 프로그램 언어의 용법에 관한 특별한 약속), 해법(프로그램에서 지시·명령의 조합방법)은 저작권법에 의하여 보호받을 수 없다. 이들은 저작권법 제2조 제16호의 컴퓨터프로그램저작물 성립요건을 갖추지 못하는 것일 뿐 아니라 이를 저작물로 인정하여 보호하게 되면 컴퓨터프로그램의 창작을 불필요하게 제한할 수 있는 효과를 도출하기 때문에 명시적으로 보호대상에서 제외하는 것이다.

한편, 컴퓨터프로그램저작물은 2009년 이전에는 별도의 법률(컴퓨터프로그램 보호법)로 보호를 하고 있었으나, 2009년 저작권법과 컴퓨터프로그램 보호법이 통합되면서 단일한 체계 하에서 다루고 있다. 이에 저작권법은 컴퓨터프로그램저작물의 고유한 특성을 고려하여 컴퓨터프로그램저작물에 관한 특례를 두고 있다.

(2) 컴퓨터프로그램에 대한 저작권법의 태도[43)]

소프트웨어를 지식재산권법에서 어떻게 보호할 것인가에 대해서는 3가지 태도가 논의되었다. 하나는 특허법에 의한 보호이고, 다른 하나는 저작권법에 의한 보호이다. 그리고 마지막은 제3의 방식(sui generis)에 의한 보호였다. 결론적으로 이 점에 대한 논란 끝에 미국에서의 소프트웨어에 대한 보호는 저작권법, 특허법이 모두 중첩적으로 보호하는 방식을 취했다. 그리고 최근에는 저작권법에 의한 보호가 중심이 되고 있다. 이를 상징하는 대표적인 사건이 Google v. Oracle 판결이다.[44)]

소프트웨어는 미국에서도 1976년에야 저작권법의 보호대상으로 포함되었을 만큼 가장 최근에 저작권 보호 영역으로 들어온 유형이라 할 수 있다. 미국의 '저작물의 새로운 기술적 이용에 관한 국립위원회의 최종보고서(CONTU)'에서는 컴퓨터프로그램을 저작물로 인정할 것을 위한 권고를 하면서 정보의 복제가 용이해짐에 따른 법적 보호의 필요성이 증가하였다는 점을 근거로 한다. 특히 과학기술의 발전은 과거에 존재하지 않던 새로운 형태의 창작적 표현을 만들어낼 수 있으며, 저작권의 보호 범위는 이와 같은 확장을 고려하여야 한다는 것이다.

컴퓨터프로그램을 어문저작물과 유사한 형태의 표현으로 이해하는 태도에 따라, 미국 역시 CONTU 보고서에서 컴퓨터프로그램을 저작권법 제102조(a)의 보호 저

---

43) 이 부분은 김시열, 「컴퓨터프로그램 저작권 유사도론」, 세창출판사, 2018, 22-25면을 담는다.
44) Google LLC v. Oracle America, Inc., 593 U.S. _____(2021). 이 사건은 2021년 미국 연방대법원이 저작권침해를 인정하면서도 공정이용을 인정하여 결론적으로 구글이 승소하였다. 이 사건은 2012. 4. 저작권침해에 대한 분쟁이 시작되었다는 점에서 10년 가까운 기간 동안 분쟁이 이어졌다.

작물의 분류 중 어문저작물에 해당하는 것으로 명시함으로써 컴퓨터프로그램을 어
문저작물의 일종으로 보았다.[45] 이로 인하여 컴퓨터프로그램의 다양한 요소 중에서
어문저작물과 유사한 형태를 갖는 소스코드 및 오브젝트코드가 대표적인 보호받는
표현으로 다루어진다. 이외의 요소들에 대해서는 그들을 저작권으로 보호받을 수
있는 표현으로 볼 수 있는지, 그 경계에 관하여 오랜 기간 논의가 이루어지고 있다.
미국 저작권법 제102조(b)[46]는 컴퓨터프로그램의 보호범위에 대한 기본적 전제를
제시하는데, 이는 미의회보고서에서의 프로그래머가 작성한 표현이 컴퓨터프로그램
에 대한 저작권 보호의 요소라는 점과 프로그램에 담긴 실제의 프로세스나 방법은
저작권의 범주에 속하지 않는다는 내용[47]에 따른 것으로 보인다.

한편, 우리나라는 1957년 저작권법을 제정할 당시에는 컴퓨터프로그램을 저작물
의 영역으로 포함시키지 않고 있었다. 물론 법률에 명시한 유형은 예시의 성격을
갖기 때문에 컴퓨터프로그램이 명시되어 있지 않더라도 해석상 저작권법에 의하여
다루어질 여지가 전혀 없는 것은 아니다. 그러한 와중에 1980년대를 거치면서 미국
과의 통상 문제로 인하여 저작권 분야에도 압력이 가해졌고, 이를 대응하는 과정에
서 1985년 컴퓨터프로그램 보호법이라는 별도의 법을 제정[48]함으로써 컴퓨터프로
그램의 저작권을 저작권법과 분리하여 다루기 시작하였다. 컴퓨터프로그램 저작권
의 이원적 규율은 컴퓨터프로그램이 갖는 특수성에 중심을 두었다는 점을 원인으로
한다. 이후 컴퓨터프로그램은 약 20년간 저작권법과 분리되어 다루어져오다 2009년
컴퓨터프로그램 보호법이 폐지되면서 컴퓨터프로그램 저작권에 관한 사항이 저작

---

45) "'어문저작물'이란 용어는 문학적인 품격이나 질적 가치의 기준을 암시하지 않는다. 이에는 카탈
로그, 디렉토리 및 사실에 관한 저작물, 참고서 또는 지도서, 그리고 자료 편집물이 포함된다. 또
한 컴퓨터 데이터베이스와 컴퓨터프로그램도 사상 그 자체와 구별되는 것으로서, 프로그래머의
독창적 사상을 포함한 것인 한 포함된다." 최경수 역, 「저작물의 새로운 기술적 이용에 관한 국립
위원회의 최종보고서(CONTU)」, 저작권심의조정위원회, 1994, 46면.
46) 어떠한 경우에도 독창적인 저작물에 대한 저작권 보호는 그것이 그 저작물에 기술, 설명, 예시,
또는 수록되는 방법에 관계없이, 관념, 절차, 공정, 체제, 조작 방법, 개념, 원리, 도는 발견에는
미치지 아니한다(In no case does copyright protection for an original work of authorship
extend to any idea, procedure, process, system, method of operation, concept, principle, or
discovery, regardless of the form in which it is described, explained, illustrated, or
embodied in such work.).
47) 최경수 역(1994), 53면.
48) 컴퓨터프로그램 보호법의 제정 관련 자세한 사항은, 컴퓨터프로그램보호위원회, 「컴퓨터프로그램
보호위원회 20년사: u-SW 强國을 향하다」, 2007, 36-42면 참조.

권법으로 포섭된다. 이로써 컴퓨터프로그램은 단일한 저작권 체계에서 다루어지게 된다.

논의의 기간이 짧아서 그럴 수 있겠지만, 컴퓨터프로그램에 대한 저작권적 논의는 다소 일반적인 영역에 한정되어 있는 것으로 보인다. 컴퓨터프로그램이 다른 유형 저작물에 비하여 갖는 특수한 성질을 아직 충분히 고려하지 못하고 있기 때문인데, 권리의 범위를 특정하는 것에서 유사성의 경계를 정하는 것 등 다양한 사항에 대한 구체적 고민이 필요하다. 대표적인 예로는 소스코드에서 보호받지 못하는 부분을 구분해내는 것을 들 수 있다. 뒤에서 다시 살펴보겠지만 실질적 유사성을 탐지하기 위해서는 컴퓨터프로그램의 소스코드에서 보호받지 못하는 부분을 필수적으로 제거하는 과정을 거쳐야 한다. 그런데 수많은 코드 라인이 유기적으로 얽혀있는 상태에서 제거되어야 할 부분과 보호하여야 할 부분을 정확히 선을 그어 구별할 수 있을까? 실무적으로는 기술전문가들의 지식·경험에 의하여 다루어지고 있지만, 이러한 문제가 법적 영역의 고민 없이 단순히 기술적 영역에 한정된 것으로 다루는 것이 적절할지는 의문이다. 실무에 있어서도 이러한 특성을 고려하여야 하며, 분쟁의 발생 시 해당 기술과 법률 모두에 깊은 이해를 갖고 대응할 수 있도록 하는 것이 적절하다.

11. 2차적저작물

> 제5조(2차적저작물) ① 원저작물을 번역·편곡·변형·각색·영상제작 그 밖의 방법으로 작성한 창작물(이하 '2차적저작물'이라 한다)은 독자적인 저작물로서 보호된다.
> ② 2차적저작물의 보호는 그 원저작물의 저작자의 권리에 영향을 미치지 아니한다.

원저작물을 번역·편곡·변형·각색 또는 영상제작 그 밖의 방법으로 작성한 창작물을 2차적저작물이라 한다(법 제5조 제1항). 즉, 기존의 원저작물을 기초로 하여 새롭게 부여된 창작성이 있는 경우 2차적저작물로서 원저작물과는 구별되는 독자적인 보호를 인정한다. 이에 2차적저작물의 저작자는 2차적저작물의 완성과 동시에 저작물 전체에 대한 저작권을 갖는다. 2차적저작물의 보호는 그 원저작물의 저작자의 권리에 영향을 미치지 아니한다(법 제5조 제2항). 2차적저작물로서 저작권법의 보호를 받기 위해서는, 원저작물을 토대로 하여 작성하였다는 종속성이 인정되어야 한다. 그리고 원저작물에 대해 사회통념상 별개의 저작물이라 할 수 있는 정도의 창작적 표현이 부가되어야 한다. 이를 자세히 살펴본다.

첫째, 원저작물을 토대로 하여 작성하였다는 종속성이 인정되어야 한다. 원저작물을 기초로 하여 작성한 것이라고 하더라도 원저작물에 종속된 정도가 단순히 힌트나 착상을 부여받은 정도라면 종속성이 인정되기 어려워 2차적저작물로 볼 수 없고, 완전히 별개의 저작물로 인정될 수밖에 없다. 반대로 원저작물에 종속된 정도가 상당한 정도여서 새롭게 부여된 표현이 부수적인 것에 불과하다면 이는 원저작물의 복제에 불과한 것으로 볼 수 있다. 종속성이 인정되기 위해서는 2차적저작물에서 원저작물의 표현상의 본질적 특징이 감득될 수 있거나, 2차적저작물과 원저작물 사이에 실질적 유사성이 인정될 수 있는 정도의 관계를 갖고 있어야 한다. 결국 어떤 저작물을 원저작물의 2차적저작물로 볼 것이냐의 여부는 그 저작물로부터 원저작물의 표현상 나타나는 본질적인 특징을 직접 감득할 수 있느냐 또는 실질적 유사성이 존재하느냐 여부에 달려있다.[49]

둘째, 원저작물에 대하여 사회통념상 별개의 저작물이라 할 수 있는 정도의 창작적 표현이 추가되어야 한다. 원저작물을 단순히 수정하거나 증감한 정도에 그치는 경우에는 원저작물을 복제한 것에 불과하며, 원저작물과 구별되는 별도의 권리가 인정되기 위해서는 원저작물에 존재하지 않는 새로운 사상과 감정의 창작적 표현이 존재하여야 하는 것이다. 이때 새롭게 부가되어야 하는 창작성은 저작물 성립요건으로서의 창작성과 동일한 개념이나 그 정도에 있어서는 통상의 저작물 성립을 위하여 요구되는 정도보다는 좀 더 높은 수준의 창작성이 요구된다.[50]

2차적저작물이 성립하면 원저작물과 구별되는 독자적인 저작물로서 보호를 받는다. 따라서 2차적저작물의 저작자는 저작인격권과 저작재산권을 보유한다. 그런데 2차적저작물은 해당 저작물 전체에 권리가 미치나 구체적인 보호범위는 원저작물과 달리 새롭게 사상이나 감정의 표현이 창작된 부분에 한정됨을 주의하여야 한다. 왜냐하면 2차적저작물의 저작권과 원저작물의 저작권은 병존하게 되는데, 2차적저작물의 저작자에 의하여 새롭게 추가된 창작 부분이 아닌 원저작물의 복제에 불과한 부분의 저작권은 당연히 원저작권자에게 있기 때문이다. 따라서 2차적저작물 작

---

49) 오승종(2023), 103면, 616면.
50) 오승종(2023), 101면, 616면; 이해완, 「저작권법」, 제4판, 박영사, 2019, 251면 등.

성자가 2차적저작물에 대하여 독자적인 저작권을 갖더라도 원저작물에 대한 권리에는 영향을 미치지 않는다.

한편, 2차적저작물의 저작자는 원저작권자의 허락을 받아야 한다. 2차적저작물의 작성은 원저작물을 이용하는 것이 전제라는 점뿐만 아니라 원저작물의 시장수요를 어느정도 대체할 수 있다는 점에 저작권법은 원저작자에게 2차적저작물작성권 등을 부여한다. 그런데 원저작자의 승낙이 없다고 하더라도 2차적저작물의 성립요건에 승낙이 포함되지 않으므로, 성립요건만 충족한다면 2차적저작물이 인정되는 것에는 문제가 없다. 즉, 원저작자의 허락을 받지 않고 2차적저작물을 작성하였다고 하더라도 2차적저작물의 성립요건을 충족한 것이라면 독자적인 저작물로 보호를 받게 된다는 것이다. 다만, 원저작자의 허락 없이 원저작물을 이용한 것에 대해서는 저작권 침해가 인정될 것이어서 민·형사적 책임은 당연히 존재한다. 즉, 원저작자의 허락은 2차적저작물의 성립요건은 아니고 적법요건에 해당한다.

> **대법원 2002. 1. 25. 선고 99도863 판결('컴퓨터용 음악편곡' 사건)(상고기각)**
>
> 1. 저작권법 제5조 제1항은 원저작물을 번역·편곡·변형·각색·영상제작 그 밖의 방법으로 작성한 창작물(이하 '2차적저작물'이라 한다)은 독자적인 저작물로서 보호된다고 규정하고 있는바, 2차적저작물로 보호를 받기 위하여는 원저작물을 기초로 하되 원저작물과 실질적 유사성을 유지하고, 이것에 사회통념상 새로운 저작물이 될 수 있을 정도의 수정·증감을 가하여 새로운 창작성이 부가되어야 하는 것이며, 원저작물에 다소의 수정·증감을 가한 데 불과하여 독창적인 저작물이라고 볼 수 없는 경우에는 저작권법에 의한 보호를 받을 수 없다 할 것이다.
>
> 2. 원심판결 이유에 의하면, 원심은, 피해자가 1995년 11월 이전에 이 사건 공소사실 별지목록 기재의 대중가요 184곡을 컴퓨터를 이용하여 연주할 수 있도록 컴퓨터용 음악으로 편곡[여기서 편곡이라 함은 컴퓨터를 이용하여 음악을 연주할 수 있도록 해 주는 컴퓨터 프로그램이 작동될 때 그 프로그램에 입력 인자로 사용될 자료(data)를 미리 약속된 규칙 내에서 작성자의 취향에 따라 다양하게 배열하여 만드는 일련의 과정을 말하는 의미로 사용하였다]하였는데, 그러한 편곡을 위하여는 컴퓨터음악과 관련 컴퓨터 프로그램에 대한 높은 수준의 이해는 물론 시간적으로도 상당한 노력이 요구되고, 편곡자의 독특한 방법과 취향이 그 편곡된 컴퓨터음악에 반영되어 편곡의 차별성과 독창성이 인정되므로 피해자가 편곡한 위 184곡은 원곡을 단순히 컴퓨터음악용 곡

으로 기술적으로 변환한 정도를 넘어 고도의 창작적 노력이 개입되어 작성된 것으로 저작권법에 의하여 보호될 가치가 있는 2차적저작물에 해당한다고 판단한 후, 피고인은 피해자가 편곡한 위 184곡을 임의로 복제하여 그중 일부 곡들의 경우에는 곡의 완성도나 창작성에 별 영향이 없는 기초적인 부분들만 몇 군데 수정하고 나머지 곡들은 복제한 그대로인 채로 다른 사람들에게 판매한 사실이 인정되므로 피고인에 대하여 저작권법위반의 유죄를 선고한 1심판결을 정당하다고 판단하였다.

서울중앙지방법원 2008. 6. 20. 선고 2007가합43936 판결('살아 있는 동안 꼭 해야 할 49가지 서적' 사건)

라. 이 사건 중문서적의 창작성 여부

(1) 피고들은, 이 사건 중문서적에 수록된 개별 이야기들은 기존에 이미 존재하던 이야기를 소외 1, 소외 2가 단순히 수집하여 수록한 것에 불과하므로 저작권법에 의하여 보호될 정도의 창작성이 없다고 주장한다.

(2) 그러나 ① 이 사건 번역서적 중 14, 24, 40, 42, 45, 46번째 이야기는 이 사건 중문서적 중 소외 1이 스스로 창작한 이야기를 번역하여 수록한 것인바, 위 이야기의 경우 창작성이 인정되고, ② 그 이외의 이야기의 경우, 비록 소외 1, 소외 2가 기존에 존재하던 이야기를 소재로 하였다고 하더라도, 이 사건 중문서적에 이야기를 수록하는 과정에서 단어, 문장 및 문체 등을 전반적으로 다듬고 조절하여 기존의 이야기와 구체적인 표현에서 차이가 있어 충분히 그 창작성이 인정되며, ③ 을 제3, 12, 25 내지 71호증(가지번호 포함)의 각 기재만으로는 이 사건 중문서적의 개별 이야기가 기존의 이야기와 그 표현에 있어서 실질적으로 동일하여 창작성이 부정된다고 보기 어렵다.

(3) 나아가 소외 1, 소외 2는 '일생에 하여야 할 일'이라는 큰 주제 아래 이에 적합한 이야기들을 선택한 후, 독자적인 기준에 의해 배열하여 하나의 책을 만들어 낸 것으로서 그 소재의 선택, 배열 및 구성에 있어 창작성이 인정되므로, 수록된 개별 이야기와는 별도로 이 사건 중문서적 자체도 편집저작물(저작권법 제6조 제1항)에 해당한다.

12. 편집저작물

제2조(정의) 이 법에서 사용하는 용어의 뜻은 다음과 같다.
17. "편집물"은 저작물이나 부호·문자·음·영상 그 밖의 형태의 자료(이하 '소재'라 한다)의 집합물을 말하며, 데이터베이스를 포함한다.
18. "편집저작물"은 편집물로서 그 소재의 선택·배열 또는 구성에 창작성이 있는 것을 말한다.

편집물은 저작물이나 부호·문자·음·영상 그 밖의 형태의 자료(이하 '소재'라 한다)의 집합물을 말하며, 데이터베이스를 포함하는 개념이다(법 제2조 제17호). 이러한 편집물로서 그 소재의 선택·배열 또는 구성에 창작성이 있는 것을 편집물저작물이라 한다(법 제2조 제18호). 즉 편집저작물은 구성되는 소재의 저작물성 여부와는 상관없이 여러 가지 소재를 모아서 편집물 전체를 하나의 저작물로서 보호하는 것이다. 개별적 소재가 저작물이든 혹은 저작물이 아니든 편집저작물 성립에는 영향을 미치지 않는다.

편집저작물로서 저작권법의 보호를 받기 위해서는, 즉 편집저작물이 되기 위해서는 다음의 두 가지 요건을 갖추어야 한다.

첫째, 편집물이어야 한다. 편집저작물에서 보호하고자 하는 것은 편집물에 표현된 소재의 선택과 배열 등 편집 자체에 나타난 창작성을 대상으로 한다. 따라서 편집저작물은 구성되는 소재의 저작물성 여부와는 상관없이 여러 가지 소재를 모아서 편집물 전체를 하나의 저작물로 보호한다. 즉, 개별적 소재가 저작물이든 혹은 저작물이 아니든 편집저작물 성립에는 영향을 미치지 않는다.

둘째, 소재의 선택·배열 또는 구성에 창작성이 있어야 한다. 단순히 소재를 선택·배열 또는 구성하는데 상당한 노력이 수반되었다는 것만으로 저작물성을 인정할 수는 없으며, 창작성이 존재하지 않는다면 편집저작물로 보호를 받을 수 없다. 어느 정도의 창작성이 있어야 편집저작물로 인정할 수 있을 것인가에 관하여 대법원은 경마예상지 양식에 관한 판결[51]에서 "편집물이 저작물로서 보호를 받으려면 일정한 방침 혹은 목적을 가지고 소재를 수집·분류·선택하고 배열하여 편집물을 작성하는 행위에 창작성이 있어야 하는바, 그 창작성은 작품이 저자 자신의 작품으로서 남의 것을 복제한 것이 아니라는 것과 최소한도의 창작성이 있는 것을 의미하므로 반드시 작품의 수준이 높아야 하는 것은 아니지만 저작권법에 의한 보호를 받을 가치가 있는 정도의 최소한의 창작성은 있어야 하고, 누가 하더라도 같거나 비슷할 수밖에 없는 성질의 것이라면 거기에 창작성이 있다고 할 수 없다."고 판시한 바 있어, 통상의 저작물에 요구되는 창작성의 정도와 동일하다고 볼 수 있다.

편집저작물이 성립하면 개별 소재의 저작권 보호 여부와 상관없이 전체로서 독

---

51) 대법원 1999. 11. 23. 선고 99다51371 판결.

자적인 저작물로 보호된다. 원저작물과 구별되는 독자적인 저작물로서 보호를 받는다. 따라서 편집저작물의 저작자는 저작인격권과 저작재산권을 보유한다. 그런데 만약 개별적인 소재가 저작물인 경우 편집저작물의 작성 시 원저작자의 허락을 얻어야 하는 것은 당연하나, 앞서 살펴본 2차적저작물의 경우와 유사하게 편집저작물의 창작성 인정 부분은 각 소재에 대한 것이 아닌, 소재의 선택과 배열 등에 있으므로 이에 창작성이 인정될 수 있다면 개별 소재에 대한 원저작자의 허락 유무와 상관없이 저작물로 인정될 수 있다. 다만, 원저작자의 허락 없이 원저작물을 이용한 것에 대해서는 저작권 침해가 인정될 것이어서 민·형사적 책임은 당연히 존재한다. 즉, 원저작자의 허락은 편집저작물의 성립요건은 아니고 적법요건에 해당한다.

대법원 1993. 1. 21. 자 92마1081 결정('미술사연표' 사건)(재항고기각)

1. 원심은, 신청인이 프랑스 센느출판사가 1988.10. 프랑스 관할 당국에 저작권등록을 마쳐 저작권을 소유하고 있는 "20세기 미술의 모험"이라는 제호의 저작물에 관하여, 1989. 5.10. 한국 내에서의 위 저작물의 복제·배포·번역과 번역물에 대한 복제·배포 등 일체의 권리를 양도받아, 1990.8.20. 위 저작물의 1990년도판에 대한 한국어 번역본을 1, 2권으로 나누어 출판하고, 1991.4.6. 문화부에 저작권등록신청까지 한 사실, 피신청인은 1991.2.25. "현대미술의 역사 1,2"라는 에이취·에이취·애너슨(H. H. Arnason) 저작의 미술저작물을 2권으로 번역·출판하면서 "20세기 미술의 시각(이영철 편)"이라는 책을 아울러 출판하여 위 2권의 책과 1질로 엮어 3권 1집으로 제작·배포하고 있는 사실, 신청인이 출판한 위 "20세기 미술의 모험" 1, 2권에는 1900년부터 1989년까지의 미술분야에서의 중요사건 및 사실을 연대순으로 선택·배열하여 10년 단위로 위 책에 각 분산하여 수록하면서 미술분야가 아닌 문학·음악 및 공연예술·영화·과학·기술·정치 및 기타의 항목도 함께 대비하여 각 분야의 중요한 역사적 사실을 간략하게 수록한 연표가 들어 있는 사실 등을 인정할 수 있으나, 연표라고 하는 것은 역사적으로 중요한 과거의 사실 또는 사건 등을 수집하고 이를 간결하게 정리하여 연대순으로 배열하는 것으로서, 그 연표 속의 개개의 항목은 단순한 사실을 소재로 삼아 이를 객관적으로 압축하여 표현하는 것이므로, 이는 누가 작성하더라도 동일 또는 유사하게 표현될 수밖에 없어, 위 개개의 항목에 관하여는 저작물이 갖추어야 할 창작성이 있다고 할 수 없겠으나, 그 내용인 소재의 선택이나 배열에 있어서 창작성이 있는 경우에는 이른바 편집저작물로서 독자적인 저작물로 보호를 받을 수 있는 것인바, 신청인이 출판한 위 책에 들어 있는 연표는 그 배열이나 구성방식에 있어서 저작물로

보호받아야 될 정도의 창작성이 있다고 보기 어렵고(미술사 연표를 작성함에 있어서 미술분야 외의 인접분야의 역사적 사건 및 사실을 함께 수록하는 것은 흔히 있는 연표의 구성방식이다), 가사 위 책의 연표가 편집저작물로 보호되어야 할 정도의 창작성이 있다 할지라도, 그 편집저작권은 편집저작물 전체를 이용할 경우에만 적용한다고 할 터인데, 피신청인이 출판한 위 "20세기 미술의 시각"이라는 책에도 12쪽부터 29쪽에 걸쳐 있는 연표에 미술분야에서의 역사적인 중요사건 및 사실을 인접분야의 역사적 사건 및 사실과 함께 수록하고 있고, 그 항목의 일부가 신청인이 출판한 책 위의 연표 항목과 일치하고 있지만, 전체적으로 볼 때에는 그 항목의 선택이나 배열이 서로 달라 신청인이 출판한 위 책의 연표를 그대로 옮겨 모방한 것이라고 보기 어려워, 피신청인이 신청인의 편집저작권을 침해하였다고 볼 수 없다는 취지로 판단하였다.

2. 신청인이 제출한 소명자료를 기록과 대조하여 살펴보면, 신청인이 번역·출판한 "20세기 미술의 모험" 1, 2권에 실려 있는 연표는 그 원저작물의 저작자가 자신의 축적된 학식과 경험을 바탕으로 하여 그 목적에 적합하도록 자신의 판단에 따라 취사선택한 사항을 수록한 것으로서 그 소재의 선택이나 배열이 독자적인 창작성이 있는 것이라고 볼 여지가 있고, 또 편집저작물을 전체로 이용(예를 들면 복제)하여야만 저작자의 권리를 침해하는 것은 아니므로 그 편집저작물 중 소재의 선택이나 배열에 관하여 창작성이 있는 부분을 이용하면 반드시 전부를 이용하지 아니하더라도 저작권을 침해한 것으로 인정될 수 있는 것임은, 소론이 지적하는 바와 같다.

3. 그러나 관계소명자료와 기록에 의하면, 피신청인이 출판한 "20세기 미술의 시각"에 실려 있는 연표는 신청인이 출판한 위 책에 실려 있는 연표의 항목의 선택과 배열을 참고하면서도 소재를 추가하고 배열을 달리하여 전체적으로 볼 때 자신의 창작성을 가미한 것으로서, 신청인이 출판한 위 책에 실려 있는 연표의 창작성이 있는 부분을 그대로 모방한 것이라고 보기는 어렵다고 본 원심의 부가적·가정적인 판단은 정당한 것으로 수긍이 되므로, 원심이 피신청인이 신청인의 편집저작권을 침해하였다고 볼 수 없다고 판단한 결론은 결국 정당한 것이라고 볼 수밖에 없고, 따라서 원심결정에 저작권법상의 저작물과 그 창작성 및 저작권침해에 관한 법리를 오해한 위법이 있다는 논지는 받아들일 수 없다.

한편, 웹페이지의 경우 그 자체의 저작물성에 관하여는 아래의 판례에서 볼 수 있는 바와 같이 소재의 선택·배열 등에 창작성이 있다면 웹페이지 역시 편집저작물로 인정될 수 있다는 입장이다. 다만 구체적인 인정 기준은 사안에 따라 각기 판단하여 결정하여야 한다.

서울지방법원 2003. 8. 19. 자 2003카합1713 결정('구매대행 쇼핑몰 웹페이지' 사건)

이 사건 기록에 의하면, 신청인은 통신판매업 등을 목적으로 설립된 회사로서 2001. 2. 25. 인터넷사이트 'http://www.wizwid.com'(이하 '피침해사이트'라고 한다)을 개설하고, 회원이 피침해사이트를 경유하여 직접 해외온라인쇼핑몰에서 상품을 주문하면 그 상품을 미국에 소재하는 신청인의 창고에 도착하도록 한 후 고객이 지정한 국내의 수령장소까지 배송하여 전달하는 해외상품 물류대행서비스와 신청인이 회원의 주문에 따라 구매를 대행하고 물품을 회원에게 직접 배송하는 해외상품 구매대행서비스를 제공하여 온 사실, 피신청인은 2002. 11.경 인터넷사이트 'http://www.saywiz.com'(이하 '침해사이트'라고 한다)을 개설한 후 피침해사이트상의 제품설명 등 상품정보, 광고문구, 서비스안내 등의 콘텐츠(이하 '콘텐츠'라고만 한다)를 그대로 복제하거나 극히 일부분을 변형한 콘텐츠를 침해사이트에 게시하거나 이를 이용한 주문 기재 각 서비스를 제공함으로써 신청인과 동일한 해외상품 물류대행서비스, 구매대행서비스업을 영위하고 있는 사실, 피신청인은 피침해사이트 및 신청인이 회원들에게 발송하는 메일상의 콘텐츠를 복제하여 피신청인의 회원에게 발송하는 전자메일에 사용하고 있는 사실이 소명된다.

살피건대, 온라인디지털콘텐츠산업발전법 제2조 제1호, 제2호는 '"디지털콘텐츠"라 함은 부호·문자·음성·음향·이미지 또는 영상 등으로 표현된 자료 또는 정보로서 그 보존 및 이용에 있어서 효용을 높일 수 있도록 전자적 형태로 제작 또는 처리된 것을 말한다. "온라인디지털콘텐츠"라 함은 정보통신망이용촉진및정보보호등에관한법률 제2조 제1항 제1호의 규정에 의한 정보통신망에서 사용되는 디지털콘텐츠를 말한다.'고 각 규정하는 한편, 제18조 제1항에서 '누구든지 정당한 권한 없이 타인이 상당한 노력으로 제작하여 표시한 온라인콘텐츠의 전부 또는 상당한 부분을 복제 또는 전송하는 방법으로 경쟁사업자의 영업에 관한 이익을 침해하여서는 아니 된다.'고 규정하고 있고, 한편 인터넷홈페이지도 그 구성형식, 소재의 선택이나 배열에 있어 창작성이 있는 경우에는 이른바 편집저작물에 해당하여 독자적인 저작물로 보호받을 수 있다고 할 것인바, 위 인정 사실에 의하면 피신청인이 피침해사이트로부터 복제하여 침해사이트에 게시하거나 피신청인의 회원들에게 전자메일을 이용하여 전송한 신청인의 상품정보 등은 온라인디지털콘텐츠산업발전법 소정의 '온라인디지털콘텐츠'에 해당한다고 할 것이고, 그 상품정보 등의 구성형식이나 배열, 서비스 메뉴의 구성 등은 편집저작물로 볼 수도 있다고 할 것이므로 신청인은 피신청인에 대하여 그 침해행위의 금지를 구할 피보전권리가 있다고 할 것이고, 피신청인이 신청인의 상품정보 등이 저작권법에 의한 보호대상이 아니라는 등의 사유를 들어 신청인의 주장을 적극적으로 다투면서 이 사건 신청이 제기된 이후에도 신청인의 콘텐츠를 계속 이용하고 있음이 기록상 소명되는 이상 그 보전의 필요성도 인정된다고 할 것이다.

서울중앙지방법원 2006. 12. 14. 선고 2005가합101661 판결('수험웹사이트' 사건)

원고가 저작권 침해 대상으로 주장하는 원고 웹사이트의 위 각 부분 중 제휴사 소개 부분을 제외한 나머지 부분 가운데 레이아웃이나 메뉴구성, 콘텐츠 구성 등은 아이디어에 불과하거나 동종 업종의 다른 업체의 웹사이트에서도 유사한 형태로 구성되어 있는 것이고, 공인중개사 시험출제경향 분석, 합격자 현황, 수험준비 전 유의사항, 일반적 학습순서, 객관식 문제풀이 요령, 검정고시 기간별, 과목별 합격전략, 시험직전 체크항목 기재내용은 관련 기관에서 공개한 정보를 게재한 것이거나 동종 업종의 다른 업체의 웹사이트에 있는 내용과 유사한 사실을 인정할 수 있는바, 위 인정사실에 의하면, 위 각 부분은 창작성을 인정할 수 없어 저작권의 보호대상이라 할 수 없다 할 것이므로, 위 각 부분에 대한 저작권을 전제로 한 원고의 주장은 더 나아가 살필 필요 없이 이유 없다.

심화학습 게임(Game)과 편집저작물

편집저작물은 소재의 선택 또는 배열이 창작성이 있어야 독자적인 저작물로 보호된다.[52] 대법원이 게임저작물이 쟁점이 되는 사건[53]인 '포레스트 마니아 사건'에서 편집저작물에 대한 판결을 했다.[54] 2019년 대법원은 게임 규칙도 저작권을 인정하였는데, 그 논거가 편집저작물이었다.[55] 게임캐릭터는 제작자의 창조적 개성이 드러나면 원저작물인 게임과 별개로 저작권법에 의해 보호되는 저작물이 될 수 있다는 판결[56]은 이

---

52) 대법원 1993. 6. 8. 선고 92도2963 판결. 한글교육교재의 소재인 글자교육카드의 선택 또는 배열이 창작성이 있다고 할 수 없어 이를 편집저작물로 볼 수 없고, 그 한글교육교재가 채택하고 있는 순차적 교육방식이라는 것은 아이디어에 불과하여 저작물로서 보호받을 수 없다고 판단한 원심판결을 수긍한 사례로 대법원 1996. 6. 14. 선고 96다6264 판결 참조.
53) 관련 판결을 시간순서대로 보면, '봄버맨 사건', '부루마불 사건', '포레스트 마니아 사건' 참고.
54) 박철홍, "게임 저작물에 대한 저작권법의 보호범위 및 보호방식: 특히 게임의 규칙이나 진행방식, 작동방식 등이 유사한 게임 사이에 있어", 사법, 제62호, 2022, 391-441면.
55) 대법원 2019. 6. 27. 선고 2017다212095 판결.

미 있었지만 게임규칙도 편집저작물이 될 수 있다는 것이다.

이 판결 이후 저작물성이 쟁점이 되는 사건들에서 편집저작물이라는 주장이 자주 제기되고 있다. 원래 게임규칙은 미국의 아타리 판결 이후 우리나라에서도 아이디어로 보아서 저작권법에 의한 보호대상이 아니라고 보는 것이 주류적인 태도였다. 대법원은 "편집물이 저작물로서 보호를 받으려면 일정한 방침 내지 목적을 가지고 소재를 수집·분류·선택하고 배열하여 편집물을 작성하는 행위에 창작성이 있어야 하는바, 그 창작성은 작품이 저자 자신의 작품으로서 남의 것을 복제한 것이 아니라는 것과 최소한도의 창작성이 있는 것을 의미하므로 반드시 작품의 수준이 높아야 하는 것은 아니지만 저작권법에 의한 보호를 받을 가치가 있는 정도의 최소한의 창작성은 있어야 한다. 편집물에 포함된 소재 자체의 창작성과는 별개로 해당 편집물을 작성한 목적, 의도에 따른 독창적인 편집방침 내지 편집자의 학식과 경험 등 창조적 개성에 따라 소재를 취사선택하였거나 그 취사선택된 구체적인 소재가 단순 나열이나 기계적 작업의 범주를 넘어 나름의 편집방식으로 배열·구성된 경우에는 편집저작물로서의 창작성이 인정된다. 편집방침은 독창적이라고 하더라도 그 독창성이 단순히 아이디어에 불과하거나 기능상의 유용성에 머무는 경우, 소재의 선택·배열·구성이 진부하거나 통상적인 편집방법에 의한 것이어서 최소한의 창작성이 드러나지 않는 경우, 동일 내지 유사한 목적의 편집물을 작성하고자 하는 자라면 누구나 같거나 유사한 자료를 선택할 수밖에 없고 편집방법에서도 개성이 드러나지 않는 경우 등에는 편집저작물로서의 창작성을 인정하기 어렵다."[57] 이 사건에서 대법원은 "저작권의 침해 여부를 가리기 위하여 두 저작물 사이에 실질적인 유사성이 있는지를 판단할 때에는 창작적인 표현형식에 해당하는 것만을 가지고 대비해 보아야 한다. 이는 편집저작물의 경우에도 같으므로, 저작권자의 저작물과 침해자의 저작물 사이에 실질적 유사성이 있는지를 판단할 때에도, 소재의 선택·배열 또는 구성에 있어서 창작적 표현에 해당하는 것만을 가지고 대비하여야 한다. 따라서 편집저작물에 관한 저작권 침해 여부가 문제 된 사건에서 저작권자의 저작물 전체가 아니라 그중 일부에 대한 침해 여부가 다투어지는 경우에는, 먼저 침해 여부가 다투어지는 부분을 특정한 뒤 저작물의 종류나 성격 등을 고려하여 저작권자의 저작물 중 침해 여부가 다투어지는 부분이 창작성 있는 표현에 해당하는지, 침해자의 저작물의 해당 부분이 저작권자의 저작물의 해당 부분에 의거하여 작성된 것인

---

56) 대법원 2010. 2. 11. 선고 2007다63409 판결.
57) 대법원 2021. 8. 26. 선고 2020도13556 판결. 박준우, "저작물의 실질적 유사성 판단에서 창작성 없는 부분의 '자유이용'의 보호: '토끼버블건 사건(2019도17068)', '지방이인형 사건(2018가합517228)', 그리고 상표법과의 비교", 서강법률논총, 제10권 제3호, 2022, 3-34면.

지 및 그와 실질적으로 유사한지를 개별적으로 살펴야 하고, 나아가 이용된 창작성 있는 표현 부분이 저작권자의 저작물 전체에서 차지하는 양적·질적 비중 등도 고려하여 저작권 침해 여부를 판단하여야 한다. 그리고 저작권법 위반의 형사사건을 담당하는 법원은 이와 같은 저작권 침해사건의 특성을 고려하여 석명권을 행사하여 검사로 하여금 침해 부분을 명확히 특정하도록 함으로써 피고인의 방어권 행사가 실질적으로 보장될 수 있도록 하여야 한다."고 판시하였다.[58]

대법원 2019. 6. 27. 선고 2017다212095 판결[59]

[법 리]

저작권법 제2조 제1호는 저작물을 '인간의 사상 또는 감정을 표현한 창작물'로 규정하여 창작성을 요구하고 있다. 여기서 창작성은 완전한 의미의 독창성을 요구하는 것은 아니라고 하더라도, 창작성이 인정되려면 적어도 어떠한 작품이 단순히 남의 것을 모방한 것이어서는 아니 되고 사상이나 감정에 대한 저작자 자신의 독자적인 표현을 담고 있어야 한다(대법원 2011. 2. 10. 선고 2009도291 판결, 대법원 2017. 11. 9. 선고 2014다49180 판결 참조).

게임 저작물(이하 '게임물'이라 한다)은 어문저작물, 음악저작물, 미술저작물, 영상저작물, 컴퓨터프로그램 저작물 등이 결합되어 있는 복합적 성격의 저작물로서, 컴퓨터 게임물이나 모바일 게임물에는 게임 사용자의 조작에 의해 일정한 시나리오와 게임 규칙에 따라 반응하는 캐릭터, 아이템, 배경화면과 이를 기술적으로 작동하게 하는 컴퓨터프로그램 및 이를 통해 구현된 영상, 배경음악 등이 유기적으로 결합되어 있다.

게임물은 저작자의 제작 의도와 시나리오를 기술적으로 구현하는 과정에서 다양한 구성요소들을 선택·배열하고 조합함으로써 다른 게임물과 확연히 구별되는 특징이나 개성이 나타날 수 있다. 그러므로 게임물의 창작성 여부를 판단할 때에는 게임물을 구성하는 구성요소들 각각의 창작성을 고려함은 물론이고, 구성요소들이 일정한 제작 의도와 시나리오에 따라 기술적으로 구현되는 과정에서 선택·배열되고 조합됨에 따라 전체적으로 어우러져 그 게임물 자체가 다른 게임물과 구별되는 창작적 개성을 가지고

---

58) 대법원 2021. 8. 26. 선고 2020도13556 판결.
   권창환, "편집저작물의 저작물성 인정기준 및 침해판단방법", 대법원판례해설, 제130호, 2022, 352-376면; 계승균, "편집저작물의 일부를 함부로 이용하여 저작권법위반이 문제된 사안: 대법원 2021. 8. 26. 선고 2020도13556 판결", 저작권문화, 통권 제328호, 2021, 14-17면.
59) 손천우, "모바일 게임물의 창작성 및 실질적 동일성의 판단 기준: 대법원 2019. 6. 27. 선고 2017다212095 판결('포레스트 마니아' 사건)을 중심으로", 사법, 제49호, 2019, 267-351면.

저작물로서 보호를 받을 정도에 이르렀는지도 고려해야 한다.

저작권의 보호 대상은 인간의 사상 또는 감정을 말, 문자, 음, 색 등에 의하여 구체적으로 외부에 표현한 창작적인 표현형식이므로, 저작권의 침해 여부를 가리기 위하여 두 저작물 사이에 실질적인 유사성이 있는지를 판단할 때에는 창작적인 표현형식에 해당하는 것만을 가지고 대비해 보아야 한다(대법원 2013. 8. 22. 선고 2011도3599 판결 참조).

[저작물성 인정근거]

이러한 법리와 아울러 적법하게 채택된 증거들에 의하여 알 수 있는 아래와 같은 사정들을 종합하여 보면, 원고 게임물은 선행 게임물과 구별되는 창작적 개성을 갖추고 있어 저작물로서 보호 대상이 될 수 있다.

(1) 원고 게임물(게임물 명칭 1 생략, 게임물 영문명칭 1 생략)은 농작물을 기본적인 캐릭터로 하여 게임 속의 특정한 타일이 3개 이상의 직선으로 연결되면 함께 사라지면서 그 수만큼 해당 타일의 점수를 획득하는 방법으로 각 단계마다 주어지는 목표 타일 수에 이르도록 하는 매치-3-게임(match-3-game)의 형식을 취하고 있다. 기존에도 다양한 형태의 매치-3-게임이 있었지만, 원고 게임물은 과일, 야채, 콩, 태양, 씨앗, 물방울 등을 형상화한 기본 캐릭터를 중심으로, 방해 캐릭터로는 당근을 먹는 토끼, 전투 레벨의 악당 캐릭터로는 너구리를 형상화한 캐릭터(○○○)를 사용하여 '농장(Farm)'을 일체감 있게 표현한 게임이라는 점에서 기존에 존재하던 게임물과 구별되는 특징이 있다.

(2) 원고 게임물은 기본 보너스 규칙, 추가 보너스 규칙을 기본으로 하여 히어로 모드, 전투 레벨, 알 모으기 규칙, 특수 칸 규칙, 양동이 규칙, 씨앗과 물방울 규칙, 방해 규칙 등을 단계별로 순차 도입하였다. 이와 같이 도입된 규칙으로 인해 원고 게임물을 진행하면서 달성해야 할 목표의 수나 종류가 다양해지므로, 사용자는 방해가 되는 요인을 제거하거나 회피하면서 게임에서 정한 목표를 달성하는 과정에서 새로운 재미와 신선함을 느끼게 된다. 원고 게임물은 각 단계별로 목표를 달성해야 하는 방식이지만, 앞 단계에서 추가된 특수 규칙이 그 이후 단계에서 추가·변경되거나 다른 규칙과 조합되어 새로운 난이도를 만들어 내기 때문에 게임의 전개와 표현형식에 영향을 미치게 된다.

(3) 원고 게임물은 작은 스마트폰 화면에서 효과적으로 게임 내용을 구현하면서 사용자가 쉽고 재미있게 게임할 수 있도록, 아래와 같이 입체감 있는 다양한 요소들을 결합하여 표현하였다.

① 맵 화면에서 단계를 나타내는 아이콘인 노드는 입체감 있는 단추 모양을 기본으

로, 성공하지 못한 일반 레벨은 무표정한 얼굴과 회색, 사용자가 도달한 일반 레벨은 웃는 얼굴과 파란색, 전투 레벨은 악당(○○○)의 얼굴과 보라색을 조합하여 표현하였다. 사용자가 도달한 가장 마지막 레벨은 노드 주변으로 하얀빛이 원형으로 퍼져나가는 효과와 목표 달성 시 노드에서 별이 등장하고, 새로운 레벨에서는 하얀색의 폭죽이 회전하면서 퍼져나가는 화려한 시각적 효과를 제시한다. 이러한 표현들은 사용자가 맵 화면에서 진행 상황 등을 쉽게 파악할 수 있게 해준다.

② 각 단계의 목표 달성에 도움이 되는 부스터는 원형의 아이콘의 형태로 화면 하단에 위치하고, 시간이 지나면 자동으로 채워지다가 일정 시간이 지나면 사용할 수 있게 되는데, 부스터를 사용할 수 있을 때까지 남은 시간을 시계처럼 표현하여 사용자가 부스터 사용 때까지 남은 시간을 효율적으로 파악할 수 있게 해준다.

③ 원고 게임물은 히어로 모드가 진행되는 동안에는 게임 보드 바깥쪽에 반짝거리는 효과를 부가하여 단계의 목표를 달성한 사용자에게 성취감과 새로운 기분을 느끼게 한다.

④ 양동이 규칙은 양동이 모양의 특수 칸 주위에서 타일을 3회 맞추어 특수 칸을 단계적으로 성숙시키면 특수 칸으로부터 물방울 모양의 캐릭터 4개가 튀어나와 게임 보드 임의의 칸에 원래 있던 캐릭터를 없애고 그 자리를 차지하게 된다. 이를 통해 사용자에게 마치 물이 들어 있는 양동이에서 물이 퍼져나가 농장의 작물에 물을 공급하는 인상을 주면서, 예측할 수 없는 돌발 변수로 인해 새로운 난이도와 재미를 제공하게 된다.

⑤ 씨앗과 물방울 규칙은 물방울 캐릭터를 인접한 칸에 위치한 특수 타일인 씨앗과 위치를 바꾸면 물방울이 있던 칸을 포함한 주위의 5칸을 보너스 점수와 회복 기능을 겸비한 특수 기능을 가진 잔디 칸으로 바꾸도록 하였는데, 이를 통해 사용자가 직접 씨앗에 물을 주어 잔디로 키우는 체험을 하는 듯한 느낌을 준다.

⑥ 전투 레벨은 사용자가 게임 시작 전 게임상 화폐를 사용하여 3단계로 난이도를 조절할 수 있고, 악당 캐릭터(○○○)가 이동할 수 없는 상태에서 지정된 타일로만 공격해야 한다. 이때 목표 달성 비율(%)을 나타내는 숫자와 보라색 원형 바의 변화를 통해 목표 달성 정도를 보여주면서 악당 캐릭터의 모습도 3단계로 변하게 되는데, 이를 통해 사용자에게 목표 달성에 대한 정보를 제공함과 더불어 악당 캐릭터의 변화된 모습을 통해 성취감도 느끼게 한다.

⑦ 원고 게임물은 다른 타일과 맞추더라도 점수를 얻을 수 없는 특수 캐릭터를 표정이 뿌루퉁하고, 캐릭터 주변에 분홍색 테두리가 나타나며, 검은색 얼룩이 4방향으로 묻어 있는 모습으로 표현하였다. 이와 같은 캐릭터로 바꾸는 특수 칸을 보라색의 진흙탕처럼 표현하였는데, 악당 캐릭터(○○○)와 같은 보라색을 사용함으로써 사용자가 쉽

게 파악할 수 있도록 하였다.

⑧ 방해 규칙은 수집대상 캐릭터로는 당근을, 특수한 방해 캐릭터로는 토끼를 설정하여, 당근 캐릭터의 아래에서 토끼의 은신처가 불룩한 형태로 나타나고, 토끼가 위 칸까지 점프했다가 내려온 후 당근 캐릭터 1개를 먹는 모습으로 표현하였다. 토끼를 그대로 두면 잠시 사라졌다가 다시 나타나기 때문에 사용자가 이를 막기 위해 토끼 주변의 타일을 맞추면 토끼가 다음 3턴 동안 기절하게 된다. 이때 토끼의 눈동자의 방향이 흐트러지고 머리 위에서 별이 회전하는 모습으로 익살스럽게 표현되므로, 사용자가 방해 캐릭터인 토끼를 기절시키는 성취감과 함께 토끼의 기절 상태를 쉽게 확인할 수 있게 된다.

(4) 원고 게임물의 개발자가 그동안 축적된 게임 개발 경험과 지식을 바탕으로 원고 게임물의 성격에 비추어 필요하다고 판단된 요소들을 선택하여 나름대로의 제작 의도에 따라 배열·조합함으로써, 원고 게임물은 개별 구성요소의 창작성 인정 여부와 별개로 특정한 제작 의도와 시나리오에 따라 기술적으로 구현된 주요한 구성요소들이 선택·배열되고 유기적인 조합을 이루어 선행 게임물과 확연히 구별되는 창작적 개성을 갖게 되었다.

다. 원고 게임물의 창작적 개성에 비추어 원고 게임물과 피고 게임물(게임물 명칭 2 생략, 게임물 영문명칭 2 생략)의 실질적 유사성에 관하여 본다.

(1) 피고 게임물은 원고 게임물과 같은 매치-3-게임(match-3-game)의 형식으로, 기본 캐릭터로는 농작물 대신 숲속에 사는 동물인 여우, 하마, 곰, 토끼, 개구리 등을 형상화한 캐릭터를, 방해 캐릭터로는 토끼 대신 늑대를, 악당 캐릭터로는 너구리 대신 원시인을 사용하였고, 양동이 대신 그루터기를, 씨앗과 물방울 대신 엘프와 버섯을 사용하였다. 그러나 피고 게임물은 원고 게임물과 동일한 순서로 히어로 모드, 전투 레벨, 알 모으기 규칙, 특수 칸 규칙, 양동이 규칙(그루터기 규칙), 씨앗과 물방울 규칙(엘프와 버섯 규칙), 방해 규칙 등을 단계적으로 도입하여 원고 게임물의 제작 의도와 시나리오에 따라 기술적으로 구현된 주요한 구성요소들의 선택과 배열 및 조합을 그대로 사용하였다.

(2) 그뿐만 아니라 피고 게임물이 위와 같이 채택한 ① 노드의 모양과 색상, 특수 효과, ② 화면 하단의 부스터 아이콘의 형태, ③ 히어로 모드의 반짝임, ④ 양동이 규칙(그루터기 규칙), ⑤ 씨앗과 물방울 규칙(엘프와 버섯 규칙), ⑥ 전투 레벨, ⑦ 특수 캐릭터, ⑧ 방해 규칙에서의 전개와 표현형식을 그대로 또는 캐릭터만 바꾸어 사용하였다. 결국 피고 게임물은 이러한 개별적인 요소들이 원고 게임물과 마찬가지로 구체적으로 어우러져 사용자에게 원고 게임물에서 캐릭터만 달라진 느낌을 주고 있다.

(3) 피고 게임물은 구름과 풍선 레벨 시스템 등을 도입하여 사용자에게 부가적인 보

상을 지급하고, 특정 레벨에서 가장 높은 점수를 받은 사람을 표시하며, 다른 사용자를 라이벌로 표시하는 등 원고 게임물에 나타나 있지 아니한 구성요소를 일부 추가하였다. 그러나 이러한 구성요소는 게임의 주된 진행과 직접 관련이 없는 보상 방식에 대한 것이고, 피고 게임물에서 차지하는 질적 또는 양적 비중이 아주 작다. 또한 피고 게임물에 적용된 코뿔소 아이템과 전기코일 규칙 및 풍선 규칙은 업데이트를 통해 적용된 것으로 최초 출시 당시에는 없었던 것이다.

　(4) 위와 같은 사정들을 종합하여 보면, 피고 게임물은 원고 게임물의 제작 의도와 시나리오가 기술적으로 구현된 주요한 구성요소들의 선택과 배열 및 유기적인 조합에 따른 창작적인 표현형식을 그대로 포함하고 있으므로, 양 게임물은 실질적으로 유사하다고 볼 수 있다.

제 3 절　외국인의 저작물과 보호받지 못하는 저작물

1. 외국인의 저작물

제3조(외국인의 저작물) ① 외국인의 저작물은 대한민국이 가입 또는 체결한 조약에 따라 보호된다.
　② 대한민국 내에 상시 거주하는 외국인(무국적자 및 대한민국 내에 주된 사무소가 있는 외국법인을 포함한다)의 저작물과 맨 처음 대한민국 내에서 공표된 외국인의 저작물(외국에서 공표된 날부터 30일 이내에 대한민국 내에서 공표된 저작물을 포함한다)은 이 법에 따라 보호된다.
　③ 제1항 및 제2항에 따라 보호되는 외국인(대한민국 내에 상시 거주하는 외국인 및 무국적자는 제외한다. 이하 이 조에서 같다)의 저작물이라도 그 외국에서 대한민국 국민의 저작물을 보호하지 아니하는 경우에는 그에 상응하게 조약 및 이 법에 따른 보호를 제한할 수 있다.
　④ 제1항 및 제2항에 따라 보호되는 외국인의 저작물이라도 그 외국에서 보호기간이 만료된 경우에는 이 법에 따른 보호기간을 인정하지 아니한다.

저작권에 대한 보호는 원칙적으로 속지주의를 취하고 있다. 즉, 우리나라에서 발생하는 저작물의 창작 등에 대해서는 각자의 국적에 상관없이 우리나라 저작권법을 적용하게 된다. 다만, 저작권법은 외국인의 저작물은 우리나라가 가입 또는 체결한 조약에 따라 보호된다는 점을 명시하고 있다.

구체적으로는 우리나라 내에 상시 거주하는 외국인(무국적자 및 우리나라 내에 주된 사무소가 있는 외국법인을 포함)의 저작물과 맨 처음 우리나라 내에서 공표된 외국인의 저작물(외국에서 공표된 날로부터 30일 이내에 우리나라 내에서 공표된 저작물을 포함)은 우리 저작권법에 의하여 보호된다. 이에 따라 보호되는 외국인(우리나라 내에 상시 거주하는 외국인 및 무국적자는 제외)의 저작물이라도 그 외국에서 우리나라 국민의 저작물을 보호하지 않는 경우에는 그에 상응하여 조약 및 저작권법에 다른 보호를 제한할 수 있다. 한편, 이에 따라 보호되는 외국인의 저작물이라도 그 외국에서 보호기간이 만료된 경우에는 우리 저작권법에 따른 보호기간을 인정하지 않는다.

2. 보호받지 못하는 저작물

제7조(보호받지 못하는 저작물) 다음 각 호의 어느 하나에 해당하는 것은 이 법에 의한 보호를 받지 못한다.
　1. 헌법·법률·조약·명령·조례 및 규칙
　2. 국가 또는 지방자치단체의 고시·공고·훈령 그 밖에 이와 유사한 것
　3. 법원의 판결·결정·명령 및 심판이나 행정심판절차 그 밖에 이와 유사한 절차에 의한 의결·결정 등
　4. 국가 또는 지방자치단체가 작성한 것으로서 제1호부터 제3호까지에 규정된 것의 편집물 또는 번역물
　5. 사실의 전달에 불과한 시사보도

저작물의 성립요건을 갖춘 창작적 표현의 경우 어떠한 절차나 형식 없이 저작물로서 보호되는 것이 원칙이나, 저작권법은 공익을 고려하여 저작물로 보호하지 않는 것이 적절한 것으로 판단되는 경우에는 이를 일반인이 자유롭게 이용할 수 있도록 하고 있다. 따라서 원칙적으로는 저작물에 해당할 수 있으나 저작권 보호를 배제하고자 하는 저작물을 다음과 같이 구체적으로 명시하고, 이에 해당하는 것은 저작권 보호대상에서 제외한다.

ⅰ) 헌법·법률·조약·명령·조례 및 규칙
ⅱ) 국가 또는 지방자치단체의 고시·공고·훈령 그 밖에 이와 유사한 것
ⅲ) 법원의 판결·결정·명령 및 심판이나 행정심판절차 그 밖에 이와 유사한 절차에 의한 의결·결정 등
ⅳ) 국가 또는 지방자치단체가 작성한 것으로서 위에 규정된 것의 편집물 또는 번역물
ⅴ) 사실의 전달에 불과한 시사보도

대법원 2006. 9. 14. 선고 2004도5350 판결('연합뉴스 기사' 사건)

상고이유에 대한 판단에 앞서 직권으로 살핀다.

저작권법 제7조는 "다음 각 호의 1에 해당하는 것은 이 법에 의한 보호를 받지 못한다."고 규정하여 일정한 창작물을 저작권법에 의한 보호대상에서 제외하면서 제5호에 '사실의 전달에 불과한 시사보도'를 열거하고 있는바, 이는 원래 저작권법의 보호대상이 되는 것은 외부로 표현된 창작적인 표현 형식일 뿐 그 표현의 내용이 된 사상이나 사실 자체가 아니고, 시사보도는 여러 가지 정보를 정확하고 신속하게 전달하기 위하여 간결하고 정형적인 표현을 사용하는 것이 보통이어서 창작적인 요소가 개입될 여지가 적다는 점 등을 고려하여, 독창적이고 개성 있는 표현 수준에 이르지 않고 단순히 '사실의 전달에 불과한 시사보도'의 정도에 그친 것은 저작권법에 의한 보호대상에서 제외한 것이라고 할 것이다.

그런데 기록에 편철된 연합뉴스사의 기사 및 사진 사본에 의하면, 주식회사 (신문명 생략)의 편집국장이던 피고인이 일간신문인 (신문명 생략)을 제작하는 과정에서 복제한 공소사실 기재 각 연합뉴스사의 기사 및 사진 중에는 단순한 사실의 전달에 불과한 시사보도의 수준을 넘어선 것도 일부 포함되어 있기는 하나, 상당수의 기사 및 사진은 정치계나 경제계의 동향, 연예·스포츠 소식을 비롯하여 각종 사건이나 사고, 수사나 재판 상황, 판결 내용, 기상 정보 등 여러 가지 사실이나 정보들을 언론매체의 정형적이고 간결한 문체와 표현 형식을 통하여 있는 그대로 전달하는 정도에 그치는 것임을 알 수 있어, 설사 피고인이 이러한 기사 및 사진을 그대로 복제하여 (신문명 생략)에 게재하였다고 하더라도 이를 저작재산권자의 복제권을 침해하는 행위로서 저작권법 위반죄를 구성한다고 볼 수는 없다 할 것이다.

그렇다면 원심으로서는 공소사실 기재 각 연합뉴스사의 기사 및 사진의 내용을 개별적으로 살펴서 그중 단순한 '사실의 전달에 불과한 시사보도'의 정도를 넘어선 것만을 가려내어 그에 대한 복제 행위에 대하여만 복제권 침해행위의 죄책을 인정하였어야 할 것임에도 불구하고, 이러한 조치 없이 공소사실 기재 각 연합뉴스사의 기사 및 사진 복제 행위에 대하여 모두 복제권 침해행위의 죄책을 인정한 것은, 저작권법의 보호대상이 되는 저작물의 범위에 대한 법리를 오해하였거나 심리를 다하지 않은 위법을 범한 것이라 할 것이고, 이러한 위법은 판결 결과에 영향을 미쳤음이 분명하다.

그러므로 양형부당을 주장하는 피고인의 상고이유에 대하여 나아가 살필 필요 없이 원심판결을 파기하고, 이 사건을 다시 심리·판단하게 하기 위하여 원심법원에 환송하기로 하여 관여 법관의 일치된 의견으로 주문과 같이 판결한다.

3. 북측지역의 저작물

(1) 원　칙

우리나라 헌법은 제3조에서 "대한민국의 영토는 한반도와 그 부속도서로 한다." 고 명시하고 있으므로, 북한지역 역시 헌법상으로는 대한민국의 주권 범위에 속하는 영토로 인정된다.[60] 따라서 우리나라 헌법에 의하여 제정되고 시행된 모든 법률 등은 북측지역에도 동일하게 효력을 미치게 되므로, 북한지역의 저작자 역시 우리 저작권법에 의하여 동일하게 보호를 받게 된다. 다만 헌법상의 영토 규정에도 불구하고 북한지역은 미수복지역으로서 우리나라 법률의 적용이 실질적으로는 제한되므로 우리 저작권법 역시 실질적으로 적용되지 못하고 있다. 현실적으로도 남북 간의 상황 또는 국제적인 관계 등을 고려하여 북측의 저작권법을 인정하고 저작물에 대한 거래가 이루어지고 있는 상황이기도 하다. 이에 남북 간 저작권 문제 역시 각각의 저작권법을 상호 인정하는 전제에서 다루어짐과 동시에 사안에 따라 우리 저작권법 체제하에서도 다루어지고 있다는 특성이 있다.[61]

개인의 사유재산을 인정하지 않는 사회주의 국가로서 저작권 역시 개인이 보유할 수 없고 국가가 소유하는 것이 북측 저작권법의 내용이라 하더라도 우리나라의 저작권법이 북측지역의 저작자에 적용되는 것을 제한할 수 없다는 것이 일관된 해석이다. 이에 저작권 상속의 경우, 북측지역에 있는 저작자가 사망하여 남측지역에 있는 자손이 그 상속지분에 따라 저작권을 상속할 수 있는 것이 당연하며, 저작권 보호기간이 만료되지 않은 상태에서 이를 상속인의 허락 없이 이용하는 것은 허락되지 않는다.

---

60) 서울민사지방법원 1989. 7. 26. 자 89카13962 결정.
61) 북한 저작물의 남한 내 보호 문제와 관련하여서는, 김시열, "균형적인 남북 저작권 교류를 위한 교섭력 확보 방안에 관한 연구", 통일정책연구, 제25권 제1호, 2016 참조.

(2) 북측 저작권법의 주요 내용[62)]

(가) 북측 저작권법의 지위

민법의 특별법인 남측의 저작권법과 달리 북측은 민법이 공법의 한 영역으로 되어 있으므로[63)] 저작권법을 과연 민법의 하위 법률로 볼 수 있는지 논란이 있었다. 그리고 북측의 저작권법은 문학예술과 과학기술발전에 이바지함[64)]을 목적으로 하고 있다는 점은 남측의 경우와 다르지 않으나, 법적용의 최고 지도원리이자 초헌법적 규범인 주체사상 및 사회주의 이념이 저작권법의 해석에도 당연히 영향을 미치며,[65)] 출판·공연·방송이 금지되는 저작물의 저작권 불인정(북측 저작권법 제6조), 저작권 보호기간을 발표시점부터 개시하도록 한다는 점(동법 제23조), 저작물이용료를 국가에 의한 가격제정기관이 결정하도록 하여 계약자유를 제한한다는 점(동법 제31조), 저작재산권의 국외양도는 국가의 승인을 얻도록 한다는 점(동법 제21조) 등은 북측의 저작권법이 일부 자본주의적 요소의 발견에도 불구하고 사회주의 국가의 법제도로서 특징을 보유하고 있다는 점을 의미한다.[66)] 북측의 법형성에 많은 영향을 미친 '소비에트 사회주의 공화국 연방(이하 '구 소련'이라 한다)'은 저작권법 체계가 별도의 법률로 존재하였으나, 점차 국가의 의한 권리가 확대됨에 따라 저작자의 배타적 권리가 상당히 저하되어,[67)] 1961년 저작권법 개정 시 민법전에 저작권에 관한 장(章)을 둠으로써 저작권법을 민법에 편입시킨 바 있었다.[68)] 이러한 점이 일정 부분 북측에 영향을 미쳤을 것으로 추정된다.

---

62) 북측의 저작권법에 대한 내용은 필자가 기 작성한 논문(김시열·최나빈, "균형적인 남북 저작권 교류를 위한 교섭력 확보 방안에 관한 연구", 통일정책연구, 제25권 제1호, 2016, 89-94면)의 내용을 정리하여 담는다.

63) 송진호, "북한법 이해의 새로운 모델: 분류와 체계", 제2회 아시아법제포럼 남북법제분과, 2012. 6. 27-28, 115면.

64) 조선민주주의인민공화국 저작권법(2001. 4. 5. 최고인민회의 채택) 제1조.

65) 송진호(2012), 105면.

66) 김상호, "북한 저작권법의 내용과 특징", 법학연구, 제11집, 2002, 107면; 최상필, "남북한 저작권법의 비교에 관한 연구", 동아법학, 제67호, 2015, 196면 등.

67) 김상호, "소련 저작권 제도의 해설-저작자의 인격적 권리-", 계간 저작권, 1990 가을호, 1990, 70면.

68) 김상호(1990), 79면.

(나) 저작권의 귀속 주체

북측의 저작권 귀속체계에 대한 평가는 세부적인 면에서 다소 견해가 나누어지고 있다. 첫째는 북측 저작권법 제16조에 근거하여 개인 창작자에게도 일정한 권리가 인정되며, 집체창작만이 아니라 개인 명의의 작품도 많이 나타나고 있다는 입장이다.[69] 즉, 사유재산으로서 저작권의 개인 소유가 유효하게 이루어지고 있다는 것이다. 둘째는 북측에서의 창작은 개인단위로 이루어지지 않고 전문적인 창작은 조선문학예술총동맹(문예총)[70]에 소속된 정맹원인 국가기관의 공무원에 의하여 이루어지므로 개인이 창작자는 될 수 있더라도 현실적으로 저작권자는 될 수 없다는 입장이다. 이 입장에 따르면 일부 개인의 저작권이 인정되는 경우가 있더라도 극히 드문 것으로 본다.[71] 사견으로는 창작활동에 있어서 소위 '집체창작'[72]이라는 개념 하에 저작물을 만드는 북측의 특성과 저작권의 보호를 사인의 권리보호적 관점보다는 체제와 혁명과업을 위하는 관점에서 인정한다는 점 등을 고려할 때 후자의 입장으로 해석하는 것이 적절하다고 생각한다. 일부 우리가 접하는 단계에서 개인 창작물로 보이는 작품들이 존재하긴 하더라도 북측의 내부적 권리관계상 진정한 개인의 저작권이 인정되는 것으로 볼 수 있는지도 불확실하다. 따라서 사유재산을 인정하는 저작권법의 규정에도 불구하고 실질적으로는 단체 등의 이름으로 창작된 것으로서 대부분의 저작권은 사실상 국가소유로 볼 수 있을 것으로 생각된다.

---

69) 김상호(1990), 90면.

70) 소속단체로는 조선작가동맹, 조선미술가동맹, 조선무용가동맹, 조선음악가동맹, 조선영화인동맹, 조선연극인동맹, 조선사진가동맹 등이 있으며 북측의 모든 작가 및 예술인들은 반드시 문예총과 그 소속단체에 가입하여야 한다. 그렇지 않으면 예술인으로서의 자격을 인정받지 못한다.

71) 박종배, "남북한 저작권법제의 비교에 관한 연구", 지식재산연구, 제6권 제1호, 2011, 77면: 최상필(2015), 205면: 최은석, "북한의 저작권법과 남한에서의 북한 저작물 이용 및 쟁점", 서강법학, 제11권 제2호, 2009, 234면.

72) 집체창작이란, 다른 모든 부문 사업에서와 마찬가지로 집체적 지혜의 의거하면, 인민들을 혁명사상으로 교양할 수 있는 사상 예술적으로 우수한 문학예술작품을 더 성과적으로 창작할 수 있는 것으로 설명되고 있으며, 북측의 노동당은 작가 예술인들로 하여금 집체적 지혜에 의하여 사상예술성이 높은 혁명적 작품을 많이 창작하도록 촉구하고 있다. 따라서 저작물의 창작 시 집체창작조는 함께 모여 구성 및 구상을 하며 그것을 해낭 참가 인원의 수대로 나누어서 창작시켜 초고를 만들고, 이를 집체적으로 검토하고 수정 또는 보완하여 저작물을 완성시킨다. 최은석(2009), 234-235면.

(다) 저작권 관리 규정과 저작권사무국

국가는 저작권사업에 대하여 강력한 지도와 통제를 하도록 되어 있으며, 이는 국가의 저작권보호정책 집행을 위한 기본담보라 한다(북측 저작권법 제41조). 저작권사업에 대한 지도는 내각의 통일적인 지도 밑에 출판지도기관과 문화지도기관, 과학기술지도기관에 의하여 이루어진다(동법 제42조). 북측에서 저작권에 대한 업무는 정무원 문화예술부에서 관장하고 있으므로, 출판지도기관, 문화지도기관 및 과학기술지도기관은 내각인 정무원 문화예술부의 지도와 통제를 받는다고 할 수 있다. 특히 출판지도기관, 문화지도기관 및 과학기술지도기관은 저작권사업에 대한 감독통제기관으로 작용하며(동법 제45조), 이들은 내각이 승인 시 저작권사업에 필요한 대리기관을 둘 수 있다(동법 제43조).

이러한 체계하에서 북측은 저작권사업을 효과적으로 지도 및 통제하기 위하여 출판지도기관, 문화지도기관 및 과학기술지도기관은 필요한 대리기관을 둘 수 있도록 규정한 북측 저작권법 제43조 및 저작권자의 재산적 권리를 해외 법인이나 개인에게 양도 시 해당기관의 승인을 받도록 한 동법 제21조에 근거하여 2004년 4월부터 저작권사무국을 운영하고 있다.[73] 저작권사무국이 설립되기 이전에는 노동당 선전선동부 산하 출판지도국 판권처에서 저작권사업을 관리하고 있었는데, 2003년 베른협약 가입 이후 대외적으로 공식적인 저작권 업무를 담당할 국가기관의 필요성을 느껴 저작권사업을 대내외적으로 총괄하는 기구인 저작권사무국을 내각 산하에 설치한 것으로 보인다.[74] 저작권사무국은 북측의 저작권사업 전담 행정기구로서의 지위를 갖는다.

저작권사무국은 외국 출판사가 북측 출판사 등과 체결한 계약 내용을 심의 및 승인하고, 저작권 분쟁을 중재 또는 보상 대책을 마련하는 등 북측의 저작권이 외국에서 침해, 훼손되는 사례들을 감시 및 통제하는 역할을 담당함으로써,[75] 남측을 포함한 대내외적으로 북측의 모든 저작권에 대한 배타적 권한을 부여받아 행사하고 있다.[76]

---

73) 신현욱, "북한의 저작권 전담 행정기구 설립에 따른 남북 저작권 교류의 환경 변화 연구", 현대북한연구, 제12권 제3호, 2009, 127면.
74) 신현욱(2009), 127면.
75) 한지영, "북한에서 컴퓨터소프트웨어 저작물의 법적 보호", 창작과 권리, 2008, 103면.
76) 전영선, "남북 문화교류와 저작권 문제", 지적재산권, 2008. 7, 31면. 아울러, 2005년 3월 21일 북

(3) 남북 저작권 교류 체계 현황

남측 내 저작권집중관리단체 중 북측과 저작권 교류를 수행하는 곳으로는 '남북경제문화협력재단'[77])과 그 산하의 '㈜남북저작권센터'[78])가 있다. 북측의 저작권사무국은 2005년 남측의 '남북경제문화협력재단'과 "북측 저작물의 사용을 원하는 남측의 사용 희망자와 북측을 대리하여 포괄적인 사전 협상을 할 수 있는 권한을 부여한다."라는 내용의 합의서를 체결하여 저작권 관리를 위임함에 따라 북측 저작물이 남측에 합법적으로 유통될 수 있게 되었다. 구체적으로는 '남북경제문화협력재단' 산하 '㈜남북저작권센터'를 통하여 교류되고 있다.[79])

제 4 절 저작물성 논란이 이루어지는 대상

1. 캐 릭 터

캐릭터에 저작물성이 있는지 여부에 관하여는 오랜 논의가 있어왔다. 캐릭터는 만화·텔레비전·영화·신문·잡지 등 대중이 접하는 매체를 통하여 등장하는 가공적인 또는 실재하는 인물·동물 등의 형상과 명칭을 의미한다. 캐릭터에 대한 보호가 논의되는 까닭은 캐릭터가 가지고 있는 고객흡인력을 통하여 이를 상품에 이용하는 상품화가 이루어진다는 점에 일정한 가치가 인정되기 때문이다.[80]) 이에 대하여 보호할 가치를 상품화권이라 한다.

캐릭터에 대하여 저작물성을 인정할 수 있는지에 대하여 현재는 저작물성을 인정하는 긍정설의 입장이 주류적 견해이며, 판례 역시 긍정설의 입장에 있다.

측 저작권사무국이 '남북경제문화협력재단'을 통하여 남측 통일부에 "조선민주주의인민공화국 저작권사무국은 저작권자의 승인과 저작권사무국의 공증확인서가 없는 한 남측에서의 우리 저작권에 대한 이용은 저작권침해로 된다는 것을 알립니다."라고 통지한 사항은 결국 남북 저작권거래에 있어서 북측의 유일한 협상창구임을 나타내는 것이라 생각된다. 통일부 2005. 4. 19.자 보도자료(남북 저작권 교류 절차에 북측 저작권사무국 통지사항 반영) 참조.

77) 문화체육관광부 신고 제426호.
78) 문화체육관광부 신고 제468호.
79) 남북 간 저작권 교류체계의 자세한 현황 및 구조는 최경수, 「북한 저작권법 및 남북 간 저작권 분야 교류·협력에 관한 연구」, 한국저작권위원회, 2015, 105-112면 참조.
80) 대법원 2005. 4. 29. 선고 2005도70 판결.

대법원 2010. 2. 11. 선고 2007다63409 판결('신야구' 사건)

저작권법에 의하여 보호되는 저작물이기 위하여는 인간의 사상 또는 감정을 표현한 창작물이어야 할 것인바, 만화, 텔레비전, 영화, 신문, 잡지 등 대중이 접하는 매체를 통하여 등장하는 인물, 동물 등의 형상과 명칭을 뜻하는 캐릭터의 경우 그 인물, 동물 등의 생김새, 동작 등의 시각적 표현에 작성자의 창조적 개성이 드러나 있으면 원저작물과 별개로 저작권법에 의하여 보호되는 저작물이 될 수 있다(대법원 2003. 10. 23. 선고 2002도446 판결, 대법원 2005. 4. 29. 선고 2005도70 판결 등 참조).

위 법리와 기록에 비추어 살펴보면, 야구를 소재로 한 게임물인 원심 판시 '실황야구'에 등장하는 '실황야구' 캐릭터는 야구선수 또는 심판에게 만화 속 등장인물과 같은 귀여운 이미지를 느낄 수 있도록 인물의 모습을 개성적으로 도안함으로써 저작권법이 요구하는 창작성의 요건을 갖추었으므로, 이는 창작성이 있는 저작물로서 원저작물인 게임물과 별개로 저작권법의 보호대상이 될 수 있고, 한편 위 '실황야구' 캐릭터에 관하여 상품화가 이루어졌는지 여부는 저작권법에 의한 보호 여부를 판단함에 있어서 고려할 사항이 아니다.

그럼에도 불구하고 원심이 캐릭터라 함은 일정한 이름, 용모, 역할 등의 특징을 가진 등장인물이 반복하여 묘사됨으로써, 각각의 표현을 떠나 일반인의 머릿속에 형성된 일종의 이미지로서 표현과는 대비된다는 전제에서, 위 '실황야구' 캐릭터가 상품화 과정을 거쳐 독자적인 저작물성을 인정할 정도에 이르지 않았다는 이유로 독립된 저작권법의 보호대상으로 보기에는 부족하다고 판단한 것은 잘못이라 할 것이다.

그러나 아래 상고이유 제2, 3점에 대한 판단에서 보는 바와 같이, 원고승계참가인이 '실황야구' 캐릭터에 관한 자신의 저작권을 침해하였다고 주장하는 원심 판시 '신야구' 캐릭터가 '실황야구' 캐릭터를 복제한 것이라고 볼 수 없음은 물론 '실황야구' 캐릭터의 2차적저작물에 해당한다고도 볼 수 없는 이상, 원고승계참가인의 이 사건 청구를 모두 기각한 제1심의 판단을 그대로 유지한 원심판결은 결론에 있어서는 정당하다고 할 것이고, 따라서 상고이유 제1점에서 지적하고 있는 원심의 잘못은 결과적으로 이 사건 판결에는 아무런 영향을 미쳤다고 볼 수 없으므로, 결국 원고승계참가인의 이 부분 상고이유의 주장은 받아들일 수 없다.

서울고등법원 2010. 1. 14. 선고 2009나4116 판결('겨울연가' 사건)

피고 제품이 위 각 드라마 속의 캐릭터를 그대로 복제하거나 이에 의거하여 2차적저작물을 작성함으로써 원고 한국방송공사, 문화방송의 위 각 캐릭터에 대한 복제권 및 2차적저작물작성권을 침해하였는지에 관하여 본다.

영화나 드라마의 캐릭터는 자신만의 독특한 외양을 가진 배우의 실연에 의하여 표현되며, 등장인물의 용모, 행동거지, 명칭, 성격, 목소리, 말투, 상황이나 대사 등을 모두 합한 총체적인 아이덴티티(identity)를 말하는 것이어서, 시각적 요소가 모두 창작에 의하여 만들어지는 만화나 만화영화의 캐릭터보다는 소설, 희곡 등 어문저작물의 캐릭터에 가깝다고 할 것이다.

따라서, 드라마의 등장인물로부터 위와 같은 속성을 배제한 채 그 명칭이나 복장, 사용하는 소품만을 따로 떼어 낸 캐릭터가 원래의 저작물로부터 독립하여 별도로 저작권에 의하여 보호된다고는 보기 어렵다(이 점에서 시각적 요소가 모두 창작에 의하여 만들어진 만화 캐릭터에 관한 대법원 1999. 5. 14. 선고 99도115 판결, 2005. 4. 29. 선고 2005도70 판결은 이 사안에는 부합하지 아니한다).

이 사건에서, ① 드라마 '겨울연가'의 경우, 남녀 주인공이 위 저작물에서 비로소 창작된 캐릭터이긴 하나, 남녀주인공의 성격 및 주요 줄거리 등과 무관하게, 또한 실제 주연 배우를 배제한 채, 남녀주인공이 극중에서 자주 입었던 의상(긴 코트와 목도리)이나 눈이 오는 풍경 등만으로는 일반적인 연인의 모습과 구별되는 위 각 주인공 캐릭터만의 고유한 특징을 찾아볼 수 없어 이를 독자적인 저작물이라 할 수 없고, ② 드라마 '대장금'의 경우 주인공인 '장금'이라는 인물이 조선시대의 실존 인물이나 주2)의녀라는 것 이외에 전혀 알려진 바가 없어, 성격, 주변 인물, 성공 과정, 주3)수랏간 궁녀로서의 생활 등 주인공에 관한 대부분의 내용이 위 저작물에서 비로소 창작되었으나, 극중 인물의 성격, 주변 인물과의 관계, 에피소드나 줄거리 등과 무관하게, 또한 실제 주연 배우를 배제한 채, 주인공이 입었던 의상, 드라마에 등장한 궁중음식인 '신선로' 등만으로는 위 드라마 이전에 등장하였던 의녀와 구별되는 위 주인공 캐릭터 등만의 고유한 특징을 찾아볼 수 없어 이를 독자적인 저작물이라 할 수 없으며, ③ 드라마 '주몽'의 경우 고구려를 건국한 역사적 인물인 '고주몽'의 일대기를 그린 영상저작물로서, '고주몽'과 그의 부인인 '소서노' 등이 역사적 실존 인물이긴 하지만 구체적인 행적에 관하여 거의 알려진 바가 없어, 주몽의 왕으로서 성장과정, 고구려 건국 과정, 주변 인물과의 관계 등 주인공 캐릭터에 관한 대부분의 내용이 위 저작물에서 창작된 것이나, 이러한 특징들 및 실제 주연 배우들을 배제한 채, 주몽이 입었던 것과 유사한 갑옷, 소서노가 극 중에서 입었던 것과 유사한 의상 등만으로는 타 저작물에서의 장군 등의 모습 등과 구별되는 위 각 캐릭터만의 고유한 특징을 찾아볼 수 없어 이를 독자적인 저작물이라 할 수 없고, ④ 드라마 '황진이'의 경우 조선시대 기녀인 '황진이'가 기녀로 되는 과정, 주변 인물들과의 관계, 황진이의 춤과 거문고 연주 실력, 황진이이 외모와 화려한 복장 및 장신구 등 구체적인 내용들은 모두 위 저작물에서 창작된 것이나, 이러한 특징들 및 실제 주연배우 등을 배제한 채, 극중에서 황진이가 입었던 것과 유사한

> 한복, 거문고, 큰머리 또는 어여머리를 올린 헤어스타일 등만으로는 조선시대 기녀의 모습을 묘사한 타 저작물과 구별되는 위 캐릭터만의 고유한 특징을 찾아볼 수 없어 이를 독자적인 저작물이라 할 수 없다.

다만, 캐릭터를 독자적인 저작물로 보호를 한다고 하더라도 구체적 사안에서는 이를 구성하는 저작물의 형태로 각각 보호될 수밖에 없다. 즉, 시각적 캐릭터는 미술저작물 또는 영상저작물 등으로 보호할 수 있으며, 어문적 캐릭터는 어문저작물 등으로 보호가 가능한 것이다. 특히 캐릭터가 아이디어적 요소와 표현적 요소의 결합으로 이루어져 있다는 점을 고려할 때, 저작권법에 의하여 보호되는 것은 표현적 요소에 한정된다. 캐릭터의 명칭은 앞서 살펴본 어문저작물의 제호 등과 유사하게 현실적으로 보호를 받기 어렵다.[81]

서울지방법원 남부지원 2003. 3. 27. 선고 2002가합84 판결('마시마로' 사건)

나. 판 단

(1) 저작권법에 의하여 보호되는 저작물은 문학·학술 또는 예술의 범위에 속하는 창작물이어야 하며(저작권법 제2조 제1호), 여기에서 창작물에 요구되는 창작성이란 완전한 의미의 독창성을 말하는 것이 아니라 단지 어떠한 작품이 남의 것을 단순히 모방한 것이 아니고 작가 자신의 독자적인 사상 또는 감정의 표현을 담고 있음을 의미하는 것이다.

그리고, 대중매체를 통하여 등장하는 가공적인 또는 실재하는 인물, 동물 등의 형상과 명칭을 뜻하는 캐릭터도 문학·학술 또는 예술의 범위에 속하는 창작물이라고 볼 수 있는 한 원칙적으로 저작권법상의 저작물(주로 미술저작물이나 영상저작물)로서 보호되어야 할 것이고, 이를 저작권법으로 보호하는 이유는 캐릭터가 그 외모, 행동, 성격이나 대중매체에서 전개되는 이야기 내용 등에 의하여 독창적인 개성이나 이미지를 가지고 있어서 이러한 독창적인 개성이나 이미지가 상품이나 서비스, 영업에 수반하여 고객흡인력 또는 광고효과라는 경제적 가치를 지니기 때문이다.

(2) 그런데 마시마로는 앞서 본 바와 같이 7회까지 연재된 플래쉬 애니메이션에서 전개되는 독창적이고 엽기적인 내용과, 마시마로라는 등장인물의 반항적인 성격이 몸

---

81) 다만, 캐릭터의 명칭을 함부로 다른 상품 등에 이용하는 것은 캐릭터 상품화 사업을 수행하는 권리자의 입장에서는 그 이익을 크게 침해받는 것에 해당할 수 있으므로, 해당 행위는 부정경쟁행위 등에 속한다고 볼 수 있다.

통보다 큰 머리, 가늘고 작은 귀, 일직선으로 닫힌 눈 등의 특징적인 표현으로 나타난 것으로서, 원고의 주장과 같이 기존의 토끼인형을 모방한 것에 그치거나 피고 김재인의 독자적인 사상과 감정이 구체적으로 표현되지 아니한 것이라고 보기는 어렵다.

(3) 원고가 마시마로의 창작성을 부정하는 증거로 제시하고 있는 갑 제1호증의 1, 2, 갑 제3호증의 1, 2(각 감정서)의 각 기재는 이 사건 미술저작물인 마시마로 캐릭터 자체가 아니라 위 캐릭터를 본떠서 만든 피고회사의 봉제인형을 감정의 대상으로 삼고 있는 점, 각 감정에서 비교대상으로 삼은 봉제인형들은 마시마로의 창작연월일 이전에 제작된 것임을 인정한 증거가 없거나 직선으로 감은 눈을 표현하고 있을 뿐 귀의 크기나 색상, 몸체의 비율 등에 있어서 마시마로와 전혀 다르다는 점에서 이를 그대로 믿을 수 없고, 갑 제1호증의 3, 8, 9, 10, 11 갑 제3호증의 4, 6, 8, 9, 10, 갑 제4호증의 각 형상(각 봉제인형 사진)과 갑 제6호증의 1(눈감은 곰인형) 또한 마시마로의 창작연월일 이전에 제작된 것임을 인정할 증거가 없거나 전체적으로 보아 마시마로와 유사하지 아니하므로 이 또한 마시마로가 창작성이 인정되는 저작물임을 인정하는데 방해가 되지 아니한다.

(4) 따라서 마시마로는 저작권법의 보호를 받는 저작물이고, 마시마로에 대한 저작권은 그 창작자로 등록된 피고 김재인에게 존재한다 할 것이므로 이와 반대의 견해를 전제로 한 원고들의 주장은 이유 없다.

2. 글 자 체

스티브 잡스는 애플을 창업하기 전에 글자체에 대한 공부를 했고, 이런 공부가 이후 글자체(Font)에 대한 관심을 가지게 되었다고 한다. 글자는 정보의 전달이라는 기본적인 역할을 수행한다. 이 역할은 과거에서와 동일하게 현대의 산업에서 역시 동일하게 작용하며, 점차 그 중요성이 높아진다고 볼 수 있다. 특정의 상품을 시장에 알리기 위해서도 활용되며, 상품 그 자체에 글자가 포함될 수도 있는 등 현대의 시장에서 글자가 활용되는 역할과 중요성은 상당하다. 특히 정보화 시대로 진입하면서 워드프로세서 등에 활용되는 글자체(한벌의 글자체를 의미) 디자인의 활용 역시 급격하게 증가하고 있는데 최근 글자체를 대상으로 한 저작권 침해 문제가 종종 이슈가 되고 있다.

산업상 매우 중요한 역할을 수행하는 글자체를 창작하는 데는 막대한 시간과 노력, 비용 등이 소요된다. 그럼에도 불구하고 이에 대한 적절한 대가를 얻지 못한다면 글자체를 창작할 동기를 상실할 수 있다는 문제가 있다. 이러한 문제로 인하여 글자체에 저작권을 통한 보호를 인정할 수 있을지, 혹은 저작권을 통한 보호를 위해서는 어떠한 방식으로 가능할 것인지에 대해 오랫동안 논란이 있어 왔다.

그 결과 우리나라 법원은 글자체와 글자체 파일(서체파일)을 구분하여 다루고 있다. 법원은 서체파일에 대해서 특정한 서체 출력을 목적으로 한다는 점에서 특정한 결과가 존재하고, 서체파일의 제작자가 장비를 이용하여 서체를 도안하는 과정과 이를 생성(generate)하여 인간이 인식할 수 있는 포스트스크립트 파일로 저장하는 과정을 거치는 등 간접적인 코딩 작업이 이루어지고 글자의 좌표 값을 설정하고 이를 직선 또는 곡선으로 이동, 연결한 후 폐쇄부를 칠하는 명령 등은 일련의 지시, 명령에 해당한다고 하면서 프로그램저작물에 해당한다고 보았다.[82]

> **대법원 1996. 8. 23. 선고 94누5632 판결('서체도안' 사건)**
>
> 원고들 소송대리인의 상고이유(기간경과 후에 제출된 상고이유보충서의 기재는 이를 보충하는 범위 내에서)를 본다.
>
> 저작권법 제2조 제1호는 '저작물'이란 문학·학술 또는 예술의 범위에 속하는 창작물을 말한다고 규정하고 있고, 위와 같은 저작물 중의 하나로서 같은 법 제4조 제1항 제4호는 회화·서예·도안·조각·응용미술 작품 그 밖의 미술 저작물을 들고 있으며, 같은 법 제51조 제1항은 무명 또는 이명이 표시된 '저작물'의 저작자는 현재 그 저작재산권의 소유에 관계없이 그 실명을 등록할 수 있다고 하고, 같은 조 제4항은 저작재산권자는 '저작물'의 맨 처음의 발행연월일 또는 공표연월일을 등록할 수 있다고 규정하고 있다.
>
> 위와 같은 저작권법의 규정 내용과 저작권 등록제도 자체의 성질 및 취지에 비추어 보면, 현행 저작권법이나 같은법 시행령이 등록관청의 심사권한이나 심사절차에 관하여 특별한 규정을 두고 있지 않다고 하더라도, 등록관청으로서는 당연히 신청된 물품이 우선 저작권법상 등록대상인 '저작물'에 해당될 수 있는지 여부 등의 형식적 요건에 관하여 심사할 권한이 있다고 보아야 하고, 다만 등록관청이 그와 같은 심사를 함에 있어서는 등록신청서나 제출된 물품 자체에 의하여 당해 물품이 우리 저작권법의 해석상 저작물에 해당하지 아니함이 법률상 명백한지 여부를 판단하여 그것이 저작물에 해당하지 아니함이 명백하다고 인정되는 경우에는(반드시 저작물성을 부인한 판례가 확립되어 있다거나 학설상 이론의 여지가 전혀 없는 경우만을 의미한다고 볼 것은 아니

---

82) 전문영(2021), 297-298면.

다) 그 등록을 거부할 수 있지만, 더 나아가 개개 저작물의 독창성의 정도와 보호의 범위 및 저작권의 귀속관계 등 실체적 권리관계까지 심사할 권한은 없다고 보아야 할 것이다.

원고들이 등록관청인 피고에게 저작물등록신청을 하면서 제출한 등록신청서 및 '산돌체모음', '안상수체모음', '윤체B', '공한체 및 한체모음' 등 이 사건 서체도안들을 기록에 의하여 살펴보면, 원고들이 우리 저작권법상의 응용미술 작품으로서의 미술 저작물에 해당한다고 주장하면서 저작물등록을 신청한 이 사건 서체도안들은 우리 민족의 문화유산으로서 누구나 자유롭게 사용하여야 할 문자인 한글 자모의 모양을 기본으로 삼아 인쇄기술에 의해 사상이나 정보 등을 전달한다는 실용적인 기능을 주된 목적으로 하여 만들어진 것임이 분명한바, 위와 같은 인쇄용 서체도안에 대하여는 일부 외국의 입법례에서 특별입법을 통하거나 저작권법에 명문의 규정을 둠으로써 법률상의 보호 대상임을 명시하는 한편 보호의 내용에 관하여도 일반 저작물보다는 제한된 권리를 부여하고 있는 경우가 있기는 하나, 우리 저작권법은 서체도안의 저작물성이나 보호의 내용에 관하여 명시적인 규정을 두고 있지 아니하며, 이 사건 서체도안과 같이 실용적인 기능을 주된 목적으로 하여 창작된 응용미술 작품은 거기에 미적인 요소가 가미되어 있다고 하더라도 그 자체가 실용적인 기능과 별도로 하나의 독립적인 예술적 특성이나 가치를 가지고 있어서 예술의 범위에 속하는 창작물에 해당하는 경우에만 저작물로서 보호된다고 해석되는 점(당원 1996. 2. 23. 선고 94도3266 판결 참조) 등에 비추어 볼 때, 우리 저작권법의 해석상으로는 이 사건 서체도안은 신청서 및 제출된 물품 자체에 의한 심사만으로도 저작권법에 의한 보호 대상인 저작물에는 해당하지 아니함이 명백하다고 할 것이다.

따라서 등록관청인 피고가 원고들의 이 사건 등록신청서 및 제출된 서체도안 자체에 의한 심사 결과에 따라 이 사건 서체도안이 우리 저작권법의 해석상 등록대상인 저작물에 해당되지 않는다고 보아 원고들의 이 사건 등록신청을 반려한 조치는 적법하다고 할 것이므로, 원심판결의 이유 중에 당원의 위와 같은 판단과 일부 다른 설시 부분이 있기는 하나, 피고의 이 사건 반려처분이 적법하다고 판단한 원심의 결론은 결국 정당하고, 원심판결에 논지가 지적하는 바와 같이 저작물의 등록과 심사절차 및 서체도안의 저작물성 등에 관한 법리를 오해하여 판결에 영향을 미친 위법이 있다고 할 수 없다. 논지는 모두 이유 없다.

대법원 2001. 5. 15. 선고 98도732 판결('서체파일' 사건)

1. 원심의 사실인정

원심판결 이유에 의하면, 원심은 그 채용한 증거에 의하여, 다음과 같은 사실을 인정하였다.

(1) 피해자들은 공소사실 기재의 이 사건 서체파일 57종을 제작하기 위하여, 한글 서체 1벌을 제작하는 데 필요한 2,350개의 완성형 글자에 대한 원도(原圖)를 작성하고 그 개별 글자 각각에 대하여 아도브 포토 샵(Adobe Photo Shop) 등 이미지 처리 프로그램을 이용하여 스캐너(scanner)로 읽어들임으로써 컴퓨터가 인식할 수 있는 디지털 데이터로 변환된 이미지 파일을 만들었으며, 그 이미지 파일에 있는 각 글자들의 서체 이미지를 폰토그라퍼(fontographer)와 같은 기존의 서체파일 제작용 프로그램[피해자에 따라서는 폰트매니아(FontMania), GTX라는 서체파일 제작용 프로그램을 사용하기도 하였는데, 서체파일의 제작방법에 실질적인 차이는 없다]의 서체 제작용 창(한 화면에 256개의 창이 뜨는데, 하나의 창에서 하나의 글자에 대한 도안을 제작할 수 있고, 하나의 창은 가로, 세로 크기가 각각 1,000×1,000 단위로 세분화되어 있는 좌표를 가진다)으로 불러온 후, 폰토그라퍼의 윤곽선 추출기능을 실행하면 자동으로 글자의 윤곽선이 화면상에 추출되는데, 윤곽선은 윤곽선 모양을 결정짓는 제어점들(이 제어점들은 가로 세로의 각 좌표 값을 갖게 된다)과 그 제어점들을 연결하는 직선 또는 곡선의 형태로 나타나지만, 자동으로 추출된 윤곽선은 본래의 서체도안과는 일치하지 않는 불완전한 모습으로 나타나기 때문에 다시 마우스(mouse)를 사용하여 윤곽선을 수정함으로써 본래의 서체도안과 일치하는 윤곽선 설정작업을 완성하고(피해자에 따라서는 종이 등의 평면 위에 그려져 있는 서체의 원도를 스캐닝하고 폰토그라퍼의 윤곽선 자동 추출기능을 이용하는 과정을 거치지 아니하고 서체도안을 눈으로 보면서 서체 제작용 프로그램상의 화면에서 마우스를 이용하여 직접 서체의 윤곽선을 설정하여 서체도안을 제작하기도 하였다), 이와 같이 2,350개의 글자에 대한 윤곽선이 완성된 서체도안을 전자출판 에디터(editor)나 워드프로세서 등의 문서편집기에서 사용될 수 있도록 하기 위하여, 폰토그라퍼 내의 서체파일 자동 생성(generate)기능을 이용하여 포스트스크립트(PostScript)라는 컴퓨터 프로그램 언어 형태의 파일을 생성시킴으로써 이 사건 서체파일을 완성하였다.

(2) 위와 같이 생성된 서체파일은 크게 서체 전체에 대한 정보를 정의하는 부분과 각 글자의 모양을 정의하는 부분으로 나뉘는데, 글자 모양을 정의하는 부분은 각 글자의 윤곽선을 결정짓는 제어점들의 좌표 값과 그 제어점들을 연결하기 위한 명령[예컨대, 각 점을 직선으로 연결하라는 뜻의 라인투(lineto), 곡선으로 연결하라는 뜻의 커브

투(curveto), 다른 점으로 이동하라는 뜻의 무브두(moveto) 등]으로 구성된다.

(3) 또한 피해자들의 이 사건 서체파일은 윤곽선 방식(outline font; 외곽선 방식이라고도 한다)으로서, 비트맵 방식(bitmap font)의 서체파일이 일정한 사각면을 여러 구역(pixel)으로 나누고 각 구역의 색깔을 지정하는 이미지 파일의 형태를 취하는 것과는 달리, 일정한 좌표 값을 가지는 점들을 지정한 후 그 점들을 직선이나 수학적으로 계산되어지는 곡선으로 상호 연결시켜 글자나 도형의 윤곽선을 확정하여 그 내부를 칠하는 방식을 취하고, 글자 모양을 확대하거나 변경하더라도 원래의 글자 모양을 결정짓는 주요 제어점들의 좌표 값을 일정한 비율 또는 수학적 공식에 의하여 조정하기만 하면 전체적인 글자 형태가 일그러짐 없이 매끄럽게 표현될 수 있으며, 포스트스크립트 언어로 기술함으로써 윤곽선 정보를 벡터(vector)화된 수치 내지 함수로 전환하여 기억하였다가 출력기종의 조건에 맞게 변환하여 출력하는 방식을 취한다.

(4) 이 사건 서체파일은 그 자체로서는 실행될 수 없는 형태의 파일이어서 단독으로는 글자를 출력시킬 수 없고, 전자출판 에디터나 워드프로세서 등 문서편집기상에서 사용자가 출력을 위하여 선택한 서체의 글자와 그 크기 등의 정보를 래스터라이저(rasterizer)로 전송하면, 래스터라이저는 문자의 크기에 맞추어 윤곽선을 표현하는 제어점들의 좌표 값과 이들을 연결하게 되는 직선 및 곡선을 계산하여 윤곽선을 그리고 그 내부를 원하는 색으로 칠하여 비트맵 이미지를 생성한 다음, 이를 프린터와 같은 출력기를 통하여 출력시키게 된다.

(5) 피고인은 피해자들의 이 사건 서체파일 57종을 구입하여, 아래 기재와 같은 방법으로 서체파일의 포맷(format)을 전환하고 그 과정에서 발생하는 오류를 보정한 뒤 피고인 자신의 서체파일로 제작하여 넥스트페이지(Nextpage)라는 전자출판 에디터 프로그램에 탑재시켰다.

(가) 피해자 이종만이 대표로 있는 주식회사 휴먼컴퓨터의 서체파일에 대하여는, 피고인이 그 포맷을 알고 있었기 때문에 피고인이 개발한 HFT2TFT.EXE라는 프로그램을 이용하여 피고인의 넥스트페이지 프로그램에서 사용할 수 있는 포맷인 확장자가 '.TFT'인 파일로 전환한 다음, 폰토그라퍼에서 읽어들일 수 있도록 피고인이 개발한 TFT2FOG.EXE라는 프로그램을 이용하여 확장자가 '.FOG'인 파일로 다시 포맷을 전환하고, 전환과정에서 생긴 윤곽선의 오류를 폰토그라퍼 내에서 마우스를 이용하여 수정하였으며, 다시 FOG2TFT.EXE라는 프로그램으로 피고인의 넥스트페이지용 TFT 포맷의 서체파일로 최종 전환하여 피고인의 서체파일을 제작하였다.

(나) 피고인이 포맷을 알지 못하는 나머지 피해자들의 서체파일에 대해서는, 피해자들의 서체를 출력할 수 있는 전자출판프로그램에서 2,350개의 완성형 글자를 일일이 입력시켜 문서파일을 작성하고, 이를 문서편집기로 읽어들인 다음, 입력된 글자의 서체

를 피해자들의 서체파일이 구현하는 특정 서체로 전환시킨 후, 각 글자의 윤곽선 정보가 저장된 EPS 포맷의 파일로 전환하고, 피고인이 개발한 HANGUL.EXE라는 프로그램으로 각 글자를 떼어낸 후 다시 넥스트페이지 고유 포맷인 TFT 파일로 전환한 다음, 위 (가)에서 본 바와 같은 FOG 파일과 TFT 파일로 전환하는 과정을 다시 거쳐 피고인의 서체파일로 제작하였다.

(6) 피고인의 넥스트페이지에 탑재된 서체파일의 핵심적 구성요소인 각 글자에 대한 제어점의 개수나 각각의 좌표 값, 제어점들을 연결하는 직선이나 곡선의 형태 및 곡률은 전환되기 전의 피해자들의 이 사건 서체파일의 그것과 동일하거나 거의 유사하고, 같은 크기의 동일한 글자를 출력기를 통하여 출력할 경우 양자의 서체가 육안으로 구별되지 않는다.

2. 원심의 판단

원심은 위와 같은 사실관계에 기초하여, 다음과 같이 판단하였다.

(1) 컴퓨터프로그램보호법상 컴퓨터프로그램은 "특정한 결과를 얻기 위하여 컴퓨터 등 정보처리능력을 가진 장치 내에서 직접 또는 간접으로 사용되는 일련의 지시·명령으로 표현된 것"으로 정의되는바, 피해자들의 이 사건 서체파일은 그림을 그리는 논리·연산작용에 해당하는 '지시·명령'이 포함되어 있고, 서체 1벌을 컴퓨터 등의 장치 내에서 편리하고 반복적으로 구현할 수 있기 때문에 그 실행으로 인하여 '특정한 결과'를 가져오며, 단독으로 실행이 가능한 것은 아니지만 컴퓨터 내의 다른 응용프로그램이나 장치의 도움을 받아 서체를 출력시킬 수 있어 '컴퓨터 등의 장치 내에서 직접 또는 간접으로' 사용될 수 있으므로 컴퓨터프로그램보호법상의 컴퓨터프로그램에 해당되고, 단순한 데이터의 집합은 아니다.

(2) 피해자들의 이 사건 서체파일 프로그램은 인간에 의하여 읽혀지는 문자, 숫자, 기호 등을 사용한 컴퓨터 프로그램 언어로 키보드(keyboard) 등의 입력기를 통하여 직접 소스코드(source code)가 작성되는 것은 아니지만, 폰토그라퍼와 같은 서체파일 프로그램 제작용 프로그램을 프로그램 제작의 도구로 사용하여 컴퓨터 모니터상에서 마우스로 서체도안을 완성한 후 서체파일을 바로 생성시키는 것으로서 그 제작과정을 전체적으로 평가하면 일반적인 프로그램의 제작과정과 다를 바 없으므로, 서체파일의 제작자가 직접 코딩(coding)하지 않았다고 하여 이 사건 서체파일이 데이터의 집합에 불과하다고 할 수 없다.

(3) 피해자들이 제작한 서체는 피해자들의 정신적 노력과 고심의 산물로서 창작성이 인정되고, 따라서 이를 구현하는 피해자들의 이 사건 서체파일 프로그램도 창작성이 인정되며, 서체도안을 저작권법에 의하여 보호대상이 되는 저작물이 아닌 것으로 보는

이유는 서체도안의 창작성 자체를 부인하기 때문이 아니라, 서체도안에 내포되어 있는 창작성을 문자 본래의 실용적인 기능으로부터 분리하여 별도로 감상의 대상으로 하기 어렵다는 점에 근거한 것이므로 서체도안에 저작물성이 인정되지 아니한다고 하여 서체파일 프로그램의 창작성도 부인되어야 하는 것은 아니다.

(4) 컴퓨터프로그램보호법상 보호되는 컴퓨터프로그램의 보호범위는 창작적인 표현형식이 담긴 컴퓨터프로그램의 문장 그 자체에 한정되는 것이고, 컴퓨터프로그램의 문장을 통하여 표현되는 결과물은 보호될 수 없다 할 것인바, 피고인은 피해자들의 이 사건 서체파일 프로그램들을 몇 가지 전환 프로그램을 이용하여 그 파일의 포맷만을 변경시킨 채 완전히 동일한 프로그램을 다시 제작하거나 피해자들의 서체파일프로그램에 내재된 데이터와 지시ㆍ명령의 전부 또는 상당 부분을 그대로 이용하였다고 할 것이므로, 피고인의 위와 같은 행위는 피해자들의 이 사건 서체파일 프로그램의 복제나 개작에 해당하여 컴퓨터프로그램보호법 제34조 제1항 제1호에 위배되는 행위이다.

3. 당원의 판단

(1) 기록에 비추어 살펴보면, 원심이 위 판시와 같은 이유를 들어 피해자들의 이 사건 서체파일을 단순한 데이터파일이 아닌 구 컴퓨터프로그램보호법(1995. 12. 6. 법률 제4996호로 개정되기 전의 것)상의 컴퓨터프로그램에 해당한다고 판단한 것은 정당하고, 다만 서체파일 프로그램의 창작성이 인정되는 것은 서체파일을 제작하는 과정에 있어서 글자의 윤곽선을 수정하거나 제작하기 위한 제어점들의 좌표 값과 그 지시ㆍ명령어를 선택하는 것에 서체파일 제작자의 정신적 노력의 산물인 창의적 개성이 표현되어 있기 때문이라고 보아야 하므로(폰토그라퍼와 같은 서체파일 제작용 프로그램에서 하나의 글자를 제작하기 위한 서체 제작용 창의 좌표는 가로축 1,000, 세로축 1,000의 좌표로 세분되어 있어, 동일한 모양의 글자라 하더라도 윤곽선의 각 제어점들의 구체적 좌표 값이 일치할 가능성은 거의 없다), 원심이 서체도안 자체에 창작성이 있기 때문에 서체파일프로그램에도 창작성이 있다고 판단한 것은 부적절하나 결론에 영향을 미치는 바 없다 할 것이어서, 결국 원심의 위와 같은 사실인정과 판단에 컴퓨터프로그램저작권에 관한 법리오해나 심리미진 등의 위법이 있다고 할 수 없다. 이에 관한 상고이유의 주장은 이유 없다.

(2) 또한 피해자들의 이 사건 서체파일 프로그램에서 보호되는 부분은 창작성이 인정되는 윤곽선의 수정 내지 제작작업을 한 부분에 한정된다 할 것이므로, 피고인이 피해자들의 이 사건 서체파일 프로그램을 복제하거나 개작하였는지 여부를 판단함에 있어서도 위 창작성 있는 부분의 소스코드에 대한 비교가 이루어져야 할 것은 상고이유에서 지적하는 바와 같다 할 것이나, 기록에 의하면 원심도 적법히 인정한 바와 같이

피고인은 피해자들의 이 사건 서체파일 프로그램을 파일의 포맷만을 변환시킨 채 전체로서 이용하고 포맷의 변환과정에서 발생한 지엽적인 오류를 수정한 것에 불과하므로, 원심이 굳이 창작성 있는 소스코드에 대한 비교·판단을 하지 않았다 하더라도 피고인의 행위가 피해자들의 이 사건 서체파일 프로그램의 복제 내지 개작에 해당한다고 보는 데에 지장이 없다 할 것이고, 거기에 상고이유로 지적하는 바와 같은 법리오해나 심리미진 등의 위법이 있다고 할 수 없다.

위의 두 판례에서 볼 수 있는 바와 같이 우리나라 법원은 서체도안, 즉 글자체 자체에는 저작권을 인정하지 않으며, 서체(폰트)파일에 대해서는 컴퓨터프로그램저작물에 대한 저작권을 인정하고 있다. 즉, 타인의 서체를 허락 없이 사용하는 행위에 대해 저작권법상의 책임이 요구되는 것이 아니라, 컴퓨터프로그램저작물인 서체파일을 허락 없이 사용함에 따라 저작권법상의 책임이 요구되는 구조이다.

특히 중요하게 생각할 문제는 타인의 폰트파일을 사용함에 있어서 해당 폰트파일의 권리자 및 이용의 조건, 워드프로세서와 폰트파일의 제공관계 등을 면밀히 살펴 보아야 한다는 점이다. 일반적으로 워드프로세서 등에 포함되어 제공되는 폰트파일의 경우 그 이용허락 범위가 해당 워드프로세서 등을 적정하게 활용하는 경우로 한정된다. 그런데 이용조건의 고려 없이 해당 폰트파일을 이용해서 동영상 제작, 웹페이지 제작, 현수막 제작 등 다양한 이용이 이루어지는데, 이러한 이용은 저작권 침해뿐만 아니라 라이선스 위반에 해당하므로 주의가 필요하다.

번들로 제공된 서체 파일이 자동으로 설치되어 활용되도록 되어 있다면, 이용자는 서체 파일의 저작권을 침해한 것으로 볼 수 없다는 아래의 최근 하급심 판결[83]도 참고할 필요가 있다.

서울중앙지방법원 2014. 5. 1. 선고 2012가합535149 판결('자동설치서체' 사건)

원고는 이 사건 동영상에 피고 한양정보통신의 서체를 사용하기는 하였으나 이는 '아래한글' 또는 'MS워드' 프로그램에 번들(bundle)로 포함되어 제공되는 서체파일들로서 위 프로그램을 설치할 때 원고가 사용하는 문자발생기에 위 서체파일들이 자동으로 문자발생기의 운영체제인 Windows 폴더의 하위폴더인 Fonts 폴더에 저장되고, 위 저장된 서체파일들은 위 프로그램들 이외에 다른 프로그램을 사용할 때에도 해당 프로

---

83) 이 판결의 항고심(서울고등법원 2015. 6. 22. 자 2014나2017648 결정)은 강제조정이 이루어졌다.

그램을 자동으로 인식하여 사용이 가능하였던 것이므로, 이러한 방식에 의한 사용은 저작권 침해행위의 유형인 복제, 전송, 배포 등에 해당되지 않을 뿐만 아니라 저작권법 제124조 제1항 제3호에 규정된 프로그램의 저작권을 침해하는 행위가 아니라고 주장한다. 살피건대, 원고가 이 사건 동영상에 피고 한양정보통신의 서체 중 '동녘', '울릉도', '수평선', '피오피', '엽서', '목판'체 6종을 사용한 사실은 앞서 본 바와 같다. 한편, 갑 제3, 4호증의 각 기재에 변론 전체의 취지를 종합하면, '아래한글' 프로그램에는 위 피고의 위 6종의 서체들 중 '피오피'체를 제외한 나머지 서체('동녘', '울릉도', '수평선', '엽서', '목판')들이 번들로 제공되는 사실, 위 프로그램을 문자발생기에 설치하면 번들로 제공된 서체들이 자동으로 문자발생기의 운영체제인 Windows 폴더의 하위폴더인 Fonts 폴더에 저장되는 사실을 인정할 수 있는바, 위 인정사실에 의하면, 원고가 위 프로그램을 문자발생기에 설치하는 과정에서 위 피고의 '동녘', '울릉도', '수평선', '엽서', '목판'체가 자동으로 문자발생기의 운영체제에 저장되었다고 하더라도, 이러한 과정은 위 프로그램 개발자에게 서체파일에 관한 라이센스를 부여한 저작권자들이 적어도 이를 묵시적으로 허락하였다고 할 것이므로, 원고가 위와 같은 방식으로 원고의 문자발생기에 저장된 서체들을 사용하였다고 하더라도, 그러한 사정만으로 원고가 해당 서체들을 무단으로 복제·사용하여 위 피고의 저작권을 침해하였다고 보기는 어렵다고 할 것이다[이러한 행위를 저작권법상 금지되는 복제행위라고 본다면, 위 프로그램을 컴퓨터 등에 설치·사용하는 경우에는 언제나 저작권법상 금지되는 복제행위가 있었다는 것이 된다]. 따라서, 원고가 이 사건 동영상에 사용된 위 피고의 서체들 중 위와 같이 '아래한글' 프로그램에서 번들로 제공하는 서체들을 제외한 '피오피'체에 대하여만 저작권 침해로 인한 책임을 진다고 할 것이다.

또한, 타인의 글자체를 인터넷에서 발견하고 그 글자 이미지를 캡쳐하여 이를 이용하여 글자를 디자인 및 포장에 사용한 사안에 관하여 글자체 자체는 저작물이 아니며, 글자체를 스캔하여 활용한 행위는 컴퓨터프로그램저작물의 복제나 개작에 해당하지 않는다는 판단이 있다.

서울동부지방법원 2013. 1. 18. 선고 2012고정494, 2012고단1923 판결 ('포장지글자체' 사건)

구 컴퓨터프로그램 보호법 제2조 제1호는 "컴퓨터프로그램저작물이라 함은 특정한 결과를 얻기 위하여 컴퓨터 등 정보처리능력을 가진 장치(이하 '컴퓨터'라 한다)안에서 직접 또는 간접으로 사용되는 일련의 지시·명령으로 표현된 창작물을 말한다."라고,

제3호는 "복제라 함은 프로그램을 유형물에 고정시켜 새로운 창작성을 더하지 아니하고 다시 제작하는 행위를 말한다."라고, 제4호는 "개작이라 함은 원프로그램의 일련의 지시·명령의 전부 또는 상당부분을 이용하여 새로운 프로그램을 창작하는 행위를 말한다."라고 규정하고 있다.

그런데, 피고인 A은 이 사건 G '프로그램 자체'를 '다운로드'하여 그 프로그램을 이용하여 포장지에 쓰일 문자를 디자인한 것이 아니라, 앞서 본 바와 같은 방식으로 디자인한 것으로서 이러한 방식의 디자인이 프로그램을 '복제'한다거나 '개작'하는 행위에 해당하지 아니함은 분명하고, 달리 피고인 A의 위와 같은 행위가 구 컴퓨터프로그램보호법에 위반된다는 점을 인정할 증거가 없다.

한편, 저작권 관점에서는 글자체 자체의 보호가 이루어지지 않지만, 글자체는 현재 디자인권으로 보호를 제공하고 있으므로, 권리자 측면에서는 저작권 이외에 디자인권적 보호를 도모할 필요가 있으며, 이용자 측면에서는 자신이 이용하고자 하는 글자체 혹은 폰트파일의 글자체가 디자인권이 존재하는 것은 아닌지 확인할 필요가 있다.

제 **3** 장

저작자와 저작권자

"의사는 말에 책임을 져야 하거든 말을 조심해야 하니까.
의사가 환자에게 확실하게 할 수 있는 말은 단 하나예요.
'최선을 다하겠습니다.'"

드라마 〈슬기로운 의사생활〉 중 정원의
대사(배우 유연석)에서

제 3 장   저작자와 저작권자

제 1 절   저작권자를 정하는 원칙

1. 창작자 원칙

저작자는 창작자이다. 이처럼 별도의 절차적 형식이나 요건의 충족 없이, 창작의 존재만으로 창작을 한 사람을 저작자로 인정하고 저작권을 부여하는 것을 창작자 원칙(Schöpferprinzip)이라고 한다. 저작자는 저작물을 창작한 자를 의미하며, 저작자는 저작인격권과 저작재산권을 가진다. 저작인격권 및 저작재산권, 즉 저작권은 저작물을 창작한 때부터 발생하며 어떠한 절차나 형식의 이행을 필요로 하지 않는다(무방식주의). 저작권법은 이러한 원칙에 대한 예외로 업무상저작물 저작자의 경우는 창작자가 아닌 사용자를 저작자로 정한다. 이때 업무상저작물에 관한 예외를 제외하고 저작자는 자연인만이 될 수 있다. 인공지능 등의 발달에 따라 자연인 이외에 새로운 형태의 저작자를 인정할 수 있을 것인지에 대한 논의가 되고 있지만 각국의 법원이 취하는 태도는 명확하다. 즉 인간 이외의 인공지능이 독자적으로 창작자가 될 수 없다는 것이다.[1] 한편, 계약·양도·상속 등에 기하여 저작권을 소유하는 것은 저작재산권의 이전에 불과한 것이어서 이들 상속인등이 창작자인 저작자로 인정되는 것은 아니다.

---

[1] 2023년 미국 뉴욕남부연방지방법원은 인공지능은 독자적으로 저작자가 될 수 없음은 명확하다고 판시하였다. 이후 인공지능 관련 저작권법상 쟁점은 생성형 인공지능 관련 TDM(Text and Data Mining)으로 주된 쟁점이 바뀌고 있다. 이와 관련하여 최승재, "뉴욕타임스의 오픈AI소송을 어떻게 볼 것인가," 이데일리, 2024.1.23.자 참조.

또한 창작자가 아닌 사람을 계약을 통하여 저작자로 정할 수는 없다. 만약 당사자 간 계약을 통하여 창작자가 아닌 다른 사람에게 저작권을 귀속시키고자 한 경우에는 창작자가 저작물을 창작한 시점에 원시적으로 저작자로서의 법적 지위가 창작자 본인에게 부여되고, 일신전속적 권리에 속하는 저작인격권을 제외한 저작재산권만이 계약으로 특정된 타인에게 이전되는 것을 의미한다고 해석한다.[2]

2. 저작자 결정의 문제

(1) 소송상의 쟁점

저작자를 누구로 볼 것인지에 대한 문제는 실제 소송에서도 종종 다투어지는 내용이다. 그 유형은 첫째, 누가 저작물을 창작하였는지 주장이 상반되는 경우로서 구체적인 사실의 판단이 필요한 사항이고, 둘째, 저작물 창작과정에서의 기여 및 관여자 중에 누구를 저작자로 인정할 것인지 논란이 있는 경우가 대표적이라 할 수 있다.

저작자를 누구로 인정할 것인지를 확정하는 것은 인간의 사상 또는 감정의 창작적 표현에 기여한 자를 저작자로 인정한다고 하는 저작권법의 기본 원칙에 따라 판단되어야 한다. 따라서 저작자로 인정되기 위해서는 저작물을 창작하는데 있어서 실질적인 기여가 존재하였어야 한다. 그런데 제공된 기여가 단순히 아이디어 제시나 조언을 하는 등에 불과한 경우에는 창작을 위한 실질적인 기여가 있었다고 볼 수는 없다.

저작권 발생에 관하여 무방식주의를 채택하고 있는 우리나라의 경우에는 실제적으로 해당 저작물의 저작자가 누구인지 명확하게 판단하는 것이 매우 어렵다. 따라서 이러한 입증의 곤란을 구제하기 위하여 저작권법은 저작자 추정을 인정하고 있다.[3] '저작물의 원본이나 그 복제물에 저작자로서의 실명 또는 이명(예명·아호·약

---

2) 김정완(2014), 107면.
3) 제8조(저작자 등의 추정) ① 다음 각 호의 어느 하나에 해당하는 자는 저작자로서 그 저작물에 대한 저작권을 가지는 것으로 추정한다. 〈개정 2011. 6. 30.〉
　　1. 저작물의 원본이나 그 복제물에 저작자로서의 실명 또는 이명(예명·아호·약칭 등을 말한다. 이하 같다)으로서 널리 알려진 것이 일반적인 방법으로 표시된 자
　　2. 저작물을 공연 또는 공중송신하는 경우에 저작자로서의 실명 또는 저작자의 널리 알려진 이명으로서 표시된 자

칭 등을 말한다)으로서 널리 알려진 것이 일반적인 방법으로 표시된 자', '저작물을 공연 또는 공중송신하는 경우에 저작자로서의 실명 또는 저작자의 널리 알려진 이명으로서 표시된 자', 그리고 이러한 '저작자의 표시가 없는 저작물의 경우에는 발행자·공연자 또는 공표자로 표시된 자'는 해당 저작물에 대한 저작자로 추정을 받는다. 이에 만약 이러한 추정을 부정하는 자가 있다면 저작자로 추정받은 자가 실제 저작자가 아니라는 점 및 자신이 실제 창작하였다는 사실을 반증하여야 하는 입증을 함으로써 추정의 효과를 번복시킬 수 있다.

(2) 창작적 기여(寄與): 대작과 저작권

저작자 인정에 관하여 문제되는 경우로서, 창작의 힌트나 테마를 제공한 자의 경우, 보조자의 경우, 창작의 의뢰자 및 주문자, 감수 및 교열자, 대작(代作)에 관하여 생각해볼 필요가 있다.[4] 이 역시 저작자로 인정되기 위한 기본 원칙, 즉 창작적 표현에 실질적인 기여가 존재하는 자를 저작자로 본다는 것을 고려하여 판단하여야 한다. 특히 대작(代作)의 경우에 저작물의 명의자인 의뢰자에게 모든 권리를 귀속하도록 하는 것이 일반적이나 저작자에 일신 전속하는 저작인격권은 여전히 대작자에게 남아 있게 된다.[5] 또한 저작권법은 허위등록죄 등을 형사처벌할 수 있도록 명시하고 있는데, 대작은 이와 같은 형사처벌의 대상이 될 수 있다. ① 저작권등록부 허위등록죄(저작권법 제136조 제2항 제2호)의 성립 여부와 관련하여, 창작자와의 대작계약에 의해 창작하지 않은 자가 저작자로서 저작권등록부에 그 성명이 등록된 경우에는 허위등록죄로 처벌받을 수 있다.[6] ② 저작자명의 허위표시·공표죄(저작권법 제137조 제1항 제1호)로 처벌될 수 있다. 대작과 관련된 형사책임 문제는 행위자와 성명권자인 타인 간에 대작에 관한 합의가 있었거나, 행위자와 성명표시권자(진

---

② 제1항 각 호의 어느 하나에 해당하는 저작자의 표시가 없는 저작물의 경우에는 발행자·공연자 또는 공표자로 표시된 자가 저작권을 가지는 것으로 추정한다.

4) 박성호, "저작권법상 대작(代作)의 법률관계와 형사책임", 법률신문 2016. 6. 30.자.

5) 박성호, 위의 글("대작(代作)이란 타인을 위해 저작물을 작성하고 그 공표도 타인 명의로 하는 것으로서 그 밑바탕에는 저작명의인과 저작자 사이에 대작행위에 대한 합의가 있다. 이 합의를 중요시한다면 저작명의인이 저작자로 되어야 하겠지만, 원래 저작자가 아닌 자를 계약에 터잡아 저작자의 지위를 부여하는 것 자체가 법 감정에 반하는 것이다(半田正夫·紋谷暢男, '著作権のノウハウ' 第6版, 有斐閣, 2002, 104면). 따라서 대작계약에 의해 창작을 하지 않은 자에게 저작자로서의 지위가 부여될 수 있는 것인지 여부가 문제된다.").

6) 대법원 2008. 9. 11. 선고 2006도4806 판결.

정한 저작자)인 타인 간에 대작에 관한 합의가 있었던 경우에 발생하게 되는바, 공동저작자 중 어느 일방의 명의를 누락하고 나머지 저작자의 명의만을 공표한 경우는 저작자 아닌 자를 저작자로 표시하여 공표한 본죄의 구성요건적 행위에 해당하지 않으므로 본죄가 성립하지 않는다.[7] ③ 형법상 공무집행방해죄나 업무방해죄로 처벌받을 수도 있다.

생각할 문제

    대작(代作)과 관련하여 논란이 된 사건으로 가수 J씨의 대작 사건이 있다. 이 사건은 가수 J씨가 화투 그림이라는 아이디어를 주고 실제로 그림을 그린 화가는 다른 사람이었다는 사실이 드러났다. 그러자 수사기관은 가수 J씨를 저작권법 위반죄와 사기죄 등의 죄목으로 기소하는 것을 검토한 것으로 알려졌다.
    결론적으로 가수 J씨는 사기죄로 기소되었고 대법원은 무죄로 판단하였다. 이 사건은 미술을 창작한다는 것의 의미와 누가 창작자인가에 대한 의문을 우리 사회에 던졌다. 이 사건에서 1심법원은 2017년 사기죄를 인정했고(징역 10월, 집행유예 2년), 2심법원은 범죄의 증명이 없다는 이유로 무죄를, 대법원은 2020년 소부 최초로 공개변론을 열고는 원심의 판단을 유지하였다. 이 사건에서 다양한 쟁점들이 논란이 되었다. 저작권법을 공부하면서 생각하여 볼 사건이다.
    실제 그림을 그린 사람을 알리지 않고 그림을 판 행위가 사기죄의 구성요건해당성을 충족하는지 외에 저작권법 위반죄(제137조 허위공표죄)의 성립 여부)에 대해서도 토론해 보면 한다.

---

(3) 창작적 기여(寄與): 영상물과 저작권

'박찬욱', '봉준호', '제임스 카메론', '크리스토퍼 놀란' 등 유독 영상저작물인 드라마나 영화의 경우에는 감독이 자주 등장한다. 그리고 우리는 이런 저작물들을 감독의 예술이라고 칭한다. 영상저작물은 연속적인 영상(음의 수반 여부는 가리지 아니한다)이 수록된 창작물로서 그 영상을 기계 또는 전자장치에 의하여 재생하여 볼 수

---

7) 박성호 교수는 "본죄는 진정한 저작자의 인격적 이익에 관한 권리, 즉 성명표시권(姓名表示權)을 보호할 뿐 아니라 허위로 표시된 저작자의 명의를 신뢰한 일반 공중의 신용을 보호한다는 점에서 사회적 법익의 보호를 위한 것이므로 진정한 저작자의 승낙 여부는 본죄의 성립에 영향을 미치지 않는다(半田正夫・松田政行 編, 著作權法コンメンタール 第2版, 勁草書房, 2015, 707-710면 참조)"는 일본 코멘터리를 인용하고 있다.

있거나 보고 들을 수 있는 것을 말한다. 영화 〈기생충〉과 드라마 〈오징어 게임〉으로 대표되는 한국 영상저작물들의 약진을 지속하기 위해서는 저작권법이 중요하다.

방송영상저작물은 대본이 있고 배경음악이 들어가며, 배경이 되는 세트도 포함하며, 아나운서나 성우의 나레이션이 추가되기도 하고, 또 연기자들의 연기나 가수들의 노래가 포함되기도 한다. 다양한 저작물들이 종합적으로 방송저작물에 포함되어 재생이 가능하도록 한 종합저작물이라 할 것이다.[8] 영상저작물의 경우, 과학기계를 사용하여 만든 영상이라는 점에서는 사진저작물과 유사하나 연속적인 영상을 표현형식으로 한다는 점에서 일정한 영상을 표현형식으로 하는 사진저작물과 구별된다.[9] 서울고등법원은 모기와의 전쟁 보도뉴스 사건에서 뉴스 영상물의 장면을 갈무리(capture)한 사진에 대해서 영상저작물에 대한 저작권침해를 인정하였다.[10] 영상저작물은 연속적 영상에 표현되는 피사체와 구도, 빛이나 조명, 배경과 장소 의상 등의 색채 형태, 영상에 어울리는 음악, 영상의 연결과 편집 등에 창작성이 인정되어야 저작물로 인정받을 수 있다.[11] 가령 스포츠경기의 중계영상 및 편집영상의 경우도 카메라 앵글, 구도의 선택, 해설자의 해설 등 다양한 기술 편집 과정을 통해 창작적인 표현이 더해짐으로써, 영상저작물로서의 창작성이 인정될 수 있다.

영상저작물은 서로 관련된 연속적인 영상으로 구성되어 있어야 하고, 본질적으로 그 영상을 기계 또는 전자장치에 의하여 재생할 수 있는 것이어야 하는바, 이는 저작물 성립의 일반적 요건으로 유형물에의 고정을 요건으로 하지 않는 우리 저작권법 하에서도 고정을 요구하는 것으로 본다.[12] 영상저작물은 녹화테이프나 디지털 저장공간 등의 매체에 수록되어야 한다. 영화관에서의 영사기, 빔프로젝터는 물론 컴퓨터, 스마트폰 등 기계나 전자장치 등에 의하여 수록된 영상을 재생할 수 있어야 한다.[13] 우리 저작권법은 저작물의 성립요건으로 저작물 표현을 매체에 고정할 것을 요구하지 않지만, 저작권법 제2조 제13호는 영상저작물의 경우 '재생'뿐만 아니라 '수록'된 창작물일 것을 요구하고 있다는 점에서 영상저작물의 경우에는 '수록'

---

8) 서울고등법원 1984. 11. 28. 선고 83나4449 판결.
9) 전문영(2021), 266면.
10) 서울고등법원 2011나52200 판결.
11) 전문영(2021), 268면.
12) 박성호(2023), 125면.
13) 전문영(2021), 265면.

이라는 형태의 '고정'을 요건으로 한다.[14]

한편, 영상저작물의 대표적인 경우인 영화와 같이 창작 과정에서 다수의 사람이 관여하여 창작자를 규정하기 어려운 면이 있다. 우리 저작권법은 프로듀서, 감독 등과 같이 직접 영상저작물의 제작에 참여하는 자들을 고려하여 영상저작물에 관한 특칙(법 제100조, 제101조)을 두고 있지만, 저작권자들의 내부관계 등의 문제를 명료하게 규정하고 있지 못하기 때문에 프로듀서, 감독 등이 영상저작물의 창작에 창작적 기여한 경우 저작자가 된다. 이와 관련하여 우리 저작권법이 별도의 규정을 두고 있지 않으므로 관여된 사람들이 현대적 저작자인 프로듀서, 감독 등이 저작자가 되고 소설이나 시나리오 작가 등과 같은 고전적 저작자는 영상저작물의 저작자에 해당한다고 보기 어렵다.[15]

제 2 절   공동저작자

1. 공동저작물과 결합저작물의 구별

(1) 개   념

공동저작물이란 2인 이상이 공동으로 창작한 저작물로서 각자의 이바지한 부분을 분리하여 이용할 수 없는 것을 의미한다(법 제2조 제21호). 따라서 공동저작자란 공동저작물을 창작한 저작자를 의미하는 것으로서, 공동저작물 창작에 실질적인 기여(창작적 표현)를 제공한 저작자가 해당한다.

공동저작물과 대비되는 개념으로 결합저작물이 있는데, 이는 하나의 저작물을 구성하고 있는 각 구성부분이 물리적으로 분리되어 단독으로 이용 가능한 경우에 인정될 수 있다. 공동저작물과 결합저작물을 구별하기 위한 기준으로는 '분리가능성설'과 '개별적 이용가능성설'의 입장이 대립된다.[16] 전자는 저작자의 각 기여부분이 물리적으로 분리가능한지 여부를 기준으로 하는 입장이며, 후자는 각 기여부분을

---

14) 전문영(2021), 48면.
15) 박성호(2023), 126면.
16) 박성호(2023), 232면.

분리하여 개별적으로 이용하는 것이 가능한지 여부를 기준으로 하는 입장이다. 저작권법은 '각자의 이바지한 부분을 분리하여 이용할 수 없는 것'을 공동저작물이라 명시함으로써 개별적 이용가능성설의 입장에 있음을 나타내고 있다.[17] 이에 단순히 물리적으로 분리가능한 것에 불과하고 분리된 것을 각기 이용할 수 있다면, 이는 공동저작물이 아닌 결합저작물로 보아야 하는 것이다.

그러므로 구분가능한 원고를 모은 세미나 발표집은 공동저작물이 아닌 결합저작물에 해당하며, 교과서를 공저한 경우 각 집필부분이 따로 분리되어 유의미한 경우에는 공동저작물이 아니고 결합저작물이라 할 수 있다. 반면 순서가 뒤섞여서 발표자의 발언을 물리적으로 분리하기 어려운 토론회 내용의 경우에는 공동저작물에 해당할 수 있다. 이른바 '현대적 저작자들'이 창작적으로 관여하여 한 편의 영상저작물을 만든 경우 이때의 영화작품은 공동저작물로서 영화감독, 촬영감독, 미술감독 등이 공동저작자가 된다.[18]

(2) 음악저작물: 악곡과 가사

음악저작물의 경우에는 악곡과 가사가 분리가능하고 각기 별도의 이용이 가능하다면 이는 결합저작물로 보는 것이 일반적이다. 대부분의 음악저작물은 악곡과 가사를 분리하여 이용할 수 있으므로 결합저작물로 보는 것이 타당하지만, 가사의 경우, 그 이용 형태에 따라서 어문저작물과 음악저작물 양자의 성격을 가질 수 있다.[19] 가요곡이 연주·가창되는 경우 가사는 어문저작물이지만 악곡과 동시에 이용되어 음으로 표현되어 청각으로 인식될 것이기 때문에 이 경우에는 음악저작물의 성격도 가진다.[20]

서울고등법원은 "저작권법 제2조 제21호는 '공동저작물'을 '2인 이상이 공동으로 창작한 저작물로서 각자의 이바지한 부분을 분리하여 이용할 수 없는 것'으로 정의하고 있으므로, 저작물의 창작에 복수의 사람이 관여하였더라도 각 사람의 창작활동의 성과를 분리하여 이용할 수 있는 경우에는 공동저작물이 아니라 결합저작물에 불과한 것이라고 보아야 한다. 가사가 있는 노래 중 가사 부분은 작사가가, 편곡 부

---

17) 이해완(2012), 229면.
18) 박성호(2023), 233면.
19) 박성호(2023), 72면.
20) 박성호(2023), 72면.

분은 편곡자들이 각자 창작한 것이고, 가사 부분과 편곡 부분을 각각 분리하여 이용할 수 있으므로, 가사가 있는 노래는 저작권법 제2조 제21호에서 규정한 공동저작물이 아니라고 봄이 타당하다(대법원 2015. 6. 24. 선고 2013다58460, 58477 판결 등 참조)."고 판시하여 이런 태도를 확인하였다.[21]

(3) 뮤지컬 · 난타공연

대법원은, "뮤지컬은 음악과 춤이 극의 구성 · 전개에 긴밀하게 짜 맞추어진 연극으로서, 각본 · 악곡 · 가사 · 안무 · 무대미술 등이 결합된 종합예술의 분야에 속하고 복수의 저작자에 의하여 외관상 하나의 저작물이 작성된 경우이기는 하나, 그 창작에 관여한 복수의 저작자들 각자의 이바지한 부분이 분리되어 이용될 수도 있다는 점에서 공동저작물이 아닌 단독 저작물의 결합에 불과한 이른바 '결합저작물'이라고 봄이 상당하고, 한편 뮤지컬 자체는 연극저작물의 일종으로서 영상저작물과는 그 성격을 근본적으로 달리하기 때문에 영상물제작자에 관한 저작권법상의 특례규정이 뮤지컬 제작자에게 적용될 여지가 없으므로 뮤지컬의 제작 전체를 기획하고 책임지는 뮤지컬 제작자라도 그가 뮤지컬의 완성에 창작적으로 기여한 바가 없는 이상 독자적인 저작권자라고 볼 수 없으며, 뮤지컬의 연기자, 연출자 등은 해당 뮤지컬에 관여한 실연자로서 그의 실연 자체에 대한 복제권 및 방송권 등 저작인접권을 가질 뿐이라고 판단하였는바, 기록과 앞서 본 법리에 비추어 보면, 원심의 위와 같은 판단은 정당하여 수긍되고 거기에 재항고이유의 주장과 같은, 공동저작물에 관한 법리오해, 영상저작물에 관한 특례의 적용범위에 관한 법리오해 등의 위법이 없다."이라고 판시하여 뮤지컬을 결합저작물로 본다.[22]

> **서울고등법원 2012. 11. 21. 선고 2011나104699 판결('난타' 공연 사건)**
>
> 이 사건 시나리오는 어문저작물에 속하고, 난타는 연극저작물로서 그 초연의 준비 과정에서 참여자들이 난타 창작에 기여한 방식과 형태가 각자 맡은 고유의 역할은 물론이고 표현 양식의 경계까지 넘나드는 전반적인 것이었다는 점을 고려할 때 난타는 다수의 공동저작물이 결합된 결합저작물로서의 성격을 갖는다.

---

21) 서울고등법원 2021. 10. 21. 선고 2019나2016985 판결.
22) 대법원 2005. 10. 4. 자 2004마639 결정('뮤지컬 사랑은 비를 타고' 사건).

2. 공동저작물의 성립요건

공동저작물의 성립을 위해서는 다음의 요건을 충족하여야 한다.

첫째, 2인 이상이 공동으로 창작하여야 한다. 2인 이상이 창작에 관여하였음을 인정받기 위해서는 저작권법에 의하여 보호되는 대상, 즉 창작적 표현에 대한 실질적인 관여가 있었음이 입증되어야 한다. 관여의 시점은 창작이 실행되는 단계에서 이루어져야 하며, 실행단계 이전에 이루어지는 관여는 이에 해당하지 않는다. 창작적 기여의 정도에 관하여는 저작권법의 저작자 인정에 관한 원칙 하에서 구체적인 사안에 따라 개별적으로 판단되어야 할 문제이다. 2인 이상의 대상에는 자연인뿐만 아니라 법인도 가능하다.[23]

둘째, 창작에 있어서 공동관계가 존재하여야 한다. 창작에 있어서의 공동관계는 객관적 공동관계와 주관적 공동관계(공동창작의사)로 구분되는데, 전자는 다수의 창작행위로 인하여 해당 저작물이 발생한 외부적·객관적 사실이 존재하여야 한다는 것을 의미하는 것이고, 후자는 2인 이상이 공동창작의 의사를 가지고 창작하여야 한다는 요건이다.[24]

셋째, 앞서 공동저작물과 결합저작물에 관한 구별에서 설명한 바와 같이 공동저작물은 구성부분이 각기 분리되어 이용될 수 없어야 한다. 여기서의 이용은 단순히 경제적 관점에서의 이용을 의미하기보다는 사회통념에 따른 법적·규범적 의미에서의 이용을 의미한다.[25]

---

23) 이 경우의 예를 들면, '공동저작자A (개인)+공동저작자B (법인)'의 형태가 있을 수 있으며 법인의 경우에는 업무상저작물의 저작자인 경우가 일반적이다.

24) 주관적 공동관계에 관하여 공동의사가 요구되는지 여부에 대해 학설 대립이 있다. 부정설은 객관적 사실만이 필요하다는 입장이고, 긍정설은 공동의사가 없으면 2차적저작물과 구별이 안되기 때문에 반드시 필요하다는 입장이다. 이에 관하여 2차적저작물의 권리행사 시 공동저작물과 같이 엄격한 제한이 필요없다는 점, 저작권법 제15조 제1항 및 제48조 제1항은 권리행사 시 신의에 반하여 합의의 성립 방해를 금지하고 있는데, 이는 공동의사를 전제하는 것으로 해석할 수 있다는 지적이 있으며(이해완(2012), 333-334면), 대법원 역시 대법원 2014. 12. 11. 선고 2012도16066 판결에서 "2인 이상이 공동창작의 의사를 가지고 창작적인 표현형식 자체에 공동의 기여를 함으로써 각자의 이바지한 부분을 분리하여 이용할 수 없는 단일한 저작물을 창작한 경우 이들은 그 저작물의 공동저작자가 된다고 할 것이다."라고 하여 긍정설의 입장에 있음을 명확히 하였다.

25) 오승종(2016), 354면.

대법원 2009. 12. 10. 선고 2007도7181 판결('해양정책학' 사건)

'공동저작물'이란 2인 이상이 공동으로 창작한 저작물로서 각자의 이바지한 부분을 분리하여 이용할 수 없는 것을 말한다고 각 규정하고 있다. 위 각 규정의 내용 및 저작권은 구체적으로 외부에 표현한 창작적인 표현 형식만을 보호대상으로 하는 점에 비추어 보면, 2인 이상이 저작물의 작성에 관여한 경우 그중에서 창작적인 표현 형식 자체에 기여한 자만이 그 저작물의 저작자가 되는 것이고, 창작적인 표현 형식에 기여하지 아니한 자는 비록 저작물의 작성 과정에서 아이디어나 소재 또는 필요한 자료를 제공하는 등의 관여를 하였다고 하더라도 그 저작물의 저작자가 되는 것은 아니며, 가사 저작자로 인정되는 자와 공동저작자로 표시할 것을 합의하였다고 하더라도 달리 볼 것이 아니다.

서울고등법원 2009. 9. 3. 선고 2009나2950 판결('영화 6년째 연애 중 시나리오' 사건)

하나의 저작물에 2인 이상이 시기를 달리하여 창작에 관여한 경우 선행 저작자에게는 자신의 저작물이 완결되지 아니한 상태에서 후행 저작자가 이를 수정·보완하여 새로운 창작성을 부가하는 것을 허락 내지 수인하는 의사가 있고 후행 저작자에게는 선행 저작자의 저작물에 터잡아 새로운 창작을 부가하는 의사가 있다면 이들에게는 각 창작부분의 상호보완에 의하여 하나의 저작물을 완성하려는 공동창작의 의사가 있는 것으로 인정할 수 있을 것이다(이 점에서 선행 저작자에게 위와 같은 의사가 없이 후행 저작자에 의하여 새로운 창작성이 부가된 2차적저작물과 구별된다).

대법원 2016. 7. 29. 선고 2014도16517 판결(MBC 사극 '김수로' 사건)

2인 이상이 공동창작의 의사를 가지고 창작적인 표현형식 자체에 공동의 기여를 함으로써 각자의 이바지한 부분을 분리하여 이용할 수 없는 단일한 저작물을 창작한 경우 이들은 저작물의 공동저작자가 된다. 여기서 공동창작의 의사는 법적으로 공동저작자가 되려는 의사를 뜻하는 것이 아니라, 공동의 창작행위에 의하여 각자의 이바지한 부분을 분리하여 이용할 수 없는 단일한 저작물을 만들어 내려는 의사를 뜻한다.

2인 이상이 시기를 달리하여 순차적으로 창작에 기여함으로써 단일한 저작물이 만들어지는 경우에, 선행 저작자에게 자신의 창작 부분이 하나의 저작물로 완성되지는 아니한 상태로서 후행 저작자의 수정·증감 등을 통하여 분리이용이 불가능한 하나의 완결된 저작물을 완성한다는 의사가 있고, 후행 저작자에게도 선행 저작자의 창작 부분을 기초로 하여 이에 대한 수정·증감 등을 통하여 분리이용이 불가능한 하나의 완결된 저작물을 완성한다는 의사가 있다면, 이들에게는 각 창작 부분의 상호 보완에 의하여 단일한 저작물을 완성하려는 공동창작의 의사가 있는 것으로 인정할 수 있다.

애초에 이 사건 집필계약에서 특별한 사정이 없는 한 피해자가 이 사건 드라마의 극본을 완성하기로 약정되어 있을 뿐만 아니라 피해자가 별다른 귀책사유 없이 피고인들로부터 이 사건 집필계약의 해지를 통지받은 후 이에 대응하여 피해자가 작성한 드라마극본의 이용금지 등의 통보까지 하였다. 그렇다면 설령 이 사건 피해자 극본을 포함하여 피해자가 창작한 부분이 이 사건 전체 극본의 일부 구성 부분으로서 피해자가 창작한 부분과 나머지 부분이 분리하여 이용할 수 없는 단일한 저작물이 되었다고 하더라도, 피해자에게는 자신의 창작 부분이 하나의 저작물로 완성되지 아니한 상태로서 후행 저작자의 수정·증감 등을 통하여 분리이용이 불가능한 하나의 완결된 저작물을 완성한다는 의사가 있는 것이 아니라, 자신의 창작으로 하나의 완결된 저작물을 만들려는 의사가 있을 뿐이어서 피해자와 이 사건 전체 극본을 최종적으로 완성한 작가들 사이에 공동창작의 의사가 있다고 인정할 수 없다. 따라서 이 사건 전체 극본은 피해자의 창작 부분을 원저작물로 하는 2차적저작물로 볼 수 있을지언정 피해자와 위 작가들의 공동저작물로 볼 수 없다.

이 판결은 공동저작물의 판단 여부에서 공동저작물의 성립요건으로서 '공동창작의사'에 대한 중요한 설시를 하였다.

3. 공동저작물의 행사

제48조(공동저작물의 저작재산권의 행사) ① 공동저작물의 저작재산권은 그 저작재산권자 전원의 합의에 의하지 아니하고는 이를 행사할 수 없으며, 다른 저작재산권자의 동의가 없으면 그 지분을 양도하거나 질권의 목적으로 할 수 없다. 이 경우 각 저작재산권자는 신의에 반하여 합의의 성립을 방해하거나 동의를 거부할 수 없다.
② 공동저작물의 이용에 따른 이익은 공동저작자 간에 특약이 없는 때에는 그 저작물의 창작에 이바지한 정도에 따라 각자에게 배분된다. 이 경우 각자의 이바지한 정도가 명확하지 아니한 때에는 균등한 것으로 추정한다.
③ 공동저작물의 저작재산권자는 그 공동저작물에 대한 자신의 지분을 포기할 수 있으며, 포기하거나 상속인 없이 사망한 경우에 그 지분은 다른 저작재산권자에게 그 지분의 비율에 따라 배분된다.
④ 제15조제2항 및 제3항의 규정은 공동저작물의 저작재산권의 행사에 관하여 준용한다.

(1) 개 념

공동저작자에 의한 저작권 행사는 민법상의 공유 등과 구별되는 특별한 성격을 갖는다. 본래 별도 규정이 없는 한 저작권에 관하여는 민법상 공유에 준한다. 이때 공유에 준한다는 것은 민법상 협의의 공유에 준하는 것으로 보는 것이 아니고, 넓은 의미에서 민법의 공유(공유 · 합유 · 총유 등을 포괄하는 광의의 공유)에 준하는 의미로 해석한다. 왜냐하면 저작권법에서 공동저작자의 저작권 행사는 민법상 협의의 공유와는 상이한 형태를 갖기 때문이다.[26] 이러한 전제에서, 공동저작자는 상호간 상당히 밀접한 결합관계가 존재하므로, 권리의 행사 등에 있어서 민법과 다른 일정한 제약이 존재한다.

먼저 저작인격권의 행사에 관하여 살펴본다. 공동저작자 중 일인(혹은 전부가 아닌 일부)이 저작인격권을 행사하는 경우에는 저작자 전원의 합의가 필요하다. 불가분성을 갖는 공동저작물의 특성상 어느 한 저작권자의 저작인격권만을 분리하여 행사하는 것은 불가능하기 때문이다. 그런데 다른 공동저작자에 의한 신의에 반한 합의 성립의 방해는 금지된다. 이는 권리남용을 방지하고 저작권의 보호 및 이용의 균형을 도모하기 위함이다. 신의에 반하는 행위에 속하는지 여부는 공동저작물의 작성 목적, 저작인격권 행사의 구체적 내용 및 방법, 신의성실 원칙, 금반언의 원칙 등에 비추어 부당함이 인정되는지 등을 종합적으로 고려하여 판단한다. 한편, 공동저작자는 그들 중에서 대표자를 정하여 저작인격권을 대표로 행사할 수 있도록 할 수 있다.

저작재산권의 행사에 있어서도 저작재산권자 전원의 합의가 필요하다. 따라서 다른 공동저작자의 동의를 얻지 못하면 그 지분을 양도하거나 질권의 목적으로 할 수 없다. 이때 각 공동저작자는 신의에 반하여 합의의 성립을 방해하거나 동의를 거부할 수 없다는 점은 저작인격권의 경우와 같다. 따라서 공동저작자 전원의 동의가 없는 저작재산권 행사 및 지분양도는 무효이며, 예외적으로 다른 공동저작자가 신의에 반하여 합의의 성립을 방해하거나 동의를 거부하는 경우에는 유효하게 된다. 그런데, 공동저작자가 이러한 권리행사 규정을 위반하여 합의 없이 공동저작물을 이용한 경우와 관련하여 대법원은 다음과 같이 판결을 함으로써, 저작재산권을 침해한 것에 해당하지는 않는다고 한다. 이와 같은 법원의 태도는 다른 공동저작자의 동의 없는 공동저작물의 이용행위를 저작권침해행위로 규율한다면 사실상 공동저

---

26) 오승종(2016), 357면.

자물의 이용이 어려워질 것을 의식한 것으로 보인다.[27) 사전저으로 공동창작자인지 여부가 명확하지 않은 경우 합의의 시도 자체를 기대하기 어려우며 만일 양자 사이에서 경력의 차이가 큰 경우 상대방을 단순한 업무보조자로 이해할 수 있는데, 이를 사후적으로 공동저작물로 판단하면서 권리행사 전에 합의하지 않았다는 이유로 형사처벌을 하는 것은 타당하지 않다.[28) 이와 관련하여 공동저작물의 행사에 대해서 명확한 법규정을 마련하여야 권리처리를 하는 것이 용이할 수 있다는 점에서 입법론도 검토할 필요가 있다.[29)

생각할 문제

작가 1은 수필 '친정아빠'를 통해서 유명해졌다. 이 수필의 성공을 바탕으로 연극으로 원소스멀리유즈를 하려고 하였다. 그런데 작가 1은 극본을 창작한 경험이 없어서 제작자를 극본 창작 경험이 있는 작가 2를 투입하여 극본을 만들었다. 이 과정에서 작가2는 극(劇)의 전개를 위해서 여러 인물을 추가적으로 창작하였고, 배경 등의 일부 사실관계로 개작하였다. 그리고 이들이 공동으로 창작한 극본에 기한 연극 '친정아빠'도 성공하였다.

그런데 작가2는 어느 날 '친정아빠'가 뮤지컬로 상연된다는 이야기를 듣고 뮤지컬을 보러 갔는데 작가1이 단독으로 창작한 것으로 표기되어 있었고 자신은 빠져 있었다. 작가 2가 할 수 있는 대응은?

대법원 2014. 12. 11. 선고 2012도16066 판결('연극 친정엄마 대본' 사건)

구 저작권법 제48조 제1항 전문은 '공동저작물의 저작재산권은 그 저작재산권자 전원의 합의에 의하지 아니하고는 이를 행사할 수 없다'고 정하고 있는데, 위 규정은 어디까지나 공동저작자들 사이에서 각자의 이바지한 부분을 분리하여 이용할 수 없는 단일한 공동저작물에 관한 저작재산권을 행사하는 방법을 정하고 있는 것일 뿐이므로, 공동저작자가 다른 공동저작자와의 합의 없이 공동저작물을 이용한다고 하더라도 그것은 공동저작자들 사이에서 위 규정이 정하고 있는 공동저작물에 관한 저작재산권의 행사방법을 위반한 행위가 되는 것에 그칠 뿐 다른 공동저작자의 공동저작물에 관한 저작재산권을 침해하는 행위까지 된다고 볼 수는 없다.

---

27) 박정훈, 「공동저작물 규정의 입법 개선방안 연구」, 한국지적권위원회, 2021, 59면.
28) 박준우, "공동저작자 간의 지적재산권 침해", 연세법학 제27호, 2016, 32면.
29) 공동저작물 규정의 개정에 대한 논의가 있다. 박정훈(2021) 참조.

한편, 연극저작물은 사람의 동작에 의해 표현되는 저작물로서, 연극·무용·무언극 등이 이에 속한다.[30] 한국무용 등과 같은 무용의 안무는 기보나 무보(舞譜)로 기록되지 않아도 그 동작의 표현이 실연을 할 수 있을 정도의 일관성이 있으면 창작성이 있다고 볼 수 있다.[31] 즉, 저작권법 제4조 제3호에서 규정하고 있는 연극저작물이란 무용·연기 등의 실연의 토대가 되는 동작의 형이라고 할 수 있다.[32] 이 연극저작물은 대본을 바탕으로 배우가 극장에서 관객에게 청각과 시각을 통해 전달하는 예술이다.[33] 연극은 종합예술로서 각본은 어문저작물에, 무대장치 중 미술적 요소를 가진 것은 미술저작물에, 배경음악은 음악저작물에, 연기는 저작인접물인 실연에 해당한다.[34] 뮤지컬에 대해서 대법원은 "뮤지컬 '사랑은 비를 타고'는 복수의 저작자들에 의하여 외관상 하나의 저작물이 작성된 경우이기는 하지만, 그 창작에 관여한 복수의 저작자들 각자의 이바지한 부분이 분리되어 이용될 수도 있다는 점에서 공동저작물이 아닌 단독저작물의 결합에 불과한 '저작결합물'로 봄이 상당하다."고 판시하였다.[35]

(2) 공동저작물의 이용에 따른 이익분배

공동저작물 이용에 따른 이익은 공동저작자 간에 특약이 없는 때에는 그 저작물의 창작에 이바지한 정도에 따라 각자에게 배분되며, 각자의 이바지한 정도가 명확하지 않은 때에는 그 정도가 균등한 것으로 추정한다. 즉 다음과 같이 배분된다.

ⅰ) 특약이 있는 경우에는 특약에 따라 배분
ⅱ) 특약이 없는 경우에는 이바지한 정도에 따라 배분
ⅲ) 특약이 없고 기여가 불분명한 경우에는 균등하게 배분

또한 공동저작자 일인이 사망 시에 그에 대한 상속자가 없다면 해당 권리의 지분은 나머지 공동저작자 각자의 지분 비율에 따라 배분된다.

---

30) 박성호(2023), 76면.
31) 박성호(2023), 76면.
32) 오승종(2016), 114면.
33) 이해완, 「저작권법」, 제3판(전면개정판), 박영사, 2015, 81면.
34) 이해완(2015), 81면.
35) 대법원 2005. 10. 4. 자 2004마639 결정.

공동저작물의 저작재산권은 일반적인 저작권 보호기간과 달리 맨 미지믹으로 사망한 저작자의 사망 후 70년간 유지된다. 이는 공동저작자 각자를 기준으로 보면 사망시점이 모두 상이하여 매우 복잡해질 뿐 아니라 일체성의 특징으로 인하여 공동저작물 이용에 어려움이 있을 수밖에 없기 때문이다.

공동저작권의 침해 시 저작인격권 침해에 관하여는 침해에 따른 위자료 및 명예회복 조치를 청구할 수 있다. 그리고 저작재산권 침해에 관하여 공동저작물의 각 저작자 또는 각 저작재산권자는 다른 저작자 또는 다른 저작재산권자의 동의 없이 침해의 정지, 침해의 예방 및 손해배상의 담보 등을 청구할 수 있다. 또한 그 저작재산권의 침해에 관하여 자신의 지분에 관한 손해배상을 청구할 수 있다.

제 3 절 업무상저작물의 저작자

1. 업무상저작물

"업무상저작물"은 법인·단체 그 밖의 사용자(이하 '법인 등'이라 한다)의 기획하에 법인 등의 업무에 종사하는 자가 업무상 작성하는 저작물을 말한다(법 제2조 제31호). 저작권법 제9조(업무상저작물의 저작자)는 "법인 등의 명의로 공표되는 업무상저작물의 저작자는 계약 또는 근무규칙 등에 다른 정함이 없는 때에는 그 법인 등이 된다. 다만, 컴퓨터프로그램저작물(이하 '프로그램'이라 한다)의 경우 공표될 것을 요하지 아니한다."라고 하여 업무상저작물의 정의를 규정하고 있다. 업무상저작물 제도는 법인이 저작자가 되도록 함으로써 자연인으로의 권리가 조각나서 여러 사람에게 귀속되어 권리처리가 어려워지는 권리파편화(partitioning of the rights)를 막을 수 있다. 저작권법 제9조는 저작권법 제2조 제2호의 창작자 원칙의 예외이다.[36] 저작권법은 저작물을 창작한 저작자가 당해 저작물에 관하여 최초의 저작권을 가지는 것을 원칙으로 하고 있지만, 이에 대한 예외로 업무상저작물의 저작자에 대해 규정하고 있는 것이다.[37] 즉, 사용자와 종업원인 피용자가 사용자에 대한 업무

---

36) 임원선, 「실무가를 위한 저작권법」 제6판, 한국저작권위원회, 2020, 85면.
37) 박성호(2023), 207면.

로 작성하는 저작물을 업무상저작물이라 하고, 제9조의 요건을 충족하게 되면 업무상저작물로서 사용자인 법인 등이 저작자로 의제된다.[38]

저작권법 제9조는 오늘날 다수의 참여자들이 창작에 참여하는 점, 그리고 법인 등이 창작에 대한 비용을 이미 투자하여 위험을 감수한 경우에 대한 정당한 이익을 보장할 필요성이 있다는 것을 감안하여 규정한 것이다.[39] 이 제도에 대한 평가는 여러 관점이 있을 수 있을 것이나 분명한 것은 이 제도가 권리처리의 면에서는 분명히 기여하는 면이 있다는 것이다. 즉 단체명의 저작물은 법인 등이 기획·공표하며, 그 이름으로 사회적인 책임을 지는 것이 일반적이므로 법인 등에게 저작자로서의 지위를 인정하여 법률관계를 명확하게 하고 거래의 편의를 도모하고 저작자 특정의 곤란을 해소하게 할 수 있다.[40]

오늘날 법인 등 내부에서 집단적인 협업이 이루어지고 있는 경우가 많아지고 있다. 특히, 기술의 발전으로 인해서 컴퓨터나 인공지능(AI)에 의한 창작과 함께 경제·사회·문화적으로 산업화·정보화·융합화가 진전되고 그에 따라 창작의 기회가 확대되고 있다. 이는 과거 개인 위주의 창작보다는 대량의 집단적인 창작이 보다 일반화되었음을 의미한다. 이런 변화를 고려해 볼 때, 업무상저작물 제도는 오늘날 더욱 의미를 가진다.

업무상저작물의 판단은 개별적인 사안에서 구체적으로 판단하여야 한다. 이런 업무상저작물인지 여부에 대한 판단여지(判斷餘地)는 저작권 금융에서는 불안정성을 가져오는 요인으로 작용하기도 한다. 그러나 업무상저작물로 판단되면 상대적으로 권리처리의 용이성이 높아지는 것은 사실이다. 특히 이와 같은 업무상저작물의 속성은 저작권을 유동화함에 있어서 대형엔터테인먼트 회사의 경우 업무상저작물로 판단되는 저작물들을 묶어서 유동화함에 있어서 분명한 장점이 된다고 본다.

저작권법 제9조에 대해서는 오히려 제9조를 삭제하고 창작자 원칙으로 돌아가야 한다는 견해도 있다.[41] 그러나 실무를 보면 오늘날 저작물 창작의 실제에 있어서 법인 등 단체의 내부에서 창작이 이루어지는 경우 복수인의 관여가 이루어지고 그

---

38) 박성호(2023), 208면.
39) 박성호(2023), 208면.
40) 中山信弘(윤선희 외 번역), 「著作權法」, 법문사, 2007, 152면.
41) 中山信弘(2007), 151頁에서 사이토(齊藤博) 교수의 부정적인 견해를 소개하고 있다.

관여의 형태와 정도가 다양해서 전통적인 방식으로 창작자를 특정하는 것이 어렵다는 점에서 이런 방향의 법개정은 타당하지 않다.

또 업무상저작물의 경우 법인 등은 그 창작에 필요한 비용 투자 등 일체의 위험을 부담하고 있어 그에 따른 정당한 이익을 보장받을 필요가 있는 반면, 저작물 작성자인 피용자들로서는 대게 보수의 형태로 대가를 수령하고 있고, 피용자에게 저작인격권조차 인정하지 않는 점에 대하여는 입법론 상으로 이론(異論)이 있을 수 있지만, 저작인격권 중 동일성유지권의 경우에는 업무상 필요에 따른 저작물의 수정, 증감 등에 대하여도 권리가 미친다는 점에서 이를 피용자 개인에게 인정할 경우에 법인 등이 업무상저작물을 활용하는 데 있어서 상당한 지장을 느끼게 될 우려가 있다는 점도 감안되어야 한다.

대법원은 "저작권법은 저작물을 창작한 자를 저작자로 하고(법 제2조 제2호), 저작권은 저작한 때로부터 발생하며 어떠한 절차나 형식의 이행을 필요로 하지 아니하고(법 제10조 제2항), 저작인격권은 이를 양도할 수 없는 일신전속적인 권리로(법 제14조 제1항) 규정하고 있고, 위 규정들은 당사자 사이의 약정에 의하여 변경할 수 없는 강행규정이라 할 것인바, 상업성이 강하고 주문자의 의도에 따라 상황에 맞도록 변형되어야 할 필요성이 큰 저작물의 경우 재산적 가치가 중요시되는 반면 인격적 가치는 비교적 가볍게 평가될 수 있지만, 이러한 저작물도 제작자의 인격이 표현된 것이고, 제작자가 저작물에 대하여 상당한 애착을 가질 것임은 다른 순수미술작품의 경우[42]와 다르지 않을 것이며, 위 법규정의 취지 또한 실제로 저작물을 창작한 자에게만 저작인격권을 인정하자는 것이라고 볼 수 있으므로 상업성이 강한 응용 미술작품의 경우에도 당사자 사이의 계약에 의하여 실제로 제작하지 아니한 자를 저작자로 할 수는 없다."며, 법 제9조가 예외규정인 만큼 그 성립요건에 관한 규정을 해석함에 있어서 제한적으로 해석하여야 하고 확대 내지 유추해석을 할 것은 아니라고 보았다.[43]

---

42) 안현배, 「미술관으로 간 인문학자」, 어바웃어북, 2022 참조.
43) 대법원 1992. 12. 24. 선고 92다31309 판결.

2. 업무상저작물의 저작자와 창작자원칙의 예외

창작자 원칙의 예외로서 저작권법은 업무상저작물의 저작자에 관하여 규정하고 있다. 업무상저작물은 법인·단체·사용자(이하 '법인 등'이라 한다)의 기획 하에 법인 등의 업무에 종사하는 자가 업무상 작성하는 저작물을 의미하는데, 창작한 저작물이 업무상저작물인 경우 일정한 요건하에서 자연인이 아닌 법인을 저작자로 의제할 수 있도록 예외를 인정하는 것이다. 이러한 예외를 두는 이유는 예전과 달리 근래에는 저작물의 창작이 산업 목적으로 이루어지는 경향이 높아짐에 따라 개인의 단독의 창작뿐만 아니라 기업 등에서 여러 사람의 협동을 요하는 경우가 많아지고 그 과정에서 기업 등의 지원이 상당히 소요된다는 현실에서 출발한다. 특히 창작에 참여한 권리자가 많아진다면 해당 저작물의 원활한 거래를 저해하는 문제의 원인이 되기도 한다. 이러한 문제를 해결하기 위하여 사용자가 중심된 저작물 창작의 인센티브를 확보한다는 측면에서 사용자에게 저작물의 권리를 부여, 즉 저작자로 의제하고 이를 통한 저작물의 거래 원활화와 가치창출을 도모하기 위한 것이다. 아울러 창작에 필요한 비용투자 등의 일체의 부담을 제공한 사용자에 대한 이익의 효율적 회수 역시 고려된 것이다.

3. 업무상저작물 저작자의 성립요건

사용자가 업무상저작물의 저작자가 되기 위해서는 저작권법 제2조 제31호와 동법 제9조의 요건을 충족하여야 한다. 구체적인 요건은 다음과 같다. 저작권법 제9조는 창작자 원칙의 예외를 규정하고 있기 때문에, 기획 요건을 추가하여 업무상저작물의 범위를 좁히고 있는 것으로 보인다. 이는 법인 등을 저작자로 의제하면서 저작인격권까지 부여하고 있는 것을 감안하여, 창작자 원칙의 예외를 최소화하려는 노력이 작용한 것이 아닌가 생각된다. 제9조는 창작자 원칙에 대한 예외규정이므로 이를 확대하지 않고 문언의 범위를 가능한 제한적으로 해석하여야 한다는 것이 지금까지의 주류적인 견해였다.[44]

---

44) 박성호(2023), 203면.

(1) 법인·단체 그 밖의 사용자가 저작물의 작성에 관하여 기획한 것이어야 한다.

여기서 법인·단체 그 밖의 사용자란 회사·비영리법인·국가·지방자치단체 및 기타 모든 단체를 의미하며, 권리능력 있는 사단 및 재단도 가능하다. 사용자에 해당한다고 볼 수 있다면 자연인이라도 무방하다. 업무상저작물의 대상이 되는 저작물은 모든 유형의 저작물이 가능하다. 그리고 법인 등 사용자가 기획한 것이어야 하는데 이는 종업원에게 부여된 업무의 범위 내에서 창작한 것이라면 사용자의 기획 하에 이루어진 것으로 볼 수 있다. 즉, 기획의 범위를 넓게 해석하므로 사실상 '업무상 작성'과 동일하게 이해할 수 있다.

> **대법원 2010. 1. 14. 선고 2007다61168 판결('압축코덱프로그램' 사건)**
>
> 구 컴퓨터프로그램 보호법(2009. 4. 22. 법률 제9625호로 폐지되기 전의 것, 이하 같다) 제5조는 '국가·법인·단체 그 밖의 사용자(이하 이 조에서 '법인 등'이라 한다)의 기획하에 법인 등의 업무에 종사하는 자가 업무상 창작한 프로그램은 계약이나 근무규칙 등에 달리 정함이 없는 한 그 법인 등을 당해 프로그램의 저작자로 한다'라고 규정하고 있는바, 여기서 '법인 등의 기획'이라 함은 법인 등이 일정한 의도에 기초하여 컴퓨터프로그램저작물(이하 '프로그램'이라 한다)의 작성을 구상하고, 그 구체적인 제작을 업무에 종사하는 자에게 명하는 것을 말하는 것으로, 명시적은 물론 묵시적으로도 이루어질 수 있는 것이기는 하지만, 묵시적인 기획이 있었다고 하기 위하여는 위 법규정이 실제로 프로그램을 창작한 자를 프로그램저작자로 하는 같은 법 제2조 제2호의 예외규정인 만큼 법인 등의 의사가 명시적으로 현출된 경우와 동일시할 수 있을 정도로 그 의사를 추단할 만한 사정이 있는 경우에 한정된다고 봄이 상당하다.

다만, 영상저작물에 대한 특례규정과 충돌하는 것이 문제될 수 있는데, 이 경우에는 업무상저작물의 저작자 규정이 우선 적용된다. 즉, 영상저작물에 대한 특례는 업무상저작물에 관한 규정이 적용될 수 없는 영상저작물의 경우에만 적용된다고 볼 수 있다.[45] 영상저작물에도 저작권법 제9조가 적용되는 것이 가능하다는 견해(긍정설)가 타당하다고 보는 이유로, ① 문언이 제한하는 규정을 두고 있지 않으며, ②

---

45) 오승종(2016), 374면; 이해완(2012), 245면.

방송사업자가 제작하는 텔레비전 드라마의 경우와 같이 법인이 업무상으로 영상저작물을 저작하는 경우가 많다는 점에서 이렇게 해석하는 것이 타당할 것으로 본다.[46] 법원도 이와 같은 태도를 취하고 있다.[47]

업무상저작물의 저작자를 법인으로 보는 핵심적인 근거는 '법인의 기획'에 있다.[48] '기획'이란 법인 등 사용자가 아이디어를 제시해 방침을 세울 뿐만 아니라 저작물 작성행위 전체를 지휘·감독하는 것을 말한다.[49] 즉, 저작물 작성에 관한 종업원 등의 능력에 비추어 법인 등이 저작물 작성의 방법과 수단을 통제할 수 있는 지위에 있고, 현실적으로 그러한 통제가 이루어진 것을 의미하며, 필요에 따라서는 저작물 작성과정에 수정이나 보완 등을 요구하는 경우에 성립될 것이다.[50]

한편, '기획'의 의의와 관련하여, 법원은 "저작권법 제2조 제2호에 의하면, 원칙적으로 저작물을 창작한 자가 저작자가 된다고 할 것이고, 예외적으로 저작권법 제9조에 의하면, 법인 등의 실질적 지휘감독을 받으며 그 업무에 종사하는 자가 법인 등으로부터 직접 명령받은 것뿐만 아니라 고용의 과정에서 통상적인 업무로서 기대되는 범위 내에서 법인 등의 기획 하에 저작물을 작성하고, 그 저작물이 법인 등의 명의로 일반공중에게 공개되고, 저작자의 기명저작물이 아닌 경우에는 저작자가 아

---

46) 박성호(2023), 203면.
47) 서울고등법원 2000. 9. 26. 자 99라319 결정에 따르면, "이 사건 영상시연물은 신청인 회사의 직원이던 피신청인들이 신청인의 총괄적 기획 및 지휘·감독 하에 창작한 작품으로서 신청인 명의로 외부에 공표되었으므로 그 저작권은 영상제작자에 대한 특칙과 관계없이 바로 법인인 신청인에게 귀속된다."고 하여, 영상저작물이 저작권법 제9조의 요건을 갖추어 법인 등 사용자가 영상저작물의 저작자로 되는 경우에는, 영상저작물을 이용하는 데에 필요한 복제권이나 배포권 등은 당연히 그 저작자인 법인 등 사용자에게 원시적으로 귀속되므로, 영상저작물에 대한 특례규정인 제100조 제1항은 적용될 여지가 없다.
48) 임원선(2020), 87면.
49) 참고로 영국의 경우 "종업원의 직무 과정 중에 제작"이라고만 규정하고 있어 기획에 관하여 엄격한 요건을 두고 있지는 않다.
50) 대법원은 기획의 의미와 관련하여, "구 컴퓨터프로그램 보호법(2009. 4. 22. 법률 제9625호 저작권법 부칙 제2조로 폐지) 제5조에서 말하는 '법인 등의 기획'이라 함은 법인 등이 일정한 의도에 기초하여 컴퓨터프로그램저작물의 작성을 구상하고, 그 구체적인 제작을 업무에 종사하는 자에게 명하는 것을 말하는 것으로, 명시적은 물론 묵시적으로도 이루어질 수 있는 것이기는 하지만, 묵시적인 기획이 있었다고 하기 위하여는 위 법규정이 실제로 프로그램을 창작한 자를 프로그램저작자로 하는 같은 법 제2조 제2호의 예외규정인 만큼 법인 등의 의사가 명시적으로 현출된 경우와 동일시할 수 있을 정도로 그 의사를 추단할 만한 사정이 있는 경우에 한정된다고 봄이 상당하다."고 판시하였다. 대법원 2013. 5. 9. 선고 2011다69725 판결; 박태일, "최근 컴퓨터프로그램 저작권 침해사건의 주요 쟁점", 사법, 제59호, 2022; 대법원 2021. 9. 9. 선고 2021다236111 판결.

닌 법인 등에게 저작물의 저작권이 귀속되게 되는바, 여기에서 '일반공중'은 불특정 다수인인 경우뿐만 아니라 특정 다수인인 경우도 의미한다."고 판시하였다.[51] 이는 묵시적 기획의 존재를 인정한 것으로, 구체적인 업무지시 없이 묵시적인 업무지시도 기획으로 볼 수 있는 판단이다.

(2) 법인 등의 업무에 종사하는 자에 의하여 작성된 것이어야 한다.

사용자와 종업원 간 사용관계가 존재하여야 한다. 사용관계의 존재는 사용자와 종업원 간 고용관계를 포함하여 사용자와 종업원 사이에 실질적인 지휘 · 감독관계가 존재하는 것을 의미한다. 따라서 실질적 지휘 · 감독관계가 인정될 수 있다면 도급이나 위임, 파견근로자 등의 경우에도 본 요건이 충족될 수는 있다(경제적 실질의 고려).

> **대법원 1992. 12. 24. 선고 92다31309 판결('롯티' 사건)**
>
> 저작권법은 저작물을 창작한 자를 저작자로 하고(제2조 제2호), 저작권은 저작한 때로부터 발생하며 어떠한 절차나 형식의 이행을 필요로 하지 아니하고(제10조 제2항), 저작인격권은 이를 양도할 수 없는 일신 전속적인 권리로(제14조 제1항) 규정하고 있고, 위 규정들은 당사자 사이의 약정에 의하여 변경할 수 없는 강행규정이라고 할 것인바, 비록 신청인이 제작한 너구리도안과 같이 상업성이 강하고 주문자의 의도에 따라 상황에 맞도록 변형되어야 할 필요성이 큰 저작물의 경우에는 재산적 가치가 중요시되는 반면, 인격적 가치는 비교적 가볍게 평가될 것임은 원심이 판시한 바와 같지만, 이러한 저작물도 제작자의 인격이 표현된 것이고, 제작자가 저작물에 대하여 상당한 애착을 가질 것임은 다른 순수미술작품의 경우와 다르지 않을 것이다. 위 법규정의 취지 또한 실제로 저작물을 창작한 자에게만 저작인격권을 인정하자는 것이라고 볼 수 있으므로 이 사건에 있어서와 같이 상업성이 강한 응용미술작품의 경우에도 당사자 사이의 계약에 의하여 실제로 제작하지 아니한 자를 저작자로 할 수는 없다고 할 것이다. 단체 명의저작물의 저작권에 관한 저작권법 제9조를 해석함에 있어서도 위 규정이 예외규정인 만큼 이를 제한적으로 해석하여야 하고 확대 내지 유추해석하여 저작물의 제작에 관한 도급계약에까지 적용할 수는 없다.

---

51) 서울고등법원 2007. 12. 12. 선고 2006나110270 판결.

도급이나 위임계약 형태의 경우에는 지휘·감독관계가 존재하지 않으므로 법인 등 사용자와 업무에 종사하는 자와의 사이에는 고용관계가 존재하여야 한다.[52] 여기서의 사용관계란 사용자와 피용자 사이에 실질적인 지휘·감독관계가 있는 것을 말하며, 거기에 한정되지 않고 위임계약이나 조합계약에 기초한 경우도 사용자 지휘·감독에 복종하는 관계에 있다면 사용관계가 있다고 본다.[53] 다만 사용관계를 넓게 해석하는 입장에 선다 하더라도 위임이나 도급계약 등에 있어서 수임인이나 수급인은 위임인이나 도급인에 대하여 독립된 지위에서고 자신의 재량에 의하여 활동을 하는 것이 원칙이므로 통상의 위임인·도급인은 저작권법 제9조에서 말하는 사용자에 포함되지 않는다고 보아야 할 것이다.[54] 현행 저작권법 제9조의 해석론으로는 업무에 종사하는 자가 업무시간에 작성한 저작물이어야 업무상저작물이 된다. 업무상저작물이 성립하기 위해서는 법인 등의 기획 하에 종업원이 그 업무상 창작해야 하는 것이므로 설사 위탁창작 또는 주문창작의 관계 하에서 위탁자 또는 주문자의 기획 하에 창작이 이루어졌다고 하더라도 그러한 기획만으로 업무상저작물이 성립하는 것은 아니다.[55]

미국 저작권법의 경우 업무상저작물을 "근로자가 그의 고용의 범위 내에서 작성한 저작물"로 정의하고 있다. 그러므로 고용의 경우와 달리 스스로의 책임 하에서 활동하는 위탁의 경우에는 고용에 의한 저작(work for hire)이라고 볼 수 없게 되므로 실무상 위탁관계인지 아니면 고용관계인지에 대한 판단기준을 형성하고 있다.[56]

일본의 경우, 최고재판소는 "'법인 등의 업무에 종사는 자'에 해당하는지 여부는 법인 등과 저작물을 창작한 자와의 관계를 실질적으로 보았을 때에, 법인 등의 지휘감독 하에서 노무를 제공한다는 실태가 있고, 법인 등이 그 자를 상대로 지불하

---

52) 오승종, 「저작권법」 제5판, 박영사, 2020, 387면.
53) 오승종(2020), 386면.
54) 오승종(2020), 383-384면.
55) 대법원 2000. 11. 10. 선고 98다60590 판결에서 "업무상 창작한 프로그램의 저작자에 관한 구 컴퓨터프로그램보호법 제7조(현행 저작권법 제9조에 해당)의 규정은 프로그램 제작에 관한 도급계약에는 적용되지 않는 것이 원칙이나, 주문자가 전적으로 프로그램에 대한 기획을 하고 자금을 투자하면서 개발업자의 인력만을 빌어 그에게 개발을 위탁하고 이를 위탁받은 개발업자는 해당 프로그램을 오로지 주문자를 위해서 개발·납품하여 결국 주문자의 명의로 공표하는 것과 같은 예외적인 경우에는 법인 등의 업무에 종사하는 자가 업무상 창작한 프로그램에 준하는 것으로 보아 제7조를 준용하여 주문자를 프로그램 저작자로 볼 수 있다."고 판시한 바 있다.
56) 오승종(2020), 384-385면.

는 금전이 노무제공의 대가로 평가될 수 있는지 여부를 업무양태, 지휘감독 여부, 내가의 액 및 지불방법 등에 관한 구체적 사정을 종합적으로 고려하여 판단해야 한다."고 판시하며, 법인 등과의 관계를 실질적으로 판단해야 된다는 입장에 서 있다.[57]

롯티 사건에서 서울고등법원은 캐릭터의 저작물이 제작자에게 귀속되었다가 도급인에게 양도되는 것이 아니라 처음부터 도급인에게 귀속되는 것으로 보아야 한다고 하였으나,[58] 대법원은 업무상저작물의 법리를 확대해석하여서는 안된다고 하면서도 묵시적 동의를 인정하였다.[59] 다만, 유의할 점은 위탁 관계냐 고용 관계냐의 문제는 결국 해당 저작물의 저작자를 누구로 할 것이냐의 문제이므로, 계약의 명칭에 따라 형식적으로 판단할 것이 아니라 계약의 내용 및 그 계약에 기초하여 당사자들이 해당 저작물을 창작함에 있어서 실제로 수행한 역할이 어떤 것이었느냐에 따라 구체적, 실질적으로 판단할 문제이다.[60] 기본적으로는 위탁자의 창작적인 판단과 그에 따른 구체적 지휘·감독 아래에서 작성된 것이냐, 수탁자의 독자적인 창작적 판단에 의하여 작성된 것이냐에 의하여 결정하여야 한다. 특히 오늘날 타인의 노무를 이용하는 계약 형태가 다양화되고 있는 추세에서, 저작권법 제2조 제31호의 업무상저작물의 정의 규정에서 말하는 '업무에 종사하는 자'를 고용 관계에 국한하는 것으로 해석할 필요는 없을 것이다.[61] 따라서 고용계약이 없더라도 실질적으로 지휘·감독에 복종하는 지위에 놓여 있다면 저작권법 제2조 제31호의 '업무에 종사하는 자'로서 제9조의 적용 대상이 될 수 있을 것이다.[62]

---

57) 最判2003年(平成15)4月11日判時1822号133頁. 지휘·감독 하의 노무제공과 그 대가라는 판단기준을 취하는 판례로서, 最判1995年(平成7)2月9日判時1523号149頁, 最判1996年(平成8)11月28日判時1589号136頁 참조.

58) 서울고등법원 1990. 6. 25. 자 89라55 결정.

59) 대법원 1992. 12. 24. 선고 92다31309 판결.

60) 오승종(2020), 384-385면.

61) 오승종 교수가 참고로 제시하는 미국 법원이 제시한 실질적인 판단기준 9가지는 이런 점에서 참고가 된다고 본다(오승종(2020), 385면). 노동자(창작자) 보호의 입장을 취한다고 하더라도, 노동기준법이나 노동계약법상 노동자성 판단을 할 때에는 '노동자' 개념을 넓게 해석해야 하지만, 직무저작상 창작자(종업원) 보호의 취지에 의한다면, 일본 저작권법 제15조상 "법인 등의 업무에 종사하는 자"의 범위를 좁게 해석해야 한다는 견해가 있다(潮海久雄, "「判批」ジュリスト1269号", 2004, 263頁 ; 山川隆一＝荒木尚志, "ディアㅁ一グ労働判例この1年の争点", 日本労働研究雑誌496号, 2001, 12頁).

62) 일본의 경우, 위의 최고재판소 판례의 판시가 업무종사자를 고용계약이 있는 자에게 한정되는지

또한 저작물의 작성 자체가 업무가 되어야 하므로, 업무수행에 있어 파생적으로 또는 업무와 간접적으로만 관련되는 경우에는 창작자인 종업원이 저작자가 된다. 예를 들어 대학교수의 강의안의 경우 업무 범위에 포함되는 일로서 '업무상 작성'에 해당한다고 볼 수 있지만, 헌법상 학문의 자유 등과의 관계에서 그 내용의 자율성이 보장된다는 점, 강의안을 토대로 작성된 저서나 연구논문 등의 경우에는 대개 교수 등 개인의 저작물로 인정하는 데 별다른 이견이 없다는 점 등에 비추어 볼 때 우리 저작권법의 해석상으로도 교수의 강의안은 특별히 법인 등의 저작물로 보아야 할 다른 사정이 없는 한, 업무상저작물로 볼 수 없다.[63]

'업무범위'와 관련하여, 사실상 업무범위 내에서 작성 요건은 광범위한 저작물이 업무상저작물에 포함되게 되어 거의 법인 등이 저작자로 되는 것이 현실이다. 이런 점에서 오히려 저작권법 제9조의 적용범위와 관련하여 법인이 창작집단으로 애초에 창작을 목적으로 고용한 창작자(work for hire)[64]들로 구성된 경우 그 업무로 인한 귀속의 문제는 법률에 의해서 규정되는 것 이상으로 계약에서 상세하게 정할 수 있다.[65]

(3) 업무상 작성하는 저작물이어야 한다.

종업원이 작성하는 저작물이 업무의 범위에 속하는 것이어야 한다. 저작물의 작성이 업무 자체이어야 하며, 단순히 업무에 관하여 작성하는 것은 해당하지 않는다. 예를 들어 자신의 업무상 지식을 바탕으로 쓴 저서는 업무상 작성하는 것으로 볼

여부에 관해서는 판단하고 있지 않다고 보는 견해가 다수이다(長谷川浩二, "「判解」L&T22号", 2004, 70頁 ; 潮海, 潮海久雄(2004), 262면 ; 上野達弘, "「判批」民商法雑誌130巻1号", 2004, 138頁 ; 村井麻衣子, "「判批」知的財産法政策学研究4号", 2004, 203頁). 하급심 판결에서는 도급 유사 사안 또는 외부 프리랜서가 법인의 지휘감독 또는 지휘명령을 받은 경우 직무저작으로서 인정된 사안(東京地判1996年(平成8)9月27日判時1645号134頁 ; 東京高判1998年(平成10)2月12日判時1645号129頁 ; 東京地判1998年(平成10)10月29日判時1658号166頁 ; 東京地判2002年(平成14)2月25日判時1788号129頁 ; 東京高判2002年(平成14)10月2日平成14ネ1911)이 직무저작성이 부정된 사안(東京地判1993年(平成5)1月25日判時1508号147頁 ; 大阪地判1995年(平成7)3月28日知裁集27巻1号210頁)보다 많다.

63) 오승종(2020), 387-388면.

64) 미국의 고용저작물 법리상 피용자의 개념에 대해서는 박성호(2023), 223면, 미국 1976년 저작권법 제101조의 고용저작물 해설에 대한 설명 참조.

65) 실무상으로 저작자의 보호 문제는 이 부분에 대해서는 표준계약서를 보급하여 업무상저작물의 업무범위에 대한 논란이 없도록 사전에 이를 확인하도록 하는 방법도 강구할 수 있다고 본다.

수 없다. 저작물의 작성이 근무시간 내에 이루어진 것인지, 혹은 근무장소에서 이루어진 것인지 등은 업무상 작성된 것인지 여부를 결정하는데 영향을 미치지 않으며, 구체적인 직무의 내용에 비추어 판단한다.

(4) 법인 등의 명의로 공표되어야 한다.

저작권법은 "법인 등의 명의로 공표되는 업무상저작물의 저작자는 계약 또는 근무규칙 등에 다른 정함이 없는 때에는 그 법인 등이 된다. 다만, 컴퓨터프로그램저작물의 경우 공표될 것을 요하지 아니한다."라고 규정하여 공표를 제9조의 성립요건으로 규정하고 있다.

법인 등의 명의 공표 요건은 대외적으로는 업무상저작물의 저작자가 누구인지 공시하고 해당 저작물에 대한 권리와 책임의 소재가 공표된 명의의 법인 등에 있음을 널리 알리기 위함이다.[66] 따라서 당해 저작물에 법인 등 사용자의 명칭이 기재되어 있는 것만으로는 요건을 충족시키지 못한다. 그리고 대내적으로는 업무상저작물이 법인 등의 명의로 공표되는 경우 창작자인 종업원은 자신의 저작재산권 및 저작인격권을 주장하지 않겠다는 묵시적 동의도 포함된다고 하겠다. 이 역시 법인 등을 저작자로 의제함에 있어 그 요건을 가급적 엄격하게 하기 위한 것이라고 볼 수 있을 것이다.[67]

다만, 법문상 법인 등 사용자 명의의 공표요건은 컴퓨터프로그램저작물의 경우에는 적용되지 않는다. 프로그램저작물의 경우 공표가 예정되어 있지 않은 경우가 있을 수 있고, 공표되더라도 무명으로 공표되는 경우가 많기 때문이다.[68] 이와 관련한 판결로서, "미공표 프로그램, 즉 개발진행 중인 프로그램도 법인 등에게 저작권이 귀속되도록 하기 위한 것이므로" 다른 저작물의 경우보다 업무상저작물의 저작자를 인정하기 위한 요건들을 더 제한적으로 해석할 필요성이 있다는 취지로 판시하였다.[69] 따라서 프로그램저작물은 피용자 개인의 명의로 공표되거나 제3자 명의로 공표되더라도 그 밖의 요건을 모두 갖춘다면 법인 등 사용자가 저작자로 인정된다.[70]

---

66) 박성호, 「저작권법」 제2판, 2017, 231면: 오승종(2020), 388면.
67) 오승종(2020), 389면.
68) 박성호(2017), 231면.
69) 대법원 2010. 1. 14. 선고 2007다61168 판결.

미공표 저작물과 관련하여 견해의 대립이 있으나 아직 공표되지 않았더라도 공표가 예정되어 있다면 공표요건에 해당한다고 보는 견해가 타당하다.[71] 2006년 법 개정 전에는 저작권법 제9조가 미공표 저작물에 적용되는가에 대한 견해의 대립이 있었으나, 법 개정으로 '공표된'의 과거형이 아니라 '공표되는'의 현재 및 미래형의 표현이 사용된 이상, 아직 공표되지 않은 저작물이라도 법인 등의 명의로 공표될 것으로 예정되어 있다면 제9조의 요건을 충족하는 것으로 볼 수 있을 것이다.[72]

이때 법인명과 작성자인 종업원의 성명이 함께 공표되는 경우를 생각해볼 수 있다. 이때 종업원의 성명이 표기된 것의 성격에 따라 달리 생각될 수 있는데, 성명의 표기가 단순히 업무분담과 책임소재를 가리기 위한 것이라면 사용자를 저작자로 인정하는데 장애가 되지 않는다.

한편, 이 요건은 일반저작물과 컴퓨터프로그램저작물이 구분된다. 일반저작물의 경우 법인 등의 명의로 공표될 것을 반드시 필요로 하는데 반하여, 컴퓨터프로그램저작물의 경우에는 이러한 공표를 요건으로 하지 않는다. 즉, 법인 등의 명의로 공표되지 않더라도 일단 업무상저작물에 해당하기만 하면 컴퓨터프로그램저작물의 경우에는 사용자가 업무상저작물의 저작자로 인정될 수 있다. 컴퓨터프로그램저작물은 그 특성상 개발단계 및 그 이후에도 상당한 수준의 비밀성을 필요로 하는 경우가 많으므로 공표할 것을 요건으로 두게 되면 분쟁의 잦은 발생이 우려되기 때문에 이러한 예외를 인정한 것이다.

> **서울고등법원 1999. 3. 12. 선고 98나32122 판결('몬테소리 교재' 사건)**
>
> 이 사건 저작물은 채권자가 정리하여 사용하던 기존의 몬테소리 교재와 기존에 회원들에게 제공하기 위하여 집필한 부교재 등을 종합 편집하여 저작한 것으로서 이 사건 저작물의 저작권자는 채권자라고 할 것이다(이에 대하여 채무자는, 이 사건 저작물은 채무자 경영의 몬테소리 연합회의 직원이었던 채권자가 채무자의 기획과 지시에 의하여 업무상 작성한 것일 뿐이므로 그 저작권이 단체인 위 연합회에 있다는 취지로 항쟁하나, 채무자가 이 사건 저작물의 저작과 출판에 필요한 기획을 하고 작업팀을 구성하여 저작활동을 지시하였다 하더라도 평소 수령하고 있던 월 500,000원의 급여 이외

---

70) 박성호(2017), 232면.
71) 박성호(2017), 233-234면.
72) 오승종(2020), 391면.

에 별도의 비용을 수령함이 없이 채권자가 위 저작활동을 수행한 이상 수령한 급여액 수에 비추어 볼 때 채권자가 순수한 채무자의 피용자로서 채무자의 비용지출하에 위 학습지를 저작하였다고 인정하기는 어려우므로 채무자의 위 주장은 이유 없다).

(5) 계약이나 근무규칙에 달리 정한 것이 없어야 한다.

위의 요건들을 모두 갖추어도 계약이나 근무규칙 등에서 피용자를 저작자로 한다는 취지의 정함이 있으면 저작권법 제9조는 적용되지 않는다. 여기서 계약은 일반적인 고용계약이나 저작물의 작성에 따른 특별계약을 의미한다.[73] 실무상으로는 계약이 있는 경우에는 법인에 귀속되는 것으로 정한 계약이 많을 것이다.[74] 저작권법에 의하여 업무상저작물의 저작자를 사용자로 인정하고 있다고 하더라도, 사용자와 종업원 사이에 체결된 계약 등으로 본 규정의 적용을 배제시킬 수 있기 때문이다. 이러한 계약 및 근무규칙은 저작물의 작성 당시에 존재하여야 유효하다.

4. 업무상저작물의 존속기간

업무상저작물의 성립요건을 충족하고 법인 등의 명의로 공표가 이루어지면(컴퓨터프로그램저작물은 제외) 사용자가 업무상저작물의 저작자가 된다. 따라서 사용자는 해당 저작물의 저작인격권과 저작재산권을 원시적으로 취득하게 되며, 실제 이를 창작한 종업원은 일체의 권리를 소유할 수 없다. 만약 위의 성립요건 중 하나라도 충족이 되지 않는 경우에는 발생된 저작권이 종업원에게 원시적으로 귀속되므로, 계약을 통하여 사용자에게 해당 권리를 이전한다고 하더라도 저작재산권의 이전만 가능하고 저작인격권은 여전히 종업원에게 남아 있게 된다.

업무상저작물의 저작재산권 보호기간은 공표한 때부터 70년간 이며, 컴퓨터프로그램저작물의 경우 공표를 요건으로 하지 않으므로 창작한 때부터 70년간 보호된다. 이때 70년의 계산은 저작물의 공표 또는 창작한 다음 해부터 기산한다(법 제44조). 만일 일반저작물이 업무상저작물은 성립하나(법 제2조 제31호 요건 충족), 공표를 하지 않은(법 제9조 미충족) 경우에는 해당 저작물이 업무상저작물이긴 하나 실

---

73) 박성호(2017), 236면.
74) 오승종(2020), 391-392면.

제 이를 창작한 종업원이 저작자이므로 그 저작자의 사망 후 70년 간 저작권이 보호된다. 현행 저작권법 제41조에서는 업무상저작물의 보호기간에 대하여 "업무상저작물의 저작재산권은 공표한 때부터 70년간 존속한다. 다만, 창작한 때부터 50년 이내에 공표되지 아니한 경우에는 창작한 때부터 70년간 존속한다."라고 규정하고 있다. 이 규정은 2013년 7월 2일부터 시행되었다. 따라서 이 이전에는 개정전 저작권법의 "업무상저작물의 저작재산권은 공표한 때부터 50년간 존속한다. 다만, 창작한 때부터 50년 이내에 공표되지 아니한 경우에는 창작한 때부터 50년간 존속한다"는 규정에 따라 보호되며, 소급되지는 않는다. 반면 업무상저작물은 "공표한 때부터 70년 동안" 보호하기로 규정함으로써 통상적인 저작권 보호기간이 적용되는 경우의 문제점을 해소하고자 하였다.

한편, 법인과 법인의 공동저작물인 경우에는 제41조의 규정에 따라서 원칙적으로 공동저작물을 공표한 때로부터 70년간 보호될 것이나 개인과 법인의 공동저작물의 경우에는 마지막까지 생존한 공동저작자의 사망시를 기산점으로 규정한 저작권법 제39조 제2항의 취지를 고려 더 긴 쪽을 토대로 저작재산권의 보호기간이 산정되어야 한다.[75]

5. 공모전에서 저작자 문제

공모전을 통한 효용성 높은 아이디어 및 콘텐츠, 저작물의 확보가 활성화되면서 공모전에 출품한 저작물의 권리를 누가 갖는지가 쟁점이 된다. 기존에는 공모전에 출품한 작품의 저작권을 주최 측에서 소유하도록 정하는 것이 관례였다. 이에 출품한 작품은 반환되지 않는다거나 해당 작품의 저작권은 주최 측에 귀속된다는 등의 표현을 공모전 요강에서 쉽게 찾아볼 수 있었다. 그런데 이러한 관행에 대한 문제점이 지적되면서 문화체육관광부는 '창작물 공모전 가이드라인'을 발표한 바 있다. 여기서는 '창작물 공모전 가이드라인'의 내용에 대해 자세히 설명한다.

가이드라인에서는 공모전에서의 권리 관계에 관하여 제안하고 있으며, 저작권 귀속에 관한 사항, 저작물 이용 허락에 관한 사항, 분쟁해결에 관한 사항으로 구성되어 있다.

---

75) 오승종(2020), 393면.

첫째, 저작권 귀속에 관한 사항이다. 공모전에 출품된 응모작의 저작권, 즉 저작재산권과 서삭인격권은 저작자인 응모자에게 원시적으로 귀속되며, 이후 약정 등을 통하여 공모전의 주최자가 응모작에 대하여 가질 수 있는 권리는 저작재산권에 한정됨을 명확히 명시할 것을 제안하였다.

응모작들 중 입상하지 않은 응모작에 대해서는 주최자가 어떠한 권리도 취득할 수 없으며, 입상한 응모작에 대해서도 저작재산권의 전체나 일부를 양수하는 것으로 일방적으로 결정하여 고지할 수 없도록 제시하였다. 따라서 '접수된 작품에 대한 저작재산권은 주최 측에 귀속됨', '수상 여부와 상관없이 모든 출품작의 저작재산권은 주최 측에 귀속됨', '당선작품에 대한 저작재산권 등 지적재산권은 주최 측이 소유함'과 같은 고지는 금지된다. 특히 입상하지 않은 응모작은 공모전의 종료일로부터 3개월 이내에 모두 폐기하여야 하며, 폐기 전에 저작자가 저작물의 반환을 요구할 시에는 저작자에게 반환하여야 하고 이에 관련한 추가비용이 발생 시에는 이를 응모자에게 부담할 수 있도록 제시하였다.

만일 공모전의 주최자가 입상작에 대한 저작재산권의 전체나 일부를 취득하려고 하는 경우에는 입상작에 대한 발표 후 해당 응모자와의 별도 합의에 의해서만 가능하다. 이때 공모전의 주최자는 다른 사람들보다 우선하여 해당 저작재산권을 양수할 수 있으나, 해당 응모자에게 거래관행에 따른 정당한 대가를 지급하도록 하였다. 예외적으로 충분한 대가의 지급을 전제로 공모전 주최자에게 저작재산권을 귀속하도록 할 수 있게 하였다. 이는 저작재산권에 대한 이용허락만으로는 저작물의 완전한 이용을 보장할 수 없는 경우(예시: 건축저작물의 독자성 유지를 위해 복제를 금할 필요가 있는 경우 등), 해당 응모작에 대한 저작재산권의 이용이 매우 오랜 기간 동안 요구되는 경우(예시: 캐릭터의 경우 오랜 기간 사용되며 변화될 필요성이 있음), 하나의 저작물에 여러 사람의 저작권이 관련되어 그 행사의 편의를 도모할 필요가 있는 경우(예시: 영상저작물의 시나리오 공모전과 같은 경우 권리행사를 원활히 하기 위해 양도가 필요) 등이다.

둘째, 저작물 이용 허락에 관한 사항이다. 공모전에서 입상한 응모작을 이용하기 위해 공모전 주최자는 필요한 범위 내에서 해당 응모작에 대한 이용허락을 받는 것을 원칙으로 한다. 다만 이용허락을 하는 경우 공모전의 주최자는 저작권자인 응모자의 권리를 지나치게 해하여서는 안되며 그에 상응하는 보상을 하여야 한다. 이때 저작권자의 권리를 지나치게 해하는 것을 방지하기 위하여 이용의 범위나 방법은 공모전의 목적에 합당하도록 결정되어야 하며, 기간, 장소 및 횟수 등을 제한할 수 있도록 하고 있다.

또한 이용허락을 결정하는 경우에 저작권자에게 그 이용에 대하여 정당한 보상이 이루어질 수 있도록 하여야 한다. 이 경우 보상액은 거래 관행 및 시장가격 등을 고려하여 정하도록 하며, 주최자가 공모전에 투자한 비용과 응모자가 공모전으로부터 받을 수 있는 이점을 참조하여야 한다. 특히 2차적저작물작성권을 주최자가 부여받고자 하는 경우에는 저작권자와 별도로 협의하도록 하고 있다.

셋째, 분쟁해결에 관한 사항이다. 공모전의 권리변동 문제와 관련하여 분쟁이 발생한 경우에는 종합적인 고려를 통한 해석이 이루어져야 하며, 공모전의 주최자는 공모전의 저작권과 관련하여 이의할 사항이 있는 경우를 대비하여 이를 실행할 수 있는 절차 및 창구를 제공하도록 권고하고 있다.

6. 입 법 론

업무상저작물의 저작자 문제는 저작권법 전면개정 논의과정에서 창작자주의로의 개정논의가 이루어졌던 것으로 알고 있다. 그러나 법인 등 사용자에게 저작인격권이 귀속되는 것을 부정적으로 볼 것은 아니라고 본다.[76] 보통법계인 영국과 미국, 그리고 대륙법계인 독일, 프랑스, 일본에서 업무상저작물에 대해서 어떻게 바라보고 있는지 살펴본다. 여기서 유의할 것은 저작인격권이 존재하는 대륙법계 국가에서의 권리처리문제가 유의하여야 할 점임을 잊지 말아야 한다는 것이다.

비교법의 상황을 간략히 정리하면, 대륙법계는 원칙적으로 창작자 원칙을 고수한다. 그런데 우리 법에 영향을 준 것으로 보이는 프랑스 저작권법 제113조의2 제3항 등에서 우리 저작권법과 유사한 규정을 두고 있다. 그 결과 업무상저작물에 대한 권리를 사용자인 법인 등에게 부여하여 저작인격권을 근로자에게 귀속시키지 않고, 사용자에게 귀속시킨다. 반면 보통법계는 업무상저작물의 경우 법인 등을 저작자로 보는 태도를 취한다.

영국 저작권법 제9조 제1항에서 "창작자 원칙"을 규정하고 있다. 동조 제2항에

---

76) 같은 견해로 박성호(2023), 231-232면.

서 녹음물의 제작자, 영화의 제작자와 주감독, 방송물의 제작자, 발행물의 판면배열의 발행사도 저삭자로 본다고 규정함으로써 창작자 원칙의 예외를 두고 있다. 저작권의 귀속과 관련해서는 동법 제11조 제1항에서 "저작물의 저작자는 그 저작물에 대한 저작권의 최초 소유자가 된다."고 규정하여 창작자 원칙을 취하고 있으나, 동조 제2항에서 "어문, 연극, 음악 또는 미술저작물 또는 영화가 종업원의 직무 과정 중에 제작된 경우에, 다른 약정이 없는 한 사용자는 그 저작물에 대한 저작권의 최초 소유자이다."고 규정하며, 종업원이 직무상 작성한 저작물의 경우는 예외적으로 사용자에게 해당 저작재산권이 원시적으로 귀속되는 것으로 정하고 있다.

미국 연방대법원이 처음으로 업무상저작물(works for hire)에 관한 법리에 주목한 판결은 Bleistein v. Donaldson Lithographing Co., 188 U.S. 239 (1903)이다. 이 사건에서 연방대법원은 근로자가 업무 내에서 작성한 선전광고의 저작권이 그 회사(고용자)에게 귀속한다고 판시하였다. 1909년 개정된 저작권법은 "'저작자'는 업무상 창작된 저작물의 경우, 고용자를 포함하는 것으로 한다."고 규정하였다.[77] 그 후 판례는 위탁저작물에 대한 조정 또는 감독권한을 가진 위탁자가 성과물과 함께 저작권도 위탁자에게 양도하는 것에 대해서 묵시적으로 합의하였다고 보았다.[78] 그러나 1976년 개정된 저작권법은 원칙적으로 당사자에 의한 서면합의가 없는 한, 수탁자를 위탁저작물의 저작자로 보아 수탁자에게 유리한 법제도를 채용하게 된다. 위탁저작물의 저작권은 당사자간의 역학관계에 의해 위탁자(발주자)에게 귀속되는 경우가 많은데, 불리한 상황에 있는 수탁자를 구제할 목적으로 이런 제도 변경이 있었다. 이러한 역사적 경위를 거쳐 현행 미국 저작권법 제101조가 업무상저작물을 규정하게 되었다. 현행 미국 저작권법 제101조는 업무상저작물을 (1) 근로자가 그가 업무의 범위 내에서 작성한 저작물 또는 (2) 당사자들이 그 저작물을 업무상저작물로 간주한다고 문서에 의하여 명시적으로 합의하는 경우, 집합저작물에의 기여물, 영화 그 밖의 시청각저작물의 일부, 녹음물, 번역, 보조적 저작물, 편집물, 교과서, 시험, 시험의 해답자료 또는 지도책으로서 사용되도록 특별히 주문이나 위탁을 받은 저작물"로 두 종류로 정의하고 있다. 또한 제201조(b)에서 업무상저작물의 경

---

77) 17 U.S.C. § 26 (1909 Act).
78) Shapiro, Bernstein & Co. v. Jerry Vogel Music Co., 221 F.2d 569, 570 (2d Cir. 1955); Yardley v. Houghton Mifflin Co., 108 F.2d 28, 31 (2d Cir. 1939).

우 사용자 또는 그를 위하여 저작물을 작성하게 한 다른 사람을 저작자로 본다고 규정하고 있다. 따라서 업무상저작물은 원칙적으로 사용자 등에게 저작권이 귀속된다. 다만, 이 권리는 재산권으로서의 저작권에 한정된다.

예를 들어, 아티스트가 작성한 녹음물이 미국 저작권법 제101조 (2)에서 규정하는 위탁저작물에 해당하는지 여부에 대해서는 열거되어 있는 9개의 저작물 중에 아티스트가 작성한 녹음물이 해당하는지를 검토해야 할 것이다. 관련하여, Lulirama Ltd. v. Axcess Broadcast Services, Inc.에서는 광고선전용으로 이용된 싱글 음반이 위탁자의 업무상저작물이 되는지 여부가 쟁점이 되었는데, 법원은 당사자 간에 피고가 창작한 싱글이 장래에 TV와 라디오 모두 이용될 것을 명확히 합의하지 않았기 때문에 싱글은 영화 그 밖의 시청각저작물의 일부로서 사용되기 위해 특히 주문 또는 위탁을 받은 저작물이라고 볼 수 없다고 판단하였다.[79]

미국 연방대법원은 저작권법 제101조상의 "근로자"에 해당하는지 여부에 대해서는 대리법의 리스테이트먼트상의 정의[80]를 판단기준으로 사용한다.[81] Aymes v. Bonelli 판결에서는 "근로자"성 판단 관련하여 ① 성과물을 완성시키는 방법을 조절할 권한, ② 요구되는 기술, ③ 근로자를 위한 복리후생, ④ 근로자의 세금취급, ⑤ 사용자가 근로자를 상대로 추가적인 일을 의뢰할 권한이 있는지 여부를 기준으로 보았다. 이 기준에 의거하면, 이 사안에서는 Aymes의 근로자성을 부정하고 수급인으로서 해당 프로그램을 작성한 것으로 보아, 업무상저작물이 아니라 근로자 개인에게 저작권이 귀속한다고 보았다.[82]

---

79) Lulirama Ltd., Inc. v. Axcess Broadcast Services, Inc., 128 F.3d 872 (5th Cir. 1997).

80) Restatement (Second) of Agency § 228 (1958).

81) Community for Creative Non-Violence v. Reid. 연방대법원의 판시는 다음과 같다. "일반적인 커먼로의 대리법 하에서는 고용된 자가 종업원인지 여부를 판단할 때에는, 우리는 제작물을 완성시키는 방법을 조절하는 고용자의 권한을 고려해야 한다. 이 문제에 관한 다른 고려요소는 요구되는 기술, 재료와 도구의 제공자, 작업장소, 당사자 관계의 오래됨, 고용자가 근로자를 상대로 추가적인 일을 의뢰할 권한이 있는지 여부, 작업시간에 대해 근로자가 가지는 재량정도, 보수의 지불방법, 근로자가 조수를 채용하여 임금을 지불할 때의 역할, 일이 근로자의 취업시간 내에 행해졌는지, 근로자는 사업으로서 수급하였는지, 근로자를 위한 복리후생, 근로자의 세금의 취급이다. 이들 요소에 비추어 본건을 보면, 피고는 원고의 근로자가 아니라, 수급인이라는 항소심의 인정에 본 법정은 동의하는 바이다."

82) 이 판결은 수영장 및 관련 상품을 파는 회사의 CEO인 Bonelli는 Aymes를 컴퓨터 프로그래머로 고용하였는데, Aymes가 Bonelli의 지시를 받아 CSALIB라는 프로그램을 작성하였기에 이 프로그램의 저작권이 근로자 개인에게 있는지 업무상저작물로서 회사에 귀속되는지 여부가 쟁점이

한편, 미국 저작권법은 시각예술저작물에 대해서만 저작인격권을 부여하고 있는데(제106A조), 업무상저작물은 시각예술저작물의 정의에서 제외되었기 때문에 저작인격권은 사용자의 권리에 포함되지 않는다. 즉, 업무상저작물의 경우에는 아무도 저작인격권을 가지지 않는 상태가 된다.

독일 저작권법 제7조에서 창작자 원칙을 규정하고 있으며,[83] 이는 업무상저작물의 경우에도 적용된다. 따라서, 근로자는 업무상 작성한 저작물에 관해서도 사실행위로서 저작물을 작성한 자연인이 저작권자이기 때문에, 저작권은 근로자에게 귀속된다. 독일 저작권법 제29조 제1항 전단에서는 저작권은 양도할 수 없다고 규정하고 있기 때문에, 저작인격권뿐 아니라 저작재산권도 양도할 수 없다. 이는 독일 저작권법이 이른바 일원론(monistische Theorie)에 입각하고 있기 때문이며, 저작권은 인격적 권능과 재산적 권능이 불가분으로 혼합한 권리라고 생각하고 있기 때문이다. 양도는 불가능하나 타인에게 이용하도록 허락하는 것은 가능하기 때문에, 이용권 부여의 방법으로 저작물을 상업적으로 이용하도록 하고 있다(제29조 제2항, 제31조). 따라서 독일에서는 우리나라와 같이 업무상저작물 제도가 없기 때문에, 저작물을 이용자가 이용하기 위해서는 계약상 근로자로부터 이용허락을 받아야 한다.

한편, 독일 저작권법 제43조에서 "본절의 조항들은 저작자가 근무 혹은 고용관계에서 발생하는 의무의 이행으로써 저작물을 창작한 경우에도 근무 혹은 고용관계의 내용이나 본질로부터 달리되지 않는 한도에서 적용된다."고 규정하고 있다. 이 조문은 이용권 허락에 관한 규정이 원칙적으로 적용된다고 규정할 뿐이고, 그다지 의미가 없는 "공허한 규정(nichtssagende Regelung)"이라고 평가되고 있다.[84]

우리 저작권법 제9조는 법인 등 사용자의 기획과 그 명의의 공표요건을 두고 있는바, 이는 프랑스의 집합저작물 제도에서 유래한다.[85] 프랑스 저작권법 제111-1조에서 "정신적 창작물의 저작자는 당해 저작물에 대하여 그의 창작의 사실만으로 모든 사람들에 대하여 대항할 수 있는 배타적 무체적 소유권을 취득한다."고 규정하여 창작자 원칙을 취하고 있다. 동조 제3항은 "이 법전에 규정된 특별한 경우를 제

된 사안이다.

83) Manfred Rehbinder, *Urheberrecht*(14. Auflage), Verlag C.H. Beck (2006) s.94.

84) Manfred Rehbinder, Urheberrecht, 16. Auflage, 2010, Rn.629.

85) 박성호(2023), 229면.

외하고, 자기의 저작물의 창작에 관하여 저작자가 도급계약 또는 근로계약의 체결 또는 그러한 계약을 체결한 사실이 있더라도 그 사실은 제1항에 의하여 인정된 권리의 취득에 영향이 없다."고 규정하며, 업무상저작물에 대해서도 창작자인 근로자가 저작권을 가진다.

다만, 예외적인 경우가 집합저작물의 경우이다. 프랑스 저작권법 제113조의2 제3항에서 '집합저작물'을 "자연인 또는 법인의 발의로 창작되고, 그의 지시와 명의로 편집, 발행, 공표된 저작물로서 그의 제작에 다수의 저작자들의 개인적 기여가 전체 저작물에 융합되고 창작된 저작물 전체에 대한 개개의 권리를 각자에게 귀속시킬 수 없는 저작물"로 규정하고, 제113조의5 제1항에서 반증이 없는 한, 그것이 누구의 명의로 공표되었느냐에 따라 자연인 또는 법인의 소유가 된다고 규정하고 있다. 그러므로 이는 공동저작물의 성격도 가지며, 영상저작물의 권리 귀속과도 유사한 측면이 있다.

일본 저작권법 제2조 제2호에서 저작자를 "창작하는 자"로 규정하여, 기본적으로 창작자 원칙을 규정하고 있다.[86] 그러나 제15조 제1항에서 "법인 기타의 사용자의 발의(發意)에 기초하여 그 법인 등의 업무에 종사하는 자가 직무상 작성하는 저작물(프로그램저작물 제외)로서, 그 법인 등이 자신의 저작명의 하에 공표하는 것의 저작자는 그 작성 시에 계약, 근무규칙 기타 별도의 정함이 없는 한, 그 법인 등으로 한다."고 규정하고 있다.[87] 제15조 제1항의 요건은 ① 법인 등의 발의에 의거하여 종업원이 직무상 작성하는 저작물일 것, ② 법인 등이 자신의 저작명의 하에 공표하는 저작물일 것, ③ 종업원이 그 저작물을 작성할 때에, 법인 등과의 관계에서 해당 종업원을 저작자로 한다는 취지의 계약이나 근무규칙 등의 정함이 없을 것(특약의 부존재)이다.[88] ② 요건은 '저작자'를 결정하는 요건 중 하나이고, '저작자'를 정하는 것은 저작물을 창작한 시점에 이루어진다(일본 저작권법 제2조 제1항 제2호, 제17조 제1항, 제51조 제1항). 따라서 ②요건의 판단 시점도 저작물의 공표시(公表時)가 아니라, 창작시(創作時)라고 해석되고 있다.[89] 다만, 저작물이 창작과 동시에 공표되

---

86) 二 著作者 著作物を創作する者をいう。

87) 第十五条 2 法人等の発意に基づきその法人等の業務に従事する者が職務上作成するプログラムの著作物の著作者は、その作成の時における契約、勤務規則その他に別段の定めがない限り、その法人等とする。

88) 山根崇邦, "著作権法15条1項をめぐる系譜的考察", 知的財産権の帰属, 2015, 58頁.

는 경우는 많지 않다. 따라서 ②요건은 창작된 시점에서 공표하지 않은 저작물을 대상으로 하는 요건이다.[90]

요컨대, 비교법적으로 보더라도 업무상저작물에 대한 저작권법 제9조는 현행대로 유지하는 것이 문화산업 진흥을 위해서 바람직하다고 본다.

7. 업무상저작물에 대한 저작권법 제9조 위헌논의

사 례

회사에서 업무를 하면서 창작한 저작물에 대해서 우리 저작권법이 사용자(회사)에 저작권을 귀속시키도록 하는 업무상 저작권 제도의 당부에 대해서 토론해보자.

필자는 저작권법 제9조는 콘텐츠 산업의 발전에 따라서 권리처리가 어려워지는 환경을 고려하면 현행 유지가 필요하다고 생각한다.

특허법은 발명진흥법에서 직무발명[91]에 대해서 발명자주의(저작권법의 창작자주의)에 따라서 직원의 직무발명의 원시적 귀속을 발명자에게 하도록 하고 있다(발명진흥법 제10조).[92]

> **제10조(직무발명)** ① 직무발명에 대하여 종업원등이 특허, 실용신안등록, 디자인등록(이하 '특허등'이라 한다)을 받았거나 특허등을 받을 수 있는 권리를 승계한 자가 특허등을 받으면 사용자등은 그 특허권, 실용신안권, 디자인권(이하 '특허권등'이라 한다)에 대하여 통상실시권(通常實施權)을 가진다. 다만, 사용자등이 「중소기업기본법」 제2조에 따른 중소기업이 아닌 기업인 경우 종업원등과의 협의를 거쳐 미리 다음 각 호의 어느 하나에 해당하는 계약 또는 근무규정을 체결 또는 작성하지 아니한 경우에는 그러하지 아니하다. 〈개정 2013. 7. 30.〉
> 1. 종업원등의 직무발명에 대하여 사용자등에게 특허등을 받을 수 있는 권리나 특허권등을 승계시키는 계약 또는 근무규정
> 2. 종업원등의 직무발명에 대하여 사용자등을 위하여 전용실시권을 설정하도록 하는 계약 또는 근무규정
>
> ② 제1항에도 불구하고 공무원 또는 국가나 지방자치단체에 소속되어 있으나 공무원이 아닌

---

89) 加戸守行, 「著作権法逐条講義(六訂新版)」, 著作権情報センター, 2013, 148頁.

90) 山根崇邦(2015), 58頁.

91) "직무발명"이란 종업원, 법인의 임원 또는 공무원(이하 '종업원등'이라 한다)이 그 직무에 관하여 발명한 것이 성질상 사용자·법인 또는 국가나 지방자치단체(이하 '사용자등'이라 한다)의 업무 범위에 속하고 그 발명을 하게 된 행위가 종업원등의 현재 또는 과거의 직무에 속하는 발명을 말한다(발명진흥법 제2조 제2호).

92) 직무발명에 대한 상세는 한국특허법학회, 「직무발명제도해설」, 박영사(2015) 참조.

자(이하 '공무원등'이라 한다)의 직무발명에 대한 권리는 국가나 지방자치단체가 승계할 수
있으며, 국가나 지방자치단체가 승계한 공무원등의 직무발명에 대한 특허권등은 국유나 공
유로 한다. 다만, 「고등교육법」 제3조에 따른 국·공립학교(이하 '국·공립학교'라 한다) 교
직원의 직무발명에 대한 권리는 「기술의 이전 및 사업화 촉진에 관한 법률」 제11조제1항
후단에 따른 전담조직(이하 '전담조직'이라 한다)이 승계할 수 있으며, 전담조직이 승계한
국·공립학교 교직원의 직무발명에 대한 특허권등은 그 전담조직의 소유로 한다. 〈개정 2021.
4. 20.〉
③ 직무발명 외의 종업원등의 발명에 대하여 미리 사용자등에게 특허등을 받을 수 있는 권
리나 특허권등을 승계시키거나 사용자등을 위하여 전용실시권(專用實施權)을 설정하도록 하
는 계약이나 근무규정의 조항은 무효로 한다.
④ 제2항에 따라 국유로 된 특허권등의 처분과 관리(특허권등의 포기를 포함한다)는 「국유
재산법」 제8조에도 불구하고 특허청장이 이를 관장하며, 그 처분과 관리에 필요한 사항은
대통령령으로 정한다. 〈개정 2009. 1. 30., 2010. 1. 27.〉

다만 발명진흥법은 공무원의 경우에는 특례를 두고 있다.[93] 우리법의 이런 태도
를 발명자주의라고 하는데, 우리와 같이 발명자주의를 취하던 일본은 사용자주의로
태도를 변경하였다.[94] 그리고 이런 태도는 저작권법의 업무상저작물 제도와 같은
취지이다.

저작권법의 경우에도 발명진흥법과 같은 방식으로 입법을 해야 한다는 주장을
하면서 위헌성에 대한 논의가 있었다. 헌법재판소는 '축산물유통 통합관리 프로그
램 사건'에서 합헌판단을 하였다.[95] 이 사건은 "저작권법(2009. 4. 22. 법률 제9625호
로 개정된 것) 제9조 중 컴퓨터프로그램저작물에 관한 부분"이 쟁점이 된 사건이다.

> **헌법재판소 2018. 8. 30. 선고 2016헌가12 전원재판부 결정[저작권법 제9조 위헌제청]**
> **[헌집30-2, 227]**
>
> 심판대상조항이 업무상 창작된 컴퓨터프로그램저작물의 저작자를 법인 등으로 정한
> 것은 권리관계를 명확히 하고, 이를 바탕으로 컴퓨터프로그램저작물이 활발하게 개량

---

93) 제10조의2(공무원등의 직무발명 처분의 특례) 「국유재산법」 제65조의11제2항 단서에도 불구하
   고 특허청장이 정하여 고시하는 경우에는 제10조제2항에 따라 국유로 된 특허권등에 관한 전용
   실시권 설정을 한 번 이상 갱신할 수 있다.
94) 필자는 이전에도 사용자주의로 변경하여야 한다는 주장을 하여 왔다. 일본은 1909년 특허법에서
   직무발명에 대해 사용자주의의 입법을 채택하였다가 1921년 발명자주의로 전환하였고 2015년
   에 다시 사용자주의적 입법으로 전환하였다. 일본에 대해서는 윤선희·강명수, "기술혁신과 경쟁
   력 강화를 위한 직무발명 제도의 개선 방향-일본의 직무발명제도를 중심으로-", 법조, 제69권 제
   3호, 2021 참조.
95) 인천지방법원이 2016년 위헌제청을 하였다.

되고 유통되며, 나아가 지속적이고 안정적으로 창작되도록 유인하기 위한 것으로서, 그 입법목적이 정당하다. 심판대상조항은 업무상저작물의 성립요건을 엄격하게 제한하여 법인 등의 업무에 종사하는 자(이하 '피용자'라 한다)의 이익을 충분히 배려하고 있고, 법인 등과 피용자 사이에 달리 합의할 가능성을 부여하여 이들의 이익을 상호 조정하는 수단도 마련하고 있다. 특허권에 관한 발명진흥법상 직무발명제도는 '특허를 받을 수 있는 권리'를 종업원에게 원시적으로 귀속시키고 종업원에게 보상청구권을 인정하고 있는데, 특허권과 저작권은 권리발생요건과 공시절차를 달리 하므로, 직무발명제도와 심판대상조항을 단순 비교하여 심판대상조항이 피용자의 이익을 지나치게 경시하고 있다고 보기도 어렵다. 이상을 종합하여 보면, 프로그램의 활발한 유통과 안정적 창작을 위하여 법인 등의 기획 하에 피용자가 통상적인 업무의 일환으로 보수를 지급받고 컴퓨터프로그램저작물을 작성한 경우 그 저작자를 법인 등으로 정하도록 하되, 계약 또는 근무규칙으로 저작자를 달리 정할 수 있도록 한 입법자의 판단은 합리적인 이유가 있으므로, 심판대상조항은 입법형성권의 한계를 일탈하였다고 보기 어렵다.

제 4 장

저작권의 종류와 이용

"몰랐었어 니가 그렇게 예쁜지 웨딩 드레스
하얀 미소는 서글픈 부케 수줍은 듯한 네 미소
이해할게 너의 부모님 말씀을
지금 보니 네 옆에 그 사람은 널 아마
행복하게 해줄거야.
하지만 넌 잊을 수 있니 그 맹세
마지막을 함께 하자고 울었잖아
촛불을 켜고 무엇도 우릴 갈라놓순 없다고"

가수 윤종신이 부른 〈너의 결혼식〉의 가사 중에서,
작사가 '박주연'

제4장 저작권의 종류와 이용

제1절 개   관

1. 저작권의 발생

제10조(저작권) ① 저작자는 제11조부터 제13조까지에 따른 권리(이하 '저작인격권'이라 한다)와 제16조부터 제22조까지에 따른 권리(이하 '저작재산권'이라 한다)를 가진다.
② 저작권은 저작물을 창작한 때부터 발생하며 어떠한 절차나 형식의 이행을 필요로 하지 아니한다.

저작권법은 저작자의 권리와 저작인접권을 구분하여 보호하고 있다(저작권＝저작재산권＋저작인격권). 저작권은 창작자가 저작물, 즉 인간의 사상과 감정을 표현한 창작물을 만든 것에 대하여 그 창작자가 취득하게 되는 권리를 의미한다. 대륙법계에 속하는 우리나라는 저작권을 저작인격권과 저작재산권으로 구분하여 보호를 규정한다. 저작인격권은 공표권, 성명표시권 및 동일성유지권의 집합을 의미하며, 저작재산권은 복제권, 공연권, 공중송신권, 전시권, 배포권, 대여권 및 2차적저작물작성권의 집합을 의미하는 개념이다. 한편 저작인접권 등은 저작권법에 의하여 인정되는 권리이기는 하나 저작권은 아니며, 단순히 저작권법상의 권리에 불과한 것이다.

저작권은 저작물을 창작한 때부터 발생하며 어떠한 절차나 형식의 이행을 필요로 하지 않는다. 이를 저작권 발생의 무방식주의라고 하는데, 이는 권리향유 및 행사에는 어떠한 방식의 이행도 요구되지 않는다는 베른협약에 입각한 것이다. 따라서 우리나라 이외에도 베른협약 가입국들은 모두 저작권의 등록, 납본 등 어떠한 절차적 방식이라도 저작권 발생의 요건으로 삼지 않고 있다.

우리나라 저작권법이 규정하고 있는 등록제도는 권리발생의 요건이 아니라 권리변동 등에 대한 대항요건으로 규정하고 있다. 저작권법 제53조 제1항은 등록사항을 규정하고 있다. 저작권의 등록이란 저작자의 성명 등 저작권법에서 정한 일정한 사항을 저작권등록부에 기재하는 것 또는 그 기재를 말한다. 우리 저작권법은 무방식주의를 취하고 있어 등록은 저작권의 발생과는 직접적 관련이 없다.[1] 이런 등록은 저작자만이 할 수 있고, 저작자가 아닌 자는 설사 저작자의 동의를 받아도 제53조에 따른 저작권등록을 할 수 없다.[2]

미국의 경우에는 1989년 이전까지 저작권법의 보호를 받기 위해서 등록을 필요조건으로 하는 방식주의를 채택하고 있었다. 이때 활용되던 것이 ⓒ 표시다. 하지만 현재는 미국뿐만 아니라 무방식주의를 채택하고 있는 대부분 국가에서 ⓒ 표시와 저작권의 발생 효과와는 상관이 없다.

그런데 만약 저작물이 미완성인 경우에도 저작물이 창작된 것으로 볼 수 있을까? 즉, 미완성 저작물에도 저작권이 존재할 수 있는지에 대한 문제이다. 이는 저작물의 성립이 인간의 사상 및 감정의 창작적 표현일 것 만을 요건으로 한다는 점을 고려할 때, 저작물성 요건을 충족한다면 저작물이 미완성이라도 권리가 발생할 수 있는 것으로 본다.

저작권은 무체물(無體物)에 대한 소유권으로서 전통적인 소유권과 상이한 특성을 갖는다.

첫째, 자신의 저작권을 이용할 수 있도록 허락하거나 금지할 수 있도록 하여 경제적 이익을 얻을 수 있는 물권에 유사한 권리(배타적지배권)이다.

둘째, 저작권법의 목적이 문화 및 관련 산업의 향상발전에 있다는 점에서 공공성을 갖는다. 따라서 저작권이 사인(私人)의 배타적 권리라 하더라도 공공목적에 반하는 권리행사를 할 수는 없도록 하고 있다.

셋째, 유체물(有體物)에 대한 소유권은 해당 물건이 존재하는 한 계속 존재하나, 저작권은 존속기간을 한정하여 일정한 기간이 지나면 저작권은 소멸하고 공유 상태에 놓여지게 된다.

넷째, 저작권은 저작인격권과 저작재산권, 그리고 각각 세분화된 권리(지분권)로

---

1) 이해완, 「신저작권법입문」, 박영사, 2024, 361면.
2) 대법원 2023. 2. 23. 선고 2022도5887 판결.

나누어 구성된다. 이러한 특성을 '권리의 다발'이라 부르기도 한다. 이처럼 저작권은 난일의 권리가 아닌 다양한 권리의 결합으로 이루어져 있으므로 가분성이 있다고 할 수 있다.

다섯째, 단일한 물건에 유체물에 대한 소유권과 무체물에 대한 소유권, 즉 저작권이 함께 존재한다. 이때는 유체물인 물건을 판매한다고 해서 저작권이 함께 이전되는 것은 아니다.

> **서울지방법원 1995. 6. 23. 선고 94카합9230 판결('이휘소 편지글' 사건)**
>
> 저작권법에 의하여 보호를 받는 저작물이라 함은 문학, 학술 또는 예술의 범위에 속하는 창작물을 말하는바, 단순한 문안 인사나 사실의 통지에 불과한 편지는 저작권의 보호대상이 아니지만, 학자·예술가가 학문상의 의견이나 예술적 견해를 쓴 편지뿐만 아니라 자신의 생활을 서술하면서 자신의 사상이나 감정을 표현한 편지는 저작권의 보호대상이 되고, 그 경우 편지 자체의 소유권은 수신인에게 있지만 편지의 저작권은 통상 편지를 쓴 발신인에게 남아 있게 된다.

한편, 저작권을 산업재산권(특허권)과 비교해 보면 몇 가지 면에서 중요한 차이를 보인다. 권리의 발생 방식으로는 저작권이 무방식주의를 채택하고 있음과 달리 산업재산권(특허권)은 방식주의를 채택하고 있으며, 부여되는 권리의 성격은 저작권이 상대적·독점적 권리임과 달리 산업재산권(특허권)은 절대적·독점적 권리에 해당한다. 그리고 권리를 유지하는데 저작권은 별도의 법적인 의무가 없으나 산업재산권(특허권)은 연차료 납입 등의 법적인 의무가 있다. 권리의 존속기간은 저작권이 저작자 사후(그 다음 해부터) 70년임에 비해 산업재산권(특허권)은 출원일로부터 20년으로 차이가 있으며, 권리의 속지성은 저작권이 낮은데 비해 산업재산권(특허권)은 강하게 나타난다.

2. 저작권의 종류: 권리의 다발

제10조(저작권) ① 저작자는 제11조부터 제13조까지에 따른 권리(이하 '저작인격권'이라 한다)와 제16조부터 제22조까지에 따른 권리(이하 '저작재산권'이라 한다)를 가진다.
② 저작권은 저작물을 창작한 때부터 발생하며 어떠한 절차나 형식의 이행을 필요로 하지 아니한다.

저작권이 권리다발(bundled rights)로 구성되어 있다는 것은 특허권과 같은 산업재산권과 구별되는 특징 중의 하나이다. 이는 하나의 권리만을 표창하는 특허권 등의 권리와 달리 저작권의 특성에 따라서 창작의 면보다는 유통의 면에 해당하는 권리들에서 특징이 드러난다. 예를 들어 미술저작물이라면 전시라는 방법으로(전시권), 음악저작물이라면 공연이나 공중송신이라는 형식으로 유통이 되는데, 이런 다양성을 담보할 수 있는 확장성을 가지고 있다는 점은 저작권법이 가지고 있는 미덕(美德)이라고 할 수 있다.

저작인격권은 저작자가 자신이 창작한 저작물에 대하여 갖는 정신적·인격적 이익을 보호하기 위한 권리이다. 저작권법은 저작인격권으로 공표권, 성명표시권 및 동일성유지권을 규정하고 있다. 저작인격권은 저작자 일신에 전속하는 특징, 즉 일신전속성을 갖고 있으며, 이로 인하여 양도, 상속 및 포괄적 위임 등이 불가능하다. 따라서 이러한 것을 내용으로 하는 계약은 당연히 무효이다.

반면, 저작재산권은 저작자가 저작물의 이용으로 생기는 경제적 이익을 보호하기 위한 권리이다. 저작권법은 복제권, 공연권, 공중송신권, 전시권, 배포권, 대여권 및 2차적저작물작성권을 저작재산권으로 규정하고 있다. 이러한 저작재산권은 권리의 다발을 이루는 각 내용의 권리들이 각각 분리되어 양도 등의 이용이 가능하다. 양도·상속 및 포괄적 위임 등이 가능하다는 점은 일신전속적 성질을 갖는 저작인격권과의 큰 차이점이다.

서울지방법원 1997. 10. 24. 선고 96가합59454 판결('서적출판' 사건)

저작자는 자신이 창작한 저작물에 관하여 공표권, 성명표시권, 동일성유지권을 그 내용으로 하는 저작인격권과 복제권, 배포권 및 대여권, 2차적저작물작성권 등을 그 내용으로 하는 저작재산권을 가지는바, 그중 저작재산권은 저작자의 재산적 이익을 보호하고자 하는 권리로서 그 전부 또는 일부를 양도, 이전하는 것이 허용되나, 저작인격권은 저작자의 인격적 이익을 보호하고자 하는 권리로서 일신전속적인 것이어서 비록 그 권한행사에 있어서는 이를 대리하거나 위임하는 것이 가능하다 하여도 이는 어디까지나 저작인격권의 본질을 해하지 아니하는 한도 내에서만 가능하다고 할 것이고 저작인격권 자체는 여전히 귀속되어 있는 것이라고 보아야 하므로, 피고들 주장과 같이 비록 신청인이 이 사건 저작물에 관한 모든 권리를 소외 재단에게 양도하기로 하였다고 하더라도 그에 의하여 양도되는 것은 저작재산권뿐이고 저작인격권 자체는 저작자인 원

> 고에게 여전히 귀속되어 있는 것이고, 또 저작인격권은 그 성질상 포기힐 수 있는 권리
> 도 아니어서 이를 포기하더라도 그와 같은 포기는 무효라 할 것이므로 결국 원고의 저
> 작인격권이 소외 재단에 양도되었다거나 원고가 소외 재단을 위하여 이를 포기하였다
> 는 피고들의 주장은 받아들일 수 없다.

타인의 저작물을 이용하기 위해서는 반드시 저작권자로부터 저작인격권 및 저작
재산권의 이용허락을 받아야 한다. 다만 저작권법이 정하고 있는 저작인격권 및 저
작재산권 행사가 제한되는 사유에 해당하거나 저작권 보호기간의 만료 등 예외적인
경우에 한하여 저작권자의 허락 없이 이용할 수 있다.

제 2 절 저작인격권

1. 개   괄

저작인격권(author's moral right)도 인격권의 일종이다. 저작인격권은 저작자가
자신의 저작물에 대하여 가지는 인격적 이익을 보호하는 것을 목적으로 하는 권리
이다. 베른협약은 성명표시권과 동일성유지권을 인정하고 있고, 독일은 공표권, 성
명표시권, 동일성유지권, 저작물에의 접근권, 철회권을 인정하고 있으며, 프랑스는
공표권, 귀속권과 성명표시권, 철회권, 일본은 공표권, 씨명표시권(성명표시권), 동일
성유지권, 철회권을 인정하고 있다.[3] 독일의 경우 저작인격권의 법원(Quellrecht, 기
초)는 독일기본법(Grndgesetz, 헌법) 제1조 및 제2조이다. 이는 독일 제국법원(Reich-
gericht, 과거 독일연방대법원)시대부터의 판결이다.[4]

인격권은 인간의 인격이 발현된 것으로 인간은 자신의 분신이 창작물에 대해서
도 인격이 투영된다. 이런 점에서 인격권은 굳이 저작인격권이라는 별도의 권리를
두지 않아도 보호의 대상이 된다.[5] 우리 저작권법은 일반적 인격권 외에 별도의 저
작인격권을 규정한다. 우리 헌법 제10조는 일반적 인격권의 근거가 된다.[6] 헌법 제

---

3) 윤태식(2020), 133면.
4) Schack, s.23.
5) 대법원 2015. 8. 27. 선고 2012다204587 판결.

10조는 인간으로서의 존엄과 가치를 보장하고 있으며 이런 인간으로서의 존엄과 가치는 생명권, 명예권, 성명권, 초상권 등의 일반적 인격권을 의미한다.[7]

이 때 헌법상의 기본권은 제1차적으로 개인의 자유로운 영역을 공권력의 침해로부터 보호하기 위한 방어적 권리이지만 다른 한편으로 헌법의 기본적인 결단인 객관적인 가치질서를 구체화한 것으로서, 사법을 포함한 모든 법 영역에 그 영향을 미치는 것이므로 사인 간의 사적인 법률관계도 헌법상의 기본권 규정에 적합하게 규율되어야 한다. 다만 기본권 규정은 그 성질상 사법관계에 직접 적용될 수 있는 예외적인 것을 제외하고는 사법상의 일반원칙을 규정한 민법 제2조, 제103조, 제750조, 제751조 등의 내용을 형성하고 그 해석 기준이 되어 간접적으로 사법관계에 효력을 미치게 된다. 예술의 자유라는 기본권의 침해와 관련한 불법행위의 성립 여부도 위와 같은 일반규정을 통하여 사법상으로 보호되는 예술에 관한 인격적 법익 침해 등의 형태로 구체화되어 논하여져야 한다.[8]

대법원도 "저작권법은 공표권(제11조), 성명표시권(제12조), 동일성유지권(제13조) 등의 저작인격권을 특별히 규정하고 있으나, 작가가 자신의 저작물에 대해서 가지는 인격적 이익에 대한 권리가 위와 같은 저작권법 규정에 해당하는 경우로만 한정된다고 할 수는 없으므로 저작물의 단순한 변경을 넘어서 폐기 행위로 인하여 저작자의 인격적 법익 침해가 발생한 경우에는 위와 같은 동일성유지권 침해의 성립 여부와는 별개로 저작자의 일반적 인격권을 침해한 위법한 행위가 될 수 있다." 라고 판시한 바 있다.[9]

2. 공 표 권

제11조(공표권) ① 저작자는 그의 저작물을 공표하거나 공표하지 아니할 것을 결정할 권리를 가진다.

② 저작자가 공표되지 아니한 저작물의 저작재산권을 제45조에 따른 양도, 제46조에 따른 이용허락, 제57조에 따른 배타적발행권의 설정 또는 제63조에 따른 출판권의 설정을 한 경우에는 그 상대방에게 저작물의 공표를 동의한 것으로 추정한다.

③ 저작자가 공표되지 아니한 미술저작물·건축저작물 또는 사진저작물(이하 '미술저작물등'

---

6) 박성호(2017), 257면.
7) 서울지방법원 남부지원 1997. 8. 7. 선고 97가합8022 판결(확정).
8) 대법원 2010. 4. 22. 선고 2008다38288 전원합의체 판결.
9) 대법원 2015. 8. 27. 선고 2012다204587 판결.

이라 한다)의 원본을 양도한 경우에는 그 상대방에게 저작물의 원본의 전시방식에 의한 공표를 동의한 것으로 추정한다.

④ 원저작자의 동의를 얻어 작성된 2차적저작물 또는 편집저작물이 공표된 경우에는 그 원저작물도 공표된 것으로 본다.

⑤ 공표하지 아니한 저작물을 저작자가 제31조의 도서관등에 기증한 경우 별도의 의사를 표시하지 아니하면 기증한 때에 공표에 동의한 것으로 추정한다.

(1) 의 의

저작자는 그의 저작물을 공표하거나 공표하지 아니할 것을 결정할 권리를 갖는다. 프란츠 카프카(Franz Kafka, 1883-1924)는 다수의 역작들을 남겼다. 그는 자신의 연인에게 보내는 편지에서 "나는 문학에 관심이 있는 것이 아니라 문학으로 만들어져 있으며, 다른 그 무엇도 아니고 다른 그 무엇도 될 수 없다."[10]라고 말할 정도로 그 자신의 작품들은 그 자신이었다. 그의 작품 〈변신(Die Verwandlung)〉을 보면서 한 인간의 삶이 곤충으로 변화하는 것이 사실 그에 대한 주변인들의 관점을 알 수 있는 계기가 되었다. 그의 작품들은 유독 〈소송(Der Prozess)〉, 〈법 앞에서 (Vor dem Gesetz)〉, 〈판결(Das Urteil)〉 등 법에 대한 것이 다수 있다. 그런 그가 만일 자신의 원고들의 일부를 출판하지 말라고 했다면 어떻게 될까. 실제 예를 들어 〈소송(Der Prozess)〉은 그의 생전에 출간되지 않았다. 아쉽지만 우리는 그의 작품을 볼 수 없다. 저작자가 공표하지 않기로 하였기 때문이다.

공표권은 자신의 창작물을 '공표'할 것인지의 여부를 결정하는 권리이다.[11] 이와 같은 공표권을 규정한 이유는 저작자로서는 자신의 인력이 반영된 저작물을 공표할 경우 세상의 평가를 받게 될 것인데, 이는 저작자의 인격적 이익에 중요한 부분이다. 저작자의 원고가 자신의 의사에 반하여 강제로 공표될 경우 사회적 평가가 저해될 우려가 있으므로 저작자에게 그 결정권을 부여한 것이다.[12]

여기서 '공표'는 저작물을 공연, 공중송신 또는 전시 그 밖의 방법으로 공중에게 공개하는 경우와 저작물을 발행하는 경우를 의미한다(법 제2조 제25호).

발행은 저작물 또는 음반을 공중의 수요를 충족시키기 위하여 복제, 배포하는 것을 의미한다(법 제2조 제24호). 저작물의 발행이 인정되려면 저작물을 복제하여 배

---

10) "Ich habe kein literarisches Interesse, sondern bestehe aus Literatur, ich bin nichts anderes und kann nichts anderes sein."

11) 윤태식(2020), 135면.

12) 이해완(2024), 188면.

포하는 행위가 필요하고 저작물을 복제하는 것만으로는 저작물의 발행이라고 볼 수 없다.[13]

공중은 '불특정 다수인'('특정 다수인' 포함)을 의미한다(법 제2조 제32호). 불특정 다수인이 공중의 기본개념이고 예외적으로 특정 다수인도 그 수가 상당히 많으면 포함될 수 있다는 것이다. 그러므로 특정 여부에 따라 다수인의 해석이 달라진다.[14] 대법원은 '불특정'일 경우 2인이라도 다수로 본다.[15]

공표권은 그 특성상 공표되지 않은 저작물이 최초로 공표되는 때에만 적용되므로, 일단 공표가 된 저작물에 대해서는 공표권을 주장할 수 없다. 즉, 공표권 행사의 전제조건은 저작물이 미공표상태에 있어야 한다.

> **서울중앙지방법원 2006. 5. 10. 선고 2004가합67627 판결('지하철벽화' 사건)**
>
> 원고는, 피고 ○○공사, 주식회사 ○○가 원고의 이 사건 원화에 대한 공표권을 침해하였다고 주장하므로 보건대, 위 피고들이 이 사건 벽화를 지하철역사에 전시하여 일반공중에 공개하고 있음은 앞에서 본 바와 같으나, 공표권은 미공표의 저작물을 공표할 것인지 여부, 공표를 할 경우 언제 어떠한 형태나 방법으로 할 것인지를 결정하는 권리를 의미하는 것으로 그 성질상 미공표된 저작물에 대하여만 인정된다고 할 것인데, 갑 제10호증 내지 갑 제17호증에 변론 전체의 취지를 종합하면 이 사건 원화는 이미 원고의 풍속화집 등에 공표된 저작물임을 인정할 수 있어 원고의 공표권 침해 주장은 이유 없다.

> **서울민사지방법원 1993. 10. 15. 선고 92가합35610 판결('토플시험문제' 사건)**
>
> 공표란 저작물을 공연, 방송 또는 전시 그 밖의 방법으로 일반 공중에게 공개하는 경우와 저작물을 발행하는 경우를 말하는바, 원고는 토플시험 응시생들에게 문제지의 소지, 유출을 허용하지 아니하고서 그대로 회수한 사실은 위 기초사실에서 인정한 바이어서 제한된 범위의 응시생들이 토플시험을 치르는 행위만으로는 이를 공표라 할 수 없고 달리 원고의 토플문제가 일반 공중에게 공개되었다거나(나아가 위 피고들은 모든 시험의 경우 시험 이후 응시생들 및 장래의 응시생들을 위해 문제와 정답을 시험 당일 공개하는 관행이 성립되었다고 주장하나 대학입시 내지 고교입시 이외의 경우에도 시

---

13) 대법원 2018. 1. 24. 선고 2017도18230 판결.
14) 이해완(2024), 189면.
15) 대법원 1985. 3. 26. 선고 85도109 판결.

혐 문제 공개의 관행이 성립되었음을 인정할 자료가 없다) 발행되었음을 인정할 아무
린 증거가 없으므로 위 피고들의 위 주장은 더 나아가 판단할 필요 없이 이유 없다.

(2) 공표권의 추정 · 간주

공표권은 공표하지 않은 저작물에 대해서 그 공표 여부를 결정하는 권리이므로
미공표 저작물의 경우 저작자는 자신의 저작물을 언제, 어떠한 방식으로 공표할 것
이니 그 공표의 시기와 방법을 결정할 수 있다.[16] 이런 점에서 저작권자가 미공표
저작물의 이용을 허락하거나 이를 양도하면서 이용자 및 양수인이 해당 저작물을
공표하는 것을 금하는 경우가 있을 수 있다. 이러한 경우 정당하게 이용권을 얻은
이용자가 해당 저작물을 이용할 수 없는 결과를 초래하므로 부당하다. 이에 저작권
법은 다음의 경우에 한하여 저작권자가 상대방에게 저작물의 공표를 동의한 것으로
추정한다(법 제11조 제2항 내지 제5항). 이를 통하여 적절하게 이용권한을 얻은 자가
해당 저작물을 이용함으로써 기대하는 목적을 달성할 수 있도록 하고 있다. 조문상
제11조 제2항, 제3항, 제5항은 모두 추정한다고 규정하고 있으나 제4항은 '본다'라
고 규정하여 간주형식을 취하고 있다. 그러므로 반대사실의 증명을 통해서 추정을
복멸할 수 있다. 이때 법률상 추정을 깨뜨리기 위해서 그 추정을 다투는 자가 증명
하는 것은 본증으로서 당사자로서는 법원이 그 추정사실의 존재에 의문을 품게 하
는 정도로는 되지 않고, 그 추정사실을 번복할 수 있는 반대사실(Gegenteil)을 증명
하여야 한다.[17] 이런 점에서 제4항은 간주규정이므로 반대사실의 증명에 의해서도
번복될 수 없다.

  i) 공표되지 않은 저작물의 저작재산권을 양도, 이용허락 및 배타적발행권 설
     정, 출판권 설정을 한 경우
  ii) 공표되지 않은 미술저작물, 건축저작물 또는 사진저작물의 원본을 양도한
     경우
  iii) 공표되지 않은 저작물을 저작자가 도서관 등에 기증하고 별도의 의사표시를
     하지 않은 경우

---

16) 박성호(2017), 259면.
17) 이시윤, 「민사소송법」, 제16판, 박영사, 2023, 460면.

제4항은 "원저작자의 동의를 얻어 작성된 2차적저작물 또는 편집저작물이 공표된 경우에는 그 원저작물도 공표된 것으로 본다."라고 규정하고 있어 간주규정이다. 그러므로 반대사실의 증명이 되도록 복멸되지 않는다. 2차적저작물은 원저작물을 바탕으로 해서 작성되고, 또 편집저작물은 원저작물을 소재로 하여 작성된다. 여기서 원저작자의 동의 없이 작성된 2차적저작물이나 편집저작물이 공표된 경우 저작재산권이나 저작인격권 침해에 기한 금지청구와 손해배상청구를 할 수 있음은 물론, 제11조의 반대해석상 그 원저작물은 공표되지 않은 것으로 보아야 한다.[18)

(3) 저작자 의사에 반한 공표의 효과

한편, 저작권자의 허락 없이 타인에 의하여 공표가 이루어진, 즉 저작권자 의사에 반하여 공표가 이루어진 경우가 있을 수 있다. 이 점에 관하여는 단순히 저작권자의 의사에 반하여 이루어졌다는 사실 만으로 공표 사실을 인정하지 않는다면, 공표권의 허락 여부를 쉽게 인식하기 어려운 외부에 대한 객관성, 거래의 안전 및 법적안정성을 결여하여 혼란을 초래할 수 있다. 따라서 이 경우에는 일단 공표가 되었다면 허락 여부를 떠나 일단 공표된 것으로 보아야 할 것이다.[19)

생각할 문제

콜롬비아가 낳은 세계적 문호 가브리엘 가르시아 마르케스(1927-2014)의 유작이 타계 10년 만에 출판됐다. 그의 97번째 생일이었던 6일 한국 등 30국에서 출간된 '8월에 만나요(원제: En Agosto Nos Vemos)'이다.

해마다 8월이 되면 어머니의 묘지를 방문하기 위해 카리브해의 섬으로 여행을 떠나는 여성 아나 막달레나 바흐를 중심으로 펼쳐지는 이야기다. 40대 기혼 여성인 바흐가 남편, 가족과 떨어진 여행에서 매번 새로운 연인을 만나 자유와 자아실현을 추구하게 되는데, 마르케스 작품 중 드물게 여성이 주인공이라고 뉴욕타임스(NYT)는 전했다.

이 작품은 마르케스가 별세 전 치매로 처절하게 투병하면서 쓴 작품이라는 점, 두 아들이 "책을 내지 말라"는 작가의 유지를 거스르고 세상에 냈다는 점에서 출간 전부터 주목받아왔다.

6장으로 구성된 작품의 1장은 1999년 월간지 '캄비오'에 발표됐다. 마르케스는 이후 수차

---

18) 박성호(2017), 265면.
19) 이해완(2015), 390면; 오승종(2016), 425면.

례 작품 완결을 시도했지만, 치매로 인한 기억 상실로 차질을 빚었다. 이 때문에 작가는 생전 스스로 작품의 완성도를 의심했고 두 아들에게 "원고를 찢어버리고 절대 출판하지 말라"고 신신당부했다고 한다. NYT는 "그의 두 아들은 마르케스가 죽은 지 몇 년 후에 다시 유작을 읽으며 아버지가 자신을 너무 가혹하게 판단했을지도 모른다고 느꼈다."고 전했다.

출처: 조선일보 2024. 3. 8.자, '백년의 고독' 마르케스 유고 소설 나왔다 "내지마라" 유지, 두 아들이 엎어.

---

3. 성명표시권

> 제12조(성명표시권) ① 저작자는 저작물의 원본이나 그 복제물에 또는 저작물의 공표 매체에 그의 실명 또는 이명을 표시할 권리를 가진다.
> ② 저작물을 이용하는 자는 그 저작자의 특별한 의사표시가 없는 때에는 저작자가 그의 실명 또는 이명을 표시한 바에 따라 이를 표시하여야 한다. 다만, 저작물의 성질이나 그 이용의 목적 및 형태 등에 비추어 부득이하다고 인정되는 경우에는 그러하지 아니하다.

(1) 의 의

저작자는 저작물의 원본이나 그 복제물에 또는 저작물의 공표 매체에 그의 실명 또는 이명을 표시할 권리를 가진다. 또한 저작물을 이용하는 자는 그 저작자의 특별한 의사표시가 없는 때에는 저작자가 그의 실명 또는 이명을 표시한 바에 따라 이를 표시하여야 한다.

저작물에 저작자명을 표시하는 것은 그 내용에 대한 책임과 평가의 귀속을 명확히 하고 공중에게 저작물을 저작자와 연결시켜주는 명예권과도 관련되므로 이를 인정하는 것이다. 책의 표지에 저자의 성명을 표시하고, 영화의 '엔딩크레딧'에 촬영에 관여한 사람들의 이름이 나오고, 음악의 작곡, 작사한 저작자들과 가수(실연자)의 이름이 나오는 것은 그들의 명예에 대한 보상이다.

서울고등법원 2008. 9. 23. 선고 2007나70720 판결('미리듣기' 사건)

피고들은, 피고들이 직접 운영하거나 또는 피고들이 음원서비스를 제공함으로써 관여하게 되는 음악사이트의 웹페이지에 이 사건 음악저작물의 목록을 게시함에 있어서, 그 웹페이지의 화면상에 또는 간단한 클릭과정을 통하여 생성되는 창 등에 적정한 방법으로 작사·작곡가로서 저작자인 원고의 성명을 표시하지 아니하였고, 또한 피고들이 인터넷 이용자들에게 이 사건 음악저작물을 스트리밍 내지 MP3 파일 다운로드 등의 방식으로 개별적인 서비스를 제공함에 있어서, 그와 같은 서비스를 제공하는 과정에서의 안내 창에, 또는 MP3 플레이어의 화면 내지 그 밖에 음악의 재생과정에서 이용자가 볼 수 있는 각종의 창 내지 화면 등에 적정한 방법으로 저작자인 원고의 성명을 표시하지 아니하였으므로, 특별한 사정이 없는 한 피고들의 위 행위는 원고의 성명표시권 침해에 해당한다.

(2) 성명표시의 방법

성명표시는 반드시 실명으로 하여야 할 것은 아니며, 실명을 비롯하여 예명·아명·필명·아호 등의 이명을 표시하는 것도 가능하다. 아울러 성명표시권은 저작자의 성명을 표시할 권리만을 내용으로 하는 것은 아니며, 저작자가 자신의 성명을 표시하지 않는 것도 성명표시권의 행사로 볼 수 있다. 이때 성명을 표시하지 않고자 하는 저작권자의 의지에 반하여 성명을 표시하면 성명표시권 침해가 성립한다.

> **서울고등법원 2008. 10. 29. 선고 2008나4461 판결('해운대등대도안' 사건)**
>
> 피고는 2005. 11. 11. 이 사건 등대를 준공하면서 신축된 등대의 토대가 되었던 원래 도안은 원고가 그렸다는 내용의 보도자료를 언론사에 배포하였고, 이에 따라 한겨레신문, 신아매일 등 신문이 피고가 해운대 해수욕장 앞바다에 APEC 기념등대를 신축한 사실을 보도하면서 등대의 사진과 함께 원고가 그 등대의 도안을 그렸다는 내용을 보도한 사실은 인정되나, 이 점만으로 피고가 원고의 저작물인 등대도안의 원본이나 그 복제물에 원고의 성명을 표시하였다거나 등대도안을 공표함에 있어 원고의 성명을 표시하였다고는 보기 어려우므로 원고의 성명표시권 침해 주장 역시 받아들이지 아니한다.

또한 성명표시는 저작물의 원본이나 그 복제물 또는 저작물의 공표매체에 한하여 이루어져야 한다. 이러한 것들 이외의 대상에 성명표시를 누락한 것은 성명표시권의 침해로 보지 않는다.

> **서울남부지방법원 2014. 1. 23. 선고 2013노122 판결('드라마극본' 사건)**
>
> 이 사건 드라마 10회, 11회 극본은 김○○의 단독 저작물이지 장○○, 한○○와의

공동저작물로 볼 수 없는 점은 앞서 인정한 바와 같고, 피고인도 이 사건 드라마의 극본 집필과 관련하여 김○○, 장○○, 한○○, 홍○○, 최○○ 사이에 갈등이 있음을 알고 있었으므로 그러한 상황에서 극본 집필자가 '김○○'이라고 표시된 대본과 '장○○, 한○○'라고 표시된 대본이 각각 시기를 달리 하여 촬영 현장에 전달되고 제작 총괄자에게 어느 대본으로 촬영하여야 하는지에 대해서 문의까지 하였다면 극본 집필자가 '김○○'으로 표시된 극본이 김○○, 장○○, 한○○의 공동 집필 과정을 거쳐 완성된 극본이 아니라, 김○○이 단독으로 작성한 극본임을 알고 있었다고 봄이 상당하다. 그럼에도 피고인은 이 사건 드라마 10회, 11회 크레디트 타이틀에 '극본 장○○, 한○○, 김○○'으로 표시하였으므로 저작권법위반의 고의 및 위법성의 인식도 있었다고 인정된다.

(3) 성명표시권 침해유형

성명표시권이 침해된 경우는 저작물을 이용하면서 저작자의 성명표시를 변경하거나 은닉하는 경우라고 할 수 있다. 이를 유형화하면 다음과 같다.

ⅰ) 실명으로 공표된 것을 이명이나 무명으로 공표한 경우
ⅱ) 이명으로 공표된 것을 임의로 실명을 표기한 경우
ⅲ) 무명저작물에 저작자의 실명이나 이명을 표시한 경우

그런데 부득이한 경우에는 성명표시 의무가 면제된다. 왜냐하면 너무 엄격하게 성명표시를 하도록 요구하게 되면 실제 저작물의 이용환경에 따라 저작물 이용에 상당한 지장을 초래할 수 있기 때문이다. 어떠한 경우가 부득이한 경우에 해당하는지는 구체적인 사안에 따라 달리 판단되겠지만, 일단 사회통념에 비추어 저작자의 이익을 해하지 않는지 등을 종합적으로 판단하여야 한다.

서울고등법원 2005. 7. 26. 선고 2004나76598 판결('썸네일이미지' 사건)

위 인정 사실에 의하면, 비록 피고가 피고의 웹사이트에서 원고의 이 사건 사진을 썸네일 이미지 형태로 게시하면서 원고의 실명을 표시하지 아니하였으나, 앞서 살펴본 바와 같이 피고가 검색된 썸네일 이미지와 함께 그 이미지를 수집한 웹사이트 주소를 출처로 명시하고 있는 이상, 이 사건 사진의 썸네일 이미지의 이용목적 및 형태, 인터넷의 개방성 정보 접근의 용이성 등을 고려하여 보면, 이는 저작권법 제12조 제2항

단서에 부득이한 사정이 있는 경우로서 피고가 원고의 이 사건 사진에 관한 성명표시권을 침해하였다고 할 수 없다.

서울고등법원 2008. 9. 23. 선고 2007나70720 판결('미리듣기' 사건)

저작자의 성명표시권을 보호하는 취지는 인터넷 이용자들의 인식 여하를 불문하고 적정한 방법으로 저작자의 성명이 표시되도록 하는 것이므로, 인터넷 이용자들이 이 사건 음악저작물에 관한 저작자를 원고가 아닌 다른 사람으로 인식할 가능성이 적은지 여부 등의 사정이 피고들의 성명표시권 침해 여부에 어떠한 영향을 미칠 수는 없다 할 것이고, 또한 피고들이 운영하는 음악사이트의 웹페이지에 이 사건 음악저작물의 가수의 성명, 음반제작자의 명칭 등이 다양한 방식으로 표시되어 있는 점 등에 비추어 보면, 유독 이 사건 음악저작물의 작사·작곡가인 원고의 성명을 표시하는 것만이 웹페이지의 공간상 곤란하다고 볼 수도 없으며, 나아가 인터넷 음악사이트에서 통용되는 가사보기 박스 등을 사이트 운영자인 피고들이 직접 관리하면서 작사·작곡가인 원고의 성명을 표시할 수도 있다 할 것이므로, 피고들의 위 주장은 이유 없다.

대법원 2012. 1. 12. 선고 2010다57497 판결('네오위즈' 사건)

甲 주식회사가 운영하는 음악 사이트에서 乙이 작곡한 음악저작물에 관하여 MP3 파일 다운로드, 미리듣기 등의 서비스를 제공하면서 작곡자의 성명을 표시하지 않고, 가사보기 서비스에서만 작곡자의 성명을 다른 사람으로 잘못 표시한 사안에서, 대법원은 위 음악 사이트에서 MP3 파일 다운로드, 미리듣기 등의 서비스를 제공하면서 저작물에 관한 작곡자를 乙로 표시하여 전체적으로 저작물의 작곡자가 乙이라고 인식되는 등의 특별한 사정이 없는 한, 가사보기 서비스에서 乙의 성명을 잘못 표시한 것이 乙의 성명표시권을 침해한 것이 아니라고 할 수는 없으므로 甲 회사가 음악 사이트에서 위 저작물에 관한 각종 음원 서비스를 제공하면서 작곡자인 乙의 성명을 잘못 표시한 것은 모두 乙의 성명표시권을 침해한 것임에도, 乙이 위 저작물의 가사에 대한 저작권자가 아니라는 이유로 甲 회사의 가사보기 서비스는 乙의 성명표시권을 침해하지 않는다고 본 원심판결을 파기하였다.

한편, 서울고등법원 2021. 10. 21. 선고 2019나2016985 판결('야구장 응원가' 사건)에서 서울고등법원은 성명표시권 침해를 인정하였다. 이 사건에서 야구단들은 "야구장 응원문화의 특성상 응원가는 주기적, 지속적으로 나오는 것이 아니라 현장 상황에 맞게 즉각적으로 부르게 되는 것이고, 짧은 시간에 분위기에 맞게 사용되므로 이 과정에서 저작자의 성명을 전달하기 어렵고, 전광판은 현재 경기 진행상황을 안내하는 용도이고 선수 소개 시간이 너무 짧아 성명표시가 어려운데, 이는 저작권법 제12조 제2항 단서의 저작물 성질이나 그 이용의 목적 및 형태 등에 비추어 부득이하다고 인정되는 경우에 해당하므로, 성명표시권을 침해한 것으로 볼 수 없다고 주장"했다.[20]

그러나 법원은 이런 피고의 주장을 배척하고 원고의 성명표시권을 침해하였다고 인정하였다. 서울고등법원은 "저작물의 성질이나 그 이용의 목적 및 형태 등에 비추어 부득이하다고 인정되는 경우에는 저작물을 이용함에 있어 저작자의 실명 또는 이명을 표시하지 아니할 수 있으나(법 제12조 제2항 단서), 단순히 응원가를 부르는 상황이 즉흥적일 수 있고 응원가를 부르는 시간이 짧다거나, 전광판에 성명표시가 어렵다는 사정, 그 밖에 피고가 제출한 증거들만으로는 피고에게 저작자의 실명 또는 이명을 표시할 수 없는 부득이한 사정이 있다고 보기 어렵고, 달리 이를 인정할 만한 증거가 없다. 오히려 이 사건 변론에서 드러난 사정을 종합하여 보면, 정규시즌 중 피고의 홈구장 전광판을 관리하는 피고로서는 최소한 정규시즌의 홈경기에서는 선수입장 시 각 선수별로 정해진 응원가를 부를 것으로 예정되어 있어 해당 상황에 맞게 전광판에 저작자의 성명을 표시한다거나, 야구경기가 종료되고 난 후 해당 경기에 사용되었던 응원가 저작자의 성명을 전광판에 한꺼번에 열거하는 방식으로 표시하는 등 얼마든지 저작자의 실명 또는 이명을 표시하는 것이 가능하다고 본다. 아울러 피고는 자신이 운영하는 홈페이지 또는 유튜브 채널에서 응원가 영상을 제공할 때 해당 응원가 저작자의 성명을 표시할 수도 있을 것이다. 따라서 피고의 이 부분 주장은 받아들이지 않는다."라고 판시한 것이다.[21]

4. 동일성유지권

제13조(동일성유지권) ① 저작자는 그의 저작물의 내용·형식 및 제호의 동일성을 유지할 권리를 가진다.
② 저작자는 다음 각 호의 어느 하나에 해당하는 변경에 대하여는 이의(異議)할 수 없다. 다

---

20) 서울고등법원 2021. 10. 21. 선고 2019나2016985 판결.
21) 서울고등법원 2021. 10. 21. 선고 2019나2016985 판결.

만, 본질적인 내용의 변경은 그러하지 아니하다.
1. 제25조의 규정에 따라 저작물을 이용하는 경우에 학교교육 목적을 위하여 부득이하다고 인정되는 범위 안에서의 표현의 변경
2. 건축물의 증축·개축 그 밖의 변형
3. 특정한 컴퓨터 외에는 이용할 수 없는 프로그램을 다른 컴퓨터에 이용할 수 있도록 하기 위하여 필요한 범위에서의 변경
4. 프로그램을 특정한 컴퓨터에 보다 효과적으로 이용할 수 있도록 하기 위하여 필요한 범위에서의 변경
5. 그 밖에 저작물의 성질이나 그 이용의 목적 및 형태 등에 비추어 부득이하다고 인정되는 범위 안에서의 변경

(1) 의 의

저작권자는 그의 저작물의 내용·형식 및 제호의 동일성을 유지할 권리를 가진다(저작권법 제13조 제1항). 동일성유지권은 저작자가 자신의 저작물을 자유롭게 변경할 수 있는 것에 초점이 맞추어진 권리가 아니고 타인이 저작자의 저작물을 마음대로 변경하지 못하도록 하는 것에 초점이 맞추어진 권리이므로 소극적인 권리이다.

동일성유지권이란 저작물의 원상 그대로의 완전성을 유지함으로써 저작물에 관한 저작자의 인격적 이익을 보호하기 위한 권리를 말한다.[22] 이 권리를 통해서 저작자는 자신의 분신인 저작물이 자신이 창작한 형태 그대로 존속할 수 있도록 하는 힘을 가지게 되는 것이다. 저작자의 인격이 내재되어 표현된 저작물을 자유롭게 변경할 수 있도록 허용한다면, 이는 저작자의 인격을 해하는 동시에 그 창작의욕에도 영향을 미치므로 저작자의 의사에 반하는 저작물의 변경행위를 금지하는 것이다.[23]

베른협약 제6조의2 제1항은 저작자가 저작물과 관련하여 그의 명예나 명성을 해할 우려가 있는 왜곡이나 삭제 기타 변경 및 훼손행위에 대하여 이의를 제기할 권리가 있다고 규정하고 있다. 우리나라의 1957년 저작권법 제16조[24] 및 1986년 저작권법[25]은 모두 베른협약의 문언을 모태로 하여 규정되었다. 1986년 저작권법에서

---

22) 박성호(2017), 273면.
23) 사법연수원, 「저작권법」, 사법연수원, 2007, 165면.
24) 구 저작권법 제16조는 "저작자는 저작물에 관한 재산적 권리에 관계없이 또한 그 권리의 이전 후에 있어서도 그 저작물의 내용 또는 제호를 개찬, 절제 또는 기타 변경을 가하여 그 명예와 성망을 해한 자에 대하여 이의를 주장할 권리가 있다."고 규정하였다.
25) 1986년에 전문개정시 1957년 저작권법의 '원상유지권'과 '변경권'을 합쳐서 '동일성유지권'으로만 규정하였다.

"명예나 명성을 해할 우려가 있는" 문구를 삭제하여, 우리 저작권법 해석상으로는 동일성유지권 침해를 판단함에 있어 저작자의 명예나 명성의 훼손은 그 요건이 아니다.[26] 저작물의 본질적 내용의 변경을 베른조약 제6조 제2항 제1호에서 규정한 '저작자의 명예와 성망을 해한'이라는 문구 대신 '본질적인 내용의 변경'이라는 문구로 변경을 한 취지를 감안하여 사회적 명예·명성을 해할 우려가 있는 변경이 본질적인 내용의 변경 여부를 판단하는 징표는 될 수 있지만 두 문구를 서로 동일한 것으로 보기는 어렵다.[27] 침해 여부의 판단에서 '명예와 성망을 해한 자'라는 요건이 1986년 저작권법 개정으로 인하여 문구가 삭제되었기 때문에 저작자의 명예나 성망에 해가 되지 않더라도 원저작물에 단순한 변형을 가했을 경우, 동일성유지권 침해로 판단하여 민사상 책임을 물을 수 있다고 보는 견해도 있다.[28]

오자나 탈자의 정정이 아니면 저작자의 동의 없이 삭제하거나 추가 또는 변경하는 등의 왜곡행위를 하는 것은 설사 그 내용이 좋아져도 동일성유지권 침해로 보아야 한다.[29]

(2) 기 능

저작물에는 저작자의 인격이 구체화되어 있고, 그에 대한 변경은 당해 저작물의 창작자인 저작자만이 할 수 있는 것이 원칙적으로 타당하다고 할 수 있다. 결국 저작자의 의사에 반하는 타인의 변경으로부터 자신의 저작물을 원형 그대로 유지할 수 있도록 하는 권리가 동일성유지권이다.[30] 저작물은 저작자의 인격의 표현이라 할 수 있으므로 저작물에 구체화된 저작자의 사상, 감정의 완전성을 보호할 필요가 있고 국민들이 향유할 문화자산인 저작물을 함부로 변경함으로써 발생하는 훼손을 막기 위한 공공적인 필요성에 따라 둔 제도이다.[31] 즉, 저작자가 저작물을 공개하여 이용에 제공하더라도 그 이익이 침해당하지 않도록 법이 담보해줄 필요가 있기 때문에 저작자에 대해 경제적인 인센티브를 부여함과 동시에, 저작자의 입장에서는

---

26) 박성호(2017), 282면.
27) 윤태식(2020), 145-146면.
28) 이해완(2015), 404-405면.
29) 박성호(2017), 282면.
30) 김형렬, "동일성유지권의 성실", 정보법학, 제14권 제1호, 2010, 3면.
31) 이해완(2015), 403-404면.

저작재산권의 이전이나 출판권의 설정, 이용허락 등이 있어도 이용자에 의해 저작물의 동일성이 훼손됨으로써 정당한 사회적 평가를 받지 못하게 되는 등의 인격적 이익이 침해되지 않도록 저작물의 동일성을 해하는 이용을 통제할 필요성을 고려하여 저작권법은 저작인격권으로서 동일성유지권 제도를 두고 있다.[32] 결국 저작물의 이용자에게 저작자가 창작한 문화자산을 온전히 유지할 의무를 지우고, 그 바탕 위에 저작물을 계승·발전시킬 수 있는 창작의 기회를 담보하는 기능을 하고 있는 것이다.[33]

동일성유지권의 본질은 타인이 함부로 저작물을 변경하지 못하도록 금지할 수 있다는 점에 있어, 조문상으로는 저작물의 동일성을 지속시킬 수 있는 권리인 것처럼 보이지만, 실제적으로는 소극적인 권리인 저작물 변경이의신청권으로서의 의미가 더 강하다고 설명된다.[34] 대부분의 경우 문제가 되는 것은 침해에 대한 금지나 이의에 관계된다는 점에서 동일성유지권은 일반적으로 소극적 권리로서 기능한다고 이해할 수 있다.[35]

"저작물의 내용·형식 및 제호의 동일성을 유지할 권리"라는 것은 저작자는 저작물의 내용·형식 및 제호의 개변을 금지할 수 있는 권리가 있다는 것을 의미한다.[36] '저작물의 형식'이란 어문저작물에서 언어의 배열순서나 문장표현 등과 같은 외면적 (표현)형식을 의미한다. 저작물의 동일성을 유지한다는 것은 저작자의 동의 없이 저작물의 외면적 형식을 삭제, 추가 또는 변경하는 등의 왜곡행위(distortions) 금지를 의미한다.[37] 저작물의 (외면적)형식상 동일성을 유지하는 것은 저작물이 표현된 유형적 매체인 유체물을 물리적으로 변경하지 말라는 것을 의미한다.[38]

이런 점에서 개변(改變)으로 인하여 저작물의 동일성에 손상이 가해졌고, 원저작물의 본질적인 특징을 직접 감득할 수 있으며, 저작자의 동의 또는 허락을 얻지 아

---

32) 김형렬(2010), 21면.
33) 김형렬(2010), 22면.
34) 권태상, "예술품 파괴와 인격권-대법원 2015. 8. 27. 선고 2012다204587 판결-", 법학논집, 제21권 제1호, 2016, 40면.
35) 김형렬(2010), 19면.
36) 이에 대한 비교법적 고찰로는 박성호(2023), 276-278면 참고. 박성호 교수는 우리 법상 내용과 형식이라는 문구는 우리 저작권법에서만 발견되는 특징적인 표현으로서 프랑스의 판례이론에서 연원이 있다고 분석하고 있다.
37) 박성호(2023), 278면.
38) 박성호(2023), 278면.

니하였을 경우는 동일성유지권 침해가 된다.[39] 우리 저작권법은 '저작자의 의사에 반할 것'을 명문으로 규정되어있시 않시만, 저삭자의 동의 또는 허락은 다른 요건과 달리 주관적 요건이다.[40]

(3) 동일성유지권 침해의 요건사실

첫째, 내용 및 형식, 제호의 동일성이 훼손되어야 한다. 저작자의 허락 없이 저작물의 내용 및 형식, 제호에 변경이 이루어지고 그로 인하여 저작물의 동일성에 손상이 가해졌다고 할 수 있으면 동일성유지권이 침해된 것으로 본다. 내용 및 형식은 저작물로 표현된 형식적인 요소와 내용적인 요소를 포함한 것을 의미한다.[41] 즉, 저작권이 부여된 보호대상인 표현(내용, 형식)을 동일성을 유지할 대상으로 보는 것이다. 반면, 제호는 인간의 사상, 감정의 창작성 있는 표현이라고 볼 수 없다는 이유[42]로 저작권법에 의한 보호를 인정하지 않는다.[43] 따라서 타인이 제호를 무단으로 변경하면, 그 자체로서 저작물에 대한 변경이 일어나는 것은 아니나, 저작자의 인격적 이익을 해할 수 있는 등의 이유로 제호를 동일성유지권의 대상으로 포함한 저작권법에 의하여 저작인격권을 침해한 것이 된다.

그런데 어느 정도 원저작물을 변경할 때 동일성을 훼손한 것이 될까? 여기서 주의할 것은 원저작물을 변경하는 것만으로 동일성유지권이 침해되는 것이 아니라, 변경으로 인하여 동일성의 본질이 훼손된 경우에 동일성유지권이 침해되는 것으로 본다는 점이다. 따라서 단순히 오탈자를 수정하거나 문법에 어긋나는 문장을 고치는 정도라면 동일성을 훼손한 것으로 보지 않는다.

저작권의 보호가 미치는 저작물의 '내용'이란 음악저작물에 있어서 구성양식, 악장과 박자 등과 같은 '내면적 형식(inneren Form)'을 말하고, 저작물의 '형식'이란 음악저작물의 음과 음조의 진행 등과 같이 표현 수단화된 '외면적 형식'(Außere Form)을 가리키는 것이다.[44]

---

39) 이해완(2015), 404-405면.
40) 김형렬, "동일성유지권의 침해요건", 창작과 권리 57호, 2009, 125면.
41) 이해완(2015), 404면.
42) 판례는 제호를 저작물의 표지로 인식한다. 서울고등법원 1991. 9. 5. 자 91라79 결정.
43) 다만, 일정한 요건을 갖춘 경우 제호는 상표로서의 등록이 허용되므로 상표권에 의한 보호를 받을 수 있다.
44) M. Rehbinder, Urheberrecht, 14. Auflage, C.H. Beck, 2006, S.23-24 참조. 박성호, "[판례평

[대법원 2015. 8. 27. 선고 2012다204587 판결('도라산역 벽화 철거' 사건)의 검토]

i) 생각할 문제

이 판결은 동일성 유지권의 한계로서의 철거행위에 대한 의미를 파악하는 점에서 의미가 있는 판결이다. 동일성에 영향을 주는 변형을 가하는 것이 동일성 유지권 침해라는 점에 대해서는 공감대가 있다. 그런데 그 정도가 문화반달리즘의 수준이 되어 없애버리는 행위를 하는 것도 동일성유지권에 의한 보호범위 내로 볼 수 있는지 여부에 대한 쟁점이 있다.

필자의 생각은 원작품을 소훼, 파괴한 경우에는 동일성유지권 침해로는 대응을 할 수 없다고 본다.[45] 이것은 저작권법이 할 수 있는 일의 밖이라는 것이지 아무런 문제가 없다는 것은 아니다. 저작물의 소유자가 자신이 소유하거나 점유하고 있는 작품을 파괴해버리는 경우, 예컨대 미술저작물인 명작의 원작품을 불에 태워 없애거나 건축저작물에 해당하는 건축물을 완전히 파괴해 버리는 행위 등이 동일성유지권 침해에 해당하는지도 논의의 대상이 된다.

ii) 소유권과 저작권

저작권은 소유권과의 관계에서 쟁점이 있다. 물건을 구입했다면 그 물건을 처분하는 행위는 소유자의 마음대로 할 수 있어야 하는 것이 아닌가 하는 점이다. 소유권과 저작권이 서로 갈라지는 지점의 예로 음반을 생각해보자. 음반을 듣다가 지겨워져서 버리면 저작권 침해인가?

그런데 그림은 어떤가? 저작권과 소유권의 관계에 대하여 문제가 많이 되는 미술저작물의 경우 소유자가 저작권자의 허락 없이 그림(회화)에 다른 색을 칠해서 개변(변경)을 하는 경우 동일성유지권 침해가 될 수 있다. 그리고 그림을 그린 화가(회화저작자)를 다른 화가로 표시하여 전시하면 성명표시권 침해가 될 수 있다. 그리고 그림을 컬러인쇄 등의 방법으로 복제하여 배포하면 복제권 및 배포권 침해가 될 수 있다.[46]

석] 음악저작물의 미리듣기 서비스와 동일성유지권의 침해", 법조신문 2015. 4. 24.자.

45) 저작인격권 침해를 부정하는 것이 타당한지 여부에 대해서는 논의의 필요성이 있다는 주장도 가능하다고 본다. 저작인격권은 저작자의 인격적 이익 훼손을 막기 위한 것을 그 입법적인 존재근거로 하고 있는바, 이 사건의 속성이 전형적인 저작자의 명예의 훼손이라는 요소가 발견되는 경우이기 때문이다.

46) 이해완(2024), 185면.

저작자의 인격이 담겨져 있는 저작물을 그대로 보존하여 동시대뿐만 아니라 후세에도 전하고자 하는 저작자의 욕망과 소유한 저작물에 대해서 기호나 관심이 변하여 저작물을 변경 내지 파괴하고자 하는 소유자의 욕망이 충돌하는 경우가 있다. 저작권과 소유권은 서로 등가적, 독립적, 병렬적인 권리이기 때문에 양 권리의 충돌을 어떻게 조정할 것인가 하는 문제가 발생한다.[47]

iii) 해석론

우리 민법 제211조는 소유자는 법률의 범위 내에서 그 소유물을 사용, 수익, 처분할 권리가 있다고 규정하고 있고, 우리 저작권법 제13조 제2항에서 저작자는 일정한 행위에 해당되는 변경에 대하여는 이의를 제기할 수 없지만, 본질적인 내용의 변경에 대해서는 대항할 수 있다고 규정하고 있다. 또한 제5호에서 그 밖에 저작물의 성질이나 그 이용의 목적 및 형태 등에 비추어 부득이하다고 인정되는 범위 안에서의 변경에 대해서는 이의를 제기할 수 없다고 규정되어 있어, 양 권리의 충돌문제는 해결하기 어렵다.

쟁점 1 **장소특정적 예술(=소극)**

이 사건에서 쟁점이 되는 것은 장소특정적 예술(site specific art)이 인정되는가 하는 점이다. 벽화라는 것은 존재 자체가 특정한 벽을 염두에 둔다. 그런데 그 벽에서 벽화를 떼내서 수장고나 다른 장소에 둔다면 어떻게 될까. 이 쟁점이 장소특정적 예술에 대한 논쟁이다. 결론적으로 법원은 이런 주장을 배척하였다.

이 사건에서 원고는 "이 사건 벽화는 외국의 입법례 등에서 인정하고 있는 이른바 **'장소특정적 미술'**(site-specific art)에 해당하여 작품이 위치한 특정 장소 또한 그 주요 구성 부분인 미술작품이다. 피고가 이를 철거하여 다른 곳에 옮긴 것 자체로 작품의 의미와 완전성이 손상되어 원고의 창작의도가 침해되고 작가로서의 명예도 훼손되므로, 개변에 의한 동일성유지권의 침해에 해당한다."고 주장하였다.

이에 대해서 법원은, "현행 저작권법상 장소특정적 미술에 대한 특별한 보호는 인정되지 아니한다. 원고가 주장하는 장소특정적 미술이란 현행 저작권법에서는 인정하지

---

47) 계승균, "소유권행사로서 지작물폐기행위의 동일성유지권 침해 여부", 계간 저작권, 2013 봄호, 183면.

아니하는 개념임이 명백하므로 이에 대하여 다른 저작물에 비하여 특별한 보호를 할 근거가 없다. 원고의 이 부분 주장 또한 현행 저작권법 해석의 한계를 넘는 것으로서 더 나아가 살필 필요 없이 받아들일 수 없다."고 명확하게 설시하였다.

　　법원이 장소특정적 미술이라는 쟁점을 저작권법에 규정이 없다고 해서 저작권법의 해석의 한계를 넘는다고 본 것은 이해하기 어렵다. 이 쟁점은 동일성유지권의 동일성 판단의 고려요소가 될 수 있다.

　　장소특정적 미술이란 작품의 구성요소가 자연적 배경을 보충하거나 특정 장소와 조화를 이루기 위하여 특별히 계획되고 배치된 미술 작품을 의미한다. 장소특정적 미술의 경우 작품의 위치 자체가 작품을 구성하는 요소이다.[48] 또한 이미 존재하고 있는 빌딩의 파사드(façade)에 양식화된 조각, 벽화, 기념물이나 조각적 증축부분도 장소특정적 미술이라 할 수 있다.[49] 장소특정적 미술은 일반 저작물과 달리 특정한 지역의 취향에 호소하여야 하며 공공장소나 실외에 배치되는 경우가 대부분이어서 변경과 훼손에 노출되기 쉽다.[50] 이 경우 저작자의 저작인격권 즉 동일성유지권은 침해될 수 있다. 장소특정적 미술이 공공 미술과 관련되어 창작되고 중요성이 증가하면서, 장소특정적 미술에 대한 동일성유지권 보호의 문제도 증가할 것이다.[51] 만약 장소특정적 미술이 가지는 '문맥적 동일성'의 훼손을 장소특정적 미술 작품 자체가 가지는 내용의 변경을 초래하는 것이고, '문맥적 동일성'이라는 판단 요소는 작품의 내용에 있어 본질적인 구성 부분에 속한다고 본다면, 그 훼손은 작품의 손상이 될 수 있다.[52] 장소특정적 미술의 본질은 장소와의 문맥적 동일성을 그 요소로 하기 때문이다. 장소특정적이라는 특징은 동일성 판단의 요소로 작용할 수 있으므로 다른 저작물과는 달리 철거 행위만으로도 동일성유지권 침해가 된다고 볼 수 있을 것이다.[53] 결국 장소특정적 미술 작품에서의 장소의 변경이 동일성유지권을 침해하는 것으로 판단하기 위해서는 문맥적 동일성의 변경을 초래한 것에 해당하여야 하며, 장소특정적 미술의 저작인격권 침해 여부를 판단함에 있어서는 장

---

48) Phillips v. Pembroke Real Estate, Inc. 288 F. Supp. 2d 89, 95(D. Mass. 2003).
49) 이동기・박경신, "장소특정적 미술에 대한 동일성유지권", 원광법학, 제27권 제1호, 2011, 77면.
50) 이동기・박경신(2011), 80면.
51) 이동기・박경신(2011), 90면. 이 논문의 저자들은 '문맥적 동일성(contextual integrity)'을 미적 형태와 문맥을 궁극적으로 통합적으로 합체되는 것이고 그렇게 함으로써 완벽한 전체가 되는 것이라고 설명한다. 이를 지지하는 미술이론가들은 완성되고 배치된 요소들이 주위환경과 융합되어 하나의 단일한 미술 작품이 되는 것이고, 문맥적 동일성으로서 표현된 이후에 작품의 동일성을 침해하지 않고는 작품이 작품의 문맥으로부터 별도로 분리될 수 없다고 생각한다.
52) 이동기・박경신(2011), 91면.
53) 한지영, "예술작품의 폐기와 예술가의 권리침해", 법학연구, 제19집 제3호, 2016, 24면.

소와의 문맥적 동일성이 침해되었는지 여부를 일차적으로 판단하여야 한다.[54)]

쟁점 2 **미술저작물의 폐기가 동일성 유지권 침해가 될 수 있는지(=소극)**

원고는 이 사건에서 "피고는 이 사건 벽화에 물을 분사, 벽체와 벽화를 박리시키는 방법으로 철거하고, 그 철거과정에서 이 사건 벽화를 작은 크기로 절단하여 심각하게 손상한 후 이를 악의적으로 소각하였는바, 위와 같이 피고가 이 사건 벽화를 철거 후 훼손·소각한 행위는 이 사건 벽화의 내용·형식의 동일성을 깨뜨리는 것으로서 저작인격권 중 동일성유지권을 침해하는 행위에 해당한다. 우리나라가 가입한 베른협약 제6조의2는 저작물에 대한 '기타의 침해'를 저작인격권 침해로 규정하고 있는바, 공공장소에 설치된 미술작품의 철거행위도 이에 포함된다."라고 주장하였다.

피고는 "피고가 이 사건 벽화를 떼어 내는 과정에서 일부 손상이 이루어진 것은 부득이한 것이었다. 소유권자는 자신이 소유한 저작물을 처분하거나 사용, 수익할 수 있는 권능을 가지고 있고, 그 권능에는 저작물을 파괴할 권리도 포함되며, 이 사건 벽화의 철거, 절단 등은 폐기과정의 일부일 뿐이므로 별도로 동일성유지권을 침해한다고 볼 수 없다."라는 등의 주장을 했다.

법원은 원고의 주장을 배척하였다. 법원은 다음과 같은 이유를 들어 동일성유지권은 저작물 소유권자의 처분행위에 대항할 수 없다고 보아야 한다고 판시하였다.

① 피고가 이 사건 벽화를 떼어낸 후 소각하여 폐기한 것은 이 사건 벽화의 소유권자로서의 권능을 행사한 것이라고 보아야 하고, 이에 대하여 원고가 동일성유지권을 주장할 수는 없다고 보아야 한다. 즉 원고가 저작물 원본에 대한 소유권을 피고에 양도하고 이에 대한 대가도 지급 받은 이상, 그 저작물이 화체된 유형물의 소유권자인 피고의 그 유형물 자체에 대한 처분행위를 제한할 법적 근거가 없으며, 특별한 사정이 없는 한 저작권법상 동일성유지권이 보호하는 '저작물의 동일성'은 저작물이 화체된 유형물 자체의 존재나 귀속에 대한 것이 아니라 그 저작물의 내용 등을 대상으로 하는 것이라고 해석할 수밖에 없다.

② 만일 저작인격권자가 저작물 원본의 소유권 양도 후에도 동일성유지권을 유보하고 소유권의 행사에 대하여 언제라도 이를 추급할 수 있게 한다면, 저작물의 소유권자로 하여금 저작물 보유에 대한 예측할 수 없는 과도한 부담을 갖게 하여 오히려 저작물의 원활한 유통을 저해함으로써 저작권자의 권리를 해할 우려도 있다.

---

54) 이동기·박경신(2011), 92면.

③ 피고가 이 사건 벽화를 철거하는 과정에서 손상한 행위, 절단한 행위, 방치하여 추가로 손상한 행위는 개별적으로 나누어 보면 동일성유지권 침해 행위를 구성할 여지도 있으나, 위에서 살펴본 바와 같이, 그 궁극적인 폐기행위를 저작인격권의 침해로 볼 수 없는 이상, 위 손상, 절단 등의 행위는 폐기를 위한 전 단계 행위로서 그 폐기행위에 흡수되어 별도의 저작인격권 침해를 구성하지 아니한다고 보아야 할 것이다.

④ 특정 형태의 저작물에 대하여는 소유권자에 대한 저작자의 권리를 보장하여야 할 필요성이 있을 수도 있으나 이는 쌍방의 이해관계를 합리적으로 조정한 새로운 법률을 제정하는 방법으로 해결되어야 하며, 원고 주장처럼 쌍방 이익의 비교형량을 통한 현행법의 해석론으로 이를 인정할 수는 없다고 할 것이다. 원고의 주장은 현행 저작권법에 대한 해석의 한계를 벗어나는 것이다.

⑤ 베른협약 제6조의2의 저작물에 대한 '기타의 침해'에 공공장소에 설치된 미술작품의 철거행위가 포함된다는 원고의 주장을 인정할 아무런 근거가 없고, 위 협약의 규정이 직접 이 사건에 적용된다고 볼 수도 없다(위 협약에서는 저작인격권의 보호를 '보호가 주장되는 국가'의 입법에 맡기고 있다).

쟁점 3 미술저작물의 폐기가 불법행위가 될 수 있는지(=적극)

"저작권법은 공표권(제11조), 성명표시권(제12조), 동일성유지권(제13조) 등의 저작인격권을 특별히 규정하고 있으나, 작가가 자신의 저작물에 대해서 가지는 인격적 이익에 대한 권리가 위와 같은 저작권법 규정에 해당하는 경우로만 한정된다고 할 수는 없으므로 저작물의 단순한 변경을 넘어서 폐기 행위로 인하여 저작자의 인격적 법익 침해가 발생한 경우에는 위와 같은 동일성유지권 침해의 성립 여부와는 별개로 저작자의 일반적 인격권을 침해한 위법한 행위가 될 수 있다."

"예술작품이 공공장소에 전시되어 일반대중에게 상당한 인지도를 얻는 등 예술작품의 종류와 성격 등에 따라서는 저작자로서도 자신의 예술작품이 공공장소에 전시·보존될 것이라는 점에 대하여 정당한 이익을 가질 수 있으므로, 저작물의 종류와 성격, 이용의 목적 및 형태, 저작물 설치 장소의 개방성과 공공성의 정도, 국가가 이를 선정하여 설치하게 된 경위, 폐기의 이유와 폐기 결정에 이른 과정 및 폐기 방법 등을 종합적으로 고려하여 볼 때 국가 소속 공무원의 해당 저작물의 폐기 행위가 현저하게 합리성을 잃고 저작자로서의 명예감정 및 사회적 신용과 명성 등을 침해하는 방식으로 이루어진 경우에는 객관적 정당성을 결여한 행위로서 위법하다고 할 것이다."

iv) 위 판결과 관련하여 생각할 수 있는 입법론

입법적으로 저작물의 파괴의 경우에도 동일성 유지권 침해를 인정하는 규정을 둘 필요가 있을까에 대해서 논의가 가능할 것으로 본다. 프랑스 저작권법의 경우 소유자에 의한 작품의 파괴를 금지하는 명문 규정은 없다. 그러나 판례에서 작품의 파괴는 당해 저작물의 성질, 상태, 장소 때문에 정황상 파괴해야 할 합리적인 이유가 있는 경우에만 허용된다고 하고 있다.[55]

독일 저작권법에도 파괴를 금지시킬 수 있는 명문의 규정은 없고, 저작자의 동일성유지권은 상대방의 이익, 특히 저작물이 화체된 물리적 객체의 소유자의 재산적 이익과 균형을 유지해야 한다.[56] 생각해볼 문제로 입법을 하는 것이 필요한지에 대한 찬반양론을 본다.

[저작물 파괴에 대한 입법이 필요하다는 찬성론]

① 본질적인 변경이 저작인격권으로 동일성 유지권 침해라면 그 침해의 가장 막중한 모습은 파훼일 것이므로 물론해석이 되어야 하나 현행 저작권법이 이를 규정하고 있지 않으므로 서울고등법원에서 저작인격권 침해가 부정되었으므로 이를 보완하는 입법이 필요

② 저작인격권의 본질은 저작자의 저작물에 대한 인격적 가치의 보호인데, 이런 점에서 보면 자신의 창작물이 이 세상에 사라지는 것은 막을 수 있어야 한다는 점을 근거로 할 수 있다고 본다.

[저작물 파괴에 대한 입법이 불필요하다는 반대론]

① 소유권자의 권리와 저작권자의 권리를 비교하여 보면 소유권자는 언제든지 자신의 소유물을 파훼하거나 없앨 수 있는 권리가 있다.

② 비교법적으로도 스위스법처럼 추급권[57]을 인정하는 것은 별론, 소유권자가 소유하고 있는 상태에서 동일성유지권을 들어 소유권을 제한하는 입법례를 찾기 어렵다. 참고로 스위스 저작권법 제15조는 저작물의 소유자가 저작물을 파괴하고자 할 경우, 미리 저작자에게 그 저작물에 대해서 복제할 수 있는 기회를 부여하는 규정을 두고 있다.[58]

---

55) 이상정, "소유자의 작품 파괴와 저작인격권", 계간 저작권, 2012 봄호, 47면.
56) 이상정(2012), 53면.
57) 김경숙, "미국에서 주급권 도입을 위한 논의의 동향", 고려법학, 제76호, 2015, 27-63면.
58) 계승균, "저작권법상 소유권을 의식한 조항에 관한 일 고찰", 정보법학, 제14권 제3호, 2010, 20면.

이런 동일성유지권을 통해서 보호하는 입법에 대해서는 소유권과의 관계에서 우선은 일반 불법행위(민법 제750조 등)에 의하여 보호를 하면서 입법적 요구를 점검하는 것이 바람직하다고 생각한다. 그러나 단품성(單品性)을 가지는 회화나 조각, 건축 등의 경우에는 입법을 적극적으로 고려할 필요가 있다고 본다.

미국 저작권법(17 U.S.C.) 제106조A(a)(3)은 '인지된 저명도 내지 인정된 지위를 가진 시각예술저작물의 저작자에게 그 저작물을 고의 또는 중대한 과실로 파괴하는 것에 대해 금지할 권리를 부여하고 있다. 독일 저작권법 제14조는 '저작자는 저작물에 대한 자신의 정당한 정신적 또는 인격적 이익을 해치는 자신의 저작물에 대한 왜곡 또는 기타의 침해를 금지할 권리를 가진다'고 규정하고 있다.[59]

둘째, 원저작물의 본질적 특징을 유지하고 있어야 한다. 원저작물을 상당히 수정하였다고 하여 반드시 동일성유지권의 침해가 인정되는 것은 아니며, 침해저작물과 원저작물 사이에 창작적 표현에 대한 본질적 특징의 유사성이 남아 있어야 한다. 왜냐하면 원저작물에 대한 변경이 일정 수준을 넘어서게 되면 이를 원저작물에 대한 복제 등이 이루어진 것으로 볼 수 없고, 단순히 원저작물을 '참고'한 것에 불과한 별개의 독립된 저작물로 볼 수밖에 없기 때문이다.

> **서울민사지방법원 1991. 4. 26. 선고 90카98799 판결('가자 장미여관으로' 사건)**
>
> 채권자는 위 두 편의 시나리오에 대하여 저작인격권의 하나인 동일성유지권을 가지고 있다 할 것이다. 그러나 저작권법상 동일성유지권이란 저작물의 내용, 형식 및 제호의 동일성을 유지할 권리, 즉 무단히 변경, 절제, 기타 개변을 당하지 아니할 저작자의 권리로서 이는 원저작물 자체에 어떤 변경을 가하는 것을 금지하는 내용의 권리라 할 것이므로 원저작물에 변경을 가하는 것이 아니고 원저작물과 동일성의 범위를 벗어나 전혀 별개의 저작물을 창작하는 경우에는 비록 그 제호가 동일하다 하더라도 원저작물에 대한 동일성유지권을 침해하는 것으로 볼 수는 없다.

> **서울민사지방법원 1990. 9. 20. 선고 89가합62247 판결('행복은 성적순이 아니잖아요' 사건)**
>
> 원고는 피고의 이건 영화 및 소설의 내용이 원고의 이건 무용극의 원작성을 소멸시

---

59) 차상육, "미술저작물의 저작인격권과 소유권의 충돌과 조화를 위한 해결방안", 법학논고, 제55집, 2016, 227면.

킬 정도로 달라져 버렸다면 그것은 원작자인 원고의 이건 무용극에 대한 동일성유지권 (저작권법 제13조 제1항)을 침해한 것이 되므로 피고는 그로 인한 손해배상을 지급할 의무가 있다고 주장하나, 저작권법상 동일성유지권이란 저작물의 내용, 형식 및 제호의 동일성을 유지할 권리 즉 무단히 이들의 변경, 절제 기타 개별을 당하지 아니할 저작자의 권리로서 이는 원저작물 자체에 어떤 변경을 가하는 것을 금지하는 내용의 권리라 할 것인데, 앞서 판시한 바와 같이 피고의 이건 영화와 소설은 원고의 이건 무용극과는 다른 독창적 내용의 저작물이라 할 것이므로 원고의 이건 무용극에 어떤 변경을 가하였던 것이 아닌 만큼 이를 전제로 한 원고의 위 주장도 이유 없다.

(4) 2차적저작물의 작성과 동일성유지권의 관계

2차적저작물의 작성은 그 특성상 원저작물의 동일성 훼손을 수반할 수밖에 없으므로 동일성유지권 침해가 문제될 수 있다. 먼저 2차적저작물 작성에 대한 허락이 있는 경우에는 2차적저작물을 작성하는 데에 원저작물을 변형하는 것이 필연적일 수밖에 없으므로 원저작자가 이를 예상할 수 있고, 만약 동일성을 변경하는 허락이 없는 것으로 본다면 2차적저작물 작성을 허락한 목적을 달성할 수 없으므로 동일성 훼손에 대한 허락이 내포되어 있다고 보아야 할 것이다. 반면, 2차적저작물 작성에 대한 허락이 없는 경우에는 작성된 2차적저작물이 원저작자의 복제권, 2차적저작물 작성권 및 동일성유지권 등을 침해하는 것으로 볼 수 있다.

(5) 저작물의 부분적 이용과 동일성유지권 침해 여부

30초짜리 광고에 4분짜리 대중음악을 삽입하는 경우를 생각해보자. 부득이 일부를 잘라내어 사용하거나 일부를 변형해서 사용할 수밖에 없을 수 있다. 물론 이 경우 저작권자의 허락을 사전에 얻어서 사용하면 된다는 판단을 할 수 있다. 이런 생각이 일본 저작권법상의 절제(切除)를 그대로 가지고 와서 침해를 인정한 미리듣기 판결이다.

일본 저작권법 제20조는 '동일성유지권'이라는 표제 하에서 다음과 같이 규정하고 있다.

제20조(동일성유지권) ① 저작자는 그 저작물 및 그 제호의 동일성을 유지하는 권리를 가지고, 그 뜻에 반하여 이들의 변경, 절제 기타의 개변을 받지 아니하는 것으로 한다.
② 전항의 규정은 다음 각 호의 어느 것인가에 해당하는 개변에 대하여는 적용하지 아니한다.
  1. 제33조 제1항(동조 제4항에서 준용하는 경우를 포함한다), 제33조의2 제1항 또는 제34조 제1항의 규정에 의하여 저작물을 이용하는 경우에 있어서의 用字 또는 用語의 변경 기타의 개변으로서 학교교육 목적상 부득이하다고 인정되는 것
  2. 건축물의 증축, 개축, 수선 또는 모양 변경에 의한 개변
  3. 특정의 전자계산기에서는 이용할 수 없는 프로그램저작물을 당해 전자계산기에서 이용할 수 있도록 하기 위해, 또는 프로그램저작물을 전자계산기에서 보다 효과적으로 이용할 수 있도록 하기 위해 필요한 개변
  4. 전 3호에 게시하는 것 외에, 저작물의 성질과 그 이용의 목적 및 태양에 비추어 부득이하다고 인정되는 개변
(1985년 법 제62호에 의하여 제2항 제3호 추가, 제4호 일부개정; 2003년 법 제85호에 의하여 제2항 제1호 일부개정)

그러나 미리듣기 판결은, 일본 저작권법이 명시적으로 절제(切除, 잘라내기)를 동일성유지권 침해의 유형으로 규정하고 있는 것과 달리 우리 법에는 이를 명시적으로 규정하고 있지 않은 점을 놓친 판결이라고 생각된다. 동일성유지권을 매우 강하게 적용하게 되면 저작물의 이용을 저해하게 되어 저작권법의 목적 달성에 장애가 된다. 따라서 공공의 이익과 저작물의 특성에 따라 부득이한 사정이 있는 경우에는 본질적 내용의 변경이 아닌 한 권리(동일성유지권)의 행사가 제한되어 타인에 의한 저작물 변경에 이의를 제기할 수 없다. 다만, 이러한 제한은 부득이하다고 인정되는 개변을 필요한 범위에서 최소한으로 허용하고자 한 것이므로 극히 엄격하게 해석 및 적용하여야 하며, 확대해석되지 않아야 한다.[60]

이 점에서 유의하여야 할 판결이 '하늘색 꿈' 판결과 '야구장 응원가' 판결이다.

대법원 2015. 4. 9. 선고 2011다101148 판결('하늘색 꿈' 사건)

'하늘색 꿈'은 가수 '박지윤'의 곡으로 유명하지만 80년대 초 가요제 입상곡이다. 작곡가의 음악저작권협회는 이미 이 사건 전에도 여러 차례 분쟁이 있었다. 이 사건에서 쟁점은 음악저작권협회가 '하늘색 꿈'을 매절(賣切) 형태로 이용허락을 했고 그 결과 작곡가는 신탁계약을 해지 해도 돈을 더 받을 수 없게 되었다는 점에 있었다. 이 사건

---

60) 이해완(2015), 435면.

을 이해하려면 매절이라는 개념을 이해할 필요가 있다. 우리 말로는 '팔아 넘긴다'는 것이 적절한 표현인 깃 같은데, 예를 들어 신탁을 받은 단체가 50만원을 받고 앞으로 영구히 이용료를 받지 않겠다고 하면 이런 계약을 형식은 이용허락이지만 그 실질은 양도가 아닐까?

[**사실관계**] 원고(X)는 인기대중가요 '하늘색 꿈' 등을 작곡한 저작권자이고 소외법인(Z)은 음악저작물의 신탁관리업체이며 피고(Y)는 노래반주기 및 노래반주기용 DVD 타이틀 제작업체이다. X는 Z와의 사이에 X가 작곡한 음악저작물들에 관한 저작권신탁계약을 체결하였다가 2004년 4월경 그 계약해지를 통보하였다. X는 Y가 Z로부터 받은 포괄적인 이용허락계약을 근거로 X의 해지통고 이후에도 계속하여 X의 음악저작물들을 노래반주기 등에 수록하거나 30초 정도의 분량으로 미리듣기 서비스 제공행위를 하였으므로 Y를 상대로 저작재산권 및 저작인격권(동일성유지권) 침해를 이유로 손해배상청구소송을 제기하였다.[61]

[**대법원의 판결**] 이 사건에서 원심은 미리듣기 판결의 선례를 따라서 동일성 유지권 침해라고 판단하였다. 그러나 대법원은 침해가 아니라고 판단하였다.

"어문저작물이나 음악저작물·영상저작물 등의 일부만을 이용하더라도, 부분적 이용이 저작물 중 일부를 발췌하여 그대로 이용하는 것이어서 이용되는 부분 자체는 아무런 변경이 없고, 이용방법도 저작물의 통상적 이용방법을 따른 것이며, 저작물의 이용 관행에 비추어 일반 대중이나 당해 저작물의 수요자가 부분적 이용이 전체 저작물의 일부를 이용한 것임을 쉽게 알 수 있어 저작물 중 부분적으로 이용된 부분이 저작물의 전부인 것으로 오인되거나, 부분적 이용으로 저작물에 표현된 저작자의 사상·감정이 왜곡되거나 저작물의 내용이나 형식이 오인될 우려가 없는 경우에는, 그러한 부분적 이용은 저작물 전부를 이용하는 것과 이용하는 분량 면에서만 차이가 있을 뿐이어서 저작자의 동일성유지권을 침해한 것으로 볼 수 없다. 이는 부분적 이용에 관하여 저작재산권자의 이용허락을 받지 않은 경우에도 마찬가지이다."

"음악저작물의 미리듣기 서비스는 음악저작물의 음원 중 약 30초 내지 1분 정도의 분량을 스트리밍 방식으로 전송하여 인터넷 이용자가 이를 들을 수 있도록 하는 일종의 음원 샘플 제공행위로서 인터넷상 음악저작물 이용거래에서 음악저작물의 홍보나 유료 이용에 도움을 주기 위하여 널리 행해지는 음악저작물의 이용 행태 중 하나이고, 음악저작물의 음원을 그대로 전송·재생하되 한정된 시간 동안 그 일부만 재생하도록 제한하고 있을 뿐이어서 음악저작물 중 미리듣기 서비스에 이용되는 부분 자체는 아무

---

61) 사실관계 정리는 박성호 교수의 법조신문 글을 인용하였다. 박성호(2015) 평석 참조.

> 런 변경이 없는 점, 피고 금영이 그의 인터넷 사이트에서 제공한 이 사건 음악저작물의
> 미리듣기 서비스도 이 사건 음악저작물의 음원 중 약 30초 정도 분량만을 스트리밍 방
> 식으로 무료로 전송·재생하는 것이어서 재생되는 부분 자체는 아무런 변경이 없는 점
> 등을 알 수 있다."

이 판결은 다음과 같은 이유로 타당하다고 본다.[62]

첫째, 법리적으로 음악저작물들을 선택하여 배열만을 달리하여 편집하였을 뿐이
고 개개 음악저작물의 내면적 형식을 그대로 유지하면서 음악저작물들을 재편집하
는 행위는 외면적 형식을 삭제하거나 추가 또는 변경하는 등 왜곡행위를 한 것이
아니므로 동일성유지권의 침해에 해당하지 않는다.[63]

둘째, 악곡을 디지털압축파일로 변환하고 그 음원의 일부분을 잘라서 1분 내지 1
분 30초 분량의 미리듣기 서비스로 제공하거나 벨소리 통화연결음으로 이용하는
서비스를 제공한 사안에 대해 피고에게 동일성유지권의 침해를 긍정한 하급심 판결
(서울고등법원 2008. 9. 23. 선고 2007나70720 판결)은 동일성 유지권에 대한 오해가 기
초한 잘못된 판결이다. 베른조약의 동일성 유지권의 취지를 보면 동일성 유지권의
출발은 명성훼손임을 알 수 있다. 일본 저작권법과 법문이 다름에도 만연히 같은
판단을 하는 것은 우리 저작권법에 대한 오해에 기인한 것이라고 생각한다.

이런 점에서 위 판결의 동일성유지권에 대한 선례성이 있다.[64] 그리고 이 판결은
뒤에서의 야구장 응원가 사건[65]에서 의미를 발하게 된다고 본다.

(6) 동일성유지권의 행사가 제한되는 경우

저작권법 제13조 제1항은 "저작자는 그의 저작물의 내용·형식 및 제호의 동일
성을 유지할 권리를 가진다."라고 규정하여 저작자에게 동일성유지권을 보장하고
있다. 따라서 저작물의 동일성을 해치지 않는 범위 내에서 단순히 오·탈자를 수정

---

62) [심화학습] 이상정, "저작인격권의 연혁과 해석상 몇 가지 쟁점에 관한 소고", 정보법학, 제23권
　　제2호, 2019, 33-70면: 박인회, "동일성 유지권의 비판적 고찰", 法學論文集, 제42권 제2호, 2018,
　　293-333면: 박성호, "2015년 지적재산법 중요 판례", 인권과 정의 제456호, 2016, 189-203면.
63) 박성호(2015). 참고로 이 칼럼에서 박성호 교수는 이 판결이 하급심의 동일성유지권 침해 과잉인
　　정 경향에 대해서 일침을 가했다고 지적하고 있다.
64) 이 판결에는 다수의 따름 판결들이 있다. 즉 판결이 살아서 이후 판결에서 선도적인 기능을 하고
　　있다는 것이다.
65) 서울고등법원 2021. 10. 21. 선고 2019나2016985 판결.

하거나 문법에 맞지 않는 부분을 교정하는 정도를 넘어서 저작물의 내용·형식 및 제호에 대한 추가, 삭제, 절단, 개변 등의 변경을 가하는 것은 동일성유지권을 갖고 있는 저작자만이 할 수 있고, 원칙적으로 제3자는 저작자의 동의를 받지 아니한 채 그 의사에 반하여 위와 같은 변경을 할 수 없다. 그러나 동일성유지권은 아무런 제한이 없는 절대적인 권리는 아니고, 저작권법 제13조 제2항 제5호에 따라 당해 저작물의 성질이나 그 이용의 목적 및 형태 등에 비추어 부득이하다고 인정되는 범위 안에서의 변경에 대해서는 본질적인 내용의 변경이 아닌 한 그 권리행사가 제한될 수 있다.[66]

저작권법은 동일성유지권의 행사가 제한되는 경우를, 학교교육 목적상 부득이하다고 인정되는 범위 안에서의 표현의 변경, 건축물의 증축, 개축 그 밖의 변형, 특정한 컴퓨터 외에는 이용할 수 없는 프로그램을 다른 컴퓨터에 이용할 수 있도록 하기 위하여 필요한 범위에서의 변경, 프로그램을 특정한 컴퓨터에 보다 효과적으로 이용할 수 있도록 하기 위하여 필요한 범위에서의 변경, 그 밖에 저작물의 성질이나 그 이용의 목적 및 형태 등에 비추어 부득이하다고 인정되는 범위 안에서의 변경으로 한정하여 규정한다(법 제13조 제2항).

(가) 학교교육 목적상 부득이한 경우

저작권법 제13조 제2항 제1호는 "제25조의 규정에 따라 저작물을 이용하는 경우에 학교교육 목적상 부득이하다고 인정되는 범위 안에서의 표현의 변경"에 대하여 그것이 본질적인 변경이 아닌 한 동일성유지권을 주장할 수 없도록 규정하고 있다. 법 제25조는 고등학교 및 이에 준하는 학교의 교육 목적상 필요한 교과용도서에는 공표된 저작물을 게재할 수 있고, 특별법에 따라 설립되거나 「유아교육법」, 「초·중등교육법」, 또는 「고등교육법」에 따른 학교, 국가나 지방자치단체가 운영하는 교육기간 및 이들 교육기관의 수업을 지원하기 위하여 국가나 지방자치단체에 소속된 교육지원기관은 그 수업 또는 지원 목적상 필요하다고 인정되는 경우에는 공표된 저작물의 일부분을 복제, 배포, 공연, 방송 또는 전송 할 수 있다고 규정하고 있다.

이에 해당하는 경우로는 소설을 교과용 도서에 게재할 때에 어려운 한자를 교육 대상 학생의 수준에 맞게 쉬운 우리말로 고치거나 영어교과서의 경우 학년에 따라

---

66) 서울고등법원 2021. 10. 21. 선고 2019나2016985 판결.

어려운 단어를 쉬운 단어로 바꾸는 경우 등이 있다.[67]

(나) 건축물의 변경

저작권법 제13조 제2항 제2호는 건축물의 증축·개축 그 밖의 변형의 경우에 동일성유지권이 제한되는 것으로 규정하고 있다. 건축물은 저작물로서의 창작성이 인정되는 경우라 하더라도 거주 기타 목적에 따른 실용적인 기능이 중시될 수밖에 없음으로 그러한 실용적인 필요에서 증축·개축을 하거나 그 밖에 필요한 변형을 할 경우에 저작자의 동일성유지권으로 인하여 제한받지 않도록 규정한 것이다.[68] 법의 취지가 위와 같다면 그러한 실용적 필요에서의 증축·개축이나 변형이 아니라 심미적·예술적 관점이나 그러한 측면의 기호 때문에 변경을 가하는 경우에는 이 규정에 해당하지 아니하고 동일성유지권의 침해에 해당하는 것으로 보아야 할 것이다.[69]

(다) 특정한 컴퓨터 외에는 사용할 수 없는 프로그램을 다른 컴퓨터에 사용할 수 있도록 하기 위하여 필요한 범위 안에서의 변경

저작권법 제13조 제2항 제3호는 특정한 컴퓨터 외에는 사용할 수 없는 프로그램을 다른 컴퓨터에 사용할 수 있도록 하기 위하여 필요한 범위 안에서 변경하는 경우에 동일성유지권이 제한되는 것으로 규정하고 있다. 전산환경 통합이나 시스템 업그레이드 등의 이유로 운영 중인 컴퓨터시스템의 운영체제를 윈도우즈에서 Linux나 MAC OS, Unix 운영체제로 변경(소위 '포팅')하는 경우를 말한다.[70]

(라) 프로그램을 특정한 컴퓨터에 보다 효율적으로 사용할 수 있도록 하기 위하여 필요한 범위 안에서의 변경

저작권법 제13조 제2항 제4호는 특정한 컴퓨터에 보다 효율적으로 사용할 수 있도록 하기 위하여 요한 범위 안에서의 변경하는 경우에 동일성 유지권이 제한되는 것으로 규정하고 있다. 예를 들어 32bit용으로 프로그래밍 된 것을 64bit용으로 업그레이드 하는 경우와 같이, 기존의 노후화된 시스템을 최신 시스템으로 변경하는

---

67) 박성호(2017), 297면.
68) 박성호(2017), 297면.
69) 이해완(2015), 437면.
70) 이해완(2015), 437면.

경우 등을 말한다.[71] 프로그램을 사용하면서, 버그를 제거/수정하는 경우, 기능향상을 위하여 프로그램을 변경하여야 할 필요성이 있는 경우에 저작인격권자의 허락 없이도 프로그램을 변경할 수 있도록 허용하고자 한 것이 이 규정의 취지이다. 따라서 미리 특정한 하나의 결과를 얻는 것을 목적으로 작성된 프로그램을 그 목적과는 전혀 다른 새로운 목적이나 기능을 얻는 프로그램으로 변경하는 것은 적용되지 않는다.[72]

그러나 범용성을 가진 프로그램을 특정한 목적의 프로그램으로 개별화하는 것은 그 프로그램 자체가 원래 범용성을 가진 것이었으므로 본 호에 해당할 수 있다. 하지만 처음부터 특정한 목적을 위한 업무용으로 개발된 프로그램을 그 목적 업무 외의 다른 목적으로 사용하기 위하여 변경하는 것은 '효과적 이용을 위한 변경'에 해당하지 않는다.[73]

(마) 기타 저작물의 성질 등에 비추어 부득이한 경우

그 밖에 저작물의 성질이나 그 이용의 목적 및 형태 등에 비추어 부득이 하다고 인정되는 범위 안에서의 변경이 발생한 경우도 동일성유지권의 침해에 해당하지 않는다. 본 호는 전술한 개별 규정(제1호 내지 제4호)이 한정적으로 열거한 각각의 사유에 포섭되기 어려운 사안들 중에서 저작물의 성질이나 저작물 이용의 목적 및 형태 등에 비추어 달리 선택의 여지가 없는 변경이 발생한 경우를 상정하여 마련된 일반조항이다. 예컨대, 복제 기술의 한계로 인해 원작의 색채를 충분히 구현하지 못하는 경우나 연주·가창 실력의 미숙으로 음악적 표현을 충분히 나타내지 못하는 경우, 방송 기술의 문제로 극장용 영화가 TV로 방영될 때 네 귀퉁이가 잘린 채 방송되는 경우 등을 들 수 있다.[74]

(7) 본질적인 특징 감득 가능성과 동일성유지권의 외연(外延)

저작물의 내용, 형식 또는 제호가 '변경'되고, 그로 인한 '동일성의 손상'이 생겨도 변경의 정도가 너무 커서 원저작물의 창작적인 표현이 남아 있지 않을 정도가

---

71) 이해완(2015), 437면.
72) 오승종(2020), 278-279면.
73) 오승종(2020), 279면.
74) 박성호, "동일성유지권에 관한 규정의 재검토", IT와 법연구, 제8집, 2014, 1-29면.

되면, 이때에는 원저작물과 별개로 독립된 저작물이 성립한 것이어서, 원 저작물에 대한 동일성유지권의 침해 문제는 발생하지 않게 된다. 즉 동일성유지권은 타인의 저작물의 창작성이 인정되는 표현 부분에 삭제나 추가 또는 변경 등의 왜곡행위가 이루어진 경우에만 발생하므로 동일성유지권 침해가 성립하기 위해서는 타인의 저작물의 표현형식상의 창작적 특성이 감지될 정도로 이용되어야 한다.[75]

따라서 변경의 정도를 한정시킬 필요가 있는데, 그 한계가 바로 '원저작물의 창작성 있는 표현의 본질적인 특징을 감득'할 수 있어야 한다.[76] 그런데 원저작물의 창작성 있는 표현의 본질적인 특징을 감득할 수 있어야 한다는 것은 2차적저작물의 성립요건 또는 침해요건의 판단기준인 '실질적 유사성'에 상응하는 것으로 이해되고 있어, 동일성유지권 침해요건의 판단기준으로서도 의미가 있을 것이다.[77] 동일성유지권 침해가 성립되기 위한 변경의 정도는 그 한계가 애매하지만, 저작물의 변경이 저작자의 인격적 이익을 해할 정도에 이르러야 할 것이다.[78] 이를 넘어서 전혀 새로운 저작물이 되어 버리면 동일성유지권 침해는 아니라고 보아야 한다.

음악의 디지털샘플링의 경우를 본다.

'샘플링'[79]이 악곡 저작자의 동일성유지권을 침해하는지 여부의 문제는 미술저작물에 있어서의 '콜라주'의 경우와 마찬가지다.[80] 원래의 악곡의 창작성 있는 표현을 감득할 수 없을 정도로 세분화하여 처리한 경우에는 2차적저작물의 범위를 벗어나 별개의 저작물이 되므로 동일성유지권 침해의 문제가 발생하지 않지만, 그렇지 않고 원래의 악곡의 창작성 있는 표현을 감득할 수 있는 정도로 처리가 되었다면 동일성유지권의 침해가 인정될 수 있다. 다만 실연자와의 관계에서는 악곡의 창작성 있는 표현이 잔존하고 있는지 여부와는 상관없이 '실연자의 동일성유지권'을 침해한 것으로 보게 될 가능성이 높다.[81]

---

75) 박성호(2014), 1-30면 참조.
76) 김형렬(2009), 135면.
77) 김형렬(2009), 135면.
78) 박익환, "2차적저작물의 이용과 동일성유지권 침해", 계간 저작권, 2008 겨울호, 6면.
79) 연주의 실연을 녹음하여 디지털처리를 한 후 그 데이터를 이용하여 새로운 가창이나 연주를 합성하는 것.
80) 이해완(2015), 423면.
81) 이해완(2015), 423면.

(8) 2차적저작물과 동일성유지권

저작자의 허락 없이 원저작물을 수정, 변경하여 2차적저작물을 작성할 경우에는 동일성유지권 침해가 될 수 있으나 허락 하에 2차적저작물을 작성한 경우에는 2차적저작물 작성에 당연히 필요한 범위에서의 변경은 동일성유지권 침해의 문제는 없을 것이다. 예컨대, 외국소설을 번역하거나 소설을 영상화하면, 원작은 그대로 있는 것이고 새로운 저작물이 발생하는 것이다. 번역·영상화로 원작의 동일성이 훼손된다고 볼 수는 없다. 하지만 그런 범위에 포함되지 않으면 동일성유지권 침해의 문제가 있을 수 있다.[82]

> ### 대법원 2016. 7. 29. 선고 2014도16517 판결("드라마 김수로" 사건)[83]
>
> 1) 피고인 1은 MBC의 직원으로서 MBC 사극 '김수로' 드라마(이하 '이 사건 드라마'라고 한다)의 총괄·기획자이고, 피고인 2는 이 사건 드라마의 제작을 위해 설립된 공소외 1 유한회사(이후 '공소외 1 유한회사'로 상호가 변경되었다. 이하 '공소외 1 유한회사'라고 한다)의 대표자로서, 피고인들은 위 드라마의 제작 및 홍보를 위한 중요사항들을 함께 협의하여 처리하여 왔다.
>
> 2) 피고인들은 2009. 7. 30. 작가인 피해자 공소외 2와 32회 분으로 예정된 이 사건 드라마의 극본집필계약(이하 '이 사건 집필계약'이라고 한다)을 체결하였는데 위 계약은 피해자가 드라마 제작 및 방송 일정을 지키지 못하는 경우와 같은 일부 예외적인 상황이 아닌 이상 피해자가 드라마극본을 완성하는 것을 전제로 하고 있다. 피고인들은 또한 위 계약에서 드라마극본을 소설화하여 출판하는 경우 출판에 앞서 사업내용, 수익분배조건에 대해 피해자와 사전 협의하기로 약정하였고, 2010. 3. 9. 위 드라마의 홍보를 위해 주식회사 도서출판 이레(이하 '도서출판 이레'라고 한다)와 위 드라마의 극본을 각색한 소설을 출판하기로 하는 계약을 체결하였다. 한편 이 사건 집필계약에는 피해자가 작성한 드라마극본의 저작재산권을 위 집필계약의 당사자인 공소외 1 유한회사 등에 양도하는 내용은 없다.
>
> 3) 피해자가 이 사건 집필계약에서 예정된 32회 분의 드라마극본 중 일부(이하 그중

---

82) 이해완(2015), 427면.

83) 심화학습을 위해서, 박성호, "공동저작물의 성립요건과 그 권리행사의 방법", 법학논총, 제35권 제2호, 2018, 157-188면; 신재호, "복수의 저작자가 관여한 저작물에 관한 검토-대법원 2016. 7. 29. 선고 2014도16517 판결-", 법조, 제66권 제2호, 2017, 807-839; 정윤경, "드라마 극본을 소설로 각색한 경우 2次的著作物과 共同著作物의 判斷에 따른 著作權 侵害 問題-대법원 2016. 7. 29. 선고 2014도16517 판결을 중심으로-", 법학논총, 제23권 제3호, 2016, 147-174면.

이 사건 범죄사실에서 2차적저작물작성권 침해의 대상으로 특정된 제1회 분부터 제6회 분까지의 드라마극본을 '이 사건 피해자 극본'이라고 한다)를 작성한 상태에서 피고인들이 이 사건 집필계약의 해지를 통지하자, 피해자는 이에 대응하여 자신의 기존 작업성과를 이용하지 말 것 등을 통보하고 공소외 1 유한회사를 상대로 집필계약의 부당해지통보에 의한 계약위반에 따른 위약금 청구의 소를 제기하였다. 위 민사사건의 제1심과 항소심은 공소외 1 유한회사가 피해자의 별다른 귀책사유나 계약의 해지를 정당화할 만한 다른 사정이 없는데도 이 사건 집필계약을 임의로 해지하여 피해자에게 손해를 가하였음을 인정하여 공소외 1 유한회사에 손해배상을 명하였고, 그 판결은 2012. 10. 11.자 대법원 2012다58913 판결로 확정되었다.

4) 이 사건 드라마의 극본은 피해자가 창작한 부분을 기초로 하여 위 계약해지통지 이후 다른 작가들에 의하여 총 32회 분으로 완성되었는데(이하 완성된 위 극본을 '이 사건 전체 극본'이라고 한다), 피고인들은 2010. 10. 4.경 도서출판 이레로부터 이 사건 드라마의 극본을 각색한 소설이 출판될 예정이라는 연락을 받고도 이를 피해자에게 알리거나 출판중단을 요청하지 않고 위 소설의 원작자를 'MBC 주말특별기획 〈김수로〉 원작'으로 표기하여 출판하도록 요구함으로써 2010. 10. 25. 피해자가 집필한 이 사건 피해자 극본을 각색한 부분을 포함하여 작성된 '철의 제왕 김수로'라는 제목의 소설(이하 '이 사건 소설'이라고 한다)이 출판되었다.

[결론] 이 사건 저작물을 2차적저작물로 판단하면서 공동저작물로 판단하지는 않았고, 번역/영상화 과정에서 스토리를 왜곡하면 원작의 동일성이 훼손될 수 있으며, 이 경우에는 2차적저작물의 작성에 대해 저작권자의 허락에도 불구하고 동일성유지권 침해가 문제될 수 있다.[84] 법원은 "이 사건 집필계약의 내용, 피고인들의 지위와 피해자와의 관계, 이 사건 소설이 출판된 경위 및 이 사건 소설의 출판과 관련하여 피고인들이 저작권침해 성립 여부에 대하여 기울인 주의의 정도 등의 제반 사정에 비추어 보면 피고인들에게 저작권침해에 관한 고의가 있음을 인정할 수 있고, 피고인들이 자신들의 행위가 저작권을 침해하는 것이 아니라고 믿은 데에 정당한 이유가 있다고 할 수는 없다."고 보아서 침해를 인정한 원심을 수긍하면서 피고인들의 상고를 모두 기각하였다.

2차적저작물 작성에 통상적으로 필요한 정도를 변경하는 것은 저작권침해가 아니라고 보아야 할 것이나, 그 기준이 되는 정도는 일률적으로 정해질 수 없으며, 구체적으로 또는 개별적으로 그 작성을 허락한 저작자의 추정된 의사 및 2차적저작물

---

84) 신재호(2017), 834면.

작성 방법에 따라 필연적으로 수반되는 변경인지 여부를 종합하여 경우의 수를 나누어서 판단해야 한다.[85]

독일 저작권법 제14조는 "저작자는 자신의 적법한 정신적인 혹은 인격적 이익을 해하게 되는 자신의 저작물이 변형되거나 여타 침해되는 행위를 금지할 권리가 있다."고 규정하며, 동법 제39조는 제1항에서 달리 합의되지 않는다면, 저작물, 저작물의 제호 혹은 저작자표시를 변경할 수 없다고 규정하고, 제2항에서 저작자가 신의 성실에 비추어 그 승인이 거부될 수 없는 저작물의 변경과 그 제목의 변경은 허용한다고 규정하고 있다.[86]

서울고등법원 2008. 10. 29. 선고 2008나4461 판결('해운대 APEC 기념등대' 사건)

[사실관계]

원고의 등대도안은 별지와 같이 등대의 하부기초를 꽃잎으로, 등탑을 꽃술로 하여 꽃술의 상부에 등대의 불빛을 밝히도록 하는 모양으로서 등대의 하부기초인 꽃잎(빨간색)은 총 16장으로 4장씩의 꽃잎이 3단으로 되어 있고, 등탑의 하단부인 꽃술의 기둥은 사선으로 구성된 아래기둥(노란색)과 높낮이가 일정한 곡면으로 된 윗면(하얀색)을 가지는 윗기둥의 두 겹으로 이루어져 있으며, 등탑의 상단부인 꽃술 윗부분은 끝에 구를 단 8개의 기둥이 아래로 내려갈수록 좁아지는 원기둥을 이루고 그 내부에 등이 설치되도록 하는 모양이다. 원고는 2005. 4. 25. 원고의 등대도안을 미술저작물로 등록하였다.

[당사자들의 주장]

원고의 주장	피고의 주장
원고는 이 사건 청구원인으로, 원고가 피고에게 교부한 등대도안은 저작권법 제4조 제1항 제5호에 정한 건축설계도서로서 건축저작물에 해당한다는 전제 아래, 피고는 원고의 허락을 받지 않고 원고의 등대도안을 기초로 등대를 건축하였고, 가사 직접적으로는 G의 설계도면을 이용하여 등대를 건축했다 하더라도 이는 원고의 등대도	피고는, 등대와 같은 건축물은 대략적인 등대의 모양을 구상하는 단계에서 시작하여 기본설계, 실시설계 등의 복잡한 과정을 거쳐 시공되므로 개략적인 등대의 모양만을 그린 데 불과한 원고의 등대도안은 건축저작물에 해당하지 아니하고, 원고는 피고가 등대를 건축함에 있어 등대도안의 무상이용을 허락하였으며, 나아가 피고가

---

85) 이해완(2015), 427면.
86) 박익환(2008), 11면.

안과 실절적 유사성을 지니고 있으므로 피고의 행위는 원고의 건축저작물에 관한 저작재산권(복제권, 2차적저작물작성권)을 침해하는 것이고, 또한 피고는 원고의 창작의도와 전혀 다른 등대를 건축하였을 뿐 아니라 위 등대가 원고의 등대도안을 기초로 건축되었다는 기사를 원고의 의사와 관계없이 신문에 게재하게 함으로써 원고의 등대도안에 관한 저작인격권(성명표시권, 동일성유지권)을 침해하였다고 주장하며, 저작재산권 침해로 인한 재산상 손해와 저작인격권 침해로 인한 정신적 손해의 배상을 구한다.

원고의 등대도면과 관련하여 원고의 동일성유지권이나 성명표시권을 침해한 바도 없다고 다툰다.

[법원의 판단]

① 이 사건 저작물의 성격(=도형저작물이나 미술저작물)

원고가 피고에게 교부한 등대도안의 저작물성 건축저작물이라 함은 사상이나 감정이 토지상의 공작물에 표현되어 있는 저작물로서 저작물의 일반적인 요건인 창작성 있는 표현을 갖추어야 하고, 모든 건축물이 건축저작물에 해당하는 것은 아니다. 저작권법은 제4조 제1항 제5호에서 건축물, 건축을 위한 모형 및 설계도서 등을 건축저작물로 예시하고 있으므로, 건축저작물은 관념적인 존재로서의 건축저작물을 매체에 구현하고 있는 현실로 존재하는 건축물 자체와 건축을 위한 모형 또는 설계도면 중에 내재하고 이미지로서 존재하는 건축저작물이 있다고 할 수 있다. 따라서 건축을 위한 모형과 설계도서의 경우에는 저작권법 제4조 제1항 제8호에서 정한 도형저작물인 동시에 건축저작물에 해당하고, 그 건축을 위한 모형 또는 설계도서에 따라 건축물을 시공하는 것은 건축저작물의 복제에 해당한다(저작권법 제2조 제22호). 다만 건축을 위한 도면에 저작물성이 인정된다 하여 곧바로 그 도면에 따라 시공한 건축물이 건축저작물에 해당하는 것은 아니므로 저작권법 제4조 제1항 제5호에 정한 건축을 위한 모형 또는 설계도서에 해당하기 위해서는 거기에 표현되어 있는 건축물의 저작물성이 인정되는 경우에 한정되고, 그렇지 않은 경우에는 건축저작물이 아니라 도형저작물이나 미술저작물에 해당하는 데 그친다고 보아야 한다. 이와 같이 해석하지 않으면, 창작성 있는 표현이라는 저작물의 요건을 갖춘 건축물만이 건축저작물에 해당하는 반면, 건축을 위한 모형과 설계도서의 경우에는 그에 따라 시공한 건축물이 저작물성이 없는 때에도 건축저작물로 인정되는 결과가 되어 부당하기 때문이다. 한편 건축법은, '설계도서'를 건축물의 건축 등에 관한 공사용의 도면과 구조계산서 및 시방서, 건축설비계산 관계

서류, 토질 및 지질 관계서류, 기타 공사에 필요한 서류라고 정의하여(건축법 제2조 제1항 제14호, 신축법 시행규칙 제1조의2) 설계도서를 공사에 직접적으로 필요한 도면이나 서류로 규정하고 있다.

원고의 등대도안은 등대의 제작을 위한 일종의 스케치로서 건축구상을 표현하고 있지만, 그 구상의 밀도에 있어서 개략적인 구상단계에 불과하고, 그 표현에 있어도 건축설계도면이 가지는 기술성, 기능성보다는 형상, 색채, 구도 등의 미적 표현에 중점을 두고 있으며, 원고의 등대도안만으로는 실제로 등대를 건축할 수 없는 사실을 인정할 수 있는바, 위 인정 사실과 건축법의 규정 내용 등에 비추어 보면, 원고의 등대도안은 저작권법 제4조 제1항 제5호에 정한 '설계도서'에 해당한다고 보기는 어렵고, 도형저작물이나 미술저작물에 해당할 뿐이라고 봄이 상당하다.

② 침해 여부의 판단(=동일성유지권 침해 부정)

원고는, 피고가 등대도안에서 제시한 스테인리스강이 아닌 콘크리트로 등대를 제작하였고, 꽃잎의 크기, 폭 등의 전체적인 비례를 임의로 변경하는 등 원고의 창작의 도와 전혀 다른 등대를 건축하여 원고의 등대도안에 관한 동일성유지권을 침해하였다고 주장한다.

2차적저작물의 작성에는 필연적으로 원저작물에 대한 개변이 동반되므로 형식적으로 동일성유지권을 침해하고 있는 것처럼 보이지만 2차적저작물의 작성에 관해 저작자의 허락을 받은 경우에도 동일성유지권을 침해하는 것으로 보게되면 개변에 관해 허락을 받은 의미를 무시해 버리는 결과가 된다. 따라서 저작권법에 명문의 근거가 없다고 하더라도 개변된 내용이 저작자의 명예나 명성을 해치는 경우 또는 통상적인 변형에서 예정하고 있지 않은 본질적인 변형이 이루어진 경우에 해당하지 않는 한 저작자의 허락을 받고 2차적저작물을 작성하는 행위는 저작자의 동일성유지권을 침해하는 것이 아니고, 이는 저작권법이 당연히 예정하고 있다고 해석함이 상당하다.

원고는 자신의 등대도안에 기초해서 피고가 등대를 건축하도록 허락하였고, 피고가 건축한 등대의 모양도 기본적으로 원고의 등대도안의 표현과 같이 총 16장으로 된 등대의 하부기초인 꽃잎, 2단으로 구성된 꽃술의 기둥, 끝에 구를 단 8개의 기둥으로 이루어진 원기둥 형태의 꽃술 윗부분으로 이루어진 형상인바, 원고의 등대도안과 실제로 건축된 등대의 차이는 해상에서 등대로 건축하면서 예상할 수 있는 정도의 변경 범위에 속한다고 보이므로, 원고가 피고에게 등대도안의 이용을 허락한 이상 이러한 정도의 변경에 묵시적 동의가 있었다고 봄이 상당하다.

따라서 원고의 동일성유지권 침해 주장은 이유 없다(더욱이 피고가 등대의 재질 등을 변경한 것은 등대가 해상에서 파도의 압력을 견디는 구조물로 만들기 위한 것이므로 그 정도의 변경은 저작권법 제13조 제2항 3호에 정해진 저작물의 성질이나 그 이용의 목적 및 형태 등에 비추어 부득이하다고 인정되는 범위 안에서의 변경으로 볼 수도 있다).

(9) 논란이 되는 침해의 유형

(가) 내용과 형식 · 제호의 추가 또는 변경

제호에 대한 법적 보호는 외적보호[87]와 내적보호[88]로 나누어진다. 저작물의 형식이란 어문저작물에서의 언어의 배열순서나 문장표현 등과 같은 외면적 형식을 말한다. 그리고 저작물의 내용이란 어문저작물인 소설의 플롯이나 등장인물의 설정 등과 같은 내면적 형식을 의미한다. 학술저작물에 있어서는 계획, 사고의 과정 및 논증, 음악저작물에 있어서는 구성양식, 악장과 박자 등이 이에 해당한다.[89]

동일성유지권에 관한 저작권법 제13조는 저작자가 그의 저작물의 내용, 형식뿐만 아니라 '제호'의 동일성을 유지할 권리를 가진다고 규정함으로써 내적보호를 분명하게 승인하고 있다.[90] 다만 동일성유지권으로 보호받는 제호는 저작자 자신이 붙인 제호만을 의미한다. 따라서 저작자에 의하여 붙여진 것이 아니라 세상 사람들이 붙인 명칭이나 저작자의 사후에 제3자에 의하여 붙여진 호칭이나 별칭 등을 변경하거나 삭제하는 것은 동일성유지권 침해의 문제가 아니다.[91] 그러나 제3자에 의하여 붙어진 제호라 하더라도 이를 저작자가 채택하여 적극적으로 자신의 제호로 삼은 경우에는 저작자가 스스로 붙인 제호와 동일한 보호를 받는다.[92]

동일성유지권은 내면적 형식의 변경이 동시에 외면적 형식의 변경으로 이어질 수 있음을 염두에 두고 규정한 것으로,[93] 동일성유지권 침해가 되기 위해서는 저작물의 표현이 '변경'되었다는 것만으로는 부족하고, 저작물의 동일성에 손상을 가하는 정도가 되어야 한다. 따라서 동일성 손상이 되기 위해서는 당해 복제물 또는 2차

---

87) 외적 보호란 제호를 타인의 저작물에서 사용할 수 없도록 하는 보호를 뜻함.
88) 내적 보호는 어떤 저작물에 붙어 있는 제호 자체를 함부로 변경하지 못하도록 보호하는 것을 말함.
89) 박성호(2017), 286면.
90) 이해완(2015), 433면.
91) 이해완(2015), 433-434면.
92) 오승종(2020), 271면.
93) 박성호(2017), 287면; 김형렬, "저작인격권에 관한 연구", 성균관대학교 대학원 박사학위논문, 2009, 130-131면.

적 저작물의 작성자가 자신의 성명을 표시하지 아니하고 원저작물의 작성자가 자신의 성명을 표시하지 아니하고 원작자의 성명을 그대로 표시하여 변경하여야 한다.[94] "저작물의 제호"를 동일성유지권 보호대상으로 하고 있는 점도 특징적인데, 이와 같은 입법례는 일본이 대표적이다.[95]

관련하여 '만화제명 또복이' 사건에서 우리 법원은 동일한 저작물의 제호를 다른 것으로 마음대로 변경하게 되면 해당 제호가 그 저작물과 결합하여 전체적으로 형성하고 있는 그 저작물의 동일성을 훼손하게 되므로 동일성유지권의 침해가 된다고 판시한 바 있다.[96] 하급심은 저작권자의 허락 없이 제호를 함부로 변경할 경우에 제호의 동일성유지권 침해가 성립한다고 판시한 바 있다.[97] 독자적으로는 저작권법의 보호를 받지 못하지만, 제호의 경우 작품의 내용과 관련하여 중요한 부분이라고 인정된다면, 이를 변경하는 것은 동일성유지권의 침해로 될 것이다.[98]

한편, '가자 장미여관사건'에서 법원은 "원작물에 변경을 가하는 것이 아니고 원작물과 동일성의 범위를 벗어나 전혀 별개의 저작물을 창작하는 경우에는 비록 그 제호가 동일하다하더라도 원저작물에 대한 동일성유지권을 침해하는 것으로 볼 수 없다."고 판시하여 동일한 제목 사용에 대해 동일성유지권 침해를 부정하였다.[99]

(나) 어문저작물

어문저작물의 내용을 누락하거나 새로운 스토리를 추가하는 것은 외면적 형식을 왜곡하여 내면적 형식을 변경하는 것으로 동일성유지권 침해에 해당한다.[100] 대학 신문사나 출판부가 학생들을 대상으로 공모하는 현상논문을 응모상의 제한 및 지면의 제약 등을 이유로 당선작의 원고 중 일부분을 삭제하고 출판물이나 신문을 게재하는 행위, 신문사나 잡지사에서 독자들이 투고한 원고를 임의로 축약하는 행위의 경우 동일성유지권의 침해로 될 수 있다.[101]

---

94) 김형렬(2009), 134면.
95) 비교법에 대해서는 박성호(2017), 287면 참고.
96) 대법원 1977. 7. 12. 선고 77다90 판결.
97) 서울중앙지방법원 2008. 1. 23. 선고 2007가합34628 판결; 서울북부지방법원 2008. 12. 30. 선고 2007가합5940 판결.
98) 오승종(2016), 254면.
99) 서울민사지방법원 1991. 4. 26. 선고 90카98799 판결.
100) 박성호(2017), 290면.
101) 오승종(2016), 257면.

대법원 1989. 10. 24. 선고 89다카12824 판결('문익환 가의 사람들' 사건)
[동일성유지권 침해 인정사례]

다른 사람의 저작물을 원저작자의 이름으로 무단히 복제하면 복제권의 침해가 되는 것이고 이 경우 저작물을 원형 그대로 복제하지 아니하고 다소의 수정증감이나 변경을 가하더라도 원저작물과 동일성이 인식되거나 감지되는 정도이면 복제로 보아야 할 것이며 원저작물의 일부분을 재제하는 경우에도 그것이 원저작물의 본질적인 부분의 재제라면 역시 복제에 해당한다.

원저작물을 원형 그대로 복제하지 아니하고 다소의 변경을 가한 것이라 하여도 원저작물의 재제 또는 동일성이 감지되는 정도이면 복제가 되는 것이고 이같은 복제물이 타인의 저작물로 공표되게 되면 원저작자의 성명표시권의 침해가 있었다고 보아야 할 것이고, 원저작물을 복제함에 있어 함부로 그 저작물의 내용, 형식, 제호에 변경을 가한 경우에는 원저작자의 동일성유지권을 침해한 경우에 해당한다.

서울고등법원 1995. 10. 19. 선고 95나18736 판결('하얀나라 까만나라' 사건)
[동일성유지권 침해 인정사례]

어문저작물 중 소설, 극본, 시나리오 등과 같은 저작물은 등장인물과 작품의 전개과정(이른바 sequence)의 결합에 의해 이루어지는 것이고 작품의 전개과정은 아이디어(idea), 주제(theme), 구성(plot), 사건(incident), 대화와 어투(dialogue and language) 등으로 이루어지는 것인데 이러한 각 구성요소 중 각 저작물에 특이한 사건이나 대화 또는 어투는 그 저작권침해 여부를 판단함에 있어서 중요한 요소가 된다고 할 것이고, 저작권침해가 인정되기 위하여서는 침해자가 저작권 있는 저작물에 의거하여 그것을 이용하였을 것과 저작권이 있는 저작물과 침해자의 저작물 사이에 실질적인 유사성이 있어야 하고, 실질적 유사성에는 작품 속의 근본적인 본질 또는 구조를 복제함으로써 전체로서 포괄적인 유사성이 인정되는 경우(이른바 포괄적 비문자적 유사성: comprehensive nonliteral similarity)와 작품 속의 특정한 행이나 절 또는 기타 세부적인 부분이 복제됨으로써 양 저작물 사이에 문장 대 문장으로 대칭되는 유사성이 있는 경우(이른바 부분적 문자적 유사성: fragmented literal similarity)가 있다.

프로그램제작사는 연속극 작가와 대본집필계약을 체결함에 있어 제3자의 저작권을 침해하는 일이 없도록 할 것을 계약내용으로 명기한 사실, 일반적인 드라마제작은 작가가 이야기 줄거리를 완성하여 방송사 및 제작사의 승인을 얻으면 그때부터 작가는 대본을 작성하기 시작하고 대본이 완성되면 그 대본에 대하여 방송사가 심의를 하는데, 그 심의대상은 통상 대본의 내용이 방송에 적합한 지 여부에 국한되고 대본의 줄거리나 내용 등은 작가의 책임과 재량에 맡겨져 있으므로 방송사 및 프로그램제작사와 작가 사이에 사용자 및 피용사의 관계가 존재하지 아니하는 이상 작가의 저작권침해 여부에 대하여 방송사 및 프로그램제작사가 특별한 주의, 감독을 하여야 할 의무가 있다고 할 수 없다.

원고는 1977. 제19회 사법시험에 합격한 후 1979. 사법연수원을 수료하고 서울지방변호사회 소속 변호사로 개업하였다가 1980. 검사로 임관하여 그 무렵부터 1986.까지 검사로 재직하다가 퇴직하여 그 무렵 서울지방변호사회 소속 변호사로 다시 개업을 한 변호사로서, 그 동안의 자신의 검사 및 변호사로서 일하면서 얻은 경험을 소재로 젊은 법조인이 검사 및 변호사로서 활동하며 겪게 되는 고민과 갈등을 법조계 내부관계 및 사건 의뢰인들과의 관계를 중심으로 엮어 소설로 집필하여 "하얀나라 까만나라"(이하 '이 사건 소설'이라 한다)라는 제명으로 1992. 2. 25. 도서출판 산하라는 출판사를 통하여 발행한 사실, 원고의 이 사건 소설은 소재의 선택과 등장인물 및 사건의 전개 등에 있어서 원고의 개인적인 사상과 감성 등 정신적 노력이 표현되어 있는 사실을 각 인정할 수 있고 반증 없는바, 위 인정사실에 의하면 원고는 이 사건 소설의 저작에 의하여 기존의 작품과 구별되는 저작권을 취득하였다.

(다) 음악저작물

뮤지컬을 구성하는 음악저작물의 특정 부분을 삭제함으로써 전체 뮤지컬의 시간을 단축하는 경우는 외면적 형식을 왜곡하는 경우에 해당하지만 개개 음악저작물의 내면적 형식을 그대로 유지하면서 재편집하는 행위는 외면적 형식의 왜곡행위가 없으므로 동일성유지권 침해가 아니다.[102]

> **서울고등법원 1995. 3. 21. 선고 94나6668 판결('지구레코드 v 정태춘·박은옥' 사건)**
>
> 가창의 원형을 변형시키지 않고 동일한 가수들의 가창을 선곡하여 배열만 달리하여 편집한 것에 불과한 것이라 함은 앞서 본 바와 같으므로, 이러한 정도의 재편집이 위 가창에 대한 저작자의 동일성유지권 등 인격적 이익을 침해하는 것으로 볼 수 없다
>
> 기존 원반 2개에 녹음된 가요 및 가창을 이용하여 새로 만든 재편집 원반이 동일한 작곡, 작사가 및 가수의 가용 21곡 중 16곡을 단순히 발췌하여 그 배열만 달리 하여 모아놓은 정도의 편집을 한 정도라면 여타의 음반회사들에서 히트곡 모음집을 만들기 위

---

102) 박성호(2017), 292면.

하여 통상 사용되는 궁리방법에 의한 선택과 배열 정도에 불과하여 그 소재의 선택 및 배열에 있어서 창작성이 있다고는 볼 수 없으므로, 그 재편집 원반은 창작성이 있는 편집저작물에는 해당하지 않는다.

[해설] 음반 제작·판매업자가 가요 및 가창을 원반에 녹음한 다음 이 원반을 사용하여 음반 등 녹음물로 복제하여 판매할 목적으로 저작자로부터 가용 및 가창에 대한 이용권을 취득하였고 저작자도 음반업자의 목적을 잘 알고 있고, 원반 제작에는 녹음할 음악의 편집과정이 당연히 포함되는 점 및 원반 제작시 저작자가 이용료를 받고 가요 및 가창을 제공하였을 뿐 편집 등 다른 제작과정에는 전혀 관여하지 않은 점에 비추어 볼 때, 저작자는 가요 및 가창의 이용을 허락하면서 음반업자에게 음반 등 녹음물을 판매할 목적으로 원반의 제작에 필요한 범위 내에서 가요 및 가창을 그 원형을 변형시키지 않고 편집하는 권한까지 부여하였다고 봄이 상당하다고 한 사례

(라) 미술저작물 및 사진저작물

그림을 수정하거나 가필하는 행위로 미술저작물의 외면적 형식을 변경함으로써 내면적 형식의 동일성마저 훼손하는 경우에는 미술저작물의 동일성유지권 침해가 된다.[103] 예를 들어 편집에 편리한 크기로 맞추기 위하여 일부 면 또는 모서리를 잘라낸다거나 삭제하는 행위 또는 인쇄 상에 특별한 제약요건이 없음에도 불구하고 색을 임의로 변경하는 행위는 모두 동일성유지권의 침해를 구성한다.[104]

서적이나 포스터 등을 인쇄하면서 제한된 스페이스에 맞추기 위하여 가로·세로의 비율을 변경한다든가 트리밍하는 행위, 미술·사진 저작물 위에 다른 문자 등을 겹쳐서 인쇄하는 행위도 동일성유지권의 침해로 된다.[105]

한편 미술품의 수선이나 위치변경도 동일성유지권 침해가 될 수 있다.[106]

서울동부지방법원 2004. 9. 30. 선고 2004가합4292 판결('스테인레스 구조물' 사건)

피고가 이 사건 조형물 중 공익광고물 부분을 철거한 후 전광판을 부착하면서 설치

---

103) 박성호(2017), 294면.
104) 다만 인쇄상의 제약에 따라 불가피하게 색을 변경하는 행위, 예를 들어 흑백으로 제작하는 책자에 칼라사진을 게재하면서 어쩔 수 없이 흑백으로만 인쇄한 경우는 다음에서 보는 동일성유지권이 제한되는 부득이한 변경에 해당한다. 오승종(2016), 450면.
105) 오승종(2016), 450면.
106) 오승종(2016), 451-452면.

한 원반형의 스테인레스 구조물은 마치 이 사건 조형물의 구성부분을 이루는 것으로 보이는 등 원고의 창작의도를 중대하게 훼손하였다고 인정되므로, 이는 이 사건 조형물의 본질적인 부분의 변경에 해당한다.

대법원 1992. 12. 24. 선고 92다31309 판결('롯티' 사건)

신청인이 제작한 너구리 도안은 순수미술작품과는 달리 그 성질상 주문자인 피신청인의 기업활동을 위하여 필요한 경우 변경되어야 할 필요성이 있었고, 위 캐릭터 제작계약에 의하여 피신청인 측에서 도안에 관한 소유권이나 저작권 등의 모든 권리는 물론 도안을 변경할 권리까지 유보하고 있었음을 알 수 있었을 뿐 아니라 신청인이 피신청인 측의 수정요구에 대해서 몇 차례 수정을 하다가 자기로서는 수정을 하여도 같은 도안밖에 나오지 않는다면서 더 이상의 수정을 거절한 사실까지 보태어 보면, 신청인은 그의 의무인 위 도안의 수정을 거절함으로써 피신청인이 위 도안을 변경하더라도 이의하지 아니하겠다는 취지의 묵시적인 동의를 하였다고 인정함이 상당하다 할 것이다. 따라서 피신청인 측이 신청 외 이항재로 하여금 신청인이 제작한 너구리 도안을 일부 변경하게 한 다음 변경된 기본도안과 응용도안을 그 기업목적에 따라 사용하고 있다고 하더라도 위 변경된 기본도안과 응용도안을 그 기업목적에 따라 사용하고 있다고 하더라도 위 변경은 신청인의 묵시적 동의에 의한 것이므로 저작권법 제13조 제1항에 규정된 동일성유지권 침해에 해당되지 아니한다.

한편, 사진을 썸네일 이미지로 변환한 것은 단순한 축소에 불과하여 외면적 형식은 물론 내면적 형식에 변경을 가한 것으로 볼 수 없다는 취지로 이해할 수 있다.[107] 서울고등법원은 썸네일 이미지 사건에 대한 판결에서 사진을 축소하여 썸네일 이미지를 만든 사건에서 이런 썸네일 이미지를 제공하는 것은 저작권법 제13조 제2항 제3호의 부득이하다고 인정되는 범위 내라고 판시하였다.[108]

서울고등법원 2005. 7. 26. 선고 2003가합78361 판결('썸네일 이미지' 사건)

저작권법 제13조 제1항은 저작자는 그 저작물의 내용, 형태 및 제호의 동일성을 유지할 권리를 가진다고 규정하고, 다만, 같은 조 제2항 제3호에서 저작물의 성질이나 그

---

107) 박성호(2014), 20면.
108) 평석으로 최호진, "썸네일 이미지와 공정이용", LAW&TECHNOLOGY, 제8권 제3호, 2012, 59-74면.

이용의 목적 및 형태에 비추어 부득이하다고 인정되는 범위 안에서, 본질적인 내용의 변경이 없는 한 예외를 인정하고 있다. 비록 피고가 원고의 허락 없이 이 사건 사진을 축소하여 썸네일 이미지로 변환시켰으나, 단순한 축소에 불과하여 본질적인 내용에는 변경이 없고, 앞에서 본 인터넷 검색 서비스 중 이미지 검색 서비스를 위한 썸네일 이미지의 필요성, 썸네일 이미지의 이용 목적 및 그 형태 등을 고려하여 보면, 이는 저작권법 제13조 제2항 제3호가 규정하는 부득이하다고 인정되는 범위 내에 해당한다고 볼 수 있으므로, 피고가 원고의 이 사건 사진에 관한 동일성유지권을 침해하였다고 할 수 없다.

피고 측의 이미지 검색 서비스는 그 검색 결과로 원래의 이미지를 작게 축소한 가로 약 3cm, 세로 약 2.5cm 크기의 썸네일(thumbnail) 이미지를 보여줌으로써 이루어지는데, 피고 측은 이미지 수집 프로그램인 '크롤러'(이하 '검색로봇'이라 한다)를 이용하여 각종 인터넷 웹사이트에 게시된 이미지를 무작위로 검색, 필요한 이미지들을 수집하여 이를 피고 측 서버에 가져온 후, 피고 측 서버에서 특정 프로그램에 의하여 원래의 이미지를 썸네일 이미지로 축소 변환시킨 다음 원래의 이미지는 삭제하고 그 썸네일 이미지를 저장하는 방식으로 이미지 검색 서비스를 위한 썸네일 이미지 데이터베이스를 구축하였다. 위 썸네일 이미지 데이터베이스에는 원고의 사진 작품 31점(이하 '이 사건 사진'이라 한다)에 대한 썸네일 이미지도 포함되어 있다.

피고의 웹사이트에서 검색창에 검색어 '백두산'을 입력하고 이미지 검색을 하면이 사건 사진 중 백두산과 관련된 사진 24점을 포함한 여러 장의 이미지들이 검색되어 썸네일 이미지 형태로 나타나는데, '간단히 보기'를 선택하여 검색 결과를 볼 경우 한 페이지에 썸네일 이미지들이 4개씩 3줄 모두 12개가 나타나며 각 이미지 아래에는 각 이미지의 해상도가 표시되어 있고, '리스트로 보기'를 선택하여 검색 결과를 볼 경우 썸네일 형태의 이미지들이 세로로 배열되고 각 이미지 오른쪽에는 이미지의 이름, 사이트명, 파일주소, 파일정보(확장자, 용량, 해상도)가 표시된다. 이 사건 사진의 썸네일 이미지는 크기 가로 약 3cm, 세로 약 2.5cm, 해상도 104×79 픽셀이고, 이미지의 이름 및 사이트명은 D이 그의 웹사이트에 이 사건 사진을 게시하면서 임의로 붙인 명칭이 기재되어 있고, 파일주소는 D이 운영하는 웹사이트인(인터넷주소 3 생략)로 되어 있다.

(마) 영상저작물

영화의 비극적 결말을 해피엔딩으로 바꾸는 것이나 흑백영화로 제작된 영상물을 색상을 더하여 컬러화하는 것 등은 내면적 형식을 변경하였거나 외면적 형식에 변

경을 가한 것으로 동일성유지권 침해가 된다.[109]

저작권법 제100조 제1항은 영상저작물에 관하여 "영상제작자와 영상저작물의 제작에 협력할 것을 약정한 자가 그 영상저작물에 대하여 저작권을 취득한 경우 특약이 없는 한 그 영상저작물의 이용을 위하여 필요한 권리는 영상제작자가 이를 양도받은 것으로 추정한다."고 규정하고 있으나 이 규정에 의하여 영상제작자에게 양도한 것으로 추정되는 것은 영상저작물 이용을 위해 필요한 범위 내의 저작재산권에 한하는 것으로 보아야 할 것이므로, 저작인격권은 여전히 영상저작물 저작자에게 남아 있는 것으로 본다. 따라서 동일성유지권을 침해하지 않기 위해 동의를 받아야 할 대상은 영상제작자가 아니라 영상저작물 저작자다.[110]

> **서울고등법원 1999. 11. 16. 선고 99나14749 판결('영화 파이트머니' 사건)**
>
> 원고들은 이 사건 원작 시나리오에 관하여 저작인격권을 보유하고 있는바, 피고들이 원고들의 동의를 얻지 않고 소외인 등을 통해서 시나리오 일부 내용을 변개하였고 이를 각본으로 한 영화를 제작·상영하였으므로, 원고들이 가지는 저작인격권의 하나인 동일성유지권을 침해하였다 할 것이다.

> **서울고등법원 2001. 10. 11. 선고 2000나36738 판결(영화 '빛은 내가슴에' 사건)**
>
> 이 사건 작품의 저작자인 원고는 그 저작물에 대한 인격적 이익의 보호를 목적으로 제정된 저작권법에 의하여 보호되는 저작인격권으로서 그 작품에 그의 실명 또는 이명을 표시할 권리인 성명표시권과 내용 및 형식 등의 동일성을 유지할 수 있는 동일성유지권 등을 가진다 할 것인데, 피고 영상사업단은 앞서 본 바와 같이 원고의 동의 없이 임의로 이 사건 작품의 내용 일부와 제작사의 명칭 부분 등을 삭제 편집하여 방송하고, 이 사건 작품에 포함되어 방송되어야 할 영어연설 내용에 대한 한글번역 자막을 빠뜨린 채 방송되도록 함으로써 이 사건 작품에 대한 원고의 성명표시권과 동일성유지권 등의 저작인격권을 침해하였다고 할 것이고, 따라서 피고 영상사업단은 특별한 사정이 없는 한, 위 저작인격권의 침해로 인하여 원고가 입은 정신적 손해를 배상할 책임이 있다 할 것이다.
>
> 이 사건 작품과 같은 극영화를 TV로 방영하면서 시간적 제약을 이유로 그 내용 일

---

109) 박성호(2017), 296면.
110) 대법원 2003. 3. 25. 선고 2002다66946 판결의 원심(상고기각)인 서울고등법원 2002. 10. 15. 선고 2002나986 판결.

부를 삭제 편집하는 것은 저작권법 제13조 제2항 각 호에 규정된 저작물의 변경이 허용되는 범위에 포함된다고 볼 수 없는 것이어서 사전에 저작자의 동의를 받지 않은 채 그 저작물을 변경할 수 있는 경우에 해당하지 아니하고, 이 사건 작품이 공연윤리위원회 심의에서 '연소자 관람가'의 판정을 받은 점에 비추어 보면, 이 사건 작품 중 일부 내용을 삭제하는 것이 방송의 공공성으로 인하여 부득이한 것이었다고 볼 수도 없으며, 영어연설 내용에 대한 한글번역 자막이 포함되지 아니한 것이 TV방송의 기술적 제약으로 불가피한 것이었다고 볼 만한 증거도 없으므로, 피고 영상사업단의 위 주장은 어느 모로 보나 이유 없다.

[**결론**] 법원은 '빛은 내가슴에' 같은 극영화를 TV로 방영하면서 시간적 제약을 이유로 그 내용 일부를 삭제·편집하는 것은 저작권법 제13조 제2항 각 호에 규정된 저작물의 변경이 허용되는 범위에 포함된다고 볼 수 없다고 판단하였다. 즉 법원은 이 사건의 경우 사전에 저작자의 동의를 받지 않은 채 그 저작물을 변경할 수 있는 경우에 해당하지 않는다고 보았다.

[**해설**] ① 극영화에 대한 TV방영판권 양도양수계약에서 TV방영 가능시기를 개봉영화인 경우와 미개봉영화인 경우를 달리 약정한 경우, 개봉 여부는 위 양도양수계약 체결 당시를 기준으로 판단하여야 하고, 미개봉영화의 TV방영 가능시기를 서울지역 개봉일로부터 1년 경과 이후로 약정하였다면 위 기간은 양도양수계약 체결 이후 서울지역의 극장에서 영화상영을 시작한 날로부터 기산하여야 한다고 본 사례
② TV방영판권 양수인이 영화제작자(영화감독)의 동의 없이 극영화의 장면 중 일부를 삭제하거나 극영화에 포함되어 있던 한글 자막이 없이 TV로 방송되도록 하였다면 이는 TV방송의 기술적 제약으로 불가피한 것으로 인정되지 않는 한 동일성유지권 등의 저작인격권을 침해하였다고 본 사례

대법원 2002. 3. 15. 선고 2001나72272 판결('영화 일부 삭제' 사건)

TV방영권 양수인이 영화감독의 동의 없이 극영화의 장면 중 일부를 삭제하거나 극영화에 포함되어 있던 한글 자막이 없이 TV로 방송되도록 했다면 이는 TV방송의 기술적 제약으로 불가피한 것으로 인정되지 않는 한 동일성유지권 등의 저작인격권을 침해한 것이다.

서울고등법원 1994. 9. 27. 선고 92나35846 판결('방송 편성 분량 축소' 사건)

방송출연계약의 당사자 쌍방은 계약의 원만한 이행을 위해 상호협력의무를 부담하

게 되는데, 제작자인 방송법인은 제작하게 될 프로그램의 편성의도와 제작목적 및 주제, 출연계약의 상대방이 제작출연에 기여하게 될 형태(인터뷰 또는 토론)와 내용, 생방송되는가 또는 녹화방송되는가의 여부, 녹화방송시에는 프로그램의 편집 여부와 삭제와 수정이 필요한 경우에는 그 취지 및 정도, 프로그램 내에서 출연자의 순번, 비중, 주어질 질문의 내용, 범위 등을 소상히 설명하고 출연자로 하여금 예상하지 못한 취급으로 기만당하였다고 느끼게 하여서는 아니 될 신의칙상의 의무를 부담하며, 출연자로서는 제작자 측으로부터 방송내용에 관해 법적 책임이 발생할 부분이 있어 방송에 부적합한 내용의 삭제 또는 수정을 요청하는 경우에는 그에 응하여 수정편집에 협력하거나 의견을 제시할 신의칙상의 의무가 있다.

　방송매체를 관리하는 방송법인은 그 운영 방송채널을 통하여 송출한 내용 전반에 관하여 관리자로서 법적 책임을 부담하는 것이 원칙이지만, 구체적인 경우에 프로그램의 종류와 제작형태에 따라서 법적인 책임의 귀속과 부담의 정도는 달라진다. 매체가 단지 타인의 의견을 전달하는 데 불과한 순수한 채널 내지 의견의 시장으로서만 기능하는 경우에는 방송법인이 방송내용을 검토하여 이를 수정한다거나 삭제하는 것이 사실상 불가능할 뿐 아니라 이러한 경우 방송법인에 대하여 법적 책임이 인정된다면 방송의 매체로서의 전파기능을 저해하고 방송을 통한 언론의 자유를 부당하게 제약하는 결과가 생길 수 있기 때문에 거기에서 표현된 제3자의 표현내용에 대하여 방송법인에게 책임을 지게 할 수는 없다. 방송사 소속 임·직원의 표현내용이 법적으로 문제되는 경우에 이를 수정 삭제할 권한이 방송법인의 기관에게 인정되는 것은 물론이다. 방송국의 경영자인 방송법인은 형사상의 처벌법규에 위반하는 표현내용을 방송하거나 그 방송행위로 인하여 타인의 법익을 침해한 경우 그 실제상의 행위자와 함께 민·형사상의 법적인 책임을 지게 됨이 원칙이라 할 것이고, 이러한 법리의 당연한 귀결로서 방송법인은 편성과 방송을 행함에 있어서 방송내용에 관하여 심사할 권한과 의무를 갖게 된다. 사외의 제3자가 제작한 프로그램이나 저명한 인사 등이 스스로 출연하여 일정 주제에 관하여 개인적 소견을 진술하는 프로그램에 있어서 그 내용에 대한 법적인 책임은 원칙상 제작자 또는 원진술자인 제3자에 귀속되고 매체의 관리자인 방송공사가 위 제3자의 표현행위로 인해 법적인 책임을 지는 것은 예외적인 경우에 한한다. 즉, 외부의 제3자가 프로그램에 출연하여 방송법인이 편집제작하여 방송한 진술내용이 예컨대 명예훼손, 음란 또는 내란선동 등 다른 법익을 침해하는 것인 경우에 이를 전파한 방송법인은 그것이 자기의 의견이나 생각을 표현한 것이 아니라는 이유만으로 바로 면책될 수는 없기 때문에 이 경우에도 방송법인은 그 방송내용으로 인하여 방송법인에게 법적 책임이 부과될 사항을 심사하고 이를 배제할 수 있는 일반적인 관리자의 권한과 의무를 갖는다.

방송출연계약에 따라 60분 간 방송하기로 한 프로그램을 위해 63분에 걸쳐 강연을 녹화하였으나 강연자가 연술한 내용 중 23분에 해당하는 중요부분의 내용을 방송사가 임의로 삭제수정하여 40분 간 방송하였다면 방송사는 강연자와의 그 출연계약을 적극적으로 침해함과 동시에 강연자의 저작인격권(동일성유지권)을 침해한 것이므로 방송사는 그 고의에 의한 불완전이행이나 불법행위로 인하여 강연자가 입은 손해를 전보할 의무가 있다.

원고가 주장하는 내용 중 중요한 부분을 일관성 없이 23분 분량의 내용을 임의로 삭제 수정하여 40분간 방송함으로써 배타적 지배권으로서 대세적 효력을 갖는 원고의 저작인격권을 침해하였다.

서울고등법원 2002. 10. 15. 선고 2002나986 판결('뮤지컬 VOD 파일 쪼개기' 사건)

피고가 이 사건 뮤지컬의 녹화물을 14개의 부분으로 나누어 피고의 인터넷홈페이지에서 VOD방식으로 방송한 사실은 앞에서 본 바와 같으나, 각 기재 및 변론 전 취지에 의하면 피고는 이 사건 뮤지컬의 내용을 삭제하거나 순서를 바꾸는 등의 편집은 가하지 아니한 채 단순히 전체 뮤지컬의 일부씩을 발췌하여 나열한 것에 불과하고, 또 당시의 기술수준으로는 파일의 용량이나 전송속도의 제한 등으로 인하여 인터넷 방송을 하기 위해서는 전체 뮤지컬을 3~4분씩의 여러 파일로 나누어야 했던 사정 등을 인정할 수 있는바, 그렇다면 위와 같은 피고의 행위는 이 사건 뮤지컬에 실질적 개변을 가하여 그 동일성을 손상하였다고 보기 어려울 뿐만 아니라 가사 일부 동일성의 손상이 있다고 하더라도 이는 이용의 형태상 '부득이한 변경'에 해당한다고 볼 것이므로 동일성유지권을 침해하였다고 인정하기에 부족하다.

서울지방법원 2002. 7. 9. 선고 2001가단1247 판결('영화 무단 삭제·변경' 사건)

원고는 이 사건 영화에 대한 저작인격권의 한 내용으로서, 저작물의 내용 및 형식 등의 동일성을 유지할 수 있는 동일성유지권, 즉 저작물은 원형 그대로 존재하여야 하고 제3자에 의하여 무단히 변경, 삭제, 개변 등에 의하여 손상되지 않도록 이의할 수 있는 권리를 가진다.

피고는 이 사건 영화의 비디오 테이프 출시본을 제작하는 과정에서 저작자인 원고의 동의 없이 이 사건 영화의 내용을 전개하는데 의미 있는 일부 장면을 삭제하고 그 대신 정사장면을 추가로 삽입하는 등의 방법으로 원고의 저작물인 이 사건 영화를 임의로 편집하여 그 동일성을 훼손함으로써 이 사건 영화에 대한 원고의 저작인격권을 침해하였다.

제 3 절   저작재산권

1. 복 제 권

제16조(복제권) 저작자는 그의 저작물을 복제할 권리를 가진다.

(1) 의   의

복제권은 저작재산권의 기본적인 권리이다. 'copyright'이라고 하는 것이 바로 'copy' 즉 복제할 수 있는 권리이다. 저작자는 자신의 저작물을 복제하거나 타인이 이를 복제할 수 있도록 허락 혹은 금지할 수 있는 권리를 가진다. 즉, 저작권자의 허락 없이 저작물을 복제할 경우 복제권 침해가 성립한다. 복제는 인쇄, 사진촬영, 복사, 녹음, 녹화 그 밖의 방법으로 일시적 또는 영구적으로 유형물에 고정하거나 다시 제작하는 것을 말하며, 건축물의 경우에는 그 건축을 위한 모형 또는 설계도 서에 따라 이를 시공하는 것도 복제에 해당한다. 따라서 유형물에 고정 또는 다시 제작하는 경우가 아닌 타인 저작물의 무단 이용은 복제권 침해가 성립하지 않으며 저작재산권의 다른 지분권에 대한 침해로 다룰 수 있다.

베토벤이 음악가로서 상당한 재산을 모을 수 있었던 이유가 당시 음악을 고정할 수 있었던 수단인 악보를 판매하는 방식이었다고 하는데, 악보를 복제하는 권리는 베토벤이 가지고 있었던 수단이었던 것이다.

(2) 침해의 방식

복제권 침해가 성립하기 위해서는 반드시 전체의 복제가 이루어질 필요는 없다. 일부분만 복제하는 경우에도 복제된 부분이 저작물에 해당하고 그 양과 질이 실질 적인 정도라면 복제권이 침해된 것으로 본다. 여기서 실질적이란 복제된 부분과 원 저작물 사이에 동일성 내지 실질적 유사성이 존재하는 것을 의미한다. 저작물성이 인정되는 부분을 대상으로 하므로 문언적 표현이 복제된 경우뿐만 아니라 비문언적 표현이 복제되었다고 하더라도 복제된 비문언적 표현이 저작물성이 인정될 수 있는 표현이라면 복제권 침해가 인정된다. 여기서 중요한 점은 반드시 복제하였다고 하여 복제권 침해가 인정되지는 않는다는 점이다. 앞서 본 바와 같이 복제된 부분이 그 양과 질이 실질적이어야 복제권 침해가 성립하므로, 경우에 따라서는 남의 것을 베꼈으나 법적으로는 복제권 침해에 이르지 않는 경우가 존재할 수 있다.

복제의 방법이나 수단에는 아무런 제한이 없다. 유형물이기만 하면 종이, 나무 등 어느 것에 수록하더라도 모두 복제가 된다. 컴퓨터프로그램의 형태로 된 저작물을 하드디스크나 CD 등의 전자적 기록매체에 저장하는 것(디지털 복제)도 복제에 해당한다.

> **대법원 2007. 12. 14. 선고 2005도872 판결('소리바다' 사건)**
>
> 저작권법 제2조의 유형물에는 특별한 제한이 없으므로 컴퓨터의 하드디스크가 이에 포함됨은 물론이지만, 하드디스크에 전자적으로 저장하는 MPEG-1 Audio Layer-3(MP3) 파일을 일컬어 유형물이라고는 할 수 없을 것이므로, 음악 CD로부터 변환한 MP3 파일을 Peer-To-Peer(P2P) 방식으로 전송받아 자신의 컴퓨터 하드디스크에 전자적으로 저장하는 행위는 구 저작권법(2000. 1. 12. 법률 제6134호로 개정되기 전의 것, 이하 '구 저작권법'이라고 한다) 제2조 제14호에서 말하는 '유형물로 다시 제작하는 것'에 해당된다고는 할 수 없을 것이지만, 저작권법 제2조 제14호에서 말하는 '유형물에 고정하는 것'에는 해당된다고 할 것이다.

디지털 기기에 복제가 이루어진 것과 관련하여 저작권법은 일시적으로 저장되는 경우도 복제에 해당하는 것으로 본다. 일시적 저장은 주로 컴퓨터의 램(RAM)에 컴퓨터프로그램저작물이 저장되는 것을 복제로 볼 것인가에 대한 문제에서 논의가 시작된 것이다. 다만 이와 같이 일시적 저장을 복제로 인정하면 대다수의 웹 혹은 컴퓨터 이용자가 저작권 침해를 범하는 문제가 발생하므로 정당한 이용자에 대해서는 저작권 침해를 면책하는 규정을 따로 마련하고 있다.

> **대법원 2021. 6. 3. 선고 2020다244672 판결('MR파일 음원의 저작재산권자에 의한 음반제작자의 복제권 침해' 사건)**
>
> 저작권법 제2조 제5호는 음반제작자의 저작인접권의 대상이 되는 '음반'을 '음(음성 또는 음향)이 유형물에 고정된 것'으로, 같은 조 제6호는 '음반제작자'를 '음반을 최초로 제작하는 데 있어 전체적으로 기획하고 책임을 지는 자'로 규정하고 있다. 음반제작

자의 저작인접권은 최초의 제작행위를 통하여 생성된 음반에 관하여 그 음을 맨 처음 음반에 고정한 때부터 발생하는 것으로서 작사자나 작곡자 등 저작자의 저작물에 관한 저작재산권과는 별개의 독립된 권리이다. 따라서 저작인접물인 음반에 수록된 저작물의 저작재산권자라 하더라도 저작인접권자인 음반제작자의 허락 없이 그의 음반을 복제하는 것은 음반제작자의 복제권을 침해하는 행위에 해당하고, 이로 인하여 음반제작자에게 손해가 발생하였다면 그 손해를 배상할 책임을 부담한다.

이 사건 MR파일은 이 사건 각 음반과 마찬가지로 음이 유형물에 고정된 것으로서 저작권법이 정한 음반에 해당하고, 이에 대한 음반제작자의 저작인접권은 그 음을 맨 처음 음반에 고정한 때부터 발생한다. 따라서 피고가 이 사건 각 음반과 이 사건 MR파일에 수록된 음악저작물에 대하여 저작자로서 저작권을 가지는 것과 별개로, 원고는 이 사건 각 음반과 이 사건 MR파일의 제작을 전체적으로 기획하고 책임진 음반제작자로서 그 음반에 대하여 복제권 등의 저작인접권을 가진다. 그리고 피고가 비록 이 사건 MR파일에 수록된 음악저작물의 저작재산권자이기는 하지만, 이와 같이 이 사건 MR파일의 음반제작자로서 저작인접권자인 원고의 허락 없이 그의 음반을 복제한 이상, 이 사건 MR파일에 대한 원고의 복제권을 침해하였다고 볼 수 있다. 나아가 피고가 원고에게 이 사건 MR파일에 대한 정당한 대가를 지급하지 않고 위와 같은 행위를 함으로써 원고에게 적어도 위 금액 상당의 손해가 발생하였다고 볼 여지가 있고, 이는 이 사건 MR파일의 원본을 원고가 그대로 보유하고 있었다고 하더라도 마찬가지이다.

2. 공 연 권

제17조(공연권) 저작자는 그의 저작물을 공연할 권리를 가진다.

[질문] 코인노래방에서 혼자 노래하고 있는 것은 공연을 한 것인가?

저작자는 자신의 저작물을 공연하거나 타인이 이를 공연할 수 있도록 허락 혹은 금지할 수 있는 권리를 가진다. 공연권의 대상인 공연은 저작물 또는 실연, 음반, 방송을 상연, 연주, 가창, 구연, 낭독, 상연, 재생[111] 그 밖의 방법으로 공중에게 공개하는 것을 말하며, 동일인의 점유에 속하는 연결된 장소 안에서 이루어지는 송신(전송을 제외)을 포함한다.

---

111) 녹음 또는 녹화물을 재생의 방법으로 공중에게 공개하는 것을 공연권에 포함시킨 것은 매체물의 발달로 인하여 이러한 유형의 이용에 저작자의 상업적 이익이 현저하게 영향을 받는다는 점에서 비롯된 것이다. 김정완(2014), 133면.

공연권은 공중에게 공개할 것을 요건으로 한다. 공중은 사적인 관계로 연결되는 범위를 넘어서는 불특정 다수인(특정 다수인을 포함)을 의미한다. 그리고 불특정 다수인이란, 그 개성 또는 특성이나 상호간의 관계 등을 묻지 않는 2인 이상의 사람이라 할 수 있다.112) 이런 점에서 가족 및 친지 등으로 참석이 한정된 결혼식에서의 연주, 오케스트라 단원의 연습을 위한 연주, 가정에서 사적으로 이루어지는 연주 등은 공중을 대상으로 한 것이 아니어서 공연권을 침해한 것이 아니다.113) 반면, 노래방 기기에 저장된 음악저작물을 재생하는 방식으로 이용한 것은 공연에 해당한다는 것이 대법원 판결이다.

> **대법원 1996. 3. 22. 선고 95도1288 판결('노래반주기공연' 사건)**
>
> 일반 공중에게 공개한다 함은 불특정인 누구에게나 요금을 내는 정도 외에 다른 제한 없이 공개된 장소 또는 통상적인 가족 및 친지의 범위를 넘는 다수인이 모여 있는 장소에서 저작물을 공개하거나 반드시 같은 시간에 같은 장소에 모여 있지 않더라도 위와 같은 불특정 또는 다수인에게 전자장치 등을 이용하여 저작물을 전파, 통신함으로써 공개하는 것을 의미한다.
>
> 피고인이 경영하는 이 사건 노래방의 구분된 각 방실이 4~5인 가량의 고객을 수용할 수 있는 소규모에 불과하다고 하더라도, 피고인이 일반 고객 누구나 요금만 내면 제한 없이 이를 이용할 수 있는 공개된 장소인 위 노래방에서 고객들로 하여금 노래방 기기에 녹음 또는 녹화된 이 사건 음악저작물을 재생하는 방식으로 저작물을 이용하게 한 이상, 피고인의 위와 같은 행위는 일반 공중에게 저작물을 공개하여 공연한 행위에 해당된다.

한편, '동일인의 점유에 속하는 연결된 장소 안에서 이루어지는 송신'을 공연으로 본다는 것은 인접 개념인 방송과 명확한 구분을 제공하고자 한 것인데, 이 요건으로 인하여 공연의 상대방인 공중이 반드시 동일한 장소에 있어야 하는 것은 아니나 동일인의 점유에 속하는 연결된 장소 안에 있는 상태에서 이루어지는 송신도 공연으로 본다. 따라서 동일한 한 백화점의 전층이나, 한 열차의 모든 객실에 구내방송을 하는 것은 저작권법상 방송이 아니라 공연에 해당하게 된다. 다만, 동일인의 점

유에 속하지 않는 복합상가나 쇼핑몰 등의 경우에는 음악을 건물 내 복도 등에 들려주는 것이 '공연'이 아니라 '방송'에 해당하게 된다.

> **대법원 2015. 12. 10. 선고 2013다219616 판결('현대백화점' 사건)**
>
> 원심판결 이유에 의하면, ① 주식회사 케이티뮤직(이하 '케이티뮤직'이라고만 한다)은 음반제작자들로부터 디지털 음원을 받아 이를 음원 데이터베이스(DB)에 저장, 관리하면서 필요할 때마다 음원을 추출하여 사용한 사실, ② 피고는 케이티뮤직에 매월 '매장음악서비스이용료'를 지급하고, 케이티뮤직으로부터 인증받은 컴퓨터에 소프트웨어를 다운로드한 후 케이티뮤직이 제공한 웹페이지에 접속하여 아이디와 패스워드를 입력한 다음 케이티뮤직이 스트리밍 방식으로 전송하는 음악을 실시간으로 매장에 틀어 놓은 사실, ③ 케이티뮤직은 피고로부터 받은 위 '매장음악서비스이용료'의 일부를 원고들에게 디지털음성송신보상금이라는 명목으로 다시 지급한 사실, ④ 그런데 위 디지털음성송신보상금에 공연보상금은 포함되어 있지 않은 사실 등을 알 수 있다.
>
> 이러한 사실관계를 앞서 본 법리에 비추어 살펴보면, 케이티뮤직이 위 디지털음성송신보상금을 지급하고 음반제작자로부터 받은 디지털 음원은 저작권법 제76조의2 제1항, 제83조의2 제1항의 '판매용 음반'에 해당하고, 피고가 위 디지털 음원을 케이티뮤직으로부터 제공받고 스트리밍 방식을 통하여 매장에 틀어놓아 간접사용한 행위는 판매용 음반을 사용하여 공연한 행위에 해당한다.

공연권은 복제권과 엄격히 구분되는 것으로서 특정 저작물을 이용하기 위하여 복제만을 허락받은 경우에 공연을 위해서는 별도로 공연에 대한 허락을 받아야 한다.

3. 공중송신권

제18조(공중송신권) 저작자는 그의 저작물을 공중송신할 권리를 가진다.

저작자는 자신의 저작물을 공중송신하거나 타인이 이를 공중송신할 수 있도록 허락 혹은 금지할 수 있는 권리를 가진다. 공중송신이란 저작물, 실연·음반·방송 또는 데이터베이스 등을 공중이 수신하거나 접근하게 할 목적으로 무선 또는 유선통신의 방법에 의하여 송신하거나 이용에 제공하는 것을 말한다. 공중송신권은 온라인디지털 기술의 발달과 방송통신의 융합 등 새로운 저작물 이용형태를 수용할 수 있도록 2006년 신설된 권리로서 방송, 전송 및 디지털음성송신 및 기타의 송신행위를 모두 포괄하는 개념이다.

공중송신권은 저작재산권 가운데, 디지털미디어 환경에서 가장 많은 주목을 받고 있는 권리라고 할 수 있다.

방송은 공중송신 중 공중이 동시에 수신하게 할 목적으로 음·영상 또는 음과 영상 등을 송신하는 것을 말한다. 송신의 방법은 무선 또는 유선통신을 모두 포함하므로, 지상파방송·유선방송 및 위성방송 등 일련의 모든 방송이 이에 속하게 된다. 이때 생방송·재방송 및 원방송을 수신하여 이루어지는 중계방송도 모두 방송에 해당한다. 한편, 저작권법에서의 방송은 방송법상의 방송과 구분되며, 동일한 자의 점유에 속하는 연결된 장소 내에서 이루어지는 송신은 공연으로 규정하므로 방송이 아니라는 점을 주의하여야 한다.

전송은 공중송신 중 공중의 구성원이 개별적으로 선택한 시간과 장소에서 접근할 수 있도록 저작물 등을 이용에 제공하는 것을 말하며, 그에 따라 이루어지는 송신을 포함한다. 전송의 중요한 요소는 수신의 이시(異時)성으로, 이는 수신의 동시(同時)성을 요소로 하는 방송과 디지털음성송신과 구별된다. VOD 형태 등의 서비스는 수신의 이시성이 인정될 수 있으므로 방송이 아니라 전송에 해당하고, 인터넷방송이라 하더라도 서비스 시간을 이용자가 선택할 수 있다면 전송에 해당한다. 그리고 이용제공은 직접 해당 저작물이 이용자의 컴퓨터 등으로 송신이 이루어지지 않더라도 공중이 해당 저작물을 이용할 수 있는 상태(게시판에 업로드된 상태 등)에 놓여지기만 하더라도 이용제공된 것으로 본다. 한편, 공중이 대상이므로 특정한 사람에게 저작물을 송신하는 것(이메일, 메신저 등을 통한 송신)은 전송에 해당하지 않는다.

인터넷 링크행위와 관련하여 대법원은 대법원 2021. 9. 9. 선고 2017도19025 전원합의체 판결로 링크 행위자가 정범이 공중송신권을 침해한다는 사실을 충분히 인식하면서 침해 게시물 등에 연결되는 링크를 인터넷 사이트에 영리적·계속적으로 게시하는 등으로 공중의 구성원이 개별적으로 선택한 시간과 장소에서 침해 게시물에 쉽게 접근할 수 있도록 하는 정도의 링크행위를 한 경우에는 침해 게시물을 공중의 이용에 제공하는 정범의 범죄를 용이하게 하므로 공중송신권 침해의 방조범이 성립한다고 하여 판례를 변경하였다.[114)]

대법원 2009. 11. 26. 선고 2008다77405 판결('인터넷링크' 사건)(=공중송신권을 침해하는 게시물이나 웹페이지에 연결되는 링크를 하더라도 링크는 전송권(공중송신권) 침해행위의 구성요건인 '전송(공중송신)'에 해당하지 않는다는 이유로 전송권 침해가 성립하지 않는다고 본 판결)[115]

인터넷에서 이용자들이 접속하고자 하는 웹페이지로의 이동을 쉽게 해 주는 기술을 의미하는 인터넷 링크 가운데 이른바 심층링크(deep link) 또는 직접링크(direct link)는 웹사이트의 서버에 저장된 저작물의 인터넷 주소(URL)와 하이퍼텍스트 태그(tag) 정보를 복사하여 이용자가 이를 자신의 블로그 게시물 등에 붙여두고 여기를 클릭함으로써 웹사이트 서버에 저장된 저작물을 직접 보거나 들을 수 있게 하는 것으로서, 인터넷에서 링크하고자 하는 저작물의 웹 위치 정보 내지 경로를 나타낸 것에 불과하다. 따라서 이는 구 저작권법 제2조 제14호에 규정된 '유형물에 고정하거나 유형물로 다시 제작하는 것'에 해당하지 아니하고, 또한 저작물의 전송의뢰를 하는 지시 또는 의뢰의 준비행위로 볼 수 있을지언정 같은 조 제9호의2에 규정된 '송신하거나 이용에 제공하는 것'에 해당하지도 아니한다. 그러므로 위 심층링크 내지 직접링크를 하는 행위는 구 저작권법이 규정하는 복제 및 전송에 해당하지 않는다.

대법원 2015. 3. 12. 선고 2012도13748 판결('인터넷링크' 사건)[116]

이른바 인터넷링크는 인터넷에서 링크를 하고자 하는 웹 페이지나, 웹 사이트 등의 서버에 개개의 저작물 등의 웹 위치 정보나 경로를 나타낸 것에 불과하여, 비록 인터넷 이용자가 링크 부분을 클릭함으로써 링크가 된 웹 페이지나 개개의 저작물에 직접 연결된다 하더라도 위와 같은 링크를 하는 행위는 저작권법이 규정하는 복제 및 전송에 해당하지 아니한다.

---

114) [심화학습] 이해완, "인터넷 링크와 저작권 침해 책임", 성균관법학, 제27권 제3호, 2015; 이철남, "불법 링크 행위로 인한 저작권 침해의 법적 쟁점과 해결 방안", 저작권문화, 제293호, 2019; 신현철, "링크행위의 저작권 침해 가능성-한국 대법원 2017다222757 판결과의 비교법연구-", 부산대학교 법학연구, 제59권 제1호, 2018; 최기성, "SNS상 인라인 링크의 저작권 침해-일본 최고재판소 리트윗 판결을 중심으로-", 전북대학교 동북아법연구, 제14권 제3호, 2021 참조.

115) 대법원 2021. 9. 9. 선고 2017도19025 전원합의체 판결에 의해서 폐기됨.

116) 대법원 2021. 9. 9. 선고 2017도19025 전원합의체 판결에 의해서 폐기됨. 이 사건에 대한 평석으로는 홍승희, "인터넷링크행위와 저작권침해-대법원 2015. 3. 12. 선고 2012도13748 판결-", 형사판례연구, 제24권, 2016; 박성민, "저작권침해행위의 계속범 성립 여부에 관한 형법적 고찰-대법원 2015. 3. 12. 선고 2012도13748 판결을 중심으로-", 비교형사법연구, 제19권 제4호, 2018.

대법원 2021. 9. 9. 선고 2017도19025 전원합의체 판결[저작권법위반방조]
('인터넷링크' 사건)(=공중송신권 방조행위 인정사례)

공중송신권을 침해하는 게시물이나 그 게시물이 위치한 웹페이지 등(이하 통틀어 '침해 게시물 등'이라 한다)에 연결되는 링크를 한 행위라도, 전송권(공중송신권) 침해행위의 구성요건인 '전송(공중송신)'에 해당하지 않기 때문에 전송권 침해가 성립하지 않는다. 이는 대법원의 확립된 판례이다. 링크는 인터넷에서 링크하고자 하는 웹페이지나 웹사이트 등의 서버에 저장된 개개의 저작물 등의 웹 위치 정보 또는 경로를 나타낸 것에 지나지 않는다. 인터넷 이용자가 링크 부분을 클릭함으로써 침해 게시물 등에 직접 연결되더라도, 이러한 연결 대상 정보를 전송하는 주체는 이를 인터넷 웹사이트 서버에 업로드하여 공중이 이용할 수 있도록 제공하는 측이지 그 정보에 연결되는 링크를 설정한 사람이 아니다. 링크는 단지 저작물 등의 전송을 의뢰하는 지시나 의뢰의 준비행위 또는 해당 저작물로 연결되는 통로에 해당할 뿐이므로, 링크를 설정한 행위는 전송에 해당하지 않는다. 따라서 전송권(공중송신권) 침해에 관한 위와 같은 판례는 타당하다. (중략)

[다수의견] (가) 공중송신권 침해의 방조에 관한 종전 판례는 인터넷 이용자가 링크 클릭을 통해 저작자의 공중송신권 등을 침해하는 웹페이지에 직접 연결되더라도 링크를 한 행위가 '공중송신권 침해행위의 실행 자체를 용이하게 한다고 할 수는 없다.'는 이유로, 링크 행위만으로는 공중송신권 침해의 방조행위에 해당한다고 볼 수 없다는 법리를 전개하고 있다. 링크는 인터넷 공간을 통한 정보의 자유로운 유통을 활성화하고 표현의 자유를 실현하는 등의 고유한 의미와 사회적 기능을 가진다. 인터넷 등을 이용하는 과정에서 일상적으로 이루어지는 링크 행위에 대해서까지 공중송신권 침해의 방조를 쉽게 인정하는 것은 인터넷 공간에서 표현의 자유나 일반적 행동의 자유를 과도하게 위축시킬 우려가 있어 바람직하지 않다. 그러나 링크 행위가 어떠한 경우에도 공중송신권 침해의 방조행위에 해당하지 않는다는 종전 판례는 방조범의 성립에 관한 일반 법리 등에 비추어 볼 때 재검토할 필요가 있다. 이는 링크 행위를 공중송신권 침해의 방조라고 쉽게 단정해서는 안 된다는 것과는 다른 문제이다. (중략)

정범이 침해 게시물을 인터넷 웹사이트 서버 등에 업로드하여 공중의 구성원이 개별적으로 선택한 시간과 장소에서 접근할 수 있도록 이용에 제공하면, 공중에게 침해 게시물을 실제로 송신하지 않더라도 공중송신권 침해는 기수에 이른다. 그런데 정범이 침해 게시물을 서버에서 삭제하는 등으로 게시를 철회하지 않으면 이를 공중의 구성원이 개별적으로 선택한 시간과 장소에서 접근할 수 있도록 이용에 제공하는 가벌적인 위법행위가 계속 반복되고 있어 공중송신권 침해의 범죄행위가 종료되지 않았으므로, 그러한 정범의 범죄행위는 방조의 대상이 될 수 있다. (중략)

저작권 침해물 링크 사이트에서 침해 게시물에 연결되는 링크를 제공하는 경우 등과 같이, 링크 행위자가 정범이 공중송신권을 침해한다는 사실을 충분히 인식하면서 그러한 침해 게시물 등에 연결되는 링크를 인터넷 사이트에 영리적·계속적으로 게시하는 등으로 공중의 구성원이 개별적으로 선택한 시간과 장소에서 침해 게시물에 쉽게 접근할 수 있도록 하는 정도의 링크 행위를 한 경우에는 침해 게시물을 공중의 이용에 제공하는 정범의 범죄를 용이하게 하므로 공중송신권 침해의 방조범이 성립한다. 이러한 링크 행위는 정범의 범죄행위가 종료되기 전 단계에서 침해 게시물을 공중의 이용에 제공하는 정범의 범죄 실현과 밀접한 관련이 있고 그 구성요건적 결과 발생의 기회를 현실적으로 증대함으로써 정범의 실행행위를 용이하게 하고 공중송신권이라는 법익의 침해를 강화·증대하였다고 평가할 수 있다. 링크 행위자에게 방조의 고의와 정범의 고의도 인정할 수 있다. (중략)

저작권 침해물 링크 사이트에서 침해 게시물로 연결되는 링크를 제공하는 경우 등과 같이, 링크 행위는 그 의도나 양태에 따라서는 공중송신권 침해와 밀접한 관련이 있는 것으로서 그 행위자에게 방조 책임의 귀속을 인정할 수 있다. 이러한 경우 인터넷에서 원활한 정보 교류와 유통을 위한 수단이라는 링크 고유의 사회적 의미는 명목상의 것에 지나지 않는다. 다만 행위자가 링크 대상이 침해 게시물 등이라는 점을 명확하게 인식하지 못한 경우에는 방조가 성립하지 않고, 침해 게시물 등에 연결되는 링크를 영리적·계속적으로 제공한 정도에 이르지 않은 경우 등과 같이 방조범의 고의 또는 링크 행위와 정범의 범죄 실현 사이의 인과관계가 부정될 수 있거나 법질서 전체의 관점에서 살펴볼 때 사회적 상당성을 갖추었다고 볼 수 있는 경우에는 공중송신권 침해에 대한 방조가 성립하지 않을 수 있다. (중략)

[대법관 조재연, 대법관 김선수, 대법관 노태악의 반대의견] 다음과 같은 이유로 다수의견에 동의할 수 없다. 첫째, 다수의견은 규제와 처벌의 필요성을 내세워 저작권 침해물 링크 사이트에서 침해 게시물에 연결되는 링크를 제공하는 링크 행위를 처벌하고자 형법 총칙상 개념인 방조에 대한 확장해석, 링크 행위 및 방조행위와 정범의 범죄 사이의 인과관계에 관한 확장해석을 통해 형사처벌의 대상을 확대하고 있는데, 이는 형사처벌의 과잉화를 초래하고 사생활 영역의 비범죄화라는 시대적 흐름에 역행하는 것이다. 둘째, 다수의견은 방조범 성립 범위의 확대로 말미암아 초래될 부작용을 축소하고자 영리적·계속적 형태의 링크 행위만을 방조범으로 처벌할 수 있다고 하나, 이는 일반적인 방조범의 성립과 종속성, 죄수 등의 법리에 반하고, 법원으로 하여금 방조범의 성립이 문제 될 때마다 그 성립 요건을 일일이 정해야만 하는 부담을 지우며, 죄형법정주의 원칙에 따른 법적 안정성과 예측가능성에 커다란 혼란을 가져올 수밖에 없다. 셋째, 저작권 침해물 링크 사이트에서 침해 게시물에 연결되는 링크를 제공하는 링

크 행위에 대하여 종전 판례를 변경하여 유죄로 판단할 정당성은 인정되기 어렵다. 비록 저작권 침해물 링크 사이트에서의 영리적·계속적 링크 행위의 폐해가 증가하고 있다고 하더라도 이에 대해서는 입법을 통해 대처하는 것이 바람직하다. 링크 행위의 유형화와 그에 따른 처벌의 필요성 및 근거 조항 마련을 위한 입법 논의가 이루어지고 있는 현시점에서 대법원이 구성요건과 기본 법리를 확장하여 종전에 죄가 되지 않는다고 보았던 행위에 관한 견해를 바꾸어 형사처벌의 범위를 넓히는 것(사실상 소급처벌에 해당한다)은 결코 바람직하지 않다. 충분한 논의를 통해 사회적 합의를 끌어내고, 그에 따른 입법적 결단을 기다려주는 것이 올바른 제도 도입을 위해서도 필요하다. 결론적으로 쟁점에 관한 종전 판례의 견해는 여전히 타당하므로 유지되어야 한다.

서울남부지방법원 2013. 9. 26. 선고 2012노1559 판결('음악서비스' 사건)

위에서 본 바와 같은 저작권법의 규정 및 '전송'과 '디지털음성송신'의 특성, 인정사실에 더하여 원심이 적법하게 채택·조사한 증거들에 의하여 인정되는 다음과 같은 점, 즉 ① 먼저 이 사건 서비스 중 '방송듣기'는 음원을 듣고 싶어 하는 이용자가 ○○사이트에 접속하여 콘텐츠(음원)를 보내줄 것을 요구하는 것은 필요하지만(매체의 쌍방향성) 이용자 누구나 같은 시간에 같은 내용의 음원을 들을 수 있도록 제공되는 것(수신의 동시성, 실시간형)인 반면, '방송하기'는 음원을 듣고 싶은 사람이 자신이 선택한 시간과 장소에서 자신이 선택한 음원을 처음부터 들을 수 있는 것(수신의 이시성, 주문형) 이어서 스트리밍 방식에 의한 주문형 VOD서비스와 실질적인 차이가 없는 점(다만, 반드시 2곡 이상을 선택하여야 하고 1곡을 반복해서 듣거나 듣고 있던 도중에 이를 중지하고 바로 다른 음원을 들을 수 없다는 한계가 있기는 하나, 듣고싶은 2곡을 선택하고 '방송하기'버튼을 누른 다음 반복재생버튼을 누르면 반복적으로 2곡을 계속 들을 수 있으므로, 위와 같은 한계는 제한적이다), ② 나아가 피고인들은 위 ○○사이트에, 이용자 자신이 원하는 시간과 장소에서 '방송하기'서비스를 통해 원하는 음원을 선택하고, 선택한 음원을 들을 수 있도록 이 사건 피해자들의 음원을 포함한 수많은 음원을 업로드 해 놓은 점, ③ 이 사건 보상금 지급계약에 따르면, 피고인 주식회사 ○○가 제공하는 웹사이트, 설비 등을 통하여 일반 공중을 대상으로 송출하는 디지털음성송신서비스를 이용할 수 있도록 허용된 회원 역시 저작물 등을 별도로 편성하여 청취자를 대상으로 송출하는 디지털음성송신을 할 수 있도록 한 사실은 앞서 본 바와 같으나 '저작물 등을 별도로 편성하여'에서 말하는 '저작물 등'은 피고인들이 ○○사이트에 업로드 해놓은 '저작물 등'이 아니라 회원 자신이 개인적으로 적법하게 취득한 '저작물 등'이라고 봄이 상당한 점 등의 여러 사정을 종합해 보면, 피고인들이 위 ○○사이트에

> 피해자들의 음원을 포함한 수많은 음원을 업로드한 것 자체가 이미 저작권법상 '전송'
> 에 해당할 뿐만 아니라, 이 사건 서비스 중 '방송하기'는 '전송'에 해당함이 명백하다.

전송으로 볼 수 있는지와 관련하여 주로 쟁점이 된 것으로는 링크와 스트리밍이
대표적이다. 링크에 관하여는 앞서 복제권에서 살펴본 바와 동일하게 전송으로 인
정하지 않는 것이 판례의 입장이다. 스트리밍의 경우에는 일단 디지털화를 통해 복
제가 수반된 음원을 인터넷상에서 이용자가 접속하여 바로 들을 수 있도록 제공하
는 행위는 전송에 해당하는 것으로 볼 수 있다.[117)]

디지털음성송신은 공중송신 중 공중으로 하여금 동시에 수신하게 할 목적으로
공중의 구성원의 요청에 의하여 개시되는 디지털 방식의 음성의 송신을 말하며, 전
송을 제외한다. 디지털음성송신은 웹캐스팅을 포함하는 개념으로서 방송은 아니지
만 방송과 유사하게 공중이 동시에 수신할 수 있도록 정보통신망을 통해 디지털 방
식의 음성 또는 음향을 송신하는 것을 지칭한 것이다.[118)]

공중송신권의 각 구성 요소인 방송, 전송 및 디지털음성송신은 각기 어떤 유형
의 이용에 해당하는지에 따라 상이한 법적 요건이 부여된다는 점에 그 구별의 실익
을 갖는다. 예를 들면, 방송은 비영리 방송의 경우 저작권 허락이 면제될 수 있으나
전송은 그렇지 못하고, 전송의 경우 이용의 요건이 디지털음성송신에 비하여 복잡
하다.

> ### 서울지방법원 2003. 9. 30. 자 2003카합2114 결정('벅스뮤직' 사건)
> 이 사건 음악청취 서비스는 개별적인 이용자들이 서로 다른 시간에 동일한 내용의
> 음악청취 서비스를 이용할 수 있음을 특징으로 하므로 설령 다수의 이용자가 같은 시
> 간에 동일한 내용의 음악청취 서비스를 받을 가능성이 있다 하더라도 그 이유만으로
> 저작권법 제2조 제8호의 동시성의 요건을 충족하지는 못하여 방송에 해당한다고 볼 수
> 없고 (후략)

---

117) 이해완(2015), 498면.
118) 오승종(2016), 536면.

[공중송신권의 구분]

이용형태	특징			비고
	동시성	쌍방향성	주문형	
방송	○	×	×	-
전송	×	○	○	-
디지털음성송신	○	○	×	음성·음향에 한정

4. 전 시 권

제19조(전시권) 저작자는 미술저작물등의 원본이나 그 복제물을 전시할 권리를 가진다.

[질문] 철 지난 달력에 있는 사진을 표구하여 본인이 운영하는 병원에 걸어두는 것은 전시에 해당하는가?

저작자는 자신의 미술저작물 등의 원본이나 그 복제물을 전시하거나 타인이 이를 전시할 수 있도록 허락 혹은 금지할 수 있는 권리를 가진다. 여기서 미술저작물 등이라 함은 공표권에 대한 규정에서 정한 바와 같이 미술저작물, 건축저작물 또는 사진저작물을 의미하는 것으로 볼 수 있다. 이에 어문저작물이나 음악저작물 등은 전시권의 대상이 될 수 없다.

> **대법원 2010. 9. 9. 선고 2919도4468 판결('칼빈주의 예정론' 사건)**
>
> 원심은 피고인이 피해자 공소외인과 공동 번역하여 출판하였던 '칼빈주의 예정론' 번역본을 피해자의 허락을 받지 아니하고 피고인이 단독 번역한 것으로 표시하여 A선교연구원 인터넷 홈페이지에 링크된 도서출판B 사이트에 전시하여 피해자의 저작재산권을 침해함과 동시에 저작자 아닌 자를 저작자로 표시하여 저작물을 공표하였다는 이 사건 공소사실을 모두 유죄로 인정한 제1심판결을 그대로 유지하였다. 그러나 앞서 본 법리에 비추어 보면, 피해자와 피고인이 공동 번역한 '칼빈주의 예정론' 번역본은 어문저작물에 해당하는 것이어서 전시의 방법으로는 A선교연구원 인터넷 홈페이지에 링크된 도서출판B 사이트에 게시하였다 하더라도 전시의 방법에 의한 저작재산권 침해죄를 구성하지는 아니한다.

전시는 저작물의 원본 혹은 복제물을 불문하고 일반인이 자유롭게 이를 관람할 수 있는 것을 전제로 하기 때문에 공중에 공개하는 것이 아닌 가정 및 이에 준하는 장소 내에서의 진열 등은 전시권이 미치지 않는다.

그런데 저작자가 원작품을 제3자에게 양도한 경우에는 원작품의 소유자와 저작권자가 상이할 수 있으며,[119] 이때는 미술저작물 등의 전시에 관하여 저작권자와 작품의 소유자 간 충돌이 있을 수 있다. 이에 저작권법은 특별규정을 두어 이 문제를 해결하고 있다. 첫째, 미술저작물 등의 원본의 소유자나 그의 동의를 얻은 자는 원본에 의하여 전시할 수 있고, 다만 가로·공원·건축물의 외벽 그 밖의 일반 공중에게 개방된 장소에 항시 전시하는 경우에는 그 저작권자의 허락을 받아야 한다. 둘째, 저작자가 미공표된 미술저작물 등의 원본을 양도한 경우에는 그 상대방에게 저작물의 원본의 전시방식에 의한 공표를 동의한 것으로 추정한다. 이 두 규정은 저작물의 원본에 한해서만 적용할 수 있으므로 복제물에 관하여는 적용되지 않는다. 셋째, 위탁에 의한 초상화 또는 이와 유사한 사진저작물의 경우에는 위탁자의 동의가 없는 때에는 이를 이용할 수 없다. 이는 위탁자의 초상권 보호를 위한 것이다.

> **서울중앙지방법원 2004. 11. 11. 선고 2003나51230 판결('달력사진' 사건)**
>
> 사진저작물을 대여함에 있어 액자·전시·게시, 포스터, 달력, 신문광고 및 잡지·광고 등 용도별, 매체별로 사용가격에 차별을 두고 있는데 달력용 사진에 비하여 액자용 사진의 대여료가 더 고가인 사실, 원고의 사진저작물을 위 갑에게 대여하였고, 이에 위 갑은 이 사건달력의 각 월의 계절적 특성에 부합하는 사진을 해당월에 게재하여 달력을 제작한 사실, 원고는 위 갑에게 이 사건 각 사진을 달력에 게재하는 용도로 그 사용을 허락한 사실 등을 인정할 수 있는바, 이 사건 달력에 게재된 이 사건 각 사진은 각 월별의 계절적 특성을 시각적으로 표현하기 위하여 날짜·요일과 함께 게재된 것인데 사진이 달력으로부터 분리될 경우에 이러한 시각적 효과를 기대할 수 없을 뿐만 아니라 분리된 사진을 통하여는 날짜와 요일을 전혀 알 수 없으므로 이는 이미 달력의 일부라 할 수 없고 단지 독자적인 사진예술품으로 인식되는 점, 달력을 판매함에 있어 전시를 허락한 직접적인 대상은 어디까지나 달력 전체이고 그 안에 포함된 사진은 달력 전체를 하나의 저작물로 전시할 수 있는 범위 내에서 부수적으로 그 사진에 대한

---

119) 저작권의 양도가 포함되지 않은 작품 자체만의 양도가 이루어지는 경우이다. 일반적인 미술작품 매매의 형태이다.

전시도 허락된 것에 불과한 점, 달력에서 사진을 분리하여 이를 독자적으로 전시하는 것은 달력의 일부로서가 아니라 새로운 사진작품을 전시하는 것에 해당되는 점, 인쇄 기술의 발달로 인하여 달력에 게재된 사진과 필름으로부터 바로 인화한 사진의 구별이 용이하지 않은 점, 원고가 사진저작물을 대여함에 있어 액자로 전시하는 경우에 달력에 게재하는 경우를 구별하고 있는 점, 그 밖에 이 사건 변론에 나타난 제반사정을 감안하면, 달력에서 사진을 오려낸 후 액자에 표구해 일반공중이 볼 수 있는 장소에 전시하는 행위는 허락된 범위를 넘는 것이라 할 것이고, 원고의 전시권을 침해했다고 할 것이다.

5. 배 포 권

제20조(배포권) 저작자는 저작물의 원본이나 그 복제물을 배포할 권리를 가진다. 다만, 저작물의 원본이나 그 복제물이 해당 저작재산권자의 허락을 받아 판매 등의 방법으로 거래에 제공된 경우에는 그러하지 아니하다.

(1) 의 의

저작자는 자신의 저작물 원본이나 그 복제물을 배포하거나 타인이 이를 배포할 수 있도록 허락 혹은 금지할 수 있는 권리를 가진다. 배포는 저작물의 원본 또는 그 복제물을 공중에게 대가를 받거나 받지 않고 양도 또는 대여하는 것을 의미한다. 그런데 배포의 개념은 유형물의 형태로 이루어진다는 점이 전제되어 있으므로 공중송신 등과 같이 무형적인 형태로 이루어지는 경우에는 배포권이 미치지 않는다. 즉, 파일 등을 인터넷을 통하여 타인에게 제공하는 것은 전송에 해당할 뿐이며, 배포에 해당하는 것은 아니다.

서울지방법원 2003. 9. 30. 자 2003카합2114 결정('벅스뮤직' 사건)

신청인은, 피신청인이 별지 목록 기재 각 곡의 음원을 컴퓨터압축파일로 변환하여 이 사건 사이트 서버의 보조기억장치에 저장한 후 이 사건 사이트에 접속한 이용자들에게 이 사건 음악청취 서비스를 제공함으로써 신청인이 신탁관리하는 음반제작자의 배포권을 침해하였다고 주장한다. 살피건대, 법상 '배포'라 함은 '저작물의 원작품 또는 그 복제물을 일반 공중에게 대가를 받거나 받지 아니하고 양도 또는 대여하는 것'을 뜻하는바(제2조 제15호), 위 인정사실과 같이 이용자들이 선택한 곡에 해당하는 컴퓨터압축파일을 스트리밍 방식에 의하여 이용자의 컴퓨터에 전송하고 실시간으로 재생되도록 하는 것이 저작물의 원작품이나 그 복제물을 일반공중에게 양도 또는 대여하는 것에 해당한다고 볼 수 없고, 달리 피신청인이 배포권을 침해하였다고 소명할 만한 자료가 없으므로 이 부분 주장은 받아들일 수 없다.

(2) 권리소진원칙(exhaustion of right; 최초판매원칙, first sale doctrine)

저작권법상의 권리소진은 '배포권(저작권법 제20조)'에서 문제된다. 배포권을 너무 강하게 인정하게 되면 저작물 및 그 복제물의 거래 시 매번 배포에 대한 허락을 얻어야 하므로 저작물 등의 거래에 상당한 불편이 따르게 된다. 이는 저작물의 거래를 위축시키는 결과를 초래할 것이어서 저작권법의 목적과는 상이한 방향에 서게 된다. 따라서 저작권법은 배포권의 예외로서 '권리소진원칙'(최초판매원칙)을 인정하여, 저작물의 원본이나 그 복제물이 해당 저작재산권자의 허락을 받아 판매 등의 방법으로 거래에 제공된 경우에는 배포권이 제한된다는 점을 명시하고 있다. 권리소진원칙이 적용되는 범위는 배포의 대상이 되는 특정 유형물에 한정된다. 이에 따라 서적이나 음반 등을 적합하게 구입한 경우 이들을 재판매하거나 대여하는 것은 자유롭게 이루어질 수 있다. 한편, 배포권이 소진될 뿐이고 복제권, 공연권 등 그 외 저작재산권 등은 그대로 남아 있다.

> **서울중앙지방법원 2022. 5. 20. 선고 2019가합513216 판결[저작권침해로 인한 영상물 배포금지 등]**
>
> > 〈생각할 점〉 이 사건에서 피고는 권리소진을 주장하였으나 소진주장은 배척되었다. 그러나 권리소진이 어떤 맥락에서 논점이 될 수 있는지는 보여준다고 생각된다. 이 사건에는 관련 민사 및 형사사건이 있었다.

[저작물성] (＝긍정: 원고 안택선 및 관선은 기존의 고증자료와 구별되는 저작자 나름의 창조적 개성이 드러난 저작물로서 저작권법이 요구하는 창작성을 갖추었다.)

1) 저작권법에 의하여 보호되는 저작물의 요건으로서 창작성이 요구되나, 여기서 말하는 창작성이란 완전한 의미의 독창성을 말하는 것은 아니며 단지 어떠한 작품이 남의 것을 단순히 모방한 것이 아니고 작자 자신의 독자적인 사상 또는 감정의 표현을 담고 있음을 의미할 뿐이어서 이러한 요건을 충족하기 위하여는 단지 저작물에 그 저작자 나름대로의 정신적 노력의 소산으로서의 특성이 부여되어 있고 다른 저작자의 기

존의 작품과 구별할 수 있을 정도이면 충분하다(대법원 2014. 12. 11. 선고 2012다76829 판결 등 참조).

2) 안택선

① 기존의 고증자료에 의하면, 안택선은 목재 소재의 대형 군함으로 일본군의 대장선으로 사용되었고, 외관상 넓적한 판으로 되어 있으며, 갑판 위에 누각으로 된 사령탑이 있고, 측면에는 방패판을 둘러 그 가운데에 활과 총을 쏠 수 있는 구멍이 있다는 점등 기본적이고 공통된 특징은 있으나, 고전 문헌과 회화, 이를 바탕으로 후대에 복원된 회화·모형 등에서 이러한 안택선의 구체적인 디자인이나 형태, 구조, 세부장식 등은 통일적이거나 획일적이지 않고 매우 다양하게 나타나고 있다.

② 기존의 고증자료를 바탕으로 복원한 것으로 보이는 안택선 회화 내지 이미지(을제6호증)를 보면, 해당 안택선은 자연적인 목재 색상에 가깝고 그 선체 외부에 특별히 금박 십자·격자 장식 등은 보이지 않는다. 반면에 원고 안택선은 장군선인 안택선의 역할과 왜군의 위압적인 분위기, 낡은 조선 수군 배와의 대비적인 느낌을 강조하기 위하여 검은 색에 가까운 어두운 색조로 선체를 만들었고, 이와 대비되는 화려하고 선명한 금박 십자·격자 장식을 입혔다. 기존의 고증자료 중 일부 고전 회화(갑 제10, 29호증, 을 제15호증 등)를 보면, 어두운 색조의 선체와 대비되는 화려한 치장을 한 안택선의 모습을 여럿 볼 수 있기는 하지만, 그 구체적인 디자인, 형태, 구조, 세부장식 등은 모두 상이하고, 원고 안택선의 그것과 동일하다거나 유사한 것을 찾기 어렵다. 위 금박십자·격자 장식은 일본 사찰 등 건축양식에서 사용되어 온 문양과 매우 비슷한 형태인 것으로 보이기는 하지만, 이것이 선박 장식에도 널리 사용되어 왔다는 고증자료는 발견되지 않는데다가, 위와 같은 장식이 반드시 원고 안택선과 같은 크기, 모양, 위치, 개수로 배열되고 장식되어야 할 고증상의 제약이나 이유도 보이지 않는다.

③ 특히 원고 안택선의 충파돌기는 원고 영화의 영화감독이 배와 배를 부딪쳐 배를 침몰시키는 소위 '충파'라는 전투장면을 촬영하면서 극적인 연출을 위하여 즉흥적으로 미술감독에게 지시하여 추가된 소품으로, 디자인 시안 및 설계도 작성, 소품 제작 시에는 존재하지 않았던 부분이고, 위 충파돌기 역시 기존의 고증자료에서는 발견되지 않는다.

④ 위와 같은 특징적인 디자인이나 형태, 구조, 세부장식 요소들이 기존 고증자료에 나타나는 것이라고 하더라도, 과거 안택선이 획일화된 디자인이나 형태, 구조, 세부장식의 것만이 존재하여 온 것이 아닌 이상 위와 같은 특징 요소들을 구체적으로 어떻게 선택하고 표현하는지는 창작자 나름의 개성과 주관적인 의도·해석이 개입될 수밖에 없다. 원고로서도 원고 안택선을 디자인하는 과정에서 목재적인 느낌, 어두운 느낌, 화

려한 느낌 등 구체적인 색채와 세부장식을 달리하는 3가지 시안을 만들어 검토하였고, 앞서 본 바와 같은 의도로 나름의 개성을 부여한 최종 디자인을 확정하였다.

3) 관 선

① 기존의 고증자료에 의하면, 관선은 목재 소재의 중형 군함으로 조선의 판옥선보다 선체높이가 낮고 크기가 작으며, 날렵하고 가벼워 상대를 쫓거나 침략하기에 적합한 배로, 앞부분에 고깔모양이 있고 전체적으로 넓적한 판 모양의 밋밋한 구성으로 되어 있다는 점 등 기본적인 특징이 있으나, 마찬가지로 그 외에는 고전 문헌과 회화, 이를 바탕으로 후대에 복원된 회화·모형 등에서 이러한 관선의 구체적인 디자인이나 형태, 구조, 세부장식 등은 매우 다양하게 나타나고 있다.

② 원고 관선은 낡은 조선 수군의 선박과 대비되는 느낌을 살리고 안택선과 함께 집단적 위압감을 갖도록 원고 안택선과 동일하게 목선의 색깔을 검정에 가까운 짙은 갈색으로 입히고, 목선의 옆면 패널의 이음매의 격자부분마다 금색으로 요(凹)자 무늬로 채색하였는데, 이러한 원고 관선의 색채 및 무늬와 세부적으로 동일하거나 유사한 관선 역시 기존의 고증자료에서는 발견되지 않는다.

③ 원고 관선 또한 그 디자인 과정에서 원고가 목재적인 느낌, 어두운 느낌, 화려한 느낌 등 구체적인 색채와 세부장식을 달리하는 3가지 시안을 만들어 검토하였고, 앞서 본 바와 같은 의도로 나름의 개성을 부여하면서, 특히 기존의 고증자료에 나타난 모습보다 더욱 날렵함을 강조하여 그 최종 디자인을 확정하였다.

4) 앞서 본 원고 안택선 및 관선의 제작과정을 보면, 원고 미술팀이 고안한 안택선 및 관선의 디자인을 바탕으로 소품을 제작하여 촬영하고, 이를 토대로 3D 모델링 소스를 만들었다. 원고 안택선 및 관선의 외형에 대한 이러한 콘셉트 디자인은 이를 형상화한 선박 소품 및 3D 모델링 소스(에셋)와 구분되어 그 독자성을 인정할 수 있으므로, 원고 안택선 및 관선은 저작권법상 미술저작물로서 그 보호대상이 된다.

[권리소진](＝소극)

피고들은 다음과 같이 주장한다. 즉, 원고가 이미 관련 민사사건에서 F를 상대로 피고 안택선 및 관선이 원고 안택선 및 관선에 대한 원고의 저작권을 침해하였다는 이 사건과 동일한 사실관계를 원인으로 하여 손해배상을 청구하였고, 위 F의 침해이익은 피고 드라마에 피고 안택선 및 관선을 이용함으로써 얻게 되는 이익이므로 이 사건 피고들의 침해이익과 동일하다. 원고는 F로부터 손해배상을 받게 되면 원고 안택선 및 관선에 대하여 정상적인 라이선스 계약을 통해 그 이용허락을 하였더라면 도달하였을 경제적 상태에 이르게 된다. 결국 원고로서는 원고의 저작권에 관하여 동일한 이용범위에 대해 이미 F에게 권리를 행사하여 그 권리가 소진되었고, 원고의 피고들에 대한 손해배상청구는 중복청구로서 허용되지 않는다. (중략)

먼저 원고의 피고들에 대한 손해배상청구가 관련 민사사건에서 F를 상대로 한 손해배상청구와 동일한 사실관계 및 동일한 이익을 대상으로 하였는지 본다. 앞서 본 바와 같이 관련 민사사건에서 F의 저작권 침해행위로 인정된 것은, F가 원고 안택선 및 관선을 무단으로 사용하여 피고 드라마의 영상을 제작함으로써 원고의 복제권 내지 2차적저작물 작성권을 침해하였다는 것이고, 이 사건에서 피고들의 저작권 침해행위로 인정되는 것은 피고들이 이러한 침해저작물이 등장하는 장면이 담긴 피고 드라마를 제작·방영하는 등 복제·배포·공중송신함으로써 원고의 저작권을 침해하였다는 것으로, 그 침해행위의 국면 내지 행위태양이 동일하지 않다. 또한 위와 같은 행위에 따라 F는 용역대금 상당의 이익을 얻는 것인 반면, 피고들은 위 용역대금을 원가 내지 비용으로 하여 제작한 피고 드라마를 직접 방영하거나 각종 콘텐츠 사업을 전개함으로써 새로운 이익을 얻는 것이므로, 그 이익 또한 동일하다고 보기 어렵다. (중략)

설령 피고들의 주장대로 동일한 사실관계 및 동일한 이익을 대상으로 하는 손해배상청구라고 보더라도, 이 경우 피고들과 F는 공동불법행위자로서 부진정연대채무관계가 성립하는 것이 가능하고, 현실적으로 변제 기타 채권자를 만족시켜 주는 사유가 발생한 것이 아닌 이상 원고가 F에게 손해배상청구를 하고 그 확정판결을 받아 집행권원을 얻게 되었다는 사정만으로는 피고들의 손해배상채무가 면책되는 것이 아니다. 이러한 법률관계에 저작권법 제20조 단서에서 저작재산권 중 배포권에 대한 제한사유로 규정한 권리소진원칙이 적용될 여지는 없다.

미국의 경우에는 '국제소진'을 인정한 판결이 있다. 이 판결은 미국의 한 출판사가 태국에 해외판 서적을 판매한 사안에서 미국에 유학중이던 태국학생이 이 책을 태국에서 구입한 후 미국에서 판매한 경우 이런 행위가 저작권 침해가 되는지가 문제되었다. 보통 미국판보다 해외판은 저렴하게 판매되는 경우가 많다. 이 사건에서 미국 연방대법원은 미국 저작권법 제109조의 해석론으로 국제소진을 인정해서 저작권침해를 인정하지 않았다.[120]

우리나라에서도 최근 국제소진에 대한 판결이 다음과 같이 선고되었다.

---

120) Kirtsaeng v. John Wiley & Sons, 654 F.3d 210 (reversed and remanded) 2012.

대법원 2023. 12. 7. 선고 2020도17863 판결[만화캐릭터 배포권 침해 여부]

[사실관계]

가) 도라에몽 캐릭터의 저작권자인 일본 '가부시키가이샤 쇼가쿠칸 슈에이샤 푸로다 쿠숀'(이하 '저작권자'라고 한다)은 2015. 10. 2. '애영(상해)상무유한회사'(이하 '애영'이라고 한다)에 도라에몽 캐릭터에 관한 '중국 내 상품화권'을 2015. 1. 1.부터 2017. 12. 31.까지로 기간을 정하여 부여하였고, '애영'은 다시 2015. 6. 30. '광동진풍과교완구유한회사'(이하 '광동'이라고 한다)에 중국 대륙 지역 내(대만, 홍콩, 마카오 제외) 도라에몽 캐릭터를 이용한 '다이아몬드블록' 제품 판매권을 2015. 7. 1.부터 2016. 6. 30. 까지로 기간을 정하여 위임하였다.

나) 피고인은 (업체명 생략)을 운영하면서 2015년경 '광동'으로부터 직접 도라에몽 블록 제품 약 960개를 수입하여 국내에서 이를 다시 판매하였다. 피고인의 위 제품 수입과 양수는 국내에서 이루어졌고, 피고인이 당시 '광동'으로부터 중국 내에서 위 제품을 제공받거나 양도받지는 않았다.

다) 한편 대원미디어는 2014년경 저작권자로부터 도라에몽 캐릭터에 관한 국내 상품화사업권 등을 취득하여 그 무렵부터 현재까지 국내에서 도라에몽 캐릭터 제품을 판매하여 오고 있다.

[저작권법 제20조의 해석을 통한 저작권 국제소진 인정]

"저작재산권자의 허락을 받아 저작물의 원본이나 그 복제물이 판매 등의 방법으로 거래에 제공되었다면 저작재산권자는 그와 관련된 보상의 기회를 가졌던 것이고, 이미 거래에 제공된 저작물의 원본이나 그 복제물은 그 이후에는 자유롭게 유통될 필요가 있으므로 해당 저작물의 원본이나 그 복제물에 대한 배포권은 그 목적을 달성하여 소진된다. 저작권법은 제20조에서 "저작자는 저작물의 원본이나 그 복제물을 배포할 권리를 가진다. 다만 저작물의 원본이나 그 복제물이 해당 저작재산권자의 허락을 받아 판매 등의 방법으로 거래에 제공된 경우에는 그러하지 아니하다."라고 규정하여 저작재산권자의 배포권에 관한 권리소진원칙을 명문으로 정하고 있다. 저작물의 원본이나 그 복제물이 외국에서 판매 등의 방법으로 거래에 제공되지 않고 곧바로 국내로 수입되어 그 소유권이나 처분권이 이전된 경우에는 저작권법 제20조 단서에서 정한 바에 따라 해당 저작물의 원본이나 그 복제물에 대한 배포권 소진 여부를 판단하여야 한다. 한편 외국에서 저작재산권자의 허락을 받아 판매 등의 방법으로 거래에 제공되었던 저작물의 원본이나 그 복제물을 국내로 다시 수입하여 비포하는 경우에도 특별한 사정이 없는 한 저작권법 제20조 단서에서 정한 효과가 인정될 수 있다."

6. 대 여 권

> 제21조(대여권) 제20조 단서에도 불구하고 저작자는 상업적 목적으로 공표된 음반(이하 '상업
> 용 음반'이라 한다)이나 상업적 목적으로 공표된 프로그램을 영리를 목적으로 대여할 권리를
> 가진다.

저작자는 '권리소진원칙'에도 불구하고 상업적 목적으로 공표된 음반이나 상업적 목적으로 공표된 프로그램을 영리를 목적으로 대여하거나 타인이 이를 대여할 수 있도록 허락 혹은 금지할 수 있는 권리를 가진다. 이는 저작자가 갖는 배포권이 권리소진원칙에 의하여 상당한 제약을 받게 되는 가운데, DVD·음반·컴퓨터프로그램 등의 저작물을 대여하는 산업이 발전함에 따라 본래 배포권을 제한하고자 한 목적을 넘어서서 저작자의 이익을 침해하게 되자 이에 대한 대응으로 대여권을 인정한 것이다.

대여권은 상업적 목적으로 공표된 음반 및 컴퓨터프로그램에 부여되는데, 이들에 대해서는 권리소진원칙에도 불구하고 저작자가 대여할 수 있는 권리를 보유함으로써 정당한 구매자가 이를 자유롭게 대여할 수 없도록 제한을 가하는 효과를 갖는다. 반면, 상업적 목적으로 공표되지 않은 음반이나 컴퓨터프로그램에는 대여권이 미치지 않는다. 그리고 영리를 목적으로 하는 대여에 해당하여야 하므로, 설사 상업적 목적으로 공표된 음반 및 컴퓨터프로그램이라 하더라도 친구에게 빌려주는 것과 같은 비영리적 대여의 경우에는 대여권이 미치지 않는다.

그 외의 저작물 유형인 서적, 영화DVD 등에 대해서도 대여권이 미치지 않으므로 상업적 목적으로 공표 및 영리성 여부를 불문하고 자유롭게 이용자 간 대여가 가능하다.

7. 2차적저작물작성권

> 제22조(2차적저작물작성권) 저작자는 그의 저작물을 원저작물로 하는 2차적저작물을 작성하여
> 이용할 권리를 가진다.

저작자의 권리로 2차적저작물작성권이 있다. "2차적저작물은 원저작물과는 별개의 저작물이므로, 어떤 저작물을 원저작물로 하는 2차적저작물의 저작재산권이 양도되는 경우, 원저작물의 저작재산권에 관한 별도의 양도 의사표시가 없다면 원저

작물이 2차적저작물에 포함되어 있다는 이유만으로 원저작물의 저작재산권이 2차
적저작물의 저삭재산권 양도에 수반하여 당연히 함께 양도되는 것은 아니다. 그리
고 양수인이 취득한 2차적저작물의 저작재산권에 2차적저작물에 관한 2차적저작물
작성권이 포함되어 있는 경우, 2차적저작물작성권의 행사가 원저작물의 이용을 수
반한다면 양수인은 원저작물의 저작권자로부터 원저작물에 관한 저작재산권을 함
께 양수하거나 원저작물 이용에 관한 허락을 받아야 한다. 한편 원저작물과 2차적
저작물에 관한 저작재산권을 모두 보유한 자가 그중 2차적저작물의 저작재산권을
양도하는 경우, 양도의 의사표시에 원저작물 이용에 관한 허락도 포함되어 있는지
는 양도계약에 관한 의사표시 해석의 문제로서 계약의 내용, 계약이 이루어진 동기
와 경위, 당사자가 계약에 의하여 달성하려고 하는 목적, 거래의 관행 등을 종합적
으로 고찰하여 논리와 경험의 법칙에 따라 합리적으로 해석하여야 한다."[121]

대법원은 "갑 주식회사가 을 주식회사로부터 '오라클' 데이터베이스 관리시스템
을 작동환경으로 하는 기존 프로그램을 'DB2' 데이터베이스 관리시스템에서 작동
할 수 있도록 수정한 새로운 창고관리 프로그램을 제작·납품받기로 하는 내용의
프로그램 개발위탁계약을 체결하면서 새로운 프로그램에 관한 모든 권리가 갑 회사
에 귀속된다고 약정하였고, 을 회사가 개발위탁계약에 따라 기존 프로그램을 이용
하여 새로운 프로그램을 개발한 다음 갑 회사에 새로운 프로그램의 소스코드뿐 아
니라 그에 대응하는 '오라클' 기반의 소스코드도 함께 제공하였는데, 갑 회사가 새
로운 프로그램을 이용하여 병 업체에 창고관리 시스템을 공급하면서 'DB2'를 기반
으로 하는 작동환경을 '오라클'로 전환한 별도의 프로그램을 제작·판매한 사안에
서, 개발위탁계약에 따라 새로운 프로그램에 관한 저작재산권이 갑 회사에 양도되
었더라도 그에 의하여 곧바로 원저작물인 기존 프로그램에 관한 저작재산권까지 함
께 양도된 것이라고 보기 어려우나, 새로운 프로그램의 저작재산권이 갑 회사에 양
도됨에 따라 그에 관한 개작권 또는 2차적저작물작성권도 양도된 것으로 볼 수 있
는데, 제반 사정에 비추어 갑 회사가 새로운 프로그램의 작동환경을 '오라클'로 전
환하여 개작하는 경우에 대하여도 원저작물인 기존 프로그램의 이용에 관하여 을
회사의 허락이 있었다고 봄이 타당하므로, 갑 회사가 작동환경을 전환한 프로그램

---

121) 대법원 2016. 8. 17. 선고 2014다5333 판결.

을 제작·판매하는 행위는 을 회사가 양도한 새로운 프로그램을 개작할 권리에 포함되는 것으로서 원저작물인 기존 프로그램에 관한 을 회사의 저작재산권을 침해하는 행위에 해당하지 않는다."고 보았다.[122]

대법원 2020. 12. 10. 선고 2020도6425 판결('대망(大望)' 사건)[123]

1995. 12. 6. 법률 제5015호로 개정된 저작권법(이하 '1995년 개정 저작권법'이라 한다)은 국제적인 기준에 따라 외국인의 저작권을 소급적으로 보호하면서, 부칙 제4조를 통하여 위 법 시행 전의 적법한 이용행위로 제작된 복제물이나 2차적저작물 등을 법 시행 이후에도 일정기간 이용할 수 있게 함으로써 1995년 개정 저작권법으로 소급적으로 저작권법의 보호를 받게 된 외국인의 저작물(이하 '회복저작물'이라 한다)을 1995년 개정 저작권법 시행 전에 적법하게 이용하여 온 자의 신뢰를 보호하는 한편 그동안 들인 노력과 비용을 회수할 수 있는 기회도 부여하였다. 특히 2차적저작물의 작성자는 단순한 복제와 달리 상당한 투자를 하는 경우가 많으므로, 부칙 제4조 제3항을 통해 회복저작물의 2차적저작물 작성자의 이용행위를 기간의 제한 없이 허용하면서, 저작권의 배타적 허락권의 성격을 보상청구권으로 완화함으로써 회복저작물의 원저작자와 2차적저작물 작성자 사이의 이해관계를 합리적으로 조정하고자 하였다. 1995년 개정 저작권법 부칙 제4조 제3항은 회복저작물을 원저작물로 하는 2차적저작물로서 1995. 1. 1. 전에 작성된 것을 계속 이용하는 행위에 대한 규정으로 새로운 저작물을 창작하는 것을 허용하는 규정으로 보기 어렵고, 위 부칙 제4조 제3항이 허용하는 2차적저작물의 이용행위를 지나치게 넓게 인정하게 되면 회복저작물의 저작자 보호가 형해화되거나 회복저작물 저작자의 2차적저작물작성권을 침해할 수 있다. 따라서 회복저작물을 원저작물로 하는 2차적저작물과 이를 이용한 저작물이 실질적으로 유사하더라도, 위 2차적저작물을 수정·변경하면서 부가한 새로운 창작성이 양적·질적으로 상당하여 사회통념상 새로운 저작물로 볼 정도에 이르렀다면, 위 부칙 제4조 제3항이 규정하는 2차적저작물의 이용행위에는 포함되지 않는다고 보아야 한다.

---

122) 대법원 2016. 8. 17. 선고 2014다5333 판결.

123) [심화학습] 회복저작물과 2차적저작물작성권 관련해서, 손천우, "회복저작물을 원저작물로 하는 2차적저작물의 이용행위: 대법원 2020. 12. 10. 선고 2020도6425 판결(대망 사건)을 중심으로", 정보법학, 제26권 제1호 119-171면; 문건영, "회복저작물에서 2차적저작물의 계속적 이용: 대법원 2020. 12. 10. 선고 2020도6425 판결을 중심으로", 계간 저작권, 2021 가을호, 141-176면.

대법원 2015. 8. 13. 선고 2013다14828 판결('드림하이' 사건)

비교대상1 저작물에 대한 원고의 접근가능성과 원고 대비 부분 및 비교대상1 부분 사이의 유사성을 종합하면 원고 대비 부분은 비교대상1 부분에 의거하여 작곡된 것으로 추정되고, 또한 원고 대비 부분과 비교대상1 부분은 가락을 중심으로 하여 리듬과 화성을 종합적으로 고려할 때 실질적으로 유사하다고 할 것이며, 원고 대비 부분에 가해진 수정·증감이나 변경은 새로운 창작성을 더한 정도에는 이르지 아니한 것으로 보인다. 그렇다면 원고 대비 부분은 창작성이 있는 표현에 해당한다고 볼 수 없어, 이 부분에 대해서까지 원고의 복제권 등의 효력이 미치는 것은 아니라고 할 것이다.

서울중앙지방법원 2011. 12. 27. 선고 2011가합12175, 67571 판결('알찬문제집' 사건)

원고들 문제집은 피고들 교과서에 기초하여 작성된 것으로, 알찬문제집은 피고들 교과서의 목차와 같고, 그 배열순서 역시 피고들 교과서의 배열 순서와 일치하며, 피고들 교과서의 각 단원의 지문내용을 거의 그대로 인용되어 있는 사실, 한끝문제집 역시 별지4 기재와 같은 피고들 교과서 중의 표현을 그대로 인용하고 있는 사실, 원고들을 원고들 문제집에 위 피고들 교과서 중의 지문 등의 표현을 이용하여 독자적인 문제를 만들어 배열한 사실, 원고들은 원고들의 문제집을 출판하기 전에 피고들에게 이용허락을 구하였으나 피고들이 이를 거부한 사실을 인정하여, 원고들 문제집은 원저작물인 피고들 교과서와 실질적 유사성을 유지하고 이것에 수정·증감을 가한 것으로 2차적저작물이라고 봄이 상당하다. 한편 저작자는 그의 저작물을 원저작물로 하는 2차적저작물을 작성하여 이용할 권리를 가지는바, 원고들이 피고들 저작물에 기초하여 원고들 문제집을 만들어 출판, 배포하는 등의 행위는 피고들의 2차적저작물작성권의 침해에 해당한다.

제 4 절 저작권 보호기간 등

제39조(보호기간의 원칙) ① 저작재산권은 이 관에 특별한 규정이 있는 경우를 제외하고는 저작자가 생존하는 동안과 사망한 후 70년간 존속한다.
② 공동저작물의 저작재산권은 맨 마지막으로 사망한 저작자가 사망한 후 70년간 존속한다.

제40조(무명 또는 이명 저작물의 보호기간) ① 무명 또는 널리 알려지지 아니한 이명이 표시된 저작물의 저작재산권은 공표된 때부터 70년간 존속한다. 다만, 이 기간 내에 저작자가 사망한지 70년이 지났다고 인정할만한 정당한 사유가 발생한 경우에는 그 저작재산권은 저작

자가 사망한 후 70년이 지났다고 인정되는 때에 소멸한 것으로 본다.

② 다음 각 호의 어느 하나에 해당하는 경우에는 제1항의 규정은 이를 적용하지 아니한다.

1. 제1항의 기간 이내에 저작자의 실명 또는 널리 알려진 이명이 밝혀진 경우
2. 제1항의 기간 이내에 제53조제1항의 규정에 따른 저작자의 실명등록이 있는 경우

제41조(업무상저작물의 보호기간) 업무상저작물의 저작재산권은 공표한 때부터 70년간 존속한다. 다만, 창작한 때부터 50년 이내에 공표되지 아니한 경우에는 창작한 때부터 70년간 존속한다.

제42조(영상저작물의 보호기간) 영상저작물의 저작재산권은 제39조 및 제40조에도 불구하고 공표한 때부터 70년간 존속한다. 다만, 창작한 때부터 50년 이내에 공표되지 아니한 경우에는 창작한 때부터 70년간 존속한다.

제43조(계속적간행물 등의 공표시기) ① 제40조제1항 또는 제41조에 따른 공표시기는 책·호 또는 회 등으로 공표하는 저작물의 경우에는 매책·매호 또는 매회 등의 공표 시로 하고, 일부분씩 순차적으로 공표하여 완성하는 저작물의 경우에는 최종부분의 공표 시로 한다.

② 일부분씩 순차적으로 공표하여 전부를 완성하는 저작물의 계속되어야 할 부분이 최근의 공표시기부터 3년이 지나도 공표되지 아니하는 경우에는 이미 공표된 맨 뒤의 부분을 제1항의 규정에 따른 최종부분으로 본다.

제44조(보호기간의 기산) 이 관에 규정된 저작재산권의 보호기간을 계산하는 경우에는 저작자가 사망하거나 저작물을 창작 또는 공표한 다음 해부터 기산한다.

1. 원   칙

저작권은 일정한 기간을 정해서 보호되는 지적재산권의 한 종류이다. 미국 연방 헌법의 저작권조항도 이처럼 일정한 기간을 정해서 보호하기로 한다. 영구무한의 재산권이 아니라 일정한 기간을 정해서 창작자를 보호하려고 하는 것이다.

저작권법은 저작자에게 부여되는 배타적 권리를 일정기간이 지난 후 사회에 환원시켜 공중이 자유롭게 그 저작물을 이용할 수 있도록 하고 있다. 즉, 보호기간을 한정함으로써 선인들의 업적을 이용하여 창작된 저작물을 다시 후대가 이용할 수 있도록 하여 문화의 지속적인 발전을 도모하고 있는 것이다. 다만, 저작인격권과 저작재산권의 보호기간이 상이하다는 점은 주의하여야 한다.

일신전속권인 저작인격권은 저작권법에 별다른 규정이 존재하지는 않지만, 저작자가 사망하면 저작인격권 역시 함께 소멸한다고 보는 것이 일반적이다.[124] 반면,

---

124) 하지만, 저작자의 사망 후 저작자의 인격적 이익을 해하는 경우 이를 저작인격권의 침해로 보는 경우 및 인격적 이익을 보호하는 각종 제도를 저작권법에서 규정하고 있다는 점에 사실상 그 실익은 적다고 할 수 있다.

저작재산권은 그 기간을 한정하는 것이 일반적인네, 베른협약은 이에 관하여 '일정기간 이상'으로 정하도록 규정하고 있을 뿐이어서 세계 각국의 저작재산권 보호기간은 다소 상이하다. 우리나라의 경우 특별한 경우를 제외하고는 저작자가 생존하는 동안과 사망한 후 70년간 존속한다. 즉, 저작자가 저작물을 창작한 시점부터 저작자의 사망 후 70년을 경과한 시점까지 저작재산권이 유지되는 것이다. 공동저작물의 경우에는 공동저작자 중 맨 마지막으로 사망한 저작자가 사망한 후 70년간 존속한다.

2. 저작권 존속기간의 시기(始期)

저작재산권 보호기간은 창작시(創作時)를 기준으로 하는 것이 원칙인데, 예외적으로 공표시(公表時)를 기준으로 하는 경우가 몇 가지 있다.

첫째, 무명 또는 널리 알려지지 아니한 이명이 표시된 저작물의 저작재산권은 공표된 때부터 70년간 존속한다. 다만, 이 기간 내에 저작자가 사망한지 70년이 지났다고 인정할만한 정당한 사유가 발생한 경우에는 그 저작재산권은 저작자가 사망한 후 70년이 지났다고 인정되는 때에 소멸한 것으로 본다. 그런데 예외적으로 ⅰ) 공표 후 70년의 기간 이내에 저작자의 실명 또는 널리 알려진 이명이 밝혀진 경우, ⅱ) 공표 후 70년의 기간 이내에 저작자의 실명등록이 있는 경우에는 저작자가 창작한 시점부터 저작재산권이 발생하고, 저작자가 사망한 후 70년간 권리가 보호된다.

둘째, 업무상저작물의 저작재산권은 공표한 때부터 70년간 존속한다. 다만, 창작한 때부터 50년 이내에 공표되지 않은 경우에는 창작한 때부터 70년간 존속한다.

셋째, 영상저작물의 저작재산권은 공표한 때부터 70년간 존속한다. 다만 창작한 때부터 50년 이내에 공표되지 않은 경우에는 창작한 때부터 70년간 존속한다. 영상저작물은 공동저작물에 해당하는 것이어서 공동저작자 중 맨 마지막으로 사망한 저작자의 사후 70년간 저작재산권을 보호하는 것이 원칙일 것이나 영상저작물의 경우 그 특성상 저작자를 특정하기가 쉽지 않으므로 이와 같은 예외를 두고 있는 것이다.

한편, 책·호 또는 회 등으로 공표하는 저작물로서 각 단위마다 주제나 줄거리가

완결되는 것을 축차저작물이라 하는데, 축차저작물의 공표시기는 매책·매호 또는
매회 등의 공표시로 한다. 반면, 일부분씩 순차적으로 공표하여 최종회에 비로소 완
성되는 것을 순차저작물이라 하며, 이때는 저작물의 공표시기를 최종부분의 공표
시로 한다. 순차저작물의 경우 계속되어야 할 부분이 최근의 공표시기부터 3년이 경
과되어도 공표되지 않는 경우에는 이미 공표된 맨 뒤의 부분을 최종부분으로 본다.

저작재산권의 보호기간을 계산하는 경우에는 저작자가 사망하거나 저작물을 창
작 또는 공표한 다음해부터 기산한다. 이는 저작자의 사망일, 창작일, 공표일 등 특
정한 날짜로부터 기산하는 것이 가장 적절하지만 현실적으로 이를 명확하게 특정하
여 기산하는 것이 어려울 뿐 아니라 혼란을 가져올 수 있으므로, 저작자의 사망 및
저작자의 창작 또는 공표한 다음해부터 기산하도록 정한 것이다.

3. 이른바 미키마우스법과 저작권 존속기간

미국은 연방헌법 제1조 제8항 제8호에 저작권의 기간 제한을 두었다. 미국을 대
표하는 캐릭터의 하나인 디즈니의 '미키마우스'는 월트 디즈니가 창작한 캐릭터이
다. 이 미키마우스의 저작권이 소멸되는 것을 막기 위해서 저작권 존속기간을 연장
하려고 하는 것이 아닌가 하는 점에서 저작권기간연장법은 미키마우스 저작권법
(Mickey Mouse Copyright Act)으로도 불리기도 했다. 저작권기간연장법(Sonobono
Copyright Term Extension Act)과 관련된 엘드레드(Eldred) 사건[125]을 통하여 연방
헌법 제1조 제8항 제8호의 의미에 대해서 알 수 있다.[126] 미국에서는 저작권 존속기
간을 사후 70년까지 연장한 저작권기간연장법의 위헌여부를 묻는 소송을 제기한
엘드레드 사건에서 미국 연방대법원은 상고허가를 하고, 이 사건에 대한 심리를 진
행하였으나 최종적으로 저작권법에 의한 기간 연장은 합헌으로 판단하였다.[127] 이
법은 1998년 미국 클린턴 대통령이 서명해서 효력을 발했다.[128] 기존의 저작권 보

125) Eldred v. Ashcroft, 537 U.S. 186 (2003).
126) 최승재, "특허권남용법리(特許權濫用法理)의 역사적(歷史的) 전개(展開)와 독점금지법(獨占禁
止法)", 문화·미디어·엔터테인먼트법, 제3권 제1호, 2009, 108면.
127) 후행사건으로 Luck's Music Library, Inc. v. Ashcroft 사건과 Peters and Golan v. Ashcroft
사건이 있다. 이 사건들에서는 우르과이 라운드 통과에 따른 회복저작물에 대한 문제가 쟁점이
되었다. 미국에서는 저작권법에 대한 헌법소송들도 존재한다.
128) Sonny Bono Copyright Term Extension Act(CTEA), Pub. L. No. 105-298, Title I, 112

호 기간을 연장하여, 저작권의 보호기간이 저작자 사망 후 50년이 아닌 70년까지 연장되도록 한 것이다.

이 사건의 원고 에릭 엘드레드(Eric Eldred)는 온라인에 저작권이 만료된 문학 작품을 공개하는 개인 프로젝트를 진행하고 있었다. 그런데 저작권기간연장법이 효력을 발생하면, 이미 등록되어 있던 몇몇 작품을 삭제해야 하고 알렉산더 밀른(A. A. Milne)의 1926년작 〈곰돌이 푸우(Winnie-the-Pooh)〉와 어네스트 헤밍웨이(Ernest M. Hemingway)의 1923년작 〈세편의 단편과 열편의 시(Three Stories and Ten Poems)〉 등을 공개하지 못하게 되고, 2003년에 저작권이 소멸될 예정이었던 만화 미키마우스의 초판도 20년 뒤인 2023년에 저작권이 소멸되어 공개시기가 늦어지게 되자 저작권기간연장법을 위헌이라고 이 사건 소를 제기한 것이다.[129] 연방대법원은 저작권기간연장을 합헌으로 보았다.

생각할 문제

1. 왜 저작권은 다른 재산권과 달리 존속기간을 한정해야 할까?
2. 저작권보호기간을 계속적으로 연장하는 것과 저작권의 보호를 주는 기간을 종료하면 공공의 영역(public domain)으로 가도록 하는 것 사이에 저작권법이 나아가야 할 옳은 방향은 무엇인가?

제 5 절   저작재산권의 행사(양도, 이용허락 등)

제48조(공동저작물의 저작재산권의 행사) ① 공동저작물의 저작재산권은 그 저작재산권자 전원의 합의에 의하지 아니하고는 이를 행사할 수 없으며, 다른 저작재산권자의 동의가 없으면 그 지분을 양도하거나 질권의 목적으로 할 수 없다. 이 경우 각 저작재산권자는 신의에 반하여 합의의 성립을 방해하거나 동의를 거부할 수 없다.

② 공동저작물의 이용에 따른 이익은 공동저작자 간에 특약이 없는 때에는 그 저작물의 창작에 이바지한 정도에 따라 각자에게 배분된다. 이 경우 각자의 이바지한 정도가 명확하지 아니한 때에는 균등한 것으로 추정한다.

③ 공동저작물의 저작재산권자는 그 공동저작물에 대한 자신의 지분을 포기할 수 있으며,

Stat. 2827.
129) 참고로 이 사건에서 법정의견서를 제출한 교수의 한 사람이 Lawrence Lessig 교수(하버드 대학교)이다.

포기하거나 상속인 없이 사망한 경우에 그 지분은 다른 저작재산권자에게 그 지분의 비율에 따라 배분된다.

④ 제15조제2항 및 제3항의 규정은 공동저작물의 저작재산권의 행사에 관하여 준용한다.

1. 저작재산권의 양도

제45조(저작재산권의 양도) ① 저작재산권은 전부 또는 일부를 양도할 수 있다.

② 저작재산권의 전부를 양도하는 경우에 특약이 없는 때에는 제22조에 따른 2차적저작물을 작성하여 이용할 권리는 포함되지 아니한 것으로 추정한다. 다만, 프로그램의 경우 특약이 없으면 2차적저작물작성권도 함께 양도된 것으로 추정한다.

일신전속적 성질을 갖는 저작인격권[130]과 달리, 저작재산권은 저작권자의 의사에 따라 자유롭게 양도할 수 있으며, 그 전부 또는 일부를 양도할 수 있다.

저작재산권의 전부를 양도하는 경우에 특약이 없는 때에는 2차적저작물을 작성하여 이용할 권리는 포함되지 않는 것으로 추정한다. 다만, 컴퓨터프로그램의 경우 특약이 없는 한 2차적저작물작성권도 함께 양도된 것으로 추정한다. 즉, 일반저작물과 컴퓨터프로그램저작물은 양도 시 2차적저작물작성권이 당연히 양도대상에 포함되는지 여부에 차이가 있다. 따라서 일반저작물에 대한 저작재산권 양도 시 2차적저작물작성권도 함께 양도받기 위해서는 반드시 2차적저작물작성권의 양도 여부를 명확히 표시하여야 한다. 한편, 일부 양도의 형태는 저작재산권을 이루는 각 지분권들로 구분되어 이루어지며, 공중송신권은 그 구성하는 세부권리, 즉 방송권·전송권 및 디지털음성송신권 등으로 구분되어 이루어질 수 있을 것이다.

저작재산권을 양도하기 위해서는 특별한 방식(요식)을 필요로 하지 않는다.

서울고등법원 2012. 10. 24. 선고 2011나96415 판결('이은미 음반' 사건)

① 이 사건 음원 제작 후 최초로 영어교육용 음반으로 제작·판매되었으나 그 이후 계속적으로 A에 의하여 10년 넘게 일반 팝송 음반으로 제작·판매되었음에도 이 사건 음반과 영상물 판매 이전까지는 원고가 이에 관하여 아무런 문제 제기를 한 바 없는

---

130) 제14조(저작인격권의 일신전속성) ① 저작인격권은 저작자 일신에 전속한다.

② 저작자의 사망 후에 그의 저작물을 이용하는 자는 저작자가 생존하였더라면 그 저작인격권의 침해가 될 행위를 하여서는 아니 된다. 다만, 그 행위의 성질 및 정도에 비추어 사회통념상 그 저작자의 명예를 훼손하는 것이 아니라고 인정되는 경우에는 그러하지 아니하다.

점, ② 이 사건 음원에서 확인되는 녹음 방식, 내용, 편곡과 반주 수준, 완성도, 발음, 제작자와 실연자의 당시 경력 등에 비추어 이 사건 음원 자체가 객관적으로 영어교육 용도로 제작된 것이라고 보기 어려운 점, ③ 이 사건 음원에 단지 여러 배경 사진과 가사를 싣는 정도에 불과한 이 사건 영상물이 DVD로 판매된 후 원고가 문제 제기를 한 점, ④ 이 사건 음원 제작 당시 원고와 A 사이에 계약서를 작성하는 등 명확한 합의는 없었지만, 원고로서는 음반을 출시하여 정식 대중가수로서 활동할 수 있는 기반이 마련되기를 바라고 있었고, A로서는 대중이 원하는 음반을 제작하여 이를 다양한 상업적 용도로 활용하기를 바라고 있었던 상황에서 서로의 의사와 이해관계가 일치하였던 점, ⑤ 원고와 A의 위와 같은 당시 사정에 비추어 이 사건 음원을 특정 용도로만 활용하기로 하는 의사의 합치가 있었다는 것은 매우 이례적인 점, ⑥ 이 사건 음원 제작 당시 원고와 A의 명확한 의사가 객관적으로 확인되지 않고, A가 당시 음반제작업에만 종사하였으며, 당시 DVD와 같은 매체의 출현을 예상하기 어려웠던 점, ⑦ 원고가 당시 예상할 수 없었던 영상물을 제작할 수 있는 권리까지 포함하여 A에게 양도하였다고 보기 어려운 점 등을 종합하면, 이 사건 음원 제작 당시 원고는 A에게 이 사건 음반과 같이 음이 유형물에 고정되는 방식의 음반 제작에 동의하여 이 사건 음원에 관한 복제, 배포, 전송 등 실연자로서의 권리를 A에게 양도하였다고 판단되나, 다만 이 사건 영상물과 같이 당시 전혀 예정된 바 없었던 영상물(DVD 등)을 제작할 수 있는 권리까지 A에게 양도하였다고는 판단되지 않는다.

서울중앙지방법원 2013. 11. 25. 자 2012카합2882 결정('강아지집 디자인' 사건)

이 사건으로 돌아와 보건대, 앞서 본 바와 같이 이 사건 저작물을 ○○○과 ○○○의 공동저작물로 보는 이상, ○○○이 ○○○의 동의를 받지 아니한 채 단독으로 신청인에게 이 사건 저작물을 양도한 것은 다른 특별한 사정이 없는 한 무효라고 봄이 상당하다(이에 대하여 신청인은, ○○○이 신청인에게 이 사건 저작물의 저작재산권을 양도하는 데 대하여 ○○○이 동의하지 않는 것은 신의에 반하는 것이므로, ○○○이 ○○○의 동의 없이 단독으로 신청인에게 공동저작물인 이 사건 저작물을 양도하였다 하더라도 이는 유효하다는 취지로 주장한다. 그러나 기록상 ○○○이 ○○○의 신청인에 대한 이 사건 저작물 양도에 동의하지 않는 것이 신의에 반한다고 볼 자료가 없으므로, 신청인의 위 주장은 이유 없다).

저작재산권의 양도는 이를 등록하지 아니하면 제3자에게 대항할 수 없다. 즉 저작재산권의 양도는 등록될 수 있는데, 이는 양도의 유효요건이 아닌 대항요건으로서의 성격을 갖는다는 것이다. 이에 관하여는 다음 판례에서와 같이 제3자에 해당할 수 있는지 여부 및 이중등록에 대한 점이 주로 문제된다.

> **서울서부지방법원 2007. 4. 18. 선고 2006가합10323, 2007가합1692 판결 ('쩐의 전쟁' 사건)**
>
> (가) 법 제52조 제1호는 저작재산권의 양도 또는 처분제한에 관한 사항은 이를 등록하지 아니하면 제3자에게 대항할 수 없다고 규정하고 있으므로 저작권 중 저작인격권을 제외한 저작재산권의 이전변동을 제3자에게 대항하기 위해서는 그 이전등록을 하여야 하는바, 여기에서 '제3자'라 함은 권리변동에 관계한 당사자의 법률상 지위와 양립할 수 없는 법률상 지위를 취득하는 등 등록의 흠결을 주장하는데 대하여 정당한 이익을 가지는 자를 의미하고, 제3자가 저작재산권 양도인의 배임행위를 알고 이에 적극 가담하는 등의 사정으로 인해 양수인으로 하여금 등록의 흠결을 이유로 그에게 대항하지 못하게 하는 것이 신의칙에 반하는 경우 그 제3자는 법 제52조에서 정한 저작재산권의 변동을 등록하지 않으면 대항할 수 없는 제3자에 포함되지 않는다고 할 것이다.
>
> (나) 돌이켜 이 사건에 관하여 보건대, 피고가 2004. 11. 6. 저작권자인 A로부터 이 사건 TV드라마저작권을 사용기간 5년으로 하여 양수한 사실은 앞에서 살펴본 바와 같으나, 원고가 2006. 7. 12. A로부터 이사건 TV드라마저작권을 사용기간 5년으로 하여 양수한 다음 2006. 12. 27. A로부터 '쩐의 전쟁 제1부 돈맛편' 및 '쩐의 전쟁 제3부 돈귀신편'의 저작재산권 중 드라마화권을 양도받았음을 저작권등록부에 등록한 사실 또한 앞에서 살펴본 바와 같은바, 비록 피고는 자신이 먼저 A로부터 이 사건 TV드라마저작권을 양도받았다고 하더라도 이러한 사항을 등록한 바 없으므로 특별한 사정이 없는 한 위와 같이 A로부터 이 사건 TV드라마저작권을 이중으로 양도받음으로써 피고의 법률상 지위와 양립할 수 없는 법률상 지위를 가지고 이에 대해 등록까지 마친 원고에 대하여 대항할 수 없다 할 것이다.

2. 저작물의 이용허락

제46조(저작물의 이용허락) ① 저작재산권자는 다른 사람에게 그 저작물의 이용을 허락할 수 있다.
② 제1항의 규정에 따라 허락을 받은 자는 허락받은 이용 방법 및 조건의 범위 안에서 그 저작물을 이용할 수 있다.
③ 제1항의 규정에 따른 허락에 의하여 저작물을 이용할 수 있는 권리는 저작재산권자의 동의 없이 제3자에게 이를 양도할 수 없다.

(1) 원 칙

저작재산권자는 다른 사람에게 자신이 권리를 갖는 저작물의 이용을 허락할 수 있다. 타인의 저작물을 이용하기 위해서는 저작권자에게 이용허락을 받는 것이 기본 원칙이다. 만일 2차적저작물을 이용하기 위해서는 2차적저작물의 저작권자에게 이용허락을 받는 것은 물론이고, 원저작물의 저작권자에게 역시 이용허락을 받아야 한다. 따라서 저작권자의 이용허락 없이 타인의 저작물을 이용한다면 저작재산권의 침해에 해당한다. 저작물의 이용허락은 무상으로 가능하며, 유상으로 이루어지는 경우 통상 이용허락의 대가로서 이용료를 지급한다.

저작물의 이용허락은 저작재산권의 양도와 달리 저작권자가 자신의 권리를 그대로 보유하고 있으면서 허락의 대상이 되는 타인에게 자신의 저작물을 이용할 수 있는 이용권을 부여하는 채권적 성질을 갖는다. 이러한 이용허락은 계약의 방식을 통하여 이용승낙의 의사표시로서 이루어진다. 이용허락은 배타적 이용허락(독점적 이용허락)과 비배타적 이용허락(단순 이용허락)으로 구분할 수 있다. 배타적 이용허락의 경우 저작권자는 특정의 이용자에게만 일정한 조건하에 독점적으로 해당 저작물을 이용할 수 있도록 하는 것이다. 반면, 비배타적 이용허락의 경우 저작권자는 여러 사람에게 저작물의 이용을 중복적으로 허락할 수 있다. 만일 이용권자가 배타적으로 이용을 허락받은 저작물을 제3자가 이용하는 경우에 이용권자는 저작권자에게 채무불이행을 주장할 수 있으며, 제3자에 대하여 직접적인 침해정지청구 등은 할 수 없다. 반면, 비배타적 이용권자는 동일한 사안에서 제3자에 대하여 직접 혹은 저작권자에게 침해정지청구 및 채부물이행 등을 모두 청구할 수 없다.

이용허락을 받은 자는 허락받은 이용방법 및 조건의 범위 안에서 그 저작물을 이용할 수 있는 권리만을 취득한다. 이용허락계약을 해석함에 있어서 그 이용허락의 범위가 명백하지 아니한 경우에는 당사자가 그 이용허락계약을 체결하게 된 동기 및 경위, 그 이용허락계약에 의하여 달성하려는 목적, 거래관행, 당사자의 지식, 경험 및 경제적 지위, 수수된 급부가 균형을 유지하고 있는지 여부, 이용허락 당시 당해 저작물의 이용방법이 예견 가능하였는지 및 그러한 이용방법을 알았더라면 당사자가 다른 내용의 약정을 하였을 것이라고 예상되는지 여부 등 어리 사정을 종합하여 그 이용허락의 범위를 사회 일반의 상식과 거래의 통념에 따라 합리적으로 해석

하여야 한다.[131]

> **서울남부지방법원 2013. 5. 9. 선고 2012고정4449 판결('이외수 트윗글' 사건)**
>
> 소셜 네트워크인 트위터의 약관 규정과 이용관행에 따라 누구나 트위터에 올려진 글을 열람, 저장, 재전송할 수 있다는 것은 분명하다. 그러나, 이러한 트윗글의 자유로운 이용은 트위터라는 소셜 네트워크의 공간 안에서, 트위터의 약관에 의한 이용방법의 한도 내에서만 허용된 것으로 보아야 하며, 이 사건과 같이 트위터상에서 열람할 수 있는 각종 저작물을 트위터라는 공간 밖에서 전자책 형태의 독자적인 파일로 복제, 전송하는 것까지 허용하는 것은 아니라 할 것이므로 (후략)

> **서울고등법원 2002. 10. 22. 선고 2001나37271 판결('야후백과사전' 사건)**
>
> 피고 A는 이 사건 계약을 통하여 피고 B로부터 부여받은 인터넷 서비스권에는 적어도 이 사건 백과사전을 인터넷 검색서비스를 통하여 일반인에게 무료로 제공할 수 있는 권리는 포함되지 않은 것으로 봄이 상당하다. 따라서 피고 A는 이 사건 백과사전 검색서비스가 실시되도록 피고 B에게 그 자료를 제공하여 저작권자인 원고 C로부터 허락받은 이용방법 및 조건을 넘어서서 저작물을 이용함으로써 원고들의 권리를 침해하였다고 할 것이고, 피고 B는 인터넷 관련 서비스의 개발·판매를 목적으로 하는 전문회사로서, 피고 A가 원저작자인 원고 C로부터 일반인에게 무료로 이 사건 백과사전에 대한 인터넷 서비스를 제공할 수 있는 권리를 부여받았는지 여부를 확인하였어야 함에도 이를 게을리 한 채, 그와 같은 권리가 없는 피고 A로부터 이 사건 백과사전에 대한 사전 서비스를 제공받아 이를 자신의 인터넷 사이트에서 무료로 실시함으로써 원고들의 권리를 침해하였다고 할 것이므로, 피고들은 공동불법행위자로서 이로 인한 원고들의 손해를 배상할 책임이 있다.

저작권 이용허락 계약에서 이용허락의 범위와 관련하여 매체의 범위에 대한 명시적 약정이 없는 경우에 새롭게 등장한 매체의 유형도 이용허락 범위에 포함되는 것인지 여부가 쟁점이 되기도 한다. 이에 관하여 명시적인 기준은 없으나 판례는 다음과 같이 판시하고 있음을 참고할 수 있다.

---

131) 대법원 2008. 4. 24. 선고 2006다55593 판결.

대법원 1996. 7. 30. 선고 95다29130 판결('당신은 안개였나요' 사건)

저작권에 관한 이용허락계약의 해석에 있어서 저작권이용허락을 받은 매체의 범위를 결정하는 것은 분쟁의 대상이 된 새로운 매체로부터 발생하는 이익을 누구에게 귀속시킬 것인가의 문제라고 할 것이므로, '녹음물 일체'에 관한 이용권을 허락하는 것으로 약정하였을 뿐 새로운 매체에 관한 이용허락에 대한 명시적인 약정이 없는 경우 과연 당사자 사이에 새로운 매체에 관하여도 이용을 허락한 것으로 볼 것인지에 관한 의사해석의 원칙은 ① 계약 당시 새로운 매체가 알려지지 아니한 경우인지 여부, 당사자가 계약의 구체적 의미를 제대로 이해한 경우인지 여부, 포괄적 이용허락에 비하여 현저히 균형을 잃은 대가만을 지급받았다고 보여지는 경우로서 저작자의 보호와 공평의 견지에서 새로운 매체에 대한 예외조항을 명시하지 아니하였다고 하여 그 책임을 저작자에게 돌리는 것이 바람직하지 않은 경우인지 여부 등 당사자의 새로운 매체에 대한 지식, 경험, 경제적 지위, 진정한 의사, 관행 등을 고려하고, ② 이용허락계약조건이 저작물 이용에 따른 수익과 비교하여 지나치게 적은 대가만을 지급하는 조건으로 되어 있어 중대한 불균형이 있는 경우인지 여부, 이용을 허락받은 자는 계약서에서 기술하고 있는 매체의 범위내에 들어간다고 봄이 합리적이라고 판단되는 어떠한 사용도 가능하다고 해석할 수 있는 경우인지 여부 등 사회일반의 상식과 거래의 통념에 따른 계약의 합리적이고 공평한 해석의 필요성을 참작하며, ③ 새로운 매체를 통한 저작물의 이용이 기존의 매체를 통한 저작물의 이용에 미치는 경제적 영향, 만일 계약 당시 당사자들이 새로운 매체의 등장을 알았더라면 당사자들이 다른 내용의 약정을 하였으리라고 예상되는 경우인지 여부, 새로운 매체가 기존의 매체와 사용·소비방법에 있어 유사하여 기존매체시장을 잠식·대체하는 측면이 강한 경우이어서 이용자에게 새로운 매체에 대한 이용권이 허락된 것으로 볼 수 있는지 아니면 그와 달리 새로운 매체가 기술혁신을 통해 기존의 매체시장에 별다른 영향을 미치지 않으면서 새로운 시장을 창출하는 측면이 강한 경우이어서 새로운 매체에 대한 이용권이 저작자에게 유보된 것으로 볼 수 있는지 여부 등 새로운 매체로 인한 경제적 이익의 적절한 안배의 필요성 등을 종합적으로 고려하여 사회정의와 형평의 이념에 맞도록 해석하여야 한다.

서울고등법원 2007. 12. 16. 선고 2007나52074 판결('봄여름가을겨울' 사건)

각 약정만으로는 원고들과 피고 사이에 체결된 이용허락계약의 범위가 명백하지 아니하나, 위와 같은 경우 당사자가 그 이용허락계약을 체결하게 된 동기 및 경위, 그 이용허락계약에 의하여 달성하려는 목적, 거래관행, 당사자의 지식, 경험 및 경제적 지위, 수수된 급부가 균형을 유지하고 있는지 여부, 이용허락 당시 당해 음악저작물의 이용

방법이 예견 가능하였는지 및 그러한 이용방법을 알았더라면 당사자가 다른 내용의 약
정을 하였을 것이라고 예상되는지 여부, 당해 음악저작물의 이용방법이 기존 음반시장
을 대체하는 것인지 아니면 새로운 시장을 창출하는 것인지 여부 등 여러 사정을 종합
하여 그 이용허락의 범위를 사회 일반의 상식과 거래의 통념에 따라 합리적으로 해석
하여야 할 것인바, (하략)

(2) 저작권 양도인지, 이용허락인지의 구별

저작권의 이용과 관련하여 가장 자주 사용되는 것이 양도와 이용허락이다. 구체
적 사안에 있어서 저작재산권의 양도계약인지 아니면 저작권의 이용허락계약인지
불분명한 경우가 종종 발생한다. "저작권에 관한 계약을 해석함에 있어 당사자가
표시한 문언의 내용과 그 법률행위가 이루어진 동기 및 경위, 당사자가 그 법률행
위에 의하여 달성하려고 하는 목적과 진정한 의사, 거래의 관행 등을 종합적으로
고찰하여 사회정의와 형평의 이념에 맞도록 논리와 경험의 법칙, 그리고 사회 일반
의 상식과 거래의 통념에 따라 합리적으로 해석하여야 한다. 특히 이에 더하여 법
원은 저작권의 양도 또는 이용허락이 외부적으로 명확히 표현되지 아니한 때에는
저작자에게 권리가 유보된 것으로 유리하게 추정함이 타당하며, 계약내용이 명확하
지 않을 경우 구체적인 의미를 해석함에 있어 거래관행이나 당사자의 지식, 행동
등을 종합하여 해석함이 상당하다고 하여 '저작자에 유리한 추정'을 기준으로 명시
한 바 있다.[132]

> ### 서울고등법원 2007. 2. 7. 선고 2005다20837 판결('그리스로마신화' 사건)
>
> 양도계약서 제9조에 '본 계약의 유효기간은 10년으로 한다. 단, 계약 종료 3개월 이
> 전까지 서면상 해지통보가 없는 경우 3년씩 자동연장되는 것으로 한다'라고 규정하고
> 있는바, 이 규정에 비추어 보면 이 사건 양도계약은 문서의 제목이나 다른 조항에서
> '저작권 양도'라고 표시하였다 하더라도 계약당사자간의 진실한 의사표시는 '저작권 이
> 용'에 관한 계약이라고 봄이 타당하다.

---

132) 대법원 1996. 7. 30. 선고 95다29130 판결.

서울고등법원 2013. 12. 19. 선고 2013나2010916 판결('영화음악공연사용료' 사건)

이 영화 28편에 사용된 음악저작물 중 원고가 복제 허락이 없다고 주장하는 부분은 모두 해당 영화를 위해 새롭게 창작된 음악저작물(이하 '이 사건 창작곡'이라 한다)인 사실, 위 영화들의 영화제작자는 '음악감독' 등과 사이에, 위 음악감독은 영화에 사용되는 음악 중 창작곡은 직접 제작하여 영화제작자에게 그 저작권을 양도하거나 이용허락을 하고, 기존 음악저작물에 대해서는 그 이용권한을 획득하는 등의 용역업무를 포괄적으로 수행하며, 영화제작자는 그에 대한 보수를 지급하는 취지의 '음악감독계약'을 체결한 사실을 인정할 수 있다.

위 인정사실에 비추어 보면, 이 사건 창작곡이 해당 영화에 사용되는 데 대한 저작자의 복제 허락이 있는 것으로 봄이 상당하다. 즉 그중 위 계약당사자인 음악감독이 해당 창작곡의 실제 저작자가 아니거나 위 계약 내용에 저작권의 귀속이나 이용관계에 관하여 특별히 명시되지 아니한 경우가 일부 있다고 하더라도, 이 사건 창작곡은 해당 영화에 사용되는 것을 당연한 전제로 하여 영화제작자 또는 음악감독 등의 위탁 및 보수 지급에 따라 새롭게 창작된 것이라는 그 본질적 특성에 비추어 볼 때, 특별한 사정이 없는 한 적어도 해당 영화에 창작곡을 이용하는 데 대한 음악저작자의 허락은 있는 것으로 보아야 할 것이다.

서울중앙지방법원 2017. 12. 15. 선고 2016가합578489 판결[저작권침해금지 등] ('중국어 학습 교재' 사건)

이 사건 계약 제1조에서 "원고는 피고에게 이 사건 교재 초판에 대하여 2000년에 번역완료한 번역원고에 대한 권리를 피고에게 양도한다."라고 정하고 있는 사실은 앞서 인정한 바와 같다. 그러나 한편, 앞서 든 증거들에 변론 전체의 취지를 더하여 알 수 있는 다음과 같은 사정, 즉 이 사건 계약서의 제목은 "번역계약서"이고, 이 사건 계약 제1조의 표제는 "번역권의 설정"이라고 기재되어 있는바, 그러한 제목과 표제는 계약 내용의 해석에 있어서 중요한 기준이 되는데, "번역계약서"와 "번역권 설정"이라는 문구는 그 문언 자체로 '저작권의 양도'라는 의미를 내포한다고 보기 어려운 점, 이 사건 계약 제1조에서 "번역원고에 대한 권리를 피고에게 양도한다."고 하면서도, 그 양도되는 권리의 종류와 범위에 관하여는 구체적으로 기재되어 있지 않은 점, 이 사건 계약 제1조에서 위와 같은 '권리' 양도에 관한 표현 이외에도 "피고는 본서의 복제 및 배포에 대한 독점적인 권리를 갖는다."라고 정하고 있는바, 위 '권리'가 저작재산권 일체를 의미한다면 구태여 복제 및 배포권을 추가로 언급할 이유는 없는 점, 이 사건 계약의 대가 등에 관하여 정하고 있는 이 사건 계약 제4조는 '번역료'라는 표현과 함께 원고가 이 사건 교재에 관하여 번역한 원고를 피고가 출판할 예정인 이 사건 교재 개정판에 '사용'한다는 표현이 기재되어 있는 점, 이 사건 계약서의 본문과 서명란에서 원고를 '번역자' 또는 '역자'라고, 피고를 '출판권자'라고 각 표현하고 있는 점, 피고는 도서의 발행 및 판매업을 전문적으로 영위하는 회사로서 만약 원고로부터 기초·초급편에 관한 저작재산권 일체를 양도받을 의사였다면, 이 사건 계약서에 그러한 사항을 명시할 수 있었을 것으로 보이는 점 등을 종합하여 보면, 비록 이 사건 계약 제1조에 '권리의 양도'라는 표현이 있다고 하더라도, 그것만으로 저작자인 원고에 대한 저작재산권 유보의 추정을 뒤집기는 어렵다고 보이므로, 이 사건 계약은 원고가 기초·초급편 초판에 관한 저작재산권 일체를 피고에게 양도하는 계약이 아니라 원고가 기초·초급편 초판에 관하여 자신이 번역한 부분을 피고가 그에 관한 개정판을 출판함에 있어서 이용하는 것을 허락하는 계약이라고 봄이 타당하다.

3. 저작재산권에 대한 질권 설정

제47조(저작재산권을 목적으로 하는 질권의 행사 등) ① 저작재산권을 목적으로 하는 질권은 그 저작재산권의 양도 또는 그 저작물의 이용에 따라 저작재산권자가 받을 금전 그 밖의 물건(제57조에 따른 배타적발행권 및 제63조에 따른 출판권 설정의 대가를 포함한다)에 대하여도 행사할 수 있다. 다만, 이들의 지급 또는 인도 전에 이를 압류하여야 한다.
② 질권의 목적으로 된 저작재산권은 설정행위에 특약이 없으면 저작재산권자가 이를 행사한다.

저작재산권은 양도 등의 대상이 될 수 있을 뿐 아니라 질권(質權)의 대상도 될 수 있다. 저작재산권의 질권 설정은 이를 등록하지 아니하면 제3자에게 대항할 수 없다. 즉 저작재산권의 질권 설정은 등록될 수 있는데, 이는 질권 설정의 유효요건이 아닌 대항요건으로서의 성격을 갖는다는 것이다. 앞서 살펴본 양도 등의 경우와 동일하다.

저작재산권을 목적으로 하는 질권은 그 저작재산권의 양도 또는 그 저작물의 이용에 따라 저작재산권자가 받을 금전 그 밖의 물건(배타적발행권 및 출판권 설정의 대가를 포함)에 대하여도 행사할 수 있다. 다만, 이들의 지급 또는 인도 전에 이를 압류하여야 한다.

저작재산권에 질권이 설정되어도, 질권의 목적으로 된 저작재산권은 설정행위에 특약이 없는 한 저작재산권자가 이를 행사하게 된다. 즉, 저작재산권의 행사는 질권자에 권리가 있는 것이 아니라 질권설정자인 저작재산권자가 여전히 행사하는 것이

므로 그 성질은 저당권에 유사한 것이다.[133]

4. 저작재산권과 계약법의 관계

저작재산권에 대한 이용허락은 당연히 계약에 의해서 이루어진다. 그런데 저작권법의 조항 중에서는 강행법규로서 계약이 어떻게 되었는가와 무관하게 관철되어야 할 조문이 있고, 임의규정으로 계약이 저작권법과 배치되게 되었다고 하더라도 계약대로 효력이 정해지는 경우가 있을 수 있다. 이런 점은 당해 저작권법의 조항의 문언과 취지, 그리고 당해 사안에서의 계약서의 구체적인 내용에 따라서 정해져야 한다.

> **대법원 2017. 11. 23. 선고 2015다885(본소), 2015다892(병합), 2015다908 (병합), 2015다915(반소) 판결('오픈캡처' 사건)**
>
> **[사실관계]**
> ① 피고(반소원고, 이하 '피고'라고만 한다)는 컴퓨터 사용자에게 화면 캡처 기능을 제공하는 컴퓨터프로그램인 오픈캡처의 저작재산권자이다. 오픈캡처는 2012. 2. 5. 버전 6.7에서 버전 7.0으로 업데이트되었는데, 7.0 버전부터 비상업용·개인용으로 이용하는 경우에만 무료로 제공되고, 그 밖의 경우에는 기업용 라이선스를 구매한 때에만 이용할 수 있도록 유료로 변경되었다. 오픈캡처는 버전 7.0에서 2012. 8. 23. 버전 7.5로, 2013. 2. 15. 버전 8.0으로, 2013. 6. 27. 버전 8.1로, 2014. 1. 13. 버전 8.5로 업데이트되었다(이하 오픈캡처의 7.0 버전부터 '오픈캡처 유료버전'이라 한다). ② 오픈캡처 6.7 버전이 설치된 상태에서 이를 실행하면 '새 버전으로 업데이트를 시작합니다. 확인'이라고 된 창이 나타나면서 확인 버튼을 누르는 것과 관계없이 오픈캡처 유료버전이 자동적으로 사용자 컴퓨터 하드디스크 드라이브(HDD)의 임시 경로로 다운로드되고, 그 후 확인 버튼을 누르면 업데이트가 진행되어 컴퓨터 하드디스크 드라이브(HDD)에 컴퓨터프로그램이 설치된다. ③ 업데이트가 이루어진 다음 사용허락계약서가 포함된 라이선스 약관(이하 '이 사건 약관'이라 한다)에 동의하는지를 묻는 창이 나온다. 오픈캡처 유료버전의 경우 그 내용은 '약관동의 및 비상업용·개인용으로만 사용하겠습니다. 기업용 라이선스 구매하기'로 되어 있고, 그 이후의 버전도 이와 유사하게 비업무용으로 사용하는 경우 무료로 사용할 수 있으며, 업무용으로 사용할 경우 라이

---

133) 사법연수원(2007), 242면.

선스를 구매하여야 한다는 취지인데, 비업무용으로 사용하기 위해 위 안내에 따라 사용자가 최종적으로 확인 버튼을 누르면 오픈캡처 유료버전을 컴퓨터에서 사용할 수 있는 상태가 된다. ④ 원고(반소피고, 이하 '원고'라고만 한다)들의 직원들은 위와 같이 이 사건 약관에 동의하여 사용할 수 있게 된 오픈캡처 유료버전을 업무용으로 사용하였다.

[법원의 판단]

① 복제권 침해 여부(=소극) 오픈캡처 유료버전이 피고가 제공한 업데이트 과정을 통해 컴퓨터 하드디스크 드라이브(HDD)에 자기적으로 고정됨으로써 복제가 완료되었고, 이러한 복제가 피고의 허락하에 이루어진 것으로 볼 수 있는 이상, 원고들의 직원들이 이 사건 약관에서 정한 사용 방법 및 조건을 위반하여 사용한 것에 대해 채무불이행책임을 지는 것은 별론으로 하더라도 피고의 오픈캡처 유료버전에 관한 복제권을 침해하였다고 볼 수는 없다.

저작권법 제16조는 저작재산권을 이루는 개별적 권리의 하나로 저작물을 복제할 권리를 들고 있고, 제2조 제22호는 '복제'는 인쇄·사진촬영·복사·녹음·녹화 그 밖의 방법으로 일시적 또는 영구적으로 유형물에 고정하거나 다시 제작하는 것을 말한다고 규정하고 있다. 컴퓨터프로그램을 컴퓨터 하드디스크 드라이브(HDD) 등 보조기억장치에 설치하는 것은 저작권법 제2조 제22호의 영구적 복제에 해당한다.

한편, 저작권법 제46조 제2항은 저작재산권자로부터 저작물의 이용을 허락받은 자는 허락받은 이용 방법 및 조건의 범위 안에서 그 저작물을 이용할 수 있다고 규정하고 있다. 위 저작물의 이용 허락은 저작물을 복제할 권리 등 저작재산권을 이루는 개별적 권리에 대한 이용 허락을 가리킨다. 따라서 저작재산권자로부터 컴퓨터프로그램의 설치에 의한 복제를 허락받은 자가 위 프로그램을 컴퓨터 하드디스크 드라이브(HDD) 등 보조기억장치에 설치하여 사용하는 것은 저작물의 이용을 허락받은 자가 허락받은 이용 방법 및 조건의 범위 안에서 그 저작물을 이용하는 것에 해당한다. 위와 같이 복제를 허락받은 사용자가 저작재산권자와 계약으로 정한 프로그램의 사용 방법이나 조건을 위반하였다고 하더라도, 위 사용자가 그 계약 위반에 따른 채무불이행책임을 지는 것은 별론으로 하고 저작재산권자의 복제권을 침해하였다고 볼 수는 없다.

② 일시적 복제(구 저작권법 제35조의2)(=저작권침해 아님) 사용자가 컴퓨터 하드디스크 드라이브(HDD) 등의 보조기억장치에 설치된 컴퓨터프로그램을 실행하거나 인터넷으로 디지털화된 저작물을 검색, 열람 및 전송하는 등의 과정에서 컴퓨터 중앙처리장치(CPU)는 실행된 컴퓨터프로그램의 처리속도 향상 등을 위하여 컴퓨터프로그램을 주기억장치인 램(RAM)에 적재하여 이용하게 되는데, 이러한 과정에서 일어나는 컴퓨터프로그램의 복제는 전원이 꺼지면 복제된 컴퓨터프로그램의 내용이 모두 지

워진다는 점에서 일시적 복제라고 할 수 있다.

저작권법은 제2조 제22호에서 복제의 개념에 '일시적으로 유형물에 고정하거나 다시 제작하는 것'을 포함시키면서도, 제35조의2에서 '컴퓨터에서 저작물을 이용하는 경우에는 원활하고 효율적인 정보처리를 위하여 필요하다고 인정되는 범위 안에서 그 저작물을 그 컴퓨터에 일시적으로 복제할 수 있다. 다만, 그 저작물의 이용이 저작권을 침해하는 경우에는 그러하지 아니하다.'라고 규정하여 일시적 복제에 관한 면책규정을 두고 있다. 그 취지는 새로운 저작물 이용환경에 맞추어 저작권자의 권리보호를 충실하게 만드는 한편, 이로 인하여 컴퓨터에서의 저작물 이용과 유통이 과도하게 제한되는 것을 방지함으로써 저작권의 보호와 저작물의 원활한 이용의 적절한 균형을 도모하는 데 있다. 이와 같은 입법취지 등에 비추어 볼 때 여기에서 말하는 '원활하고 효율적인 정보처리를 위하여 필요하다고 인정되는 범위'에는 일시적 복제가 저작물의 이용 등에 불가피하게 수반되는 경우는 물론 안정성이나 효율성을 높이기 위해 이루어지는 경우도 포함된다고 볼 것이지만, 일시적 복제 자체가 독립한 경제적 가치를 가지는 경우는 제외되어야 할 것이다.

위 법리에 따라 기록을 살펴보면, 원고들의 직원들이 컴퓨터에서 오픈캡처 유료버전을 실행할 때 그 컴퓨터프로그램의 일부가 사용자 컴퓨터의 주기억장치인 램(RAM)의 일정 공간에 일시적으로 저장됨으로써 일시적 복제가 이루어지지만, 이는 통상적인 컴퓨터프로그램의 작동과정의 일부이므로 저작물인 컴퓨터프로그램의 이용에 불가피하게 수반되는 경우로서 독립한 경제적 가치를 가진다고 하기 어렵다.

피고의 허락하에 오픈캡처 유료버전이 원고들 직원들의 컴퓨터 하드디스크 드라이브(HDD)에 복제된 이상 저작권법 제35조의2 단서가 일시적 복제권의 침해에 대한 면책의 예외로 규정하고 있는 '저작물의 이용이 저작권을 침해하는 경우'에 해당하는 사유도 존재하지 않는다고 할 것이다. 설령 이 사건 약관이 비업무용에 관해서만 일시적 복제를 허락하는 내용이라고 보더라도, 위와 같이 복제된 오픈캡처 유료버전을 실행하는 과정에서 발생되는 일시적 복제가 계약위반에 따른 채무불이행이 되는 것은 별론으로 하고 저작권 침해에 해당한다고 볼 수는 없다.

피고의 오픈캡처 유료버전을 실행하는 과정에서 발생되는 일시적 복제는 저작권법 제35조의2가 규정하는 '컴퓨터에서 저작물을 이용하는 경우에 원활하고 효율적인 정보처리를 위하여 필요하다고 인정되는 범위' 내의 것으로 볼 수 있으므로, 원고들의 직원들이 피고의 오픈캡처 유료버전에 대한 일시적 복제권을 침해하였다고 할 수 없다.

5. 저작재산권의 소멸

제49조(저작재산권의 소멸) 저작재산권이 다음 각 호의 어느 하나에 해당하는 경우에는 소멸한다.
　　1. 저작재산권자가 상속인 없이 사망한 경우에 그 권리가 「민법」 그 밖의 법률의 규정에 따라 국가에 귀속되는 경우
　　2. 저작재산권자인 법인 또는 단체가 해산되어 그 권리가 「민법」 그 밖의 법률의 규정에 따라 국가에 귀속되는 경우

저작재산권은 보호기간이 만료되면 소멸한다. 권리가 소멸하게 되면 해당 저작물은 누구나 자유롭게 이용할 수 있는 공유상태에 놓이게 된다.

보호기간의 만료로 인한 저작재산권 소멸 이외에도 저작권법은 다음 중 하나에 해당하는 경우에는 저작재산권이 소멸하는 것으로 정하고 있다.

ⅰ) 저작재산권자가 상속인 없이 사망한 경우에 그 권리가 민법 그 밖의 법률 의 규정에 따라 국가에 귀속되는 경우

ⅱ) 저작재산권자인 법인 또는 단체가 해산되어 그 권리가 민법 그 밖의 법률 의 규정에 따라 국가에 귀속되는 경우

이는 권리를 상속받는 등의 귀속대상이 없는 저작재산권의 대해서는 해당 권리를 국가의 소유로 하지 않고, 공유상태에 놓이도록 하여 누구나 자유롭게 이용할 수 있도록 하는 것이 저작권법의 목적에 부합하는 것으로 보았기 때문이다.

제6절　담보 및 유동화 등에 관한 특수 문제 논의

1. 저작권 금융을 통한 자금 조달

지식기반의 창조기업 창업을 통하여 그의 전제가 된 창조적인 아이디어가 성공적인 사업화로 이어지고 이를 통한 경제적 가치의 창출이라는 선순환을 이루기 위해서는 반드시 극복해야 할 단계가 있다. '죽음의 계곡'과 '다윈의 바다'가 그것인데, 전자는 기술이 사업화되는 과정에서 대부분의 기술이 사라진다는 것을 의미하며, 후자는 기술 구현에 성공하더라도 사업화 과정에서 엄청난 시장 경쟁을 이겨내야

한다는 의미이다. 창업기업이 이와 같은 장애물을 넘어서기 위해서는 기술 또는 지식재산권의 사업화, 그리고 이의 시장화를 위한 상당한 자금의 조달이 이루어져야 함이 필수적이다.

하지만, 자금의 조달이 어려운 지식기반산업 유형의 기업, 특히 저작권에 기초한 사업을 영위하기 위한 창업기업의 경우에는 죽음의 계곡 및 다윈의 바다를 넘어가기 위한 충분한 자금의 조달이 용이하지 않은 것이 현실이다. 저작권 등과 같이 무형의 지식 또는 기술에 기반한 창업은 주로 지식기반 산업의 형태를 갖는데, 이러한 경우는 창업기업이 현재가치가 있는 유형고정자산을 보유하기보다는 미래가치 지향적인 무형자산만을 보유한다는 특징이 있다. 이에 초기 자본조달을 위한 전통적 요소인 유형고정자산을 충분히 보유하지 못하는 이들은 금융기관 및 투자자 등으로부터 자금을 확보하는데 상당한 어려움을 가질 수밖에 없는 것이다.

저작권과 같은 지식재산권에 기초한 자금조달을 용이하게 하기 위한 금융기법이 발달하면서 다양한 자금조달 방안이 제시되고 있다. 이에 일부의 경우 지식재산권에 기초한 금융지원제도가 운영되고 있기는 하나,[134] 아직 다양한 금융수단이 존재하지 않으며, 기술평가보증에 기초한 보증형·대출형 지원이 일반적이어서 본질적으로 지식재산권에 기초한 금융이라 하는 데 한계가 있다.

저작권 등 지식재산권에 기반하여 자금을 조달하는 방법은 크게 주식 또는 출자증권을 발행하여 자금을 조달하는 지분 중심의 방식과 금융기관으로부터 차입하거나 채권을 발행하여 자금을 조달하는 부채 중심의 방식으로 구분할 수 있다. 지분 중심 방식은 저작권 유동화(증권화)금융 등이 대표적이고, 부채 중심 방식은 저작권 담보금융 등이 대표적이다. 이 중 어떠한 방식을 채택하고 활용할 것인지는 자본조달이 필요한 각 기업의 상황과 보유하는 저작권의 특성 등을 종합적으로 고려하여 판단하여야 하는 것이다.

---

134) 우리나라의 지식재산권 관련 금융은 지식재산권을 기초로 자금수요자와 자금공급자간 자금중개 기능을 수행하거나 유동화, 위험관리 등 금융기능을 제공하는 것을 기본구조로 한다. 이는 ① 지식재산 기업에 대한 지원(벤처캐피털형)과 ② 지식재산 자체에 대한 투자 및 대출(창의자본형)로 구분될 수 있다. 관계부처합동, 「창조경제 실현을 위한 지식재산금융 활성화 방안」, 2013. 7, 2면.

2. [방안 1] 저작권 유동화(증권화) 금융

(1) 개 념

자산유동화란 문자 그대로 저작권을 기초자산으로 하여 유동화하는 거래를 의미한다. 유동성(liquidity)이 부족한 보유자산을 증권에 화체(化體)하는 방법을 통해 자본시장에서 현금화하는 일련의 거래를 말한다. 자산의 유동화는 「자산유동화에 관한 법률」에 의한 유동화와 동법에 의하지 않는 「상법」 및 「신탁법」상 유동화로 구분되는데, 실무적으로는 엄격한 제약이 따르는 「자산유동화에 관한 법률」상 유동화보다는 「상법」 및 「신탁법」에 따른 유동화 거래가 많이 이루어진다.

전통적으로 회사는 자신에 대한 지분을 나타내는 주식을 발행하거나 상환청구권이 부여된 채무증서인 채권을 발행하여 자금을 조달하여 왔다.[135] 이런 경우 회사가 재정상의 곤란에 처하거나 파산을 하게 되면 발행된 증권의 지급이 연기되거나 지급불능 상태에 처할 수 있다. 이런 점에서 저작권을 유동화하는 경우 중요하게 생각하여야 할 것이 지급재원을 회사로부터 분리함으로써 증권보유자가 회사의 파산 등과 같은 도산(倒産) 여부와 무관하게 수익을 확보할 수 있도록 하여야 한다. 이를 도산절연(bankruptcy remoteness)이라고 한다. 도산절연이 되는지 여부의 판단기준이 진정매매(true sale) 여부이다.[136] 우리 '자산유동화법'은 이를 명시적으로 규정(자동유동화법 제13조 제1호[137])하면서, 매매나 교환의 경우만 유동화로 보고 있다. 즉 소유권이 완전히 이전되어야 비로소 회사의 도산에서 분리된 재원이 되는 것

---

135) 스티븐 슈와르츠(박용 외 번역), 「자산유동화의 이론과 실제」, 매일경제신문사, 2003, 23면.
136) 이에 대한 상세는 이미현, "자산유동화에 관한 법률에 대한 고찰", 인권과 정의, 제275호, 1999; 이미현, "자산유동화와 진정한 매매(True Sale)", 법조, 통권 제565호, 2003 참조.
137) 제13조(양도의 방식) 유동화자산의 양도는 자산유동화계획에 따라 다음 각 호의 방식으로 하여야 한다. 이 경우 해당 유동화자산의 양도는 담보권의 설정으로 보지 아니한다.
  1. 매매 또는 교환으로 할 것
  2. 유동화자산에 대한 수익권 및 처분권은 양수인이 가질 것. 이 경우 양수인이 해당 자산을 처분 할 때에 양도인이 이를 우선적으로 매수할 수 있는 권리를 가지는 경우에도 수익권 및 처분권 은 양수인이 가진 것으로 본다.
  3. 양도인은 유동화자산에 대한 반환청구권을 가지지 아니하고, 양수인은 유동화자산에 대한 대가 의 반환청구권을 가지지 아니할 것
  4. 양수인이 양도된 자산에 관한 위험을 인수할 것. 다만, 해당 유동화자산에 대하여 양도인이 일 정 기간 그 위험을 부담하거나 하자담보책임(채권의 양도인이 채무자의 지급능력을 담보하는 경우를 포함한다)을 지는 경우는 제외한다.

이다.

저작권과 같은 자산은 증권화(securitization)의 방법으로 유동성을 높일 수 있다.[138] 유동화의 대상이 되는 자산에는 외상판매채권, 주택대출채권, 리스채권 등으로 대표되는 금전채권(유동자산)뿐만 아니라, 상업용 부동산 등과 같은 유형고정자산도 있다. 이때 자산을 경제적으로 담보하여 발행하는 증권을 일반적으로 자산담보부증권 내지 자산유동화증권(asset backed securities)이라고 한다.

(2) 저작권 유동화 해외사례

국내에는 저작권유동화 사례가 알려져 있지 않아서 해외 사례를 본다. 미국에서 저작권 유동화의 사례는 다양하다. 1997년 록 가수인 데이비드 보위(David Bowie)가 자신이 발표한 노래 약 300곡이 수록된 앨범 25장에 대하여 장래 얻을 수 있는 로열티를 담보로 10년(최대 15년) 기한의 5천5백만 달러 규모의 채권을 발행하여 자금을 조달한 바 있다. 이는 음반의 판매로열티와 음악의 판권로열티를 대상으로 한 최초의 유동화 시도이자 개인이 가지고 있는 저작권을 최초로 유동화한 것으로 기록되고 있다.

이 경우의 유동화증권을 보위의 저작권을 기초로 하여 발행하였다고 하여 일반적으로 보위본드(Bowie Bond)로 부르고 있다. 보위본드는 풀만그룹이 주간사로서 사모(private placement)형식으로 발행되어 프루덴셜 보험(Prudential Insurance)사가 전량 인수하였으며 신용평가기관인 무디스(Moody's)사로부터 A3의 채권등급으로 평가받았다. 이는 아마도 1997년말 현재 보위가 영국에서 5억5천만 파운드의 가치가 나가는 음악인이라는 사실이 크게 고려된 것으로 보인다.[139]

---

138) '유동화'와 '증권화'는 실무에서 서로 혼용하여 사용된다. 그러나 유동화가 반드시 증권화를 의미하지는 않는다. 증권화는 거래의 기법에 초점을 맞춘 용어이지만 유동화는 새로운 증권발행으로 인한 유동성 증대라는 결과에 비중을 둔 표현이다. 실무상 특정목적기구가 집합화된 비유동성자산을 담보로 증권발행 없이 자금을 조달하는 유동화도 있다. 이에 관한 예로 일본의 영화제작사인 마쓰다케(松竹)가 인기영화시리즈 "남자는 괴로워"의 텔레비전 방영권을 근거로 20억 엔의 자금을 조달한 바 있다.

139) 보위의 음악로열티수입을 증권화 한다는 발상은 보위의 비즈니스 매니저였던 William L. Zysblat가 뉴욕의 인베스트먼트 뱅커(Investment Banker)인 David Pullman과 대화하던 끝에 유동화의 아이디어가 나오게 된 것이 계기가 되었다. 보위가 자금을 필요로 한 이유는 주로 2가지였다. 하나는 보위의 음악에 관한 권리의 일부를 소유하는 전 매니저로부터 권리를 매입하는 것이고, 다른 하나는 영국으로 되돌아가서 생활하기 위해서 많은 현금을 필요로 했던 것이다.

그 후 1998년에 모타운 레코드(Motown Record)사의 로열티수입으로 3천만 달러, 1999년에는 가수 제임스 브라운(James Brown)의 로열티수입으로 3천만 달러, 2000년에도 가수 이슬리 브라더스(Isley Brothers)의 로열티를 담보로 하여 2천만 달러의 채권을 발행하였다. 그러나 저작권을 기초로 한 유동화가 모두 성공한 것은 아니다. 예컨대, 1998년 9월의 유명한 팝그룹인 레드 제플린(Led Zeppelin)의 저작권수입을 기초자산으로 증권을 발행하였으나 아시아에서 레드 제플린의 음반이 수요부족으로 판매가 부진하게 되면서 유동화증권도 투자자의 관심을 끄는 데 실패하였다.[140]

영화분야에서 증권을 발행한 예로서는 드림웍스(Dream Works)사의 사례를 들수 있다. 1997년 베어스턴스(Bear Stearns)사는 미국의 스티븐 스필버그(Steven Spielberg) 감독이 설립한 영화제작사인 드림웍스사가 3년내에 제작될 총 14편의 영화에서 발생하는 수익과 판권을 담보로 약 3억2천5백만 달러의 유동화증권을 발행하였다.[141] 2000년에는 베어스턴스사와 체이스증권(Chase Securities)사는 드림웍스의 다른 영화수익 등을 근거로 5억4천만 달러의 증권을 발행하였다. 이러한 증권 발행에 있어서 스필버그 감독이 영화업계에서 그동안 쌓아 온 명성 및 수익실적이 당해 증권의 신용등급에 결정적인 영향을 끼쳤다.[142]

일본도 이미 저작권이나 저작물에 기반을 둔 채권의 유동화를 경험이 있으며 또한 저작권 유동화의 개선방안에 관한 논의를 활발하게 전개하고 있다. 2000년 10월

1997년말 현재 보위는 영국에서 5억5천만 파운드의 가치가 나가는 음악인으로 평가받았다. Jennifer B. Sylva, *Bowie Bonds Sold for Far More than a Song: The Securitization of Intellectual Property as a Super-Charged Vehicle for High Technology Financing*, 15 Computer and High Technology Journal 195, 196, 200(1999).

140) 이 밖에 영국가수인 로드 스튜어트(Rod Stewart)와 아이언 메이든(Iron Maiden) 등의 음반 및 음악관련 저작권이 각각 1998년과 1999년에 성공적으로 유동화되었다. 2001년도에는 스코틀랜드 로열은행(Royal Bank of Scotland)는 크리살리스(Chrysalis Inc.)사가 보유한 음악저작권을 기초자산으로 하여 6천만 파운드 규모의 증권을 발행하였다.

141) 영화제작회사가 이미 완성된 영화가 아니라 장차 제작할 영화로부터 발생하는 수익을 담보로 증권을 발행할 경우에는 전문보증회사로부터 완성보증(surety bond, completion bond)이 요구되기도 한다. 완성보증이라 함은 영화제작에서 예측할 수 없는 사정으로 인하여 제작이 곤란하게 된 경우 그것에 수반된 손해를 보전할 목적으로 일정 금액의 지불을 사전에 보증하는 일종의 보험을 뜻한다.

142) 이 밖에 1999년 이탈리아에서 007영화를 포함하여 1,000편 이상의 세계적인 영화소유권을 가지고 있는 세찌 고리(Cecchi Gori)라는 영화사가 영화수입 및 비디오 수입 등을 기초자산으로 하여 2억 8천만 달러 규모의 유동화 증권을 발행한 적이 있다.

게임개발회사인 코나미(コナミ)사가 '게임펀드 두근거려(ときめき) 메모리얼'을 통하여 신작 게임소프트웨어 2개의 제작 및 판매자금을 조달하였는데, 이는 일본에서 처음으로 일반 투자자를 대상으로 한 유동화한 상품이다.[143]

3. [방안 2] 저작권 담보금융

(1) 개 념

저작권 담보금융은 자산보유자가 소유한 저작권에 질권을 설정함으로써 자금을 조달하는 방식이 대표적이다. 「동산·채권 등의 담보에 관한 법률」은 담보약정에 따라 저작권을 목적으로 저작권법에 의하여 권리화된 저작권에 부여된 담보권을 그 개념으로 한다. 저작권 담보금융에 있어서 가장 중요한 전제는 담보물로 제공된 저작권을 처분할 수 있는 거래시장이 존재하여야 한다는 점이다. 담보물이 처분될 시장이 존재하지 않는다면 해당 담보에 기초한 금융 활용에 제약이 있을 수밖에 없다. 이점을 고려하여 회수펀드 등을 활용하여 거래시장의 확보 등을 도모하기도 한다. 한편, 저작권 담보금융은 권리의 변동이 상당하다는 점에 약점을 갖는다. 특히 컴퓨터프로그램저작물과 같은 경우에는 해당 저작권이 갖는 경제적 주기가 매우 짧으므로 저작권의 가치가 내재된 상품의 수명이 상당히 단기적이다. 따라서 그러한 경우에는 담보권이 설정된 저작권에 대한 가치의 안정성이 낮다는 한계가 있다.[144] 음악 저작권을 담보로 투자금을 모집하는 P2P대출 상품이 출시(팝펀딩)되어 2016년 1월 가수 강인원의 '비오는 날의 수채화' 등 151곡의 저작권을 담보로 하여 3억 원의 자금을 대출받은 바 있다.

---

143) 桜井勉, "知的財産で資金調達ができる-知的財産權と証券化の関係-,"Right Now!, 通卷 2號(税務経理協會), 2003, 25頁.

144) 전삼현, 「프로그램지적재산권 담보제도 수립을 위한 법적 연구」, 프로그램심의조정위원회, 2000, 45면.

[KDB산업은행 지식재산권 담보대출 구조]

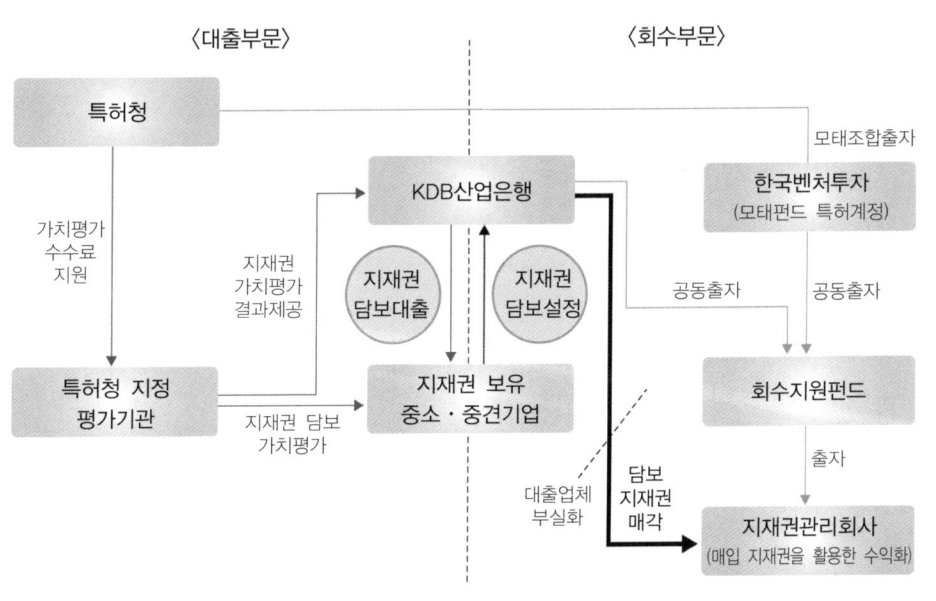

그 외에도 SLB(Sale and License Back), NPE를 통한 지식재산 비즈니스 등 다양한 지식재산금융 기법이 제시되고 있다.

(2) 우리나라 저작권 담보에 관한 규범 현황[145]

우리 민법 제345조는 부동산의 사용, 수익을 목적으로 하는 권리가 아닌 경우에는 재산권이 권리질권의 목적으로 될 수 있다고 규정한다. 아울러 질권의 목적물은 양도할 수 있어야 한다(민법 제331조 및 제355조). 권리질권의 성질에 관하여 권리목적설을 통설로 취하는 우리나라에서는 담보를 위해 질권을 설정할 목적물의 핵심은 교환가치에 있다고 본다.[146]

---

145) 저작권 담보에 관한 내용은, 김시열·김민정, "지식재산권 담보물로서 저작권의 특수성", 경희법학, 제53권 제1호, 2018, 152-165면을 정리하여 담는다.

146) 권리질권의 성질은 권리양도설과 권리목적설로 구분되는데, 권리양도설은 권리질권은 권리의 조건부 양도일 뿐이라는 입장이다. 모든 질권은 유체물만을 목적으로 할 수 있을 뿐이고, 권리로써 채권의 담보로 하는 것은 권리를 양도하는 것에 지나지 않으므로 권리질권이라는 질권을 부정하게 된다. 반면, 권리목적설은 권리자체를 질권의 목적으로 한다는 입장이다. 현 시대와 같이 양도성을 가진 모든 재산권이 상품화되어버린 상황에서, 양도성 및 교환가치를 가지는 권리는 신용거래에서 충분히 질권의 목적이 될 수 있으므로 동산질권과 차이가 없다는 것이다. 아울러

이러한 점에 기초하여 저작권법은 재산적 성질을 갖는 저작재산권에 담보를 위한 질권을 설정할 수 있도록 명시하고 있다. 저작권법은 제47조 제1항에서 저작재산권을 목적으로 하는 질권은 그 저작재산권의 양도 또는 그 저작물의 이용에 따라 저작재산권자가 받을 금전 그 밖의 물건에 대하여도 행사할 수 있다고 한다. 이는 질권 설정 이후에도 질권설정자인 저작재산권자가 그 저작재산권을 양도하거나 저작물의 이용허락, 출판권설정 등의 방법으로 저작권을 행사할 수 있음을 전제로 한다.[147] 저작권법에서 제47조 이외에 저작권 자체에 대한 질권 설정에 관한 규정은 없다. 다만, 배타적발행권에 대한 질권 설정(저작권법 제62조), 저작인접권에 대한 질권 설정(동법 제88조), 데이터베이스제작자의 권리에 대한 질권 설정(동법 제96조) 및 영상제작자의 권리에 대한 질권 설정(동법 제101조)에 대해서만 규정을 두고 있으며, 각 규정의 내용은 해당 권리를 질권의 목적으로 할 수 있다는 사항을 명시한 것에 불과하다.

저작재산권에 대한 질권 설정 방법은 별도의 규정이 없으므로 질권 설정에 관한 기본적 규정인 민법 규정이 준용된다. 그런데 저작재산권을 목적으로 하는 질권은 설정·이전·변경·소멸 또는 처분제한에 관하여 등록하지 않으면 제3자에 대항할 수 없다(저작권법 제54조 제2호). 한편, 질권의 목적으로 된 저작재산권은 설정행위에 특약이 없는 한 저작재산권자가 이를 행사할 수 있다(동법 제47조 제2항).

한편, 2010년 「동산·채권 등의 담보에 관한 법률」(이하 '동산채권담보법'이라 한다)의 제정으로, 민법상의 질권 규정에 근거하여 저작권 등 지식재산권의 담보를 이용할 수밖에 없던 기존의 문제 해결에 다소 진척이 있었다. 동 법률에서 지식재산권의 담보에 관하여는 제5장에서 특례로 규정하고 있다. 그 내용은 크게 공동담보 규정과 지식재산권 담보의 득실변경 규정 두 가지로 나타난다.

첫째, 위 법률 제58조는 지식재산권자가 약정에 따라 동일한 채권을 담보하기 위

이미 담보물권이 가치권으로 순화되어 목적물의 실체 지배에 대한 관심보다는 목적물의 교환가치 파악이 핵심이므로 교환가치가 충분한 재산권 역시 질권의 목적물이 될 수 있다고 한다(김상용, 「물권법」, 제3판, 화산미디어, 2016, 611-613면. 다만, 저작재산권의 경우에는 질권설정 이후에도 저작물의 이용은 기본적으로 저작권자가 하는 점에서 권리질권과는 다른 성격을 가지고 있다는 근거에서 권리질권설을 비판하며, 이를 저당권과 유사한 특수질권이라 주장하는 견해도 있다. 이해완(2015), 543면.

147) 이해완(2015), 544면.

하여 2개 이상의 지식재산권을 담보로 제공하는 경우에는 특허원부, 저작권등록부 등 그 지식재산권을 등록하는 공적장부에 이 법에 따른 담보권을 등록할 수 있다고 하며, 이때 담보의 목적이 되는 지식재산권은 그 등록부를 관장하는 기관이 동일하여야 하고, 지식재산권의 종류와 대상을 정하거나 그 밖에 이와 유사한 방법으로 특정할 수 있어야 한다고 규정한다. 본 조문의 입법취지는 지식재산권에서 여러 가지 지식재산권을 하나의 담보 목적물로 묶을 수 있는 공동담보에 대한 근거규정을 마련한 것이다.148) 이를 포함시킨 이유로는, 지식재산권은 고유의 특성상 부동산 등과 달리 권리별로 따로 담보 목적물로 지정하기보다는 일괄적으로 묶어 활용하는 것이 권리의 자본화에 유리하며, 일물일권주의(一物一權主義)를 취하는 물권의 기본원칙에 대한 예외는 각종 법률로 정하는 경우로 한정되어 있는데,149) 이와 같은 일물일권주의의 한계를 벗어나기 위한 방법으로 입법적으로 예외근거를 마련한 것이다. 아울러 지식재산권을 목적물로 하는 담보는 공동담보에 대한 규정을 두고 있지 않아 담보권자의 선택에 따라 후순위 담보권자가 자신의 담보권을 상실하게 되는 등의 문제가 발생할 수 있어 이에 대한 해결책을 마련하기 위한 것이다.150)

둘째, 동법 제59조 내지 제61조는 약정에 따른 지식재산권담보권의 득실변경은 그 등록을 한 때에 그 지식재산권에 대한 질권의 득실변경을 등록한 것과 동일한 효력이 생기며, 동일한 지식재산권에 관하여 동법에 따른 담보권 등록과 그 지식재산권을 규율하는 개별 법률에 따른 질권 등록이 이루어진 경우에 그 순위는 법률에 다른 규정이 없으면 그 선후에 따르도록 한다. 이때 담보권자의 권리행사 근거를 각 지식재산권을 규율하는 법률, 즉 저작권이 담보 목적물인 경우에는 저작권법에 따라 행사가 가능하다. 그 외에도 동산채권담보법은 담보권자가 담보 목적물을 취득하거나 직접 처분하는 방법으로 담보권을 실행하는 것을 폭넓게 허용하여 담보 목적물의 환가 과정에서 발생되는 가치하락을 최소화하기 위한 규정을 두었으며, 지식재산권에 대한 담보 설정 시 담보가치에 대한 객관적인 평가가 곤란한 점 등을 고려하여 경매의 방법으로 실행하도록 규정을 두었다.151)

---

148) 안형준, 「동산·채권 등의 담보에 관한 법률 해설서」, 법무부, 2010, 143면.
149) 함철훈, "지적재산담보제도와 민법상의 담보방법론", 가톨릭 법학, 창간호, 2002, 154면.
150) 안형준(2010), 143-144면.
151) 박재원, "지적재산권 담보거래 법제에 관한 연구 - UNCITRAL 담보거래 입법론을 중심으로", 단국대학교 대학원 박사학위논문, 2010, 23면.

(3) 해외 주요국의 지식재산권 담보 규정

(가) UNCITRAL

유엔국제상거래법위원회(United Nations Commission on International Trade Law: 이하 'UNCITRAL'이라 한다)는 2007년 12월 제40차 UNCITRAL 위원회 본회의를 통해 「UNCITRAL 담보부거래에 관한 입법지침」(이하 'UNCITRAL 담보지침'이라 한다)[152]을 채택하였다. 이어서 2010년 6월에는 동 입법지침을 보충하는 부속서(Annex)로 「지식재산 담보권에 관한 담보거래 입법지침 부속서」(이하 '지식재산 담보지침'이라 한다)[153]를 마련하였다. 지식재산 담보지침은 담보거래관련법과 지식재산법간의 관계, 가치평가, 지식재산을 활용한 금융사례, 주요 목표 및 정책 등 일반적 내용과 적용범위 및 당사자자치, 지식재산담보권의 설정 및 실행, 제3자 대항력, 등록시스템, 우선순위, 지식재산권 담보설정계약 당사자의 권리와 의무, 취득금융, 준거법 등에 대한 사항을 규정하고 있다.

지식재산 담보지침[154]은 개인 및 법인이 담보권을 설정 및 취득할 수 있도록 하며, 지식재산권을 포함한 모든 종류의 동산자산에 적용된다. 아울러 거래형태와 당사자들이 사용한 표현과 상관없이 모든 거래에 적용되므로 매우 광범위한 적용범위를 갖는다. UNCITRAL 담보지침과 같이 지식재산 담보지침은 당사자자치 원칙을 일반 원칙으로 인정함으로써 지식재산권에 관한 개별법이 당사자자치를 제한하고 있지 않는 한, 이는 지식재산권담보에도 동일하게 적용된다.[155] 한편 담보권자가 담보권을 취득하더라도 담보물인 지식재산권의 소유자가 되는 것은 아니므로 당사자 간 합의는 담보설정 계약 상 특별조항 또는 담보설정자와 담보권자 간 별도의 계약 형태를 띄게 된다.

지식재산 담보지침은 무형자산에 대한 담보권 설정을 위해서는 그 자체로 또는 당사자 간의 행동과 결합되어 당사자들 간 담보권 설정의 합의를 입증하는 서면을

---

152) UNCITRAL Legislative Guide on Secured Transactions.
153) Legislative Guide on Secured Transactions Supplement on Security Rights in Intellectual Property.
154) 지식재산 담보지침에 대해서는, 손승우, 「지식재산 담보권에 관한 UNCITRAL 딤보거래 입법지침 부속서」, 법무부, 2011을 참조.
155) 석광현, 「UNCITRAL 담보권 입법지침 연구」, 법무부, 2010, 121면; 손승우(2011), 60면; 박훤일, "지식새산권 담보설정계약 당사자의 권리와 의무", 지식재산연구, 제8권 제3호, 2013. 9. 10면.

요구한다. 구체적인 계약체결 시에는 첫째, 담보권을 설정하려는 당사자들 간의 의사를 반영하고, 둘째, 담보권자와 담보설정자의 신원을 표시하고, 셋째, 피담보채무와 담보자산을 합리적인 범위에서 식별할 수 있을 정도로 이들을 설명해야 한다. 이 요건 이외에 담보권 설정을 위한 추가적인 요건은 없다.

설정된 지식재산담보권이 제3자 대항력을 얻기 위해서는 특별한 조치가 요구되는데, 국가에 따라 지식재산권 관련 법규가 담보권의 설정과 제3자 대항력을 구분하는지 여부가 달라지는데, 양자를 구별하지 않는 경우에는 지식재산 담보지침의 관련 규정이 적용되지 않는다. 한편, 무형자산담보권은 일반담보등록부(general security rights registry)[156] 또는 지식재산등록부를 포함한 특별등록부(specialized registry)가 있는 경우 해당 등록부에 관련 서면(document) 또는 통지(notice)를 등록함으로써 제3자에 대한 대항력을 취득할 수 있다. 통상 일반담보등록부를 권고하나[157] 특별등록부가 존재한다면 특별등록부에 등록한 담보권에 대해 우선순위를 부여함으로써 등록부의 기능이 훼손되는 것을 방지한다.

(나) 미 국

미국은 시각예술저작물에만 예외적으로 저작인격권을 인정하고 있으므로, 일반적인 면에서는 저작재산권만을 대상으로 다루고 있다. 이에 당연히 저작재산권만이 담보물로 다루어진다. 다만, 저작권법에서는 담보에 관한 구체적인 규정을 두고 있지 않으므로 저작권 담보에 관하여는 미국통일상법전(Uniform Commercial Code, 이하 'UCC'라 한다) 제9편 담보거래(secured transaction) 규정이 적용된다.[158] UCC 제9편은 2001년 개정을 통하여 지식재산권 담보의 방법에 대해 상당한 진정성의 확보[159] 및 금융거래 관점에서 지식재산권의 이용을 촉진하였다는 점 등의 평가를 받고 있다.[160]

---

156) 지침이 권고하는 일반담보권등기부는 동산에 대한 현존의 또는 잠재적인 담보권에 관한 정보의 등기에 초점을 두고 있다. 석광현(2010), 253면.

157) 담보(부)거래에 관한 입법지침(Legislative Guide on Secured Transaction) 제Ⅳ장 등기부제도.

158) 각 주별로도 담보법이 존재하기는 하나 대체로 UCC 제9편 담보거래에 관한 규정을 그대로 채택하고 있다. 윤성근, "담보거래에 관한 UNCITRAL 입법가이드와 국내 담보거래 현황", 국제거래법연구, 제15권 제2호, 2006, 285면.

159) 김용길, "지적재산권의 담보활용 방안에 관한 고찰", 동아법학, 제51호, 2011, 446면.

160) Xuan-Thao Nguyen, "Financing Innovation: Legal Development of Intellectual Property

UCC는 물건(goods) 및 무형자산(intangibles)을 담보의 객체로 규정하고 있다. 물건(goods)은 담보권 설정 당시의 모든 동산을 의미하며 매우 포괄적 개념으로 활용된다. 그 종류는 정착물, 벌채되거나 양도계약 또는 매매계약에 의하여 제거된 입목, 동물의 미생산물, 수확물이 나무 · 포도원 또는 숲에서 생산된 것의 경우라도 성장하거나 생육 중이거나 생육된 수확물, 이동주택 및 물건에 결합된 컴퓨터프로그램 등이 있다(UCC 제102조(a)(44)). 한편, 일반 무형자산(general intangibles)은 무형자산의 한 형태로써 계좌, 동산증서, 상업상 불법행위청구서, 예금계좌, 문서, 물건, 증서, 투자재산, 신용장의 권리 등을 포함하는 동산을 의미한다(UCC 제102조(a)(42)). UCC는 지식재산권에 대해 명시적인 언급을 하지는 않으나, 공식주석(official comment)은 지식재산권을 일반 무형자산(general intangibles)의 유형으로 인정한다.[161)162)] 이에 저작권은 UCC에 의하여 담보의 객체가 되고 이때 담보설정 범위는 현존하는 지식재산권뿐만 아니라 장래에 발생하는 권리까지도 포함한다.[163)]

한편, UCC는 담보권의 대항력(perfection) 확보와 우선권(priority)에 대해 규정을 두고 있는데, 담보권에 대한 대항력을 확보하기 위해서는 담보물에 담보권이 설정된 후 UCC 제310조 내지 제316조의 모든 요건을 충족할 것을 요구한다.

동산담보를 공시하기 위해서는 첫째, 담보명세서(financial statement)의 등록(file), 둘째, 담보물의 점유(possession), 셋째, 관리(control)가 있고,[164)] 그중 저작권은 각 주가 지정한 등록사무소(filing office)에서 담보명세서(financial statement)를 등록(file)함으로써 제3자에 대한 대항력을 확보할 수 있다.[165)] 이때 공시방법이 적절히 적용되지 않은 경우에는 담보명세서(financial statement)의 효력이 당사자 사

---

as Security in Financing", 1845-2014, 48 Ind. L. Rev. 509 (2015), 526면.

161) Scott J. Lebson1, "Security Interests in Intellectual Property in the United States: Are They Really Secure?", 〈https://ladas.com/education-center/security-interests-intellectual-property-united-states/〉.

162) 김용길(2011), 446면; 최경환 · 이기용, "지적재산권의 담보활용방안", 성균관법학, 제19권 제2호, 2007, 153-154면.

163) 손승우 · 김태원, "지식재산 담보의 범위와 공시제도", 지식재산연구, 제8권 제3호, 2013, 41면.

164) 손승우 · 김태원(2013), 40면.

165) UCC §9 310(a) General rule: perfection by filing. Except as otherwise provided in subsection (b) and Section 9-312(b), a financing statement must be filed to perfect all security interests and agricultural liens; 박성필 · 고영희 · 김영길, "미국의 지적재산권 담보 제도에 대한 고찰-통일상법전 제9편과 자산유동화 방식을 중심으로-", 법학연구, 제21권 제1호, 2010, 100면.

이에는 미치나, 제3자에게는 우선권을 주장할 수 없게 된다. 담보명세서(financial statement)는 여러 가지 방법으로 담보물을 특정할 수 있고, 동 명세서에 등록된 담보물 및 채무자를 추가하는 등의 변경이 필요할 때에는 채무자의 승인 등의 일정한 요건이 충족되어야 한다.

미국 저작권법은 현재 저작권의 성립을 위해 등록을 요건으로 하고 있지는 않는다. 다만 소송 등 침해에 대응하거나 상거래에 이용하기 위한 경우 등에는 해당 권리를 반드시 등록하여야만 한다.[166] 그리고 저작권 등록 일반규정(저작권법 제408조), 저작권 등록 신청규정(동법 제409조) 등 등록에 대한 상세한 규정을 두고 있으며, 저작권의 이전 규정을 통하여 저작권 담보의 근거를 두고 있다.[167]

이와 같은 UCC를 중심으로 한 지식재산권 담보 규범은 대항력 확보에 대한 UCC 규범과 저작권법 간의 해석 차이로 인한 예측가능성 저해, 즉 UCC의 일반 무형자산 정의에 의하면 광범위성으로 인해 지식재산권 담보의 대항력을 용이하게 확보할 수 있으나,[168] 저작권법은 저작권의 범위를 구체적으로 한정하므로 대항력 확보가 상대적으로 어렵다는 문제가 있는 등[169] 지식재산권 담보의 활용을 위해 충분한 규정을 갖추지 못하였다는 비판이 있다.[170]

(다) 일 본

일본은 지식재산권, 특히 저작권 담보에 대해서 특별한 별도의 규범을 운용하고 있지는 않는다. 저작권법 역시 질권 설정에 대한 구체적인 규범을 두고 있지 않아 저작권 담보는 주로 민법에 근거하여 이루어지고 있다. 민법은 저작재산권을 대상으로 하는 질권은 권리질권으로 분류하며, 이는 부동산 질권에 관한 규정을 준용한다(민법 제362조). 이때 저작재산권을 목적으로 하는 질권은 설정·이전·변경·소

---

166) "Personal Property Security Law Reform in the UK: Comparative Perspectives", 290면. 〈https://www.copyright.or.kr/fairuse/koreacopyright/guide/usa/apply_policy.do〉.

167) University of Missouri School of Law, "Transfer by the Mortgagee", 5면. 〈http://www.law.missouri.edu/freyermuth/retf/fall2015/transferbymortgageeoutline.pdf〉.

168) In Re Topsy's Shoppes, Inc. of Kansas, 131 B.R. 886 (D. Kan. 1991).

169) Owens-Richards, Marilee, "The Collateralisation and Securitisation of Intellectual Property", *Queen Mary University of London*, May 2016, p.74.

170) 손승우·김태원(2013), 39면; Kenneth B. Axe, "Creation, Perfection and Enforcement of Security Interests in Intellectual Property Under Revised Article 9 of the Uniform Commercial Code", Banking Law Journal, Vol.119 No.1(January 2002), pp.73-79.

멸 또는 처분의 제한에 관하여 등록하시 않으면 제3자에 대항할 수 없다(저작권법 제77조). 저작재산권의 질권 실행은 민사집행법에 규정된 채권에 대한 강제집행 규정을 준용한다. 민사집행법에 따르면 법정문서를 집행재판소(執行裁判所)에 제출하고, 이후 집행재판소의 압류명령에 의해 저작재산권에 대한 강제집행이 개시될 수 있도록 하고 있다(민사집행법 제143조 및 제167조).[171] 한편, 저작인격권은 저작자의 일신전속적 권리로서 양도가 불가하므로 담보물이 될 수 없다.

저작권 담보에 대해 주로 민법 규정을 활용하고 있는 현재 일본의 법체계는 무체물인 저작권에 적용하기에 적절치 않다는 비판이 있다.[172] 특히 저작권에 대한 질권 설정은 물권법정주의를 원칙으로 하는 민법의 영향을 받아 다소 왜곡된 전개를 보인다고 한다. 일본은 1899년 저작권법에 담보제도에 대한 규범이 만들어지는데, 이 때 '질권(質權)'이라는 용어 대신 '질입(質入)'이라는 용어를 사용하였다. 그런데 이후 개정을 통하여 저당권적 비점유 담보인 '서입(書入)'으로 표기가 변경되었으나, 물권법정주의와 저작권 담보의 조화를 위해 이를 '질권(質權)'에 분류하였다.[173] 저작권 담보는 성질상 질권(質權)보다 저당권(抵当權)에 적합함에도 이를 무리하게 질권으로 편입시켰다는 것이다.

한편, 일본은 정책적으로 저작권 담보에 대해 적극적인 태도를 보이고 있다. 이는 기업의 자금조달 능력 확대를 목적으로 하는 것이며, 이를 위해 저작권 담보에 기반한 대출이 확대되었다.[174] 이러한 정책적 태도에 대해 경제적 가치 평가의 곤란성, 권리 소멸의 위험 등으로 인하여 저작권 등 지식재산권 담보에 기반한 대출의 효과를 부정적으로 평가하는 견해도 있다.[175]

---

171) 平野聖, "知的財産権の金融担保法上の位置付け", 川崎医療福祉学会誌 Vol. 14 No. 1 2004, p.101.

172) 小野奈穂子, "知的財産の担保性 (1) -取引という側面からみた知的財産法制度の現状と課題-", 一橋法学 第11巻 第2号 2012年 7月, p.666.

173) 小野奈穂子(2012), p.666.

174) 日本知的財産仲裁センターIP評価研究会, 「知的財産権 (特許権を中心として) の経済的価値評価とその紛争解決方法に関する報告書」, 2004年 3月, p.67.

175) 日本知的財産仲裁センターIP評価研究会(2004), p.67.

4. [방안 3] 저작권과 지분형 크라우드펀딩

지식재산금융으로 다루어지는 일반적인 금융방법 이외에 2016년 1월부터 시행된 지분형 크라우드펀딩 제도 역시 저작권을 기초로 한 자본조달 방식으로 많은 각광을 받고 있다.

크라우드펀딩은 각 개인들이 네트워크를 형성하고 공동으로 자신의 자원을 출자하여 다른 사람이나 기관에 의하여 시작되는 활동을 지원하는 것을 의미하며, 이는 매우 광범위한 분야에서 자금을 조달하는 수단으로 활용될 수 있다. 크라우드펀딩은 자금수요자, 자금지원자 및 중개인을 요소로 하여 구성되며, 이때 중개인이 제외되는 경우에도 가능하다. 크라우드펀딩은 유형(구조)에 따라 기부형, P2P금융형 및 지분형(증권형)으로 분류되는데, 기부형은 자금수요자의 사업 또는 프로젝트를 돕기 위하여 자금지원자가 자금을 기부하는 유형, P2P금융형은 금융회사를 거치지 않고 인터넷 사이트에서 이루어지는 개인간 직접적인 금융거래의 유형, 그리고 지분형은 자금지원자가 자금수요자의 사업에 자금을 지원하고 그에 대한 보상으로 이자 또는 수익분배를 받는 유형이다.[176] 이때 기부형은 제약이 없으며, P2P금융형은 대부업체를 통한 대출형태로 이루어지고 있다.

반면 지분형은 사실상 증권 관련 규제를 받을 수밖에 없다는 특징이 있는데, 이에 관한 법적 근거가 존재하지 않았다. 그러나 「자본시장과 금융투자업에 관한 법률」의 개정을 통하여 2016년 1월부터 지분형 크라우드펀딩의 법적 근거가 마련되어 현재 시행되고 있다.[177]

「자본시장과 금융투자업에 관한 법률」에서 규정하고 있는 지분형 크라우드펀딩에 관하여 살펴보면, 온라인소액투자중개업자를 통한 크라우드펀딩을 구조로 채택하고 있으며, 금융위원회에 등록된 온라인소액투자중개업자를 통하여 크라우드펀딩이 이루어지는 경우에는 기존 자본시장법상 증권관련 규제의 예외를 인정하고자 하

---

176) 윤민섭, "자금조달수단으로서 Crowd funding에 관한 법적 연구", 기업법연구, 통권 제49호, 2012, 192-199면.

177) 지분형 크라우드펀딩의 입법화 과정에는 많은 논란이 존재하였는데, 이에 관하여 자세한 내용은, 김시열, 「소셜크라우드펀딩(Social Crowdfunding)을 활용한 지식재산의 신규 사업화를 위한 법적 제언」, Issue Paper, No.5, 한국지식재산연구원, 2012; 김시열·최재식·임윤혜, "크라우드펀딩 도입에 따른 지식재산권 관점에서 투자자 보호에 관한 연구", 지식재산연구, 제9권 제4호, 2014.

였다. 기존 우리나라에서 증권을 발행하기 위해서는 모집가액 또는 매출가액 각각
의 총액이 10억 원 이상이면 증권의 발행인은 금융위원회에 증권신고서를 제출하
여야 하는데, 반면 모집가액 또는 매출가액 각각의 총액이 10억 원에 미달할 경우
에는 소규모공모로서 신고서 제출이 면제되고 있다. 지분형 크라우드펀딩을 소규모
공모로 다룸으로써 증권신고서 제출 등 여러 요건을 면제시켜 증권화를 통한 자본
조달을 용이하게 하고자 하였다. 한편 투자자의 투자한도는 개인의 경우 1개 기업
에 연 200만 원, 연간 총 500만 원을 투자할 수 있도록 하였으며, 투자자가 금융소
득종합과세 대상자임을 증명하면 1개 기업에 연 1,000만 원, 연간 총 2,000만 원까
지 투자가 가능하도록 하였다. 지분형 크라우드펀딩의 법제화로 인한 합법화는 우
수한 저작권 및 아이디어를 보유하고 있는 스타트업 기업은 이러한 무형의 자산만
으로도 자금을 조달할 수 있게 되었다고 평가받고 있다.[178]

5. [방안 4] 저작권과 조각투자: 뮤직카우 사례[179]

(1) 저작권료 참여청구권과 투자계약증권성

뮤직카우의 저작권료 참여청구권모델이 투자계약증권인지 여부가 논란이 되었
다. 투자계약증권은 2009년 개정 자본시장법의 특징의 하나이다. 자본시장법 제4조
제6항은 "투자계약증권"이란 "특정 투자자가 그 투자자와 타인(다른 투자자를 포함
한다. 이하 이 항에서 같다) 간의 공동사업에 금전등을 투자하고 주로 타인이 수행한
공동사업의 결과에 따른 손익을 귀속받는 계약상의 권리가 표시된 것을 말한다."고
규정하고 있다.[180]

---

178) 크라우드펀딩 플랫폼은 해외는 킥스타터(Kickstarter), 인디고고(IndieGoGo) 등이 대표적이며,
우리나라에는 펀듀(www.fundu.co.kr), 텀블벅(www.tumblbug.com), 업스타트(www.upstart.
kr), 머니옥션(www.moneyauction.co.kr), 팝펀딩(www.popfunding.com) 등이 있다.
179) 상세는 최승재, "저작권 증권화와 저작권법 금융의 쟁점", 경영법률, 제32권 제4호, 2022 참조.
180) 자본시장과 금융투자업에 관한 법률 제4조(증권) ① 이 법에서 "증권"이란 내국인 또는 외국인
이 발행한 금융투자상품으로서 투자자가 취득과 동시에 지급한 금전등 외에 어떠한 명목으로든
지 추가로 지급의무(투자자가 기초자산에 대한 매매를 성립시킬 수 있는 권리를 행사하게 됨으
로써 부담하게 되는 지급의무를 제외한다)를 부담하지 아니하는 것을 말한다. 다만, 다음 각 호
의 어느 하나에 해당하는 증권은 제2편 제5장, 제3편 제1장(제8편부터 제10편까지의 규정 중
제2편 제5장, 제3편 제1장의 규정에 따른 의무 위반행위에 대한 부분을 포함한다) 및 제178
조·제179조를 적용하는 경우에만 증권으로 본다. 〈개정 2013. 5. 28., 2015. 7. 24.〉

투자계약증권은 자본시장법상 증권의 여(餘)개념으로 이해되는 것이 일반적이다.[181] 투자계약증권은 구 증권거래법과 비교할 때 가장 큰 변화이다. 투자계약에 속하는 모든 계약이 증권에 포섭될 수 있게 된 것이다. 이에 따라서 다양한 유형의 많은 투자계약이 증권의 개념에 포섭되었다.[182] 이렇게 되면서 비정형성을 띄는 증권이 다수 발생하게 된 것이다. 투자계약증권인지 여부의 판단 기준은 미국의 Howey 테스트를 기준으로 하여 판단하는 것이 일반적이며, 우리나라 자본시장법도 미국 증권법을 모태로 해서 입법된 것으로 이해된다.[183]

(2) 뮤직카우의 비즈니스모델

국내에는 음악저작권에 대하여 투자하는 길이 열려 있다. 이러한 음악저작권 투자를 중개하는 플랫폼을 운영하는 대표적인 국내 회사로서 뮤직카우가 있다. 이 플랫폼을 통해 투자자는 뮤직카우가 보유한 저작권을 조각내어 여럿이 나누어 투자하는 것이다. 요컨대, 뮤직카우가 원작자로부터 매입한 음악저작권을 회원들에게 경매방식으로 분할판매하고 회원들은 다양한 매체를 통해 발생하는 저작권료를 정산받거나 다른 회원에게 양도하여 시세차익을 거둘 수 있는 구조이다. 뮤직카우에서 거래되는 것은 저작권료를 청구할 수 있는 권리, 즉 '저작권료 참여 청구권(저작권료를 청구할 권리)'을 의미한다.

---

1. 투자계약증권
2. 지분증권, 수익증권 또는 증권예탁증권 중 해당 증권의 유통 가능성, 이 법 또는 금융관련 법령 에서의 규제 여부 등을 종합적으로 고려하여 대통령령으로 정하는 증권을 귀속받는 계약상의 권리가 표시된 것을 말한다.
⑥ 이 법에서 "투자계약증권"이란 특정 투자자가 그 투자자와 타인(다른 투자자를 포함한다. 이하 이 항에서 같다) 간의 공동사업에 금전등을 투자하고 주로 타인이 수행한 공동사업의 결과에 따른 손익

181) 김용재, 「자본시장과 법」, 고려대학교 출판문화원, 2016, 216면; 한국증권법학회 편, 「자본시장법주석서」, 박영사, 2009, 19면.
182) 투자계약증권은 포괄주의를 달성하기 위한 것으로 개념은 광범위하지만 실제로 인정되는 범위는 제약이 될 것이라는 견해(임재연, 「자본시장법」, 박영사, 2014, 42-43면)가 있고 실무도 이처럼 보고 있다. 그리고 투자계약증권의 포괄성으로 인해서 다른 증권과의 관계에서 보충적으로 판단되어야 한다고 본다(김홍기, 「자본시장법」, 박영사, 2021, 45면).
183) 위 증권법학회 주석서, 23면. 주석서도 투자계약증권은 미국 증권법상 투자계약개념을 도입한 것으로 미국의 판례에 의해서 발전해온 Howey test를 받아들인 것으로 설명하고 있다.

(3) 저작자의 저작권 양도에 따른 수익 획득

뮤직카우 측에서는 '저작권료 참여청구권'은 현행 자본시장법상의 금융투자상품에 해당되지 않은 까닭에 금융관련 법령의 적용을 받지 않는다는 입장이다. 실제 뮤직카우는 전자상거래업 및 통신판매업 사업자로서의 지위를 가진다. 뮤직카우는 음악저작권의 과거 저작권료 데이터를 바탕으로 하여 미래저작권료의 규모를 추정하여 현금흐름할인법을 통해 현재의 가치를 산정한 후 저작권활용을 원 하는 원작자에게 적정한 가치를 지급하여 그 저작권을 매입한다. 이러한 과정을 통 해 원작자는 자신의 저작권을 처분하여 수익을 획득할 수 있는 것이다.[184]

따라서 뮤직카우는 원작자에게는 일종의 저작권 거래소로서의 역할을 하는 것이다. 게다가 뮤직카우는 음원이 처음 공개하여 '옥션'을 통해 거래하는 경우 그 상승된 금액의 최대 50%를 원작자에게 음악 생태계 지원금으로 전달하고 있는데, 이는 음악 종사자에게 일종의 경제적 지원을 하는 것과 다름없어 그들의 창작 동기를 고취하는 선순환적인 효과를 낳고 있다는 의견이 있었다.[185]

뮤직카우는 음악저작권으로부터 수익을 받을 수 있는 '저작권료 참여 청구권'을 판매하는 회사다. 투자자들이 지분 비율에 따라 매월 저작권 수익을 받게 되는 구조다. 연예인을 모델로 한 광고 등 공격적인 마케팅 결과 지난해 누적 회원만 91만 5천명, 거래액이 2,742억 원에 이를 정도로 급성장했다.[186] 영리법인인 뮤직카우는 저작권신탁관리업자가 될 수 없으므로, 저작권료를 징수하여 분배할 권한이 없다. 따라서 뮤직카우는 저작권신탁에 회원으로서 가입하고 분배받은 저작권료를 뮤직카우 회원에게 정산하는 방식을 채택하고 있다. 또한, 뮤직카우는 회원의 자산 보호를 위해 별도의 특수목적 법인인 뮤직카우에셋을 설립하여 플랫폼 운영과 자산의 관리를 분리하여 운영하고 있다.

그러나 뮤직카우의 거래구조는 자본시장법 위반 여부의 문제가 있다. 뮤직카우의 비즈니스 모델은 자본시장법상의 투자계약 증권성을 가지는 것인 지의 문제가 있다. 유통시장에서 뮤직카우의 모델이 투자계약증권에 해당한다고 본다면, 자본시장

---

184) 황현준, "뮤직카우[플랫폼]", DB 금융투자, 2021, 6면.
185) 성현희, "[플랫폼, '공공의 적'인가]⑥조각투자 新시장 개척한 '뮤직카우', 규제 당국에 뭇매", 「전자신문」(2022. 3. 10.자), 10면.
186) 금융위원회는 2인 이상의 투자자가 실물자산, 그 밖에 재산적 가치가 있는 권리를 분할한 청구권에 투자 · 거래하는 신종 투자형태를 조각투자로 정의하였다.

법에 의한 공모규제를 준수하여야 하는 것으로 이는 자본시장법상의 논란을 야기할 수 있다.[187] 뮤직카우의 거래구조에 대해서 금융위원회 산하 증권선물위원회는 2022. 4. 20. 뮤직카우의 '음악저작권료 참여 청구권'을 자본시장법상 투자계약 증권으로 판단했다.[188]

(4) 자본시장법 관점에서 본 뮤직카우

2022. 4. 28. 금융위원회는 뮤직카우와 같은 방식의 투자(소위 '조각투자') 관련 자본시장법규 적용 가능성과 사업화에 필요한 고려사항을 안내하기 위하여 '조각 투자 등 신종증권 사업 관련 가이드라인'을 마련하였다. 금융위원회가 제시한 가이드라인에 의하면, ① 조각투자 상품의 증권성은 계약내용, 이용약관 등 투자·거래 관련 제반 사항을 종합적으로 감안하여 사안별로 판단한 다. 즉 권리를 표시하는 방법·형식·기술과 관계없이 표시하는 권리의 실질적 내용을 기준으로 하되 증권제도의 취지를 감안하여 해석·적용한다는 것이다. 그리고 ② 증권인 조각투자 상품을 발행·유통하려는 사업자는 자본시장법 및 관련 법 령을 모두 준수해야 한다. 다만, 혁신성 및 필요성이 특별히 인정되고 투자자 보호 체계와 발행·유통시장 분리를 갖춘 경우 금융규제 샌드박스를 통해 한시적으로 규제 특례를 적용받을 수 있다.[189]

---

187) 금융당국은 2021. 11. 뮤직카우의 '음악 저작권료참여청구권'이 '인가받지 않은 유사 투자업'이라는 민원이 제기되자 증권 여부를 검토해왔고, 이날 정례회의에서 이 같은 결론을 내렸다. https://www.mk.co.kr/news/economy/view/2022/04/352302/. 매일경제(2022. 4. 20.자) (인터넷 판).

188) https://www.mk.co.kr/news/economy/view/2022/04/352302/. 매일경제 2022. 4. 20.자.

189) https://www.fsc.go.kr/no010101/77728. 금융위원회 보도자료(2022. 4. 28.자 참조).

제 5 장

저작재산권 행사 제한

"눈부신 날이었다.
우리 모두는 불꽃이었고
모두가 뜨겁게 피고 졌다.
그리고 또다시 타오르려 한다.
동지들이 남긴 불씨로
나의 영어는 여직 늘지 않아서
작별 인사는 짧았다.
잘 가요 동지들
독립된 조국에서, 씨유 어게인"

드라마 〈미스터 선샤인〉 중에서
고애신 역 배우 김태리의 대사

제5장 저작재산권 행사 제한

제1절   저작재산권 제한의 개념 및 구조

재산권의 내용과 한계를 법률로 정하도록 하는 헌법 제23조[1] 및 소유권의 행사를 법률의 범위내로 한정한 민법 제211조[2] 등에서 볼 수 있듯이 현대적 소유권은 권리자의 절대적 행사를 허용하지 않고 사회 공동체를 위해 일정한 제약을 받도록 한다. 한편, 이러한 소유권 이론을 살펴보지 않더라도 저작권 분야에 대해서는 일반적 제약뿐만 아니라 저작권 제도가 추구하는 목적을 위해 일정한 권리 행사의 제약을 인정하고 있다. 저작권 제도가 창작적 표현에 대한 보호와 이의 정당한 이용의 균형을 추구하고 있다는 점은 앞서 살펴본 바 있는데, 저작권의 보호에 균형을 맞출 수 있도록 그 권리에 일정한 제약을 가하여 공정한 이용을 도모하고자 하는 것이다. 만약 저작권의 보호만이 강조되고 저작물의 이용이 적절히 이루어지지 않는다면, 아무리 저작자의 권리를 충실히 보호한다고 하더라도 결과적으로 저작자들은 창작에 따른 인센티브를 실질적으로 얻을 수가 없다. 왜냐하면 그 인센티브는 해당 저작물이 시장에서 거래됨으로써 발생하는 경제적 가치로 인하여 존재할 수 있는 것인데, 저작물의 이용이 원활하게 이루어지지 않는다면 경제적 가치가 발생할 여

---

1) 헌법 제23조 ① 모든 국민의 재산권은 보장된다. 그 내용과 한계는 법률로 정한다.
　② 재산권의 행사는 공공복리에 적합하도록 하여야 한다.
　③ 공공필요에 의한 재산권의 수용·사용 또는 제한 및 그에 대한 보상은 법률로써 하되, 정당한 보상을 지급하여야 한다.
2) 민법 제211조(소유권의 내용) 소유자는 법률의 범위내에서 그 소유물을 사용, 수익, 처분할 권리가 있다.

지가 없기 때문이다. 이로 인하여 창작자의 창작을 고취시킬 수 있도록 하는 인센티브의 제공은 저작물의 거래, 즉 권리가 절대적 행사가 아닌 일정한 제약과 권리보호의 합이 시장을 최대로 형성할 수 있는 선에서 이루어질 것이 필요하다.

유의할 점은 제38조(저작인격권과의 관계)에서 "이 관(저작재산권 제한) 각 조의 규정은 저작인격권에 영향을 미치는 것으로 해석되어서는 아니 된다."라고 명확하게 규정하는 것은 저작재산권의 제한이지 저작인격권의 제한이 아니라는 점이다. 실무상 이점은 권리처리 시 유의하여야 할 부분이다.

이러한 측면에서 이루어지는 저작권 행사의 제한을 저작권법에서는 저작물의 자유로운 이용이라 한다. 즉, 저작물을 저작자 등의 허락 없이 자유롭게 무상으로 또는 일정한 보상금을 지급하고 이용할 수 있도록 하는 것을 의미하는 것이다. 저작물 자유이용의 의미는 그 포함범주에 따라 여러 가지로 구분되는데, 최광의 개념은 보호되는 저작물인지 여부를 불문하고 타인의 저작물을 자유롭게 이용할 수 있는 모든 경우를 의미하며, 광의 개념은 보호되는 저작물을 저작권자의 허락 없이 이용할 수 있는 경우를 의미한다. 그리고 협의 개념은 저작재산권의 제한으로서 저작권법에 명시된 규정에 대한 경우를 의미한다.

시장 형성의 최대치를 위한 권리행사의 제약이 어느 수준에서 이루어져야 하는지는 법정책적 문제에 해당한다. 이에 각국의 법률이 서로 동일하지 않게 저작권 행사의 제약을 규정하는 형태를 보이는 것이다. 그런데 저작재산권을 제한하는 구조는 영미법계 국가와 대륙법계 국가 간 차이가 있다. 미국 및 영국 등 영미법계 국가는 판례를 통하여 형성된 일반적인 제한규정(fair use, fair dealing 등)을 두는 방식으로 하는 한편, 독일 등 대륙법계 국가는 구체적으로 저작재산권이 제한되는 경우를 상세히 열거하는 방식으로 규정하고 있다. 다만, 우리가 2011년 저작권법 개정을 통하여 공정이용(fair use) 규정을 도입한 것과 같이 영미법계와 대륙법계 간 경계가 다소 희미해지고 있다고 볼 수 있다.

우리나라 저작권법은 문화 및 관련 산업의 향상발전을 위하여 저작권자의 권리를 해치지 않는 범위 내에서 저작권자의 허락 없이 저작물을 자유롭게 이용할 수 있도록 저작권자의 권리를 일정부분 제한하고 있다(협의 개념). 구체적으로는 저작권에 대한 보호규정에 대응하여 저작재산권 행사의 제한규정(제23조 내지 제38조, 제101조의3 내지 제101조의5), 저작재산권의 보호기간에 관한 규정(제39조 내지 제44조)

및 저작물 이용의 법정허락에 관한 규정(제50조 내지 제52조) 등을 두고 이를 동하여 보호와 이용 간 균형을 꾀하고 있다.

이 가운데 저작재산권 제한에 관한 규정을 구체적으로 살펴보면, 크게 포괄적 일반규정인 제35조의5와 한정적 열거규정인 제23조 내지 제35조의4, 제36조 내지 제38조, 그리고 컴퓨터프로그램저작물에 대한 특례인 제101조의3 내지 제101조의5로 이원적 구성을 이루고 있다. 이와 같은 저작재산권 제한규정은 저작인격권에 영향을 미치지 않는다. 즉, 저작재산권 제한규정이 적용되어 저작권 침해의 면책이 이루어진다고 하더라도, 저작인격권에 대한 부분까지 면책되는 것은 아니라는 것이다.

제 2 절 저작재산권 제한의 기준: 3단계 테스트

저작재산권의 제한을 지나치게 확대하여 규정 혹은 지나치게 축소하여 규정하는 경우에는 저작권자의 이익 또는 이용자의 정당한 이익에 부당한 영향을 미치게 된다. 이러한 점에 저작재산권의 제한에는 일정한 기준이 요구된다. 이에 관하여 베른협약은 3단계 테스트라는 기준을 제시하고 있으며, 우리나라 역시 베른협약에 가입(1996년)함으로써 이의 적용을 받는다. 우리나라의 경우 저작권법 제35조의5(2011년 입법 당시에는 제35조의3)에 공정이용 일반조항에 3단계 테스트가 반영되어 있다.

베른협약 제9조 제2항은 "일정한 특별한 경우에 있어서 그러한 저작물의 복제를 허락하는 것은 동맹국의 입법에 맡긴다. 다만, 그러한 복제는 저작물의 통상적인 이용과 충돌하지 않아야 하며 권리자의 합법적인 이익을 불합리하게 해치지 않아야 한다."고 규정한다. 즉, ⅰ) 일정한 특별한 경우에, ⅱ) 저작물의 통상적인 이용과 충돌하지 않고, ⅲ) 권리자의 합법적인 이익을 불합리하게 해치지 않을 것을 저작재산권 제한의 기준으로 제시하고 있다. 이와 같은 세 가지 요건을 충족시켜야 한다는 것을 3단계 테스트라 지칭한다.

제 3 절   저작재산권 행사 제한 사유

1. 재판 등에서의 복제

> 제23조(재판 등에서의 복제) 다음 각 호의 어느 하나에 해당하는 경우에는 그 한도 안에서 저작물을 복제할 수 있다. 다만, 그 저작물의 종류와 복제의 부수 및 형태 등에 비추어 해당 저작재산권자의 이익을 부당하게 침해하는 경우에는 그러하지 아니하다.
> 1. 재판 또는 수사를 위하여 필요한 경우
> 2. 입법·행정 목적을 위한 내부 자료로서 필요한 경우

소송을 수행하는 과정에서 변호사가 기존에 공간된 교수의 논문을 복제하여 법원에 제출하려고 한다. 별도의 허락 없이 가능한가? 재판 또는 수사를 위하여 필요한 경우이거나 입법·행정의 목적을 위한 내부자료로서 필요한 경우에는 그 한도 안에서 저작물을 복제할 수 있다. 다만, 그 저작물의 종류와 복제의 부수 및 형태 등에 비추어 당해 저작재산권자의 이익을 부당하게 침해하는 경우에는 허락 없이 해당 저작물을 복제할 수 없다.

이는 국가의 사법·입법·행정 차원에서 공익적 목적을 실현하는 과정에서 필요한 한도 내 저작재산권을 제한하는 취지이다. 재판에 해당한다면 법원 및 검찰뿐만 아니라 사건의 당사자 등도 원저작자의 허락 없이 저작물을 복제할 수 있다. 아울러 입법목적과 관련하여서는 국회에서 법안을 심사하는 등의 경우가 해당하며, 행정목적과 관련하여서는 행정청의 소관업무 수행과정에서 발생하는 타인의 저작물 복제 등이 해당한다.

이에 따른 저작물의 이용 시 이를 번역하여 이용할 수는 있으나, 개작하는 것은 허용되지 않는다. 아울러 저작물의 이용 시 그 출처를 표시하여야 하며, 출처표시의 방법은 저작물의 이용 상황에 따라 합리적이라고 인정되는 방법으로 하여야 한다. 저작자의 실명 또는 이명이 표시된 저작물의 출처는 그 실명 또는 이명을 그대로 하여 표시하여야 한다.

한편, 컴퓨터프로그램저작물에 대해서는 재판 또는 수사를 위하여 복제하는 경우에 그 목적상 필요한 범위에서 공표된 프로그램을 복제할 수 있는 것으로 하고 있다. 컴퓨터프로그램저작물은 그 특성상 일반저작물에 비하여 허락 없이 저작물을

이용할 수 있는 범위가 좁게 인정된다는 점을 유의하여야 한다.

2. 정치적 연설 등의 이용

제24조(정치적 연설 등의 이용) 공개적으로 행한 정치적 연설 및 법정·국회 또는 지방의회에서 공개적으로 행한 진술은 어떠한 방법으로도 이용할 수 있다. 다만, 동일한 저작자의 연설이나 진술을 편집하여 이용하는 경우에는 그러하지 아니하다.

대통령당선자의 연설을 모아서 이를 편집저작물로 출판하려고 한다. 별도의 허락 없이 가능한가? 자작권법상 공개적으로 행한 정치적 연설 및 법정·국회 또는 지방의회에서 공개적으로 행한 진술은 어떠한 방법으로도 이용할 수 있다. 다만, 동일한 저작자의 연설이나 진술을 편집하여 이용하는 경우에는 허락 없이 해당 저작물을 이용할 수 없다.

여기서 정치적 연설은 단순히 정치에 관한 연설이나 진술을 말하는 것이 아니라 정치적 영향을 주기 위한 의도를 가지고 자신의 의견을 진술하는 것을 의미한다. 아울러 법정·국회 또는 지방의회에서 공개적으로 행한 진술에는 정치성을 별도로 요하지 않는다.

한편, 동일한 저작자의 연설이나 진술을 편집하여 이용하는 경우에는 예외에 해당하지 않으므로 원저작자의 허락을 받아야 하는데, 'A대통령의 연설집'과 같은 형태의 저작물이 이에 해당하고, '역대 대통령의 연설집'과 같은 형태의 저작물은 이에 해당하지 않는다.

이에 따른 저작물의 이용 시 이를 번역하여 이용할 수는 있으나, 개작하는 것은 허용되지 않는다. 아울러 저작물의 이용 시 그 출처를 표시하여야 하며, 출처표시의 방법은 저작물의 이용 상황에 따라 합리적이라고 인정되는 방법으로 하여야 한다. 저작자의 실명 또는 이명이 표시된 저작물의 출처는 그 실명 또는 이명을 그대로 하여 표시하여야 한다.

3. 공공저작물의 자유이용

제24조의2(공공저작물의 자유이용) ① 국가 또는 지방자치단체가 업무상 작성하여 공표한 저작물이나 계약에 따라 저작재산권의 전부를 보유한 저작물은 허락 없이 이용할 수 있다. 다만, 저작물이 다음 각 호의 어느 하나에 해당하는 경우에는 그러하지 아니하다.

1. 국가안전보장에 관련되는 정보를 포함하는 경우
2. 개인의 사생활 또는 사업상 비밀에 해당하는 경우
3. 다른 법률에 따라 공개가 제한되는 정보를 포함하는 경우
4. 제112조에 따른 한국저작권위원회(이하 제111조까지 '위원회'라 한다)에 등록된 저작물로서 「국유재산법」에 따른 국유재산 또는 「공유재산 및 물품 관리법」에 따른 공유재산으로 관리되는 경우

② 국가는 「공공기관의 운영에 관한 법률」 제4조에 따른 공공기관이 업무상 작성하여 공표한 저작물이나 계약에 따라 저작재산권의 전부를 보유한 저작물의 이용을 활성화하기 위하여 대통령령으로 정하는 바에 따라 공공저작물 이용활성화 시책을 수립·시행할 수 있다.

③ 국가 또는 지방자치단체는 제1항제4호의 공공저작물 중 자유로운 이용을 위하여 필요하다고 인정하는 경우 「국유재산법」 또는 「공유재산 및 물품 관리법」에도 불구하고 대통령령으로 정하는 바에 따라 사용하게 할 수 있다.

국가 또는 지방자치단체가 업무상 작성하여 공표한 저작물이나 계약에 따라 저작재산권의 전부를 보유한 저작물은 허락 없이 이용할 수 있도록 하고 있다. 다만, 다음의 요건에 해당하는 경우에는 이용허락을 받아야 한다.

ⅰ) 국가안전보장에 관련되는 정보를 포함하는 경우
ⅱ) 개인의 사생활 또는 사업상 비밀에 해당하는 경우
ⅲ) 다른 법률에 따라 공개가 제한되는 정보를 포함하는 경우
ⅳ) 한국저작권위원회에 등록된 저작물로서 '국유재산법'에 따른 국유재산 또는 '공유재산 및 물품 관리법'에 따른 공유재산으로 관리되는 경우

한편 국가는 「공공기관의 운영에 관한 법률」 제4조에 따른 공공기관이 업무상 작성하여 공표한 저작물이나 계약에 따라 저작재산권의 전부를 보유한 저작물의 이용을 활성화하기 위하여 대통령령으로 정하는 바에 따라 공공저작물 이용활성화 시책3)을 수립·시행할 수 있다. 또한 국가 또는 지방자치단체는 이러한 공공저작물

---

3) 시책에는 다음과 같은 사항이 포함되어야 한다.
  1. 자유이용할 수 있는 공공저작물의 확대 방안
  2. 공공저작물 권리 귀속 명확화 등 이용활성화를 위한 여건 조성에 관한 사항
  3. 공공저작물의 민간 활용 촉진에 관한 사항
  4. 공공저작물 자유이용에 관한 교육·훈련 및 홍보에 관한 사항
  5. 자유이용할 수 있는 공공저작물임을 나타내기 위하여 문화체육관광부장관이 정한 표시 기준의 적용에 관한 사항
  6. 공공저작물 자유이용과 관련된 제도의 정비에 관한 사항
  7. 그 밖에 공공기관의 공공저작물 이용활성화를 위하여 필요한 사항

중 자유로운 이용을 위하여 필요하다고 인정하는 경우 「국유재산법」 또는 「공유재산 및 물품 관리법」에도 불구하고 사용·수익허가나 대부계약 체결 없이 해당 공공 저작물을 자유롭게 사용하도록 할 수 있다.

4. 학교교육 목적 등에의 이용

제25조(학교교육 목적 등에의 이용) ① 고등학교 및 이에 준하는 학교 이하의 학교의 교육 목적을 위하여 필요한 교과용도서에는 공표된 저작물을 게재할 수 있다.

② 교과용도서를 발행한 자는 교과용도서를 본래의 목적으로 이용하기 위하여 필요한 한도 내에서 제1항에 따라 교과용도서에 게재한 저작물을 복제·배포·공중송신할 수 있다.

③ 다음 각 호의 어느 하나에 해당하는 학교 또는 교육기관이 수업 목적으로 이용하는 경우에는 공표된 저작물의 일부분을 복제·배포·공연·전시 또는 공중송신(이하 이 조에서 '복제등'이라 한다)할 수 있다. 다만, 공표된 저작물의 성질이나 그 이용의 목적 및 형태 등에 비추어 해당 저작물의 전부를 복제등을 하는 것이 부득이한 경우에는 전부 복제등을 할 수 있다.

　1. 특별법에 따라 설립된 학교

　2. 「유아교육법」, 「초·중등교육법」 또는 「고등교육법」에 따른 학교

　3. 국가나 지방자치단체가 운영하는 교육기관

④ 국가나 지방자치단체에 소속되어 제3항 각 호의 학교 또는 교육기관의 수업을 지원하는 기관(이하 '수업지원기관'이라 한다)은 수업 지원을 위하여 필요한 경우에는 공표된 저작물의 일부분을 복제등을 할 수 있다. 다만, 공표된 저작물의 성질이나 그 이용의 목적 및 형태 등에 비추어 해당 저작물의 전부를 복제등을 하는 것이 부득이한 경우에는 전부 복제등을 할 수 있다.

⑤ 제3항 각 호의 학교 또는 교육기관에서 교육을 받는 자는 수업 목적을 위하여 필요하다고 인정되는 경우에는 제3항의 범위 내에서 공표된 저작물을 복제하거나 공중송신할 수 있다.

⑥ 제1항부터 제4항까지의 규정에 따라 공표된 저작물을 이용하려는 자는 문화체육관광부장관이 정하여 고시하는 기준에 따른 보상금을 해당 저작재산권자에게 지급하여야 한다. 다만, 고등학교 및 이에 준하는 학교 이하의 학교에서 복제등을 하는 경우에는 보상금을 지급하지 아니한다.

⑦ 제6항에 따른 보상을 받을 권리는 다음 각 호의 요건을 갖춘 단체로서 문화체육관광부장관이 지정하는 단체를 통하여 행사되어야 한다. 문화체육관광부장관이 그 단체를 지정할 때에는 미리 그 단체의 동의를 받아야 한다.

　1. 대한민국 내에서 보상을 받을 권리를 가진 자(이하 '보상권리자'라 한다)로 구성된 단체

　2. 영리를 목적으로 하지 아니할 것

　3. 보상금의 징수 및 분배 등의 업무를 수행하기에 충분한 능력이 있을 것

⑧ 제7항에 따른 단체는 그 구성원이 아니라도 보상권리자로부터 신청이 있을 때에는 그 자를 위하여 그 권리행사를 거부할 수 없다. 이 경우 그 단체는 자기의 명의로 그 권리에 관한 재판상 또는 재판 외의 행위를 할 권한을 가진다.

⑨ 문화체육관광부장관은 제7항에 따른 단체가 다음 각 호의 어느 하나에 해당하는 경우에는 그 지정을 취소할 수 있다.

1. 제7항에 따른 요건을 갖추지 못한 때
2. 보상관계 업무규정을 위배한 때
3. 보상관계 업무를 상당한 기간 정지하여 보상권리자의 이익을 해할 우려가 있을 때

⑩ 제7항에 따른 단체는 보상금 분배 공고를 한 날부터 5년이 지난 미분배 보상금에 대하여 문화체육관광부장관의 승인을 받아 다음 각 호의 어느 하나에 해당하는 목적을 위하여 사용할 수 있다. 다만, 보상권리자에 대한 정보가 확인되는 경우 보상금을 지급하기 위하여 일정 비율의 미분배 보상금을 대통령령으로 정하는 바에 따라 적립하여야 한다.

1. 저작권 교육・홍보 및 연구
2. 저작권 정보의 관리 및 제공
3. 저작물 창작 활동의 지원
4. 저작권 보호 사업
5. 창작자 권익옹호 사업
6. 보상권리자에 대한 보상금 분배 활성화 사업
7. 저작물 이용 활성화 및 공정한 이용을 도모하기 위한 사업

⑪ 제7항・제9항 및 제10항에 따른 단체의 지정과 취소 및 업무규정, 보상금 분배 공고, 미분배 보상금의 사용 승인 등에 필요한 사항은 대통령령으로 정한다.

⑫ 제2항부터 제4항까지의 규정에 따라 교과용도서를 발행한 자, 학교・교육기관 및 수업지원기관이 저작물을 공중송신하는 경우에는 저작권 그 밖에 이 법에 의하여 보호되는 권리의 침해를 방지하기 위하여 복제방지조치 등 대통령령으로 정하는 필요한 조치를 하여야 한다.

저작권법은 학교 교육의 공공성과 현실적인 상황을 고려할 때 저작물의 이용을 위해 매번 저작재산권자에게 이용허락을 받도록 하는 것은 교육의 목적 달성을 어렵게 하므로, 일정한 경우에 보상금 지급을 조건으로 이용허락 없이 저작물을 이용할 수 있도록 규정하고 있다.

본 예외는 '교과용 도서에의 게재'와 '교육기관 및 교육지원기관에서의 이용'으로 구성된다.

첫째, 고등학교 및 이에 준하는 학교 이하의 학교의 교육 목적상 필요한 교과용 도서에는 공표된 저작물을 게재할 수 있다. 이때 고등학교 및 이에 준하는 학교 이하의 학교는 초・중등교육법에 의한 초등학교, 중학교, 고등학교 등이 포함되며, 고등교육법에 의한 교육기관(대학, 산업대학, 교육대학, 전문대학, 방송대학 등)은 포함되지 않는다. 한편, 교과용 도서는 교과서(국정교과서, 검정교과서, 인정교과서)와 지도서를 의미하며, 종이책자 이외의 전자책 형태 등도 가능하다. 교과용 도서에 타인의 저작물을 이용할 때 그 정도는 교육 목적상 필요한 범위로 한정하여 이용하여야 한다.

둘째, 특별법에 따라 설립되었거나 유아교육법, 초・중등교육법 또는 고등교육법

에 의한 교육기관(대학, 산업대학, 교육대학, 전문대학, 방송대학, 통신대학, 방송통신대학, 기술대학 및 이에 준하는 각종 학교 등과 특별법에 의한 각종 교육기관 등 포함)은 그 수업목적상 필요하다고 인정되는 경우에는 공표된 저작물의 일부분을 복제·배포·공연·방송 또는 전송할 수 있다. 다만, 저작물의 성질이나 그 이용의 목적 및 형태 등에 비추어 저작물의 전부를 이용하는 것이 부득이한 경우에는 전부를 이용할 수 있다.

여기서 '수업'의 의미는 교과로서의 수업만을 대상으로 하지 않고 다소 넓게 인정하고 있으며, 현재 진행되고 있거나 구체적인 수업일시·내용이 정해져 있는 수업만을 의미하는 것으로 본다.[4] 특히 원격으로 이루어지는 수업도 여기서 말하는 수업에 해당되며, 학점취득이 인정되는 교육활동 전반이 포함된다. 아울러 교수 등이 수업을 준비하는 과정도 수업의 개념으로 포함될 수 있다.

수업목적상 필요에 의한 이용이라 하더라도 저작물 전부를 이용할 수는 없으며, 저작물의 일부분만을 이용할 수 있다. 다만 예외적으로 시·사진 등과 같이 일부를 이용하는 것만으로는 저작물 이용의 목적을 달성할 수 없는 경우에는 저작물의 전부를 이용하는 것이 가능하다.

교육을 제공하는 자 외에 교육을 받는 자, 즉 저작권법에서 인정한 교육기관에서 교육을 받는 학생에 대해서도 수업목적상 필요하다고 인정되는 경우에는 공표된 저작물을 복제하거나 전송할 수 있도록 하고 있다. 다만 컴퓨터프로그램저작물의 경우에는 교육을 받는 자에게 이러한 예외가 인정되지 않는다.

한편, 수업 목적으로 저작물을 전송하게 되는 경우에는 불법이용을 방지하기 위한 기술적 조치, 저작물에 저작권 보호 관련 경고문구의 표시, 전송과 관련한 보상금을 산정하기 위한 장치의 설치가 요구된다. 또한 학교교육목적을 위한 저작물의 자유이용이라 하더라도 특정의 저작물을 이용할 때에는 그 출처를 명시하여야 한다.

그런데 저작권법은 학교교육목적을 위하여 타인의 저작물을 자유이용하는 경우에 저작물을 이용하려는 자는 일정한 보상금을 해당 저작권자에게 지급하도록 하고 있다. 다만, 보상금을 개별 저작권자에게 일일이 지급하도록 하는 것은 현실적으로

---

4) 이해완(2015), 580면.

매우 어려운 일이므로, 대한민국 내에서 보상을 받을 권리를 가진 자로 구성된 단체, 영리를 목적으로 하지 않을 것, 보상금의 징수 및 분배 등의 업무를 수행하기에 충분한 능력이 있을 것이라는 요건을 충족하는 단체를 지정하여, 이 단체를 통하여 보상금 업무를 처리할 수 있도록 하고 있다.

　한편, 이에 따른 저작물의 이용 시 이를 번역, 편곡 또는 개작하여 이용할 수 있다. 아울러 저작물의 이용 시 그 출처를 표시하여야 하며, 출처표시의 방법은 저작물의 이용 상황에 따라 합리적이라고 인정되는 방법으로 하여야 한다. 저작자의 실명 또는 이명이 표시된 저작물의 출처는 그 실명 또는 이명을 그대로 하여 표시하여야 한다.

5. 시사보도를 위한 이용

> **제26조(시사보도를 위한 이용)** 방송·신문 그 밖의 방법에 의하여 시사보도를 하는 경우에 그 과정에서 보이거나 들리는 저작물은 보도를 위한 정당한 범위 안에서 복제·배포·공연 또는 공중송신할 수 있다.

　신문기자가 시사보도를 하는 과정에서 저작물을 사용하려면 항상 미리 저작권자의 허락을 받아야 하나? 방송·신문 그 밖의 방법에 의하여 시사보도를 하는 경우에 그 과정에서 보이거나 들리는 저작물은 보도를 위한 정당한 범위 안에서 복제·배포·공연 또는 공중송신할 수 있다.

　이는 국민의 알권리 충족 및 국민의 올바른 여론형성을 위하여 우발적 혹은 부수적으로 타인의 저작물이 이용되는 경우에 당해 언론인을 저작권 침해의 책임으로부터 면책시켜주는 것을 내용으로 한다. 따라서 시사보도를 위한 방송(뉴스 등)에서 기자의 보도 중에 배경 등 부수적으로 나타나는 타인의 저작물은 허락을 별도로 받지 않더라도 저작권 침해에 해당하지 않는다.

대법원 1990. 10. 23. 선고 90다카8845 판결('일본잡지누드사진' 사건)

　저작권법 제24조 소정의 시사보도를 위한 이용으로 타인 저작물의 자유이용이 허용되기 위하여는 사회통념과 시사보도의 관행에 비추어 보도의 목적상 정당한 범위 안에서의 이용이어야 한다고 할 것인바, 잡지에 게재된 사진이 칼라로 된 양질의 사진으로서 그 크기나 배치를 보아 전체적으로 3면의 기사 중 비평기사보다는 사진이 절대적 비중을 차지하는 화보형식으로 구성되어 있는 경우 위 사진들은 보도의 목적이라기보다는 감상용으로 인용되었다고 보이므로 보도를 위한 정당한 범위 안에서 이용되었다고 볼 수 없다.

한편, 이에 따른 저작물의 이용 시 이를 번역하여 이용할 수는 있으나, 편곡이나 개작하는 것은 허용되지 않는다. 출처표시는 면제된다.

6. 시사적인 기사 및 논설의 복제 등

> 제27조(시사적인 기사 및 논설의 복제 등) 정치・경제・사회・문화・종교에 관하여 「신문 등의 진흥에 관한 법률」 제2조의 규정에 따른 신문 및 인터넷신문 또는 「뉴스통신진흥에 관한 법률」 제2조의 규정에 따른 뉴스통신에 게재된 시사적인 기사나 논설은 다른 언론기관이 복제・배포 또는 방송할 수 있다. 다만, 이용을 금지하는 표시가 있는 경우에는 그러하지 아니하다.

정치・경제・사회・문화・종교에 관하여 「신문 등의 진흥에 관한 법률」 제2조의 규정에 따른 신문 및 인터넷신문 또는 「뉴스통신진흥에 관한 법률」 제2조의 규정에 따른 뉴스통신에 게재된 시사적인 기사나 논설은 다른 언론기관이 복제・배포 또는 방송할 수 있다고 규정한다.[5] 다만, 이용을 금지하는 표시가 있는 경우에는 본 조에서 정하는 이용이 금지된다. 이용을 금지하는 표시는 게재 저작물 말미에 "무단전재 및 재배포 금지" 등으로 표시하는 것이 일반적이다.

정치・경제・사회・문화・종교에 관한 시사적인 기사나 논설을 다른 언론기관에서 전재(轉載)할 수 있도록 하는 것은 국민의 알권리 충족 및 건전한 토론문화와 여론형성에 기여하는 등 공공성이 상당히 높은 저작물로 인정할 수 있으므로 이에 대한 권리행사를 제한하는 것이다.

이에 따른 저작물의 이용 시 이를 번역하여 이용할 수는 있으나, 개작하는 것은 허용되지 않는다. 아울러 저작물의 이용 시 그 출처를 표시하여야 하며, 출처표시의 방법은 저작물의 이용 상황에 따라 합리적이라고 인정되는 방법으로 하여야 한다. 저작자의 실명 또는 이명이 표시된 저작물의 출처는 그 실명 또는 이명을 그대로 하여 표시하여야 한다.

---

5) 신문・인터넷신문 등이 아닌 잡지 등에 게재되는 것은 이에 해당하지 않는다.

7. 공표된 저작물의 인용

제28조(공표된 저작물의 인용) 공표된 저작물은 보도·비평·교육·연구 등을 위하여는 정당한 범위 안에서 공정한 관행에 합치되게 이를 인용할 수 있다.

(1) 원 칙

보도, 비평, 교육, 연구 등을 위하여는 공표된 저작물을 정당한 범위안에서 공정한 관행에 합치되게 이를 인용할 수 있다. 이 조문은 2011년 한미자유무역협정(FTA) 체결에 따른 저작권법 개정으로 당시 제35조의3(현 저작권법 제35조의5)을 신설하기 전까지는 저작재산권 제한에 대한 일반조항으로 기능하였다.

타인의 저작물을 인용하게 되면 필연적으로 복제 등의 행위가 수반되므로 타인의 저작권 침해를 수반하게 되나 문화발전 등을 위한 공익적 관점에서 이를 예외적으로 허용하고 있는 것이다. 저작권법 제28조는 "공표된 저작물은 보도·비평·교육·연구 등을 위하여는 정당한 범위 안에서 공정한 관행에 합치되게 이를 인용할 수 있다."고 규정하고 있다. 인용이란 자신의 저작물 중에 타인의 저작물을 이용하는 것으로서, 저작권과 관련해서 인용(quotation)이란 저작자 자신의 견해를 논증하거나 명확히 나타내기 위하여 또는 다른 저작자의 견해를 정확하게 언급하기 위하여 다른 저작물로부터 상대적으로 짧은 구절을 끌어다 이용하는 것을 말한다.[6] 제28조가 적용되기 위해서는 공표된 저작물이어야 한다.[7] 공표된 저작물일 것을 요하므로 공표되지 않은 저작물을 인용할 경우에는 본조의 요건을 충족하지 못한다.[8]

본조에 의하여 허용되는 인용은 보도·비평·교육·연구 등을 위한 것이어야 하는바, 이는 한정적으로 열거한 것이 아니라 헌법상 표현의 자유의 적용대상이 되는 것을 예시한 것에 불과하다.[9] 학문과 예술의 발전은 선행학문 및 예술을 바탕으로 이를 끊임없이 비교하고, 검토하면서 이루어지는 것이므로 비판과 평가를 위한 일정한 요건하에서 인용되는 것을 허용할 필요가 있다.[10]

공표된 저작물의 인용에 해당하기 위해서는 다음의 요건을 충족하여야 하는데,

---

6) 박성호(2017), 553면.
7) 박성호(2017), 555면.
8) 서울고등법원 1995. 5. 4. 선고 93나47372 판결.
9) 박성호(2017), 555면.
10) 이해완(2024), 414면.

그 요건을 충족하는 경우에는 타인의 저작물을 이용한 행위에 대해 저작권 침해의 책임을 지지 않게 된다.

첫째, 공표된 저작물을 '인용'하여야 한다. 공표되지 않은 저작물을 인용하는 경우에는 저작인격권 중 공표권 침해가 성립하게 된다.[11]

> **서울고등법원 1995. 5. 4. 선고 93나47372 판결('토플문제' 사건)**
>
> 공표란 저작물을 공연, 방송 또는 전시 그 밖의 방법으로 일반 공중에게 공개하는 경우와 저작물을 발행하는 경우를 말하는데, 원고는 토플시험 응시생들에게 문제지의 소지, 유출을 허용하지 아니하고서 그대로 회수함으로써 시험문제들이 공중에게 공개되는 것을 방지하고 있고, 시험이 시행된 후에 원고 자체의 판단에 따라 재사용 여부나 공개 여부, 공개시기 등을 별도로 결정하고 있는 사실은 앞에서 본 증거로 인정할 수 있으므로, 이러한 사정 아래에서 제한된 범위의 응시생들이 토플 시험을 치르는 행위만으로는 이를 공표라 할 수 없다.

둘째, 보도·비평·교육·연구 등의 목적으로 인용이 이루어져야 한다. 보도·비평·교육·연구 등은 이에 한정되는 것이 아니라 저작권법의 목적인 문화 및 관련 산업의 향상 발전을 위하여 정당화될 수 있는 목적을 모두 포함하는 의미이다. 따라서 인용이 창조적이고 생산적인 목적을 위하여 이루어진 것이라면 인용목적 예시에 특정되지 않았더라도 적절한 인용의 목적으로 볼 수 있다.[12] 한편 영리적인 목적으로 인용이 이루어지는 경우에는 그 자체로서 이 규정에 의한 자유이용이 부정되는 것은 아니지만, 영리적 목적의 이용은 비영리적 목적의 이용에 비하여 상대적으로 자유이용의 범위가 상당히 좁아지는 것으로 보고 있다.

> **대법원 1997. 11. 25. 선고 97도2227 판결('대학본고사문제' 사건)**
>
> 저작권법 제25조는 공표된 저작물은 보도·비평·교육·연구 등을 위하여는 정당한 범위 안에서 공정한 관행에 합치되게 이를 인용할 수 있다고 규정하고 있는바, 정당한 범위 안에서 공정한 관행에 합치되게 인용한 것인가의 여부는 인용의 목적, 저작물의 성질, 인용된 내용과 분량, 피인용저작물을 수록한 방법과 형태, 독자의 일반적 관

---

11) 이해완(2024), 414면.
12) 서울고등법원 2010. 10. 13. 선고 2010나35260 판결.

념, 원저작물에 대한 수요를 대체하는지 여부 등을 종합적으로 고려하여 판단하여야 할 것이고, 이 경우 반드시 비영리적인 이용이어야만 교육을 위한 것으로 인정될 수 있는 것은 아니라 할 것이지만, 영리적인 교육목적을 위한 이용은 비영리적 교육목적을 위한 이용의 경우에 비하여 자유이용이 허용되는 범위가 상당히 좁아진다.

셋째, 인용이 정당한 범위 내에서 이루어져야 한다. 정당한 범위에서 이루어졌는지 여부를 판단하기 위한 기준은 ① 주종관계의 판단, ② 공정이용적 고려요소의 종합적 판단이 함께 고려되어야 한다. 주종관계란 피인용저작물이 보족, 부연예증, 참고자료 등으로 이용되어 인용저작물에 대하여 부종적 성질을 가지는 관계를 의미한다.[13] 공정이용적 고려요소는 인용의 목적, 저작물의 성질, 인용된 내용과 분량, 피인용저작물을 수록한 방법과 형태, 독자의 일반적 관념, 원저작물에 대한 수요를 대체하는지의 여부 등을 의미한다.[14]

정당한 범위에서 인용이 이루어졌는지 여부의 판단 기준은 시대에 따라 다소 달리 적용되었는데, 대법원은 주종관계 및 공정이용적 고려요소를 종합적으로 판단하는 태도를 취하고 있다. 공표된 저작물을 인용하더라도 '정당한 범위 내'의 인용이 아니면 본조의 요건을 충족할 수 없다. '정당한 범위 내'인지 여부의 판단은 불확정적인 개념으로서 사회통념에 따라 저작물의 성실이나 인용의 목적을 고려하여 개별 사안에서 구체적으로 판단하여야 한다.[15] 대법원 판례는 종래 '주종관계설'의 관점에서 해석론을 전개하여 왔다. 이에 의하면 인용저작물과 피인용저작물을 비교할 때 어디까지나 인용저작물이 주(主)이고, 피인용저작물이 종(從)이라고 할 수 있다는 의미에서의 주종관계(主從關係)가 있어야 정당한 인용이라고 볼 수 있다는 것이다.[16] 하지만 대법원은 주종관계설에만 매몰되지 않고 종합고려설을 취한 판례[17]를 선고하기도 하였다.

인용이 정당한 것으로 인정되기 위해서는 그 목적과 방법이 '공정한 관행'에 합치되어야 한다.

---

13) 대법원 1990. 10. 23. 선고 90다카8845 판결.
14) 대법원 1997. 11. 25. 선고 97도2227 판결; 대법원 2006. 2. 9. 선고 2005도7793 판결.
15) 박성호(2017), 556면.
16) 대법원 1990. 10. 23. 선고 90다카8845 판결. 주종관계설의 발전과정에 대해서는 박성호(2017), 557-559면.
17) 대법원 2006. 2. 9. 선고 2005도7793 판결('썸네일이미지 사건').

대법원 2013. 2. 15. 선고 2011도5835 판결('리프리놀' 사건)[18][19]

구 저작권법(2009. 3. 25. 법률 제9529호로 개정되기 전의 것) 제28조는 '공표된 저작물은 보도·비평·교육·연구 등을 위하여는 정당한 범위 안에서 공정한 관행에 합치되게 이를 인용할 수 있다.'고 규정하고 있다. 이 규정에 해당하기 위하여는 인용의 목적이 보도·비평·교육·연구에 한정된다고 볼 것은 아니지만, 인용의 '정당한 범위'는 인용저작물의 표현 형식상 피인용저작물이 보족, 부연, 예증, 참고자료 등으로 이용되어 인용저작물에 대하여 부종적 성질을 가지는 관계(즉, 인용저작물이 주이고, 피인용저작물이 종인 관계)에 있다고 인정되어야 하고, 나아가 정당한 범위 안에서 공정한 관행에 합치되게 인용한 것인지는 인용의 목적, 저작물의 성질, 인용된 내용과 분량, 피인용저작물을 수록한 방법과 형태, 독자의 일반적 관념, 원저작물에 대한 수요를 대체하는지 여부 등을 종합적으로 고려하여 판단하여야 한다. (중략)

그 채택 증거를 종합하여 2001년경부터 공소외 1 외국법인(이하 '공소외 1 법인'이라 한다)로부터 리프리놀(LYPRINOL)을 수입하여 판매하던 공소외 2 주식회사(이하 '공소외 2 회사'라 한다)는 2002년경 리프리놀의 효능에 대한 홍보자료로 활용하기 위하여 국내 대학병원 정형외과 교수들인 공소외 3 외 7인에게 리프리놀의 관절염증 조절 및 관절기능 개선에 대한 임상연구를 의뢰한 사실, 임상연구를 의뢰받은 공소외 3 외 7인은 관절염 환자 54명에 대한 임상연구 결과를 종합하여 2002년 5월경 '슬관절 및 고관절의 퇴행성 관절염 환자에서 뉴질랜드산 초록입홍합 추출 오일물(LYPRINOL)의 유효성 및 안정성에 대한 고찰'이라는 제목의 논문(이하 '이 사건 논문'이라 한다)을 발표한 사실, 공소외 1 법인과 공소외 2 회사는 국내 대리점계약을 체결하면서 공소외 2 회사가 시작하여 발표하는 판촉물 및 임상연구에 대한 저작권은 공소외 2 회사가 보유한다는 취지로 약정한 사실, 이 사건 논문의 저자들이 논문의 해외 출판을 위하여

---

18) 최승재, "2013년 주요 저작권법 및 상표법 분야 주요 판례 해설", 정보법학, 제17권 제3호, 2013, 107-144면; 박준석, "저작권법 제28조 인용조항 해석론의 변화 및 그에 대한 비평", 법학, 제57권 제3호, 2016, 171-218면.

19) 이 사건은 구 저작권법 제28조가 쟁점이 되는 사건이지만, 구 저작권법 제35조의3이 발효된 이후라면 구 저작권법 제35조의3이 적용될 수 있었을 것이다. 이에 대해서 대법원은 "저작물의 공정이용은 저작권자의 이익과 공공의 이익이라고 하는 대립되는 이해의 조정 위에서 성립하는 것이므로 공정이용의 법리가 적용되기 위해서는 그 요건이 명확하게 규정되어 있을 것이 필요하다 할 것인데, 구 저작권법(2009. 3. 25. 법률 제9529호로 개정되기 전의 것. 이하 같다)은 이에 관하여 명시적 규정을 두지 않으면서('저작물의 공정한 이용'에 관한 규정은 2011. 12. 2. 법률 제11110호로 개정된 저작권법 제35조의3으로 비로소 신설되었다) 제23조 이하에서 저작재산권의 제한사유를 개별적으로 나열하고 있을 뿐이므로, 구 저작권법하에서는 널리 공정이용의 법리가 인정되는 것으로 보기는 어렵다. 따라서 구 저작권법하에서 일반조항으로 공정이용의 법리가 인정됨을 전제로 하는 한 상고이유의 주장은 이유 없다."라고 판시하였다.

그 편집을 공소외 1 법인이 지정한 제3자에게 위임하기도 하였으나 공소외 1 법인에 이 사건 논문의 사용을 포괄적으로 허락하였다고 볼 만한 사정은 없는 사실 등을 인정한 다음, 이 사건 논문의 작성 경위, 공소외 1 법인과 공소외 2 회사 사이의 대리점계약의 내용 등 판시와 같은 여러 사정에 비추어, 이 사건 논문의 저자들이 공소외 1 법인에 이 사건 논문에 대한 저작권을 양도하였다거나 포괄적 이용허락을 하였다고 볼 수 없다. (중략)

피고인의 행위는 이 사건 논문 전체를 그대로 복사하여 신청서에 첨부한 것이므로 구 저작권법 제28조 소정의 '인용'에 해당한다고 보기 어렵고, 가사 피고인의 행위를 그 '인용'으로 본다 하더라도, ① 공소외 4 회사가 '리프리놀-초록입홍합 추출 오일복합물'을 기능성 원료로 인정받음으로써 제품 판매에 상당한 이익을 얻을 것으로 예상되는 점, ② 피고인은 기능성 원료의 인정신청을 위한 근거서류로 이 사건 논문 전체를 복제한 것인데, 이와 같은 목적은 이 사건 논문이 작성된 원래의 목적과 같으므로, 이 사건 논문의 복제는 원저작물을 단순히 대체한 것에 불과한 것으로 볼 수 있는 점, ③ 이 사건 논문이 임상연구 결과를 기술한 사실적 저작물이기는 하지만 이 사건 논문의 일부가 아닌 전체가 그대로 복제되어 이용된 점, ④ 이 사건 논문의 복제로 인하여 사단법인 한국복사전송권협회와 같이 복사권 또는 전송권 등을 관리하는 단체가 복제허락을 통하여 얻을 수 있는 수입에 부정적인 영향을 미치게 될 것으로 보이는 점 등에 비추어 보면, 학술정보 데이터베이스 제공업자로부터 적은 비용으로 손쉽게 이 사건 논문의 복제물을 구할 수 있는 사정까지 엿보이는 이 사건에서, 피고인의 이 사건 논문 복제행위를 구 저작권법 제28조 소정의 '공표된 저작물의 인용'에 해당하는 행위라고 보기는 어렵다.

[해 설]

대법원 2013. 2. 15. 선고 2011도5835 판결을 제28조의 적용범위를 확대하여 왔던 종래의 태도와 달리 조문의 문언대로의 해석을 통해서 제35조의3과의 관계를 정립하고 한 판례로 이해된다. 이 사건에서 피고인은 공간된 논문 전체를 저자의 동의 없이 복제하여 식품의약품안전청(식약청)에 '리프리놀-초록입홍합 추출 오일 복합물'을 기능성 원료로 인정받기 위하여 식약청에 제출하였다. 이 사건 논문은 원래 공소외 2 주식회사가 리프리놀을 기능성 원료로 인정받고자 그 신청을 위하여 공소외 3 등에게 의뢰하여 작성된 것이었다. 2008년 5월경부터 리프리놀을 수입하여 판매하게 되었는데, 공소외 4 주식회사의 대표이사이던 피고인이 저자들의 허락을 받지 않고 이 사건 논문을 행정청인 식약청으로부터 건강기능식품의 개별인정형 기능성 원료로 인정받기 위한 용도로 사용하였다. 대법원은 이 사건에서 저작권법 위반을 인정하였다.

대법원은 "저작물의 공정이용은 저작권자의 이익과 공공의 이익이라고 하는 내립되는 이해의 조정 위에서 성립하므로 공정이용의 법리가 적용되기 위해서는 그 요건이 명확하게 규정되어 있을 것이 필요한데, 구 저작권법(2009. 3. 25. 법률 제9529호로 개정되기 전의 것. 이하 같다)은 이에 관하여 명시적 규정을 두지 않으면서('저작물의 공정한 이용'에 관한 규정은 2011. 12. 2. 법률 제11110호로 개정된 저작권법 제35조의3으로 비로소 신설되었다) 제23조 이하에서 저작재산권의 제한사유를 개별적으로 나열하고 있을 뿐이므로, 구 저작권법하에서는 널리 공정이용의 법리가 인정되는 것으로 보기는 어렵다."라고 하여 제28조가 확대되는 것을 경계하는 취지의 설시를 하였다.[20] 한편 이 사건에서 대법원은 구 저작권법(2009. 3. 25. 법률 제9529호로 개정되기 전의 것) 제30조 전문은 "공표된 저작물을 영리를 목적으로 하지 아니하고 개인적으로 이용하거나 가정 및 이에 준하는 한정된 범위 안에서 이용하는 경우에는 그 이용자는 이를 복제할 수 있다."고 규정하고 있다. 그런데 기업 내부에서 업무상 이용하기 위하여 저작물을 복제하는 행위는 이를 '개인적으로 이용'하는 것이라거나 '가정 및 이에 준하는 한정된 범위 안에서 이용'하는 것이라고 볼 수 없으므로, 위 조항이 규정하는 '사적 이용을 위한 복제'에 해당하지 않는다고 판시하여 구저작권법 제30조에 의한 제한도 인정하지 않았다.

이 사건은 저작권법 제35조의3이 발효되기 전의 구 저작권법이 적용되는 사건이다. 만일 저작권법 제35조의3이 적용될 수 있다면 결과가 달라졌을까. 저작권법 제35조의3 제2항은 영리성 또는 비영리성 등 이용의 목적 및 성격, 저작물의 종류 및 용도, 이용된 부분이 저작물 전체에서 차지하는 비중과 그 중요성, 저작물의 이용이 그 저작물의 현재 시장 또는 가치나 잠재적인 시장 또는 가치에 미치는 영향 등을 종합적으로 고려하도록 하고 있다. 이 사건 대상판결은 제35조의 3이 입법되었다고 하더라도 그 논리적인 판단의 순서는 우선, 제28조에 해당하는지를 보고, 그 이후에 다시 제35조의3에 해당하는지 여부를 판단하여야 할 것이다.[21]

서울고등법원 1996. 10. 8. 선고 96나18627 판결('무궁화꽃이 피었습니다' 사건)

정당한 범위에 속하기 위하여는 그 표현형식상 피인용저작물이 보족, 부연, 예증, 참고자료 등으로 이용되어 인용저작물에 대하여 부종적 성질을 가지는 관계(즉, 인용저작물이 주이고, 피인용저작물이 종인 관계)에 있다고 인정되어야 하며, 소설 중에 설정

---

20) 대법원 2013. 2. 15. 선고 2011도5835 판결. 이 판결에 대한 평석으로 박성호, "저작권법 제35조의3 '공정이용' 조항의 신설에 따른 제28조 적용범위의 재조정", 법률신문 4181호 참조.
21) 최승재, "[판례평석] 저작권법 제28조의 해석방법과 저작권법 제35조의3과의 관계", 대한변협신문, 2013. 4. 18.자.

된 상황을 설명하기 위한 목적에서 타인의 저작물 등의 자료를 인용함에 있어서, 그 출처를 명시하는 등 적절한 방법으로 피인용부분을 자신의 창작부분과 구별될 수 있도록 하고, 피인용저작물을 지나치게 많이 인용하지 아니하며, 또한 위 인용으로 말미암아 원저작물에 대한 시장수요를 대체할 수 있는 정도에 이르지 아니하는 경우, 다른 특별한 사정이 없는 한 그 인용 이용행위는 공정한 관행에도 합치된다고 보아야 할 것이다.

대법원 2006. 2. 9. 선고 2005도7793 판결('썸네일이미지' 사건)

저작권법 제25조는 공표된 저작물은 보도 · 비평 · 교육 · 연구 등을 위하여는 정당한 범위 안에서 공정한 관행에 합치되게 이를 인용할 수 있다고 규정하고 있는데, 정당한 범위 안에서 공정한 관행에 합치되게 인용한 것인지 여부는 인용의 목적, 저작물의 성질, 인용된 내용과 분량, 피인용저작물을 수록한 방법과 형태, 독자의 일반적 관념, 원저작물에 대한 수요를 대체하는지 여부 등을 종합적으로 고려하여 판단하여야 한다.

서울고등법원 2010. 10. 13. 선고 2010나35260 판결('손담비노래' 사건)

정당한 범위 안에서 공정한 관행에 합치되게 인용한 것인지 여부는 인용의 목적, 저작물의 성질, 인용된 내용과 분량, 피인용저작물을 수록한 방법과 형태, 독자의 일반적 관념, 원저작물에 대한 수요를 대체하는지 여부 등을 종합적으로 고려하여 판단하여야 한다.

넷째, 인용의 방법이 공정한 관행에 합치되어야 한다. 공정한 관행에 합치되는지 여부는 건전한 사회통념에 비추어 판단할 문제이며 명확한 기준을 제시할 수는 없는 것이다. 다만, 인용저작물 중에서 피인용저작물이 인용된 부분이 어느 부분인지 구별될 수 있도록 명확히 하여야 한다. 그 외에도 인용 부분에 대하여 출처를 명시하여야 한다는 점, 원칙적으로 수정 및 개작하여 인용하는 것은 허용되지 않는다는 점 등을 유의하여야 한다.

대법원 2014. 8. 26. 선고 2012도10777 판결('be the reds' 사건)

이 사건 저작물은 그 성격상 저작자의 창조적 개성의 발휘에 따른 미적 표현이 드러나 있는 미술저작물의 일종이라고 할 것인데, 이 사건 침해 사진들의 경우 월드컵 분위기를 표현하기 위하여 월드컵의 응원문화를 상징하는 이 사건 저작물을 특별한 변형 없이 촬영하여 만든 것인 이상 이 사건 저작물을 단순히 대체하는 수준을 넘어 그와 별개의 목석이나 성격을 갖게 된다고 볼 수는 없다. 또한 앞서 본 바와 같이 이 사건 침해사진들에는 이 사건 저작물의 원래 모습이 온전히 또는 대부분 인식이 가능한 크기와 형태로 사진의 중심부에 위치하여 양적·질적으로 상당한 비중을 차지하고 있다. 게다가 이 사건 침해사진들은 월드컵 분위기를 형상화한 사진의 수요자들에게 유상으로 양도하거나 이용허락을 하기 위하여 월드컵의 응원문화를 상징하는 대표적인 표현물 중 하나로 널리 알려진 이 사건 저작물이 그려진 티셔츠 등을 착용한 모델을 촬영한 것인데, 앞서 본 바와 같이 이 사건 저작물이 충분히 인식될 수 있는 크기와 형태로 포함되어 있음에도 피고인들이 이를 포토라이브러리 업체에 위탁하여 그 양도나 이용허락이 이루어지도록 한다면 시장에서 이 사건 저작물의 수요를 대체함으로써 결과적으로 저작권자의 저작물 이용허락에 따른 이용료 수입을 감소시킬 것으로 보인다.

위와 같은 사정들을 종합하면, 피고인들이 배포한 이 사건 침해사진들에서 이 사건 저작물이 정당한 범위 안에서 공정한 관행에 합치되게 인용된 것이라고 보기 어렵다.

이에 따른 저작물의 이용 시 이를 번역하여 이용할 수는 있으나, 개작하는 것은 허용되지 않는다. 아울러 저작물의 이용 시 그 출처를 표시하여야 하며, 출처표시의 방법은 저작물의 이용 상황에 따라 합리적이라고 인정되는 방법으로 하여야 한다. 저작자의 실명 또는 이명이 표시된 저작물의 출처는 그 실명 또는 이명을 그대로 하여 표시하여야 한다.

(2) 저작권법 제28조와 제35조의5(일반조항으로서의 공정이용)의 관계

저작권법 제35조의5와 제28조 사이의 관계를 살펴본다. 이와 관련하여, 요약인용은 저작권법 제35조의5에 맡기고, 제28조의 적용대상이 아니라고 보는 것이 타당하다는 견해가 유력하다.[22] 대법원은 제28조의 해석에 있어서 주종관계를 일관되게 적용하지는 않았다.[23] 주종관계는 인용의 정당성과 공정성을 판단하기 위한 하나의 요소에 불과하고 기타 여러 가지 요소들을 종합적으로 고려하는 것이 타당하다. 특히 공정이용에 대한 제35조의5 적용에서 중요한 '시장대체성' 유무가 중요한 요소가 된다고 할 것이다.[24]

---

22) 이해완(2024), 416-417면.
23) 관련 판결로 대법원 1997. 11. 25. 선고 97도2227 판결; 대법원 2006. 2. 9. 선고 2005도7793 판결 등.

이처럼 저작권법 제28조가 가지고 있는 한계, 즉 제28조는 공표된 저작물에 한하여 적용되는 조문이라는 점, 제28조의 규정은 저작물의 인용에 관한 것이므로 피인용저작물을 인용하는 주된 저작물을 작성하는 경우에는 적용되는 조문이라는 점을 고려하면 제28조에도 불구하고 제35조의5는 상호 공존하면서 독자적인 기능을 수행할 수 있을 것으로 본다. 다만 제28조는 제35조의5와의 관계에서 상대적으로 개별·구체적인 조문이라는 점에서 저작재산권의 제한에 대한 각 조문의 해당여부를 살피는 것이 필요하다고 생각된다.

공표된 저작물의 인용에 관한 저작권법 제28조는 저작권법 제35조의5가 입법되기 전에 일반적인 공정이용조항으로서의 역할을 수행하였다고 본다. 썸네일이미지 사건에서 대법원은 구 저작권법 제25조(현 제28조)는 "공표된 저작물은 보도·비평·교육·연구 등을 위하여는 정당한 범위 안에서 공정한 관행에 합치되게 이를 인용할 수 있다고 규정하고 있는데, 정당한 범위 안에서 공정한 관행에 합치되게 인용한 것인지 여부는 인용의 목적, 저작물의 성질, 인용된 내용과 분량, 피인용저작물을 수록한 방법과 형태, 독자의 일반적 관념, 원저작물에 대한 수요를 대체하는지 여부 등을 종합적으로 고려하여 판단하여야 한다(대법원 1998. 7. 10. 선고 97다34839 판결, 2004. 5. 13. 선고 2004도1075 판결 등 참조)"고 판시하여 현행 저작권법 제35조의5와 같은 기준을 제시한 바 있다.[25]

이 사건에서 피고인 회사의 검색사이트에 썸네일 이미지의 형태로 게시된 공소외인의 개인 홈페이지에서 이미 공표된 것인 점, 피고인 회사가 썸네일 이미지를 제공한 주요한 목적은 보다 나은 검색서비스의 제공을 위해 검색어와 관련된 이미지를 축소된 형태로 목록화하여 검색서비스를 이용하는 사람들에게 그 이미지의 위치정보를 제공하는 데 있는 것이지 피고인들이 공소외인의 사진을 예술작품으로서 전시하거나 판매하기 위하여 이를 수집하여 자신의 사이트에 게시한 것이 아닌 만큼 그 상업적인 성격은 간접적이고 부차적인 것에 불과한 점, 공소외인의 사진작품은 심미적이고 예술적인 목적을 가지고 있다고 할 수 있는 반면 피고인 회사의 사이트에 이미지화된 공소외인의 사진작품의 크기는 원본에 비해 훨씬 작은 가로 3㎝, 세로 2.5㎝ 정도이고, 이를 클릭하는 경우 독립된 창으로 뜬다고 하더라도 가로 4㎝,

---

24) 이해완(2024), 417면.
25) 대법원 2006. 2. 9. 선고 2005도7793 판결.

세로 3㎝ 정도로 확대될 뿐 원본 사진과 같은 크기로 보여지지 아니할 뿐만 아니라 포토샵 프로그램을 이용하여 원본 사진과 같은 크기로 확대한 후 보정작업을 거친 다 하더라도 열화현상으로 작품으로서의 사진을 감상하기는 어려운 만큼 피고인 회사 등이 저작물인 공소외인의 사진을 그 본질적인 면에서 사용한 것으로는 보기 어려운 점, 피고인 회사의 검색사이트의 이 사건 썸네일 이미지에 기재된 주소를 통하여 박모의 홈페이지를 거쳐 공소외인의 홈페이지로 순차 링크됨으로써 이용자들을 결국 공소외인의 홈페이지로 끌어들이게 되는 만큼 피고인 회사가 공소외인의 사진을 이미지 검색에 제공하기 위하여 압축된 크기의 이미지로 게시한 것이 공소외인의 작품사진에 대한 수요를 대체한다거나 공소외인의 사진 저작물에 대한 저작권침해의 가능성을 높이는 것으로 보기는 어려운 점, 이미지 검색을 이용하는 사용자들도 썸네일 이미지를 작품사진으로 감상하기보다는 이미지와 관련된 사이트를 찾아가는 통로로 인식할 가능성이 높은 점 및 썸네일 이미지의 사용은 검색사이트를 이용하는 사용자들에게 보다 완결된 정보를 제공하기 위한 공익적 측면이 강한 점 등 판시와 같은 사정 등을 종합하여 보면 피고인 회사가 A의 허락을 받지 아니하고 A의 사진작품을 이미지검색의 이미지로 사용하였다고 하더라도 이러한 사용은 정당한 범위 안에서 공정한 관행에 합치되게 사용한 것으로 봄이 상당하다고 판단하였다.

이 판결에서 법원은 검색서비스의 상업적 성격과 관련하여 "피고인 회사가 썸네일 이미지를 제공한 주요한 목적은 보다 나은 검색서비스의 제공을 위해 검색어와 관련된 이미지를 축소된 형태로 목록화하여 검색서비스를 이용하는 사람들에게 그 이미지의 위치정보를 제공하는 데 있는 것이지 피고인들이 공소외인의 사진을 예술작품으로서 전시하거나 판매하기 위하여 이를 수집하여 자신의 사이트에 게시한 것이 아닌 만큼 그 상업적인 성격은 간접적이고 부차적인 것에 불과한 점"을 지적함으로써 그 상업성보다는 일반 이용자들을 위한 공공적 의의에 보다 주목한 바 있다.

이 판결은 당시에는 현행 저작권법 제35조의5와 같은 일반조항이 없었기 때문에 제28조의 문제로 해결하였고 이 판결은 제28조가 제한적이지만 제35조의5와 같은 기능을 하였음을 보여주는 사례가 되는 판결이다. 만약 이 판결을 할 당시에 저작권법 제35조의5와 같은 공정이용에 관한 일반조항이 있다면, 제35조의5의 해석 및 적용을 통해 해결하게 될 것이다.[26]

8. 영리를 목적으로 하지 아니하는 공연 · 방송[27)

제29조(영리를 목적으로 하지 아니하는 공연 · 방송) ① 영리를 목적으로 하지 아니하고 청중이나 관중 또는 제3자로부터 어떤 명목으로든지 대가를 지급받지 아니하는 경우에는 공표된 저작물을 공연(상업용 음반 또는 상업적 목적으로 공표된 영상저작물을 재생하는 경우는 제외한다) 또는 방송할 수 있다. 다만, 실연자에게 일반적인 보수를 지급하는 경우에는 그러하지 아니하다.
② 청중이나 관중으로부터 해당 공연에 대한 대가를 지급받지 아니하는 경우에는 상업용 음반 또는 상업적 목적으로 공표된 영상저작물을 재생하여 공중에게 공연할 수 있다. 다만, 대통령령으로 정하는 경우에는 그러하지 아니하다.

저작권법 제29조는 영리를 목적으로 하지 않고 청중이나 관중 또는 제3자로부터 어떤 명목으로든지 반대급부를 받지 않는 경우, 공표된 저작물을 공연(상업용 음반 또는 상업적 목적으로 공표된 영상저작물을 재생하는 경우를 제외한다) 또는 방송할 수 있다. 다만, 실연자에게 통상의 보수를 지급하는 경우에는 허락 없이 그 저작물을 공연 또는 방송할 수 없다. 이 점에 있어서는 누구에게든지 또는 어떠한 명목으로든지 대가를 받지 말아야 한다는 점을 주의하여야 한다. 대가를 받는 이유가 경비를 충당하기 위할 뿐 어떠한 이윤을 남길 목적이 아니었다고 하더라도 대가를 받지 않은 것으로 볼 수 없다.

아울러 청중이나 관중으로부터 당해 공연에 대한 반대급부를 받지 않는 경우에는 상업용 음반 또는 상업적 목적으로 공표된 영상저작물을 재생하여 공중에게 공연할 수 있다. 이때 반대급부는 앞에서와 달리 청중이나 관중으로 부터 당해 공연에 대한 대가를 받지 않으면 충분하다. 제3자에 의한 반대급부가 포함되지 않는다는 점이 앞에서와 다른 점이다.

다만, 다음의 사항 중 하나에 해당하는 경우에는 상업용 음반 또는 상업적 목적으로 공표된 영상저작물을 재생 및 공중에의 공연이 제한된다.

---

26) 신창환, "썸네일 이미지 검색 서비스의 저작권 침해 여부", 계간 저작권, 2005 여름호, 59-61면.
27) [심화학습] 한지영, "개정 저작권법에 의한 상업용 음반의 의의와 실연자의 보상청구권에 관한 고찰", 재산법연구, 제33권 제4호, 2017, 55-82면; 박성호, "구 저작권법 제29조 제2항, 제76조의 2 및 제83조의2에서 규정하는 '판매용 음반'의 개념과 의미", 정보법학, 제20권 제3호, 2016, 111-140면; 한지영, "공연권의 제한에 관한 연구-공연의 보호 범위와 공연권 보호를 위한 민사적 구제수단-", 아주법학, 제9권 제4호, 2016, 153-182면.

1. 「식품위생법 시행령」 제21조제8호에 따른 영업소에서 하는 다음 각 목의 공연

   가. 「식품위생법 시행령」 제21조제8호다목에 따른 단란주점과 같은 호 라목에 따른 유흥주점에서 하는 공연

   나. 가목에 해당하지 아니하는 영업소에서 하는 공연으로서 음악 또는 영상저작물을 감상하는 설비를 갖추고 음악이나 영상저작물을 감상하게 하는 것을 영업의 주요 내용의 일부로 하는 공연

2. 「한국마사회법」에 따른 경마장, 「경륜·경정법」에 따른 경륜장 또는 경정장에서 하는 공연

3. 「체육시설의 설치·이용에 관한 법률」에 따른 골프장·스키장·에어로빅장·무도장·무도학원 또는 전문체육시설 중 문화체육관광부령으로 정하는 전문체육시설에서 하는 공연

4. 「항공법」에 따른 항공운송사업용 여객용 항공기, 「해운법」에 따른 해상여객운송사업용 선박 또는 「철도사업법」에 따른 여객용 열차에서 하는 공연

5. 「관광진흥법」에 따른 호텔·휴양콘도미니엄·카지노 또는 유원시설에서 하는 공연

6. 「유통산업발전법」 별표에 따른 대형마트·전문점·백화점 또는 쇼핑센터에서 하는 공연

7. 「공중위생관리법」 제2조제1항제2호 숙박업 및 같은 항 제3호나목의 목욕장에서 영상저작물을 감상하게 하기 위한 설비를 갖추고 하는 판매용 영상저작물의 공연

8. 다음 각 목의 어느 하나에 해당하는 시설에서 영상저작물을 감상하게 하기 위한 설비를 갖추고 발행일부터 6개월이 지나지 아니한 판매용 영상저작물을 재생하는 형태의 공연

   가. 국가·지방자치단체(그 소속기관을 포함한다)의 청사 및 그 부속시설

   나. 「공연법」에 따른 공연장

   다. 「박물관 및 미술관 진흥법」에 따른 박물관·미술관

   라. 「도서관법」에 따른 도서관

   마. 「지방문화원진흥법」에 따른 지방문화원

   바. 「사회복지사업법」에 따른 사회복지관

   사. 「양성평등기본법」 제47조 및 제50조에 따른 여성인력개발센터 및 여성사박물관

   아. 「청소년활동진흥법」 제10조제1호가목에 따른 청소년수련관

   자. 「지방자치법」 제144조에 따른 공공시설 중 시·군·구민회관

한편, 이에 따른 저작물의 이용 시 이를 번역, 편곡 또는 개작하여 이용할 수 있다. 아울러 저작물의 이용 시 그 출처 표시의 의무는 예외적으로 부여되지 않는다.

서울고등법원 2010. 9. 9. 선고 2009나53224 판결('스타벅스' 사건)[28]

[사실관계]

스타벅스는 매장내에서 사용하기 위해서 음악들을 모아서 음반을 제작하였다. 스타벅스의 한국 지사인 피고는 스타벅스 본사와의 계약에 따라 PN사로부터 이 사건 각 음악저작물을 포함한 배경음악이 담긴 CD를 장당 미화 30.79달러(운송료 3.79달러 포함)에 구매하여, 우리나라 각지에 있는 스타벅스 커피숍 매장에서 그 배경음악으로 PN사가 제공한 플레이어를 이용하여 재생시켜 공연하였다. 음반제작을 위해서 필요한 복제권을 모두 이용허락받았다. 이에 대해서 한국음악저작권협회가 공연권을 이용허락한 사실이 없다고 하여 공연권 침해 주장을 하였다.

[법원의 판단]

– 매장내 사용을 위한 음반 중 외국곡에 대해서,

원고는 ASCAP(미국 작사자·작곡가·출판자협회), GEMA(독일 음악공연권 및 복제권협회), SGAE(스페인 음악저작권협회), BMI(미국 방송음악가협회)와 사이에 각 관리하는 음악저작물에 관하여 상대방의 국가 내에서 공연을 허락할 권한(the right to license the public performance)을 부여하고, 해당 음악저작물의 저작권 침해자에 대하여 저작재산권자 또는 원고의 이름으로 소송을 제기할 권한을 부여하는 내용의 상호관리계약을 체결하였다.

한국음악저작권협회가 외국계 커피 전문점의 한국 지사를 상대로 커피숍 매장에서의 공연금지를 구하고 있는 음악저작물들 중 일부에 관하여는, 위 협회가 그 음악저작물에 관하여 대한민국 내에서 공연을 허락할 권리를 부여받았을 뿐 이를 신탁적으로 양도받은 바 없고, 그 음악저작물에 관한 직접 권리주체가 아닌 위 협회에게 임의적 소송담당을 허용할 합리적 필요성이 특별히 인정되지도 않으므로, 위 협회는 그 이름으로 위 일부 음악저작물들에 관하여 제3자에게 침해금지청구의 소를 제기할 권원이 없다.

– 매장내 사용을 위한 음반 중 국내곡에 대해서(＝공연권 침해 긍정; 제29조 제2항 항변 배척),

원고는, 피고가 이 사건 제1, 2 음악저작물에 관한 한국 내에서의 공연권자인 원고의 허락 없이 자신의 매장에서 위 각 음악저작물이 담긴 CD(이하 '이 사건 CD'라고

---

28) 상고심인 대법원 2012. 5. 10. 선고 2010다87474 판결에서는 원심과 동일한 취지로 상고기각되었다.

한다)를 무단으로 재생하고 있고, 이 사건 CD는 PN사가 배경음악 서비스의 방법으로 스타빅스 지사에 한시적으로 제공하며 사용기간이 지나며 폐기하는 것으로서 저작권법 제29조 제2항에서 정한 '판매용 음반', 즉 '시판용 음반'에 해당하지도 않으므로, 피고는 이 사건 제1, 2 음악저작물에 대한 공연권을 침해하고 있다고 주장한다. 원고는 가사 이 사건 CD가 판매용 음반에 해당한다고 하더라도 피고가 매장에서 이 사건 CD를 재생하는 것은 저작권법 시행령 제11조 제1호 (나)목 소정의 '음악을 감상하게 하는 것을 영업의 주요 내용의 일부로 하는 공연'에 해당하므로 저작권법 제29조 제2항 단서에 따라 원고의 신탁저작권은 이 사건 CD의 재생에도 미친다고 주장한다.

 (공연권 침해 인정) PN사가 이 사건 제1, 2 음악저작물에 관한 복제 및 배포를 허락받은 사실 외에 한국 내에서의 공연까지 허락받았다고 인정하기에 부족하고 달리 이를 인정할 증거가 없으므로, 피고의 위 주장은 이유 없다.

 (제29조 제2항 항변 배척) 저작자는 그의 저작물을 공연(저작물 또는 실연·음반·방송을 상연·연주·가창·구연·낭독·상영·재생 그 밖의 방법으로 공중에게 공개하는 것을 말한다. 저작권법 제2조 제3호)할 권리를 가지는바, 저작자(또는 저작재산권자)로부터 공연 허락을 받음이 없이 타인의 저작물을 공중에게 재생하는 행위는 공연권을 침해한다고 할 것이나, 저작권법은 저작재산권의 제한사유의 하나로서, 청중으로부터 반대급부를 받지 아니하고, '판매용 음반' 또는 '판매용 영상저작물'을 재생하여 공중에게 공연하는 경우에는, 저작권법 시행령이 정한 경우가 아닌 한 별도로 '공연권' 침해를 구성하지 않는다고 규정하고 있다.

 '판매용 음반'의 해석에 관하여 보건대, 저작권법은 '음반'을 '음이 유형물에 고정된 것'으로 정의하는 외에(동법 제2조 제5호) '판매용 음반'의 정의에 대하여 별다른 규정을 두고 있지 아니한바, 법률의 해석은 가능한 한 법률에 사용된 문언의 통상적인 의미에 충실하게 해석하는 것을 원칙으로 하되, 법률의 입법 취지와 목적, 그 제·개정 연혁, 법질서 전체와의 조화, 다른 법령과의 관계 등을 고려하는 체계적·논리적 해석방법을 추가적으로 동원하여야 할 것이고, 당해 법률 내의 다른 규정들 및 다른 법률과의 체계적 관련성 내지 전체 법체계와의 조화를 고려하여야 할 것이다. 살피건대 저작권법 제29조 제2항은 저작재산권 보호와 저작물 이용의 활성화 사이의 조화를 달성하기 위한 조항으로서, 저작재산권자가 음반제작자로 하여금 음악저작물을 판매를 위한 음반으로의 복제 및 배포를 허락할 경우 그 반대급부의 산정에는 음악저작물이 위와 같은 용도로 사용될 경우까지 포함될 것인 점, 저작권법 제52조를 비롯하여 별지 2 기재 각 조항의 '판매용 음반'은 모두 '시판을 목적으로 제작된 음반'으로 해석되는바, 위 각 조항과 저작권법 제29조 제2항의 '판매용 음반'을 달리 해석할 합리적인 이유가 없는 점을 고려하면, 저작권법 제29조 제2항의 '판매용 음반'은 '시판용 음반'으로 해석하여야 할 것이다.

살피건대 PN사는 스타벅스 본사에 대한 배경음악 서비스를 제공하고 있는데, 이 중 특수한 CD와 특수한 플레이어를 제공하는 방법은 위 서비스의 일환으로서 피고의 주문에 응하여 제작된 불대체물로서 시중에 판매하기 위하여 제작된 것이 아니라 피고 등 세계 각국의 스타벅스 지사에게만 공급하기 위하여 제작된 점, 배경음악 서비스 제공의 일환으로 제공되는 이 사건 CD는 암호화되어 있어 PN사가 제공한 플레이어에서만 재생되며 계약에서 정해진 기간이 만료되면 더 이상 재생되지 않으며, 피고는 당해 CD를 폐기하거나 반환할 의무를 부담하는 점, 이 사건 CD의 제공은 배경음악 서비스 제공의 한 방법에 불과하며, 전송 또는 인터넷을 통하여 각 해외 지사가 해당 음악저작물을 다운로드받게 할 경우에는 저작권법상 저작재산권의 제한사유의 어디에도 해당되지 않게 되는 점 등에 비추어 보면, 이 사건 CD는 '판매용 음반'에 해당한다고 보기 어렵다.

생각할 문제

명동을 지나가는데, 가게에서 음악이 흘러나오고 있다. 이런 행위는 공연이 될 수 있을 것인데, 액세서리를 파는 그 가게는 과연 공연에 대한 이용허락을 받고 있을까? 받아야 할까?

---

9. 사적이용을 위한 복제

제30조(사적이용을 위한 복제) 공표된 저작물을 영리를 목적으로 하지 아니하고 개인적으로 이용하거나 가정 및 이에 준하는 한정된 범위 안에서 이용하는 경우에는 그 이용자는 이를 복제할 수 있다. 다만, 공중의 사용에 제공하기 위하여 설치된 복사기기, 스캐너, 사진기 등 문화체육관광부령으로 정하는 복제기기에 의한 복제는 그러하지 아니하다.

공표된 저작물을 영리를 목적으로 하지 않고, 개인적으로 이용하거나 가정 및 이에 준하는 한정된 범위 안에서 이용하는 경우에는 그 이용자가 이를 복제할 수 있다. 다만, 공중의 사용에 제공하기 위하여 설치된 복사기기에 의한 복제는 이에 해당하지 않는다.

'영리'의 의미는 저작물을 복제하여 이용함으로써 비용이 절감되는 등의 간접적 이익 발생 등을 포함하는 것은 아니며, 복제물을 타인에게 판매하거나 타인으로부터 복제의뢰를 받아 유상으로 복제를 대행하는 등 복제행위를 통하여 직접 이득을

취할 목적을 갖는 것을 의미한다.[29]

사적이용을 위한 복제에 해당함으로 인하여 저작재산권 침해의 면책이 이루어지는지 여부를 판단하기 위해 중요하게 논의되는 것은, 특정의 이용행위가 개인, 가정 또는 이에 준하는 한정된 범위 안에서 이루어지는 이용인 것이냐에 대한 판단이다. '개인'에 의한 이용이라는 것은 복제하는 자가 직접 이용하는 것을 의미하고, '가정'은 친족적 관계가 아니라 공간적으로 동일하고 한정된 범위에서 동거하고 있는 관계를 의미하는 것이다. '가정에 준하는 한정된 범위'는 복제하는 자가 속하는 소수의 집단 구성원들 상호간에 강한 인적결합이 있는 범위를 의미한다. 이는 명시적으로 인원의 양적 범주를 정할 수 있는 것은 아니며, 구체적인 모임의 실질을 고려하여 판단할 수밖에 없다.

> **서울고등법원 2005. 1. 12. 선고 2003나21140 판결('소리바다' 사건)**
>
> 개인, 가정 또는 이에 준하는 한정된 범위 안에서의 이용에 해당하기 위하여는, 복제를 하는 이용자들이 다수집단이 아니어야 하고, 그 이용자들 서로간에 어느 정도의 긴밀한 인적결합이 존재할 것이 요구된다고 할 것인바, 앞서 본 인정사실에 의하여 알 수 있는 다음과 같은 사정, 즉 소리바다 서비스는 아이디, 비밀번호를 등록하면 누구라도 자유롭게 이용할 수 있는 점, 이용자가 MP3 파일을 공유폴더에 저장하고 소리바다 서버에 접속하기만 하면 최대 5,000명에 이르는 다른 이용자들이 해당 파일에 접근하여 별다른 절차를 거침이 없이 자유로이 다운로드 받을 수 있는 상태에 놓이는 점, 소리바다 프로그램의 기본설정에 의하면 다운로드폴더는 공유폴더와 일치하도록 되어 있으므로 원칙적으로 다운로드폴더로 다운로드된 MP3 파일은 그 즉시 다른 이용자들이 다운로드 받을 수 있게 되는 점, 이용자들 사이에는 MP3 파일을 공유한다는 공통의 목적 외에 별다른 인적 유대관계가 없고, 아이디만을 확인할 수 있을 뿐 아무런 개인적인 정보도 공유되고 있지 아니한 점, 이 사건 가처분결정에 의해 소리바다 서비스가 중단되기 이전 등록 회원의 수 및 접속규모가 막대한 점 등에 비추어 보면, 소리바다 이용자들의 이 사건 MP3 파일 복제행위는 개인, 가정 또는 이에 준하는 한정된 범위에서의 이용이라고는 볼 수 없다.

복제의 방법으로는 어떠한 방법으로 복제를 하더라도 상관은 없다. 다만 공중의

---

29) 이해완(2015), 648면.

사용에 제공하기 위하여 설치된 복사기기에서 행하는 복제는 허용되지 않는다. 복제는 필요한 한도 내에서 허용되는 것이므로 필요한 범위를 넘어서 복제를 하거나 필요한 부수보다 많은 부수를 복제하는 등의 행위는 사적이용에 따른 면책의 범위에 속하지 않는다.

> ### 서울중앙지방법원 2008. 8. 5. 자 2008카합968 결정('웹스토리지' 사건)
>
> 스토리지에 공중(불특정 다수인 또는 특정 다수인, 저작권법 제2조 제32조 참조. 이하 같다)이 다운로드할 수 있는 상태로 업로드되어 있는 영화 파일을 다운로드하여 개인용 하드디스크 또는 비공개 웹스토리지에 저장하는 행위에 관하여 보건대, 이는 영리의 목적 없이 개인적으로 이용하기 위하여 복제를 하는 경우에 해당할 수는 있으나, 업로드되어 있는 영화 파일이 명백히 저작권을 침해하여 불법한 파일인 경우에까지 이를 원본으로 하여 사적이용을 위한 복제가 허용된다고 보게 되면 저작권 침해의 상태가 영구히 유지되는 부당한 결과가 생길 수 있기 때문에, 다운로더 입장에서 복제의 대상이 되는 파일이 저작권을 침해한 불법파일인 것을 미필적으로나마 알고 있었다고 보아야 할 이 사건에서는 위와 같은 다운로드 행위를 사적이용을 위한 복제로서 적법하다고 하기는 어렵다.
>
> 다음으로, 개인용 하드디스크에 저장된 영화 파일을 '비공개' 상태로 업로드하여 웹스토리지에 저장하는 행위에 관하여 해당 파일이 예컨대 DVD를 합법적으로 구매하여 이를 개인적으로 이용할 목적으로 파일로 변환한 것과 같이 적법한 파일인 경우라면 이를 다시 웹스토리지에 비공개 상태로 저장하는 행위 또한 사적이용을 위한 복제로서 적법하다고 할 것이나, 반면에, 해당 파일이 예컨대, 이 사건 서비스를 통해 다운로드한 것과 같이 불법 파일인 경우라면 이를 웹스토리지에 비공개 상태로 저장하더라도 그것이 사적이용을 위한 복제로서 적법하다고 하기는 어려울 것이다.

컴퓨터프로그램저작물에 대해서는 요건을 달리 규정하고 있다. 가정과 같은 한정된 장소에서 개인적인 목적으로 복제하는 경우에 영리를 목적으로 복제하지 않고, 프로그램에서 복제된 부분이 차지하는 비중 및 복제의 부수 등에 비추어 프로그램의 저작재산권자의 이익을 부당하게 해치는 경우가 아니라면 컴퓨터프로그램저작물의 저작재산권 행사가 제한된다. 이때 이용범위에 관하여는 일반저작물의 경우보다 좁게 인정된다. 왜냐하면 컴퓨터프로그램저작물의 경우에는 일반저작물의 경우와 달리 복제하는 자의 개인적인 목적일 경우를 전제로 하기 때문에 가정과 같은 한정된 장소라는 공간적 범주가 동일하게 주어졌다고 하더라도 좁은 범위를 적용할 수밖에 없기 때문이다.

한편, 이에 따른 저작물의 이용 시 이를 번역, 편곡 또는 개작하여 이용할 수 있다. 아울러 저작물의 이용 시 그 출처표시의 의무는 예외적으로 부여되지 않는다.

10. 도서관 등에서의 복제 등

제31조(도서관등에서의 복제 등) ① 「도서관법」에 따른 도서관과 도서·문서·기록 그 밖의 자료(이하 '도서등'이라 한다)를 공중의 이용에 제공하는 시설 중 대통령령으로 정하는 시설(해당 시설의 장을 포함한다. 이하 '도서관등'이라 한다)은 다음 각 호의 어느 하나에 해당하는 경우에는 그 도서관등에 보관된 도서등(제1호의 경우에는 제3항에 따라 해당 도서관등이 복제·전송받은 도서등을 포함한다)을 사용하여 저작물을 복제할 수 있다. 다만, 제1호 및 제3호의 경우에는 디지털 형태로 복제할 수 없다.
  1. 조사·연구를 목적으로 하는 이용자의 요구에 따라 공표된 도서등의 일부분의 복제물을 1명당 1부에 한정하여 제공하는 경우
  2. 도서등의 자체보존을 위하여 필요한 경우
  3. 다른 도서관등의 요구에 따라 절판 그 밖에 이에 준하는 사유로 구하기 어려운 도서등의 복제물을 보존용으로 제공하는 경우
② 도서관등은 컴퓨터를 이용하여 이용자가 그 도서관등의 안에서 열람할 수 있도록 보관된 도서등을 복제하거나 전송할 수 있다. 이 경우 동시에 열람할 수 있는 이용자의 수는 그 도서관등에서 보관하고 있거나 저작권 그 밖에 이 법에 따라 보호되는 권리를 가진 자로부터 이용허락을 받은 그 도서등의 부수를 초과할 수 없다.
③ 도서관등은 컴퓨터를 이용하여 이용자가 다른 도서관등의 안에서 열람할 수 있도록 보관된 도서등을 복제하거나 전송할 수 있다. 다만, 그 전부 또는 일부가 판매용으로 발행된 도서등은 그 발행일부터 5년이 지나지 아니한 경우에는 그러하지 아니하다.
④ 도서관등은 제1항제2호의 규정에 따른 도서등의 복제 및 제2항과 제3항의 규정에 따른 도서등의 복제의 경우에 그 도서등이 디지털 형태로 판매되고 있는 때에는 그 도서등을 디지털 형태로 복제할 수 없다.
⑤ 도서관등은 제1항제1호에 따라 디지털 형태의 도서등을 복제하는 경우 및 제3항에 따라 도서등을 다른 도서관등의 안에서 열람할 수 있도록 복제하거나 전송하는 경우에는 문화체육관광부장관이 정하여 고시하는 기준에 따른 보상금을 해당 저작재산권자에게 지급하여야 한다. 다만, 국가, 지방자치단체 또는 「고등교육법」 제2조에 따른 학교를 저작재산권자로 하는 도서등(그 전부 또는 일부가 판매용으로 발행된 도서등은 제외한다)의 경우에는 그러하지 아니하다.
⑥ 제5항의 보상금의 지급 등에 관하여는 제25조제7항부터 제11항까지의 규정을 준용한다.
⑦ 제1항부터 제3항까지에 따라 도서등을 디지털 형태로 복제하거나 전송하는 경우에 도서관등은 저작권 그 밖에 이 법에 따라 보호되는 권리의 침해를 방지하기 위하여 복제방지조치 등 대통령령으로 정하는 필요한 조치를 하여야 한다.
⑧ 「도서관법」 제22조에 따라 국립중앙도서관이 온라인 자료의 보존을 위하여 수집하는 경우에는 해당 자료를 복제할 수 있다.

도서관은 책을 포함한 여러 지식과 콘텐츠를 모으는 곳이다. 책을 보는 곳이고 지식을 축적하는 곳이다. 이집트의 알렉산드리아에 있었던 거대한 도서관이 당대의 많은 지식들을 파피루스에 모았던 이후 인류의 지식들은 도서관을 통해서 확산되고 인류의 집단지성은 급속한 성장을 하였다. 다른 한편 도서관은 책의 저자의 입장에서 보면 10명이 살 책을 한 권만 사서 돌려보게 됨으로써 시장을 줄이는 역할도 한다. 양자는 이런 점에서 조화를 이루어야 한다. 도서관의 '사서'들은 이런 점에서 저작권법에 전문성을 가져야 한다.

「도서관법」에 따른 도서관과 도서·문서·기록 그 밖의 자료(이하 '도서 등'이라 한다)를 공중의 이용에 제공하는 시설 중 대통령령이 정하는 시설[30](당해 시설의 장을 포함한다. 이하 '도서관등'이라 한다)은 다음 중 하나에 해당하는 때에는 그 도서관등에 보관된 도서 등을 사용하여 저작물을 복제할 수 있다.

ⅰ) 조사·연구를 목적으로 하는 이용자의 요구에 따라 공표된 도서 등의 일부분의 복제물을 1인 1부에 한하여 제공하는 경우

ⅱ) 도서 등의 자체보존을 위하여 필요한 경우

ⅲ) 다른 도서관등의 요구에 따라 절판 그 밖에 이에 준하는 사유로 구하기 어려운 도서 등의 복제물을 보존용으로 제공하는 경우

다만, ⅰ) 조사·연구를 목적으로 하는 이용자의 요구에 따라 공표된 도서 등의 일부분의 복제물을 1인 1부에 한하여 제공하는 경우, 및 ⅱ) 다른 도서관등의 요구에 따라 절판 그 밖에 이에 준하는 사유로 구하기 어려운 도서 등의 복제물을 보존용으로 제공하는 경우에는 디지털 형태로 복제할 수 없다.

도서관등은 컴퓨터를 이용하여 이용자가 그 도서관등의 안에서 열람할 수 있도록 보관된 도서 등을 복제하거나 전송할 수 있다. 이 경우 동시에 열람할 수 있는 이용자의 수는 그 도서관등에서 보관하고 있거나 저작권 그 밖에 저작권법에 따라

---

30) '「도서관법」에 따른 국립중앙도서관·공공도서관·대학도서관·학교도서관·전문도서관(영리를 목적으로 하는 법인 또는 단체에서 설립한 전문도서관으로서 그 소속원만을 대상으로 도서관봉사를 하는 것을 주된 목적으로 하는 도서관은 제외한다)', 및 '국가, 지방자치단체, 영리를 목적으로 하지 아니하는 법인 또는 단체가 도서·문서·기록과 그 밖의 자료(이하 '도서등'이라 한다)를 보존·대출하거나 그 밖에 공중의 이용에 제공하기 위하여 설치한 시설' 중 하나에 해당하는 시설을 의미한다(저작권법시행령 제12조).

보호되는 권리를 가진 자로부터 이용허락을 받은 그 도서 등의 부수를 초과할 수는 없다. 한편, 도서관등은 컴퓨터를 이용하여 이용자가 다른 도서관등의 안에서 열람할 수 있도록 보관된 도서 등을 복제하거나 전송할 수 있다. 다만 그 전부 또는 일부가 판매용으로 발행된 도서 등은 그 발행일로부터 5년이 경과하지 않은 경우에는 복제하거나 전송할 수 없다. 한편, 도서관법 제20조의2[31]에 따라 국립중앙도서관이 온라인 자료의 보존을 위하여 수집하는 경우에는 해당 자료를 복제할 수 있다.

그런데, 도서 등의 자체보존을 위하여 필요한 경우의 복제나 컴퓨터를 이용한 도서관 내 혹은 다른 도서관에서의 이용을 위하여 복제하고자 할 때, 해당 도서 등이 이미 디지털형태로 판매되고 있는 때에는 그 도서 등을 디지털 형태로 복제할 수 없다. 이는 도서관에서의 이용이라는 공익적 필요가 있다고 하더라도 이것으로 인하여 시장에서의 저작권자의 이익을 훼손할 수 없다는 점을 명시한 것으로 볼 수 있다. 다만, 저작권법에 따라 도서 등을 디지털 형태로 복제하거나 전송하는 경우에 도서관등은 저작권 그 밖에 저작권법에 따라 보호되는 권리의 침해를 방지하기 위하여 복제방지조치 등 필요한 조치를 하여야 할 의무가 있다.

도서관등이 디지털 형태의 도서 등을 복제하는 경우나 도서 등을 다른 도서관등의 내부에서 열람할 수 있도록 복제하거나 전송하는 경우에는 문화체육관광부장관이 정하여 고시하는 기준에 의한 보상금을 당해 저작재산권자에게 지급하여야 한다. 다만, 국가나 지방자치단체 또는 고등교육법 제2조의 규정에 따른 학교를 저작재산권자로 하는 도서 등의 경우에는 보상금을 지급하지 않아도 된다. 보상금 지급

---

31) 도서관법 제20조의2(온라인 자료의 수집) ① 국립중앙도서관은 대한민국에서 서비스되는 온라인 자료 중에서 보존가치가 높은 온라인 자료를 선정하여 수집·보존하여야 한다.

② 국립중앙도서관은 온라인 자료가 기술적 보호조치 등에 의하여 수집이 제한되는 경우 해당 온라인 자료 제공자에게 협조를 요청할 수 있다. 요청을 받은 온라인 자료 제공자는 특별한 사유가 없는 한 이에 응하여야 한다.

③ 수집된 온라인 자료에 본인의 개인정보가 포함된 사실을 알게 된 자는 대통령령으로 정하는 방식에 따라 국립중앙도서관장에게 해당 정보의 정정 또는 삭제 등을 청구할 수 있다.

④ 제3항에 따른 청구에 대하여 국립중앙도서관장이 행한 처분 또는 부작위로 인하여 권리 또는 이익의 침해를 받은 자는 「행정심판법」에서 정하는 바에 따라 행정심판을 청구하거나 「행정소송법」에서 정하는 바에 따라 행정소송을 제기할 수 있다.

⑤ 국립중앙도서관은 제1항에 따라 수집하는 온라인 자료의 전부 또는 일부가 판매용인 경우에는 그 온라인 자료에 대하여 정당한 보상을 하여야 한다.

⑥ 수집대상 온라인 자료의 선정·종류·형태와 수집 절차 및 보상 등에 관하여 필요한 사항은 대통령령으로 정한다.

에 관하여는 학교교육 목적 등에의 이용에 관한 보상금 규정을 준용한다.

11. 시험문제를 위한 복제 등

> 제32조(시험문제를 위한 복제 등) 학교의 입학시험이나 그 밖에 학식 및 기능에 관한 시험 또는 검정을 위하여 필요한 경우에는 그 목적을 위하여 정당한 범위에서 공표된 저작물을 복제·배포 또는 공중송신할 수 있다. 다만, 영리를 목적으로 하는 경우에는 그러하지 아니하다.

학교의 입학시험 그 밖에 학식 및 기능에 관한 시험 또는 검정을 위하여 필요한 경우에는 그 목적을 위하여 정당한 범위에서 공표된 저작물을 복제·배포할 수 있다. 다만, 영리를 목적으로 하는 경우에는 이에 해당하지 않는다. 시험문제에 관한 저작재산권 제한은 비밀성을 갖는 시험문제의 특성상 미리 저작권자의 이용허락을 받는 것이 용이하지 않을 뿐 아니라, 시험문제로 이용되는 것이 저작권자에게 그리 큰 영향을 미치지 않는다는 점을 근거로 한다.

공표된 저작물을 대상으로 명시하고 있으므로, 미공표 저작물은 시험문제를 위해 자유이용할 수 없다. 그리고 학교에서 이루어지는 시험 외에도 국가고시·국가자격시험 및 검정 등의 경우에도 그것이 학식 및 기능에 관한 것이라면 모두 본 예외를 적용할 수 있는 시험에 해당한다. 구체적인 이용의 예로는 시험문제에 소설 및 시 등을 지문으로 제시하는 경우, 외국어시험에서 독해지문 등을 제시하는 경우 등을 들 수 있다.

허용되는 행위로는 복제와 배포만을 명시하고 있으므로, 온라인 시험과 같이 시험문제를 제공함에 있어 타인의 저작물이 전송의 형태로 이용자에게 제공되는 경우는 저작권 침해가 면책될 수 없다는 점을 주의하여야 한다. 이 경우 전송에 대한 이용허락을 얻어야 한다.

한편, 영리적인 목적으로 이루어지는 시험은 자유이용의 대상이 되는 시험에 속한다고 볼 수 없다.[32] 법원은 미국에 제작권등록 된 토플 시험문제를 제작권자의

---

[32] 서울중앙지방법원 2016. 7. 28. 선고 2016고단1471 판결[저작권법위반]("피고인은 2014. 10.경 서울 강남구 F에 있는 피고인 회사 사무실에서, 인터넷을 이용하는 스마트폰 어플리케이션 'G'에 연계된 서버에 피해자 주식회사 능률교육에게 저작권이 있는 '토마토 BASIC ACTUAL TEST' 등을 비롯한 별지 '침해저작물' 기재와 같이 모두 15종의 영어 토익, 토플 교재의 전체 분량을 페이지별로 스캔하여 업로드한 후 그 때부터 2015. 1.경까지 위 어플리케이션을 설치한 사용자들로

허락 없이 잡지와 단행본 등에 복제하여 사용한 것은 제작권침해행위에 해당한다고 보아 위 책자의 제작·판매·반포행위를 금지하고, 제작권침해로 인한 손해에 대하여는 무단복제한 시험문제 1문항당 10달러씩을 배상하도록 한 바 있다.[33]

컴퓨터프로그램저작물에 대해서는 요건을 달리 규정하고 있다. 저작권법은 컴퓨터프로그램저작물에 관하여 학교 및 이에 준하는 학교의 입학시험이나 그 밖의 학식 및 기능에 관한 시험 또는 검정을 목적(영리를 목적으로 하는 경우를 제외)으로 복제 또는 배포하는 경우에 프로그램에서 복제된 부분이 차지하는 비중 및 복제의 부수 등에 비추어 프로그램의 저작재산권자의 이익을 부당하게 해치는 경우가 아니라면 저작권자의 허락 없이 해당 저작물을 이용할 수 있도록 정하고 있다.

이에 따른 저작물의 이용 시 이를 번역하여 이용할 수는 있으나, 개작하는 것은 허용되지 않는다. 아울러 저작물의 이용 시 그 출처 표시의 의무는 예외적으로 부여되지 않는다.

12. 시각장애인 등을 위한 복제 등

> 제33조(시각장애인등을 위한 복제 등) ① 누구든지 공표된 저작물을 시각장애인과 독서에 장애가 있는 사람으로서 대통령령으로 정하는 사람(이하 '시각장애인등'이라 한다)을 위하여 「점자법」 제3조에 따른 점자로 변환하여 복제·배포할 수 있다.
> ② 시각장애인등의 복리증진을 목적으로 하는 시설 중 대통령령으로 정하는 시설(해당 시설의 장을 포함한다)은 영리를 목적으로 하지 아니하고 시각장애인등의 이용에 제공하기 위하여 공표된 저작물등에 포함된 문자 및 영상 등의 시각적 표현을 시각장애인등이 인지할 수 있는 대체자료로 변환하여 이를 복제·배포·공연 또는 공중송신할 수 있다.
> ③ 시각장애인등과 그의 보호자(보조자를 포함한다. 이하 이 조 및 제33조의2에서 같다)는 공표된 저작물등에 적법하게 접근하는 경우 시각장애인등의 개인적 이용을 위하여 그 저작물등에 포함된 문자 및 영상 등의 시각적 표현을 시각장애인등이 인지할 수 있는 대체자료로 변환하여 이를 복제할 수 있다.
> ④ 제2항 및 제3항에 따른 대체자료의 범위는 대통령령으로 정한다.

공표된 저작물은 시각장애인 등을 위하여 점자로 복제·배포할 수 있다. 시각장애인 등의 복리증진을 목적으로 하는 시설 중 대통령령이 정하는 시설은 영리를 목적으로 하지 않고 시각장애인 등의 이용에 제공하기 위하여 공표된 어문저작물을

하여금 오답 노트를 만들 수 있도록 개별 문제를 검색하고 저장할 수 있도록 하였다. 이로써 피고인은 위와 같이 15종의 서작물을 복제·전송함으로써 피해지의 저작권을 침해하였다.")

33) 서울민사지방법원 1993. 10. 15. 선고 92가합35610 판결.

녹음하거나 대통령령으로 정하는 시각장애인 등을 위한 전용 기록방식으로 복제·배포 또는 전송할 수 있다. 전용 기록방식은 점자로 나타나게 하는 것을 목적으로 하는 전자적 형태의 정보기록방식, 인쇄물을 음성으로 변환하는 것을 목적으로 하는 정보기록방식, 시각장애인을 위하여 표준화된 디지털음성정보기록방식, 시각장애인 외에는 이용할 수 없도록 하는 기술적 보호조치가 적용된 정보기록방식이다.

이때 시각장애인의 범위는 장애인복지법 시행령 별표1 제3호에 따른 시각장애인(나쁜 눈의 시력이 0.02 이하인 사람, 좋은 눈의 시력이 0.2 이하인 사람, 두 눈의 시야가 각각 주시점에서 10도 이하로 남은 사람, 두 눈의 시야 2분의1 이상을 잃은 사람), 신체적 또는 정신적 장애로 인하여 도서를 다루지 못하거나 독서 능력이 뚜렷하게 손상되어 정상적인 독서를 할 수 없는 사람을 의미한다.

이에 따른 저작물의 이용 시 이를 번역하여 이용할 수는 있으나, 개작하는 것은 허용되지 않는다. 아울러 저작물의 이용 시 그 출처를 표시하여야 하며, 출처표시의 방법은 저작물의 이용상황에 따라 합리적이라고 인정되는 방법으로 하여야 한다. 저작자의 실명 또는 이명이 표시된 저작물의 출처는 그 실명 또는 이명을 그대로 하여 표시하여야 한다.

13. 청각장애인 등을 위한 복제 등

제33조의2(청각장애인 등을 위한 복제 등) ① 누구든지 공표된 저작물을 청각장애인 등을 위하여 「한국수화언어법」 제3조제1호에 따른 한국수어로 변환할 수 있고, 이러한 한국수어를 복제·배포·공연 또는 공중송신할 수 있다.
② 청각장애인 등의 복리증진을 목적으로 하는 시설 중 대통령령으로 정하는 시설(해당 시설의 장을 포함한다)은 영리를 목적으로 하지 아니하고 청각장애인 등의 이용에 제공하기 위하여 필요한 범위에서 공표된 저작물등에 포함된 음성 및 음향 등을 자막 등 청각장애인 등이 인지할 수 있는 대체자료로 변환하여 이를 복제·배포·공연 또는 공중송신할 수 있다.
③ 청각장애인 등과 그의 보호자는 공표된 저작물등에 적법하게 접근하는 경우 청각장애인 등의 개인적 이용을 위하여 그 저작물등에 포함된 음성·음향 등을 자막 등 청각장애인 등이 인지할 수 있는 대체자료로 변환하여 이를 복제할 수 있다.
④ 제1항부터 제3항까지에 따른 청각장애인 등의 범위와 제2항 및 제3항에 따른 대체자료의 범위는 대통령령으로 정한다.

누구든지 청각장애인 등을 위하여 공표된 저작물을 수화로 변환할 수 있고, 이러한 수화를 복제·배포·공연 또는 공중송신할 수 있다. 청각장애인 등의 복리증진을 목적으로 하는 시설 중 대통령령으로 정하는 시설은 영리를 목적으로 하지 않고 청각장애인 등의 이용에 제공하기 위하여 필요한 범위에서 공표된 저작물 등에 포함된 음성 및 음향 등을 자막 등 청각장애인이 인지할 수 있는 방식으로 변환할 수 있고, 이러한 자막 등을 청각장애인 등이 이용할 수 있도록 복제·배포·공연 또는 공중송신할 수 있다.

청각장애인의 범위는 두 귀의 청력 손실이 각각 60데시벨(dB) 이상인 사람, 한 귀의 청력 손실이 80데시벨 이상, 다른 귀의 청력 손실이 40데시벨 이상인 사람, 두 귀에 들리는 보통 말소리의 명료도가 50퍼센트 이하인 사람, 평형 기능에 상당한 장애가 있는 사람을 의미한다.

이에 따른 저작물의 이용 시 이를 번역하여 이용할 수는 있으나, 개작하는 것은 허용되지 않는다. 아울러 저작물의 이용 시 그 출처를 표시하여야 하며, 출처표시의 방법은 저작물의 이용상황에 따라 합리적이라고 인정되는 방법으로 하여야 한다. 저작자의 실명 또는 이명이 표시된 저작물의 출처는 그 실명 또는 이명을 그대로 하여 표시하여야 한다.

14. 방송사업자의 일시적 녹음·녹화

제34조(방송사업자의 일시적 녹음·녹화) ① 저작물을 방송할 권한을 가지는 방송사업자는 자신의 방송을 위하여 자체의 수단으로 저작물을 일시적으로 녹음하거나 녹화할 수 있다.
② 제1항의 규정에 따라 만들어진 녹음물 또는 녹화물은 녹음일 또는 녹화일부터 1년을 초과하여 보존할 수 없다. 다만, 그 녹음물 또는 녹화물이 기록의 자료로서 대통령령으로 정하는 장소에 보존되는 경우에는 그러하지 아니하다.

저작물을 방송할 권한을 가지는 방송사업자는 자신의 방송을 위하여 자체의 수단으로 저작물을 일시적으로 녹음하거나 녹화할 수 있다. 이에 따라 만들어진 녹음물 또는 녹화물은 녹음일 또는 녹화일로부터 1년을 초과하여 보존할 수는 없다. 다만, 그 녹음물 또는 녹화물이 기록의 자료로서 대통령령이 정하는 장소에 보존되는 경우에는 1년을 초과하여 보존할 수 있다.

이는 다른 방송을 위한 녹음 및 녹화가 아니라 자신의 방송을 위한 것이어야 하며, 방송사업자의 인적·물적 시설을 사용하여 녹음 및 녹화하는 경우만을 대상으로 하고 있으므로, 외주제작의 경우에는 본 규정이 적용될 수 없다.

15. 미술저작물 등의 전시 또는 복제

제35조(미술저작물등의 전시 또는 복제) ① 미술저작물등의 원본의 소유자나 그의 동의를 얻은 자는 그 저작물을 원본에 의하여 전시할 수 있다. 다만, 가로·공원·건축물의 외벽 그밖에 공중에게 개방된 장소에 항시 전시하는 경우에는 그러하지 아니하다.
② 제1항 단서의 규정에 따른 개방된 장소에 항시 전시되어 있는 미술저작물등은 어떠한 방법으로든지 이를 복제하여 이용할 수 있다. 다만, 다음 각 호의 어느 하나에 해당하는 경우에는 그러하지 아니하다.
    1. 건축물을 건축물로 복제하는 경우
    2. 조각 또는 회화를 조각 또는 회화로 복제하는 경우
    3. 제1항 단서의 규정에 따른 개방된 장소 등에 항시 전시하기 위하여 복제하는 경우
    4. 판매의 목적으로 복제하는 경우
③ 제1항의 규정에 따라 전시를 하는 자 또는 미술저작물등의 원본을 판매하고자 하는 자는 그 저작물의 해설이나 소개를 목적으로 하는 목록 형태의 책자에 이를 복제하여 배포할 수 있다.
④ 위탁에 의한 초상화 또는 이와 유사한 사진저작물의 경우에는 위탁자의 동의가 없는 때에는 이를 이용할 수 없다.

미술저작물 등의 원본 소유자나 그의 동의를 얻은 사람은 그 저작물을 원본에 한하여 전시가 가능하다. 다만, 가로·공원·건축물의 외벽 그 밖에 공중에게 개방된 장소에 항시 전시하는 경우에는 허용되지 않는다.

이처럼 개방된 장소에 항시 전시되어 있는 미술저작물 등은 다음의 예외에 해당하는 경우를 제외하고는 어떠한 방법으로든지 이를 복제하여 이용할 수 있다.

ⅰ) 건축물을 건축물로 복제하는 경우

ⅱ) 조각 또는 회화를 조각 또는 회화로 복제하는 경우

ⅲ) 개방된 장소 등에 항시 전시하기 위하여 복제하는 경우

ⅳ) 판매의 목적으로 복제하는 경우

만일 이에 따라 미술저작물 등을 전시하고자 하거나 미술저작물 등의 원본을 판매하고자 하는 자는 그 저작물의 해설이나 소개를 목적으로 하는 목록 형태의 책자에 저작물을 복제하여 배포할 수 있다. 한편, 위탁에 의한 초상화 또는 이와 유사한 사진저작물의 경우에는 위탁자의 동의가 없는 한 이를 이용할 수 없다.

이러한 사항을 정하는 것은 미술저작물 등이 양도 등의 과정으로 인하여 저작자와 소유자가 서로 다른 경우가 발생하여 서로 간 충돌이 나타날 가능성이 예상되므

로 이에 대한 이해관계를 조율하기 위하여 일정한 경우에 저작권자의 저작재산권 행사를 제한하도록 하는 것이다.

아울러 저작물의 이용 시 그 출처를 표시하여야 하며, 출처표시의 방법은 저작물의 이용 상황에 따라 합리적이라고 인정되는 방법으로 하여야 한다. 저작자의 실명 또는 이명이 표시된 저작물의 출처는 그 실명 또는 이명을 그대로 하여 표시하여야 한다.

16. 저작물 이용과정에서의 일시적 복제

> 제35조의2(저작물 이용과정에서의 일시적 복제) 컴퓨터에서 저작물을 이용하는 경우에는 원활하고 효율적인 정보처리를 위하여 필요하다고 인정되는 범위 안에서 그 저작물을 그 컴퓨터에 일시적으로 복제할 수 있다. 다만, 그 저작물의 이용이 저작권을 침해하는 경우에는 그러하지 아니하다.

(1) 원 칙

컴퓨터에서 저작물을 이용하는 경우에는 원활하고 효율적인 정보처리를 위하여 필요하다고 인정되는 범위 안에서 그 저작물을 그 컴퓨터에 일시적으로 복제할 수 있다. 다만, 그 저작물의 이용이 저작권을 침해하는 경우에는 그러하지 아니하다. 이는 컴퓨터 환경에서의 저작물의 통상적인 이용을 위하여 부수적으로 또는 불가피하게 이루어지는 일시적인 복제만을 위한 것으로서 그 일시적 복제가 행위주체자의 의사에 의하지 않은 것을 전제로 한다.

(2) 컴퓨터프로그램저작물에 대한 적용 제외

> 제37조의2(적용 제외) 프로그램에 대하여는 제23조・제25조・제30조 및 제32조를 적용하지 아니한다.

컴퓨터프로그램저작물은 다른 저작물 유형과 구분하여 별도로 저작재산권 행사의 제한이 규정되어 있다. 컴퓨터프로그램저작물의 경우 다음 중 하나에 해당하는 경우에는 그 목적상 필요한 범위에서 공표된 프로그램을 복제 또는 배포할 수 있다. 다만, 프로그램의 종류・용도, 프로그램에서 복제된 부분이 차지하는 비중 및 복제의 부수 등에 비추어 프로그램의 저작재산권자의 이익을 부당하게 해치는 경우에는 권리 제한이 적용되지 않는다.

i) 재판 또는 수사를 위하여 복제하는 경우

ii)「유아교육법」,「초·중등교육법」,「고등교육법」에 따른 학교 및 다른 법률에 따라 설립된 교육기관(상급학교 입학을 위한 학력이 인정되거나 학위를 수여하는 교육기관에 한한다)에서 교육을 담당하는 자가 수업과정에 제공할 목적으로 복제 또는 배포하는 경우

iii)「초·중등교육법」에 따른 학교 및 이에 준하는 학교의 교육목적을 위한 교과용 도서에 게재하기 위하여 복제하는 경우

iv) 가정과 같은 한정된 장소에서 개인적인 목적(영리를 목적으로 하는 경우를 제외한다)으로 복제하는 경우

v)「초·중등교육법」,「고등교육법」에 따른 학교 및 이에 준하는 학교의 입학시험이나 그 밖의 학식 및 기능에 관한 시험 또는 검정을 목적(영리를 목적으로 하는 경우를 제외한다)으로 복제 또는 배포하는 경우

vi) 프로그램의 기초를 이루는 아이디어 및 원리를 확인하기 위하여 프로그램의 기능을 조사·연구·시험할 목적으로 복제하는 경우(정당한 권한에 의하여 프로그램을 이용하는 자가 해당 프로그램을 이용 중인 때에 한한다)

아울러, 컴퓨터의 유지·보수를 위하여 그 컴퓨터를 이용하는 과정에서 프로그램(정당하게 취득한 경우에 한한다)을 일시적으로 복제할 수 있으며, 교과용 도서에 프로그램을 게재하려는 자는 문화체육관광부장관이 고시하는 기준에 따른 보상금을 해당 저작재산권자에게 지급하여야 한다. 보상금 지급에 대하여는 앞서 살펴본 교육목적에의 이용의 규정을 준용한다.

17. 부수적 복제 등

> 제35조의3(부수적 복제 등) 사진촬영, 녹음 또는 녹화(이하 이 조에서 '촬영등'이라 한다)를 하는 과정에서 보이거나 들리는 저작물이 촬영등의 주된 대상에 부수적으로 포함되는 경우에는 이를 복제·배포·공연·전시 또는 공중송신할 수 있다. 다만, 그 이용된 저작물의 종류 및 용도, 이용의 목적 및 성격 등에 비추어 저작재산권자의 이익을 부당하게 해치는 경우에는 그러하지 아니하다.

저작권법 제35조의3은 부수적 복제를 규율하고 있다. 부수적 복제의 경우, 즉 사진촬영, 녹음 또는 녹화(이하 이 조에서 '촬영등'이라 한다)를 하는 과정에서 보이거나

들리는 저작물이 촬영등의 주된 대상에 부수적으로 포함되는 경우에는 이를 복제·배포·공연·전시 또는 공중송신할 수 있다. 다만, 그 이용된 저작물의 종류 및 용도, 이용의 목적 및 성격 등에 비추어 저작재산권자의 이익을 부당하게 해치는 경우에는 그러하지 아니하다.

본 조는 2019년 저작권법 개정으로 입법되었다. 그 대상은 '가상현실'이나 '증강현실'에 대한 대응을 위한 것이다. '가상현실'이나 '증강현실'을 이용한 콘텐츠 제작시에 타인의 저작물을 부수적으로 이용하는 경우에 저작권 제한을 하여 이들 콘텐츠 제작을 용이하도록 하도록 하는 것을 입법목적으로 한다.[34]

'부수적'의 의미는 구체적인 사안에서는 파악하기 쉽지 않을 수 있다. 예를 들어 공원에서 자녀의 동영상을 촬영한 사안에서 영상에 공원에서 흐르는 배경음악이 포함된 경우가 부수적 사용의 예로 제시된다.[35] 또 다른 사례로는 미술관 참석자들이 기념사진을 찍을 때 실내에 전시된 미술품이 보이는 경우를 들 수 있다.[36] Be the Reds 판결에서 월드컵을 상징하였던 응원문구를 도안화한 저작물을 포함한 티셔츠를 착용한 모델을 촬영한 사건에서 저작권침해를 인정한 것이 관련사건이라고 할 수 있다.[37] 실제 이런 점에서 2002년 월드컵과 같은 사건을 부수적으로 나타내는 영화나 드라마의 촬영에서의 권리처리 문제가 쟁점이 될 수 있다고 본다.

18. 문화시설에 의한 복제 등

제35조의4(문화시설에 의한 복제 등) ① 국가나 지방자치단체가 운영하는 문화예술 활동에 지속적으로 이용되는 시설 중 대통령령으로 정하는 문화시설(해당 시설의 장을 포함한다. 이하 이 조에서 '문화시설'이라 한다)은 대통령령으로 정하는 기준에 해당하는 상당한 조사를 하였어도 공표된 저작물(제3조에 따른 외국인의 저작물은 제외한다. 이하 이 조에서 같다)의 저작재산권자나 그의 거소를 알 수 없는 경우 그 문화시설에 보관된 자료를 수집·정리·분석·보존하여 공중에게 제공하기 위한 목적(영리를 목적으로 하는 경우는 제외한다)으로 그 자료를 사용하여 저작물을 복제·배포·공연·전시 또는 공중송신할 수 있다.
② 저작재산권자는 제1항에 따른 문화시설의 이용에 대하여 해당 저작물의 이용을 중단할 것을 요구할 수 있으며, 요구를 받은 문화시설은 지체 없이 해당 저작물의 이용을 중단하여야 한다.

34) 박성호(2023), 617면.
35) 이해완(2024), 477면.
36) 박성호(2017), 618면.
37) 대법원 2014. 8. 26. 선고 2012도10777 판결.

③ 저삭재산권자는 제1항에 따른 이용에 대하여 보상금을 청구할 수 있으며, 문화시설은 저작재산권자와 협의한 보상금을 지급하여야 한다.

④ 제3항에 따라 보상금 협의절차를 거쳤으나 협의가 성립되지 아니한 경우에는 문화시설 또는 저작재산권자는 문화체육관광부장관에게 보상금 결정을 신청하여야 한다.

⑤ 제4항에 따른 보상금 결정 신청이 있는 경우에 문화체육관광부장관은 저작물의 이용 목적·이용 형태·이용 범위 등을 고려하여 보상금 규모 및 지급 시기를 정한 후 이를 문화시설 및 저작재산권자에게 통보하여야 한다.

⑥ 제1항에 따라 문화시설이 저작물을 이용하고자 하는 경우에는 대통령령으로 정하는 바에 따라 이용되는 저작물의 목록·내용 등과 관련된 정보의 게시, 저작권 및 그 밖에 이 법에 따라 보호되는 권리의 침해를 방지하기 위한 복제방지조치 등 필요한 조치를 하여야 한다.

⑦ 제2항부터 제5항까지의 규정에 따른 이용 중단 요구 절차와 방법, 보상금 결정 신청 및 결정 절차 등에 관하여 필요한 사항은 대통령령으로 정한다.

저작권법 제35조의4는 2019년 저작권법 개정으로 입법된 조문이다. 국립중앙도서관이나 국립중앙박물관과 같은 문화시설의 경우 기존에도 '도서관 등에서의 복제'에 대한 저작권법 제31조나 개별적 영리적 목적의 이용을 전제로 규정된 저작권법 제50조의 '저작물 등의 이용의 법정허락'제도가 있으나 저작물의 활용도를 높이기 위해서 먼저 사용하고 뒤에 저작재산권자의 이용에 대한 보상금 청구가 있으면 해당 문화시설이 일련의 절차를 거쳐서 사후보상금을 지급하는 방식을 도입하여 점차 증가하는 저작재산권자 불명의 저작물의 활용도를 높이는 것을 입법취지로 한다.

제 4 절 저작권법 제35조의5(공정이용, Fair Use)[38]

제35조의5(저작물의 공정한 이용) ① 제23조부터 제35조의4까지, 제101조의3부터 제101조의5까지의 경우 외에 저작물의 일반적인 이용 방법과 충돌하지 아니하고 저작자의 정당한 이익을 부당하게 해치지 아니하는 경우에는 저작물을 이용할 수 있다.

② 저작물 이용 행위가 제1항에 해당하는지를 판단할 때에는 다음 각 호의 사항등을 고려하여야 한다.

　1. 이용의 목적 및 성격
　2. 저작물의 종류 및 용도
　3. 이용된 부분이 저작물 전체에서 차지하는 비중과 그 중요성
　4. 저작물의 이용이 그 저작물의 현재 시장 또는 가치나 잠재적인 시장 또는 가치에 미치는 영향

---

38) 이 부분은 최승재, "저작권법 제35조의3의 적용을 위한 공정이용 판단기준에 대한 소고: 미국법원의 공정이용에 대한 판례동향과 시사점", 강원법학, 제57권, 2019, 35-70면을 수정·보완한 것이다.

1. 의   의

저작권법 제35조의5는 미국 저작권법 제107조 및 미국 법원의 판례를 참고하여 만들어진 것으로 제1항은 베른협약 제9조 제항, TRIPs[39] 제13조, WIPO 저작권조약(WCT, WIPO Copyright Treaty) 제10조 제2항 등에서 규정하고 있는 저작권의 제한 및 예외 관한 이른바 3단계 테스트를 규정하였고, 제2항은 미국 저작권법 제107조의 4가지 고려요소, 즉 공정이용의 판단기준으로 원저작물의 사용 목적, 원저작물 자체의 창작적 가치, 원저작물이 사용된 양(비중과 그 중요성), 원저작물의 시장수요 대체 여부를 입법하였다.[40]

공정이용의 법리는 저작권자 이외의 자가 저작권자의 독점적인 권리에도 불구하고 저작권자의 동의 없이 저작물을 합법적으로 이용할 수 있도록 하는 제도적인 장치,[41] 일반공중에 의한 저작물의 이용으로서 이는 일정 한도 내에서의 저작물의 이용이 자유롭게 행하여질 수 있는 것[42] 또는 저작권법의 엄격한 적용 시 저작권법이 장려하고자 하는 창작성을 억제하게 되는 경우 그러한 엄격한 적용을 법원이 회피할 수 있도록 하는 원리[43] 등으로 정의된다. 소송법적으로 보면 공정이용은 항변(抗辯)으로서 저작권법에 의하여 부여되는 저작자의 권리를 적용할 경우 해당 저작물의 이용자는 저작권침해를 구성하게 되지만 합리적으로 저작권자의 권리에 제한을 둠으로써 이용자가 침해로부터 면책받을 수 있도록 한다.

경제학에서는 복제한 것이 저작권이 인정된 저작물의 보완재라면 공정이용에 해당하지만, 저작권이 인정된 저작물의 대체재라면 공정이용으로 볼 수 없다고 한다.[44] 즉, 저작권의 침해행위(허락받지 않은 이용)가 이용자 혹은 공중에 명백한 이익을 주는 것에 반하여 저작권자에게 미치는 손해가 미약하거나 오히려 허락받지 않

---

39) 1994년 4월에 정식 발효된 「무역관련 지적재산권 협정(TRIPs 협정, Agreement on Trade Related Aspects of Intellectual Property Rights)」은 저작권과 저작인접권을 비롯한 특허, 상표, 디자인 등 지적재산권의 전반적인 내용을 규정하고 있다.

40) 박성호(2017), 631면; 이해완(2015), 711-712면.

41) 최승재, "미국에서의 디지털 콘텐츠의 공정이용 법리의 적용과 한계-유튜브(Youtube)를 둘러싼 일련의 소송을 중심으로-", 계간 저작권, 제21권 제4호, 2008, 45면.

42) 半田正夫, 「著作權法槪說」, 제11판, 2003, 52頁.

43) Stewart v. Abend, 495 U.S. 207 (1990).

44) 윌리엄 M. 렌디스, 리처드 A. 포스너(정갑주, 정병석, 정기화 역), 「지적재산권법의 경제 구조」, 일조각, 2011, 237면.

은 이용행위라도 그것이 저작권자에게 다른 형태의 편익을 가져오는 효과를 갖는다면 저작권의 행사를 하지 않는 것이 공중의 후생에 긍정적인 결과를 가져올 수 있다는 것이다. 이에 이용자의 이러한 이용을 법으로 보장하게 되면 보다 안정적인 이용과 공공의 이익을 창출할 수 있게 된다고 볼 수 있다. 이처럼 본래의 행위는 저작권을 침해하는 것이지만 그것을 면책하도록 하여 공공의 이익에 기여하고자 하는 것을 공정이용이라 한다. 공정이용은 행위 자체가 저작권침해에 해당하지 않는 경우도 포함하는 포괄적 개념인 '자유이용'과는 구분된다.

즉, 공정이용이란 '저작권법에 의하여 부여되는 저작자의 권리를 적용할 경우 해당 저작물의 이용자는 저작권침해를 구성하게 되지만 합리적으로 저작권자의 권리에 제한을 둠으로써 이용자가 침해로부터 면책을 받을 수 있는 특권 또는 침해에 대한 항변'으로 정의할 수 있다.

저작권법은 저작권을 저작재산권과 저작인격권으로 나누어 권리를 인정하고 있으며, 저작재산권에 대하여는 저작재산권 제한규정을 두고 있다. 이와 같은 모습은 대륙법계 저작권법들이 가지고 있는 특징이다. 대륙법계는 제한규정을 열거하고 있는 반면, 영미법계, 특히 미국법은 공정이용이라는 일반조항을 두고 저작재산권의 범위를 제한하고 있다. 2011년 12월 2일자 저작권법 개정을 통해서 한·미 자유무역협정(FTA)의 이행입법으로 저작권법 제35조의5(당시 제35조의3)가 입법이 되지 않았다면 대륙법계인 우리 저작권법의 일부로 입법이 쉽지 않은 이질적인 형태의 조문이다.

디지털 저작물이 주류를 이루고 유통환경이 종래의 종이책이나 CD나 DVD와 같은 고정매체에 의해서 유통되는 대신 디지털 음원으로 유통이 되는 지금 열거적인 저작재산권 제한규정만으로는 다양한 상황을 모두 담아내기는 어렵다. 이에 따라 2011년 6월의 19차 개정 저작권법은 보호기간의 연장, 저작인접권자의 권리추정 규정을 신설하였으나 일반적 공정이용조항은 도입 필요성에 대한 논의는 지속되었으나 입법에 이르지는 못하고 있었다.[45] 이후 20차 저작권법의 개정(2011년 12월)으로 공정이용조항은 우리 저작권법의 일부가 되었다.

---

45) 공정이용조항 도입의 필요성에 대해서 이규호, "공정이용법리 도입의 필요성과 과제에 대한 연구", 정보법학, 제13권 제3호, 2010, 99-133면.

2. 공정이용 조항의 입법배경

공정이용은 영국에서 발전된 개념으로 주로 영미법계 국가에서 포괄적 규정으로 활용되고 있다. 반면, 독일 등 대륙법계 국가에서는 포괄적 규정으로 이용되기보다는 구체적인 사항을 특정하여 저작재산권의 행사가 제한되는 경우를 한정적으로 명시하는 형태로 규정을 운영하고 있다. 우리나라는 대륙법계에 속하는 국가로서 이전에는 저작권법상 저작재산권의 행사가 제한되는 사유를 한정적이고 명확하게 규정하고 있었다.[46] 그런데 2010년 12월 3일 한미자유무역협정(FTA)의 타결 및 2011년 11월 22일 우리 국회에서 비준 동의안이 가결됨으로 인하여 영미법계 방식의 공정이용 규정, 즉 포괄적 일반규정을 도입하게 되어 2011년 12월 2일 저작권법 개정으로 현재의 공정이용 규정(저작권법 제35조의5, 당시에는 제35조의3)이 입법되었다. 이에 우리 저작권법은 저작재산권 제한에 관하여 기존의 한정적인 열거 규정들과 이를 보완하는 포괄적 일반규정이 함께 존재하는 구성을 갖고 있다.

2011년 개정전 우리 저작권법은 대륙법계 저작권법으로, 대륙법계인 우리나라 독일, 일본의 저작권법은 저작물의 자유이용 및 저작재산권이 제한되는 범위를 개별적으로 열거하는 형태의 법규정을 두고 있었다. 그런데 저작권법 제35조의5(당시에는 제35조의3) 입법을 통해서 우리 저작권법은 대륙법계의 저작재산권 제한규정과 동시에 영미법계의 공정이용 제도를 동시에 가지고 있는 독특한 입법적인 환경에 놓이게 되었다. 그 결과 양 조문들의 조화적인 해결을 도모하여야 하는 과제를 안게 되었다.

특히 2011년 개정전 일반적 공정이용조항의 기능을 하였던 것이 저작권법 제28조와의 관계가 문제되었다. 저작권법 제28조는 "보도, 비평, 교육, 연구 등"의 목적으로 이용되는 경우에 저작재산권을 제한하고 있다. 이와 비교하여 미국 저작권법 제107조는 "criticism, comments, news reporting, education, scholarship, and research"라고 표현하고 있어 인용저작물이 원저작물을 사용하는 것이 공정한 경우를 제시하고 있다. 본조가 신설되었다고 하더라도 논리적 판단의 순서는 우선 기존

---

[46] 이는 헌법 제23조에 의하여도 근거를 찾을 수 있는데, 동 규정에 의하여 모든 재산권은 빕률에 의하여만 제한될 수 있으며, 그 재산권을 제한하기 위한 법률의 내용은 명확하게 규정되어 법률이 정한 이외의 재산권 제한이 이루어지지 않도록 하여야 한다는 해석에 따른 것으로 한편으로는 생각할 수 있다.

의 권리제한 규정 중 가령 제28조나 제30조 등에 해당하는지를 먼저 보고, 그 후에 공정이용에 대한 제35조의5에 해당하는지 여부를 보는 것이 타당하다.[47]

3. 공정이용의 법제사(法制史)

현대적 의미로서 공정이용 법리는 1841년 미국 연방대법원 Joseph Story 판사의 'Folsom v. Marsh' 사건[48]에서 기원하는 것으로 보는 것이 일반적이다. 미국은 1841년 Folsom v. Marsh 사건의 판결이 있을 때 까지 전통적인 영국의 저작권법 체계를 유지하였다. Folsom v. Marsh 사건의 판결은 향후 1976년 저작권법 제107조의 기초가 되는 공정이용 인정을 위한 요소들을 제시하였다는 점에 미국에서 공정이용과 관련된 판례 중 가장 중요한 의미를 갖는다.

미국법원의 공정이용법리는 영국의 전통적 선례 및 저작권제도에서 기인한 것이다. 공정이용이라는 개념은 독자적인 이론이 아닌, 영국에서의 전통적 선례 및 저작권제도 본연의 성질에서 기인한 것이다. 영국에서의 공정이용의 초기 형태는 '공정요약법리(fair abridgement doctrine)'에서 찾아볼 수 있다.[49] 공정요약의 원리는 보통법의 일부로서 법원에 의하여 사용되어 오다가 1710년 앤여왕법(Statue of Anne 1710)으로 입법화되었으며, 이후 현대적 저작권 개념으로서 'Fair Dealing'으로 변경된다. 원래 공정요약 원리에서 저작권자에게 허용되는 권리의 범위는 매우 협소하였지만 현대적 개념의 공정이용법리의 원형으로 볼 수 있다. 1802년 캐리 대 키어슬리 사건이 대표적인 예인데, 이 판결에서 영국 법원은, 저작물을 이용하는 행위는 공공의 이익과 과학의 촉진을 가져오고 이러한 목적을 위해 원저작물을 이용하는 행위가 단순히 저작물을 도둑질하는 것이 아니라 공공의 이익을 위한 것이라면 이는 침해에 해당하지 않는 것이라고 판단하였다.[50]

---

47) 박성호(2023), 628면.
48) Folsom v. Marsh, 9 F. Cas. 342, 348 (No. 4,901) (C.C.D. Mass. 1841).
49) Lee W. Lockridge, The Myth of Copyright's Fair Use Doctrine as a Protector of Free Speech, 24 Santa Clara High Tech. L.J. 31 (2012). Available at: http://digitalcommons.law.scu.edu/chtlj/vol24/iss1/2.
50) Cary v. Kearsley, 170 Eng. Rep. 679, 680 (K.B. 1803).

Folsom v. Marsh 판결

이 사건에서 출판업자 Folsom이 12권으로 구성된 미국 초대대통령인 George Wash-ington의 연설문 등의 글을 모아 'The Writings of President Washington'이라는 책을 출판하였고, 그 후 Charles Upham은 피고인 Marsh에게 2권으로 된 Washington의 전기(Life of Washington in the Form of an Autobiography)를 출판하게 하였는데, 이에 관하여 원고인 Folsom은 피고가 자신의 출판물의 3분의 1에 해당하는 약 350여 페이지에 관하여 자신의 저작권을 침해하였음을 주장하는 소를 제기한 것이다.

피고는 저작자는 저작을 함에 있어서 다른 저작물에서 인용할, 발췌할, 간추릴 수 있는 요약권(fair abridgment doctrine)이 있다고 주장하였다. 이에 대해 Story 판사는 피고의 행위가 공정한 선의의 요약으로 볼 수 없다고 판단하고, 피고의 저작물 이용 행위는 너무 광범위하여 이는 원저작물의 핵심적 가치 부분을 이용한 것이어서 공정한 이용으로 볼 수 없다며 피고의 저작권 침해를 인정하였다.

이 과정에서 공정이용 판단의 기준 요소가 제시되었는데, 그 요소는 이용된 인용 부분의 성질 및 목적, 저작물의 성격, 이용된 저작물의 분량 및 그 가치 및 저작물의 이용으로 인한 원저작물의 잠재적인 시장이나 가치에 관한 영향이 고려되어야 한다는 것이다. 이는 후에 규정되는 1976년 저작권법 제107조에서 규정하고 있는 공정이용의 인정을 위한 요소와 동일한 것이다. Folsom v. Marsh 사건의 판결 이후 미국에서는 공정이용에 관한 성문 규정이 제정되는 1976년까지 판례상 이론으로서 공정이용 법리가 발전되어져 왔다.[51]

4. 국제조약상 권리행사의 제한

(1) TRIPs 협정

TRIPs 협정 제9조 제1항은 "회원국은 베른협약(1971년)의 제1조에서 제21조까지 및 부속서를 준수하여야 한다."[52]고 규정하여 저작인격권에 관한 규정을 제외하

---

51) 참고로 '공정이용'이라는 용어를 처음으로 사용한 판결은 Lawrence v. Dana 사건(15, F. Cas. 26, 60(C.C.D. Mass. 1869)인데, 본 판결은 저작물의 시장에 대한 영향력을 강조한 점이 특징이다.

52) 1. Mcmbers shall comply with Articles 1 through 21 of the Berne Convention (1971) and the Appendix thereto. However, Members shall not have rights or obligations under this Agreement in respect of the rights conferred under Article 6bis of that Convention or of

고 베른협약의 실체적 규정의 준수의무를 모든 회원국에 부여하고 있다. 이를 통해서 TRIPs 협정은 기본적으로 베른협약의 실체적 규정을 모두 그 자신의 내용으로 편입하면서 추가로 저작권을 두텁게 보호하고 있다.

공정이용과 관련하여, TRIPs 협정 제13조는 저작자의 배타적 권리에 대한 일반적인 제한과 예외를 부여할 수 있는 요건을 규정하고 있다. 제13조는 "회원국은 배타적 권리에 대한 제한 또는 예외를 저작물의 통상적인 이용과 충돌하지 아니하고 권리자의 합법적인 이익을 부당하게 해치지 아니하는 일부 특별한 경우로 한정한다."[53]고 규정하여 저작권의 제한과 예외를 규정하고 있다. 제13조의 제한요건을 이른바 3단계 테스트(three step tests)[54]라 한다. 3단계 테스트는 베른협약 제9조 제2항[55]에 3단계 테스트의 3가지 요건은 모두 충족시켜야 한다. TRIPs 협정의 제13조는 배타적권리에 대한 모든 제한에 적용되지만 베른협약 제9조 제2항은 복제권만이 문제된다는 점에서 양자는 구별된다.[56]

(2) WCT

세계지적재산권기구(WIPO, World Intellectual Property Organization)의 저작권조약(WCT, WIPO Copyright Treaty)[57]은 1996년 12월 'WIPO 저작권 및 저작인접권의 특정 문제에 관한 외교회의(WIPO Diplomatic Conference on Certain Copyright and Neighboring Rights Questions)'를 통하여 최종적으로 채택되었다.[58] 저작권조약 제1조 제1항은 베른협약(the Berne Convention)과의 관계에 대하여 "이 조약은 문학·예술저작물의 보호를 위한 베른협약에 의하여 설립된 동맹국의 체약 당사자에

---

the rights derived therefrom.

53) Members shall confine limitations or exceptions to exclusive rights to certain special cases which do not conflict with a normal exploitation of the work and do not unreasonably prejudice the legitimate interests of the right holder.

54) 정찬모, "국제저작권법상 3단계 테스트의 변천", 계간 저작권, 2004 봄호, 46면.

55) Article 9 Right of Reproduction: 2. Possible exceptions: (2) It shall be a matter for legislation in the countries of the Union to permit the reproduction of such works in certain special cases, provided that such reproduction does not conflict with a normal exploitation of the work and does not unreasonably prejudice the legitimate interests of the author

56) TRIPs의 3단계테스트에 대해서는 이규호(2010), 105-107면.

57) 조약 내용의 요약은 http://www.wipo.int/treaties/en/ip/wct/summary_wct.html.

58) http://www.wipo.int/treaties/en/ip/wct/.

대하여 베른협약 제20조[59]의 특별협정이다.[60]"라고 규정하고 있다. 따라서 저작권
조약은 베른협약의 특별협정으로서 저작권조약의 체약국은 베른협약을 준수하여야
한다.

저작권 제한(Limitations and Exceptions)과 관련하여 저작권조약 제10조 제1항은
"체약 당사자는 저작물의 통상적인 이용을 저해하지 아니하고 저작자의 합법적인
이익을 부당하게 해치지 아니하는 특별한 경우에, 이 조약에서 문학·예술저작물의
저작자에게 부여한 권리에 대한 제한과 예외를 국내법으로 규정할 수 있다."[61]고
하였고, 제2항에서는 "체약 당사자는 베른협약을 적용할 경우에 동 협약에서 규정
한 권리에 대한 제한과 예외를 저작물의 통상적인 이용을 저해하거나 저작자의 합
법적인 이익을 부당하게 해치지 아니하는 특별한 경우에 한정하여야 한다.[62]"고 규
정하고 있다. 한편 1996년 합의서(Agreed Statement)는, "제10조의 규정은 회원국
이 베른협약하에 인정될 수 있는 디지털 환경에 적합한 새로운 예외와 제한을 고안
해내는 데 대하여 허락하는 것으로 이해한다. 같은 맥락에서 본 규정은 회원국이
디지털 네트워크 환경에 적합한 새로운 예외와 제한을 고안해내는 데 대해 허락하
는 것으로 이해되어야 한다. 아울러 제10조 제2항은 베른협약에 의해 제한과 예외
의 적용영역을 축소시키거나 확대시키지 않는 것으로 이해한다."라고 베른협약과의

---

59) Article 20 (Special Agreements Among Countries of the Union) The Governments of
the countries of the Union reserve the right to enter into special agreements among
themselves, in so far as such agreements grant to authors more extensive rights than
those granted by the Convention, or contain other provisions not contrary to this
Convention. The provisions of existing agreements which satisfy these conditions shall
remain applicable.

60) (1) This Treaty is a special agreement within the meaning of Article 20 of the Berne
Convention for the Protection of Literary and Artistic Works, as regards Contracting
Parties that are countries of the Union established by that Convention. This Treaty shall
not have any connection with treaties other than the Berne Convention, nor shall it
prejudice any rights and obligations under any other treaties.

61) (1) Contracting Parties may, in their national legislation, provide for limitations of or
exceptions to the rights granted to authors of literary and artistic works under this Treaty
in certain special cases that do not conflict with a normal exploitation of the work and do
not unreasonably prejudice the legitimate interests of the author.

62) (2) Contracting Parties shall, when applying the Berne Convention, confine any limita-
tions of or exceptions to rights provided for therein to certain special cases that do not
conflict with a normal exploitation of the work and do not unreasonably prejudice the
legitimate interests of the author.

관계를 규율하고 있다.[63]

5. 저작권법 제35조의5

(1) 제1항

(가) 규정의 의의

저작권법 제35조의5 제1항은 "제23조부터 제35조의4까지, 제101조의3부터 제101조의5까지의 경우 외에 저작물의 통상적인 이용 방법과 충돌하지 아니하고 저작자의 정당한 이익을 부당하게 해치지 아니하는 경우에는 저작물을 이용할 수 있다."고 규정하고 있다. 본래는 이용 목적을 예시로써 특정하고 있었으나, 2016년 저작권법 개정을 통해 보도·비평·교육·연구 등과 같은 제한을 두지 않는 것으로 변경되었다.

이러한 저작권법 제35조의5 제1항은 베른협약, TRIPs 등과 같은 국제조약에서 저작권의 제한과 관련하여 저작권 제한규정이 지나치게 광범위하게 해석되지 않도록 하기 위한 3단계 테스트를 도입한 것으로 보는 견해가 유력하다.[64] 3단계 테스트란 첫째, 공정이용이 되기 위해서는 그것이 특별한 경우여야 하며, 둘째 저작물의 통상적인 이용방법과 충돌하지 않아야 하며 셋째 저작자의 정당한 이익을 부당하게 해치는 경우가 아니라야 한다는 점을 요건으로 하는 심사이다.[65] 저작권법 제35조의5 제1항은 제2항의 4요소 심사를 하기 위한 전제로서 3단계 테스트를 규정한 것이다.[66]

---

63) Agreed statement concerning Article 10: It is understood that the provisions of Article 10 permit Contracting Parties to carry forward and appropriately extend into the digital environment limitations and exceptions in their national laws which have been considered acceptable under the Berne Convention. Similarly, these provisions should be understood to permit Contracting Parties to devise new exceptions and limitations that are appropriate in the digital network environment. It is also understood that Article 10(2) neither reduces nor extends the scope of applicability of the limitations and exceptions permitted by the Berne Convention.

64) 이해완(2015), 712면.

65) 국제조약에서의 3단계 테스트에 대해서는 이규호(2010), 104-108면.

66) 이해완(2015), 712면.

(나) 3단계 테스트

3단계 테스트는 첫째 그것이 특별한 경우여야 하며, 둘째 저작물의 통상적인 이용 방법과 충돌하지 않아야 하며, 마지막으로 저작자의 정당한 이익을 부당하게 해치지 않아야 한다는 것인바, 3단계 테스트는 세 가지 기준을 반드시 그 순서에 따라 단계별로 적용하여야 하는 소위 누적적 적용을 하여야 하며 이를 모두 만족시키는 저작재산권제한이 이루어져야 한다.[67]

3단계 테스트를 분설하면 다음과 같다. ① 특별한 경우라 함은 저작물의 성격이나 그 이용행위 등의 면에서 그 이용을 정당화할 수 있을 만한 특수성이 존재하여야 한다.[68] ② 둘째의 통상적인 이용이란 해당 저작무리 일방적으로 지향하고 있는 것으로 이 테스트는 저작물의 통상적인 시장과 경쟁관계에 있는 이용행위는 원천적으로 금지한다.[69] ③ 마지막 요건인 저작자의 정당한 이익을 부당하게 해치지 않아야 한다는 요건은 비록 그 저작물의 이용이 통상적인 이용이라고 하더라도 그러한 이용이 저작자의 정당한 이익을 부당하게 해치는 경우에는 그러한 이용이 허용되지 않는다는 요건이다.[70]

저작권법은 앞서 살펴본 저작재산권 행사 제한 사유에 해당하는 경우를 제외하고, 그 외 저작물의 통상적인 이용 방법과 충돌하지 않고, 저작자의 정당한 이익을 부당하게 해치지 않는 경우에는 저작물을 자유롭게 이용할 수 있도록 한다. 이는 베른협약에서의 3단계 테스트를 반영한 것이다. 3단계 테스트를 공정이용 규정에 반영한 이유는 공정이용에 따르는 것이라고 하여 저작권사 등의 이익이 과도하게 위협받는 것을 방지하기 위한 것이다.

2011년 개정전 저작권법은 저작재산권 제한에 대해서 한정적 열거규정만을 두고 있었다. 이를 보완하는 것으로서 베른협약의 3단계 테스트를 반영하여 판단하도록 하고 있다. 그런데 3단계 테스트를 통한 공정이용 여부의 판단이 상당히 추상적이기 때문에 판단에 어려움이 있다. 이를 해결하기 위하여 미국 저작권법 제107조에서 제시하는 공정이용 판단기준을 받아들여 3단계 테스트에 의한 공정이용 여부 판

---

67) 박성호(2017), 632면.
68) 이해완(2015), 713면.
69) 이해완(2015), 713면.
70) 이해완(2015), 713면.

단을 지원하는 요소로 두었다. 즉, 공정이용 판단은 3단계 테스트, 3단계 테스트의 보완은 4가지 요건으로 이어지는 불가분의 관계를 구성하고 있다.

특정의 저작물 이용행위가 공정이용에 해당하는지 여부를 판결이 아닌 일반적인 상황에서 판단하기란 매우 애매하다는 어려움이 있다. 이에 문화체육관광부는 저작물의 이용 시 공정이용에 대한 적절한 기준을 제시하기 위하여 '공정이용 가이드라인'을 마련한 바 있다. '공정이용 가이드라인'은 법규적 성격을 갖는 것은 아니어서 법원의 판단을 구속할 수는 없다는 특징을 갖는다.[71]

서울중앙지방법원 2015. 2. 12. 선고 2012가합541175 판결('온라인국어강의' 사건)

저작권법 제35조의3[72]은, 저작물의 통상적인 이용 방법과 충돌하지 아니하고 저작자의 정당한 이익을 부당하게 해치지 아니하는 경우에는 보도·비평·교육·연구 등을 위하여 저작물을 이용할 수 있고, 이에 해당하는지를 판단할 때에는 ① 영리성 또는 비영리성 등 이용의 목적 및 성격, ② 저작물의 종류 및 용도, ③ 이용된 부분이 저작물 전체에서 차지하는 비중과 그 중요성, ④ 저작물의 이용이 그 저작물의 현재 시장 또는 가치나 잠재적인시장 또는 가치에 미치는 영향 등을 고려하여야 한다고 규정하고 있다(위 조항은 저작권법이 2011. 12. 2. 법률 제11110호로 개정되면서 신설되었다).

앞서 제3의 나.2)항에서 살핀 ① 이 사건 동영상 강의 제공의 목적 및 영리성, ② 이 사건 동영상 강의와 피고 교재의 종류 및 용도, ③ 이 사건 동영상 강의에서 피고 교재가 인용된 부분이 차지하는 비중과 그 중요성, ④ 이 사건 동영상 강의의 제공에 따른 피고 교재의 잠재적 시장 가치 훼손 가능성 등에 비추어 보면, 원고가 이 사건 동영상 강의를 수강생들에게 유료로 제공한 행위가 저작물의 통상적인 이용 방법과 충돌하지 아니하고 저작자의 정당한 이익을 부당하게 해치지 아니하는 경우로서 저작권법 제35 조의3에서 정하고 있는 저작물의 공정한 이용에 해당한다고 볼 수는 없으므로, 원고의 이 부분 주장도 받아들일 수 없다.

서울중앙지방법원 2014. 2. 11. 선고 2013나36100 판결('주류 관련 기사' 사건)

① 피고 회사는 주류 도소매업 등 영리를 목적으로 설립된 회사인 점, ② 공정이용 이나 사적복제의 허용에 따른 저작권의 제한은 결국 저작권자의 이익을 제한하는 것이 기 때문에 어느 정도의 엄격한 요건 아래에서만 허용될 수 있는바, ⓐ '영리를 목적으

---

71) 이해완, 「저작물의 공정이용에 관한 가이드라인」, 저작권상생협의체, 2012, 5면.
72) 현행 저작권법에서는 제35조의5.

로 하지 아니하고 개인적으로 이용하거나 가정 및 이에 준하는 한정된 범위 안에서 이용하는 경우'(저작권법 제30조)에 사적복제가 허용되는바, '영리 목적'으로 설립된 피고 회사인 '기업'을 영리 목적이 아닌 개인, 가정 및 이에 준하는 것으로 볼 수는 없는 점, ⓑ '저작물의 통상적인 이용 방법과 충돌하지 아니하고 저작자의 정당한 이익을 부당하게 해치지 아니하는 경우'에 '영리성 유무, 저작물의 종류 및 용도, 비중과 중요성, 저작물의 이용이 현재 시장 또는 가치 등에 미치는 영향'(저작권법 제35조의3) 등을 고려하여 공정 이용이 허용될 수 있는바, 피고의 저작물 게시행위가 '저작물의 통상적인 이용 방법과 충돌'하지 않는다거나 '저작자의 정당한 이익을 부당하게 해치지 아니하는 경우'에 해당한다고 볼 어떠한 증거도 없을 뿐만 아니라 마찬가지 법리로 영리 목적으로 설립된 기업의 경우 설령 내부적 이용이라 하더라도 이를 공정이용에 해당한다고 볼 수는 없는 점 등을 종합하면, 결국 피고의 위 주장도 받아들일 수 없다.

서울중앙지방법원 2014. 2. 10. 자 2013카합1287 결정('자격시험교재' 사건)

피신청인들은 피신청인의 서적의 체계, 내용이 이 사건 서적과 실질적으로 유사하다고 하더라도 저작권법 제28조에서 정한 공표된 저작물의 인용 또는 저작권법 제35조의3에서 정한 저작물의 공정한 이용에 해당하여 저작권의 침해를 구성하지 않는다고 주장한다. 저작권법 제28조는 '공표된 저작물은 보도·비평·교육·연구 등을 위하여는 정당한 범위 안에서 공정한 관행에 합치되게 이를 인용할 수 있다'고 규정하고, 저작권법 제35조의3 제1항은 저작물의 통상적인 이용 방법과 충돌하지 아니하고 저작자의 정당한 이익을 부당하게 해치지 아니하는 경우에는 보도·비평·교육·연구 등을 위하여 저작물을 이용할 수 있다고 규정하면서 제2항에서는 이를 판단함에 있어 영리성 또는 비영리성 등 이용의 목적 및 성격, 저작물의 종류 및 용도, 이용된 부분이 저작물 전체에서 차지하는 비중과 그 중요성, 저작물의 이용이 그 저작물의 현재 시장 또는 가치나 잠재적인 시장 또는 가치에 미치는 영향을 고려하도록 규정하고 있다. 기록에 의하여 소명되는 다음의 사정, 즉 피신청인들이 이 사건 서적과 실질적으로 유사한 피신청인 서적을 복제, 판매한 것이 교육을 위한 목적이었다고 하더라도 그 이용의 성격은 상업적·영리적인 점, 피신청인들은 이 사건 서적의 내용을 그대로 베끼거나 축약하여 기재하는 방법으로 복제하여 사용하였고 그 분량도 상당한 점, 피신청인들이 피신청인 서적을 복제, 판매하고 이를 이용한 인터넷 동영상 강의서비스를 유료로 제공함으로써 이 사건 서적에 대한 현실적·잠재적 수요가 대체될 가능성이 있다고 보이는 점 등을 종합해 보면, 피신청인들의 복제, 판매행위가 저작권법 제28조에서 정한 공표된 저작물의 인용 또는 저작권법 제35조의3에서 정한 저작물의 공정한 이용에 해당한다고 보기 어렵다.

(2) 제2항

(가) 공정이용 판단을 위한 4가지 요소

저작권법 제35조의5 제2항은 저작물 이용 행위가 제1항에 해당하는지를 판단할 때에는 다음 각 호의 사항 등을 고려하여야 한다고 하면서, 이용의 목적 및 성격, 저작물의 종류 및 용도, 이용된 부분이 저작물 전체에서 차지하는 비중과 그 중요성, 저작물의 이용이 그 저작물의 현재 시장 또는 가치나 잠재적인 시장 또는 가치에 미치는 영향을 고려하도록 요구하고 있다.

이들 판단기준은 공정이용의 여부를 판단함에 있어서 한정적인 것이 아니라 예시적인 기준에 불과하기 때문에, 경우에 따라서 공정이용인지 여부를 판단하는 과정에서 본 규정 이외의 요소도 고려될 수 있다. 공정이용을 판단하기 위해서는 요소들 중 어느 하나가 특별히 결정적인 역할을 하는 것은 아니고, 4가지 요소들이 종합적으로 고려되어야 한다. 이런 점에서 제35조의5의 각 요소에 대한 판단에서 사법부의 역할이 중요하다.[73] 일본의 경우 나가야마 교수가 이런 점을 들어 사법부의 부담이 커질 것이라는 이유로 도입에 반대한 바 있고, 미국에서도 실제 성문법의 입법전후에 법리발전을 선도한 것은 법원이었다.

(나) 이용의 목적 및 성격(제1호)

미국 저작권법 제107조와 마찬가지로 우리 저작권법 제35조의5 제2항 제1호도 공정이용 여부를 결정하기 위한 첫 번째 요소로서 저작물 이용의 성격과 목적(purpose and character of the use)을 제시하고 있다.

이러한 성격과 목적의 예로서 저작물의 이용이 상업적인지 여부와 비영리적인 교육상의 목적을 위한 것인지 여부가 포함된다. 따라서 저작물의 이용목적이 상업적이면 공정이용으로 인정될 가능성이 낮고, 비영리적이고 교육적이라면 공정이용이 될 가능성은 높아진다. 저작물의 이용이 영리성을 가진 것인지 여부의 판단은 중요한 요소이지만 영리성이 존재한다고 해서 공정이용이 배제되는 것은 하지만 저작물의 이용이 영리적 성격을 갖는다 해서 반드시 공정이용이 아니라고 할 수는 없고, 또 비영리적인 목적의 이용이라도 반드시 공정이용이 되는 것은 아니다.[74] 타인

---

73) 박성호(2017), 636면.
74) 이해완(2015), 717면.

의 음악저작물을 패러디해서 큰 성공을 거둔 상업 음반의 경우 상업성이 있어도 공정이용이 될 수 있다.[75] 우리 법원의 판결로는 섬네일 이미지의 경우 그 이미지가 상업성을 가지고 있지만 공익적 성격도 가지고 있다고 봐서 공정한 인용을 인정한 경우가 참고가 될 수 있다.[76]

이에 관하여 미국 연방대법원의 Harper & Row Publishers, Inc. 판결[77]이 참고가 된다. 이 판결에서 연방대법원은 상업적, 즉 영리가 목적인 경우는 비영리적인 경우보다 원저작물의 이용이 공정이용으로 인정될 가능성이 더 낮다고 하였다.

미국 저작권법상으로는 사적 이용을 위한 복제에 관한 규정이 없으므로 사적인 이용을 위한 복제의 경우에도 그 이용의 목적이 사적인 이용에 있다는 것을 중요한 고려요소로 하여 판단하여 왔지만[78] 이와 달리 우리 저작권법은 사적이용을 위한 복제에 대한 별도의 권리제한규정(제30조)가 있으므로 그 규정에 의한 자유이용의 대상이 될지 여부를 판단하면 족하다는 견해가 유력하다.[79]

이용의 목적 및 성격 요소를 판단할 때에는, 저작물의 이용이 생산적(productive) 인지 또는 변형적(transformative)인지 여부도 고려되어야 할 사항이다. '생산적'과 '변형적'이라는 용어는 사실상 동의어로 사용되고 있는데,[80] 이 개념은 소니 판결의 항소심에서 사용되었는데, 변형적 이용이란 저작물을 이용하는 자가 원저작물에 독창적 기여함으로써 새로운 저작물을 창조하는 이용을 의미한다.[81]

저작권법의 궁극적 목적은 문화 및 관련 산업의 향상발전이므로, 기존의 저작물을 도용하는 것이 아니라 생산적으로 또는 변형적으로 이용하여 기존과는 다른 가치를 지니는 저작물을 창조한다면 이는 공공의 이익에 부합한다고 할 것이므로, 변용적 이용이라고 볼 수 있다면 공정이용으로 인정될 가능성도 높아진다. 다만 생산적 이용은 공정이용의 필수적 요건은 아니라는 것이 미국 판례의 태도이다.[82] 연방

---

75) 앞에서의 Campbell v. Acuff-Rose Music, 510 U.S. 569.
76) 대법원 2006. 2. 9. 선고 2005도7793 판결.
77) Harper & Row Publishers, Inc. v. Nation Enterprises, 471 U.S. 539 (1985).
78) 이해완(2015), 719면.
79) 이해완(2015), 719-720면.
80) 용어의 사용에 대해서 '변용적 이용'보다는 미국 법원이 Sony 판결 등에서부터 전통적으로 사용해 온 '생산적 이용'이라는 말을 쓰는 것을 바람직하다는 견해로 이해완(2015), 723면.
81) 이대희, "저작권법상의 공정이용이 법리에 관한 비교법적 연구", 경영법률, 제13집 제1호, 2002, 11면.
82) 이해완(2015), 723면.

대법원은 "의회는 단지 공정이용의 분석이 이해관계의 미묘한 균형을 잡아 줄 것을 요구하였을 뿐이다. 생산적인 이용과 비생산적인 이용 사이의 구별은 그 균형점을 찾는 데 도움이 될 수 있지만, 그것이 전적으로 결정적인 기준이 될 수는 없다."고 판시하였다.[83]

이용의 목적이 공익적 가치를 가지고 있는지 여부는 공정이용의 판단에서 중요한 요소이다.[84] 미국 저작권법 제107조는 공익적 가치를 가지는 목적으로 "비평, 논평, 시사보도, 교수, 학문 또는 연구 등"을 열거하고 있다. 우리 저작권법도 이와 같이 예시적으로 열거하였으나 2016년(2016. 3. 22.자) 법개정을 통해서 삭제되었다.[85]

공공기관이 업무상 이용할 경우 공익적 가치가 인정될 가능성이 높지만 공공기관이 이용한다고 해서 쉽게 공정이용을 인정하여서도 안된다. 공공기관의 이용과 관련해서는 저작권법 제23조가 있으므로 기본적으로 제23조에 의해서 해결하고, 그 규정에 해당하지 않는 경우에 여러 가지 고려요소를 종합하여 공정이용을 이용할 수 있을 때 제35조의5가 인정될 수 있을 것이다.[86]

저작권법 제26조는 "방송·신문 그 밖의 방법에 의하여 시사보도를 하는 경우에 그 과정에서 보이거나 들리는 저작물은 보도를 위한 정당한 범위 안에서 복제·배포·공연 또는 공중송신할 수 있다."라고 규정하고 있다. 이 조항은 보도 등을 하는 과정에서 부수적으로 이용되는 경우에 대한 전형적인 조항이다. 우리나라의 유력설은 우리 저작권법상 그 저작물이 다른 저작물에 포함되어 있지만, 그 저작물이 들어가야 할 심리적 또는 영리적인 필요성이 인정되지 않거나 교체되어도 무방하였던 것으로 인정되는 경우에는 부수적인 이용의 성격을 가지는 것으로 보아 공정이용으로 인정하는데 유리한 요소로 고려하는 것이 옳다고 본다. 다만 이러한 부수적 이용은 특별한 예외적인 경우 중의 하나일 뿐이므로 부수적 이용의 성격이 없다는 것을 공정이용의 인정에 있어서 불리한 요소로 고려할 것은 아니라고 한다.[87]

이와 관련하여 구 저작권법 제25조(현재의 제28조) 사안으로 부수적 이용이 문제된 대법원의 판결이 있다. 구 저작권법 제25조는 공표된 저작물은 보도·비평·교

---

83) Sony v. Universal City, 464 U.S. 417 at 455.
84) 이해완(2024), 499면.
85) 이해완(2024), 499면.
86) 이해완(2015), 725면.
87) 이해완(2015), 731면.

육·연구 등을 위하여는 정당한 범위 안에서 공정한 관행에 합치되게 이를 인용할 수 있다고 규정하고 있는바, 정당한 범위 안에서 공정한 관행에 합치되게 인용한 것인가의 여부는 인용의 목적, 저작물의 성질, 인용된 내용과 분량, 피인용저작물을 수록한 방법과 형태, 독자의 일반적 관념, 원저작물에 대한 수요를 대체하는지 여부 등을 종합적으로 고려하여 판단하여야 하고, 이 경우 반드시 비영리적인 이용이어 야만 하는 것은 아니지만 영리적인 목적을 위한 이용은 비영리적인 목적을 위한 이 용의 경우에 비하여 자유이용이 허용되는 범위가 상당히 좁아진다.[88] 대법원은 'Be the Reds' 판결에서 "피고인들은 사진저작권자들의 위탁에 의하여 사진의 유상 양 도·이용허락을 중개하는 포토라이브러리 업체에 대한 위탁을 위하여 이 사건 침 해사진들을 배포한 것이므로 이는 영리를 목적으로 한 것이다. 그리고 이 사건 저 작물은 그 성격상 저작자의 창조적 개성의 발휘에 따른 미적 표현이 드러나 있는 미술저작물의 일종이라고 할 것인데, 이 사건 침해사진들의 경우 월드컵 분위기를 표현하기 위하여 월드컵의 응원문화를 상징하는 이 사건 저작물을 특별한 변형 없 이 촬영하여 만든 것인 이상 이 사건 저작물을 단순히 대체하는 수준을 넘어 그와 별개의 목적이나 성격을 갖게 된다고 볼 수는 없다. 또한 앞서 본 바와 같이 이 사 건 침해사진들에는 이 사건 저작물의 원래 모습이 온전히 또는 대부분 인식이 가능 한 크기와 형태로 사진의 중심부에 위치하여 양적·질적으로 상당한 비중을 차지 하고 있다. 게다가 이 사건 침해사진들은 월드컵 분위기를 형상화한 사진의 수요자 들에게 유상으로 양도하거나 이용허락을 하기 위하여 월드컵의 응원문화를 상징하 는 대표적인 표현물 중 하나로 널리 알려진 이 사건 저작물이 그려진 티셔츠 등을 착용한 모델을 촬영한 것인데, 앞서 본 바와 같이 이 사건 저작물이 충분히 인식될 수 있는 크기와 형태로 포함되어 있음에도 피고인들이 이를 포토라이브러리 업체 에 위탁하여 그 양도나 이용허락이 이루어지도록 한다면 시장에서 이 사건 저작물 의 수요를 대체함으로써 결과적으로 저작권자의 저작물 이용허락에 따른 이용료 수 입을 감소시킬 것으로 보인다. 위와 같은 사정들을 종합하면, 피고인들이 배포한 이 사건 침해사진들에서 이 사건 저작물이 정당한 범위 안에서 공정한 관행에 합치되 게 인용된 것이라고 보기 어렵다."고 하여 구 저작권법 제25조의 적용을 배제하

---

88) 대법원 1997. 11. 25. 선고 97도2227 판결, 대법원 2013. 2. 15. 선고 2011도5835 판결 등 참조.

였다.[89]

협상 등 거래비용이 높지 않음에도 불구하고 저작권자의 동의를 구하지 않았다면 그 자체로 바로 악의적 이용이 될 수 있다는 것이 미국 판례이다.[90] 그러므로 실무적으로는 공정이용이 명확하지 않은 경우 저작자와의 협상을 진행하고, 이용시 저작자의 저작인격권을 존중하기 위한 노력도 중요한 공정이용의 고려요소가 될 수 있다. 그러므로 사회통념에 비추어 부득이한 경우가 아니면 저작자의 성명을 포함한 출처를 표시하고 저작물의 불필요한 개변을 하지 않도록 유의하여야 한다.[91]

(다) 저작물의 종류 및 용도(제2호)

공정이용을 결정하기 위한 두 번째 요소로서 저작물의 성격(nature of the copyrighted work)을 이 고려된다. 저작물의 성격이라는 요소와 관련하여 주로 논의되는 것은 저작물이 사실적인 것인가, 그리고 출판되지 않은 저작물의 이용에 대하여 공정이용의 범위가 본 판단요소와 관련하여서 공표된 저작물인지 미공표된 저작물인지 여부가 고려되어야 한다.[92]

이용되는 저작물이 사실적(factual work)인지 또는 허구적(fiction work)인지 고려되어야 한다. 역사적 사실 또는 전기(傳記) 등은 특정인이 독점 사용하여서는 안되고, 누구든지 해당 사실을 인용하고 활용하여 또 다른 창작을 고취시키는 것이 공공의 이익에 부합한다. 또한 사실적 저작물을 공정이용으로서 넓게 인정하고 있는 것과 관련하여 미국의 법원들은 컴퓨터프로그램과 같은 기능적 저작물을 이용하는 행위에 대해서도 공정이용을 넓게 인정하고 있다.[93] 이는 기능적 저작물에 흔히 포함되어 있는 저작권에 의해 보호되지 않는 아이디어 등을 자유롭게 이용 및 활용할 수 있게 함으로써 기술적 발전을 도모하기 위함이다. 반면 허구적 저작물의 경우는 그 표현을 자유롭게 이용하는 것이 공공의 이익 등에 크게 이롭지 않기 때문에 이는 공정이용을 인정할 필요성이 줄어든다.[94]

---

89) 대법원 2014. 8. 26. 선고 2012도10777 판결.
90) 이해완(2015), 733면.
91) 이해완(2015), 734면.
92) 이해완(2015), 734면.
93) National Business Lists, Inc. v. Dun & Bradstreet, Inc., N.D. Ill. 1982, 552 F. Supp. 89.
94) 이에 관하여 연방대법원은 Campbell v. Acuff-Rose Music, 510 U.S. 569 (1994)에서 이용의 대상이 된 저작물이 사실적 표현으로 볼 수 없고, 이는 창조적 표현이며 원작의 창조적 표현이

저작자의 비밀성이 내포되어 있는 것으로 보는 미공표된 저작물을 이용한 경우에는 공정이용으로 볼 수 있는 범위가 상당히 좁아진다. 하퍼 앤 로우 퍼블리셔 사건에서 연방대법원은 이용되는 저작물이 공표된 저작물인지 미공표 저작물인지는 공정이용 여부를 판단하는데 매우 중요한 요소라고 하면서 미공표의 사실은 공정이용으로 인정하는데 불리하게 작용된다고 판시하였다.[95]

저작권자의 소재 불명 등으로 인하여 저작물에 대한 정당한 권리자를 찾을 수 없는 저작물인 고아저작물(Orphan Works)의 경우 그 이용을 활성화하기 위한 수단이 필요하다. 현행 저작권법 상으로는 제50조에 의하여 문화체육관광부장관의 승인을 받고 보상금을 사전 공탁함으로써 권리자의 허락을 받은 것과 같은 법적 효과를 부여받아야 활용할 수 있다. 이와 같은 법정허락을 받지 않고 사용하는 것은 저작권 침해가 된다.[96]

(라) 이용된 부분이 저작물 전체에서 차지하는 비중과 그 중요성(제3호)

공정이용 여부의 판단에 있어서 이용된 저작물의 전체에서 이용된 부분이 차지하는 비중 내지 중요성이 고려되어야 한다.[97] 양이 많으면 공정이용의 인정이 어려워지겠지만, 발췌한 부분이 상당히 적은 양이라 하더라도 이용한 부분이 실질적으로는 핵심 또는 매우 중요한 부분에 해당한다면 공정이용으로 인정되기는 어렵다.[98]

(마) 저작물의 이용이 그 저작물의 현재 시장 또는 가치나 잠재적인 시장 또는 가치에 미치는 영향(제4호)

저작권법 제35조의5 제2항 제4호는 저작물의 이용이 그 저작물의 현재 시장 또는 가치나 잠재적인 시장 또는 가치에 미치는 영향을 공정이용의 판단에서 고려하도록 하고 있다. 이 제4호의 요소는 3단계 테스트의 2단계 및 3단계에 해당하는 요

저작권 보호목적의 핵심에 속한다는 항소법원의 판단을 지지하였다.

95) Harper & Row Publishers, Inc. v. Nation Enterprises, 471 U.S. 539 (1985).

96) 이해완(2015), 737면.

97) 이용된 저작물의 양과 상당성에 관한 요소는 특히 패러디가 공정이용에 해당하는지 여부를 판단하는 데 많이 사용된다.

98) Harper & Row Publishers, Inc. v. Nation Enterprises, 471 U.S. 539 (1985). 이 사건에서 미국 연방대법원은 200,000단어 정도의 분량이 되는 원저작물 중에서 300단어 정도를 인용하여 양적으로는 많지 않지만 그 부분이 질적으로 핵심적인 내용이라면 공정이용이 성립되지 않는 부정적인 요소가 된다고 보았다.

소로서 4가지 고려요소 중 가장 중요한 요소가 된다.[99]

저작물을 이용하는 행위가 원저작물 또는 그것을 원작으로 하는 2차적저작물 등의 시장적 가치를 크게 훼손하지 않는 경우에는 공정이용으로 인정될 수 있다. 반면에 이용행위가 원저작물 등의 시장적 가치를 크게 훼손하는 결과를 가져온다면 저작물 이용행위는 공정이용으로 인정되기 어렵다. 이때 원저작물과의 대체성은 시장에서의 대체재로서 경쟁하는 관계에 있는지 여부에 대한 것이다.[100] 예를 들어, 원저작물을 일목요연하게 정리한 인쇄물의 경우 그 인쇄물을 판매하는 경우 원저작물에 대한 수요를 대체하는 효과가 상당히 있을 것이므로 이런 경우에는 공정이용을 인정하기 어려울 것이다.[101]

이용자의 행위가 원저작물의 시장가치를 훼손하였는지 여부를 판단하려면 이용자의 저작물과 원저작물의 유사성 정도나 유사기능 여부를 살펴보아야 한다. 만일 이용자의 저작물이 원저작물과 유사하거나 유사한 기능을 수행한다면 이는 시장에서 원저작물의 대체재가 될 수 있으므로 원저작권물의 가치를 훼손하게 된다. 훼손의 시점에 관하여는 제107조에서 잠재적인 시장가치가 훼손될 것이 요구되기 때문에 현실적인 훼손이 있는 경우뿐만 아니라, 미래에 손해가 발생할 상당한 정도의 개연성이 있어도 훼손으로 인정하여야 할 것이다.[102]

이때의 시장은 저작권자가 장래 진입할 개연성이 있는 모든 시장이 포함된다고 할 것이며, 공정이용과 관련된 모든 사안에서 피고가 사용한 바로 그 이용에 대한 라이선스 시장도 저작물의 현재 시장 또는 잠재적인 시장으로 인정될 가능성이 있다.[103] 이런 점에서 미국 판례에서는 전통적·합리적이거나 개발개연성이 있는 시장이라는 표현을 사용하기도 한다.[104] 시장이 '통상의 시장(normal market)'인지 여부가 문제가 되는데, 통상의 시장인지 여부를 판단함에 있어서 중요한 요소가 되는 것이 거래비용이다. 거래비용이 클 경우 '통상의 시장'을 인정하기 어렵고, 그것은 공정이용 인정에 유리한 요소가 된다고 할 수 있다. 그러나 거래비용만이 통상의

99) 이해완(2024), 504면.
100) 이해완(2024), 504면.
101) Wainwright Securities, Inc. v. Wall Street Transcript Corp., 558 F.2d. 91 (9th Cir. 1977).
102) Sony v. Universal City, 464 U.S. 417 at 451.
103) 이해완(2024), 505면.
104) American Geophysical Union v. Texaco, Inc., 60 F.3d. 913.

(2) 저작권으로 보호되는 저작물의 성격
(3) 이용된 부분이 저작권으로 보호되는 저작물 전체에서 차지하는 양과 상당성
(4) 그 이용이 저작권으로 보호되는 저작물의 잠재적 시장이나 가치에 미치는 영향

본 조항의 행위의 태양을 살펴보면, 비평·논평·시사보도·교수·학문 및 연구 등을 위하여 저작물을 복제하는 행위를 공정이용에 해당하는 것으로 정하여 이러한 유형의 이용은 저작권침해에 해당하지 않는 것으로 예시하고 있다. 이러한 유형의 행위에 관하여 면책을 주는 이유는 이러한 행위들은 이른바 '생산적인 이용(productive users)'으로 저작권법이 추구하는 목적에 적합한 것이기 때문에 저작권침해로 보지 않고 자유롭게 이용할 수 있게 하는 것이다.

미국 저작권법 제107조는 제106조 및 제106조의A 규정에도 불구하고 비평, 논평, 시사보도, 교수(학습용으로 다수 복제하는 경우를 포함), 학문 또는 연구 등과 같은 목적을 위하여 저작권으로 보호되는 저작물을 복제물이나 음반으로 제작하거나 기타 제106조 및 제106조의A에서 규정한 방법으로 사용하는 경우를 포함하여 공정이용하는 행위는 저작권 침해가 되지 아니한다고 하며, 구체적인 경우에 저작물의 이용이 공정이용에 해당하는지의 판단은 규정에서 정하는 요소를 고려해야 한다고 규정하였다.

(다) 1998년 디지털밀레니엄 저작권법 개정과 공정이용

1998년에 미국연방의회는 디지털밀레니엄저작권법[Digital Millennium Copyright Act, Pub. L. No. 105-304, 112 Stat. 2860, § 1(1998)]을 제정하였다. 디지털밀레니엄 저작권법의 입법을 통하여 연방의회는 디지털시대에 부합하도록 저작권법을 만들고자 제1201조에 우회조치금지 조항을 두었다.[112]

디지털밀레니엄저작권법은 공정이용에 관한 제107조를 개정하지 않았다. 제107조는 기술적으로 중립적이어서 공정이용 법리는 아날로그 환경에서와 마찬가지로 디지털 저작권 환경에서도 전면적으로 적용 가능하기 때문에 제107조의 개정이 불필요하다는 연방의회의 판단 때문이었다. 그에 따라 저작물에 대한 무단접근행위 자체를 금지하는 것이 공정이용의 활용을 억제하지 않을 것이라는 점을 보장함으로

---

112) 17 U.S.C. § 1201 (2006).

써 디지털밀레니엄저작권법은 디지털 저작권 환경에 있어 공정이용의 법리가 지속적으로 적용될 수 있게 하였다.

(2) 공정이용 관련 미국의 중요 판례

미국 법원이 공정이용 판단에서 중요한 기준으로 사용하는 것은 변형적 이용(transformative use)과 시장에서의 수요대체이다. 세기의 재판이라고 하는 구글과 오라클 간의 안드로이드 저작권 소송에서도 공정이용 쟁점이 핵심이었다.[113] 2018년 3월 27일 선고된 미국 연방항소법원의 판결에서는 법원이 구글의 공정이용항변을 배척하여 오라클이 승소하였다.[114]

공정이용에 대한 미국 저작권법 제107조는 (1) 원저작물의 사용 목적, (2) 원저작물 자체의 창작적 가치, 상업영화 및 상업음악에서 공정이용을 인정하고 있는 판례와 부합하지 않는 면이 있다. 또 '인용된 양'은 그 의미가 원저작물에서 인용된 부분의 비율을 의미하는 것인지, 인용저작물에서 인용된 부분의 비율 인지가 불분명하다. 판례가 개별적인 사안에서의 구체적인 타당성을 담보하기 위해서 노력하고 있지만[115] 전자이건 후자이건 어느 기준으로 보더라도 실무에서 얼마만큼 사용해야 공정이용의 범위에 드는지 예측하기 어렵다.

미국 저작권법 제107조는 원작물의 시장성의 훼손 여부를 고려요소로 규정하고 있다. 미국 연방대법원은 원저작물의 시장성 훼손 여부가 가장 중요한 요소로 판시한 바 있다.[116] 그러나 사안에 따라서 미국법원은 '변형적 이용'라는 개념을 공정이

---

113) 이 소송은 2010년 오라클이 구글의 안드로이드 운용체계가 자신들의 자바API(Application Program Interface)을 무단히 사용하여 자신들의 프로그램저작물을 침해하였다고 하는 이유로 소를 제기하여 시작되었다. 1심인 샌프란시스코 지방법원은 2012년 5월 구글이 승소하였다. 1심 법원은 자바API는 저작권 대상이 아니라는 판결을 했다. 안드로이드 OS를 개발하면서 자바 API 코드를 일부를 사용한 것은 저작권법상 '공정이용'에 해당한다고 결론 내렸다. 오라클은 2013년 2월 항소했다. 미국 쿼츠에 따르면 연방항소법원은 2014년 1심 판결을 뒤집고 구글이 오라클 저작권을 침해했다고 판결했다. 자바API가 저작권 보호대상이라고 판단하였다. 항소심 재판부는 오라클의 자바 저작권은 인정하지만 구글의 자바 API 사용이 저작권법상 공정이용에 해당하는지 논의해보라며 1심으로 돌려보냈다. 오라클과 구글은 샌프란시스코 지방법원에서 열린 1심 재판에서 구글의 저작권 침해 행위가 공정이용인지 법정 공방을 벌였다. 2016년 5월 법원은 자바API가 저작권 보호 대상이지만, 구글의 이용은 공정이용 범주 내에서 자바API를 사용했다고 판결했다.

114) Oracle America, Inc. v. Google LLC, Nos. 2017-1118, 2017-1202 (Fed. Cir. Mar. 27, 2018).

115) Campbell v. Acuff Music, Inc., 510 U.S. 569 (1994).

116) Harper & Row Publisher, Inc. v. Nation Enters., 471 US 539, 562, 105 S.Ct. 2218.85, L.

용 판단에서 중요시하기도 한다. 상업성을 가지고 있는 경우에는 공정이용에 부정적으로 판단되지만 상업성이 있다고 해서 반드시 공정이용이 배척되는 것은 아니다.[117] 한편 공정이용의 인정여부에서 인용된 부분의 양이 늘어나면 부정적인 판단을 받게 된다. 공정이용은 복제된 저작물의 시장을 심각하게 침해하지 않는 복제행위로 제한된다.[118] 이 네 번째 요소의 판단은 손해의 양뿐만 아니라 다른 요소도 같이 고려된다.[119]

(가) 소니 판결[120]

텔레비전 프로그램의 저작권 소유자들은 개인들이 텔레비전에서 방송되는 자신들의 저작물을 가정용 비디오 녹화기를 사용해 녹화함으로써 저작권을 침해했으며 가정용 비디오 녹화기의 제조자는 간접침해책임이 있다고 주장하면서 제기한 소에 대해서 연방대법원 다수의견(5인 의견)은 개인이 이용할 목적으로 한 녹화행위(time shift)는 공정이용을 구성한다고 판결하였다.

첫 요소인 영리성에 대해서 다수의견은 만약 베타맥스가 상업적 혹은 영리적 목적을 위해 복제물을 만든다면 그러한 이용은 불공정한 것으로 가정되지만 이 사안에서 지방법원의 결론은 사적인 가정에서의 이용을 위한 시간 이동이 비상업적, 비영리적 행위로 분류되어야 한다는 것을 명백히 보여주고 있다고 판단했다(비영리적).

다수 의견은 세 번째 기준인 복제된 양에 대해서 비록 작품 전체를 그대도 복제하기는 했지만, 시간 이동(time shift)이라는 기능은 원래 텔레비전을 통해 무료로 보도록 방송된 성격의 프로그램을 단순히 시청자가 나중에 보도록 해주는 기능이기 때문에 작품 전체가 복제되었다는 사실은 공정이용의 발견에 부정적으로 작용하지 않는다고 판단했다.

네 번째 요소인 시장효과에 대해 다수의견은 네 번째 요소가 공정이용에 부정적

Ed.2d (1985).

117) Worldwide Church, 227 F.3d at 1117-18; Sega Enters. Ltd. v. MAPHIA, 857 F. Supp. 679, 687 (N.D. Cal. 1994)(비디오게임 카트리지의 구매를 피하기 위하여 비디오 게임의 복제물을 개인이 다운로드한 경우에 상업적 이용을 인정한 사례); American Geophysical, 60 F.3d at 922.

118) Harper & Row Publishers, Inc. v. Nation Enters., 471 U.S. 539, 566-67, 105 S.Ct. 2218,85 L.Ed.2d 588 (1985).

119) Campbell, 510 U.S. at 591 n. 21, 114 S.Ct. 1164.

120) Sony Corp. of Am. v. Universal City Studios, Inc. 464 U.S. 417 (1984).

으로 작용되려면 특정한 이용이 피해를 입히는 것에 대한 증거나 그러한 이용이 확산되면 저작물의 잠재적 시장에 악영향을 미친다는 증거를 제시해야 하지만 이 사건의 경우 상업성이 없는 녹화를 통한 시간이동행위는 무료로 방송되는 텔레비전 프로그램에 대한 공중의 접근을 늘리는 만큼의 사회적 이익이 있으므로 공정이용이라고 판단하였다.

(나) Harper & Row, Publishers, Inc. v. Nation 판결[121]

미국 전 대통령 제럴드 포드는 하퍼 앤 로우 등과 회고록 출판 계약을 했고, 타임은 그 책의 발췌 요약본을 회고록이 서점에 배포 일주일 전에 공개하기로 하였다. 그런데 타임의 계획된 발행일 전에 누군가 네이션의 편집장에게 회고록 원고의 사본을 넘겨주었고, 네이션은 그 원고 중 포드의 닉슨 사면에 관한 부분만을 발췌해 기사화했다. 타임은 원고와의 사용계약을 취소했고 하퍼 앤 로우는 네이션을 피고로 저작권침해소송을 제기하였다.

이에 대해 뉴욕 남부연방지방법원(SDNY)은 네이션의 기사는 뉴스 보도가 아니라는 보아 저작권침해를 인정했으나, 항소심은 저작권 보호는 기록된 사실이 아닌 저자의 특정한 표현의 이용에만 적용되며 원고로부터 직접적인 인용을 제한적으로 이용한 두 번째 잡지의 행동은 특히 기사의 뉴스보도 목적과 자료의 정치적으로 중요한 성격에 비추어 볼 때 저작권법상 공정이용이라고 판결했다.[122]

대법원은 공정이용을 인정하지 않았다. 첫째 이 사건 네이션의 출판이 상업적인 목적을 위한 것이고, 회고록을 아직 출판되지 않은 미간행저작물이며, 네이션이 비록 적은 부분을 인용했지만 발췌된 부분이 네이션의 기사에서 핵심적인 역할을 하고 있다는 점, 네이션 때문에 타임이 계약을 취소한 사실을 보면 네이션은 출판 전 발췌문 시장에서 직접적 경쟁을 하고 있음을 알 수 있다는 점을 근거로 들었다.

(다) Campbell v. Acuff-Rose Music 판결[123]

이 사건은 노래 "Pretty Woman"의 저작권 침해가 문제된 사건으로 지방법원은 피고의 노래가 패러디이기 때문에 공정이용이라고 보았으나 항소심은 피고의 공정

---

121) Harper & Row, Publishers, Inc. v. Nation Enters., 471 U.S. 539 (1985).
122) 723 F.2d 195.
123) Campbell v. Acuff-Rose Music, Inc., 510 U.S. 569 (1994).

이용항변을 배척했다.[124] 이에 대해 대법원은 의회가 상업적 혹은 비영리적 교육목적의 성격이 결정적인 것이 아니며, 공정이용결정에 있어 다른 것들과 함께 고려되어야 한다고 본 점에 비추어 상업성을 가지는 것인지 여부는 단지 하나의 요소일 뿐이라고 보았다.[125] 대법원은 중요한 것은 이용의 변형적 성격이라고 보았다. 과학과 실용예술을 촉진한다는 저작권법의 목적은 일반적으로 변형적 작품의 창조를 통해 권장되는 것으로 새로운 작품이 변형적일수록 공정이용의 다른 요소들이 가지는 중요성은 감소된다는 것이 대법원의 판단이었다. 대법원은 패러디를 원 저작물의 몇 가지 요소를 이용해서 그 작품을 부분적이나마 평론하는 새로운 작품이며, 패러디가 목표로 하고 있는 것은 어떤 저작물의 핵심이기 때문에 가령 저작물의 핵심을 복제했다고 해도 패러디가 공정이용에 해당하지 않는다고 단정하여서는 안된다고 보았다. 이런 점에서 대법원은 소니 사건[126]에서 판시한 바와 같이 상업적인 이용이 원작 전체의 단순한 복제일 경우에는 분명 원작의 수요를 대체함으로써 원작에 대한 시장의 피해가 일어날 가능성이 있지만 단순한 복제를 넘어선 변형적 이용을 행한 패러디라면 시장대체는 불확실하며 시장의 피해는 그렇게 쉽게 추론 될 수 없다고 보았다. 이런 점을 종합적으로 고려하여 이 사건에서 대법원은 문제가 된 패러디가 공정이용이라고 판단하였다.

(라) Stewart v. Abend 판결[127]

저자 사후 소설 〈It Had To Be Murder〉의 저작권을 사들인 Abend는 저자의 생존 시 그 소설에 기반을 두고 만들어졌던 영화 'Rear Window'가 극장과 TV, 비디오카세트로 다시 개봉되자 저작권 침해를 주장했다.

지방법원은 피고의 이용이 공정이용이라는 약식판결(summary judgment)을 했으나 항소심은 공정이용을 인정하지 않았다.[128] 대법원은 피고의 이용이 상업적 목적이며, 일반적으로 공정이용은 허구의 작품보다는 사실적인 작품에서 발견되기 쉽다는 사실을 지적하였다. 이에 대해 피고가 영화에 사용된 소설의 분량은 영화 줄거

124) 972 F.2d 1429.
125) H.R. Report. 94th Cong., 2nd Sess. reprinted in 1976 U.S. Code Cong. & Ad. News 5659, No. 94-1476, at 66.
126) Sony Corp. of Am. v. Universal City Studios, Inc. 464 U.S. 417 (1984).
127) Stewart v. Abend, 495 U.S. 207 (1990).
128) Abend v. MCA Inc, 863 F.2d 1465 (9th Cir. 1988).

리의 20%만을 구성할 뿐이라는 점을 들어 공정이용을 주장하였으나, 대법원은 양이 적다고 해서 이야기의 실질적인 부분이 영화에서 사용되지 않았다는 것을 의미하는 것은 아니며, 실질적인 부분이 이용된 이상 이 점만을 들어서 공정이용에 해당한다고 볼 수는 없다고 판단하였다. 또 대법원은 영화의 재개봉이 새로운 버전을 판매를 제한하였으므로 이 점에서도 문제가 된 영화가 제107조에 제시된 요소 중 어떤 요소도 만족시키지 못하므로 공정이용에 해당되지 않는다고 보았다.

(마) American Geophysical Union v. Texaco 판결[129]

이 사건은 텍사코의 연구원이 텍사코에서 연구목적을 위해서 구독하여 연구원들이 볼 수 있도록 한 저널을 복사하여 가지고 있었던 것이 저작권침해인지 공정이용인지 여부가 문제된 사건이다. 이 판결에서 법원은 텍사코가 연구목적으로 논문전체를 복사하여 제공한 행위에 대해서 상업적 이용과 관련하여 의미 있는 판시를 하였다.[130] 이 사건에서 텍사코는 개별 논문의 복제는 전체적으로 볼 때 미미하고, 설사 저작물 전부를 복제했다 할지라도 공정이용의 적용을 받을 수 있다고 주장했다. 그러나 법원은 복제된 논문 여덟 편은 각각 독립적인 저작물에 해당한다고 보아 개별적으로 논문전체를 복제한 것은 공정이용으로 볼 수 없다고 보았다.

(바) Sony Computer Entertainment, Inc. v. Connectix Corp. 사건[131]

커넥틱스는 소니의 플레이스테이션게임을 컴퓨터에서 실행시킬 수 있는 에뮬레이터를 만들었다. 버츄얼 게임 스테이션이라 불리는 이 소프트웨어 프로그램은 소니의 저작물을 포함하지 않고 있지만 이 프로그램을 만들기 위해 커넥틱스는 소니의 플레이스테이션이 어떻게 작동하는가를 찾아내기 위한 리버스 엔지니어링의 과정에서 소니가 저작권을 가지고 있는 기본적인 입·출력 체계인 BIOS를 복제했다. 항소심 법원은 커넥틱스가 리버스 엔지니어링과정에서 만들고 사용한 중간 복제는

---

129) American Geophysical Union v. Texaco, Inc., 60 F.3d 913 (1994).

130) Worldwide Church of God v. Philadelphia Church of God, 227 F.3d 1110, 1118 (9th Cir. 2000)(신도를 위하여 종교적인 원문을 복제한 교회는 저작권자에게 설명하지 않고 그 본문을 무단으로 배포 및 사용하는 것으로부터 명백히 이익을 취하였다고 판시한 사례); American Geophysical Union v. Texaco, Inc., 60 F.3d 913, 922 (2d Cir. 1994)(영리목적의 연구소의 연구원은 학술논문을 복제함으로써 경제적 이익을 간접적으로 취득한다고 판시한 사례).

131) Sony Computer Entertainment, Inc. v. Connectix Corp., 203 F.3d 596 (9th Cir. 2000).

비침해적인 버츄얼 게임 스테이션 기능을 만들어내기 위해 필요불가결한 공정이용
이라고 판단하였다.

(사) A&M Records, Inc. v. Napster, Inc. 판결[132]

냅스터 시스템은 유명한 피어 투 피어(peer-to-peer, P2P) 파일공유 시스템이다.
이용자는 이 시스템을 이용함으로써 음악의 이용가능성을 검색하거나 스스로 하드
디스크상으로 다운로드 할 수 있다. P2P 기술은 인터넷상으로 엄청난 양의 음악의
불법복제를 조장했기 때문에, 음악업계는 최종이용자의 직접침해를 촉진한 유도침
해를 하였다고 주장하면서 냅스터를 피고로 소제기 하였다. 이에 대해 냅스터는 냅
스터 이용자들의 행위가 미국 저작권법 제107조의 공정이용에 해당한다고 항변하
였다.[133]

냅스터는 구체적으로 세 가지 이유를 들어 공정이용을 주장하였다. ① 이용자들
은 음악을 구매하기 전에 샘플링에 의해 저작물을 일시적으로 복제한다. ② 이용자
들은 오디오 CD 포맷 형태로 이미 소유하고 있는 냅스터 시스템을 통해 녹음물에
접근할 수 있다. 이는 소니 판결의 공간이동(space-shifting)에 해당한다. ③ 신규 예
술가 및 기존의 예술가들이 만든 녹음물을 허락받아 배포하는 행위다. 연방지방법
원[134]과 항소법원은 모두 냅스터의 공정이용 주장을 배척하였다.[135]

(3) 영국의 입법례

영국은 1911년 저작권법(the Imperial Copyright Act of 1911) 제2조 제1항 제1호
에서 개인적 연구, 학문, 비평, 비판 또는 신문의 요약을 목적으로 하는 저작물에 대
한 공정사용(fair dealing)을 허용하였다. 이후 1956년 저작권법을 개정하여 공정사
용에 관하여 제6조 제1항과 제9조 제1항에서 규정하였다.[136] 1988년 개정(Copy-
right, Designs and Patents Act 1988)이 이루어지면서 제1편 제3장(저작물에 대하여

---

132) A&M Records, Inc. v. Napster, Inc., 239 F.3d 1004 (9th Cir. 2001).
133) 이 사건에 대한 상세는 최승재, 「IT기술과 법」, 홍익대학교 출판부, 2008 참조.
134) Napster, 114 F. Supp. 2d at 912.
135) Napster, 114 F. Supp. 2d at 913.
136) 구 영국저작권법 제6조 제1항은 학문이나 개인적인 연구를 위하여 언문, 연극 및 음악저작물을
    공정하게 이용하는 행위는 저작권의 침해에 해당하지 않는다는 점을, 영국저작권법 제9조 제1항
    학문이나 개인적인 연구를 위하여 미술저작물을 공정하게 이용하는 행위는 저작권의 침해에 해
    당하지 않는다는 점을 규정하고 있었다.

허용되는 행위)에서 일반규정으로, 제29조(사적 조사 또는 연구, private study or research)와 제30조(비평, 잡지와 뉴스보도)에서 규정하였다.

현행 영국 저작권법(Copyright, Design and Patents Act)은 유럽 저작권규정(the Copyright and Related Rights Regulations 2003 No. 2498) 및 저작권지침(the EU Copyright Directive)에 의해 영향을 받아서 개정되었다. 제1편 제3장에서 저작물에 대하여 공정이용이 허용되는 행위를 열거하고 있다. 우선 제28조에 도입규정이 있고, 제29조 내지 제31조에 일반규정이라고 불리는 공정사용 규정이 있으며, 다수의 권리제한규정이 있다.

또한 영국 저작권법에 따라 개별적으로 허용되는 행위(권리제한규정)는 일시적 복제물의 작성(제28A조), 수업 또는 시험 목적의 이용(제32조), 교육적 사용을 위한 시문 복제(제33조), 교육기관에 의한 발행저작물 구절의 복제 등의 교육 목적의 복제(제34조 내지 제36조), 도서관 및 기록보존서의 사서에 의한 복제(제38조-제40조), 타 도서관에 대한 복제물의 제공(제41조), 저작물 대체를 위한 복제(제2조), 일정한 미발행 저작물의 복제(제43조), 수출을 조건으로 제작된 역사·문화적으로 중요한 저작물 등에 대한 도서관 및 기록보존서의 소장 목적의 복제(제44조), 의회 및 사법 절차(제45조), 왕립위원회 및 법정 조사(제46조), 공개 열람에 제공되거나 공적기록부에 기재된 자료(제47조), 공무의 과정에서 국왕에게 전달되는 자료(제48조), 공기록(Public Records)(제49조), 법정 권한에 따른 행위 등 행정을 위한 목적(제50조), 디자인에 관한 규정으로 디자인 문서 및 모형(제51조), 미술저작물로부터 파생된 의장의 이용 효과(제52조), 디자인 등록을 신뢰한 행위(제53조), 인쇄 자체에 대한 규정으로 통상의 인쇄과정에서의 인쇄 자체의 사용(제54조), 특정 인쇄 자체로 자료를 제작하기 위한 물품(제55조), 전자 형태로 된 저작물의 규정으로 전자형태로 된 저작물 복제물의 이전(제56조), 저작권의 소멸 또는 저작자 사망의 추정에 따라 허용되는 행위로서 무명 또는 이명 저작물(제57조), 구술된 말의 요약 또는 녹음물의 사용(제58조), 공개 낭독 및 낭송된 내용(제59조), 학술 또는 기술 논설의 요약(제60조), 민요의 녹음(제61조), 전시를 위한 예술품의 표현(제62조), 예술품의 광고(제63조), 동일 예술가에 의한 후속 작품의 제작(제64조), 음악저작물의 대여(제65조), 영상·음악 저작물에 대한 잡칙(제66, 67조), 방송에 대한 잡칙(제68조 내지 제75조), 개작(제76조) 등이다.

(4) 일본의 입법례

일본도 공정이용 조항의 도입에 대한 입법적인 검토를 해왔다. 일본 저작권법 제
30조 내지 제49조도 저작재산권 제한을 규정하고 있다. 지적재산기본법에 따라 설
치된 지적재산전략본부가 2009년 6월 24일자로 발표한 지적재산전략추진계획(2009)
에서 권리제한의 일반규정(일본판 공정이용 규정)을 도입하는 등 디지털 네트워크 시
대에 대응한 지식재산권 제도 등을 정비할 필요가 있음을 지적한 바 있다.[137] 입법
의 필요성은 저작물의 디지털화 및 환경변화에 따라서 개별적 제한규정이 상정하고
있지 않은 신규분야에의 기술개발이나 사업활동에 대하여 위축효과를 보일 수 있는
데, 일본에 일반적 권리제한규정 내지 공정이용조항이 존재하지 않아서 발생하는
문제를 법원이 묵시적 이용허락계약 이론 등을 통해서 해석을 통한 문제해결을 도
모하여 해결하고 있는바, 이런 방법보다는 정면으로 입법적인 해결을 도모하는 것
이 필요하다는 점도 입법론으로 주장되었다.[138]

지적재산전략본부 내의 '디지털 네트워크 시대에 있어서의 지재제도 전문조사회'
의 회장으로 참여하고 있는 나카야마 노부히로(中山信弘) 교수는 종래 공정이용에
관한 일반조항의 도입에 대하여 ① 투하자본의 회수를 위해서 법적 안정성이 중요
하며, ② 저작권법의 권리제한이 필요하면 신속히 개정하여 대응하면 되고, ③ 만
일 일반적 공정이용조항을 두면 법원의 부담이 커진다는 이유로 소극적인 입장을
취하였다. 그러나 그는 2009년 이후 적극적 입장으로 선회하여 일본판 공정이용 조
항의 도입 필요성을 인정하는 방향으로 견해 변경을 하였다. 일본에도 불확실성에
따른 법적 리스크를 감수하고 신규 비즈니스를 과감하게 일으키고자 하는 벤처기업
이 있는 것을 알게 된 데 기한 것이라고 스스로 밝힌 바 있다.[139]

---

137) 大路正浩(内閣官房知的財産戦略推進事務局内閣参事官), "知的財産戦略の展望―権利制限の一
    般規定(日本版フェアユース規定) の導入", NBL, 2009(No.896), 71-72頁.

138) 2010년 12월 3일 일본의 문화청 산하 문화심의회 저작권분과회 법제문제소위원회는 저작권자의
    이익을 부당하게 침해하지 않는 범위 내에서 저작물을 권리자의 허락 없이 이용할 수 있도록
    하는 "'권리제한의 일반규정'에 관한 최종보고서(안)" 참고. 文化審議会著作権分科会法制問題
    小委員会「権利制限の一般規定に関する報告書(案)」(2010. 12. 3). 일본 문화청은 이 최종보고
    서(안)의 내용을 저작권분과회의 보고서로시 게재하였다. 농보고서의 전문은 http://www.
    bunka.go.jp/chosakuken/singikai/housei/h22_shiho_11/pdf/shiryo_2_ver2.pdf.

139) 中山信弘, 三山裕三, "対談 デジタル・ネット時代における著作権のあり方 (下)", NBL 2009
    (No.899), 51-53頁.

제 5 절 출처명시의무 등

제36조(번역 등에 의한 이용) ① 제24조의2, 제25조, 제29조, 제30조, 제35조의3부터 제35조
의5까지의 규정에 따라 저작물을 이용하는 경우에는 그 저작물을 번역·편곡 또는 개작하여
이용할 수 있다.
② 제23조·제24조·제26조·제27조·제28조·제32조·제33조 또는 제33조의2에 따라
저작물을 이용하는 경우에는 그 저작물을 번역하여 이용할 수 있다.

제37조(출처의 명시) ① 이 관에 따라 저작물을 이용하는 자는 그 출처를 명시하여야 한다. 다
만, 제26조, 제29조부터 제32조까지, 제34조 및 제35조의2부터 제35조의4까지의 경우에는
그러하지 아니하다.
② 출처의 명시는 저작물의 이용 상황에 따라 합리적이라고 인정되는 방법으로 하여야 하
며, 저작자의 실명 또는 이명이 표시된 저작물인 경우에는 그 실명 또는 이명을 명시하여야
한다.

저작물을 이용함에 있어서 중요한 것이 출처명시이다. 출처명시는 특정한 방법이
정해진 것이 아니라 이용상황에 따라서 개별적으로 정해질 수밖에 없다. 기존에 관
행이 존재하는 경우라면 그 관행에 따라서 출처명시를 하면 된다.

[번역 등 범위 및 출처명시의무 등의 부여 현황]

규 정	번역, 편곡 또는 개작 가능	번역만 가능	출처명시 의무
재판 등에서의 복제(§23)	–	○	○
정치적 연설 등의 이용(§24)	–	○	○
공공저작물의 자유이용(§24의2)	○	–	○
학교교육 목적 등에의 이용(§25)	○	–	○
시사보도를 위한 이용(§26)	–	○	–
시사적인 기사 및 논설의 복제 등(§27)	–	○	○
공표된 저작물의 인용(§28)	–	○	○
영리를 목적으로 하지 아니하는 공연·방송(§29)	○	–	–
사적이용을 위한 복제(§30)	○	–	–
도서관 등에서의 복제 등(§31)	–	–	–
시험문제를 위한 복제 등(§32)	–	○	–

시각장애인 등을 위한 복제 등(§33)	-	○	○
청각장애인 등을 위한 복제 등(§33의2)	-	○	○
방송사업자의 일시적 녹음·녹화(§34)	-	-	-
미술저작물 등의 전시 또는 복제(§35)	-	-	○
저작물 이용과정에서의 일시적 복제(§35의2)	-	-	-
부수적 복제 등(§35의3)	○	-	○

제 6 절 그 외 저작물의 자유로운 이용을 위한 제도

1. 저작권 보호기간 만료 저작물

저작권은 존속기간이 한정되어 있는 권리이다. 영구무한의 권리가 아니기 때문에 저작권자가 사망 후 70년간 존속하는 저작재산권의 보호기간이 경과하거나, 업무상 저작물의 경우에는 저작물의 공표 후 70년이 경과하는 경우 등은 저작권재산권의 보호기간이 만료되어 더 이상 저작권이 존재하지 않으므로 누구나 저작권자의 허락 없이 자유롭게 해당 저작물을 이용할 수 있다. 문화체육관광부는 공유마당 사이트[140]를 통하여 보호기간이 만료되는 등 자유이용이 가능한 저작물을 모아, 이를 쉽게 이용할 수 있도록 서비스하고 있다.

다만, 저작인격권의 보호기간에 관하여는 명확한 규정은 없다. 저작자가 생존하는 동안 저작인격권을 일신전속적으로 누리는 것은 지만 저작자의 사망시 동시에 소멸하는 것을 원칙으로 본다.[141] 그런데 저작권법은 저작자가 사망한 후의 인격적 이익을 보호하기 위한 제도를 별도로 인정하고 있으므로, 저작자가 사망한 후라고 하더라도 사실상 저작인격권이 존속하고 있는 것과 큰 차이가 없다. 저작권법 제14조 제2항은 "저작자의 사망 후에 그의 저작물을 이용하는 자는 저작자가 생존하였더라면 그 저작인격권의 침해가 될 행위를 하여서는 아니 된다. 다만, 그 행위의 성질 및 정도에 비추어 사회통념상 그 저작자의 명예를 훼손하는 것이 아니라고 인정

---

140) http://gongu.copyright.or.kr.
141) 실연자도 마찬가지이다. 저작권법 제68조(실연자의 인격권의 일신전속성) "제66조 및 제67조에 규정된 권리(이하 '실연자의 인격권'이라 한다)는 실연자 일신에 전속한다."

되는 경우에는 그러하지 아니하다."라고 하여 저작자가 사망하더라도 그 저작권인격권 침해를 금지하고 있으며, 법 제124조 제2항은 "저작자의 명예를 훼손하는 방법으로 저작물을 이용하는 행위는 저작인격권의 침해로 본다."고 규정하여 저작권 이용행위에 대한 제한을 두고 있다.

2. CCL 라이선스 등 자유이용 허락표시 저작물

저작권이 유효하게 존재하는 저작물이라 하더라도 저작자 나름의 자유로운 방식으로 이용허락 표시가 있는 경우, 혹은 CCL(Creative Commons License), 공공누리(공공저작물)142) 등이 적용되는 경우에는 제시된 조건에 따라 자유롭게 해당 저작물을 이용할 수 있다. 다만, 제시된 조건에 따라 이용하지 않는 경우에는 저작권을 침해한 것으로 보게 되므로 조건에 유의하여야 한다.

[CCL 라이선스 유형]

구 분	의 미
저작자표시 (BY)	원저작자만 밝히면 자유로운 이용 가능
저작자표시-비영리 (BY-NC)	원저작자만 밝히면 자유로운 이용 가능하지만, 영리목적으로 이용은 금지
저작자표시-동일조건변경허락 (BY-SA)	원저작자만 밝히면 자유로운 이용이 가능하고, 2차적저작물의 작성 등 변경 가능하나 2차적저작물에는 원저작물과 동일한 CCL 적용
저작자표시-변경금지 (BY-ND)	원저작자를 밝히면 자유로운 이용 가능하지만, 변경없이 그대로 이용하여야 함
저작자표시-비영리-동일조건변경허락 (BY-NC-SA)	원저작자를 밝히면 자유로운 이용이 가능하지만, 영리목적으로 이용은 금지. 2차적저작물의 작성 등 변경 가능하나 2차적저작물에는 원저작물과 동일한 CCL 적용
저작자표시-비영리-변경금지 (BY-NC-ND)	원저작자를 밝히면 자유로운 이용이 가능하지만, 영리목적으로 이용은 금지되고, 변경 없이 그대로 이용하여야 함

---

142) http://www.kogl.or.kr.

한편, 오픈소스(open source) 소프트웨어는 일정한 규약[143](라이선스 조건)에 따라 이를 이용할 경우, 이용자는 저작권자의 이용허락 없이 자유롭게 이용할 수 있는 소프트웨어이다. 실무에서 오픈소스는 자유롭게 아무런 제약 없이 사용할 수 있는 것으로 오해하는 경우가 있는 것 같다. 오픈소스 사용조건에 따라 저작권 행사를 하지 않을 뿐이므로 이용자가 부여된 조건을 이행하지 않으면 저작권 침해 등의 문제가 발생하므로 주의가 필요하다.

3. 법정허락제도

저작권법은 원칙적으로 저작권자의 허락이 없으면 누구든지 해당 저작물을 이용할 수 없도록 배타적인 권리를 부여하고 있다. 그런데 저작권자의 허락이 없다고 하더라도 공공의 이익을 위하여 저작권자의 권리를 제한함으로써 저작물의 이용을 가능하게 하여 저작물의 문화적 가치를 일반 국민이 향유하도록 하기 위하여 저작권법은 법정허락제도를 두고 있다.[144] 즉, 저작물이용의 법정허락제도는 저작권자의 의사와 상관없이 저작물 이용을 강제하는 것이다. 법정허락제도는 네 가지 유형으로 구분된다.

(1) 저작재산권자가 불명(不明)인 경우

저작재산권자가 불명(不明)인 경우이다. 누구든지 대통령령이 정하는 기준에 해당하는 상당한 노력[145]을 기울였어도 공표된 저작물(외국인의 저작물은 제외)의 저작

---

143) 대표적인 규약이 오픈소스 소프트웨어를 이용하여 2차적저작물을 개발하는 경우 새롭게 개발한 소스코드를 공개하도록 하는 조건이 대표적이다.

144) 오승종(2011), 724면.

145) 이때 상당한 노력은 다음의 요건을 모두 충족하는 것을 의미한다.
   1. 법 제55조제3항에 따른 저작권등록부의 열람 또는 그 사본의 교부 신청을 통하여 해당 저작물의 저작재산권자나 그의 거소를 조회할 것
   2. 해당 저작물을 취급하는 법 제105조제1항에 따른 저작권신탁관리업자(해당 저작물이 속하는 분야의 저작물을 취급하는 저작권신탁관리업자가 없는 경우에는 법 제105조제1항에 따른 저작권대리중개업자 또는 해당 저작물에 대한 이용을 허락받은 사실이 있는 이용자 중 2명 이상)에게 저작재산권자나 그의 거소를 조회하는 확정일자 있는 문서를 보냈으나 이를 알 수 없다는 회신을 받거나 문서를 발송한 날부터 1개월이 지났는데도 회신이 없을 것
   3. 저작재산권자나 그의 거소 등 문화체육관광부령으로 정하는 사항을 다음 각 목의 어느 하나에 공고한 날부터 10일이 지났을 것
      가. 「신문 등의 진흥에 관한 법률」 제9조제1항에 따라 보급지역을 전국으로 하여 등록한 일

재산권자나 그의 거소(居所)를 알 수 없어 그 저작물의 이용허락을 받을 수 없는 경우에는 대통령령이 정하는 바에 따라 문화체육관광부장관의 승인을 얻은 후 문화체육관광부장관이 정하는 기준에 의한 보상금을 공탁하고 이를 이용할 수 있다. 이에 의하여 저작물을 이용하는 자는 그러한 뜻과 승인연월일을 표시하여야 한다.

그런데, 한번 법정허락의 대상이 되어 이용된 저작물이 다시 법정허락의 대상이 되는 때에는 앞서 본 법정허락을 위한 기본적인 절차 중 상당한 노력의 절차를 생략할 수 있도록 하고 있다. 다만, 그 저작물에 대한 법정허락의 승인 이전에 저작재산권자가 대통령령이 정하는 절차에 따라 이의를 제기하는 때에는 이를 생략할 수 없다. 문화체육관광부장관은 법정허락의 내용을 대통령령이 정하는 바에 따라 정보통신망에 게시하여야 한다(법 제50조).

(2) 공표된 저작물을 방송하는 경우

공표된 저작물을 방송하는 경우이다. 공표된 저작물을 공익상 필요에 의하여 방송하고자 하는 방송사업자가 그 저작재산권자와 협의하였으나 협의가 성립되지 않은 경우에는 대통령령이 정하는 바에 따라 문화체육관광부장관의 승인을 얻은 후 문화체육관광부장관이 정하는 기준에 의한 보상금을 당해 저작재산권자에게 지급하거나 공탁하고 이를 방송할 수 있다(법 제51조).

(3) 상업용 음반 제작의 경우

상업용 음반 제작의 경우이다. 상업용 음반이 우리나라에서 처음으로 판매되어 3년이 경과한 경우 그 음반에 녹음된 저작물을 녹음하여 다른 상업용 음반을 제작하고자 하는 자가 그 저작재산권자와 협의하였으나 협의가 성립되지 않은 때에는 대통령령이 정하는 바에 따라 문화체육관광부장관의 승인을 얻은 후 문화체육관광부장관이 정하는 기준에 의한 보상금을 당해 저작재산권자에게 지급하거나 공탁하고 다른 상업용 음반을 제작할 수 있다(법 제52조).

반일간신문
나. 제73조제2항에 따른 권리자가 불명인 저작물등의 권리자 찾기 정보시스템(이하 '권리자 찾기 정보시스템'이라 한다)
4. 국내의 정보통신망 정보검색도구를 이용하여 저작재산권자나 그의 거소를 검색할 것.

(4) 실연 · 음반 및 방송이용 법정허락의 경우

실연 · 음반 및 방송이용 법정허락의 경우이다. 저작권법은 실연, 음반 및 방송이용의 경우에도 법정허락에 관한 규정을 준용하도록 하여, 기존의 저작물뿐만 아니라 실연 · 음반 및 방송 등의 저작인접물도 법정허락의 대상이 될 수 있도록 하였다(법 제89조).

제 **6** 장

저작인접권

"너와 함께 한 시간 모두 눈부셨다.
 날이 좋아서,
 날이 좋지 않아서
 날이 적당해서 모든 날이 좋았다."

"인간은 언젠가 죽으니까요.
 그래서 생이 더 아름다운 거고
 그래서 기억 돌아오고 처음 든 생각이
 오늘이 마지막이라면 이 기억이
 내 사랑하는 사람의 마지막 기억이다.
 그러니 매 순간 죽어라 살고
 사랑해야겠다 그랬어요."

드라마 〈도깨비〉 중에서 앞은 김신역 공유의 대사,
뒤는 지은탁 역 김고은의 대사

제6장 저작인접권

제1절 개 괄

1. 개 념

저작인접권은 실연자, 음반제작자 및 방송사업자에게 인정되는 저작권에 인접[1])한 권리이다. 비록 저작물을 창작한 것은 아니지만[2]) 이용자들이 저작물을 향유하는 데 필요한 기여를 하고, 이들의 기여를 통하여 저작물의 가치를 증진, 더 나아가 저작권 관련 산업의 발전을 이끌 수 있다는데 보호의 이익을 갖는다. 저작인접권의 발생은 저작권의 경우와 같이 무방식주의가 적용되므로, 권리 발생을 위하여 별도의 방식을 요하지 않는다.

저작인접권이 인정되는 '실연자'는 저작물을 연기 · 무용 · 연주 · 가창 · 구연 · 낭독 그 밖의 예능적 방법으로 표현하거나 저작물이 아닌 것을 이와 유사한 방법으로

---

1) 저작인접권의 정의에서 저작권과의 관계를 나타내는 표현으로는 '저작권에 유사한 권리'(오승종(2023), 521면), '저작자의 권리에 준하는 권리'(정상조 편, 「저작권법 주해」, 박영사, 2007, 758면), '저작권과 인접한 또는 이에 관련된 권리'(임원선, 「실무자를 위한 저작권법」, 제7판, 한국저작권위원회, 2022, 301면), '저작권에 인접한 권리'(이해완(2019), 945면) 등 다양하게 나타나나 의미상 차이는 없다고 생각한다. 본서에서는 법률상 표현을 그대로 반영하여 인접한 권리로 표현하였다.

2) 실연을 행하거나, 음반 및 방송을 제작하는 경우에는 저작물의 창작성에 준하는 정도로 높은 기술과 능력이 요구되는 등의 이유로 이를 저작물로 인정하여 보호하자는 논의가 존재하기도 하였으나 (실제 우리 구 저작권법에서는 이를 저작권으로 보호하기도 하였다), 실연, 음반제작, 방송에 요구되는 능력이 저작자에 요구되는 능력과 동일하게 볼 수 없고 오히려 매개수단의 의미가 크다는 점 등을 고려하여 저작권이 아닌 저작권에 인접한 권리로 보호하는 것이 일반적이다. 정상조 편 (2007), 758-759면.

표현하는 실연을 하는 자를 말하며, 실연을 지휘, 연출 또는 감독하는 자도 이에 포함된다(법 제2조 제4호). '음반제작자'는 음반을 최초로 제작하는 데 있어 전체적으로 기획하고 책임을 지는 자를 말하며(법 제2조 제6호), '방송사업자'는 방송을 업으로 하는 자를 의미한다(법 제2조 제9호).

저작인접권의 보호는 기술의 발전과 연관을 갖는다. 기술 발전 이전에는 저작물의 실연에 대해서 실연자는 공연장 입장료 등으로 대가를 받는 것만으로도 별도의 법적인 보호가 필요하지 않았다. 그러나 기술의 발전으로 인하여 공연장에 직접 찾아가서 보지 않더라도 실연을 향유할 수 있게 되면서 실연에 대해 직접 보상받을 기회를 상실하게 되었고, 이렇게 줄어든 경제적 이익을 보전하기 위한 방안으로 저작인접권이 형성된 것이다. 음반의 경우에는 초기 기술과 달리 점차 음반 제작에 상당한 기술적 노력과 투자가 필요하게 되는 반면 음반을 복제하는 것이 점차 쉬워지면서 음반을 최초로 제작하는 자에게 그 노력 등에 대한 보상을 부여할 필요가 있다는 점이 원인이 되었다.[3] 한편, 방송의 경우는 실연 및 음반과 같은 사적 영역의 보호 논의와 달리 공익적 측면에서 이용자의 권리를 정당하게 확보할 수 있도록 하는데서 저작인접권의 논의가 이루어졌다.[4]

이와 같이 저작인접권이 우리 저작권법 체계에서 보호되기 시작하면서 다양한 저작권단체의 업무가 복잡해지고 이로 인한 저작권 관련 산업이 확장될 수 있었다는 의의도 갖는다. 이는 저작인접권 제도의 시행으로 권리의 실현과 저작권료 등의 징수, 분배 과정이 모두 복잡해지는 원인이 되었을 뿐 아니라, 인터넷 또는 디지털 문화의 발달로 저작물의 향유 유형이 다양해지고 대중화 그리고 전문화 되어가는 특성도 나타내게 되었다.[5]

2. 보호받는 대상

저작권법은 모든 실연, 음반 및 방송을 저작인접권의 대상으로 하지 않으며, 다음과 같이 명시된 경우에 한하여 보호한다(법 제64조 제1항 각 호). 즉, 실연이 모두 저작인접권으로 보호를 받는 것은 아니고 다음 중 어느 하나에 속하는 경우에 한하

---

3) 임원선(2022), 302면.
4) 정상조 편(2007), 760면.
5) 문화관광부・저작권위원회, 「한국 저작권 50년사」, 저작권위원회, 2007, 239면.

여 저작인접권으로 보호 받을 수 있게 된다.

[실연]

ⅰ) 대한민국 국민(대한민국 법률에 따라 설립된 법인 및 대한민국 내에 주된 사무소가 있는 외국법인을 포함한다. 이하 같다)이 행하는 실연

ⅱ) 대한민국이 가입 또는 체결한 조약에 따라 보호되는 실연

ⅲ) 저작인접권으로 보호받는 음반에 고정된 실연

ⅳ) 저작인접권으로 보호받는 방송에 의하여 송신되는 실연(송신 전에 녹음 또는 녹화되어 있는 실연은 제외한다)

[음반]

ⅰ) 대한민국 국민을 음반제작자로 하는 음반

ⅱ) 음이 맨 처음 대한민국 내에서 고정된 음반

ⅲ) 대한민국이 가입 또는 체결한 조약에 따라 보호되는 음반으로서 조약체결국 내에서 최초로 고정된 음반

ⅳ) 대한민국이 가입 또는 체결한 조약에 따라 보호되는 음반으로서 조약체결국의 국민(해당 조약체결국의 법률에 따라 설립된 법인 및 해당 조약체결국 내에 주된 사무소가 있는 법인을 포함한다)을 음반제작자로 하는 음반

[방송]

ⅰ) 대한민국 국민인 방송사업자의 방송

ⅱ) 대한민국 내에 있는 방송설비로부터 행하여지는 방송

ⅲ) 대한민국이 가입 또는 체결한 조약에 따라 보호되는 방송으로서 조약체결국의 국민인 방송사업자가 해당 조약체결국 내에 있는 방송설비로부터 행하는 방송

위 요건에서 대한민국이 가입 또는 체결한 조약은 로마협약(1961), 제네바 협약(1971), WTO TRIPs 협정(1994), WIPO실연·음반조약(1996), 베이징 조약(2012)이 있다.

3. 저작권과의 관계

저작권법은 저작인접권과 저작권의 관계에 대해 저작인접권의 규정은 저작권에 영향을 미치는 것으로 해석되어서는 아니 된다(법 제65조)고 규정하고 있다. 저작권법 제65조의 의미는 저작인접물인 실연, 음반, 방송의 이용은 필연적으로 저작물의 이용을 수반하므로 이때 저작인접권자의 허락뿐만 아니라 저작권자의 허락도 필요하다는 것을 주의적으로 규정한 것이다.[6] 따라서 타인의 저작인접물을 이용(복제 등)하고자 하는 자는 반드시 저작인접권자뿐만 아니라 저작권자의 허락도 얻어야 한다.[7] 이때 양자에 대한 허락은 상호 영향을 미치지 않는다.

이 조항은 저작인접권 보호가 저작권 보호에 변경을 가하는 것이어서는 안된다는 로마협약의 규정(제1조)을 따른 것이다.[8] 저작인접권을 보호하는 것에 대해 저작권자는 저작인접권 인정으로 인하여 저작권자 보호가 제약받을 수 있다는 점, 저작권자뿐만 아니라 저작인접권자에도 허락을 받도록 됨으로써 저작물 향유의 기회가 축소되어 결국 저작물 이용에 따른 대가 수입의 감소로 이어질 수 있다는 점, 그리고 저작권자가 얻던 대가를 나누게 됨으로써 수입이 줄어들 수 있다는 점(이른바 '케이크 이론') 등을 우려[9]했는데, 로마협약의 제1조는 이러한 우려에 대한 합의로 볼 수 있다.

---

6) 서울지방법원 2003. 9. 30. 자 2003카합2114 결정.
7) 저작인접권 또는 저작권이 신탁관리단체에 귀속되어 있는 경우에는 해당 신탁관리단체의 허락을 받아야 한다.
8) 이는 저작인접권이 저작권 보다 강력한 보호를 받는 것으로 하여서는 안된다고 선언한 것으로 해석된다. 허희성 역, 「로마협약과 음반협약의 해설」, WIPO(한국저작권법학회 한국어번역본), 1986, 23면.
9) 허희성 역(1986), 22-23면.

제 2 절 실연자의 권리

1. 실연과 실연자

(1) 실 연

실연은 저작물을 연기·무용·연주·가창·구연·낭독 그 밖의 예능적 방법으로 표현하거나 저작물이 아닌 것을 이와 유사한 방법으로 표현하는 것을 의미한다 (법 제2조 4호).

실연의 대상은 저작물뿐만 아니라 저작물이 아닌 것도 포함된다. 따라서 저작물이 아닌 일련의 표현물 모두 실연의 대상이 될 수 있다. 예를 들어 요술, 마술, 곡예, 복화술 등[10]을 하는 행위도 실연이 될 수 있다. 실연의 대상이 저작물인지 여부를 고려하지 않으므로 어떠한 실연의 대상을 특정할 때 그것이 전체로써 저작물인지 혹은 저작물이 아닌 부분이 포함되어 있는지 역시 고려할 필요가 없다. 예를 들어 가수가 노래를 부른다고 할 때, 그 노래에는 작곡가 등의 창작적 표현으로써 저작물인 부분이 있고 동시에 관용구 등에 해당함으로써 저작물로 인정될 수 없는 부분이 병존할 것이다. 이때 저작물인 부분과 그렇지 않은 부분을 구별할 필요가 없기 때문에 가수가 노래를 부른 행위는 전체로써 실연에 해당하는 것이 된다.

보호할 수 있는 실연에 해당하는지 여부를 결정하는 중요한 요건은 일련의 표현이 예능적 방법 혹은 이와 유사한 방법으로 이루어졌는지 여부이다. 따라서 낭독과 같이 저작물을 단순히 읽는 행위는 실연으로 인정될 수 없다. 실연을 공연과 혼동하는 경우가 있을 수 있는데, 저작권법은 실연을 공중에게 공개하는 대상 중 하나로 명시[11]함으로써 양자를 구분하고 있다. 예를 들면, 컴퓨터프로그램을 실행시켜 이를 사람들이 볼 수 있도록 시연하는 것은 공연(대상 컴퓨터프로그램이 저작물일 경우)에는 해당하나 실연이 될 수는 없다. 한편, 스포츠 경기 활동을 실연으로 볼 수

---

10) 박성호(2023), 375면.

11) 저작권법 제2조 3호. "공연은 저작물 또는 실연·음반·방송을 상연·연주·가창·구연·낭독·상영·재생 그 밖의 방법으로 공중에게 공개하는 것을 말하며, 동일인의 점유에 속하는 연결된 장소 안에서 이루어지는 송신(전송을 제외한다)을 포함한다."

있는지 여부에 대해 일반적으로는 선수가 경기를 예능적으로 표현한 것으로 볼 수 없으므로 스포츠 경기 활동을 실연으로 보지 않고 있다.[12] 다만, 스포츠 경기라 하더라도 그 내용이 서로 대립하여 대응하는 경쟁일 뿐 아니라, 예능적 요소를 인정할 수 있는 경우(예를 들어 피겨 스케이팅 등)에는 이를 실연으로 인정할 수 있다고 보기도 한다.[13]

(2) 실연자

실연을 하는 자를 실연자라고 한다(법 제2조 4호). 특정한 사람을 실연자로 인정하기 위해서는 직업과 같은 것이 중요한 것은 아니고 실제 그 사람이 한 어떠한 행위가 실연에 해당하는지 여부를 기준으로 보아야 한다. 그런데 저작권법은 실연을 지휘, 연출 또는 감독하는 자도 실연자로 인정하고 있다(법 제2조 4호). 이는 이들의 행위를 실연과 동일한 역할을 하는 것으로 보기 때문이다. 연출자의 실연자 인정과 관련하여서는 연출이 실연에 해당하는지 혹은 저작물에 대한 창작에 해당하는지 여부에 대한 논란에서 출발하여 그러한 연출을 하는 연출자의 지위까지 오랫동안 논란이 이어지고 있다.[14]

> **대법원 2005. 10. 4. 자 2004마639 결정('사랑은 비를 타고' 사건)**
>
> 저작권법 제2조 제13호는 '2인 이상이 공동으로 창작한 저작물로서 각자의 이바지한 부분을 분리하여 이용할 수 없는 것'을 공동저작물의 정의로 규정하고 있는바, 저작물의 창작에 복수의 사람이 관여하였다고 하더라도 각 사람의 창작활동의 성과를 분리하여 이용할 수 있는 경우에는 공동저작물이 아니라 이른바 결합저작물에 불과한 것이라고 보아야 한다.
>
> 원심은, 신청인들이 뮤지컬 '(제목 생략)'(이하 신청인들이 기획·제작한 뮤지컬을 '○○뮤지컬'이라 하고, 피신청인들이 기획·제작한 뮤지컬을 '이 사건 뮤지컬'이라 한다)의 저작권자이거나 공동저작권자라는 신청인들의 주장에 대하여 판단하기 위한 전

---

12) 오승종(2023), 523-524면.
13) 박성호(2023), 375면. e-sports에 참여하는 프로게이머는 실연자로 인정될 가능성이 적지 않다는 의견도 있다. 이해완(2019), 951면.
14) 이 문제에 있어서 해외의 입법 혹은 판결을 근거로 단편적으로 해결의 방향을 정하는 것은 주의할 필요가 있다. 참고 입법 혹은 판결 등이 갖는 다양한 배경과 우리의 현실 등을 종합적으로 살펴 합리적인 법적 방향성을 도출해야 할 것이다.

제로서, 뮤지컬은 음악과 춤이 극의 구성·전개에 긴밀하게 짜 맞추어진 연극으로서, 각본, 악곡, 가사, 안무, 무대미술 등이 결합된 종합예술의 분야에 속하고 복수의 저작자에 의하여 외관상 하나의 저작물이 작성된 경우이기는 하나, 그 창작에 관여한 복수의 저작자들 각자의 이바지한 부분이 분리되어 이용될 수도 있다는 점에서, 공동저작물이 아닌 단독 저작물의 결합에 불과한 이른바 '결합저작물'이라고 봄이 상당하고, 한편 뮤지컬 자체는 연극저작물의 일종으로서 영상저작물과는 그 성격을 근본적으로 달리하기 때문에 영상물제작자에 관한 저작권법상의 특례규정이 뮤지컬 제작자에게 적용될 여지가 없으므로 뮤지컬의 제작 전체를 기획하고 책임지는 뮤지컬 제작자라도 그가 뮤지컬의 완성에 창작적으로 기여한 바가 없는 이상 독자적인 저작권자라고 볼 수 없으며, 뮤지컬의 연기자, 연출자 등은 해당 뮤지컬에 관여한 실연자로서 그의 실연 자체에 대한 복제권 및 방송권 등 저작인접권을 가질 뿐이라고 판단하였는바, 기록과 앞서 본 법리에 비추어 보면, 원심의 위와 같은 판단은 정당하여 수긍되고 거기에 재항고이유의 주장과 같은, 공동저작물에 관한 법리오해, 영상저작물에 관한 특례의 적용범위에 관한 법리오해 등의 위법이 없다.

원심은 나아가, 그 채용 증거를 종합하여 판시와 같은 사실을 인정한 다음, 비록 신청인 1, 신청인 2가 ○○뮤지컬의 제작자, 신청인 3이 연출자로서 ○○뮤지컬의 제작 및 공연에 참여하고, 신청인 2가 외국 영화로부터 ○○뮤지컬의 기본설정을 착안해 내어 이를 대본작가나 작곡가에게 제공하였으며, 신청인 3이 일부 대본의 수정이나 가사작성에 관여함과 아울러 ○○뮤지컬의 제작과정 및 공연에 이르기까지 전체적인 조율과 지휘·감독을 한 바 있기는 하지만, ○○뮤지컬의 대본을 실제로 완성한 신청외 1이나 그 대본에 따라 곡을 붙인 신청외 2는 신청인들의 피용자가 아니라 독자적인 활동을 하면서 각자 그 스스로의 재량에 따라 예술적인 감각과 기술을 토대로 뮤지컬의 대본과 악곡을 작성할 능력이 있는 희곡작가 또는 작곡가로서, 신청인들로부터 대본작성 및 작곡에 대한 대가로 월급 형태의 급여가 아닌 완성된 작업의 대가를 지급받았으며, 신청외 1이나 신청외 2가 ○○뮤지컬의 대본과 악곡에 관한 저작권을 신청인들에게 양도하였다고 볼 만한 아무런 자료가 없고, 또 연출자를 변경한 이 사건 뮤지컬이 배우들의 연기나 안무, 조명, 무대장치 등 연출자에 의해 달라질 수 있는 부분까지 ○○뮤지컬과 동일하다는 점에 대한 소명도 없으므로, ○○뮤지컬의 제작자로서 그 완성에 창작적으로 기여한 바 없는 신청인 1, 신청인 2나 ○○뮤지컬의 연출자로서 이를 실연한 데 불과한 신청인 3은 ○○뮤지컬에 대한 저작권이나 저작인접권을 주장하여 피신청인들의 공연의 금지를 구할 수 없다고 판단하였다.

기록에 의하여 살펴보면, 원심의 위와 같은 사실인정과 판단은 모두 정당하여 수긍되고, 거기에 재항고이유의 주장과 같은 뮤지컬의 저작권 및 제작·배포권에 관한 법리오해나 채증법칙 위배 등의 위법이 없다. 재항고이유에서 내세우는 대법원판결은 그 사안과 그 취지를 달리하여 이 사건의 적절한 선례가 될 수 없다.

그러므로 재항고를 모두 기각하기로 하여 주문과 같이 결정한다.

(3) 실연자의 추정

저작권법에 따라 보호되는 실연과 관련하여 실연자의 실명 또는 널리 알려진 이명이 일반적인 방법으로 표시된 경우에는 그 표시된 자가 그 실연에 대한 실연자로서의 권리를 가지는 것으로 추정한다(법 제64조의2).

2. 실연자의 인격권

제66조(성명표시권) ① 실연자는 그의 실연 또는 실연의 복제물에 그의 실명 또는 이명을 표시할 권리를 가진다.

② 실연을 이용하는 자는 그 실연자의 특별한 의사표시가 없는 때에는 실연자가 그의 실명 또는 이명을 표시한 바에 따라 이를 표시하여야 한다. 다만, 실연의 성질이나 그 이용의 목적 및 형태 등에 비추어 부득이하다고 인정되는 경우에는 그러하지 아니하다.

제67조(동일성유지권) 실연자는 그의 실연의 내용과 형식의 동일성을 유지할 권리를 가진다. 다만, 실연의 성질이나 그 이용의 목적 및 형태 등에 비추어 부득이하다고 인정되는 경우에는 그러하지 아니한다.

제68조(실연자의 인격권의 일신전속성) 제66조 및 제67조에 규정된 권리(이하 '실연자의 인격권'이라 한다)는 실연자 일신에 전속한다.

(1) 개 관

저작권법은 실연자의 인격권을 인정하고 있다. 이는 2006년 WIPO실연·음반조약(WTTP) 가입을 위하여 2006년 저작권법에 도입된 것으로, WIPO실연·음반조약 제5조는 성명표시권과 동일성유지권을 실연자에게 인정하고 있기 때문에 국내 법률에서 이를 반영할 필요가 있었기 때문이다.[15] 이에 저작권법은 실연자[16]의 인격권으로서 성명표시권(제66조)과 동일성유지권(제67조)을 인정하고 있다. 한편, WIPO실연·음반조약이 실연자에 대한 공표권을 인정하지는 않기 때문에 실연자에 공표권을 인정할 것인지 여부는 우리 법에 달린 것인데, 우리 저작권법은 실연

---

15) 이해완(2019), 953면.

16) WIPO실연·음반조약은 청각적 실연자의 인격권만을 다루고 있으나 우리 저작권법은 청각적 실연자와 시청각적 실연자를 구분하지 않고 모두에 적용하고 있다. 임원선(2022), 312면.

자에게 공표권을 인정하지 않는 태도를 취하고 있다.

실연자의 인격권, 즉 성명표시권과 동일성유지권은 실연자 일신에 전속하는 권리이다. 이에 실연자의 생존 기간 권리가 유효하며, 실연자의 사망 시 이들 권리는 종료된다. 다만, 실연자의 사망시 인격적 이익의 보호가 유효하게 발생하는지에 대해 저작권법 제128조와 같은 규정이 실연자에 대해서는 존재하지 않는다는 점 등을 고려할 때 저작인격권의 경우와 달리 실연자에 대해서는 사망 이후 인격적 보호가 이루어지지 않는 것으로 해석한다.[17]

(2) 성명표시권

실연자는 그의 실연 또는 실연의 복제물에 그의 실명 또는 이명을 표시할 권리를 가진다(법 제66조 제1항). 성명표시권이 미치는 대상은 실연자의 실연 또는 실연의 복제물이다. 따라서 유형의 음반과 같은 유형 매체뿐만 아니라 실연이 무형적으로 수록된 방송 등의 무형 매체에도 성명을 표시하여야 한다. 이때 성명을 표시하지 않는 것 역시 권리 행사의 한 형태임은 저작인격권의 경우와 같다. 아울러 표시의 내용은 실연자의 실명뿐만 아니라 이명 역시 가능하다. 이때 이명은 실연자를 추정하는 경우와 달리 널리 알려져 있을 필요는 없다.

실연을 이용하는 자는 그 실연자의 특별한 의사표시가 없는 때에는 실연자가 그의 실명 또는 이명을 표시한 바에 따라 이를 표시하여야 한다(법 제66조 제2항). 이는 실연을 이용할 때 실연자에게 성명의 표시 방법을 일일이 확인할 필요 없이 표시된 성명(실명 또는 이명)에 따라 이를 표시하면 충분하다는 의미이다.

다만, 실연의 성질이나 그 이용의 목적 및 형태 등에 비추어 부득이하다고 인정되는 경우에는 표시된 성명의 표시 의무가 제한된다(법 제66조 제2항 단서). 이는 현실적인 면을 고려한 것으로써 매장, 음식점, 카페 등에서 음악을 틀어놓을 때 일일이 실연자의 성명을 표시하는 것이 현실적으로 어려울 뿐 아니라, 성명을 표시한다고 하더라도 그것이 실연자에게 이익이 되지 않음을 고려한 것이다. 관행적으로는 공연의 경우 공연 내용을 소개하는 웹페이지 혹은 팜플랫 등에서 실연자 성명을 소개하는 것, 영화 또는 방송의 경우 해당 프로그램이 끝날 때 자막(크레딧)을 통해 실연자의 성명을 소개하는 방식 등으로 이루어지고 있다.

---

17) 오승종(2023), 528면.

(3) 동일성유지권

실연자는 그의 실연의 내용과 형식의 동일성을 유지할 권리를 가진다(법 제67조). 실연의 내용과 형식에 동일성을 요하므로, 실연 자체에 대한 변경이 아닌 실연의 결과물에 변경 혹은 부수하는 것은 실연자의 동일성유지권을 침해한 것이 되지 않는다. 그리고 변경된 실연의 내용과 형식이 어떠한 가치를 갖는지 여부는 고려되지 않는다.

실연자의 동일성유지권은 실연의 성질이나 그 이용의 목적 및 형태 등에 비추어 부득이하다고 인정되는 경우에는 그러하지 아니한다(법 제67조 단서). 즉, 실연자의 성명표시권의 경우와 같이 인격권 행사에 일정한 제한이 발생하는 것이다. 원칙적으로는 실연자의 실연을 이용 시 동일성을 해하게 될 경우 실연자의 허락을 얻어야 하나, 부득이한 경우에 한하여 이 허락 없이도 동일성을 해한 이용이 가능하게 한 것이다. 영상매체에 따른 품질의 차이, 플랫폼의 요건에 맞추기 위한 영상·음악 등의 편집, 음성의 더빙 등은 그 이용의 목적과 형태 등에 비추어 부득이한 경우로 볼 수 있을 것이다.

3. 실연자의 재산권

제69조(복제권) 실연자는 그의 실연을 복제할 권리를 가진다.

제70조(배포권) 실연자는 그의 실연의 복제물을 배포할 권리를 가진다. 다만, 실연의 복제물이 실연자의 허락을 받아 판매 등의 방법으로 거래에 제공된 경우에는 그러하지 아니하다.

제71조(대여권) 실연자는 제70조 단서에도 불구하고 그의 실연이 녹음된 상업용 음반을 영리를 목적으로 대여할 권리를 가진다.

제72조(공연권) 실연자는 그의 고정되지 아니한 실연을 공연할 권리를 가진다. 다만, 그 실연이 방송되는 실연인 경우에는 그러하지 아니하다.

제73조(방송권) 실연자는 그의 실연을 방송할 권리를 가진다. 다만, 실연자의 허락을 받아 녹음된 실연에 대하여는 그러하지 아니하다.

제74조(전송권) 실연자는 그의 실연을 전송할 권리를 가진다.

제75조(방송사업자의 실연자에 대한 보상) ① 방송사업자가 실연이 녹음된 상업용 음반을 사용하여 방송하는 경우에는 상당한 보상금을 그 실연자에게 지급하여야 한다. 다만, 실연자가 외국인인 경우에 그 외국에서 대한민국 국민인 실연자에게 이 항의 규정에 따른 보상금을 인정하지 아니하는 때에는 그러하지 아니하다.
② 제1항에 따른 보상금의 지급 등에 관하여는 제25조제7항부터 제11항까지의 규정을 준용한다.

③ 제2항의 규정에 따른 단체가 보상권리자를 위하여 청구할 수 있는 보상금의 금액은 매년 그 단체와 방송사업자가 협의하여 정한다.

④ 제3항에 따른 협의가 성립되지 아니하는 경우에 그 단체 또는 방송사업자는 대통령령으로 정하는 바에 따라 위원회에 조정을 신청할 수 있다.

제76조(디지털음성송신사업자의 실연자에 대한 보상) ① 디지털음성송신사업자가 실연이 녹음된 음반을 사용하여 송신하는 경우에는 상당한 보상금을 그 실연자에게 지급하여야 한다.

② 제1항에 따른 보상금의 지급 등에 관하여는 제25조제7항부터 제11항까지의 규정을 준용한다.

③ 제2항의 규정에 따른 단체가 보상권리자를 위하여 청구할 수 있는 보상금의 금액은 매년 그 단체와 디지털음성송신사업자가 대통령령으로 정하는 기간 내에 협의하여 정한다.

④ 제3항의 규정에 따른 협의가 성립되지 아니한 경우에는 문화체육관광부장관이 정하여 고시하는 금액을 지급한다.

제76조의2(상업용 음반을 사용하여 공연하는 자의 실연자에 대한 보상) ① 실연이 녹음된 상업용 음반을 사용하여 공연을 하는 자는 상당한 보상금을 그 실연자에게 지급하여야 한다. 다만, 실연자가 외국인인 경우에 그 외국에서 대한민국 국민인 실연자에게 이 항의 규정에 따른 보상금을 인정하지 아니하는 때에는 그러하지 아니하다.

② 제1항에 따른 보상금의 지급 및 금액 등에 관하여는 제25조제7항부터 제11항까지 및 제76조제3항·제4항을 준용한다.

(1) 복제권

실연자는 그의 실연을 복제할 권리를 가진다(법 제69조). 여기서 복제는 인쇄·사진촬영·복사·녹음·녹화 그 밖의 방법으로 일시적 또는 영구적으로 유형물에 고정하거나 다시 제작하는 것을 의미한다(법 제2조 22호). 저작권법은 실연의 복제 유형을 한정하고 있지 않다. 이에 실연을 맨 처음 유형물에 고정(녹음, 녹화 등)하는 것을 비롯하여, 실연을 고정한 유·무형물을 복제하는 것도 복제권의 범위에 속하게 된다. 이는 로마협약에서의 '일회주의(one chance theory)'를 넘어서는 보호의 제공으로 볼 수 있다.[18]

복제권에 있어서 몇 가지 유의점이 있다. 첫째, 복제의 대상은 실연이다. 따라서 실연에 이르지 않는 실연의 장면을 촬영한 사진 등을 복제하는 것은 여기서의 복제권 범위에 속하지 않게 된다. 둘째, 실연과 유사한 실연은 당해 복제권의 대상이 될 수 없다. 이는 복제권이 실연자가 행한 실연 자체에 미치는 것이기 때문인데, 저작권과 달리 유사한 실연을 보호범위에 포함하지 않는 저작권법의 태도에 따라 실연자의 실연과 비슷한 다른 실연은 복제라 보지 않는다. 즉 실연의 모방은 실연자의

---

18) 임원선(2022), 313면.

복제권 침해가 되지 않는다. 셋째, 실연자의 복제권은 영상저작물에 관한 특례 적용을 받는다. 따라서 영상제작자와 영상저작물의 제작에 협력할 것을 약정한 실연자의 그 영상저작물의 이용에 관한 저작권법 제69조의 규정에 따른 복제권은 특약이 없다면 영상제작자가 양도받은 것으로 추정한다(법 제100조 제3항).

(2) 배포권

실연자는 그의 실연의 복제물을 배포할 권리를 가진다(법 제70조). 여기서 배포는 실연의 원본 또는 그 복제물을 공중에게 대가를 받거나 받지 아니하고 양도 또는 대여하는 것을 의미한다(법 제2조 23호). 다만, 실연의 복제물이 실연자의 허락을 받아 판매 등의 방법으로 거래에 제공된 경우에는 그러하지 아니하다(법 제70조 단서). 저작재산권의 배포권과 마찬가지로 실연의 경우에도 실연의 복제물이 일단 한번 거래에 제공되면 배포권이 소진되는 권리소진원칙(최초판매원칙)이 적용됨으로써, 배포권 행사가 제한된다.

실연자의 배포권 역시 영상저작물에 대한 특례를 적용받으므로, 영상제작자와 영상저작물의 제작에 협력할 것을 약정한 실연자의 그 영상저작물의 이용에 관한 제70조의 규정에 따른 배포권은 특약이 없으면 영상제작자가 이를 양도받은 것으로 추정한다(법 제100조 제3항).

(3) 대여권

실연자는 저작권법 제70조 단서에도 불구하고 그의 실연이 녹음된 상업용 음반을 영리를 목적으로 대여할 권리를 가진다(법 제71조). 이 규정은 배포권의 제한(법 제70조 단서)에 대한 예외이다. 따라서 상업용 음반의 영리 목적 대여에 대해서는 일단 거래에 제공된 이후 배포권이 소진되는 배포권의 제한 규정이 적용되지 않는다. 이에 상업용 음반의 영리 목적의 대여는 배포권과 구별되는 권리인 대여권이 부여된다.

(4) 공연권

실연자는 그의 고정되지 아니한 실연을 공연할 권리를 가진다. 다만, 그 실연이 방송되는 실연인 경우에는 그러하지 아니하다(법 제72조). 이는 고정되지 않은 생실연(生實演)에 대하여 공연권을 부여한 것이다. 고정되지 않은 생실연에 대한 유선방송을 통한 공중전달은 방송권의 부여로 다루어지므로 단서 규정을 통하여 공연권의 범위에서 제외하고 있다. 따라서 공연권의 인정은 그 외 나머지 부분인 확성기나 멀티비전 등을 통하여 실연 장소 이외의 지역에서 공중에 전달되는 것을 통제하기 위함에 그 목적을 두고 있다.[19] 이에 실연자는 고정되지 않은 실연에 대해서 그 실연이 방송되는 것이 아닌 경우에 한하여 공연권을 부여 받는다.

(5) 방송권

실연자는 그의 실연을 방송할 권리를 가진다(법 제72조). 여기서 방송은 공중이 동시에 수신하게 할 목적으로 음·영상 또는 음과 영상 등을 송신하는 것을 의미한다(법 제2조 8호). 다만, 실연자의 허락을 받아 녹음된 실연에 대하여는 그러하지 아니하다(법 제72조 단서).

단서 규정은 일단 녹음을 위하여 실연자에게 허락을 받았다면 이의 방송을 위하여 다시 허락을 받지 않아도 된다는 의미이다. 방송을 위해 실연이 녹음된 상업용 음반을 사용할 경우 실연자는 방송사업자에 대해 보상청구권을 갖는다(법 제75조 제1항). 아울러 단서 규정에서 녹음만을 규정하고 녹화에 대해서는 규정을 두지 않는 이유는 녹화된 영상저작물의 경우에는 영상저작물에 관한 특례가 적용되어 특약이 없는 한 방송권은 영상제작자가 양도받은 것으로 추정하기 때문이다. 즉, 실연자의 허락을 받아 제작된 영상저작물을 방송할 경우에는 그 방송권이 영상제작자에게 양도된 것으로 추정하므로 별도의 방송권에 대한 허락을 받을 필요가 없게 된다. 따라서 청각 실연자의 방송권은 제72조 단서에 의하여 제한되며, 시청각 실연자의 방송권은 제100조 제3항에 의하여 제한되는 구조를 갖는다. 실연자의 방송권 관련 계약 시 주의가 필요한 부분이다.

(6) 전송권

실연자는 그의 실연을 전송할 권리를 가진다(법 제74조). 전송은 공중송신 중 공중의 구성원이 개별적으로 선택한 시간과 장소에서 접근할 수 있도록 저작물등을 이용에 제공하는 것을 밀하며, 그에 따라 이루어지는 송신을 포함한다(법 제2조 10

---

19) 박성호(2023), 385면.

호). 즉, 실연자는 이시성을 갖는 방식으로 다른 사람이 실연자의 실연이 고정된 음반 등을 온라인상에서 파일 등으로 제공하는 행위를 금지 혹은 허락할 수 있는 권리를 갖는다. 이 규정은 과거 인터넷 상에서 음원 파일의 부당한 유통이 문제가 되던 상황에서 당시 실연이 고정된 파일의 복제권 침해로 우회 대응하던 것을 실연자의 전송권을 침해한 것으로 직접 대응할 수 있게 하였다는 의의가 있다.[20] 이에 인터넷 방송으로 지칭되는 서비스의 경우 이를 구성하는 여러 유형(방송, 전송, 디지털 음성송신 등) 가운데 실연의 고정물이 전송된다면 실연자는 배타적 권리를 행사할 수 있다.[21]

실연자의 전송권 역시 영상저작물에 대한 특례를 적용받으므로, 영상제작자와 영상저작물의 제작에 협력할 것을 약정한 실연자의 그 영상저작물의 이용에 관한 제74조의 규정에 따른 전송권은 특약이 없으면 영상제작자가 이를 양도받은 것으로 추정한다(법 제100조 제3항).

(7) 방송사업자의 실연자에 대한 보상

방송사업자가 실연이 녹음된 상업용 음반을 사용하여 방송하는 경우에는 상당한 보상금을 그 실연자에게 지급하여야 한다(법 제75조 제1항). 즉, 실연자는 방송사업자가 그 실연이 녹음된 상업용 음반을 사용하여 방송할 경우 보상청구권을 갖는다. 이때 방송사업자는 유·무선 여부를 구분하지 않는다. 상업용 음반은 통상 그 음반을 구입한 개인 등이 향유함을 일반적인 전제로 한다. 그런데 이를 방송에서 사용할 경우 상업용 음반이 통상 예정하고 있는 사용범위를 넘어서는 사용[22]이 발생하게 되는데, 방송사업자는 이로 인하여 많은 이익을 얻을 수 있게 되나 반대로 실연자는 그로 인한 공연 기회의 감소 등을 겪는 손해를 입게 된다. 실연자는 제73조 단서에 의하여 자신이 허락한 실연의 방송에 대해서 배타적 권리로서 방송권을 주장

---

20) 이해완(2019), 963면.

21) 저작권법 제74조가 과잉 입법에 해당한다는 견해가 있는데 이에 대한 논의는, 허희성, 「신저작권법 축조개설」, 명문프리컴, 2011, 424-425면: 박성호(2023), 387면 참조.

22) 이를 로마협약과 WIPO실연·음반조약에서는 '상업용 음반의 이차적 사용(secondary uses)'이라고 한다. 로마협약은 상업용 음반의 직접적인 사용에 한정하나, WIPO실연·음반조약에서는 직접적 사용뿐 아니라 간접적 사용도 보상청구권의 대상으로 한다는 점에 차이가 있다. 박성호(2023), 389면; 그리고 이차적 사용에 대한 보상을 청구할 수 있는 권리를 '이차적 사용료 청구권'이라고 한다. 오승종(2023), 533면.

할 수는 없지만, 그럼에도 불구하고 일정한 보상을 부여함으로써 이해의 균형을 맞추고자 하는 것이 본조의 목적이다. 이러한 점은 뒤에서 설명할 디지털음성송신사업자 또는 상업용 음반을 사용하여 공연하는 자의 경우에도 동일하다.

외국인인 실연자에 대해서도 상호주의를 전제로 보상청구권을 인정하고 있다. 이에 법 제75조 제1항 단서에서 "실연자가 외국인인 경우에 그 외국에서 대한민국 국민인 실연자에게 이 항의 규정에 따른 보상금을 인정하지 아니하는 때에는 그러하지 아니하다."라고 하여, 외국인 실연자에 보상청구권을 인정할 근거를 두는 동시에 우리 국민 역시 외국에서 실연자로서 이 권리를 인정받을 수 있도록 하고자 하였다.

보상금 지급에 관하여 방송사업자가 모든 실연자들과 개별적으로 협의하는 것은 현실적으로 쉽지 않다. 이에 저작권법은 이 보상금 지급 등에 관하여 저작권법 제25조 제7항부터 제11항까지의 규정을 준용(법 제75조 제2항)하도록 하며, 이에 따른 단체가 보상권리자를 위하여 청구할 수 있는 보상금의 금액은 매년 그 단체와 방송사업자가 협의하여 정하도록 하였다(법 제75조 제3항). 보상금 지급에 관한 업무를 담당하는 단체는 저작권법 제25조 제7항 각 호의 요건을 갖춘 단체로서 구성원의 의결권 등이 평등하고 단체의 의사결정이 민주적으로 이루어져야 한다는 요건이 요구된다(법 시행령 제3조 제1항). 현재 사단법인 한국음악실연자연합회가 지정되어 있다.[23] 방송사업자와 지정된 단체(현재는 한국음악실연자연합회) 사이의 보상금 금액이 합의되지 않을 경우에는 한국저작권위원회에 조정을 신청할 수 있다(법 제75조 제4항). 이 조정 절차는 합의의 강제성이 없는 것이므로 당사자 사이의 의견을 반드시 합치시킬 수 있는 것은 아니며, 조정 불성립 시 보상금을 지급받는 단체는 법원에 소송을 제기할 수 있다.

(8) 디지털음성송신사업자의 실연자에 대한 보상

디지털음성송신사업자가 실연이 녹음된 음반을 사용하여 송신하는 경우에는 상당한 보상금을 그 실연자에게 지급하여야 한다(법 제76조 제1항). 즉, 실연자는 디지털음성송신사업자가 그 실연이 녹음된 음반을 사용하여 송신할 경우 보상청구권을

---

23) 다만, 이와 같은 단체의 지정을 하나의 단체만 지정해야 하는 것은 아니고 복수의 단체를 지정할 수도 있다. 박성호(2023), 391면.

갖는다. 디지털음성송신은 공중송신 중 공중으로 하여금 동시에 수신하게 할 목적으로 공중의 구성원의 요청에 의하여 개시되는 디지털 방식의 음의 송신을 말하며, 전송은 제외한다(법 제2조 11호). 음을 송신하는 것만을 대상으로 하므로 영상이 포함되어 송신될 경우 이는 디지털음성송신에 해당하지 않는다.[24]

방송사업자에 대한 보상청구권과 동일하게 보상금의 지급 등에 관하여는 저작권법 제25조 제7항부터 제11항까지의 규정을 준용(법 제76조 제2항)하도록 하며, 이에 따른 단체가 보상권리자를 위하여 청구할 수 있는 보상금의 금액은 매년 그 단체와 디지털음성송신사업자가 대통령령으로 정하는 기간 내에 협의하여 정하여야 한다(법 제76조 제3항). 이때 보상금의 금액이 합의되지 못할 경우 문화체육관광부장관이 정하여 고시하는 금액으로 지급한다(법 제76조 제4항).

디지털음성송신사업자에 대한 보상청구권은 방송사업자에 대한 경우와 차이를 갖는다. 방송의 경우 배타적 권리가 인정(제외사항 있음)됨에 비해 디지털음성송신의 경우에는 실연자에 배타적 권리가 발생하지 않는다는 점, 방송의 경우는 실연이 녹음된 상업용 음반을 사용한 경우를 전제하나, 디지털음성송신의 경우 상업용 음반뿐만 아니라 이를 포함하는 모든 음반을 대상으로 한다는 점, 방송의 경우는 외국인에 대해 상호주의를 적용하나 디지털음성송신의 경우는 외국인에 대해 내국인 대우 원칙을 적용하고 있다는 점, 그리고 보상금 금액의 합의가 이루어지지 않을 때 방송의 경우 한국저작권위원회의 조정을 거치도록 하나 디지털음성송신의 경우에는 문화체육부장관이 정하여 고시하는 금액에 따르도록 한다는 점[25] 등에 차이가 있다.

(9) 상업용 음반을 사용하여 공연하는 자의 실연자에 대한 보상

실연이 녹음된 상업용 음반을 사용하여 공연을 하는 자는 상당한 보상금을 그 실연자에게 지급하여야 한다(법 제76조의2 제1항). 법 제72조에서 고정되지 않은 실연에 대해서는 배타적 권리인 공연권을 부여한 것과 달리, 실연이 상업용 음반에 고정된 경우에는 보상청구권을 인정한 것이다.

---

24) 이 경우 방송이나 전송에도 해당하지 않으므로 저작권법상의 실연자 권리 범위에서 제외된다.

25) 이는 디지털음성송신의 경우 방송의 경우와 달리 계쟁금액이 크지 않다는 점을 감안한 분쟁해결의 효율성을 높이기 위한 것이라고 한다. 이해완(2019), 970면. 한편, 이러한 방식은 고시에서 명확하게 정해진 기준이 없을 경우 보상금을 청구하기 어렵다는 문제가 있다.

외국인인 실연자에 대해서도 상호주의를 전제로 보상청구권을 인정하고 있다. 이에 법 제76조의2 제1항 단서에서 "다만, 실연자가 외국인인 경우에 그 외국에서 대한민국 국민인 실연자에게 이 항의 규정에 따른 보상금을 인정하지 아니하는 때에는 그러하지 아니하다."라고 하여, 외국인 실연자에 보상청구권을 인정할 근거를 두는 동시에 우리 국민 역시 외국에서 실연자로서 이 권리를 인정받을 수 있도록 하고자 하였다.

보상금 지급에 관하여는 저작권법 제25조 제7항부터 제11항까지의 규정을 준용 (법 제76조의2 제2항)하도록 하며, 디지털음성송신사업자에 대한 규정(법 제76조 제3항 및 제4항)을 함께 준용하도록 하고 있다. 따라서 이 조항에 따른 공연자와 실연자 간 보상금 금액에 대한 합의가 이루어지지 않을 경우 조정이 아닌 문화체육관광부장관이 고시로 정한 금액을 지급하도록 한다.

4. 공동실연자

> **제77조(공동실연자)** ① 2명 이상이 공동으로 합창·합주 또는 연극등을 실연하는 경우에 이 절에 규정된 실연자의 권리(실연자의 인격권은 제외한다)는 공동으로 실연하는 자가 선출하는 대표자가 이를 행사한다. 다만, 대표자의 선출이 없는 경우에는 지휘자 또는 연출자 등이 이를 행사한다.
> ② 제1항의 규정에 따라 실연자의 권리를 행사하는 경우에 독창 또는 독주가 함께 실연된 때에는 독창자 또는 독주자의 동의를 얻어야 한다.
> ③ 제15조의 규정은 공동실연자의 인격권 행사에 관하여 준용한다.

2명 이상이 공동으로 합창·합주 또는 연극 등을 실연하는 경우에 실연자의 권리(실연자의 인격권은 제외한다)는 공동으로 실연하는 자가 선출하는 대표자가 이를 행사한다. 다만, 대표자의 선출이 없는 경우에는 지휘자 또는 연출자 등이 이를 행사한다(법 제77조 제1항). 권리 행사를 위해 저작재산권자 전원의 합의가 필요한 공동저작물의 경우와 달리, 실연은 공동으로 이루어지는 규모가 매우 상당한 경우[26]가 많아 이를 그대로 준용하기는 어렵다. 이에 공동으로 이루어진 실연의 경우에는 실연자 가운데 대표자를 선출하여 그로 하여금 권리 행사를 하도록 한 것이다. 단서에서 명시된 지휘자 또는 연출자 등은 그 명칭 자체에서 의미를 부여받는 것은

---

[26] 예를 들어 영화의 전쟁 씬(scene)에서의 수백의 엑스트라, 공연에서의 백여 명의 합창단원 등이 해당한다.

아니며 실제적인 역할을 고려하여 실연을 전체적으로 지휘하거나 연출하는 등의 행위를 수행하는 사람을 의미한 것이다.

대표자인 실연자가 행사하는 권리로는 실연자의 인격권을 제외하고 재산권의 전부, 즉 복제권, 배포권, 대여권, 공연권, 방송권, 전송권이 있으며, 방송사업자에 대한 보상청구권, 디지털음성송신사업자에 대한 보상청구권, 그리고 상업용 음반을 사용하여 공연하는 자에 대한 보상청구권이 포함된다. 다만, 보상청구권은 각 지정된 단체를 통하여만 행사할 수 있으므로, 선출된 대표자라 하더라도 이를 직접 행사할 수는 없다. 지정된 단체에 신청이 가능할 뿐이다.[27]

아울러, 선출된 실연자의 대표자가 권리를 행사하는 경우에 독창 또는 독주가 함께 실연된 때에는 독창자 또는 독주자의 동의를 얻어야 한다(법 제77조 제2항).

공동실연자의 인격권 행사에 대해서는 저작권법 제15조의 규정이 준용된다(법 제77조 제3항). 따라서 공동실연자의 인격권은 공동실연자 전원의 합의에 의하여만 행사가 가능하며, 각 실연자는 신의에 반하여 합의의 성립을 방해할 수 없다. 이 경우에도 대표자를 정하여 권리를 행사하도록 할 수 있으며, 대표자의 대표권에 가하여진 제한이 있을 때 그 제한은 선의의 제3자에게 대항할 수 없다(법 제15조).

제 3 절 음반제작자의 권리

1. 음반과 음반제작자의 개념

(1) 음 반

음반은 음(음성·음향을 말한다)이 유형물에 고정된 것(음을 디지털화한 것을 포함한다)을 말하며, 음이 영상과 함께 고정된 것은 제외한다(법 제2조 5호). 음(音)은 음성과 음향을 의미한다. 음성은 사람이 노래를 부를 때 나는 발성이나 말할 때의 목소리를 의미하는 것이며, 음향은 물체에서 나는 소리와 그 울림을 의미한다. 이때 소리는 물체의 진동으로 생긴 음파가 귀청을 울리어 귀에 들리는 것으로 정의[28]한

---

27) 이해완(2019), 972면.
28) 국립국어원 표준국어대사전, stdweb2.korean.go.kr.

다. 이는 음향과 동일한 의미에 해당하며, 음향과 소리는 물체의 관여를 공통으로 한다. 물체는 구체적인 형태를 가지고 있는 물질인데, 우리는 자연이 내거나, 동식물이 내거나, 사람이 내는 등의 모든 형태를 가지는 것, 즉 물체로부터 발생하여 청각적으로 들려지는 모든 것을 소리라고 한다. 즉, 소리는 구체적인 형태를 가지고 있는 물체의 진동뿐만 아니라 진동체의 진동으로 발생하는 모든 것을 포함하는 것으로 볼 수 있다. 저작권법에서의 음향 역시 이러한 소리와 동일한 개념으로 이해할 수 있다.[29] 이러한 개념에 따라 음반에 고정된 것은 반드시 음악일 필요는 없으며 자연상의 소리나 기계음 등이 수록된 것도 음반에 해당될 수 있다. 다만, 영상과 함께 음이 고정된 것은 음원이 아니다.

한편, 음반에 해당하는 것이 무엇인지 과거 논란이 있었다. 이는 "음이 유형물에 고정된 것"이라는 음반의 정의상 표현이 갖는 모호함에서 비롯된 것인데, 음반을 음이 고정된 유형물로 이해할 것인지, 아니면 유형물에 고정된 음원으로 이해할 것인지 여부에 대한 문제였다. 그런데 이 논란은 2016년 저작권법 개정으로 디지털 음원의 개념을 음반 정의에 포함시킴으로써 후자의 견해로 이해하는 것으로 보는 태도가 일반적으로 되었다. 이에 저작권법에서의 음반은 CD, LP 등과 같은 산업상 흔히 음반이라 지칭하는 것이 아니라 이들 유형물에 수록된 음원(콘텐츠)을 의미한다.[30]

(2) 음반제작자

음반제작자는 음반을 최초로 제작하는 데 있어 전체적으로 기획하고 책임을 지는 자를 말한다(법 제2조 6호). 우리나라 국민인 음반제작자에 의한 음반, 음이 맨 처음 우리나라 내에서 고정된 음반 등의 조건 중 하나에 속할 경우에 음반제작자는 저작인접권자로서 권리를 갖는다. 권리의 부여가 전제되므로 누가 음반제작자인지 여부는 중요한 문제가 된다. 음반을 최초로 제작하는 경우에만 음반제작자가 되며, 이미 유형물에 고정되어 있는 음을 다른 유형물로 재고정한 경우는 음반을 단순히 복제한 것에 불과하므로 이를 행한 자는 음반제작자가 되지 않는다. 저작권법상의 음반과 산업상 음반의 의미 사이에 다소 차이가 있다 보니 의미를 명확히 하기 위

---

29) 최승재·김시열·이경호(2022), 24-25면.
30) 임원선(2022), 323면.

해 음원, 혹은 원반(原盤)[31]과 같은 용어가 사용되기도 한다. 이에 대해 법원은 음반 제작 과정에서 곡의 작사, 작곡, 가창 및 수록곡의 선정, 스튜디오 대여, 연주자 섭외, 녹음, 편곡, 원반제작, 표지 디자인 등 제반업무 등을 수행한 자를 음반제작자로 인정한 바 있다.[32] 한편, 음반제작자의 해당 여부는 음반 제작 시 원시적으로 결정되는 것이므로, 음반제작자로서의 요건을 갖추지 못한 자가 음반제작 이후 계약 등을 통하여 음반제작자의 지위를 갖는 것은 인정받지 못한다. 이 경우 계약의 내용은 음반제작자의 지위를 이전하는 것이 아니라 음반제작자의 권리를 양도하는 형태가 될 뿐이다.

서울남부지방법원 2013. 1. 10. 선고 2012가합14280 판결('봄여름가을겨울' 사건)

나. 판 단

(1) 저작인접권자의 확정

먼저 이 사건 각 음반의 저작인접권이 누구에게 귀속하는가에 관하여 살피건대, 앞서 인정한 사실과 거시한 증거를 종합하면, 원고들은 이 사건 각 음반을 제작함에 있어 대부분의 곡을 작사, 작곡하고 가창하는 이외에도, 음반에 수록할 곡의 선정, 스튜디오 대여, 연주자 섭외, 녹음, 편곡, 원반제작, 표지 디자인 등의 제반 업무를 직접 수행하고, 악기별 연주 및 자신의 가창을 트랙을 나누어 녹음한 멀티테이프를 제작한 후 그 음원 중 일부를 골라 가창과 연주의 음의 강약이나 소리의 조화를 꾀하는 편집과정을 통해 이 사건 각 음반의 원반을 제작한 사실이 인정된다.

원고들과 김○○ 이 사건 각 음반 출반과 관련하여 비슷한 내용의 약정을 일관되게 유지하여 왔는데, 처분문서로 남아 있는 위 1의 다.항 기재 각 약정만으로는 원고들과 김○○ 사이의 약정이 저작인접권 양도계약인지, 이용 허락계약인지 명백하지 아니하나, 그와 같이 당사자의 의사가 외부적으로 명백히 표현되지 아니한 경우 저작인접권자에게 권리가 유보된 것으로 추정함이 타당하다 할 것이다.

이러한 점 등에 비추어 보면, 저작권법 제2조 제6호에 규정된 '음을 음반에 고정하는데 있어 전체적으로 기획하고 책임을 지는 자'인 음반제작자는 원고들이라고 봄이 상당하다(또한, 원고들이 그와 같은 작업을 수행함에 있어 김○○으로부터 교부받은 계약금을 제작비용에 사용하였다는 사정만으로는 김○○이 이 사건 각 음반의 제작자라거나, 원고들로부터 저작인접권을 양수하였다고 인정하기에 부족하고, 달리 피고의

---

31) 대법원 2006. 12. 22. 선고 2006다21002 판결.
32) 서울남부지방법원 2013. 1. 10. 선고 2012가합14280 판결.

주장을 인정힐 증거가 없다).

따라서, 김○○ 원고들로부터 이 사건 각 음반을 제조, 판매, 유통할 수 있도록 저작인접권의 이용을 허락받은 자에 해당한다.

(2) 저작인접권 이용 허락의 범위

원고들이 김○○에게 이 사건 각 음반에 대한 음반제작자의 권리를 이용 허락한 범위에 관하여 살피건대, 위 1의 다.항 기재 각 약정만으로는 원고들과 김○○ 사이에 체결된 이용허락계약의 범위가 명백하지 아니하나, 위와 같은 경우 당사자가 그 이용허락계약을 체결하게 된 동기 및 경위, 그 이용허락계약에 의하여 달성하려는 목적, 거래 관행, 당사자의 지식, 경험 및 경제적 지위, 수수된 급부가 균형을 유지하고 있는지 여부, 이용허락 당시 당해 음악저작물의 이용방법이 예견 가능하였는지 및 그러한 이용방법을 알았더라면 당사자가 다른 내용의 약정을 하였을 것이라고 예상되는지 여부, 당해 음악저작물의 이용방법이 기존 음반시장을 대체하는 것인지 아니면 새로운 시장을 창출하는 것인지 여부 등 여러 사정을 종합하여 그 이용허락의 범위를 사회 일반의 상식과 거래의 통념에 따라 합리적으로 해석하여야 할 것인바(대법원 2007. 2. 22. 선고 2005다74894 판결 참조), 원고들이 허락한 저작인접권 이용기간이 비교적 장기간이고, 원고들로서는 각 음반의 발매시점에 교부받은 계약금 명목의 돈 외에 달리 김○○으로부터 음반판매량에 따른 수익금을 나누어 받지 못한 점, 이 사건 각 음반의 발매 당시 모바일·인터넷 음원 제공 서비스의 활성화를 예견하였다면 원고들로서는 그에 대한 다른 약정을 하였을 것으로 보이는 점, 이 사건 각 음반에 수록된 음원을 이용하여 무제한적으로 모바일·인터넷서비스에 제공하는 행위는 이 사건 각 음반에 수록된 대부분의 곡에 대한 저작권을 가진 원고들의 저작권을 부당하게 침해하는 행위로 보이는 점 등에 비추어 그 범위는 해당 음반의 제조, 유통, 판매에 한정되는 것으로 봄이 상당하다.

서울중앙지방법원 2006. 10. 10. 선고 2003가합66177 판결('김광석음반' 사건)

원고 신나라뮤직은 이 사건 음반 계약에 근거하여 자신이 이 사건 음반의 제작자라고 주장하고, 피고 3은 자신이 단독으로 또는 김광석과 공동으로 이 사건 음반을 제작하였다고 주장하므로, 먼저 이 사건 음반의 제작자가 누구인지에 관하여 살펴본다.

살피건대, 저작권법상의 음반제작자는 음반제작자로서의 저작인접권을 자신에게 귀속시킬 의사로 유형물인 음반에 음을 맨 처음 고정한 자라고 할 것인바, 앞서 인정한 사실, 다툼 없는 사실, 갑 제9호증의 11, 12, 을나 제1 내지 4호증, 을나 제5호증의 1 내지 3, 을나 제6, 16호증의 각 기재, 갑 제9호증의 3, 5의 각 일부 기재에 변론 전체의 취지를 종합하여 인정되고, 이에 반하는 갑 제8호증의 3, 11, 갑 제9호증의 4의 각 기재, 갑 제9호증의 3, 5의 각 일부 기재는 믿지 아니하며, 갑가 제23호증의 1 내지 4, 갑가 제24호증의 1 내지 9의 각 기재만으로는 이를 뒤집기에 부족하고, 달리 반증이 없는 다음과 같은 사정, 즉

① 김광석은 이 사건 음반에 수록된 곡을 가창하는 외에도, 직접 이 사건 음반에 수록될 곡을 선정하여 그 작사자, 작곡자로부터 이용허락을 받고, 연주자와 작업실을 섭외하여 녹음 작업을 진행하며, 연주 악기별 연주와 자신의 가창을 트랙을 나누어 녹음한 멀티테이프를 제작하고, 위 멀티테이프에 녹음된 음원 중 일부를 골라 가창과 연주의 음의 강약이나 소리의 조화를 꾀하는 편집 과정을 통해 이 사건 음반의 마스터테이프를 제작하는 등 이 사건 음반의 음원을 유형물에 고정하는 주된 작업을 직접 담당하였던 점,

② 이 사건 음반 계약에 의하면, 음반의 LP, MC, CD 제작·판매 및 홍보는 원고 신나라뮤직이 담당하고, 녹음 및 인쇄물 공급은 김광석 측이 담당하도록 되어 있으며, 원고 신나라뮤직이 김광석 측에게 지급할 로열티에서 영업비와 홍보비 명목으로 각 10%를 공제하도록 되어 있어, 원고 신나라뮤직은 판매용 음반인 LP, MC(Music Cassette), CD의 제작·판매를 담당할 뿐 김광석이 이 사건 음반에 대한 녹음 관련 비용, 인쇄물 공급 비용, 영업비, 홍보비를 부담하도록 하고 있는 점,

③ 원고 신나라뮤직이 김광석에게 로열티로 선지급한 5억 원 외에 달리 이 사건 음반 제작에 소요된 비용을 지급하였다는 사정이 보이지 않는데, 위 선지급한 로열티는 이 사건 음반 계약에 따라 향후 음반 판매량에 따라 지급할 로열티와 상계하는 것이어서 이를 음반 제작 비용 명목의 금원이라고 볼 수는 없는 점,

④ 이 사건 음반 중 "김광석 3번째 노래모음"은 1992. 3. 20.경에, "다시 부르기 I"은 1993. 3. 2.경에 제작되어 이 사건 음반 계약이 체결된 1993. 10. 12.경 이미 음반이 제작되어 있었던 점,

⑤ "김광석 3번째 노래모음"의 앨범 표지에는 피고 3이, "다시 부르기 I"의 앨범 표지에는 소외 1과 피고 3이 각 제작자로 표시되어 있고, 이 사건 음반 계약 체결 이후인 1994. 6. 25.경 제작된 "김광석 네 번째"에도 김광석과 피고 3이, 1995. 2. 22.경 제작된 "다시부르기 II"에도 피고 3이 대표로 있던 둥근소리가 제작자로 표시된 점,

⑥ 김광석은 이 사건 음반 계약 체결 전인 1991. 10. 9. 주식회사 서울음반과의 사이에 김광석이 기획, 제작한 음반에 대해 서울음반이 유통, 판매한 뒤 김광석에게 로열티를 지급하기로 하는 계약을 체결하였는데, 위 계약에서 정한 로열티 단가와 이 사건 음반 계약에서의 로열티 단가가 크게 차이 나지 않고, 이 사건 음반 계약과 유사한 시기에 원고 신나라뮤직이 판매용 음반에 대한 제조·판매만 담당하기로 하고 소외 4, 5와

의 사이에 체결한 계약에서 정한 로얄티 단가도 이 사건 음반 계약에서 정한 로얄티 단가와 큰 차이가 없는 점 등에 비추어 보면,

이 사건 음반의 음반제작자는 이 사건 음반에 대한 저작인접권을 자신에게 귀속시킬 의사로 스스로 비용을 지출하여 이 사건 음반에 수록된 각 곡의 음원을 직접 음반에 고정시킨 김광석이라고 할 것이고, 나아가 김광석이 위 음반의 음반제작자로서의 저작인접권을 원고 신나라뮤직에게 양도하였다는 점에 대하여는 갑 제1호증의 기재만으로는 이를 인정하기에 부족하고, 달리 이를 인정할 증거가 없다.

따라서 이와 다른 전제에 서 있는 원고 신나라뮤직의 청구는 더 나아가 살필 필요 없이 이유 없다.

(3) 음반제작자의 추정

저작권법에 따라 보호되는 음반과 관련하여 음반제작자의 실명 또는 널리 알려진 이명이 일반적인 방법으로 표시된 경우에는 그 표시된 자가 그 음반에 대한 음반제작자로서의 권리를 가지는 것으로 추정한다(법 제64조의2).

2. 음반제작자의 권리

제78조(복제권) 음반제작자는 그의 음반을 복제할 권리를 가진다.

제79조(배포권) 음반제작자는 그의 음반을 배포할 권리를 가진다. 다만, 음반의 복제물이 음반제작자의 허락을 받아 판매 등의 방법으로 거래에 제공된 경우에는 그러하지 아니하다.

제80조(대여권) 음반제작자는 제79조 단서에도 불구하고 상업용 음반을 영리를 목적으로 대여할 권리를 가진다.

제81조(전송권) 음반제작자는 그의 음반을 전송할 권리를 가진다.

제82조(방송사업자의 음반제작자에 대한 보상) ① 방송사업자가 상업용 음반을 사용하여 방송하는 경우에는 상당한 보상금을 그 음반제작자에게 지급하여야 한다. 다만, 음반제작자가 외국인인 경우에 그 외국에서 대한민국 국민인 음반제작자에게 이 항의 규정에 따른 보상금을 인정하지 아니하는 때에는 그러하지 아니하다.
② 제1항에 따른 보상금의 지급 및 금액 등에 관하여는 제25조제7항부터 제11항까지 및 제75조제3항·제4항을 준용한다.

제83조(디지털음성송신사업자의 음반제작자에 대한 보상) ① 디지털음성송신사업자가 음반을 사용하여 송신하는 경우에는 상당한 보상금을 그 음반제작자에게 지급하여야 한다.
② 제1항에 따른 보상금의 지급 및 금액 등에 관하여는 제25조제7항부터 제11항까지 및 제76조제3항·제4항을 준용한다.

제83조2(상업용 음반을 사용하여 공연하는 자의 음반제작자에 대한 보상) ① 상업용 음반을

사용하여 공연을 하는 자는 상당한 보상금을 해당 음반제작자에게 지급하여야 한다. 다만, 음반제작자가 외국인인 경우에 그 외국에서 대한민국 국민인 음반제작자에게 이 항의 규정에 따른 보상금을 인정하지 아니하는 때에는 그러하지 아니하다.

② 제1항에 따른 보상금의 지급 및 금액 등에 관하여는 제25조제7항부터 제11항까지 및 제76조제3항·제4항을 준용한다.

(1) 복제권

음반제작자는 그의 음반을 복제할 권리를 가진다(법 제78조). 복제의 대상이 되는 음반이 유체물 자체를 의미하는 것이 아니라 그에 수록되어 있는 음원을 의미함은 앞에서 살펴보았다. 따라서 음반을 복제하는 것은 유체물에 수록되어 있는 음원을 다른 유체물에 고정 또는 수록하는 것을 의미한다. 여기서의 유체물은 CD 등과 같은 매체 이외에 USB메모리, 외장하드디스크 등도 포함된다. 이에 직접적으로 파일을 복사하는 것뿐만 아니라 온라인상에서 다운로드 받는 것 역시 음반의 복제에 해당한다.[33] 한편, 음반 그 자체를 리프레스(repress) 등의 방법으로 증제하는 행위도 음반의 복제에 포함된다.[34]

실연의 경우와 같이 음반의 복제에는 모방하여 이용하는 경우를 포함하지 않는다. 음반에 수록된 음 자체를 이용하는 것이 아닌 새로이 음을 생성한 경우에는 기존 음반과 유사한 음반을 제작하더라도 음반의 복제에는 해당하지 않는다. 한편, 음반에 수록된 음 자체를 이용, 즉 그 음을 컴퓨터 등으로 변형하여 원래의 음반과 유사한 음반을 제작한 경우에는 음반의 복제에 해당할 수 있다.[35] 전자와 후자는 기존 음반에 수록된 음의 직접적인 복제가 이루어졌는지 여부에 의해 구별된다. 즉, 기존의 음원과 유사한 음반이라는 점은 같으나, 그 제작의 방식이 원 음반의 음을 모방한 것인지 아니면 그 음을 복제하여 변경한 것인지에 따른 구별이다.

최근 소위 싱크권(synchronization license)에 대한 논의가 많이 있다. 영화나 TV프로그램 등 시청각물에 배경음악을 넣기 위해 음반이 이용되는데, 이를 위해서는 대상 음악저작물의 저작권자(저작자)와 음반에 대한 실연자, 그리고 음반제작자에게 복제에 대한 이용허락을 받아야 한다. '권'이라는 용어가 사용됨에 따라 복제권 등

---

33) 이해완(2019), 982면.

34) 박성호(2023), 397면; 오승종(2023), 542면.

35) 이 경우 변형된 정도가 실질적 동일성이 상실될 정도에 이른다면 음반 자체에 대한 복제권 침해는 성립하지 않을 것으로 본다. 오승종(2023), 543면.

과 같은 지위의 권리로 이해되는 경우도 있으나, 우리 법원은 이에 대해 저작권법 상의 별도 권리로 인정하지 않고 복제권의 일부로 해석할 여지가 있는 것으로 보고 있다.[36] 산업에서 많이 다루어지는 소위 마스터권 역시 저작권과의 관계에 있어서 는 이와 유사하게 다룬다.

서울지방법원 2003. 9. 30. 자 2003카합2114 결정('벅스뮤직' 사건)

(1) 위 인정 사실에 의하면, 이 사건 음반기획제작자들은 별지 목록 기재 각 음반에 대한 저작권법 제2조 제7호의 음반제작자에 해당하므로, 이 사건 음반기획제작자들과 이 사건 신탁관리 약정을 체결한 신청인은 저작권법 제67조, 제2조 제18호에 의하여 온라인을 이용한 매체와 관련하여 별지 목록 기재 각 음반에 대한 복제권을 가진다고 할 것이고, 한편, 음반을 컴퓨터압축파일로 변환하는 것은 변환 프로그램에 의하여 기 계적으로 이루어지므로 창작성이 포함된다고 볼 여지가 없고, 변환된 컴퓨터압축파일 이 컴퓨터의 보조기억장치에 저장되면 인위적인 삭제 등 특별한 사정이 없는 한 유형 물에 고정되었다고 볼 만한 영속성을 지니게 되므로 이 사건 파일저장행위도 음반의 복제에 해당한다고 할 것이어서 피신청인은 신청인이 신탁관리하는 저작인접권인 복제 권을 침해하였다 할 것이다.

(2) 이에 대하여 피신청인은, ① 이 사건 파일저장행위는 스트리밍 방식으로 파일을 방송 또는 전송행위인 이 사건 음악청취 서비스를 제공하기 위하여 필수적으로 수반되 는 행위이므로 저작권법 제2조 제8호의 방송이나 같은 조 제9의2호의 전송에 해당할 뿐, 같은 조 제9호의 복제에 해당하지 않고, 복제권 침해를 이유로 이 사건 음악청취 서비스를 중지시킬 수 있다고 한다면 음반제작자에게 방송권 또는 전송권을 부여하는 결과가 되어 부당하며, ② 이 사건 음악청취 서비스는 동시성의 요건을 충족하여 저작 권법 제2조 제8호의 방송에 해당하므로 피신청인은 같은 조 제9호의 방송사업자라 할 것이고, 설령 이 사건 음악청취 서비스가 방송이 아니라 하더라도 그 실질이나 기능에 있어서 공중파 방송과 아무런 차이가 없으므로 피신청인은 방송사업자와 유사한 지위

---

36) "채권자가 주장하는 이른바 싱크권(syncronizaition license)은 영화나 드라마와 같은 영상저작 물에 음악저작물을 삽입, 재생할 수 있는 권리로서 일부 국가에서 저작재산권의 일종으로 인정되 고 있으나, 이에 관한 별도의 규정을 두고 있지 아니한 우리 저작권법상으로는 이를 복제권의 일 부로 해석할 여지가 있을 뿐 다른 저작재산권과 구별되는 별개의 권리로 인정할 수는 없고, 위와 같은 권리를 별개의 저작재산권으로 인정하는 관습법이 존재한다고 볼 수도 없다. 설령 싱크권을 독립한 저작재산권으로 인정하는 일부 거래관행이 존재한다고 하더라도 이는 거래당사자들 사이 의 계약에 의하여 인정되는 채권적 권리에 불과하다고 할 것이다." 서울중앙지방법원 2020. 12. 3. 자 2020카합21242 결정.

에 있고, 피신청인이 이 사건 음악청취 서비스를 제공할 당시에는 저작권법에 전송권 규정이 없었고, 대법원판례도 인터넷 방송을 저작권법의 방송으로 판시하여 피신청인 은 자신이 방송사업자인 것으로 믿고 이 사건 음악청취 서비스를 제공하기 시작하게 된 것이므로 피신청인의 이와 같은 정당한 신뢰는 보호할 가치가 있다 할 것이어서 결 국 저작권법 제91조 제1항, 제68조에 의하여(또는 유추적용에 의하여) 신청인은 피신 청인에게 단지 보상청구권만 가질 뿐, 복제권 등 침해를 이유로 이 사건 음악청취 서비 스의 중단을 요구할 수 없으며, ③ 음반제작자가 갖는 복제권은 저작인접권으로서 저 작권법 제62조에 의하여 저작권자의 권리에 영향을 미칠 수 없으므로 음악저작물의 저 작권자 및 실연자의 의사와 무관하게 음반제작자의 저작인접권만의 침해를 이유로 이 사건 음악청취 서비스의 중단을 요구할 수는 없고, ④ 이 사건 신청이 인용될 경우 저 작인접권자인 음반제작자들이나 신청인이 실질적으로 얻는 이익은 적은 데 비해 피신 청인이 입는 불이익은 현저하게 크다는 점에서 복제권 침해를 이유로 한 신청인의 방 해배제청구는 권리남용에 해당한다고 주장한다.

살피건대, ① 이 사건 파일저장행위가 이 사건 음악청취 서비스를 위한 필수적인 전 제일 수는 있으나 방송이나 전송을 위하여 서버의 보조기억장치에 파일을 저장하는 행 위가 반드시 수반되는 것은 아니므로 이 사건 파일저장행위가 저작권법의 방송이나 전 송에 흡수된다고 볼 수 없고, 저작인접권자인 음반제작자에게 방송권 또는 전송권이 인정되지 아니하고 또한 이 사건 음악청취 서비스가 저작권법상 전송(제2조 제9의2 호)으로 볼 여지가 없지 아니하다 해도, 앞서 본 대로 이 사건 음악청취 서비스를 위하 여 이 사건 파일저장행위와 같은 저작권법상 복제행위를 거치는 이상 신청인은 음반제 작자가 가지는 복제권에 기하여 피신청인에 대하여 복제권 침해의 정지 및 침해행위에 의하여 만들어진 물건의 폐기나 기타 필요한 조치를 청구할 수 있다고 할 것이며, 그 결과 신청인에게 전송권을 부여한 것과 같은 결과가 된다고 하여도 저작권법에 어긋나 는 것이라고 볼 수는 없다고 할 것이다. ② 이 사건 음악청취 서비스는 개별적인 이용 자들이 서로 다른 시간에 동일한 내용의 음악청취 서비스를 이용할 수 있음을 특징으 로 하므로 설령 다수의 이용자가 같은 시간에 동일한 내용의 음악청취 서비스를 받을 가능성이 있다 하더라도 그 이유만으로 저작권법 제2조 제8호의 동시성의 요건을 충족 하지는 못하여 방송에 해당한다고 볼 수 없고[구 저작권법(2000. 1. 12. 법률 제6134호 로 개정되기 전의 것)은 방송의 개념에 동시성의 요소를 포함시키지 않고 있었는데 저 작권법 제2조 제9호의2에 방송과 구별되는 전송의 개념이 새로 규정되면서 방송과 전 송을 구별하기 위하여 방송의 개념에 동시성의 요소를 새롭게 포함시켰다], 현행 저 작권법은 방송과 전송의 송신방식이나 정보유통의 특성, 파급력 등에 있어서의 차이 등 을 고려하여 전송을 업으로 하는 자에게 방송사업자와 같이 판매용 음반을 사용하여 전송할 권리를 부여하는 규정을 두지 않은 이상, 피신청인과 같이 전송을 업으로 하는 자에게 함부로 방송사업자의 지위를 인정할 수는 없으며, 한편, 기록상 소명되는 바대로 피신청인은 애초부터 음반제작자들의 반대에도 불구하고 이 사건 음악청취 서비스를 무료로 제공하여 온 점 등에 비추어 보면 피신청인이 방송사업자라고 믿은 신뢰에 정당한 이유가 있다고 보이지도 않는다. ③ 저작권법 제62조는 실연, 음반, 방송의 이용은 필연적으로 저작물의 이용을 수반하므로 이때 저작인접권자의 허락뿐만 아니라 저작권자의 허락도 필요하다는 것을 주의적으로 규정한 것일 뿐, 저작권자의 의사와 무관하게 저작인접권자의 권리를 행사할 수 없다는 취지는 아니므로 신청인은 음악저작물의 저작권자, 실연자의 의사와 무관하게 자신의 권리를 행사할 수 있고, ④ 권리행사가 권리의 남용에 해당한다고 할 수 있으려면, 주관적으로 그 권리행사의 목적이 오직 상대방에게 고통을 주고 손해를 입히려는 데 있을 뿐 행사하는 사람에게 아무런 이익이 없는 경우이어야 하고, 객관적으로는 그 권리행사가 사회질서에 위반된다고 볼 수 있어야 하는 것이며, 이와 같은 경우에 해당하지 않는 한 비록 그 권리의 행사에 의하여 권리행사자가 얻는 이익보다 상대방이 잃을 손해가 현저히 크다 하여도 그러한 사정만으로는 이를 권리남용이라 할 수 없다 할 것인데, 기록상으로는 신청인의 이 사건 신청이 그 목적이 오직 상대방에게 고통을 주고 손해를 입히려는 데 있고 그 권리행사가 사회질서에 위반된다고 볼 만한 사정에 대한 소명이 부족하다. 따라서 피신청인의 주장들은 모두 받아들일 수 없다.

(2) 배포권

음반제작자는 그의 음반을 배포할 권리를 가진다(법 제79조). 여기서 배포는 음반의 원본 또는 그 복제물을 공중에게 대가를 받거나 받지 아니하고 양도 또는 대여하는 것을 의미한다(법 제2조 23호). 다만, 음반의 복제물이 음반제작자의 허락을 받아 판매 등의 방법으로 거래에 제공된 경우에는 그러하지 아니하다(법 제79조 단서). 저작재산권의 배포권과 마찬가지로 음반제작자에 대해서도 음반의 복제물이 일단 한번 거래에 제공되면 배포권이 소진되는 권리소진원칙(최초판매원칙)이 적용됨으로써, 배포권 행사가 제한된다.

서울지방법원 2003. 9. 30. 자 2003카합2114 결정('벅스뮤직' 사건)

신청인은, 피신청인이 별지 목록 기재 각 곡의 음원을 컴퓨터압축파일로 변환하여 이 사건 사이트 서버의 보조기억장치에 저장한 후 이 사건 사이트에 접속한 이용자들에게 이 사건 음악청취 서비스를 제공함으로써 신청인이 신탁관리하는 음반제작자의 배포권을 침해하였다고 주장한다. 살피건대, 저작권법상 '배포'라 함은 '저작물의 원작품 또는 그 복제물을 일반 공중에게 대가를 받거나 받지 아니하고 양도 또는 대여하는 것'을 뜻하는바(제2조 제15호), 위 인정 사실과 같이 이용자들이 선택한 곡에 해당하는 컴퓨터압축파일을 스트리밍 방식에 의하여 이용자의 컴퓨터에 전송하고 실시간으로 재생되도록 하는 것이 저작물의 원작품이나 그 복제물을 일반공중에게 양도 또는 대여하는 것에 해당한다고 볼 수 없고, 달리 피신청인이 배포권을 침해하였다고 소명할 만한 자료가 없으므로 이 부분 주장은 받아들일 수 없다.

(3) 대여권

음반제작자는 제79조 단서(배포권의 제한, 즉 권리소진원칙)에도 불구하고 상업용 음반을 영리를 목적으로 대여할 권리는 가진다(법 제80조). 이 규정은 배포권의 제한(법 제79조 단서)에 대한 예외이다. 따라서 상업용 음반의 영리 목적 대여에 대해서는 일단 거래에 제공된 이후 배포권이 소진되는 배포권의 제한 규정이 적용되지 않는다. 이에 상업용 음반의 영리 목적의 대여는 배포권과 구별되는 권리인 대여권이 부여된다. 실연자의 경우와 같다.

(4) 전송권

음반제작자는 그의 음반을 전송할 권리를 가진다(법 제81조). 전송은 공중송신 중 공중의 구성원이 개별적으로 선택한 시간과 장소에서 접근할 수 있도록 저작물 등을 이용에 제공하는 것을 말하며, 그에 따라 이루어지는 송신을 포함한다(법 제2조 10호). 따라서 음반제작자는 이시성을 갖는 방식으로 다른 사람이 음반을 온라인 상에서 파일 등으로 제공하는 행위를 금지 혹은 허락할 수 있는 권리를 갖는다. 특정한 음반에 대해 음반제작자는 실연자와 함께 전송에 대하여 통제할 수 있게 된다.

(5) 방송사업자의 음반제작자에 대한 보상

방송사업자가 상업용 음반을 사용하여 방송하는 경우에는 상당한 보상금을 그 음반제작자에게 지급하여야 한다(법 제82조 제1항). 즉, 음반제작자는 방송사업자가 그 상업용 음반을 사용하여 방송할 경우 보상청구권을 갖는다. 이때 방송사업자는 유·무선 여부를 구분하지 않는다. 이 규정은 실연자의 경우와 동일하게 상업용 음반이 방송됨에 따라 음반제작자의 기대이익이 감소할 수 있는 문제에 대응 및 이익의 균형을 맞추기 위함에 목적을 둔다. 실연자의 경우 '실연이 녹음된 상업용 음반'의 사용을 전제로 하는데 비해 음반제작자의 경우는 '상업용 음반'의 사용 자체만을 전제로 함에 차이가 있다.

외국인인 음반제작자에 대해서도 상호주의를 전제로 보상청구권을 인정하고 있다. 이에 법 제82조 제1항 단서에서 "다만, 음반제작자가 외국인인 경우에 그 외국에서 대한민국 국민인 음반제작자에게 이 항의 규정에 따른 보상금을 인정하지 아니하는 때에는 그러하지 아니하다."라고 하여, 외국인 음반제작자에 보상청구권을 인정할 근거를 두는 동시에 우리 국민 역시 외국에서 음반제작자로서 이 권리를 인정받을 수 있도록 하였다.

보상금 지급에 관하여 방송사업자가 모든 음반제작자와 개별적으로 협의하는 것의 현실적 어려움을 고려하여, 저작권법 제82조 제2항은 실연의 경우와 같이 보상금 지급 등에 관하여는 저작권법 제25조 제7항부터 제11항까지의 규정을 준용하며, 또한 실연자에 대한 규정인 제75조 제3항 및 제4항을 준용하도록 하였다. 이에 보상금 지급 단체의 지정, 보상금 금액의 결정, 보상금 금액의 합의가 안될 경우 해결 절차 등에 대해서 실연자의 경우를 준용한다.

(6) 디지털음성송신사업자의 음반제작자에 대한 보상

디지털음성송신사업자가 음반을 사용하여 송신하는 경우에는 상당한 보상금을 그 음반제작자에게 지급하여야 한다(법 제83조 제1항). 즉 음반제작자는 디지털음성송신사업자가 그 음반을 사용하여 송신할 경우 보상청구권을 갖는다. 디지털음성송신은 공중송신 중 공중으로 하여금 동시에 수신하게 할 목적으로 공중의 구성원의 요청에 의하여 개시되는 디지털 방식의 음의 송신을 말하며, 전송은 제외한다(법 제2조 11호). 음을 송신하는 것만을 대상으로 하므로 영상이 포함되어 송신될 경우 이는 디지털음성송신에 해당하지 않는다.

방송사업자에 대한 보상청구권과 동일하게 보상금의 지급 등에 관하여는 저작권법 제25조 제7항부터 제11항까지의 규정을 준용하도록 하며, 또한 실연자에 대한 규정인 제76조 제3항 및 제4항을 준용하도록 하였다(법 제83조 제2항). 이에 보상금 지급을 위하여 지정된 단체가 보상권리자를 위하여 청구할 수 있는 보상금의 금액은 매년 그 단체와 디지털음성송신사업자가 대통령령으로 정하는 기간 내에 협의하여 정하여야 하여, 이때 보상금의 금액이 합의되지 못할 경우 문화체육관광부장관이 정하여 고시하는 금액으로 지급한다는 점은 실연자의 경우와 동일하다.

(7) 상업용 음반을 사용하여 공연하는 자의 음반제작자에 대한 보상

상업용 음반을 사용하여 공연을 하는 자는 상당한 보상금을 해당 음반제작자에게 지급하여야 한다(법 제83조의2). 음반제작자에게는 실연자의 경우와 달리 배타적 권리인 공연권은 부여되지 않고 보상청구권만 인정된다. 그리고 음반제작자가 외국인인 겨웅에 그 외국에서 대한민국 국민인 음반제작자에게 이 항의 규정에 따른 보상금을 인정하지 아니하는 때에는 그러하지 아니하다(법 제83조의2 제1항 단서)라고 규정하여 외국인인 음반제작자에 대해서도 상호주의를 전제로 보상청구권을 인정하고 있다.

보상금 지급에 관하여는 저작권법 제25조 제7항부터 제11항까지의 규정을 준용하도록 하며, 디지털음성송신사업자에 대한 규정(법 제76조 제3항 및 제4항)을 함께 준용하도록 하고 있다(법 제83조의2 제2항). 구체적인 내용은 실연자의 경우와 같다.

제 4 절 방송사업자의 권리

1. 방송사업자의 개념

방송사업자는 방송을 업으로 하는 자를 말한다(법 제2조 9호). 저작권법은 방송을 공중송신 중 공중이 동시에 수신하게 할 목적으로 음·영상 또는 음과 영상 등을 송신하는 것을 의미한다(법 제2조 8호). 보호의 객체인 방송은 방송으로 송신되는 음 또는 영상의 신호이며, 저작물이어야 함을 전제하는 것은 아니다.[37] 이때 방송은 유선과 무선 모두를 포함하며, 그것이 생방송인지 녹화방송인지 등을 구별하지 않는다. 방송을 업[38]으로 하는 것만으로 저작권법상 방송사업자의 지위를 갖게 되며,

---

37) 허희성(2011), 450면.
38) '업'으로 한다는 것의 의미는 같은 행위를 계속하여 반복하는 것을 의미하고, 여기에 해당하는지 여부는 단순히 그에 필요한 인적 또는 물적 시설을 구비하였는지 여부와는 관계없이 금전의 대부

빙송법상 방송사입자(방송법 세2조 3호.)와는 구별된다. 즉, 방송법상의 방송사업사에 해당하지 않더라도 저작권법상의 방송사업자가 될 수 있다.

2. 방송사업자의 추정

그리고 저작권법에 따라 보호되는 방송과 관련하여 방송사업자로서의 실명 또는 널리 알려진 이명이 일반적인 방법으로 표시된 경우에는 그 표시된 자가 그 방송에 대한 방송사업자로서의 권리를 가지는 것으로 추정한다(법 제64조의2).

3. 방송사업자의 권리

제84조(복제권) 방송사업자는 그의 방송을 복제할 권리를 가진다.

제85조(동시중계방송권) 방송사업자는 그의 방송을 동시중계방송할 권리를 가진다.

제85조의2(공연권) 방송사업자는 공중의 접근이 가능한 장소에서 방송의 시청과 관련하여 입장료를 받는 경우에 그 방송을 공연할 권리를 가진다.

(1) 복제권

방송사업자는 그의 방송을 복제할 권리를 가진다(법 제84조). 이는 방송의 유형적인 이용형태에 대한 권리이다. 방송의 복제는 방송으로 송신되는 음 또는 영상의 신호를 유형물에 고정하거나 다시 제작하는 것(법 제2조 22호)을 의미한다. 여기서의 복제는 최초의 고정만을 의미하는 것은 아니고 고정된 것을 다시 재고정(增製)하는 것까지 포함한다. 예를 들어 A방송사업자의 방송을 이용허락 받은 B방송사업자가 방송(동시중계 포함)한 것을 C가 녹음 또는 녹화하였다면 C는 B의 방송을 복제한 것과 동시에 A의 방송을 복제한 것에 해당하게 된다. 이러한 점은 방송사업자가 복제권을 통하여 실질적으로 복제 후의 방송에까지 보호를 받을 수 있게 한다. 따라서 사실상 이시적으로 이루어지는 재방송, 특히 전송과 같은 권리를 별도로 보호할 필요성이 낮다고 볼 수 있다.[39] 복제는 방송을 그대로 녹음 또는 녹화하는 것

또는 중개의 반복 · 계속성 여부, 영업성의 유무, 그 행위의 목적이나 규모 · 횟수 · 기간 · 태양 등의 여러 사정을 종합적으로 고려하여 사회통념에 따라 판단하여야 한다. 대법원 2012. 3. 29. 선고 2011도1985 판결, 대법원 2013. 9. 27. 선고 2013도8449 판결 등 참조.

39) 허희성(2011), 451면.

이외에도 그 방송을 사진으로 촬영하는 경우도 포함한다. 이에 방송사업자의 허락 없이 녹화한 일부를 사적 이용을 위한 복제 범위를 넘어서 이용하거나, 방송 장면의 사진을 촬영(캡처)한 경우 복제권을 침해한 것이 된다. 아울러 재방송을 위해서는 일단 방송을 복제하여야 함이 전제되므로 재방송에 관한 보호도 복제권에 의하여 가능하다.[40)]

(2) 동시중계방송권

방송사업자는 그의 방송을 동시중계방송할 권리를 가진다(법 제85조). 동시중계방송은 특정한 방송사업자가 하는 방송을 다른 방송사업자가 수신하여 동시에 이를 중계하여 재방송하는 것을 의미한다. 다른 방송사업자가 자신의 방송을 수신하여 동시중계방송을 할 수 있도록 허락 혹은 금지하는 권리가 동시중계방송권이다. 이 권리는 동시적 재방송에 대해서만 적용된다.[41)]

우리나라에서 지상파방송사업자는 여러 지역에서 운영되는 지역방송사가 법률상 동일한 법인이거나 혹은 별도의 법인 경우 실무적인 계약에 의하여 처리하고 있다 보니 우리나라에서 본조의 동시중계방송권이 적용되는 것이 일반적이지 않다고 한다.[42)] 한편, 종합유선방송사업자의 경우 방송법 제78조 제1항에 의해 특정 지상파방송사업자의 방송을 의무적으로 동시재송신을 하도록 되어 있다. 이 의무재송신은 방송법 제78조 제3항에 의하여 동시중계방송권에 대한 본조의 규정이 적용되지 않는다. 따라서 이와 같은 의무재송신에 대해서 지상파방송사업자는 동시중계방송권을 행사할 수 없다.

이와 같은 본조 적용에 대한 환경을 보면 동시중계방송권에 대한 보호가 실질적인 의미를 갖는 것으로 보기 어려운 것으로 볼 수도 있다. 그러나 이 조항이 의미를 갖는 것은 방송사업자가 소위 해적방송을 행하는 자에 대해 그 행위를 금지시킬 수 있는 권리를 부여하였다는 것에 있다.[43)]

---

40) 이해완(2019), 995면.
41) 이시적(異時的) 재방송의 경우에는 저작권법 제84조의 복제권에 의하여 규율된다.
42) 이에 관하여 자세한 내용은 허희성(2011), 453면 참조.
43) 박성호(2023), 404면.

(3) 공연권

방송사업자는 공중의 접근이 가능한 장소에서 방송의 시청과 관련하여 입장료를 받는 경우에 그 방송을 공연할 권리를 가진다(법 제85조의2). 방송을 시청할 수 있는 시설에서 방송 시청에 따른 직접적인 반대급부를 받고 특정한 방송을 시청할 수 있게 하는 행위에 대해 방송사업자에게 배타적 권리를 인정한 것이다. 이 규정은 방송사업자의 방송을 시청하는 것을 대체하는 방송 시청 서비스를 통제하는 것이 목적이었는데, 이후 텔레비전의 보급으로 거의 사문화된 규정으로 보기도 한다.44) 특히, 방송 시청에 따른 직접적인 반대급부의 수령이 요건이므로, 주점 등에서 방송 프로그램을 상영하는 것에 대해서도 이 규정이 적용되지 않는 것으로 해석된다.45) 다만, 최근 극장 상영관 등에서 스포츠 경기 응원을 위해 경기 중계방송을 관람하는 경우가 증가하고 있어 이 규정의 적용이 의미를 갖게 될 수 있다고 한다.46)

제 5 절 저작인접권의 보호기간

> 제86조(보호기간) ① 저작인접권은 다음 각 호의 어느 하나에 해당하는 때부터 발생하며, 어떠한 절차나 형식의 이행을 필요로 하지 아니한다.
> 　　1. 실연의 경우에는 그 실연을 한 때
> 　　2. 음반의 경우에는 그 음을 맨 처음 음반에 고정한 때
> 　　3. 방송의 경우에는 그 방송을 한 때
> ② 저작인접권(실연자의 인격권은 제외한다. 이하 같다)은 다음 각 호의 어느 하나에 해당하는 때의 다음 해부터 기산하여 70년(방송의 경우에는 50년)간 존속한다.
> 　　1. 실연의 경우에는 그 실연을 한 때. 다만, 실연을 한 때부터 50년 이내에 실연이 고정된 음반이 발행된 경우에는 음반을 발행한 때
> 　　2. 음반의 경우에는 그 음반을 발행한 때. 다만, 음을 음반에 맨 처음 고정한 때의 다음 해부터 기산하여 50년이 지난 때까지 음반을 발행하지 아니한 경우에는 음을 음반에 맨 처음 고정한 때
> 　　3. 방송의 경우에는 그 방송을 한 때

저작인접권은 실연의 경우에는 그 실연을 한 때, 음반의 경우에는 그 음을 맨 처음 음반에 고정한 때, 방송의 경우에는 그 방송을 한 때부터 발생하며, 어떠한 절차

---

44) 임원선(2022), 335면.
45) 오승종(2023), 551면; 박성호(2023), 406면; 이해완(2019), 999면.
46) 임원선(2022), 335면.

나 형식의 이행을 필요로 하지 않는다(법 제86조 제1항).

저작인접권의 보호기간은 실연의 경우에는 그 실연을 한 때(다만, 실연을 한 때부터 50년 이내에 실연이 고정된 음반이 발행된 경우에는 음반을 발행한 때), 음반의 경우에는 그 음반을 발행한 때[47](다만, 음을 음반에 맨 처음 고정한 때의 다음 해부터 기산하여 50년이 지난 때까지 음반을 발행하지 아니한 경우에는 음을 음반에 맨 처음 고정한 때)의 다음 해부터 기산하여 70년간 존속된다. 방송의 경우에는 그 방송을 한 때의 다음 해부터 기산하여 50년간 존속된다. 방송의 경우 실연과 음반과 달리 보호기간이 상이한 것은 한미FTA 이행을 위한 저작권법 개정(2011. 12. 2.자) 시 실연과 음반의 경우만 보호기간을 70년으로 연장하였기 때문인데, 보호기간 연장에서 방송이 제외된 것은 미국이 방송사업자를 저작권법상 별도로 보호하고 있지 않기 때문에 한미 FTA에서 방송이 제외된 것에 주된 이유가 있다.[48]

저작인접권자가 외국인의 경우 저작권법은 제64조 제2항에서 외국인의 실연, 음반 및 방송이라도 그 외국에서 보호기간이 만료된 경우에는 저작권법에 따른 저작인접권의 보호기간을 인정하지 않는다고 규정을 두고 있어 상호주의를 적용하고 있다.

제 6 절   기타 규정

제87조(저작인접권의 제한) ① 저작인접권의 목적이 된 실연·음반 또는 방송의 이용에 관하여는 제23조, 제24조, 제25조제1항부터 제5항까지, 제26조부터 제32조까지, 제33조제2항, 제34조, 제35조의2부터 제35조의5까지, 제36조 및 제37조를 준용한다.
② 디지털음성송신사업자는 제76조제1항 및 제83조제1항에 따라 실연이 녹음된 음반을 사용하여 송신하는 경우에는 자체의 수단으로 실연이 녹음된 음반을 일시적으로 복제할 수 있다. 이 경우 복제물의 보존기간에 관하여는 제34조제2항을 준용한다.

제88조(저작인접권의 양도·행사 등) 저작인접권의 양도에 관하여는 제45조제1항을, 실연·음반 또는 방송의 이용허락에 관하여는 제46조를, 저작인접권을 목적으로 하는 질권의 행사에 관하여는 제47조를, 저작인접권의 소멸에 관하여는 제49조를, 실연·음반 또는 방송의

---

47) 음반의 발행시점을 보호기간의 기산점으로 정한 취지는 음반제작을 위하여 투자된 시간과 자본을 회수할 수 있는 기간을 보장함으로써 그 투자를 촉진시키기 위한 것으로 볼 수 있다. 정상조 편(2007), 847면. 그런데 음반의 경우에는 발생시점과 보호기간의 기산점이 상이한데 이를 통하여 고정일과 발행일 사이의 기간만큼 보호기간을 연장한 효과를 발생시킨다. 이해완(2019), 1000면.
48) 이해완(2019), 999면.

배타적발행권의 설정 등에 관하여는 제57조부터 제62조까지의 규정을 각각 준용한다.

제89조(실연·음반 및 방송이용의 법정허락) 제50조부터 제52조까지는 실연·음반 및 방송의 이용에 관하여 준용한다.

제90조(저작인접권의 등록) 저작인접권 또는 저작인접권의 배타적발행권의 등록, 변경등록등에 관하여는 제53조부터 제55조까지 및 제55조의2부터 제55조의5까지의 규정을 준용한다. 이 경우 제55조, 제55조의2 및 제55조의3 중 "저작권등록부"는 "저작인접권등록부"로 본다.

1. 저작인접권의 제한

저작권과 같이 저작인접권 역시 저작권법 목적에서 명시하는 저작물의 공정한 이용을 보장하거나 사회공공의 이익을 위하여 권리자의 권리 행사를 제한한다. 저작인접권의 행사가 제한되는 경우로는 저작재산권에 관한 규정을 상당히 준용하고 있다. 이에 저작인접권의 목적이 된 실연·음반 또는 방송의 이용에 관하여는 제23조(재판 등에서의 복제), 제24조(정치적 연설 등의 이용)를 비롯하여 제37조(출처의 명시)까지 대부분을 준용하고 있으며, 제24조의2(공공저작물의 자유이용)[49], 제33조 제1항(시각장애인 등을 위한 점자 복제·배포), 제35조(미술저작물등의 전시 또는 복제) 등 일부만이 준용에서 제외된다(법 제87조 제1항).

아울러, 디지털음성송신사업자는 법 제76조 제1항[50] 및 제83조 제1항[51]에 따라 실연이 녹음된 음반을 사용하여 송신하는 경우에는 자체의 수단으로 실연이 녹음된 음반을 일시적으로 복제할 수 있다. 이 경우 복제물의 보존기간에 관하여는 제34조 제2항을 준용하여 녹음일로부터 1년을 초과하여 보존할 수 없도록 하며, 예외적으로 그 녹음물이 기록의 자료로서 대통령령으로 정하는 장소에 보존되는 경우에는 1년을 초과하여 보존할 수 있다(법 제87조 제2항).

---

49) 저작인접권에 대한 준용에 있어서 제24조의2(공공저작물의 자유이용)가 제외된 것은 입법상의 실수로 보는 견해가 있다. 이해완(2019), 1003면.

50) ① 디지털음성송신사업자가 실연이 녹음된 음반을 사용하여 송신하는 경우에는 상당한 보상금을 그 실연자에게 지급하여야 한다.

51) ① 디지털음성송신사업자가 음반을 사용하여 송신하는 경우에는 상당한 보상금을 그 음반제작자에게 지급하여야 한다.

2. 저작인접권의 양도·행사 등

저작인접권의 양도에 관하여는 저작재산권 양도에 관한 규정인 제45조 제1항, 실연·음반 또는 방송의 이용허락에 관하여는 저작물 이용허락에 관한 규정인 제46조, 저작인접권을 목적으로 하는 질권의 행사에 관하여는 저작재산권을 목적으로 하는 질권 행사에 관한 규정인 제47조, 저작인접권의 소멸에 관하여는 저작재산권 소멸에 관한 규정인 제49조, 실연·음반 또는 방송의 배타적발행권의 설정 등에 관하여는 배타적발행권에 관한 규정인 제57조부터 제62조까지의 규정이 각각 준용된다(법 제88조). 다만, 공동저작물에 관한 규정은 준용되지 않으며 공동실연자에 관하여는 제77조에 따른다(인격권 행사에 관하여는 법 제15조가 준용된다).

3. 실연·음반 및 방송이용의 법정허락

저작물 이용의 법정허락에 관한 규정인 제50조부터 제52조까지는 실연·음반 및 방송의 이용에 관하여 준용한다(법 제89조).

4. 저작인접권의 등록

저작인접권 또는 저작인접권의 배타적발행권의 등록, 변경등록등에 관하여는 저작권 등록에 관한 사항인 제53조부터 제55조까지 및 제55조의2부터 제55조의5까지의 규정을 준용한다. 이 경우 제55조, 제55조의2 및 제55조의3 중 "저작권등록부"는 "저작인접권등록부"로 본다(법 제90조).

제 **7** 장

저작권법에 의한 권리 등

"흔들리는 꽃들 속에서

네 샴푸향이 느껴진거야

스쳐 지나간 건가 뒤돌아보지만

그냥 사람들만 보이는 거야

다 와 가는 집 근처에서

괜히 핸드폰만 만지는 거야

한번 연락해 볼까 용기 내 보지만

그냥 내 마음만 아쉬운 거야

걷다가 보면 항상 이렇게 너를

바라만 보던 너를 기다린다고 말할까

지금 집 앞에 계속 이렇게 너를

아쉬워하다 너를 연락했다 할까"

장범준 작사, 작곡 〈흔들리는 꽃들 속에서
네 샴푸향이 느껴진거야〉 중에서(드라마
〈멜로가 체질〉 OST PART 3)

 제**7**장 저작권법에 의한 권리 등

제 1 절 배타적발행권

1. 개   설

(1) 제도의 의의와 필요성

저작자는 다른 사람에게 자신의 저작물을 이용하게 할 수 있는데, 이를 위한 방법으로는 저작재산권의 양도, 저작물의 이용허락, 그리고 저작물에 대한 배타적발행권의 설정 등이 가능하다. 이때 양도 또는 이용허락은 채권 계약의 형태로 이루어지게 된다. 이러한 다양한 계약 방식은 저작자와 이용자 사이에 이해관계의 충돌을 가져오는데 채권적 계약에 기반을 둔 각 계약 방식들은 채권적 계약이 갖는 내재적 한계로 효력 범위가 계약 당사자 사이에만 미칠 뿐 제3자에 대한 효력이 발생하지 않는다는 점, 그리고 양도 혹은 이용허락의 경우 모두 특성상 실제 산업적 효용에 제약을 갖는다는 점[1] 등의 한계를 갖는다. 특히 온라인상에서 전송의 방식으로 이루어지는 전자출판을 기존 출판권 제도에서 포섭하기 어려웠던 문제를 해결할 필요가 있었다.[2] 이에 저작자의 권리를 과도하게 제약하지 않으면서 이용자의 법적 지위를 보장해줄 수 있는 장치로써 일종의 타협책[3]인 배타적발행권 제도를 통하여 그것을 가능하게 한 것이다.[4]

---

1) 임원선(2022), 354면.
2) 박성호(2023), 455면.
3) 임원선(2022), 354면.
4) 최경수, 「저작권법 개론」, 한울, 2010, 539면.

(2) 입법배경과 출판권의 제외

2011년 저작권법 개정(2011. 12. 2.자) 전 출판권과 컴퓨터프로그램의 발행 등에 배타적발행권이 준물권적 성질을 갖는 권리로 존재하였으나, 한미FTA 제18조 제4항의 규범을 이행하기 위한 2011년 저작권법 개정을 통해 배타적발행권 제도를 컴퓨터프로그램뿐만 아니라 모든 저작물에 대해 확대 적용하였다. 이에 따라 기존의 출판권은 배타적발행권 개념에 포함되었으나, 이미 오랜 기간 저작권법 체계하에서 우리 사회에 자리잡고 있는 제도로써 현실적으로 많은 관계가 형성되어 있다는 점 등을 고려할 때 출판권을 배타적발행권으로 일원화할 경우 상당한 혼란이 예상되었다. 이에 출판권을 배타적발행권과 분리하여 별도 규정으로 유지함으로써 기존 법률관계의 안정성을 유지 시키고자 하였다.[5] 따라서 저작권법 제57조 제1항은 배타적발행권에는 제63조에 따른 출판권은 제외한다고 명시하고 있다.

2. 배타적발행권의 내용

제57조(배타적발행권의 설정) ① 저작물을 발행하거나 복제·전송(이하 '발행등'이라 한다)할 권리를 가진 자는 그 저작물을 발행등에 이용하고자 하는 자에 대하여 배타적 권리(이하 '배타적발행권'이라 하며, 제63조에 따른 출판권은 제외한다. 이하 같다)를 설정할 수 있다.
② 저작재산권자는 그 저작물에 대하여 발행등의 방법 및 조건이 중첩되지 않는 범위 내에서 새로운 배타적발행권을 설정할 수 있다.
③ 제1항에 따라 배타적발행권을 설정받은 자(이하 '배타적발행권자'라 한다)는 그 설정행위에서 정하는 바에 따라 그 배타적발행권의 목적인 저작물을 발행등의 방법으로 이용할 권리를 가진다.
④ 저작재산권자는 그 저작물의 복제권·배포권·전송권을 목적으로 하는 질권이 설정되어 있는 경우에는 그 질권자의 허락이 있어야 배타적발행권을 설정할 수 있다.

(1) 배타적발행권의 설정

저작물을 발행하거나 복제·전송(이하 '발행등'이라 한다)할 권리를 가진 자는 그 저작물을 발행등에 이용하고자 하는 자에 대하여 배타적 권리(배타적발행권)를 설정할 수 있다. 이때 배타적발행권에는 저작권법 제63조에 따른 출판권은 제외된다(법 제57조 제1항). 그리고 저작재산권자는 그 저작물에 대하여 발행등의 방법 및 조건이 중첩되지 않는 범위 내에서 새로운 배타적발행권을 설정할 수 있다(동조 제2항).

---

5) 오승종(2023), 562면.

  설정은 저작재산권자가 자신의 권리를 그대로 보유하면서, 그 권리에 기하여 권리와 성질·내용을 같이 하지만 내용 및 존립에 관하여 제약된 일부 권리를 승계하는 것을 말한다.[6] 설정은 계약의 형태로 이루어지는데, 계약의 당사자가 되는 저작권자, 구체적으로는 발행, 복제 및 전송권자와 제3자가 체결하며 설정계약의 구체적인 내용, 즉 발행등의 방법과 조건을 정한 범위 내에서 배타적발행권이 제3자에게 부여된다. 배타적발행권의 설정은 이를 등록하지 않으면 제3자에게 대항할 수 없다.

  배타적발행권은 저작물을 배타적으로 발행하거나 복제·전송할 수 있도록 하는 권리를 의미하며, 설정행위를 통하여 발생한다. 이 권리는 물권적 성격을 갖는 권리(준물권)이다. 물권적 권리는 임의로 창설할 수 없으며 반드시 법률 등에 의해서만 설정이 가능하다(물권법정주의). 저작물을 발행하거나 복제·전송(이하 '발행등'이라 한다)할 권리를 가진 자는 그 저작물을 발행등에 이용하고자 하는 자에 대하여 배타적 권리(이하 '배타적발행권'이라 하며, 제63조에 따른 출판권을 제외한다)를 설정할 수 있다고 명시한 저작권법 제57조 제1항은 배타적발행권의 법적 근거가 된다.

  배타적발행권은 토지에 대한 용익물권(用益物權)의 설정과 유사한 형태로 볼 수 있다.[7] 따라서 저작자가 갖는 권리의 배타적·독점적 성격을 제한하면서 그 사용·수익을 내용으로 하게 된다.[8] 배타적발행권이 준물권적 성격을 갖고 있으므로 채권적 계약과 달리 배타적이고 대세적 효과를 갖는다. 이에 배타적발행권을 설정받은 자는 저작자뿐만 아니라 모든 사람에게 설정된 권리를 주장할 수 있게 된다. 저작재산권자의 배타적발행권 설정은 그 저작물에 대하여 발행 등의 방법 및 조건이 중첩되지 않는 범위 내에서 이루어져야 한다(법 제57조 제2항). 그럼에도 불구하고 저작재산권자가 발행 등의 방법 및 조건이 중첩되는 범위에서 배타적발행권을 설정할 경우에는 계약상 채무불이행과 더불어 배타적발행권 침해에 대한 책임을 진다.[9] 한편, 저작재산권자는 배타적발행권을 설정한 범위 내에서 제3자의 침해 행위 존재 시 저작재산권 침해를 이유로 한 침해정지청구를 할 수 있는지 여부가 문제되는데,

---

6) 박성호(2023), 456면.
7) 이해완(2019), 907면.
8) 최경수(2010), 540면.
9) 이해완(2019), 908면.

이에 대해 저작재산권자 스스로도 침해정치청구가 가능하다고 보는 견해가 일반적이다. 이에 대한 근거로는 전용사용권이 설정된 상표권이나 서비스표권에 대해 상표권자 혹은 서비스표권자는 제3자의 상표 또는 서비스표 사용에 대한 금지를 청구할 수 있는 권리를 보유한다는 대법원 2006. 9. 8. 선고 2006도1580 판결[10]을 든다.[11]

배타적발행권 설정 등에 관한 규정은 실연, 음반 및 방송에 대해서도 준용(법 제88조)되는데, 방송에 대한 배타적발행권 설정에 관하여는 규정상 인정되고 있으나 방송사업자가 발행을 위한 배포권이나 전송권을 갖고 있지 않으므로 현실적으로 배타적발행권 설정이 가능할 것인지 의문이 제기되기도 한다.[12]

(2) 배타적발행권의 내용

배타적발행권을 설정받은 자(배타적발행권자)는 그 설정행위에서 정하는 바에 따라 그 배타적발행권의 목적인 저작물을 발행등의 방법으로 이용할 권리를 가진다(동조 제3항).

배타적발행권의 부여 범위와 관련하여 "설정행위에서 정하는 바에 따라"라고 정하고 있다. 이에 관련하여서는 배타적발행권의 내용을 어느 정도까지 정할 수 있는가의 문제가 있다. 이용허락 등과 달리 준물권적 성격을 지닌 배타적발행권에 대해서는 권리의 창설을 위해 당사자 간에 자유롭게 정할 수 있는 것은 아니기 때문이다.[13] 해석상 복제권 자체의 가분성에 따라 권리의 내용이 한정되는 것으로 보며,[14] 가분성의 한계는 거래의 안정을 해하고 혼란을 가져올 우려가 없을 정도에 한한다는 것으로 이해되고 있다.[15] 계약의 형태로 이루어지는 설정행위에 있어서 통상 그

---

10) 대법원 2006. 9. 8. 선고 2006도1580 판결: "상표권이나 서비스표권에 관하여 전용사용권이 설정된 경우 이로 인하여 상표권자나 서비스표권자의 상표 또는 서비스표의 사용권이 제한받게 되지만, 제3자가 그 상표 또는 서비스표를 정당한 법적 권한 없이 사용하는 경우에는 그 상표권자나 서비스표권자가 그 상표권이나 서비스표권에 기하여 제3자의 상표 또는 서비스표의 사용에 대한 금지를 청구할 수 있는 권리까지 상실하는 것은 아니고, 이러한 경우에 그 상표나 서비스표에 대한 전용사용권을 침해하는 상표법 위반죄가 성립함은 물론 상표권자나 서비스표권자의 상표권 또는 서비스표권을 침해하는 상표법 위반죄도 함께 성립한다."

11) 이해완(2019), 908-909면; 오승종(2023), 557-559면.

12) 오승종(2023), 559면.

13) 허희성(2011), 377면.

14) 허희성(2011), 378면.

내용은 자유롭게 정할 수 있으나, 배타저발행권의 본질에 반하는 내용을 갖는 설정은 배타적발행권으로서 효력을 갖지 못한다. 이 경우 이용허락계약의 성질을 갖는 것으로 해석할 수 있다.[16)

배타적발행권자는 설정을 통하여 정해진 바에 따라 '발행등의 방법'으로 이용할 수 있는 권리를 갖는다. '발행등'은 저작물을 발행하거나 복제・전송하는 것을 의미하며, 발행은 저작물 또는 음반을 공중의 수요를 충족시키기 위하여 복제・배포하는 것을 의미한다(법 제2조 제23호). 배타적발행권은 일반공중의 수요를 충족시키기 위하여 복제 및 배포를 할 수 있도록 한 것이므로 배포의 목적 없이 순수하게 사적 이용을 위하여 복제물을 만드는 행위는 '발행등'에 해당하지 않으며 본래의 배타적 발행권의 내용이 될 수 없다.[17) 발행등에 해당하지 않는 일부 권리의 이용은 배타적발행권이 아닌 이용허락 등으로 가능하게 된다.

'이용할 권리'는 명시적 표현은 없지만 배타적발행권의 본질적 특징을 고려할 때 배타적・독점적인 권리를 의미하는 것으로 해석한다.[18) 설정에 따라 부여된 권리에 대해 출판권의 경우 '원작 그대로 출판'하여야 함을 명시(법 제63조 제2항)하고 있는 것에 반하여 배타적발행권의 경우 그러한 표현은 없다. 그럼에도 불구하고 배타적 발행권 역시 출판권의 경우와 마찬가지로 특약이 없는 한 원작 그대로 이용하는 것으로 해석된다.[19) 원작 그대로 이용하도록 되어 있지만 모든 것을 똑같이 할 필요는 없고 오자나 탈자, 그리고 맞춤법 등의 수정은 가능하다. 다만, 저작물의 내용이나 형태가 변하는 것은 수정할 수 없다. 즉, 저작자의 동의 없이 번역 또는 개작하여 발행등을 하지 못한다는 의미로 이해할 수 있다.[20)

배타적발행권은 대상 저작물 그대로의 이용을 전제로 하므로 배타적발행권의 목적 대상인 저작물을 원작 그대로 이용할 경우 무단이용행위로써 배타적발행권의 침해가 된다. 이때 원작 그대로 이용의 기준은 저작권 침해 판단 요건에서의 실질적 유사성이 적용되지 않고, 원작과의 동일한 상태에 해당하는지 여부를 기준으로 본

---

15) 오승종(2023), 560면.
16) 이해완(2019), 910면.
17) 정상조 편(2007), 735면(강영수 집필 부분).
18) 정상조 편(2007), 734면(강영수 집필 부분).
19) 오승종(2023), 561면.
20) 허희성(2011), 376면.

다. 앞서 설명한 것과 같이 '원작 그대로'의 의미가 완전히 동일해야 함을 요건으로
한 것은 아니므로 이러한 상태를 실질적 동일성이라 지칭하기도 한다.[21]

한편, 저작재산권자는 그 저작물의 복제권·배포권·전송권을 목적으로 하는 질
권이 설정되어 있는 경우에는 그 질권자의 허락이 있어야 배타적발행권을 설정할
수 있다(법 제57조 제4항).

3. 배타적발행권자의 의무

> **제58조(배타적발행권자의 의무)** ① 배타적발행권자는 그 설정행위에 특약이 없는 때에는 배타
> 적발행권의 목적인 저작물을 복제하기 위하여 필요한 원고 또는 이에 상응하는 물건을 받은
> 날부터 9개월 이내에 이를 발행등의 방법으로 이용하여야 한다.
> ② 배타적발행권자는 그 설정행위에 특약이 없는 때에는 관행에 따라 그 저작물을 계속하여
> 발행등의 방법으로 이용하여야 한다.
> ③ 배타적발행권자는 특약이 없는 때에는 각 복제물에 대통령령으로 정하는 바에 따라 저작
> 재산권자의 표지를 하여야 한다. 다만, 「신문 등의 진흥에 관한 법률」 제9조제1항에 따라
> 등록된 신문과 「잡지 등 정기간행물의 진흥에 관한 법률」 제15조 및 제16조에 따라 등록
> 또는 신고된 정기간행물의 경우에는 그러하지 아니하다.

(1) 9개월 이내 발행 등을 할 의무

배타적발행권자는 그 설정행위에 특약이 없는 때에는 배타적발행권의 목적인 저
작물을 복제하기 위하여 필요한 원고 또는 이에 상응하는 물건을 받은 날부터 9개
월 이내에 이를 발행등의 방법으로 이용하여야 한다(법 제58조 제1항). 이 의무 규정
은 배타적발행권 설정 계약 시 관련 조항을 두지 않을 경우를 대비하여 마련한 것
으로 강행규정은 아니다. 따라서 설정 계약 시 당사자 간 합의에 의하여 기간을 달
리 정하는 것이 가능하다. 배타적발행권자가 이 의무를 위반한 경우, 저작재산권자
는 6개월 이상의 기간을 정하여 그 이행을 최고하고 그 기간 내에 이행하지 아니하
는 때에는 배타적발행권의 소멸을 통지할 수 있다(법 제60조 제1항).

(2) 계속 발행 등의 이용 의무

배타적발행권자는 그 설정행위에 특약이 없는 때에는 관행에 따라 그 저작물을
계속하여 발행등의 방법으로 이용하여야 한다(법 제58조 제2항). 계속하여 발행등의

---

21) 오승종(2023), 561면.

방법으로 이용한다는 것의 의미는 물리적인 복제 등의 행위를 연속적으로 하는 것을 의미하는 것이 아니고 복제물이 항상 시장의 유통 가능한 상태에 있는 것을 의미한다. 계속의 의미가 완전한 연속성을 요구하는 것이 아니고 관행에 따라 이루어지도록 요구하고 있는데, 이는 계속 발행 등의 이용 의무를 다소간 완화하여 발행자에게 지나친 경제적 부담을 안기지 않기 위한 취지이다.[22] 여기서의 관행은 악의적인 상관행까지 인정하는 것은 아니다.[23] 배타적발행권자가 이 의무를 위반한 경우, 저작재산권자는 6개월 이상의 기간을 정하여 그 이행을 최고하고 그 기간 내에 이행하지 아니하는 때에는 배타적발행권의 소멸을 통지할 수 있다(법 제60조 제1항).

(3) 저작재산권자 표지 의무

배타적발행권자는 특약에 없는 때에는 각 복제물에 대통령령으로 정하는 바에 따라 저작재산권자의 표지를 하여야 한다.[24] 다만, 「신문 등의 진흥에 관한 법률」 제9조 제1항에 따라 등록된 신문과 「잡지 등 정기간행물의 진흥에 관한 법률」 제15조 및 제16조에 따라 등록 또는 신고된 정기간행물의 경우에는 그러하지 아니하다(법 제58조 제3항). 저작권법 시행령(대통령령 제34181호, 2024. 2. 6. 일부개정) 제38조는 저작재산권자의 표지에 수록되는 사항으로 ⅰ) 복제의 대상이 외국인의 저작물일 경우에는 저작재산권자의 성명 및 맨 처음의 발행연도의 표지, ⅱ) 복제의 대상이 대한민국 국민의 저작물일 경우에는 제1호에 따른 표지 및 저작재산권자의 검인, ⅲ) 배타적발행권자가 복제권의 양도를 받은 경우에는 그 취지의 표시를 명시하고 있다. 이 의무는 출판권에 관한 검인 표지 제도의 절충적 형태[25]로 규정된 것인데, 당사자 사이에 특약에 의한 합의가 있다면 표지의무를 면제할 수 있도록 한 것이다.

---

22) 이해완(2019), 918면.

23) 허희성(2011), 381면.

24) 저작권법 시행령(대통령령 제34181호, 2024. 2. 6. 일부개정) 제38조는 이에 따라 저작재산권자의 표지에 수록되는 사항으로 1. 복제의 대상이 외국인의 저작물일 경우에는 저작재산권자의 성명 및 맨 처음의 발행연도의 표지, 2. 복제의 대상이 대한민국 국민의 저작물일 경우에는 제1호에 다른 표지 및 저작재산권자의 검인, 3. 배타적발행권자가 복제권의 양도를 받은 경우에는 그 취지의 표시를 명시한다.

25) 과거 검인 표지 제도에 관하여는 이를 찬성하는 저작자 측과 이를 반대하는 출판사 측의 입장이 대립되었었는데, 현행 규정은 1987년 개정 저작권법에서 개정된 것으로 양자 사이에 특약에 따라 정할 수 있도록 하여 절충적 태도를 취한 것이라고 한다. 허희성(2011), 382면.

(4) 재이용 사실 통지 의무

배타적발행권자는 배타적발행권의 목적인 저작물을 발행등의 방법으로 다시 이용하고자 하는 경우에 특약이 없는 때에는 그때마다 미리 저작자에게 그 사실을 알려야 한다(법 제58조의2). 이 의무는 저작자의 수정증감의 권리를 보장하기 위한 것으로, 배타적발행권자가 저작물을 다시 발행등을 하고자 할 때 저작자가 그 사실을 알고 있어야 수정증감의 권리를 행사할 수 있기 때문이다. 특히 저작자와 배타적발행권자가 상이할 경우 이 의무 규정의 필요성이 많을 것이다.[26]

4. 저작자 및 저작재산권자의 권리와 의무

제58조의2(저작물의 수정증감) ① 배타적발행권자가 배타적발행권의 목적인 저작물을 발행등의 방법으로 다시 이용하는 경우에 저작자는 정당한 범위 안에서 그 저작물의 내용을 수정하거나 증감할 수 있다.
② 배타적발행권자는 배타적발행권의 목적인 저작물을 발행등의 방법으로 다시 이용하고자 하는 경우에 특약이 없는 때에는 그때마다 미리 저작자에게 그 사실을 알려야 한다.

제59조(배타적발행권의 존속기간 등) ① 배타적발행권은 그 설정행위에 특약이 없는 때에는 맨 처음 발행등을 한 날부터 3년간 존속한다. 다만, 저작물의 영상화를 위하여 배타적발행권을 설정하는 경우에는 5년으로 한다.
② 저작재산권자는 배타적발행권 존속기간 중 그 배타적발행권의 목적인 저작물의 저작자가 사망한 때에는 제1항에도 불구하고 저작자를 위하여 저작물을 전집 그 밖의 편집물에 수록하거나 전집 그 밖의 편집물의 일부인 저작물을 분리하여 이를 따로 발행등의 방법으로 이용할 수 있다.

제60조(배타적발행권의 소멸통지) ① 저작재산권자는 배타적발행권자가 제58조제1항 또는 제2항을 위반한 경우에는 6개월 이상의 기간을 정하여 그 이행을 최고하고 그 기간 내에 이행하지 아니하는 때에는 배타적발행권의 소멸을 통지할 수 있다.

(1) 저작물의 수정증감에 관한 권리

배타적발행권자가 배타적발행권의 목적인 저작물을 발행등의 방법으로 다시 이용하는 경우에 저작자는 정당한 범위 안에서 그 저작물의 내용을 수정하거나 증감할 수 있다(법 제58조의2 제1항). 이 권리는 저작자의 인격적 이익을 보장하기 위한 것으로 적극적 내용변경권이라 할 수 있다.[27] 저작물의 수정증감을 할 수 있는 자

---

26) 허희성(2011), 385면; 오승종(2023), 566면.
27) 이해완(2019), 567면. 한편, 이 권리는 프랑스나 독일 등 대륙법계 국가에서 인정되는 철회권(droit de repentir; Rückrufsrecht)의 성격을 갖는다고도 한다. 최경수(2010), 551면.

는 저삭자에 한하며, 저작인격권과 유사한 성질로 인하여 저작재산권을 타인에게 양도한 경우에도 저작자에게 수정증감에 관한 권리는 남아 있다. 저작자가 사망한 경우에는 해당 저작물의 권리를 상속받은 자라 하더라도 수정증감에 대한 권리를 행사할 수 없다. 수정증감을 할 수 있는 범위는 정당한 범위 안으로 한정된다. 따라서 발행등의 시기를 매우 지연시키는 때늦은 수정, 증감의 요구 등은 인정될 수 없다고 본다.[28] 이 권리의 보장을 위하여 배타적발행권자에게는 재이용 사실 통지 의무가 부여되고 있다(법 제58조의2 제2항).

(2) 전집(全集) 등 수록 및 일부 저작물의 분리 발행등을 위한 권리

저작재산권자는 배타적발행권 존속기간 중 그 배타적발행권의 목적인 저작물의 저작자가 사망한 때에는 제1항에도 불구하고 저작자를 위하여 저작물을 전집 그 밖의 편집물에 수록하거나 전집 그 밖의 편집물의 일부인 저작물을 분리하여 이를 따로 발행등의 방법으로 이용할 수 있다(법 제59조 제2항). 이는 저작자가 사망한 경우에 한하여 배타적발행권 설정 내용의 예외를 인정하는 강행규정이다.[29]

(3) 배타적발행권 소멸통지에 관한 권리

저작재산권자는 배타적발행권자가 제58조 제1항(9개월 이내 발행 등을 할 의무) 또는 제2항(계속 발행 등의 이용 의무)을 위반한 경우에는 6개월 이상의 기간을 정하여 그 이행을 최고하고 그 기간 내에 이행하지 아니하는 때에는 배타적발행권의 소멸을 통지할 수 있다(법 제60조 제1항). 한편, 저작재산권자는 배타적발행권자가 그 저작물을 발행등의 방법으로 이용하는 것이 불가능하거나 이용할 의사가 없음이 명백한 경우에는 제1항에도 불구하고 즉시 배타적발행권의 소멸을 통지할 수 있다(동조 제2항). 제1항 또는 제2항에 따라 배타적발행권의 소멸을 통지한 경우에는 배타적발행권자가 통지를 받은 때에 배타적발행권이 소멸한 것으로 본다(동조 제3항). 이때 제3항의 경우에 저작재산권자는 배타적발행권자에 대하여 언제든지 원상회복을 청구하거나 발행등을 중지함으로 인한 손해의 배상을 청구할 수 있다(동조 제4항).

---

28) 허희성(2011), 384면.
29) 허희성(2011), 387면; 이해완(2019), 919면.

5. 배타적발행권의 존속기간

> 제59조(배타적발행권의 존속기간 등) ① 배타적발행권은 그 설정행위에 특약이 없는 때에는
> 맨 처음 발행등을 한 날부터 3년간 존속한다. 다만, 저작물의 영상화를 위하여 배타적발행권
> 을 설정하는 경우에는 5년으로 한다.
>
> 제61조(배타적발행권 소멸 후의 복제물의 배포) 배타적발행권이 그 존속기간의 만료 그 밖의
> 사유로 소멸된 경우에는 그 배타적발행권을 가지고 있던 자는 다음 각 호의 어느 하나에 해
> 당하는 경우를 제외하고는 그 배타적발행권의 존속기간 중 만들어진 복제물을 배포할 수
> 없다.
>   1. 배타적발행권 설정행위에 특약이 있는 경우
>   2. 배타적발행권의 존속기간 중 저작재산권자에게 그 저작물의 발행에 따른 대가를 지급
>   하고 그 대가에 상응하는 부수의 복제물을 배포하는 경우

배타적발행권은 그 설정행위에 특약이 없는 때에는 맨 처음 발행등을 한 날부터
3년간 존속한다. 다만, 저작물의 영상화를 위하여 배타적발행권을 설정하는 경우에
는 5년으로 한다(법 제59조 제1항). 기한을 정하지 않을 경우 사실상 복제권을 양도
하는 것과 같은 결과가 되므로 존속기간을 명시한 것이다.[30] 만약 기한을 정하지
않은(무기한) 배타적발행권 설정은 특약이 없는 경우와 마찬가지로 맨 처음 발행등
을 한 날부터 3년간 권리가 존속하는 것으로 해석된다.[31] 배타적발행권은 본래 설
정한 때 발생하게 되나 발행등이 되지 않았을 경우 배타적발행권을 사실상 행사할
수 없으므로 권리의 존속기간을 보장하기 위하여 맨 처음 발행등을 한 날을 기산점
으로 삼았다.[32] 다만, 특약이 있는 경우에는 달리 정할 수 있다.

배타적발행권이 그 존속기간의 만료 그 밖의 사유로 소멸된 경우에는 그 배타적
발행권을 가지고 있던 자는 ⅰ) 배타적발행권 설정행위에 특약이 있는 경우, ⅱ)
배타적발행권의 존속기간 중 저작재산권자에게 그 저작물의 발행에 따른 대가를 지
급하고 그 대가에 상응하는 부수의 복제물을 배포하는 경우 중 어느 하나에 해당하
는 경우를 제외하고는 그 배타적발행권의 존속기간 중 만들어진 복제물을 배포할
수 없다(법 제61조).

---

30) 정상조 편(2007), 746면(강영수 집필 부분).
31) 정상조 편(2007), 747면(강영수 집필 부분); 박성호(2023), 464면; 이해완(2019), 912면.
32) 박성호(2023), 454면.

6. 배타적발행권의 등록

배타적발행권의 설정·이전·변경·소멸 또는 처분제한에 대한 사항, 그리고 배타적발행권을 목적으로 하는 질권의 설정·이전·변경·소멸 또는 처분제한에 대한 사항은 등록할 수 있으며, 등록하지 아니하면 제3자에게 대항할 수 없다(법 제54조 제2호, 제3호). 설정 등의 등록은 제3자에 대한 대항요건이다. 배타적발행권의 등록은 배타적발행권이 이중으로 설정된 경우에 의미를 갖게 되며, 이 경우 설정등록을 먼저 한 자가 이후 설정을 받은 자에 대해 배타적발행권을 주장할 수 있게 된다.

7. 배타적발행권의 양도 및 제한 등

제62조(배타적발행권의 양도·제한 등) ① 배타적발행권자는 저작재산권자의 동의 없이 배타적발행권을 양도하거나 또는 질권의 목적으로 할 수 없다.
② 배타적발행권의 목적으로 되어 있는 저작물의 복제 등에 관하여는 제23조, 제24조, 제25조제1항부터 제5항까지, 제26조부터 제28조까지, 제30조부터 제33조까지, 제35조제2항 및 제3항, 제35조의2부터 제35조의5까지, 제36조 및 제37조를 준용한다.

배타적발행권자는 저작재산권자의 동의 없이 배타적발행권을 양도하거나 또는 질권의 목적으로 할 수 없다(법 제62조 제1항). 배타적발행권이 경제적 가치를 가진 재산권의 일종에 해당하는 이상 그 양도성과 처분성이 인정된다. 그런데 배타적발행권의 설정은 발행자의 능력, 평판 등을 고려하여 이루어지는 것이 보통이므로 결국 누가 발행자인지 여부는 중요한 요소가 된다. 이에 저작자에 의하여 설정된 배타적발행권이 다시 제3자에게 양도될 경우 그 제3자는 저작자 의사에 반하는 것이 되므로 배타적발행권의 양도 또는 질권 설정 시 저작재산권자의 동의를 받도록 한 것이다. 이때 동의 없이 배타적발행권을 양도 또는 질권 설정 시 그 효력이 무효라는 견해도 있으나 이 규정이 복제권자의 이익을 보호하기 위한 규정에 해당하므로 양수인이나 질권을 설정받은 자가 자신의 법률상 지위를 복제권자에게 주장하는 것은 허용되지 않는다.[33]

아울러, 배타적발행권의 목적으로 되어 있는 저작물의 복제 등에 관하여는 저작재산권의 제한에 관한 규정이 준용된다(법 제62조 제2항). 이때 준용되는 규정은 제

---

33) 송영식·이상정, 「저작권법개설」, 제3판, 세창출판사, 2003, 259면.

23조, 제24조, 제25조제1항부터 제5항까지, 제26조부터 제28조까지, 제30조부터 제 33조까지, 제35조제2항 및 제3항, 제35조의2부터 제35조의5까지, 제36조 및 제37조 이다. 저작재산권 행사에 대한 제한 규정이 배타적발행권에 대해 준용되지 않는다 면 특정한 경우 저작재산권자의 권리 행사는 제한됨에도 불구하고 배타적발행권자 의 권리 행사는 가능하게 되어 저작재산권의 행사 제한 제도의 실효성이 낮아지는 문제가 있다.[34] 따라서 배타적발행권의 경우에도 저작재산권의 행사 제한 규정을 준용하고 있으며, 준용되는 규정은 배타적발행권 설정에 따른 저작물 이용 형태를 고려하여 특정하고 있다. 그런데 준용 규정 가운데 저작권법 제101조의3에서 제101 조의5 까지의 컴퓨터프로그램에 대한 저작재산권 행사 제한 규정은 빠져 있는데, 이에 대한 명시가 없더라도 해석상 배타적발행권에 대해서도 적용되는 것으로 보는 것이 타당하다.[35]

제 2 절 출판에 관한 특례

1. 출판권과 배타적발행권의 관계

2011년 저작권법 개정 이후 배타적발행권 제도가 도입되었으나 오랜 기간 저작 물 이용 행위의 하나로 자리매김하고 있는 출판권 제도에 대해서는 배타적발행권으 로 일원화하지 않고 기존과 동일하게 출판권 제도를 별도로 유지하고 있다. 이는 불필요한 혼란을 방지하고자 함을 이유로 한다. 이에 저작권법 제57조 제1항은 배 타적발행권 설정에 관하여 규정하면서 배타적발행권에는 저작권법 제63조에 따른 출판권은 제외한다고 명시하고 있다.

출판권과 배타적발행권의 적용 대상을 구분하는 기준은 저작물의 이용을 문서 또는 도화로 발행하는지 여부에 따른다. 저작권법 제63조 제1항은 "저작물을 복 제·배포할 권리를 가진 자(이하 '복제권자'라 한다)는 그 저작물을 인쇄 그 밖에 이 와 유사한 방법으로 문서 또는 도화로 발행하고자 하는 자에 대하여 이를 출판할

---

34) 이해완(2019), 914-915면.
35) 이해완(2019), 916면; 오승종(2023), 564면.

권리(이하 '출판권'이라 한다)를 설정할 수 있다."고 하여 저작물을 문서 또는 도화로 발행할 경우 배타적발행권이 아닌 출판권 설정의 대상으로 한다. 이때 문서 또는 도화는 유형물 위에 시각적으로 자각할 수 있도록 직접 재현시킨 것을 의미한다.[36]

2. 출판권의 내용

(1) 출판권의 설정

> 제63조(출판권의 설정) ① 저작물을 복제·배포할 권리를 가진 자(이하 '복제권자'라 한다)는 그 저작물을 인쇄 그 밖에 이와 유사한 방법으로 문서 또는 도화로 발행하고자 하는 자에 대하여 이를 출판할 권리(이하 '출판권'이라 한다)를 설정할 수 있다.
> ③ 복제권자는 그 저작물의 복제권을 목적으로 하는 질권이 설정되어 있는 경우에는 그 질권자의 허락이 있어야 출판권을 설정할 수 있다.

저작물을 복제·배포할 권리를 가진 자(이하 '복제권자'라 한다)는 그 저작물을 인쇄 그 밖에 이와 유사한 방법으로 문서 또는 도화로 발행하고자 하는 자에 대하여 이를 출판할 권리(이하 '출판권'이라 한다)를 설정할 수 있다(법 제63조 제1항). 출판권 설정 역시 계약의 형태로 이루어지는 것이 보통인데, 배타적발행권의 경우와 같이 출판권 설정 계약을 통하여 출판권자는 준물권적 권리를 갖게 된다. 저작권자(저작재산권자)[37]에 대해 출판권 설정 계약의 상대방이 되는 사람은 일반적으로 출판자를 의미하지만, 이때 출판자는 반드시 상인으로서의 출판업자일 것이 요구되는 것은 아니다.[38]

한편, 출판권 설정 시 출판권 설정 대상이 되는 저작물에 복제권을 목적으로 하는 질권이 설정되어 있는 경우에는 그 질권자의 허락이 있어야 복제권자는 출판권을 설정할 수 있다(법 제63조 제3항).

---

36) 이해완(2019), 934면; 오승종(2020), 1020면. 한편, 유형물의 범위에 대해 달리 보는 견해도 있다. 박성호(2023), 459면.
37) 저작권법에서는 '복제·배포할 권리를 가진 자(복제권지)'라고 표현되어 있으나, 복제·배포권을 갖고 있지 않은 저작재산권자의 경우 출판권을 설정해줄 수 있는 권한이 없으므로 이를 저작재산권자라 표현하더라도 무방하다고 한다. 최경수(2010), 541면.
38) 박성호(2023), 462면.

(2) 배타적발행권 규정의 준용 및 내용

> **제63조의2(준용)** 제58조부터 제62조까지는 출판권에 관하여 준용한다. 이 경우 '배타적발행권'은 '출판권'으로, '저작재산권자'는 '복제권자'로 본다.

저작권법은 제58조부터 제62조까지는 출판권에 관하여 준용한다고 하며, 이 경우 '배타적발행권'은 '출판권'으로, '저작재산권자'는 '복제권자'로 본다고 한다. 제58조부터 제62조는 배타적발행권에 관한 규정들인데, 배타적발행권 설정에 관한 제57조를 제외하고 배타적발행권에 관한 모든 규정이 출판권에도 준용된다. 이에 배타적발행권자의 의무, 저작물의 수정증감, 배타적발행권의 존속기간 등, 배타적발행권의 소멸통지, 배타적발행권 소멸 후의 복제물 배포, 배타적발행권의 양도·제한 등에 관한 사항은 출판권에도 동일하게 적용된다.

(3) 출판권자의 의무

> **제63조(출판권의 설정)** ② 제1항에 따라 출판권을 설정받은 자(이하 '출판권자'라 한다)는 그 설정행위에서 정하는 바에 따라 그 출판권의 목적인 저작물을 원작 그대로 출판할 권리를 가진다.

출판권자는 배타적발행권자의 의무 등을 모두 동일하게 적용받는다. 한편, 출판권자는 배타적발행권자의 의무가 적용되는 것에 더하여 원작 그대로 출판하여야 할 의무를 갖는다. 배타적발행권자의 경우와 같이 여기서 '원작 그대로'라 함은 완전히 동일한 상태를 의미하는 것은 아니며, 실질적으로 동일한 상태라면 원작 그대로 출판한 것으로 인정할 수 있다.[39]

한편, 법조문에는 없으나 원고를 반환할 의무가 출판권자에 부여되는지에 대해 논의가 있다. 일반적인 법원칙에 비추어 볼 때, 출판을 위해 유체물인 저작물의 원고(原稿)를 양도할 필요는 없는 것이므로 출판권 설정 계약 시 별도로 정한 것이 없는 한 원고의 소유권은 계속 저작자에게 있으며, 이러한 점에 기하여 반환청구를 할 수 있는 것으로 볼 수 있다.[40]

---

39) 오승종(2023), 573면.
40) 이해완(2019), 942면.

3. 출판권에 관한 특수한 문제

(1) 판면권

출판물의 인쇄적 배열에 대해 저작인접권과 같은 일정한 권리를 인정하자는 논의가 있다. 이 권리를 판면권이라고 한다. 입법례로는 영국 저작권법이 '발행된 판의 저작권(published edition of copyright)', 독일 저작권법에서는 '판면권(edition right)'이라 규정하는 것이 대표적이다.[41] 우리나라에서는 이 판면권을 출판자에게 인정하자는 취지의 입법이 시도되고 있다. 이에 대해서는 견해가 나뉘는데, 판면권의 인정을 긍정하는 입장에서는 저작물의 중간적인 이용업자에게도 인센티브를 부여할 필요가 있으며, 저작물의 내용을 전달하는 매개자로서 출판자도 다른 저작인접권자와 같이 보호할 필요가 있고, 무단복제로 인한 출판자의 손실에 대응하기 위해 일정한 권리인정이 필요하다는 주장을 한다.[42] 이에 대해서는 신중하게 검토하여야 할 문제라 생각한다.

(2) 공공대출보상권

19세기 이후 공공도서관의 등장 이후 저작권자, 특히 출판업자의 이익과의 상반성으로 인하여 오랫동안 논의되고 있는 것으로 공공대출보상권(PLR, Public Lending Right)이 있다. 공공대출보상권은 도서관에서 소장하고 있는 도서나 음반을 공중에게 대출하는 것을 인정하는 경우에는 그 도서나 음반이 이용되는 만큼 저작자로서는 판매의 기회를 잃어 재산적 손실을 보게 되므로 보상금을 지급하는 것을 의미한다.[43] 이에 대한 논의는 '대여권 및 대출권 그리고 지적재산권분야 중 저작권관련 권리에 관한 1992년 유럽공동체 지침'[44]의 시행 이후에 보다 구체화되고 있다.

---

41) 허희성(2011), 367면.

42) 허희성(2011), 368면.

43) 한국저작권위원회 저작권기술 관련 법률용어 사전(https://www.copyright.or.kr/information-materials/dictionary/view.do?glossaryNo=361&pageIndex=1&searchLangType=&searchkeyword=%EA%B3%B5%EA%B3%B5%EB%8C%80%EC%B6%9C%EA%B6%8C&pageDisplaySize=10&searchIdx=&searchText=&clscode=01&searchTarget), 여기서는 용어를 공공대출권으로 표현하고 있으며, 공공대출권 혹은 공공대출보상권이 큰 의미의 차이 없이 혼용되고 있는 상황으로 보인다.

44) Council Directive 92/100/ EEC of 19 November 1992 on Rental and Lending Right and on Certain Rights related to Copyright in th field of Intellectual Property.

이 제도를 도입한 국가는 아직 유럽연합의 일부 국가에 한정(각국간 제도의 모습은 매우 상이하게 구성되어 운영되고 있다)되고 있지만, 많은 국가들이 이 제도의 도입 문제를 논의하고 있다.

우리나라에서 공공대출보상권에 대한 논의는 1989년부터 시작된 것으로 보고 있다. 제도 도입에 관한 논의에서 도서관 측과 출판업자 측 사이의 첨예한 의견의 대립이 나타나고 있다. 도서관 측은 공공대출보상권 제도의 필요성 자체는 공감하나 아직 이 제도의 도입은 시기상조이며, 출판업자 측이 출판업계 자체의 불황을 도서관에 떠넘기고 있다고 주장하며, 반대로 출판업자 측은 공공적 성격을 갖는 공공도서관의 운영에 따른 부담을 출판업자가 지는 것은 부당하다는 점을 주장한다. 2017년 송인서적의 부도 사건은 공공대출보상권 논의를 다시 부각시키는 계기가 되었고, 2022년 저작권법 개정안에 제도 도입에 관한 사항이 반영되기도 하였다.

공공대출보상권 제도 도입에 관하여는 몇 가지 문제가 지적되고 있다. 먼저 공공도서관이 출판업자에게 보상하여야 할 이유에 대한 문제이다. 저작권자에 대한 권리 보호와 같은 것이 아니라 출판된 서적의 판매 감소를 공공도서관이 그 책임을 부담하여야 한다는 점에 대해 아직 합의를 위한 충분한 이해가 이루어지지 않은 상태이다. 특히 최근에 구름빵사건 등으로 대표된 저작권자의 정당한 이익의 확보 문제 측면에서는 어느 정도의 이해가 도출되고 있으나, 저작권자가 아닌 출판권자에도 이와 같이 이익을 보전하는 것이 타당한 것인지 고민이 되는 것이다. 다음으로는 공공도서관 내 비(非)도서 자료에 대한 문제이다. 지금까지 도서 자료를 중심으로 공공대출보상권의 논의가 이루어지고 있는 반면, 비도서 자료 역시 출판권 설정의 범위를 벗어나는 것들이 있을 것이나 이에 대한 관련 논의는 잘 보이지 않는다. 배타적발행권 제도가 도입되었고, 공공도서관 역시 출판권 설정 대상이 되는 자료뿐만 아니라 배타적발행권이 설정되는 자료를 보유하고 있는 등 그 다양성이 높아졌다. 이러한 상황에서 출권권 설정의 대상이 되는 도서 자료만을 중심으로 제도를 구성하는 것에 보완이 필요하다는 논의가 대두되고 있다. 셋째로는 최초판매원칙과의 조화 문제이다. 공공도서관에서의 대출행위가 최초판매원칙의 전제인 대여행위와 차이가 있다는 견해가 있는데, 현재의 논의는 이러한 점을 충분히 고려하고 있다고 볼 수 없다는 지적이 있다.

제 3 절 데이터베이스제작자의 보호

1. 데이터베이스 및 데이터베이스제작자 정의

(1) 데이터베이스

데이터베이스는 소재를 체계적으로 배열 또는 구성한 편집물로서 개별적으로 그 소재에 접근하거나 그 소재를 검색할 수 있도록 한 것을 말한다(법 제2조 19호). 여기서 편집물은 저작물이나 부호·문자·음·영상 그 밖의 형태의 자료(이하 '소재'라 한다)의 집합물을 말하는데, 여기에 데이터베이스를 포함한다(법 제2조 17호). 이에 저작권법상의 데이터베이스에 해당하기 위해서는 ⅰ) 소재를 체계적으로 배열 또는 구성한 것, ⅱ) 편집물일 것, 그리고 ⅲ) 개별적으로 그 소재를 검색할 수 있도록 한 것이라는 요건을 충족하여야 한다. 즉, 이 세 가지 요건 중 하나라도 충족되지 않을 경우에는 산업현장에서 데이터베이스라 통칭하는 것이라 하더라도 저작권법에서의 데이터베이스에 해당하지 않는다.

각 요건을 구체적으로 보면, 먼저 소재를 체계적으로 배열 또는 구성하였다는 것은 데이터베이스를 구성하는 각 소재를 단순히 수집해놓은 것이 아니고 이들 소재를 이용자가 효율적으로 사용할 수 있도록 소재의 배열과 구성에 체계성을 갖추어야 한다는 의미이다. 데이터베이스는 전자적 형태뿐만 아니라 비전자적 형태를 모두 포괄한다. 이에 소재의 배열 또는 구성에서 체계성을 갖춘다는 의미는 전자적 형태의 경우와 비전자적 형태의 경우에 서로 상이한 의미를 갖는다. 소재인 데이터를 각 형태에 따라 효과적으로 활용할 수 있도록 하는 이용 방식에 따라 체계성의 의미는 다르게 나타나게 된다. 둘째, 편집물은 소재의 집합물을 의미하는데, 각 소재가 무엇인지(저작물인지 혹 저작물이 아닌지 등)는 의미를 두지 않는다. 셋째, 개별적으로 그 소재를 검색할 수 있어야 한다는 것은 데이터베이스를 구성하고 있는 개별 소재를 이용자가 활용할 수 있도록 구성 등이 되어 있어야 한다는 의미이다. 데이터베이스의 존재 목적 자체가 어떠한 목적을 위하여 수집된 데이터(소재)를 효율적으로 활용할 수 있도록 하기 위함이라는 점을 전제한 것이다.

저작권법은 데이터베이스의 개념에서 저작물성을 요구하지 않는다. 어떠한 소재의 집합물인 편집물이 그 소재의 선택·배열 또는 구성에 창작성을 갖는다면 이는 저작물인 편집물(편집저작물)이 되며, 이를 대상으로 다른 성립요건을 충족한 데이터베이스는 저작물인 데이터베이스가 된다. 물론 편집물로서의 창작성이 없을 경우에는 저작물이 아닌 데이터베이스가 되며,[45] 이 역시 저작권법에서의 데이터베이스에 해당한다.[46]

(2) 보호받는 데이터베이스

> 제91조(보호받는 데이터베이스) ① 다음 각 호의 어느 하나에 해당하는 자의 데이터베이스는 이 법에 따른 보호를 받는다.
> 1. 대한민국 국민
> 2. 데이터베이스의 보호와 관련하여 대한민국이 가입 또는 체결한 조약에 따라 보호되는 외국인
> ② 제1항의 규정에 따라 보호되는 외국인의 데이터베이스라도 그 외국에서 대한민국 국민의 데이터베이스를 보호하지 아니하는 경우에는 그에 상응하게 조약 및 이 법에 따른 보호를 제한할 수 있다.
>
> 제92조(적용 제외) 다음 각 호의 어느 하나에 해당하는 데이터베이스에 대하여는 이 장의 규정을 적용하지 아니한다.
> 1. 데이터베이스의 제작·갱신등 또는 운영에 이용되는 컴퓨터프로그램
> 2. 무선 또는 유선통신을 기술적으로 가능하게 하기 위하여 제작되거나 갱신등이 되는 데이터베이스

저작권법은 ⅰ) 대한민국 국민, ⅱ) 데이터베이스의 보호와 관련하여 대한민국이 가입 또는 체결한 조약에 따라 보호되는 외국인 중 어느 하나에 해당하는 자의 데이터베이스에 보호를 제공한다(법 제91조 제1항). 이에 따라 보호되는 외국인의 데이터베이스라도 그 외국에서 대한민국 국민의 데이터베이스를 보호하지 아니하

---

45) 창작성 없는 데이터베이스 보호에 대해 우리 저작권법은 시장의 자율에 맡기면서 독점규제법 등 기존 규범에 저촉되는 경우에 한하여 규제하는 태도를 갖는 것을 취지로 하였다고 한다. 이해완 (2019), 1012면.

46) 최근 인공지능의 기술 발전과 이로 인한 다양한 서비스의 출현은 우리 사회에서 데이터, 특히 데이터를 산업적으로 활용할 수 있도록 하는 데이터베이스를 중요하게 인식하는 계기가 되었다. 데이터베이스의 산업적 가치가 높아짐에 따라 이를 보호해야 한다는 논의도 많이 나타나고 있다. 다만, 데이터베이스의 보호를 기존의 보호에 더하여 어떠한 방식으로 하여야 할 것인지에 대해서는 견해가 다양하게 나타난다. 특히 전자적 형태의 데이터베이스의 경우 강학상 개념과 달리 현실적으로는 저작물로 보호받기 쉽지 않을 것이라는 점, 저작권법상의 가치와 산업에서의 가치 사이의 간격이 과거에 비해 매우 넓어졌다는 점, 그리고 지금의 저작권법이 갖는 데이터베이스에 대한 태도가 정립된 시대와 지금의 산업적 현실에는 현저한 차이가 존재한다는 점 등을 고려하면 전자적 형태의 데이터베이스 보호 체계에 대해서는 깊이 고민해볼 필요가 있다고 본다.

는 경우에는 그에 상응하게 조약 및 저작권법에 따른 보호를 제한할 수 있다(법 제 91조 제2항). 즉, 외국인의 경우 상호주의가 적용된다.

그리고 ⅰ) 데이터베이스의 제작·갱신 등 또는 운영에 이용되는 컴퓨터프로그램, ⅱ) 무선 또는 유선통신을 기술적으로 가능하게 하기 위하여 제작되거나 갱신 등이 되는 데이터베이스 가운데 어느 하나에 해당하는 데이터베이스는 저작권법에 의하여 보호되지 않는다(법 제92조). 전자는 그 컴퓨터프로그램이 데이터베이스와 결합되어 활용되더라도 그것은 컴퓨터프로그램저작물로 보호를 받으면 되는 것이지 이를 데이터베이스로 보호할 것은 아니기 때문이다.[47] 후자에 대해서는 해석상 이론(異論)이 있는데, 이에 대해서는 특정한 데이터베이스를 보호하게 될 경우 유무선 통신(네트워크)에 장애를 가져올 수 있는 필수적인 정보(인터넷 주소, 전자우편 주소 등)에 대해서는 보호하지 않음으로써 통신의 안정성을 보장할 수 있도록 하는 것이라는 해석이 일반적이다.[48]

> **서울남부지방법원 2015. 3. 12. 선고 2014가합108028 판결('GIS수치지도데이터' 사건)**
>
> 저작권법 제2조 제19호는 '데이터베이스는 부호·문자·음·영상 그 밖의 형태의 자료(이하 '소재'라 한다)를 체계적으로 배열 또는 구성한 편집물로서 개별적으로 그 소재에 접근하거나 그 소재를 검색할 수 있도록 한 것을 말한다'고 규정하고 있고, 같은 법 제91조 제1항 제1호는 데이터베이스를 저작권법의 보호대상으로 규정하고 있다.
>
> 갑 제4호증의 기재 및 변론 전체의 취지에 의하면, 원고의 GIS수치지도데이터는 지형물 등에 관한 배경 데이터, 주소 등에 관한 검색용 데이터, 출발지에서 목적지까지의 경로를 찾기 위한 도로망 데이터로 구성되는 데이터베이스로 구성되는 사실이 인정되는바, 원고의 GIS수치지도데이터는 저작권법으로 보호되는 데이터베이스에 해당한다.

(3) 데이터베이스제작자

데이터베이스제작자는 데이터베이스의 제작 또는 그 소재의 갱신·검증 또는 보충(이하 '갱신등'이라 한다)에 인적 또는 물적으로 상당한 투자를 한 자를 말한다(법

---

47) 최경수(2010), 358면.

48) 이해완(2019), 1011면; 최경수(2010), 358면; 오승종(2023), 578면; 허희성(2011), 474면; 임원선(2022), 343면; 박성호(2023), 408면 등.

제2조 20호). 데이터베이스 제작 등에 기여하는 사람은 매우 다양하므로 이들 모두에 데이터베이스에 대한 권리를 부여할 경우 매우 복잡한 권리관계가 형성되어 문제가 된다. 이에 데이터베이스의 보호 목적이 투자 보호에 있음을 고려하여 제작 과정에 상당한 기여가 있는 사람을 권리자로 함[49]으로써 이 문제를 해결하고자 한 규정이다.

데이터베이스제작자에 해당하기 위해서는 먼저 데이터베이스의 제작 또는 그 소재의 갱신등이 이루어져야 한다. 이때 제작에 관하여 소재의 수집(생산)과 제작을 구별하는지 여부에 대한 논의가 있는데, 양자를 구분은 하되 소재의 수집(생산)이 큰 틀에서 제작의 범주에 들어가는 것으로 보는 견해이 일반적이다.[50] 다음으로는 인적 또는 물적으로 상당한 투자가 이루어져야 한다. 상당한 투자의 명확한 기준은 존재하지 않으나 통상 보호를 제공할 정도의 투자가 이루어진 경우가 해당할 것이며, 구체적인 기준에 대해서는 판례의 축적을 통하여 참고할 수밖에 없다. 다른 데이터(저작물 등)를 상당부분 이용함으로써 데이터 수집에 많은 노력이 인정되기 어려운 경우[51], 데이터의 양이 적은 경우[52]에는 상당한 투자를 인정하지 않았으며, 데이터베이스의 구축과 유지관리를 위한 실질적인 역할을 수행한 경우[53]에는 상당한 투자로 인정한 사례 등이 있다. 데이터베이스제작자 여부에 대한 판단 시 상당한 투자의 인정 여부가 판단의 핵심이 되는데 이에 대해서는 투자보호의 관점에서 질적·양적인 측면을 모두 고려하여 개별적으로 판단되어야 한다.[54]

부산지방법원 2010. 9. 2. 선고 2010가합22230 판결('작명법도서' 사건)

우선, 이 사건 한자 부분이 편집저작권으로 인정되는지에 관하여 살피건대, '편집저작물'이란 편집물로서 그 소재의 선택·배열 또는 구성에 창작성이 있는 것을 말하고(저작권법 제2조 제18호), '편집물'이란 저작물이나 부호·문자·음·영상 그 밖의 형태의 자료의 집합물로서 데이터베이스를 포함하는 것(같은 조 제17호)을 말하는데, 편집물이 저작물로서 보호를 받으려면 일정한 방침 혹은 목적을 가지고 소재를 수집·분

49) 최경수(2010), 359면.
50) 이해완(2019), 1012-1013면; 최경수(2010), 359면 등 참조.
51) 부산지방법원 2010. 9. 2. 선고 2010가합2230 판결.
52) 서울중앙지방법원 2012. 1. 12. 선고 2011가합76742 판결.
53) 서울중앙지방법원 2023. 2. 3. 선고 2020가합584719 판결.
54) 박성호(2023), 410면.

류·선택하고 배열하여 편집물을 작성하는 행위에 창작성이 있어야 하는바, 그 창작성은 작품이 저자 자신의 작품으로서 남의 것을 복제한 것이 아니라는 것과 최소한도의 창작성이 있는 것을 의미하므로, 반드시 작품의 수준이 높아야 하는 것은 아니지만 저작권법에 의한 보호를 받을 가치가 있는 정도의 최소한의 창작성은 있어야 하고, 누가 하더라도 같거나 비슷할 수밖에 없는 성질의 것이라면 거기에 창작성이 있다고 할 수 없다(대법원 2003. 11. 28. 선고 2001다9359 판결 등).

그런데 앞서 든 각 증거와 을 제6, 7, 8, 9호증의 각 기재에 변론 전체의 취지를 종합하면, 이 사건 한자 부분이 각 한자의 음을 '가'부터 '힐'까지로 분류하고, 각 한자의 음에 관하여 화(火), 수(水), 목(木), 금(金), 토(土)를 수록하며, 개별 한자에 관하여 각각의 뜻, 부수, 자원오행, 획수(오행)를 수록한 것 등은 그 대부분이 원고 도서가 출판되기 이전에 이미 출판된 「C」(지은이 D, 펴낸이 E, 펴낸 곳 도서출판 F, 2002. 7. 15. 초판 발행) 중 216면부터 340면에 수록된 내용과 거의 동일하고, 이 사건 한자 부분의 뜻, 부수, 자원오행, 획수(오행) 등의 자료배치 및 나열 정도는 그와 같은 종류의 자료의 편집에서 통상적으로 행하여지는 편집방법이며, 그러한 자료의 배열에 원고의 개성이 나타나 있지도 아니하므로 이 사건 한자 부분은 그 소재의 선택 또는 배열에 창작성이 있는 편집물이라고 할 수 없다.

다음으로, 원고가 데이터베이스제작자로서의 권리를 가지는지에 관하여 살피건대, '데이터베이스'는 소재를 체계적으로 배열 또는 구성한 편집물로서 개별적으로 그 소재에 접근하거나 그 소재를 검색할 수 있도록 한 것을 말하고(저작권법 제2조 제19호), '데이터베이스제작자'는 데이터베이스의 제작 또는 그 소재의 갱신·검증 또는 보충에 인적 또는 물적으로 상당한 투자를 한 자를 말하는데(같은 조 제20호), 이 사건의 경우, 원고 주장과 같이 이 사건 한자 부분이 데이터베이스에 해당하더라도 이 사건 한자 부분은 그 대부분이 원고 도서 이전에 이미 발행된 도서인 위 「G」 중 216면부터 340면까지와 거의 동일한 사실은 앞서 본 바와 같고, 달리 원고가 이를 제작 또는 그 소재의 갱신·검증 또는 보충에 인적 또는 물적으로 상당한 투자를 하였음을 인정할 만한 증거가 없으므로 원고가 데이터베이스제작자로서의 권리를 가진다고 할 수 없다.

2. 데이터 보호 규범들과의 관계

저작권법은 데이터베이스제작자의 권리를 보호함에 있어서 데이터베이스의 구성 부분이 되는 소재 그 자체에는 보호의 영향이 미치지 않음을 명확히 하고 있다(법 제93조 제4항). 여기서 소재는 데이터베이스를 구성하는 개별 데이터를 의미하며, 이 소재는 저작물일 수도 있으며 저작물이 아닌 경우도 있다. 개별 소재가 저작물일 경우 데이터베이스제작자의 권리 보호와 별도로 소재 자체로써 저작물로 보호된다. 반면 개별 소재가 저작물이 아닐 경우에도 데이터베이스제작자의 권리 보호와 별도로 소재 자체에 대하여 다루어지게 된다. 즉, 저작권법에 의한 데이터베이스제작자의 권리 보호는 저작권 보호뿐만 아니라 개별 데이터 자체의 다양한 보호 규범과 구별되는 별도의 보호에 해당한다. 이들 권리는 배타적이지 않는 것으로 본다.

참고로, 데이터베이스의 소재, 즉 데이터를 보호하기 위한 논의로는 소유권과 같은 실체적 권리를 통한 보호 견해와 행위규제를 통한 사실상의 보호 견해가 대표적이다.[55]

먼저 데이터에 실체적 권리로서 재산권을 통한 논의에 대해 살펴본다. 이에 대해서는 데이터를 민법의 소유권 규정 적용을 통하여 보호해야 한다는 견해, 새로운 형태의 권리 부여가 필요하다는 견해, 그리고 배타적 재산권 부여를 부정하는 견해가 나뉜다. 현재 많은 견해들이 데이터의 유형과 형태를 불문하고 일괄하여 물권적 소유권을 통한 보호 가능성을 부인하고 있으나,[56] 그럼에도 불구하고 관련 규범의 해석을 통하여 물권적 소유권을 인정할 수 있다는 견해가 존재한다. 다만, 소유권을 통한 보호를 긍정하는 입장에 있어서도 기존의 민법 규정만으로 직접 적용할 수 있는지 혹은 어느 정도의 개정이 필요한 것인지에 대한 견해가 나뉜다. 둘째, 새로운 형태의 권리 부여 필요성을 주장하는 입장에서는 기존 법체계의 한계로 인하여 데이터 자체에 초점을 맞춘 별도의 규범이 필요하다는 견해를 갖는다. 이에 데이터에 대하여 사법상 일원화되고 일반적인 권리 창설이 필요하다고 한다. 한편, 이 견해에 있어서 새로운 형태의 권리는 기존 법체계에 대한 보조적 수단으로 보아야 한다는 의견,[57] 일원화된 규범이 아니라도 기존 법체계내에서 법적 공백을 제거해야 한다는 의견[58] 등이 제시되기도 한다. 셋째, 배타적 재산권을 부정하는 견해에서는 데이터라는 정보의 공공적 성격, 그리고 광범위한 개방과 이용을 통하여 공공의 이익을

---

55) 이하의 자세한 내용은 김시열, "지식재산권 분야 데이터 소유권 논의의 평가 및 방향성 검토", 법학논총, 제51집, 2021, 138-140면 참조.

56) 백대열, "데이터 물권법 시론(試論)", 민사법학, 제90호, 2020, 109면 참조.

57) 신용우, 「데이터 경제 활성화를 위한 입법정책 방안」, 국회입법조사처, 2020, 12-13면.

58) 이규호, "인공지능 학습용 데이터세트 보호를 위한 특허법상 주요 쟁점 연구", 2020년도 한국지식재산학회 공동 추계학술대회, 2020, 84면.

증진하는 데이터의 특성을 고려할 때, 우리 지식새산권 체계 하에서 지식재산권과 같은 배타적 재산권 부여는 오히려 관련 산업 발전의 장애로 작용한다는 생각을 한다.[59]

다음으로는 데이터를 그 자체로서 실체적인 권리로 보호하기보다, 자신이 정당한 권원을 갖지 않는 데이터를 사용하는 행위를 규제함으로써 보호를 도모하려는 논의가 있다. 이는 데이터의 실체적 권리 보호 방식 실현의 어려움을 인식하고 현실적으로 데이터 보호를 위한 수단을 찾고 있는 것이다. 이에 실제적으로 데이터를 지배하는 자 혹은 기업 등의 이익을 확보할 수 있는 방안으로 구체적인 데이터 이용 행위를 부정경쟁행위로 특정하고 이를 규제하는 방법이 적절하다는 주장을 한다. 우리나라의 경우 현재 부정경쟁방지 및 영업비밀 보호에 관한 법률 제2조 제1호 카목[60]에서 특정한 데이터 이용 등의 행위에 대해 부정경쟁행위로 규제하고 있다. 어떠한 행위유형을 데이터 부정사용으로 보아야 할 것인지에 대해서는 계속 논의가 이루어지고 있다.

3. 데이터베이스제작자의 권리

제93조(데이터베이스제작자의 권리) ① 데이터베이스제작자는 그의 데이터베이스의 전부 또는

---

59) Robert D. Atkinson, "IP Protection in the Data Economy: Getting the Balance Right on 13 Critical Issues", ITIF, 2019, pp.5-6.

60) 카. 데이터(「데이터 산업진흥 및 이용촉진에 관한 기본법」 제2조제1호에 따른 데이터 중 업(業)으로서 특정인 또는 특정 다수에게 제공되는 것으로, 전자적 방법으로 상당량 축적·관리되고 있으며, 비밀로서 관리되고 있지 아니한 기술상 또는 영업상의 정보를 말한다. 이하 같다)를 부정하게 사용하는 행위로서 다음의 어느 하나에 해당하는 행위
   1) 접근권한이 없는 자가 절취·기망·부정접속 또는 그 밖의 부정한 수단으로 데이터를 취득하거나 그 취득한 데이터를 사용·공개하는 행위
   2) 데이터 보유자와의 계약관계 등에 따라 데이터에 접근권한이 있는 자가 부정한 이익을 얻거나 데이터 보유자에게 손해를 입힐 목적으로 그 데이터를 사용·공개하거나 제3자에게 제공하는 행위
   3) 1) 또는 2)가 개입된 사실을 알고 데이터를 취득하거나 그 취득한 데이터를 사용·공개하는 행위
   4) 정당한 권한 없이 데이터의 보호를 위하여 적용한 기술적 보호조치를 회피·제거 또는 변경(이하 '무력화'라 한다)하는 것을 주된 목적으로 하는 기술·서비스·장치 또는 그 장치의 부품을 제공·수입·수출·제조·양도·대여 또는 전송하거나 이를 양도·대여하기 위하여 전시하는 행위. 다만, 기술적 보호조치의 연구·개발을 위하여 기술적 보호조치를 무력화하는 장치 또는 그 부품을 제조하는 경우에는 그러하지 아니하다.

상당한 부분을 복제·배포·방송 또는 전송(이하 이 조에서 "복제등"이라 한다)할 권리를 가진다.

② 데이터베이스의 개별 소재는 제1항에 따른 해당 데이터베이스의 상당한 부분으로 간주되지 아니한다. 다만, 데이터베이스의 개별 소재 또는 그 상당한 부분에 이르지 못하는 부분의 복제등이라 하더라도 반복적이거나 특정한 목적을 위하여 체계적으로 함으로써 해당 데이터베이스의 일반적인 이용과 충돌하거나 데이터베이스제작자의 이익을 부당하게 해치는 경우에는 해당 데이터베이스의 상당한 부분의 복제등으로 본다.

③ 이 장에 따른 보호는 데이터베이스의 구성부분이 되는 소재의 저작권 그 밖에 이 법에 따라 보호되는 권리에 영향을 미치지 아니한다.

④ 이 장에 따른 보호는 데이터베이스의 구성부분이 되는 소재 그 자체에는 미치지 아니한다.

제94조(데이터베이스제작자의 권리제한) ① 데이터베이스제작자의 권리의 목적이 되는 데이터베이스의 이용에 관하여는 제23조, 제28조부터 제34조까지, 제35조의2, 제35조의4, 제35조의5, 제36조 및 제37조를 준용한다.

② 다음 각 호의 어느 하나에 해당하는 경우에는 누구든지 데이터베이스의 전부 또는 그 상당한 부분을 복제·배포·방송 또는 전송할 수 있다. 다만, 해당 데이터베이스의 일반적인 이용과 저촉되는 경우에는 그러하지 아니하다.

 1. 교육·학술 또는 연구를 위하여 이용하는 경우. 다만, 영리를 목적으로 하는 경우에는 그러하지 아니하다.
 2. 시사보도를 위하여 이용하는 경우

제95조(보호기간) ① 데이터베이스제작자의 권리는 데이터베이스의 제작을 완료한 때부터 발생하며, 그 다음 해부터 기산하여 5년간 존속한다.

② 데이터베이스의 갱신등을 위하여 인적 또는 물적으로 상당한 투자가 이루어진 경우에 해당 부분에 대한 데이터베이스제작자의 권리는 그 갱신등을 한 때부터 발생하며, 그 다음 해부터 기산하여 5년간 존속한다.

제97조(데이터베이스 이용의 법정허락) 제50조 및 제51조의 규정은 데이터베이스의 이용에 관하여 준용한다.

(1) 권리의 내용

데이터베이스제작자는 그의 데이터베이스의 전부 또는 상당한 부분을 복제·배포·방송 또는 전송(이하 이 조에서 '복제등'이라 한다)할 권리를 가진다(법 제93조 제1항). 데이터베이스제작자 권리는 그의 데이터베이스 전부 또는 상당한 부분에 미친다.

데이터베이스제작자에게 부여되는 권리는 복제, 배포, 방송, 전송으로 한정된다. 이때 복제 등에 대한 권리는 저작권자에 인정되는 것과 동일하며 역시 배타적 권리이다.[61] 다만, 저작재산권의 경우와 달리 공연 등에 대한 권리가 포함되지 않는 것

---

61) 최경수(2010), 361-362면.

은 데이터베이스 자체의 성질, 그리고 그 이용 양태를 고려할 때 그 이외의 권리에 대한 행위가 발생할 여지가 낮기 때문이다.

'상당한 부분'이라는 것은 불확정 개념으로 구체적으로 어느 정도에 해당하는 부분이 상당한 것인지 논란이 있을 수밖에 없다. '데이터베이스의 법적 보호에 관한 유럽의회 및 이사회 지침'[62]은 '상당한 부분'에 대해 양적으로 그리고/또는 질적으로 상당하여야 함을 명시하고 있다.[63] 이에 대해 우리 법원은 데이터베이스 이용의 상당성을 판단하기 위해서는 양적인 측면만이 아니라 질적인 측면도 함께 고려하여야 하고, 양적으로 상당한 부분인지의 여부는 복제 등이 된 부분을 전체 데이터베이스의 규모와 비교하여 판단하여야 하고, 질적으로 상당한 부분인지 여부는 복제 등이 된 부분에 포함되어 있는 개별 소재 자체의 가치나 그 개별 소재의 생산에 들어간 투자가 아니라 데이터베이스제작자가 그 복제 등이 된 부분의 제작 또는 그 소재의 갱신 검증 또는 보충에 인적 또는 물적으로 상당한 투자를 하였는지를 기준으로 제반 사정에 비추어 판단하여야 한다고 판시한 바 있다.[64] 이에 어떠한 데이터베이스의 피이용 정도가 양적으로는 그리 많지 않다고 하더라도, 그 이용된 부분이 데이터베이스제작자가 제작 등에 있어 인적·물적으로 상당한 투자를 하였다는 질적인 상당성을 갖는다면 본 규정에 의한 데이터베이스제작자의 권리를 침해한 것으로 판단할 수 있다.[65]

다만, 데이터베이스의 개별 소재는 제93조 제1항에서의 '상당한 부분'으로 간주되지 않는다(법 제93조 제2항). 이는 데이터베이스제작자 권리의 보호가 데이터베이스의 구성부분이 되는 소재 그 자체에는 미치지 않기 때문(법 제93조 제4항)이다. 그러나 데이터베이스의 개별 소재 또는 그 상당한 부분에 이르지 못하는 부분의 복제 등이라 하더라도 반복적이거나 특정한 목적을 위하여 체계적으로 함으로써 해당 데이터베이스의 일반적인 이용과 충돌하거나 데이터베이스제작자의 이익을 부당하게 해치는 경우에는 해당 데이터베이스의 상당한 부분의 복제등으로 본다(법 제93조 제2항 단서). 이는 데이터베이스제작자 권리 보호를 위한 요건을 충족하지 못한 경우

---

62) Directive 96/6/EC on the Legal Protection of Database of the European Parliament and of the Council of 11 March 1996.
63) 본 지침에 대한 번역본 한국저작권위원회, 「저작권 관련 유럽연합 지침」, 2011, 50면을 참조.
64) 대법원 2022. 5. 12. 선고 2021도1533 판결.
65) 관련 사례로는 서울고등법원 2010. 6. 9. 선고 2009나96306 판결 참조.

라 하더라도 현실적인 필요성으로 인하여 일정한 경우에 해당하는 경우 동일한 보호를 제공한다는 것이다.[66] 데이터베이스의 일반적인 이용[67]과 충돌하거나 데이터베이스제작자의 이익을 부당하게 해치는 경우의 기준에 대해, 데이터베이스제작자의 허락 없이 그 데이터베이스 개별 소재를 이용한 것이거나, 데이터베이스 이용이 상당한 부분에 이르지 못하는 경우라 하더라도 그것이 결국 상당한 부분의 복제 등을 한 것과 같은 결과를 발생하게 되는 경우에 인정되는 것이라는 대법원 판결[68]이 있다.

한편, 데이터베이스를 구성하는 소재의 상당한 부분(혹은 전부)을 이용하면서 그 소재의 배열 혹은 구성의 체계만을 달리한 경우 이를 데이터베이스제작자의 권리 침해 측면에서 어떻게 보아야 할지 이론(異論)이 있다. 이에 대해서 데이터베이스제작자의 권리를 보호하는 취지가 해당 데이터베이스 제작에 따른 인적·물적 투자의 보호에 있다는 점을 고려하여 침해로 보는 견해(침해긍정설)[69]와 저작권의 데이터베이스 보호의 취지가 소재의 체계적 배열 등과 같은 편집 노력을 보호하기 위한 것이라는 점에 침해로 볼 수 없다는 견해(침해부정설)[70]가 있다. 침해긍정설이 다수의 견해이다.

데이터베이스제작자의 권리는 데이터베이스의 구성부분이 되는 소재의 저작권 그 밖에 이 법에 따라 보호되는 권리에 영향을 미치지 아니한다(법 제93조 제3항). 이는 2차적저작물 또는 편집저작물에 관한 경우와 유사한 것으로, 데이터베이스 제작 시 소재가 저작물 혹은 저작권법에 의하여 보호되는 것일 경우에 이를 권리자 허락 없이 이용할 경우 저작권 침해 등이 발생한다는 것이다. 그 소재를 이용한 데이터베이스에 대해서 제작자로서의 권리는 인정될 수 있으나, 그와 별개로 저작권

---

66) 이 단서 규정을 통해 데이터베이스제작자의 권리를 적극적으로 확대하는 근거로 삼는 것은 적절하지 않고, 구체적 사안에서 데이터베이스제작자의 권리가 인정되는 경우에 데이터베이스의 개별 소재를 이용하였을 뿐이라는 피고의 주장을 배척하는 해석 기준 정도로 고려하는 것이 타당하다는 견해가 있다. 박성호(2023), 413면.
67) 기존에는 '통상적인 이용'이라는 용어로 표현되었으나, 2021. 5. 18. 법률 제18162호로 개정된 저작권법에서 쉬운 우리말로 변경하는 취지에서 '일반적인 이용'으로 표현을 변경하였다. 저작권법 제94조 제2항의 경우도 같다.
68) 대법원 2022. 5. 12. 선고 2021도1533 판결.
69) 오승종(2023), 582면; 이해완(2019), 1017면; 박성호(2023), 414면 등.
70) 한지영, "데이터베이스의 법적 보호에 관한 연구", 서울대학교 대학원, 박사학위 청구논문, 2005, 41-43면.

침해 역시 발생할 수 있게 된다. 이때 제3자가 데이터베이스제작사의 권리를 침해할 경우에는 데이터베이스제작자의 권리뿐만 아니라 소재의 저작권자가 갖는 권리에 대해서도 책임을 진다.

(2) 권리의 제한

데이터베이스제작자에게 권리를 부여함에 따른 보호 확대가 정보의 자유로운 유통을 불합리하게 저해시킬 우려를 최소화하기 위해[71] 일정한 경우에는 저작재산권에 대한 권리행사 제한규정을 준용하여 데이터베이스제작자의 권리 행사를 제한한다. 이에 저작권법 제23조(재판 등에서의 복제), 제28조(공표된 저작물의 인용), 제29조(영리를 목적으로 하지 아니하는 공연·방송), 제30조(사적이용을 위한 복제), 제31조(도서관등에서의 복제 등), 제32조(시험문제를 위한 복제 등), 제33조(시각장애인등을 위한 복제 등), 제33조의2(청각장애인 등을 위한 복제 등), 제34조(방송사업자의 일시적 녹음·녹화), 제35조의2(저작물 이용과정에서의 일시적 복제), 제35조의4(문화시설에 의한 복제 등), 제35조의5(저작물의 공정한 이용), 제36조(번역 등에 의한 이용) 및 제37조(출처의 명시)는 데이터베이스제작자의 권리에도 적용된다(법 제94조 제1항).

아울러 ⅰ) 교육·학술 또는 연구를 위하여 이용하는 경우(다만, 영리를 목적으로 하는 경우에는 제외), ⅱ) 시사보도를 위하여 이용하는 경우 가운데 어느 하나에 해당하는 경우에는 누구든지 데이터베이스의 전부 또는 그 상당한 부분을 복제·배포·방송 또는 전송할 수 있다. 다만, 해당 데이터베이스의 일반적인 이용과 저촉되는 경우에는 그러하지 아니하다(법 제94조 제2항). 데이터베이스제작자의 권리 보호는 창작적 표현에 대한 저작권 보호와 달리 투자의 유인을 위한 목적으로 보호하는 것이므로, 저작재산권 행사에 대한 제한보다 더 넓은 권리제한이 가능하다고 보고, 공익목적의 이용에 대해서는 추가적인 권리행사의 제한을 부여한 것이다.[72]

데이터베이스 이용에 관하여 저작권법 제50조(저작재산권자 불명인 저작물의 이용) 및 제51조(공표된 저작물의 방송)의 법정허락 규정이 준용된다(법 제97조).

---

[71] 2002년 9월 저작권법 개정안 설명자료 16면 참조(허희성(2011), 480면에서 재인용).
[72] 허희성(2011), 481면.

(3) 권리의 보호기간

데이터베이스제작자의 권리는 데이터베이스의 제작을 완료한 때부터 발생하며, 그 다음 해부터 기산하여 5년간 존속한다(법 제95조 제1항). 데이터베이스의 갱신 등을 위하여 인적 또는 물적으로 상당한 투자가 이루어진 경우에 해당 부분에 대한 데이터베이스제작자의 권리는 그 갱신 등을 한 때부터 발생하며, 그 다음 해부터 기산하여 5년간 존속한다(법 제95조 제2항). 이에 대해 5년간으로 정한 기간의 적정성에 대한 이론(異論)이 있는데, 유럽연합의 데이터베이스보호 지침과 독일 저작권법, 프랑스 저작권법 등이 15년을 기준으로 하고 있다는 점, 5년의 기간으로는 투자자본의 회수가 용이하지 않다는 점 등을 고려할 때 5년의 기간은 지나치게 짧다는 견해[73]와 데이터베이스의 갱신 등을 위하여 상당한 인적·물적 투자가 이루어지는 한 사실상 영구적인 보호를 받는 셈이 된다는 견해[74] 등이 있다.

> **서울중앙지방법원 2022. 10. 25 선고 2022고단2512 판결('수강편람크롤링' 사건)**
>
> 피고인 A은 인터넷 광고업 등을 영위하는 피고인 주식회사 D의 대표이사, 피고인 B은 피고인 주식회사 D의 이사, 피고인 C는 피고인 D의 팀장급 직원이고, 피고인 E는 데이터베이스 및 온라인 정보 제공업 등을 영위하는 피고인 주식회사 F의 대표이사이며, 피고인 주식회사 D는 2017. 6.경 G 주식회사로부터 대학교 시간표 관리 등의 기능을 제공하는 'H'라는 명칭의 모바일 어플리케이션 및 웹사이트 관련 사업을 인수하였다.
>
> 피해자 I 주식회사는 데이터베이스 검색, 개발 및 판매업 등을 목적으로 설립된 회사로서 2015.경부터 대학별 수강편람 정보, 강의평가 정보, 시간표 관리 기능 등을 제공하는 'J'이라는 명칭의 모바일 어플리케이션 및 웹사이트(인터넷주소 1 생략)를 운영하였고, 그 과정에서 학교별 수강과목 정보를 '교양', '전공' 등의 대분류로 나누고, 세부적으로 교양필수, 교양선택, 핵심교양, 영역교양, 전공필수 등의 소분류로 나누며, 각 과목별로 교과목 코드, 교과목명, 교수명, 학년, 학점, 수업시간, 강의실 등의 정보를 관리할 수 있도록 독자적인 데이터베이스 체계를 구축함으로써 여러 대학의 수강편람 정보를 수집하고, 체계적으로 분류, 배열하여 피해자 회사 서버에 저장하고 이를 웹사이트 등에 게재하여 이용자로 하여금 그 수강편람 정보를 조회하거나 검색할 수 있도록 하는 서비스를 제공하여 왔다.

---

73) 허희성(2011), 483면.
74) 오승종(2023), 583면.

1. 피고인 A, 피고인 B, 피고인 C, 피고인 E

피고인 A, 피고인 B, 피고인 C는 2017. 7.경 위 'H' 관련 사업을 확대하고자 이른바 '크롤링' 프로그램(자동화된 방법으로 지정된 특정 웹사이트 또는 불특정 다수의 웹사이트를 방문하여 각종 정보를 기계적으로 복제한 후 이를 별도의 서버에 저장하는 프로그램을 의미)을 이용하여 경쟁업체인 피해자 회사가 제공하는 대학별 수강편람 정보를 반복적, 체계적으로 무단 복제하여 위 'H' 웹사이트 등에서 제공하기로 모의하고, 피고인 E에게 위와 같은 용도로 사용할 크롤링 프로그램을 개발하여 달라고 제안하며, 피고인 E는 이를 승낙하여 같은 달 17.경 주식회사 D와 주식회사 F 사이에 해당 프로그램 개발과 이를 이용한 피해자 회사 데이터베이스의 복제 작업 등을 내용으로 하는 용역계약을 체결함으로써 피해자 회사의 데이터베이스의 상당한 부분을 복제하기로 순차 공모하였다.

이에 따라 피고인 E는 2017. 7. 17.경부터 같은 해 8. 하순경까지 위와 같은 크롤링 프로그램을 개발하고, 그 과정에서 같은 해 8. 불상경부터 같은 달 23.경까지 피해자 회사의 'J' 웹사이트에 접속한 다음 위와 같이 개발한 크롤링 프로그램을 이용하여 초당 수십 회에 이르는 속도로 명령어를 자동 입력함으로써 위 웹사이트 페이지에 현출된 텍스트를 전체 선택하여 복사, 붙여넣기를 하면서 텍스트를 추출하여 파일로 저장하는 구동을 기계적, 반복적으로 실행하는 작업을 하여 40개 대학의 2017년 1학기 수강편람 정보를 복제하였으며, 피고인 A, 피고인 B, 피고인 C는 같은 해 9. 중순경 피고인 E로부터 위 프로그램의 소스파일과 함께 위와 같이 복제한 2017년 1학기 수강편람 정보를 제공받고, 그 무렵 위와 같은 방법으로 위 프로그램을 이용하여 별지 범죄일람표 I 기재와 같이 피해자 회사의 데이터베이스에 해당하는 112개 대학의 2017년 1학기 수강편람 정보를 무단 복제하였다.

이어서 피고인 A, 피고인 B, 피고인 C는 같은 해 9. 중순경부터 같은 해 12. 7.경까지 'K'와 같이 'L'과 영문 문자열, 'M'을 순차 조합한 형태의 계정 300여개를 생성하여 피해자 회사의 'J' 웹사이트에 접속한 다음 피고인 E로부터 제공받은 위 크롤링 프로그램을 이용하여 위와 같이 기계적, 반복적으로 위 웹사이트 페이지에 현출된 텍스트를 추출하여 파일로 저장하는 작업을 하여 별지 범죄일람표 II 기재와 같이 피해자 회사의 데이터베이스에 해당하는 119개 대학의 2017년 2학기 수강편람 정보를 무단 복제하였다.

이로써 피고인들은 공모하여 데이터베이스의 상당한 부분을 복제하는 방법으로 데이터베이스제작자인 피해자 회사의 권리를 침해하였다.

서울중앙지방법원 2023. 2. 3. 선고 2020가합584719 판결('부동산정보크롤링' 사건)

3. 데이터베이스제작자의 권리 침해

가. 원고가 데이터베이스제작자인지 여부

1) 저작권법 제2조 제19호는 '데이터베이스'를 '소재를 체계적으로 배열 또는 구성한 편집물로서 개별적으로 그 소재에 접근하거나 그 소재를 검색할 수 있도록 한 것'이라고 규정하고, 같은 조 제20호는 '데이터베이스제작자'를 '데이터베이스의 제작 또는 그 소재의 갱신·검증 또는 보충에 인적 또는 물적으로 상당한 투자를 한 자'라고 규정하고 있다.

2) 갑 제3 내지 5, 9, 10, 17 내지 25호증의 각 기재 및 변론 전체의 취지에 의하면, 원고는 부동산 중개인 또는 임대인으로부터 부동산 매물정보를 수집하고, 이러한 정보를 D에 매물위치, 매물사진, 매매/전세/월세 여부, 가격, 면적, 층, 구조, 관리비, 주차, 엘리베이터 유무, 입주가능일, 옵션정보, 상세정보, 학군정보 등에 따라 분류하여 체계적으로 배열하고 구성한 사실, 원고가 설립 초기부터 중개인 또는 임대인이 효과적으로 매물정보를 올리고, 이용자들이 빠르고 쉽게 부동산 매물정보 데이터베이스에 개별적으로 접근하거나 필요한 정보를 검색할 수 있도록 데이터베이스 체계를 구축한 사실, 원고는 지속적으로 매물정보를 수집·배열함과 동시에 허위매물을 가려내기 위해 안심광고정책, G, 삼진아웃제 등 여러 정책을 실시하는 등 데이터베이스의 구축과 유지, 관리를 위해 인적·물적으로 상당한 투자를 해온 사실을 인정할 수 있으므로, D의 부동산 매물정보는 데이터베이스에 해당하고, 원고는 그 데이터베이스제작자에 해당한다.

나. 데이터베이스제작자의 권리 침해 여부

1) 아래와 같은 사실 또는 사정은 당사자 사이에 다툼이 없거나 갑 제7 내지 23호증의 각 기재 및 변론 전체의 취지를 종합하여 인정할 수 있다.

가) 원고는 D 인터넷 웹사이트 하단에 해당 웹사이트에 게재된 내용은 원고에게 저작권이 있다는 취지의 'Copyright©A' 표시를 하고 있다.

나) 원고는 이용약관 제11조에서 D 어플리케이션 데이터를 유출·변경하거나 별도의 서버를 구축하는 행위, 원고의 지적재산권을 침해하는 행위를 금지하고 있다.

다) 원고는 불법적인 크롤러의 접근을 차단하기 위하여 Robots.txt를 수정하여 운영하고 있다. 위 문서는 Allow(크롤링 허용)와 Disallow(크롤링 불허)를 나누어 정의하고 있는데, 네이버(Naver), 구글(Google) 등 주요 검색엔진의 크롤링 봇에 대해서는 접근을 허용하고 E을 비롯한 그 외 크롤러들에 대하여는 접근을 허용한 바 없다.

라) 피고들은 2019년 3월경부터 반복적으로 크롤링 방식에 의하여 D에서 부동산 매

물성보를 복제하여 이를 E에 게재하고, 이용자가 검색결과를 선택하면 일부 정보를 가공한 형태로 동일한 매물정보를 제공하였다.

마) 2020년 5월 기준 E에 게재된 약 450,000개의 매물정보 중 D의 매물정보가 약 200,000개에 달한다.

2) 위 인정사실 및 변론 전체의 취지에 비추어 인정되는 다음과 같은 사정들, 즉 ① 원고는 D에 게재된 매물정보에 자신의 동의 없이 유출 및 크롤링할 수 없다고 안내한 점, ② 피고들은, 원고가 상당한 투자와 노력을 기울여 구축·유지·관리하는 부동산 매물정보 등 데이터베이스를 아무런 비용을 들이지 않고 무단으로 수집하여 피고들의 영업에 이용한 점, ③ 피고들이 E에서 제공하는 부동산 매물정보 중 원고의 데이터베이스가 차지하는 비중이 상당한 점, ④ 피고들이 D의 매물정보를 수집하여 E에서 제공하는 정보를 살펴보면, 매물위치, 매물사진, 매매/전세/월세 여부, 가격, 면적, 층, 구조, 관리비, 주차, 엘리베이터 유무, 입주가능일, 옵션정보, 상세정보, 학군정보 등 D에 게재된 주요한 매물정보가 그대로 제공되어 이용자들로서는 D으로 이동하지 않더라도 해당 정보를 검토하여 거래 여부를 판단할 수 있을 정도로 보이는 점, ⑤ E에 접속할 경우 D에서 확인할 수 있는 매물정보와 동일한 정보를 제공받을 수 있으므로, D의 이용자 수나 이용시간이 감소할 것으로 예상되는 점, ⑥ 부동산 매물정보를 제공하는 어플리케이션은 해당 어플리케이션에서 확인할 수 있는 매물정보의 양과 질, 방문자의 수나 이용시간이 영업에 중요한 영향을 미치는 점 등을 종합하면, 피고들이 별도의 마케팅비용 등의 지출 없이 피고들의 영업에 이용할 목적으로 반복적, 체계적으로 원고 데이터베이스를 복제하고 이를 E에 게재하여 제공한 행위는 원고의 매물정보 데이터베이스의 통상적인 이용과 충돌하며, 그로 인하여 데이터베이스제작자인 원고의 이익을 부당하게 해쳤다고 할 것이다. 따라서 피고들의 위 행위로 의하여 저작권법 제93조 제1항 또는 제2항에서 정하고 있는 원고의 데이터베이스제작자로서의 권리가 침해되었다고 봄이 타당하다.

3) 이에 대하여 피고들은, E은 여러 부동산 매물정보 플랫폼의 매물정보를 취합하여 비교해서 보여주는 플랫폼으로 D과 경쟁관계에 있지 아니한 점, 사진 등에 출처를 표시한 점, 데이터를 변형하지 않은 점, 직접 링크 방식으로 각 매물의 고유 웹페이지와 연결한 점, 데이터 수집 과정에서 트래픽 가중의 문제가 발생하지 않는 크롤링 방식을 사용한 점, 기업보증기금의 보증을 유치한 점, 창업경진대회에서 최우수상을 수상한 점, I에서 활동하는 점 등의 사정을 들어 E 서비스가 원고 데이터베이스의 통상적인 이용과 충돌하거나 데이터베이스제작자의 이익을 부당하게 해치지 않는다고 주장한다. 그러나 피고들이 원고의 허락 없이 크롤링 방식으로 원고의 매물정보 데이터베이스를 복제하고 이를 E에 임의로 게재함으로써 그 자체로 원고의 데이터베이스제작자로서의

권리가 침해되었다고 할 것이고, 피고들이 주장하는 위와 같은 사정만으로 달리 볼 것은 아니다.

4) 한편, 피고들은, 기존의 크롤링 방식처럼 상시적, 주기적으로 데이터를 수집한 것이 아니라 사용자들이 D에 직접 접속하여 정보를 검색, 수집하는 과정을 대신 수행해준 것에 불과하고, E 서비스 방식이 '링크'와 유사하여 복제 및 전송에 해당하지 않는다고 주장한다. 그러나 을 제5호증의 기재 및 변론 전체의 취지에 의하여 인정할 수 있는 아래와 같은 사정을 종합하여 보면, 피고들의 크롤링 방식도 기존의 크롤링 방식과 같이 서버 내지 관리자 단말기에서 주기적, 상시적으로 크롤링을 하는 것을 전제로 한다고 보이고, 설령 피고들 주장과 같이 실제로는 사용자 단말기에서만 데이터를 수집하였다고 하더라고 이 역시 원고 데이터의 복제 및 전송에 해당할 뿐 아니라, E 서비스 방식이 링크와 같다고 할 수도 없다. 피고들의 이 부분 주장도 이유 없다.

① E의 크롤링 방법과 관련된 특허인 'H'의 등록특허공보(을 제5호증, 이하 '이 사건 특허공보'라 한다) 중 도면5를 보면, 아래와 같이 서버가 다양한 타겟 웹사이트로부터 직접 크롤링하여 저장하는 단계가 포함되어 있다.

② 이 사건 특허공보 도면1을 보면, 타겟 웹사이트와 E에 의해 관리가 이루어지는 관리자 단말기가 연결되어 있고, 관리자 단말기는 다시 서버와 연결이 되어 있는바, 피고들에 의해 운영되는 관리자 단말기가 타겟 웹사이트로부터 직접 데이터를 수집하여 이를 서버에 저장한다는 사실을 알 수 있다.

③ 이 사건 특허공보의 발명을 실시하기 위한 구체적인 내용을 보면, '웹 크롤러는 설정된 주기마다 각 타겟 웹사이트에 접근하여 크롤링을 수행하거나, 사용자 단말기가 타겟 웹사이트에 조회하여 서버로 전달한 데이터에 대해 크롤링을 수행할 수 있다. 웹 크롤러에 의해 크롤링된 데이터는 데이터베이스에 저장될 수 있다(식별번호 [0042]).', '웹 크롤러는 관리자 단말기에서 입력된 정보를 기반으로 크롤링을 수행할 수 있다. 즉, 웹 크롤러는 관리자 단말기에 의해 타겟 웹사이트 별로 지정된 마이닝 블록, 속성 및 필드를 기반으로 크롤링을 수행할 수 있다(식별번호 [0043])'고 기재되어 있다.

④ 한편 사용자 단말기에서 데이터를 수집하는 경우에도 사용자 단말기가 D을 타겟 웹사이트를 조회하면, 데이터수집부로 그 데이터를 수집하여 사용자에게만 제공하는 것이 아니라 E의 서버로도 데이터가 전달되어 저장되고(식별번호 [0050]), 이후 다른 사용자가 타겟 웹사이트에 대한 정보를 요청 시 저장된 데이터가 사용자에게 제공되는 바(식별번호 [0052]), 그 과정에서 데이터의 복제 및 전송이 발생한다고 할 것이다.

⑤ 한편 '링크'는 인터넷에서 링크하고자 하는 웹페이지나, 웹사이트 등의 서버에 저장된 개개의 저작물 등의 웹 위치 정보나 경로를 나타낸 것을 의미하는데(대법원 2015. 3. 12. 선고 2012도13748 판결 등), E의 경우 사용자가 D으로 이동하지 않더라

노 D에 게재된 매물정보를 전부 확인할 수 있고, 오히려 사용자들이 D 등 부동산 매물정보 제공 플랫폼에 일일이 접속하지 않도록 하는 데 그 목적이 있으므로, '링크'와는 그 방식이 전혀 다르다.

　5) 피고들은, E 서비스가 사용자들의 캐시메모리 역할을 대신하는 것에 불과하다고 주장하나, 사용자들의 단말기의 캐시메모리에 저장된 정보를 피고들의 서버로 저장하는 점, E에서는 D에 있는 매물정보가 일부 가공되어 게재되는 점, D에서 이미 삭제된 데이터가 E에 남아 있는 점 등에 비추어 보면, E 서버에 저장된 데이터가 일시적 복제에 해당하는 캐시메모리와 유사하다고 볼 수 없다.

　다. 금지 및 폐기청구

　피고 회사가 무단으로 D의 매물정보를 복제하여 이를 E에 게재한 행위로 인하여 원고의 데이터베이스제작자로서의 권리가 침해되었음은 앞서 본 바와 같다. 따라서 피고 회사는, 원고가 운영하는 D에서 별지1, 2 기재와 같은 방법으로 접근가능한 부동산 매물정보를 복제, 제작, 반포, 판매, 보관하거나 이를 E에 게재하거나 인터넷을 통하여 전송하여서는 아니 되고, E에 게재하거나 보관하고 있는 별지3 기재 각 표 좌측 부분의 부동산 매물정보를 폐기할 의무가 있다.

4. 데이터베이스제작자 권리의 양도 · 행사

제96조(데이터베이스제작자의 권리의 양도 · 행사 등) 데이터베이스의 거래제공에 관하여는 제20조 단서를, 데이터베이스제작자의 권리의 양도에 관하여는 제45조제1항을, 데이터베이스의 이용허락에 관하여는 제46조를, 데이터베이스제작자의 권리를 목적으로 하는 질권의 행사에 관하여는 제47조를, 공동데이터베이스의 데이터베이스제작자의 권리행사에 관하여는 제48조를, 데이터베이스제작자의 권리의 소멸에 관하여는 제49조를, 데이터베이스의 배타적 발행권의 설정 등에 관하여는 제57조부터 제62조까지의 규정을 각각 준용한다.

데이터베이스의 거래제공(법 제20조 단서 준용), 데이터베이스제작자의 권리 양도(법 제45조 제1항 준용), 데이터베이스의 이용허락(법 제46조 준용), 데이터베이스제작자의 권리를 목적으로 하는 질권 행사(법 제47조 준용), 공동데이터베이스의 데이터베이스제작자의 권리행사(법 제48조 준용), 데이터베이스제작자의 권리 소멸(법 제49조 준용), 데이터베이스의 배타적발행권 설정 등(법 제57조부터 제62조까지 준용)에 대해서는 저작권법의 규정을 준용한다(법 제96조).

5. 데이터베이스제작자 권리의 등록

> 제98조(데이터베이스제작자의 권리의 등록) 데이터베이스제작자의 권리 및 데이터베이스제작
> 자 권리의 배타적발행권 등록, 변경등록등에 관하여는 제53조부터 제55조까지 및 제55조의
> 2부터 제55조의5까지의 규정을 준용한다. 이 경우 제55조, 제55조의2 및 제55조의3 중
> "저작권등록부"는 "데이터베이스제작자권리등록부"로 본다.

데이터베이스제작자 권리 등록에 대해서는 저작권 등록제도를 준용한다. 데이터
베이스제작자의 권리 및 데이터베이스제작자 권리의 배타적발행권 등록, 변경등록
등에 관하여는 제53조(저작권의 등록), 제54조(권리변동 등의 등록·효력), 제55조(등
록의 절차 등), 제55조의2(착오·누락의 통지 및 직권 경정), 제55조의3(변경등록등의
신청 등), 제55조의4(직권 말소등록), 제55조의5(비밀유지의무)의 규정을 준용한다. 이
경우 제55조, 제55조의2 및 제55조의3 중 "저작권등록부"는 "데이터베이스제작자
권리등록부"로 본다(법 제98조).

제 4 절 영상저작물의 특례

1. 개   괄

(1) 특례 규정의 필요성

영상저작물은 연속적인 영상(음의 수반 여부는 가리지 아니한다)이 수록된 창작물
로서 그 영상을 기계 또는 전자장치에 의하여 재생하여 볼 수 있거나 보고 들을 수
있는 것을 말한다(법 제1조 13호). 영상저작물 개념은 넓은 개념인데 많은 경우에
있어서 영상저작물의 제작에는 상당한 비용과 노력이 투입됨과 동시에 투자회수 위
험이 함께 상존한다.[75] 문화 관련 산업의 향상발전[76]을 위해서는 이와 같이 상당한
비용과 노력이 투입된 창작물이 활발하게 활용될 수 있도록 함으로써 그 투입된 가
치를 회수하고 이를 통한 새로운 창작으로의 연결을 도모하여야 한다.

그런데 영상저작물의 제작에는 수많은 사람들이 참여하고, 많은 저작물들을 이용

---

75) 윤선희, 「지적재산권법」, 18정판, 세창출판사, 2020, 503면.
76) 저작권법의 존재 목적 가운데 하나이다(법 제1조).

할 수밖에 없다.[77] 이때 영상저작물 제작에 참여하는 수많은 사람들은 참여한 형태에 따라 제작되는 영상저작물의 공동저작자로써 공동저작권자의 지위를 갖게 되는 경우가 있다. 우리 저작권법은 공동저작물의 경우 저작권 행사 시 공동저작자(저작인격권의 경우) 혹은 공동저작재산권자(저작재산권의 경우) 전원의 합의가 필요하도록 정하고 있다(법 제15조 제1항, 제48조 제1항). 이를 전제로 특정한 영상저작물을 이용하고자 한다면 이용자는 수많은 권리자들에게 일일이 이용허락 등을 받아야 한다는 불편함이 발생할 뿐 아니라, 이는 거의 불가능[78]에 가깝기도 하다. 더군다나 수많은 제작 참여자 가운데 이용허락을 할 주체인 저작자가 누구인지 구체적으로 특정하는 것 역시 용이한 일이 아니다. 아울러 영상저작물 제작 시에는 필연적으로 원저작물의 이용을 기반으로 할 수밖에 없다. 시나리오 등이 대표적인 원저작물이라 할 수 있는데, 이를 이용하여 영상저작물을 제작한다는 것은 결국 영상저작물이 원저작물의 2차적저작물에 해당한다는 것을 의미한다. 저작권법에 따라 2차적저작물의 독자적인 보호가 원저작물의 저작자 권리에 영향을 미치지 않는다(법 제5조). 따라서 영상저작물을 제작하는 2차적저작물의 저작자는 2차적저작물인 영상저작물 제작에 있어서 원저작물 이용에 따른 허락을 받아야 한다. 또한 영상저작물에 포함되는 실연(연기 등)에 대한 저작인접권 역시 이용을 위한 허락의 대상이 된다. 이들 권리자의 이용허락 등을 위해서는 일일이 허락을 얻는 과정이 필요하게 된다. 결국 이와 같이 영상저작물 제작에 따른 복잡한 권리관계의 존재는 영화 등과 같은 영상저작물의 활용에 상당한 제약으로 작용한다. 그리고 저작권법의 원칙을 적용함에 따라 발생한 이러한 제약은 영상저작물 제작에 따른 투자 회수 가능성을 저해하게 하므로 결국 문화 관련 산업 발전에 부정적 효과를 가져오는 문제를 초래한다.

이처럼 영상저작물 제작에 따른 복잡한 권리관계를 해소하고 효과적인 영상저작물 활용을 위해서는 제작자와 제작 참여자(혹은 이용대상 원저작물의 권리자) 간의 계약을 통해 권리관계를 정하는 것이 일반적이다.[79] 실무적으로는 정형화 그리고 정밀화된 영상화 계약이 많이 활용되고 있는 상황이기도 하다.[80] 그럼에도 불구하고

---

77) 이러한 특성으로 인하여 영상저작물을 종합예술이라 지칭하기도 한다. 최경수(2010), 558면.
78) 오승종(2023), 610면.
79) 최경수(2010), 559면.
80) 이러한 상황은 특약이 없는 경우에 보충적으로 적용되는 특례조항의 적용 여지를 현저히 낮추는 요인이 되고 있다고 한다. 박성호(2023), 492면.

여전히 계약을 통하여 이들 문제를 효과적으로 해결하기 어려운 영상저작물의 제작자 등도 많이 있다. 또한 계약을 활용하더라도 그 내용을 합리적으로 작성하는 것이 그리 용이한 것은 아니다. 영상저작물 제작에 따른 권리관계를 명료하게 하여 영상저작물 제작 및 이용에 따른 법적 안정성을 확보하고, 저작물의 유통을 원활하게 할 필요가 있는 이유이다.[81] 이에 저작권법은 영상저작물에 관한 특례 규정[82]을 두고 있다. 베른협약은 1967년 스톡홀름 개정을 통하여 제14조의2를 신설하여 영상저작물의 저작권 귀속에 대해 각 체약국의 국내법에 위임하고 있다.[83]

한편, 영상저작물 특례는 영상저작물이 가지고 있는 복합적인 성격을 감안하여 마련된 것으로 저작권금융에 있어서 참고할 부분이 큰 제도이다. 연속적인 영상이 수록된 창작물로서 그 영상을 기계 또는 전자장치에 의하여 재생하여 볼 수 있거나 보고 들을 수 있는 것을 말하는 영상저작물에 대한 영상저작물특례는 고전적 저작자가 아닌 근대적 저작자인 영화감독, 촬영감독, 조명감독 등과 배우 등의 실연자를 규율하는 특례이다.[84]

이런 영상저작물의 저작자에 대해서는 비교법적으로 영상제작자를 영상저작물의 저작자로 보는 입법례, 영상제작에 창작적으로 참여한 사람들을 공동저작자로 보는 입법례(예를 들어 프랑스), 원저작물의 저작자를 제외한 제작, 감독, 연출, 촬영 등 영상저작물의 전체적 형성에 창작적으로 기여한 자들을 저작자로 보는 입법례(예를 들어 일본[85])가 있다.[86] 우리 저작권법 제100조 제1항은 영상제작자의 사이에 영상

---

81) 이해완(2019), 1071면; 최경수(2010), 559면.
82) 입법례로는 ⅰ) 영상저작물에 대한 권리를 처음부터 영상제작자에게 귀속시키는 방법(영상제작자를 저작자로 의제), ⅱ) 영상저작물 이용에 관한 권리가 영상제작자에 이전된 것으로 추정하는 방법, ⅲ) 권리이전을 법으로 강제하는 방법, ⅳ) 저작재산권을 영상제작자에 귀속시키는 방법, ⅴ) 영화저작물을 업무상저작물로 하여 저작권을 사용자(제작자)에 귀속시키는 방법 등이 있다. 허희성(2011), 487면; 최경수(2010), 559면.
83) 베른협약 제14조의2 신설은 저작자 이외의 자를 저작권의 원시취득자로 인정할 수 있는 여지를 두고 있다는 점에 의의가 있다고 한다. 박성호(2023), 497면.
84) 이해완(2019), 1067면.
85) 日本著作權法 (映画の著作物の著作者)
   第十六条　映画の著作物の著作者は、その映画の著作物において翻案され、又は複製された小説、脚本、音楽その他の著作物の著作者を除き、制作、監督、演出、撮影、美術等を担当してその映画の著作物の全体的形成に創作的に寄与した者とする。ただし、前条の規定の適用がある場合は、この限りでない。
86) 이해완(2019), 1067면.

저작물의 제작에 협력할 것을 약정한 자 중에서 영상저작물에 대한 저작권을 원시적으로 취득한 경우가 있을 수 있음을 암묵적으로 전제하고 있으므로 적어도 영상제작자를 저작자로 의제하는 입법례는 아니라고 본다.[87] 우리법은 고전적 저작권자들을 제외하고 영화감독 등 근대적 저작자에 해당하는 사람들만 영상저작물의 공동저작자로 보는 입장을 취하고 있다.[88]

(2) 특례 규정의 개관

저작권법은 영상저작물 제작에 관한 복잡한 권리관계를 명료하게 함으로써 영상저작물을 원활하게 이용 또는 유통시킬 수 있도록, 그리고 영상제작자가 투자한 노력과 비용을 용이하게 회수할 수 있도록 하고자 특례 규정(법 제99조에서 제101조)을 두고 있다. 이 특례 규정은 두 가지 방향에서 규정하고 있는데, 이는 영상저작물 제작, 즉 영상화를 위한 원저작물에 대한 권리 처리에 대한 규율(제99조)과 제작된 영상저작물의 이용(유통 등)을 위한 권리 이전에 대한 규율(제100조)이 중심이다. 즉, 제99조는 영상저작물의 제작 단계, 그리고 제100조는 제작된 영상저작물의 권리관계 규율을 위한 특례규정이라 할 수 있다.[89] 이 특례 규정을 통하여 저작권법의 원칙에 따른 권리관계와 달리 영상저작물 제작에 대하여 별도의 규범을 적용할 수 있도록 하고 있다.

2. 저작물의 영상화에 대한 이용허락 추정

제99조(저작물의 영상화) ① 저작재산권자가 저작물의 영상화를 다른 사람에게 허락한 경우에 특약이 없는 때에는 다음 각 호의 권리를 포함하여 허락한 것으로 추정한다.
  1. 영상저작물을 제작하기 위하여 저작물을 각색하는 것
  2. 공개상영을 목적으로 한 영상저작물을 공개상영하는 것
  3. 방송을 목적으로 한 영상저작물을 방송하는 것
  4. 전송을 목적으로 한 영상저작물을 전송하는 것
  5. 영상저작물을 그 본래의 목적으로 복제·배포하는 것
  6. 영상저작물의 번역물을 그 영상저작물과 같은 방법으로 이용하는 것
② 저작재산권자는 그 저작물의 영상화를 허락한 경우에 특약이 없는 때에는 허락한 날부터 5년이 지난 때에 그 저작물을 다른 영상저작물로 영상화하는 것을 허락할 수 있다.

---

87) 이해완(2019), 1068면.
88) 이해완(2019), 1068면.
89) 오승종(2023), 615면.

(1) 저작물의 영상화와 이용허락의 추정

저작재산권자가 저작물의 영상화를 다른 사람에게 허락한 경우에 특약이 없는 때에는 다음 각 호의 권리를 포함하여 허락한 것으로 추정한다(법 제99조 제1항).

1호. 영상저작물을 제작하기 위하여 저작물을 각색하는 것
2호. 공개상영을 목적으로 한 영상저작물을 공개상영하는 것
3호. 방송을 목적으로 한 영상저작물을 방송하는 것
4호. 전송을 목적으로 한 영상저작물을 전송하는 것
5호. 영상저작물을 그 본래의 목적으로 복제·배포하는 것
6호. 영상저작물의 번역물을 그 영상저작물과 같은 방법으로 이용하는 것

본 규정의 적용이 이용허락 당사자 사이의 특약이 없을 경우를 전제로 하므로, 만약 이에 대한 특약이 존재한다면 특약에서 정한 내용이 적용된다. 제99조는 이용허락에 대해서만 규정하고 있으나, 양도한 경우를 포함하는 것으로 해석한다.[90]

영상화를 위해 허락받은 영상화를 2차적저작물을 작성하는 과정으로 이해하는지 여부를 불문하고, 영상화를 위하여 허락된 기초저작물의 이용 범위를 넘어선 이용 시 별도의 이용허락을 얻어야 하며, 그렇지 않을 경우 저작권법상의 책임이 발생한다는 점은 동일하다. 2차적저작물이 원저작물에 독립한 저작물로서 보호되므로(법 제5조 제1항) 2차적저작물의 저작자는 그에 따른 별도의 저작권을 갖는다. 다만, 이때 원저작물의 저작자는 이 2차적저작권의 발생에도 불구하고 그 권리에 영향을 받지 않는다(법 제5조 제2항). 이러한 2차적저작물의 저작권 체계로 인하여 영상화를 위하여 허락받은 범위를 넘어선 이용 시 영상화를 수행하는 자는 원저작물의 권리자에게 넘어선 이용에 따른 허락을 얻어야 한다. 이는 영상화의 결과가 2차적저작물이 아니더라도 동일하다.[91] 그런데 영상저작물 제작 시 이용되는 저작물의 종류는 매우 다양할 뿐 아니라 이를 영상저작물 제작에 사용함에 따라 발생하는 권리관계 역시 매우 복잡하게 나타난다. 이러한 상황에서 저작권의 기본 원칙에 따를 경우 기존의 허락된 범위를 넘어서는 이용에 대해 일일이 이용허락을 받아야 하나,

---

90) 황적인·정순희·최현호, 「저작권법」, 법문사, 1988, 374면(박성호(2023), 492면에서 재인용).
91) 영상화의 결과가 2차적저작물에 해당하는지 여부는 영상화의 결과인 영상물을 활용하는데 발생하는 권리관계에서 의미를 갖는다.

특례 규정(법 제99조)을 통하여 일정한 요건 하에서 허락이 필요한 권리에 대해 허락을 받은 것으로 추정함으로써 영상저작물의 이용을 영상제작자가 독자적으로 할 수 있도록 허용한 것이다.

(2) 영상화의 의미와 그 대상

영상화는 기존의 저작물을 영상저작물로 제작하는 것을 의미한다. 소설, 시나리오 등과 같은 저작물을 기초로 하여 영상물을 제작하는 것이다. 이때 영상화의 기초가 되는 저작물(이하 '기초저작물'이라 한다)은 주로 어문저작물이 대부분이 된다. 영상저작물의 전체적 구조를 형성하는 기존 틀이 기초저작물이 되는데, 시나리오, 소설 등과 같은 어문저작물이 이를 위해 주로 활용되기 때문이다. 이처럼 저작물을 기초로 영상화 과정을 거쳐 영상물을 제작하는 과정으로 진행되는 것이다.

그런데 영상화를 위하여 이용되는 기초저작물, 즉 영상화 대상의 범위에 대해서 이론(異論)이 있는데, 시나리오, 소설 등과 같은 어문저작물에 한정되어 영상화를 위한 기초저작물로 보아야 한다는 견해(한정설)[92]와 어문저작물 이외에도 미술저작물, 음악저작물, 그리고 오페라, 창극, 만화 등도 기초저작물로 포함될 수 있다는 견해(비한정설)[93]로 구분된다. 전자의 견해는 미술저작물, 음악저작물 등의 저작물을 영상화 과정에서 사용하더라도 그 자체로 영상화가 진행될 수 없고 반드시 시나리오와 같은 어문저작물을 통하여 활용될 수밖에 없다는 점을 이유로 한다. 한편, 후자의 견해는 영상저작물 특례 규정에서 영상화라는 개념 자체가 기존의 저작물을 이용하는 것을 의미할 뿐이어서 법이 한정하지 않고 있는 기존의 저작물을 해석상 어문저작물로 한정하는 것은 타당하지 않다는 점을 이유로 한다.[94] 비한정설이 다수설이다.[95] 대법원[96]은 "'영상화'에는 영화의 주제곡이나 배경음악과 같이 음악저작물을 특별한 변형 없이 사용하는 것도 포함"된다고 판시하여 비한정설의 입장을 취하고 있다.[97] 대법원 판결의 태도는 영상화의 개념 범위를 정형화된 영화 등과

---

92) 박성호(2023), 490면 등.
93) 최경수(2010), 565면; 이해완(2019), 1073면 등.
94) 박성호(2023), 489면.
95) 이해완(2019), 1073면.
96) 대법원 2016. 1. 14. 선고 2014다202110 판결.
97) 이 판결에 대해 영화제작과정을 의식하지 않은 문제에 대한 지적이 있다. 박성호(2023), 490면.

같은 영상저작물에 한정하기보다는, 좀 더 다양하고 비정형적으로 제작되는 영상저작물로 넓게 인식하고 있는 것으로 생각된다.

한편, 영상화를 2차적저작물의 작성 과정으로 이해하는 견해와 2차적저작물 작성에 한정되는 것이 아니라는 견해가 나뉜다. 전자의 견해는 기초저작물을 어문저작물에 한정되는 것으로 보는 태도를 전제로 영상화는 어문저작물을 영상제작 과정을 거쳐 영상저작물로 만드는 것으로 인식한다. 따라서 영상화(영상제작)는 2차적저작물을 작성하는 것으로 이해하는 견해이다.[98] 후자의 견해는 어문저작물 등을 기초저작물로 할 경우 영상화를 통한 결과물은 2차적저작물의 성질을 가질 것이나, 음악이나 미술저작물 등을 특별한 변형 없이 이용할 경우, 그 결과물을 2차적저작물로 볼 수 없다는 견해이다.[99] 대법원은 앞서 살펴본 판결[100]에서 "'영상화'에는 영화의 주제곡이나 배경음악과 같이 음악저작물을 특별한 변형 없이 사용하는 것도 포함되고, 이를 반드시 2차적저작물을 작성하는 것으로 제한 해석하여야 할 것은 아니다."라고 판시하여 후자의 입장을 취하고 있다.

(3) 허락 추정의 대상이 되는 구체적 행위

(가) 영상저작물을 제작하기 위하여 저작물을 각색하는 것(1호)

저작재산권자가 저작물의 영상화를 다른 사람에게 허락한 경우, 특약이 없다면 영상저작물을 제작하기 위하여 저작물을 각색하는 것에 대한 권리를 포함하여 허락한 것으로 추정한다. 여기서 각색은 보통 소설 등을 시나리오로 각본화하는 것을 의미하다 보니 각색이 어문저작물에 한정된 행위로 해석하기 쉬우나 영상화의 대상이 되는 저작물 유형 모두 적용되는 것을 본다.[101] 즉, 각색은 다양한 저작물들을 영상화를 위하여 수정 등을 하는 일련의 행위를 포함한다. 각색은 영상제작과 구별되는 별도의 2차적저작물 작성 행위(법 제5조 제1항)이므로 이를 위해서는 영상제작과 별도의 허락이 필요함이 원칙이다. 그런데 저작물의 영상화를 허락하였다면 영상화라는 목적을 위해 이용을 허락받은 저작물의 목적에 맞는 수정 등이 허용되는 것이 통념상 합리적으로 이해되고,[102] 이에 대해 일일이 허락을 받아야 할 경우 영

---

98) 박성호(2023), 490면.
99) 이해완(2019), 1073면.
100) 대법원 2016. 1. 14. 선고 2014다202110 판결.
101) 이해완(2019), 1074면; 박성호(2023), 493면 등.

상화 과정에 상당히 복잡한 계약업무가 수반되므로 이러한 허락의 번잡성을 피하고 자[103] 이 규정을 두었다. 다만, 이 특례 규정은 영상화 허락을 전제로 하는 만큼 영상화를 위하여 필요한 범위를 넘어서는 각색에 대해서는 적용되지 않는다.

(나) 공개상영을 목적으로 한 영상저작물을 공개상영하는 것(2호)

저작재산권자가 저작물의 영상화를 다른 사람에게 허락한 경우, 특약이 없다면 공개상영을 목적으로 한 영상저작물을 공개상영하는 것에 대한 권리를 포함하여 허락한 것으로 추정한다. 여기서 공개상영은 극장 등과 같은 공개된 장소에서 상영하는 것을 의미하며, 저작재산권의 여러 지분권 중 공연권의 내용 중 하나에 해당하는 것으로 복제 및 배포와 구분하여 별도로 규정한 것이다.[104] 2차적저작물을 이용할 때 원저작물의 저작권자도 2차적저작물의 저작권자와 같이 원저작물의 범위 내에서 권리행사가 가능(법 제5조 제2항)한데, 이때 공개상영을 포함하는 공연권이 대상이 된다. 이에 2차적저작물인 영상저작물의 이용 시 원저작물의 저작권자가 갖는 공개적인 상영에 대한 권리(공연권)가 영향을 미치지 못하도록 하기 위해 본 특례를 두고 있다. 공개상영을 목적으로 한 경우에 한정된다.

(다) 방송을 목적으로 한 영상저작물을 방송하는 것(3호)

저작재산권자가 저작물의 영상화를 다른 사람에게 허락한 경우, 특약이 없다면 방송을 목적으로 한 영상저작물을 방송하는 것에 대한 권리를 포함하여 허락한 것으로 추정한다. 방송을 목적으로 한 영상화에 따른 영상저작물을 그 목적에 따라 방송하더라도 영상저작물 제작에 따른 원저작물의 이용허락과 방송을 위한 허락은 구별되므로 본래 저작권법에 따라 별도의 이용허락이 필요하나 예외적으로 허락을 추정한 것이다. 다만 방송하는 것에 한정하여 추정하고 있으므로 방송이 아닌 전송, 공개상영 등을 하고자 할 때는 이에 대해 별도의 이용허락을 받아야 한다. 본 규정에서는 방송의 횟수를 명시하지 않고 있으므로 재방송의 경우 별도의 허락을 받을 필요 없이 이 규정에 따라 허락이 추정된다.[105] 별도의 특약으로 정한 것이 있

---

102) 이해완(2019), 1074면.
103) 허희성(2011), 491면.
104) 허희성(2011), 491-492면.
105) 재방송과 같은 반복방송에 대한 제한이 없는 것에 대해서 문제로 인식하고 표준계약서 등을 통해 1회 방송에 대한 허락임을 명시하는 것이 바람직하다는 견해가 있다. 박성호(2023), 494면.

다면 그에 따른다. 이에 관하여 1회 방송에 한하여 허락되는 것으로 보는 견해도 있다.[106)]

(라) 전송을 목적으로 한 영상저작물을 전송하는 것(4호)

저작재산권자가 저작물의 영상화를 다른 사람에게 허락한 경우, 특약이 없다면 전송을 목적으로 한 영상저작물을 전송하는 것에 대한 권리를 포함하여 허락한 것으로 추정한다. 이 규정 역시 전송을 목적으로 한 영상화에 따른 영상저작물을 그 목적에 따라 방송하더라도 영상저작물 제작에 다른 원저작물의 이용허락과 전송을 위한 허락은 구별되므로 본래 저작권법에 따라 별도의 이용허락이 필요하나 예외적으로 허락을 추정한 것이다. 전송이 아닌 다른 행위를 하는데 있어서는 별도의 허락이 필요한 것은 앞선 경우와 동일하다. 법원은 방송을 목적으로 한 영상저작물을 영상파일의 형태로 저장하여 웹스토리지 서비스 등을 통하여 전송·복제하는 것은 위 규정에서 정하는 본래의 목적에 따른 전송 또는 복제에 해당하지 않는다고 할 것이라 판시한 바 있다.[107)]

(마) 영상저작물을 그 본래의 목적으로 복제·배포하는 것(5호)

저작재산권자가 저작물의 영상화를 다른 사람에게 허락한 경우, 특약이 없다면 영상저작물을 그 본래의 목적으로 복제·배포하는 것에 대한 권리를 포함하여 허락한 것으로 추정한다. 2차적저작물을 이용할 때 원저작물의 저작권자도 2차적저작물의 저작권자와 같이 원저작물의 범위 내에서 권리행사가 가능(법 제5조 제2항)한데, 이때 영상저작물의 복제와 배포가 대상이 된다. 그러나 2차적저작물인 영상저작물의 이용 시 원저작물의 저작권자가 갖는 복제와 배포 대한 권리가 영향을 미치지 못하도록 하기 위해 본 특례를 두고 있다. '본래의 목적'의 범위를 어디까지로 인정하여야 하는지 논의가 있다. 이에 대해 방송을 목적으로 제작된 영상저작물을 난시청 지역 방송을 위해 복제하여 해당 지역 방송국에 배포하는 경우에는 이 규정에 따라 이용허락이 추정된 것으로 볼 수 있다. 반면, 그 영상저작물을 DVD 등으로 복제하여 판매하는 것은 '본래의 목적' 범위를 넘는 것으로 해석하는 것이 통설의 견해이다.[108)]

---

106) 최경수(2010), 567-568면.
107) 인천지방법원 2011. 2. 11. 선고 2010가합9524 판결.

(바) 영상저작물의 번역물을 그 영상저작물과 같은 방법으로 이용하는 것(6호)

저작재산권자가 저작물의 영상화를 다른 사람에게 허락한 경우, 특약이 없다면 영상저작물의 번역물을 그 영상저작물과 같은 방법으로 이용하는 것에 대한 권리를 포함하여 허락한 것으로 추정한다. 이 규정은 영상저작물을 국내적 이용 혹은 국제적 이용을 고려하여 영상저작물에 구성된 언어를 다른 언어로 번역하여 영상저작물에 더빙(dubbing)하거나 자막으로 삽입하여 당초의 영상저작물과 같은 방법으로 이용하기 위한 것이다.[109] 최근에는 다른 언어로의 번역 뿐 아니라 우리말을 한글 자막으로 변환하여 음성과 함께 표기하는 방식의 영상저작물의 제작이 증가하고 있는데, 체계가 다른 언으로 재표현하는 것을 번역의 정의[110]로 함을 전제로 보면 우리말을 한글 자막으로 변환한 것은 번역에 해당한다고 볼 수 없고, 이 규정의 적용 대상이 되지 않는다. '같은 방법으로 이용'의 의미는 공개상영 목적 시 공개상영, 방송 목적 시 방송, 그리고 전송 목적 시 전송에만 이용하는 것을 의미한다.[111]

(4) 영상화의 독점적 허락

저작재산권자는 그 저작물의 영상화를 허락한 경우에 특약이 없는 때에는 허락한 날부터 5년이 지난 때에 그 저작물을 다른 영상저작물로 영상화하는 것을 허락할 수 있다(법 제99조 제2항). 따라서 특약이 없다면 영상화를 허락한 저작권자는 5년간 다른 영상저작물의 제작을 위한 허락을 할 수 없게 되며, 제작자는 동 기간의 독점적 지위를 얻게 된다. 이는 상당한 투자가 소요된 영상저작물 제작에 대한 일정기간의 투자 회수를 위한 기간을 보장하기 위한 목적을 갖는다.[112] 한편, 특약을 통해 독점적인 영상화 자체를 배제할 수 있는지에 대해서는, 영상제작자의 보호와 영상예술의 건전한 발전을 위한다는 규정의 취지에 따라 독점적인 영상화 자체를 배제할 수 없다는 부정설과 저작권법 제99조 제2항의 해석상 이를 강행규정으로 볼 수 없으므로 당사자 간 특약으로 얼마든지 영상화 자체의 배제도 가능하다고 보는 긍정설로 나뉜다.[113]

---

108) 오승종(2023), 613-614면.
109) 허희성(2011), 494면.
110) 이해완(2019), 247면.
111) 이해완(2019), 1076면; 허희성(2011), 494면.
112) 임원선(2022), 351면.

3. 영상저작물에 대한 권리 양도 추정

> 제100조(영상저작물에 대한 권리) ① 영상제작자와 영상저작물의 제작에 협력할 것을 약정한 자가 그 영상저작물에 대하여 저작권을 취득한 경우 특약이 없으면 그 영상저작물의 이용을 위하여 필요한 권리는 영상제작자가 이를 양도받은 것으로 추정한다.
> ② 영상저작물의 제작에 사용되는 소설·각본·미술저작물 또는 음악저작물 등의 저작재산권은 제1항의 규정으로 인하여 영향을 받지 아니한다.
> ③ 영상제작자와 영상저작물의 제작에 협력할 것을 약정한 실연자의 그 영상저작물의 이용에 관한 제69조의 규정에 따른 복제권, 제70조의 규정에 따른 배포권, 제73조의 규정에 따른 방송권 및 제74조의 규정에 따른 전송권은 특약이 없으면 영상제작자가 이를 양도받은 것으로 추정한다.

(1) 영상저작물에 대한 저작권(저작재산권) 양도 추정

영상제작자와 영상저작물의 제작에 협력할 것을 약정한 자가 그 영상저작물에 대하여 저작권을 취득한 경우 특약이 없으면 그 영상저작물의 이용을 위하여 필요한 권리는 영상제작자가 이를 양도받은 것으로 추정한다(법 제100조 제1항).

(가) 영상저작물의 제작에 협력할 것을 약정한 자

영상제작자가 영상저작물의 제작 시 많은 사람들의 협력으로 이루어지게 되며, 이들 사이에는 영상제작계약을 체결함으로써 협력의 체계를 약정하게 된다.[114] 이때 약정의 대상, 즉 영상저작물 제작에 협력하는 사람들은 영상저작물의 원작이 되는 소설·만화 등의 저작자, 시나리오 작가, 영상저작물에 사용된 음악의 저작자, 미술 작가, 전체적인 영상의 구성을 이끄는 감독, 그리고 촬영·조명 등을 담당하는 사람 등 매우 다양하다. 이러한 사람들 가운데 영상저작물에 이용되는 원저작물(시나리오, 음악, 미술 등)의 저작자는 '고전적 저작자(classic author)', 그리고 영상저작물 구성 자체에 창작적 기여를 제공한 저작자는 '근대적 저작자(modern author)'로 구분하고 있다.[115] 저작권법은 제2조 2호에서 저작자는 저작물을 창작한 자를 의미한다고 정의함으로써 창작자원칙을 기본으로 하고 있다. 저작자 기준에 대하여 별도의 예외를 두고 있지 않는 영상저작물의 저작자 역시 이러한 원칙에 따라 결정[116]될 수밖에 없다. 이에 영상저작물 제작에 협력을 약정한 자 가운데 해당 영상

---

113) 박성호(2023), 496면.
114) 박성호(2023), 501면.
115) 이해완(2019), 1067면; 오승종(2023), 616면; 박성호(2023), 499면 등.

저작물 제작 시 보호받는 창작적 기여를 한 사람이 저작자가 된다. 그렇다면 앞서 살펴본 고전적 저작자의 경우 영상저작물의 저작자가 될 수는 없을 것이고, 근대적 저작자가 영상저작물 저작자의 지위를 갖는 것이 일반적일 것으로 보인다. 이에 영상저작물을 제작함에 있어서 저작권법 상의 창작적 기여를 제공하는 프로듀서, 감독, 디렉터, 연출가[117], 촬영감독, 미술감독, 녹음감독, 필름편집자 등이 저작자(근대적 저작자)로 인정[118]되며, 이들을 주로 제100조 제1항에서의 '영상저작물의 제작에 협력'한 자로 볼 수 있다. 공동저작자가 되는 것이다. 그런데 이에 대해서는 이론(異論)이 있다. '영상저작물의 제작에 협력'한 자, 즉 영상저작물의 저작자에 시나리오 작가 등 고전적 저작자를 포함하는 견해와 영상저작물 자체의 제작에 창작적으로 기여하는 근대적 저작자에 한정해야 한다는 견해로 나뉜다. 후자의 견해가 통설이다.[119] 이에 대해서 고전적 저작자라 하더라도 저작물의 제공에 그 역할이 한정되지 않고, 이후 영상저작물 제작 과정에서 다양한 창작적 기여를 하는 경우가 많다는 점에 사실상 구별의 실익이 크지 않다는 견해도 있다.[120] 사실 본 조는 영상저작물에 대한 저작권 귀속 여부가 중요한 문제가 아니라, 귀속 여부를 불문하고 영상저작물의 이용을 위하여 필요한 권리를 조정하여 영상저작물 이용에 지장이 없도록 하는데 목적을 두고 있다.[121]

　근대적 저작자 등에 대해 영상저작물에 대한 공동저작자로서의 지위를 인정하는 저작권법 체계에 따르면 영상제작자가 영상저작물을 이용하여 투자에 대한 경제적 이익을 얻고자 하는데 많은 불편함이 발생한다. 특히, 이용에 있어서 공동저작자 전원의 허락을 받아야 하는 등 현실상 이용의 상당한 제약이 발생하게 된다. 이에 통상 계약을 통하여 이 권리관계의 문제를 해소하나, 그 계약 내용이 불충분하거나

---

116) 영상저작물의 저작자를 누구로 할 것인가에 대한 입법의 방식은 저작권법의 일반원칙에 따라 각각의 영상저작물에 대해 누가 저작자인지 결정하는 '사례방법'과 법적안정성을 확보하기 위해 창작적 기여를 한 자 가운데 일정한 자를 저작자로 결정하는 '범주방법'으로 나뉘고 있다. 우리 저작권법상의 영상저작물의 특례 규정은 사례방법을 적용한 것에 해당한다.

117) 여기서의 감독, 연출가 등은 실연자로서의 역할에서 더 나아가 영상저작물의 제작(창작)행위를 총체적으로 주도한다는 점에 실연자와 구별해서 보아야 한다고 한다. 이해완(2019), 1069-1070면.

118) 박성호(2023), 499면.

119) 이해완(2019), 1069면.

120) 오승종(2023), 616면.

121) 허희성(2011), 496면.

계약이 존재하지 않을 경우 등에 대해 본 조를 보충적으로 적용하게 된다.

(나) 영상저작물에 대하여 저작권을 취득

영상저작물에 대하여 저작권을 취득한 경우는 영상저작물 제작에 대한 사람들의 기여가 저작권법이 보호하는 창작적 기여로써 이들 기여자들이 계약에 의하거나 혹은 저작권법 일반원칙에 따라 기여자들에게 저작권이 부여된 경우를 의미한다. 본 조에서 영상저작물의 저작자가 누구인지는 중요한 문제가 아니므로 이에 대해 규정을 두기보다는 저작권법의 일반원칙 혹은 당사자 간의 계약으로 이를 처리할 수 있도록 하되, 본 조를 통하여 이용의 편의를 제공할 수 있도록 한 것이다.[122] 이때 저작권은 저작인격권과 저작재산권을 모두 대상으로 한다. 다만, 저작인격권의 경우 뒤에서 설명하는 것과 같이 양도추정이 이루어지는 대상에서 제외('그 영상저작물의 이용을 위하여 필요한 권리'에는 저작재산권만 포함)되므로 저작인격권의 행사에 대해서는 저작권법 제15조를 적용하여 이루어진다.

한편, 저작권의 발생이 저작물의 완성을 요건으로 하지는 않지만, 본 조의 경우에는 영상저작물의 제작이 완성된 것을 전제로 하는 것이 현실을 고려할 때 합리적이라 할 수 있다.[123] 영상저작물의 이용을 위한 규정이기 때문에 대상 영상저작물이 완성되지 않은 상태일 경우 저작권의 발생 여부와 무관하게 이를 이용할 수 있는 것이 아니기 때문이다. 법원은 완성의 기준에 대해 "단순히 당초 예정된 과업 공정의 마지막까지 종료하였다는 점만으로는 부족하고, 목적물의 주요 부분이 약정된 대로 구현되어 사회 통념상 일반적으로 요구되는 성능을 갖추고 있어야 한다."고 판시한 바 있다.[124]

(다) 영상저작물 이용을 위하여 필요한 권리의 양도 추정

'그 영상저작물 이용을 위하여 필요한 권리'는 영상저작물을 복제·배포·공개상영·방송·전송 그 밖의 방법으로 이용할 권리를 의미한다(법 제101조 제1항). 저작재산권만이 여기에 해당하며 저작인격권은 영상저작물의 공동저작자들에게 남아 있게 된다. 2차적저작물작성권이 양도가 추정되는 권리에 해당하는지 여부에 대해

---

122) 허희성(2011), 497면.
123) 오승종(2023), 615면.
124) 대법원 1994. 9. 30. 선고 94다32986 판결.

저작권법이 명확하게 명시하고 있지는 않으나 2차적저작물작성권은 영상제작자가 양도 받은 것으로 추정하는 권리의 대상이 되지 않는 것으로 해석한다.[125] 저작권법 제45조 제2항에서 저작재산권 전부 양도 시 특약이 없을 경우 2차적저작물작성권은 포함되지 않는 것으로 추정한 점, 영상제작자에게 양도 추정되는 권리는 영상저작물의 원활한 이용 및 그에 따른 투자 회수에 필요한 범위로 한정되어야 한다는 점 등을 이유로 하고 있다.[126] 이러한 '그 영상저작물 이용을 위하여 필요한 권리'는 영상제작자에게 이전된 것으로 추정된다.

한편, 업무상저작물의 저작자 규정의 적용 가능 여부에 대해서는 이견(異見)이 존재[127]하는데, 저작권법이 관련 규정의 적용을 제외하고 있지 않고 있기 때문에 이를 배제할 수는 없다는 견해가 일반적이다.[128] 저작권법 제9조를 적용함에 있어서 업무상저작물의 저작자로 인정되는 '법인 등'에는 영상제작자가 포함되는 것으로 본다. 영상제작자는 영상저작물 자체의 창작을 전체적으로 기획하고 책임을 지는 자를 의미[129]하는데 자연인 또는 법인 모두 가능하다.[130] 이에 업무상저작물의 저작자에 관한 저작권법 제9조를 적용할 경우 영상제작자 등이 저작자로서 저작인격권과 저작재산권의 주체가 된다. 이 경우 방송저작물의 제작(창작)에 대한 모든 저작권(저작인격권, 저작재산권)이 저작자인 방송제작자 또는 방송사 등에 귀속되므로 저작권법 제100조 제1항의 특례 규정이 적용될 여지는 없다.

(2) 양도 추정과 원저작물 권리 사이의 관계

영상저작물의 제작에 사용되는 소설·각본·미술저작물 또는 음악저작물 등의 저작재산권은 제1항의 규정으로 인하여 영향을 받지 아니한다(법 제100조 제2항).

---

125) 오승종(2023), 617면; 이해완(2019), 1079면.
126) 오승종(2023), 617면.
127) 정상조 편(2007), 943-945면.
128) 이해완(2019), 1071면.
129) 서울고등법원 2008. 7. 22. 선고 2007나67809 판결("저작권법이 규정하고 있는 영상제작자는 영상저작물 자체의 창작과정을 기획하고 책임을 지는 자만을 의미하는 것으로 좁게 해석할 수는 없고, 그 외 영상저작물의 제작을 위하여 직접 투자를 하거나 다른 투자자를 유치하고 영상저작물의 제작과 관련된 제반 사무처리 및 회계업무를 담당하는 등 영상저작물의 제작과 관련된 사무적인 업무를 전체적으로 기획하고 책임을 진 자 역시 전체 영상 제작과정에 기여한 정도에 따라 영상제작자에 포함될 수 있다.").
130) 이해완(2019), 1071면.

본 규정은 당연한 사항을 주의적으로 명시한 것이다.[131] 영상저작물 제작에 이용된 저작물, 즉 기초저작물은 저작권법 제99조에 의하여 포괄적 이용허락이 인정된 경우가 아니라면 특약이 없는 한 영상저작물에 관한 특례로 인한 영향을 받지 않는다. 원저작물의 저작권자는 영상저작물의 존재와 무관하게 원저작물을 이용하거나 자신의 권리를 행사할 수 있다. 2차적저작물과 원저작물 간의 관계를 정한 저작권법 제5조 제2항[132]과 유사한 내용이다.

(3) 실연자 권리(저작인접권)의 양도 추정

영상제작자와 영상저작물의 제작에 협력할 것을 약정한 실연자의 그 영상저작물의 이용에 관한 제69조의 규정에 따른 복제권, 제70조에 따른 배포권, 제73조의 규정에 따른 방송권 및 제74조의 규정에 따른 전송권은 특약이 없으면 영상제작자가 이를 양도받은 것으로 추정한다(법 제100조 제3항). 영상저작물은 이의 제작을 위한 기초저작물 이외에도 배우들의 실연이 포함되므로 영상저작물의 이용을 위해서는 저작권에 대한 이용허락 이외에 실연자의 권리, 즉 저작인접권의 이용허락 역시 요구된다. 다수의 실연자에 대하여 이용허락을 얻어야 할 경우 앞서 살펴본 저작재산권의 경우와 같이 영상저작물 이용에 비효율을 초래한다. 따라서 이와 같은 점을 보통 계약을 통해 해결하는데, 계약이 불명확하거나 혹은 계약이 존재하지 않는 등의 경우 본 규정이 의미를 갖는다. 실연자의 모든 저작인접권이 양도 추정의 대상이 되는 것은 아니고 저작인접권 가운데 복제권, 배포권, 방송권, 전송권에 한정된다. 저작인접권 중 대여권과 공연권은 대상 영상저작물의 이용과 관련이 없기 때문에 제외된다. '영상저작물의 이용에 관한'의 의미는 영상저작물을 본래의 창작물로서 이용하는 데 필요한이라는 의미로 해석된다.[133] 따라서 필요한 범위를 넘어서는 이용은 본 규정에 의해 양도 추정이 이루어지지 않으며, 모든 실연자들에 대한 허락을 요한다. 이에 관하여 대법원[134]은 "영화상영을 목적으로 제작된 영상저작물 중에서 특정 배우들의 실연장면만을 모아 가라오케용 엘디(LD)음반을 제작하는 것

---

131) 허희성(2011), 499면.
132) 저작권법 제5조(2차적저작물) ② 2차적저작물의 보호는 그 원저작물의 저작자의 권리에 영향을 미치지 아니한다.
133) 이해완(2019), 1081면.
134) 대법원 1997. 6. 10. 선고 96도2856 판결.

은, 그 영상세작물을 본래의 창작물로서 이용하는 것이 아니라 별개의 새로운 영상
저작물을 제작하는 데 이용하는 것에 해당하므로, 영화배우들의 실연을 이와 같은
방법으로 엘디음반에 녹화하는 권리는 제75조 제3항[135]에 의하여 영상제작자에게
양도되는 권리의 범위에 속하지 아니한다 할 것이다."라고 판시하였다.

4. 영상제작자의 권리

> 제101조(영상제작자의 권리) ① 영상제작물의 제작에 협력할 것을 약정한 자로부터 영상제작
> 자가 양도받는 영상저작물의 이용을 위하여 필요한 권리는 영상저작물을 복제·배포·공개
> 상영·방송·전송 그 밖의 방법으로 이용할 권리로 하며, 이를 양도하거나 질권의 목적으로
> 할 수 있다.
> ② 실연자로부터 영상제작자가 양도받는 권리는 그 영상저작물을 복제·배포·방송 또는
> 전송할 권리로 하며, 이를 양도하거나 질권의 목적으로 할 수 있다.

영상제작물의 제작에 협력할 것을 약정한 자로부터 영상제작자가 양도받는 영상
저작물의 이용을 위하여 필요한 권리는 영상저작물을 복제·배포·공개상영·방
송·전송 그 밖의 방법으로 이용할 권리로 하며, 이를 양도하거나 질권의 목적으로
할 수 없다(법 제101조 제1항). 실연자로부터 영상제작자가 양도받는 권리는 그 영상
저작물을 복제·배포·방송 또는 전송할 권리로 하며, 이를 양도하거나 질권의 목
적으로 할 수 있다(법 제101조 제2항). 본 조는 저작권법 제100조의 확인 규정의 성
격을 갖고 있다.[136] 아울러 영상제작자의 비용 투자에 대한 회수를 위한 수단으로
영상저작물을 이용할 권리를 양도하거나 질권의 목적으로 할 수 있도록 하였다.[137]

5. 저작권법 제9조와 영상저작물 특례와의 관계

이에 대해서 저작권법 제9조와 영상저작물 특례의 관계가 문제된다. 법에서 특별
히 제외하는 규정을 두고 있지 않는 한, 법 제9조의 요건을 갖춘 영상저작물의 경우
에 그 규정의 적용을 배제할 수 없다고 본다.[138] 다만 영화감독의 경우는 제작사의

---

135) 1994. 1. 7. 법률 제4717호로 개정되기 전의 구 저작권법의 조항.
136) 저작권법 제101조의 의미로는 영상제작자가 저작인접권자의 지위를 갖는다는 것을 의미한다는
    해석과 제100조의 확인 규정에 지나지 않는다는 해석이 구분된다. 최경수(2010), 572면.
137) 허희성(2011), 504면.
138) 이해완(2019), 1070-1071면. 이해완 교수는 동경지재의 판결을 소개하고 있다.

피용자로서 제작사의 실질적 지휘·감독관계 하에 있다고 보기 어렵고 다소간의 독립적인 계약적 지위를 가지는 것으로 생각되므로 원칙적으로 업무상저작물에 관한 규정의 적용이 없다고 할 것이다.[139] 즉 저작권법이 별도로 명시하고 있지는 않지만 감독, 촬영이나 미술 또는 편집감독 등이 독립적인 기여자로서가 아니라 고용된 사람인 경우에는 업무상저작물에 관한 규정이 적용되므로 이 규정이 적용될 것도 없이 영상제작자가 처음부터 저작자로서의 지위를 가진다.[140]

일본은 업무상저작물뿐만 아니라, 방송사업자가 영상제작자가 되는 경우를 제외하고 저작자가 영상저작물의 제작에 참여하는 것을 약속한 경우 그 저작권은 영상제작자에게 귀속한다고 규정하고 있다.[141]

6. 영상저작물 특례 입법 형태와 영화산업

영상저작물에 대한 특례는 영화와 관련된 복잡한 권리관계의 정리에 도움을 주고 있음은 분명하다. 영상저작물 특례는 영상저작물의 원활한 이용을 위해서 필요

---

139) 이해완(2019), 1071면.
140) 임원선(2022), 316-317면.
141) 日本著作權法 제29조 제1항
第四款 映画の著作物の著作権の帰属
第二十九条　映画の著作物（第十五条第一項、次項又は第三項の規定の適用を受けるものを除く。）の著作権は、その著作者が映画製作者に対し当該映画の著作物の製作に参加することを約束しているときは、当該映画製作者に帰属する。
2　専ら放送事業者が放送又は放送同時配信等のための技術的手段として製作する映画の著作物（第十五条第一項の規定の適用を受けるものを除く。）の著作権のうち次に掲げる権利は、映画製作者としての当該放送事業者に帰属する。
一　その著作物を放送する権利及び放送されるその著作物について、有線放送し、特定入力型自動公衆送信を行い、又は受信装置を用いて公に伝達する権利
二　その著作物を放送同時配信等する権利及び放送同時配信等されるその著作物を受信装置を用いて公に伝達する権利
三　その著作物を複製し、又はその複製物により放送事業者に頒布する権利
3　専ら有線放送事業者が有線放送又は放送同時配信等のための技術的手段として製作する映画の著作物（第十五条第一項の規定の適用を受けるものを除く。）の著作権のうち次に掲げる権利は、映画製作者としての当該有線放送事業者に帰属する。
一　その著作物を有線放送する権利及び有線放送されるその著作物を受信装置を用いて公に伝達する権利
二　その著作物を放送同時配信等する権利及び放送同時配信等されるその著作物を受信装置を用いて公に伝達する権利
三　その著作物を複製し、又はその複製物により有線放送事業者に頒布する権利.

한 권리를 영상제작자에게 양도한 것으로 추정한다.[142] 영화의 경우 당호에 영화의 소재로 사용되는 저작물의 저작자인 고전적 저작자와 감독, 촬영 등의 근대적 저작자가 같이 창작을 하는 것으로 이런 복수인들의 창작에 대한 권리귀속은 본질적으로 권리의 복잡성을 높이게 되고, 이런 복잡성은 창작후 창작된 저작물의 가치를 떨어뜨리는 역할을 한다. 가장 큰 이유의 하나가 권리처리비용이 올라간다는 것이다. 투자자의 입장이나 이런 저작물을 기초로 사업을 하는 금융업자의 입장에서 권리처리비용이 올라간다는 것은 투자의 수익성이 떨어지고 회계상 돌발적인 우발채무의 발생과 같은 변수가 많아진다는 의미를 가지게 되므로 투자유인을 떨어뜨리는 결과를 야기한다.

그런 점에서 이런 특례를 금융을 위한 권리처리를 위해서 둘 것인지를 검토할 필요가 있다. 이런 특례는 저작권 금융상품의 투자매력도를 높이는 기능을 하게 된다. 업무상저작물에서 언급한 바와 같이 업무상저작물 규정을 통해서 권리처리를 용이하게 할 수 있는 면이 있다. 이에 대해서 업무상저작물의 인정범위를 좁히는 것은[143] 저작자의 보호라는 점에서는 긍정적일 수 있으나 그렇지 않아도 특허권에 비하여 높은 저작권의 복잡도를 높여서 권리처리의 곤란성을 증가시킨다.

저작물이 집단창작이 되는 경우, 권리귀속의 정리가 필요하다. 이 문제의 상당부분은 업무상저작물의 문제로 해결될 것이나 공동저작물의 문제로 해결하기에는 권리관계가 복잡한 사안의 경우를 상정하여 보면, 이런 근대적 저작자가 포함되어 창작된 저작물에 대한 권리관계가 복잡하게 되는 문제는 과연 영상저작물에서만 존재하는가 하는 의문을 제기할 필요가 있다.

고용관계가 있어서 업무상저작물이 아니고, 그렇다고 영상저작물 특례가 적용되는 경우도 아닌 경우에 창작단계에서 계약을 통해서 저작권을 특정한 그룹에 귀속하도록 할 수 있게 하는 방식이 유일한 것으로 보이지만, 여전히 계약에 의한 권리처리가 명확하게 이루어지지 않는 경우가 상당수 존재하는 우리나라의 창작현실을 고려할 때 결과물인 저작물에 대한 권리처리 문제가 이후 저작권 금융을 함에 있어서 그것이 유동화방식이건, 클라우드 금융방식이건 장애요소가 될 수 있다.

---

142) 임원선(2022), 317면.
143) 임원선(2022), 91면에서는 중국저작권법을 언급하면서 업무상저작물이라고 하더라도 그에 기여한 주요 창작자에 대해서는 저작인격권 중 성명표시권을 인정하는 등의 제안을 하고 있다.

물론 우리 저작권법은 창작자 원칙을 취하고 있고, 이런 점에서 저작물의 창작을 위한 아이디어나 힌트를 제공한 사람이나 저작물의 창작을 의뢰한 사람의 경우에는 창작자로 보지 않는다.[144] 반면 미국 등 일부국가에서는 영화의 일부, 번역, 편집물, 삽화와 같은 보조적 저작물과 교과서, 시험 등 일부 저작물에 대해 문서로 명시한 경우에는 창작된 저작물을 위탁저작물이라고 하여 업무상저작물로 보아 의뢰자를 저작자로 인정하지만 우리나라는 이런 제도가 없다.[145]

그런 점에서 우리법상 업무상저작물은 아니고, 영상저작물 특례가 적용되지는 않지만 집단적 창작이 이루어지고 미국의 위탁저작물과 같은 경우에 의뢰자에게 저작재산권을 일괄적으로 귀속시키는 제도를 두거나, 영상저작물과 유사한 형태의 근대적 저작자를 발굴하여 영상저작물 특례와 같은 형태를 확장하는 입법을 고려할 수 있다고 본다.

제 5 절   프로그램에 관한 특례

1. 보호받는 컴퓨터프로그램

제101조의2(보호의 대상) 프로그램을 작성하기 위하여 사용하는 다음 각 호의 사항에는 이 법을 적용하지 아니한다.
  1. 프로그램 언어: 프로그램을 표현하는 수단으로서 문자·기호 및 그 체계
  2. 규약: 특정한 프로그램에서 프로그램 언어의 용법에 관한 특별한 약속
  3. 해법: 프로그램에서 지시·명령의 조합방법

기존에는 저작물의 유형 중 하나인 컴퓨터프로그램저작물에 대해서는 저작권법이 아닌 컴퓨터프로그램보호법에 의한 별도의 보호를 규정하고 있었다. 그런데 이러한 이원적 보호는 2009년 4월 22일자 저작권법 개정에 의하여 저작권법에 의한 보호로 단일화되었다. 따라서 저작권과 분리되어 별도로 컴퓨터프로그램저작물에 관한 규정이 저작권법으로 포함되었는데, 이때 기존의 저작권법 규정으로 동일하게 다룰 수 있는 사항은 기존 규정으로 포섭되었고, 여전히 특수성이 인정될 필요가

---

144) 임원선(2022), 83면.
145) 임원선(2022), 83면.

있는 사항에 대하여 특례로서 별도의 규정을 두었다. 따라서 본 특례에서 규정하는 것은 컴퓨터프로그램에 대한 저작물성 등의 논의가 아니라 컴퓨터프로그램에 특별히 적용되는 사안들이 규정의 대상이 된다.

특히 저작권 보호범위와 관련하여 컴퓨터프로그램에 대해서는 별도의 규제를 두고 있는데, 저작권법은 컴퓨터프로그램을 작성하기 위하여 사용하는 것 중에서, 프로그램을 표현하는 수단으로서 문자·기호 및 그 체계인 '프로그램 언어', 특정한 프로그램에서 프로그램 언어의 용법에 관한 특별한 약속인 '규약', 프로그램에서 지시·명령의 조합방법인 '해법'은 저작권법에 의한 보호의 대상이 될 수 없다고 명시한다. 따라서 C 등의 프로그래밍 언어 그 자체는 저작권 보호가 부여되지 않으며, 알고리즘 역시 저작권 보호에서 제외된다.

2. 프로그램의 저작재산권 제한

제101조의3(프로그램의 저작재산권의 제한) ① 다음 각 호의 어느 하나에 해당하는 경우에는 그 목적을 위하여 필요한 범위에서 공표된 프로그램을 복제 또는 배포할 수 있다. 다만, 프로그램의 종류·용도, 프로그램에서 복제된 부분이 차지하는 비중 및 복제의 부수 등에 비추어 프로그램의 저작재산권자의 이익을 부당하게 해치는 경우에는 그러하지 아니하다.

  1. 재판 또는 수사를 위하여 복제하는 경우
  1의2. 제119조제1항제2호에 따른 감정을 위하여 복제하는 경우
  2. 「유아교육법」, 「초·중등교육법」, 「고등교육법」에 따른 학교 및 다른 법률에 따라 설립된 교육기관(초등학교·중학교 또는 고등학교를 졸업한 것과 같은 수준의 학력이 인정되거나 학위를 수여하는 교육기관으로 한정한다)에서 교육을 담당하는 자가 수업과정에 제공할 목적으로 복제 또는 배포하는 경우
  3. 「초·중등교육법」에 따른 학교 및 이에 준하는 학교의 교육목적을 위한 교과용 도서에 게재하기 위하여 복제하는 경우
  4. 가정과 같은 한정된 장소에서 개인적인 목적(영리를 목적으로 하는 경우는 제외한다)으로 복제하는 경우
  5. 「초·중등교육법」, 「고등교육법」에 따른 학교 및 이에 준하는 학교의 입학시험이나 그 밖의 학식 및 기능에 관한 시험 또는 검정을 목적(영리를 목적으로 하는 경우는 제외한다)으로 복제 또는 배포하는 경우
  6. 프로그램의 기초를 이루는 아이디어 및 원리를 확인하기 위하여 프로그램의 기능을 조사·연구·시험할 목적으로 복제하는 경우(정당한 권한에 따라 프로그램을 이용하는 자가 해당 프로그램을 이용 중인 경우로 한정한다)
② 컴퓨터의 유지·보수를 위하여 그 컴퓨터를 이용하는 과정에서 프로그램(정당하게 취득한 경우로 한정한다)을 일시적으로 복제할 수 있다.
③ 제1항제3호에 따라 프로그램을 교과용 도서에 게재하려는 자는 문화체육관광부장관이 정하여 고시하는 기준에 따른 보상금을 해당 저작재산권자에게 지급하여야 한다. 이 경우 보

상금 지급에 관하여는 제25조제7항부터 제11항까지의 규정을 준용한다.

컴퓨터프로그램저작물은 다른 저작물 유형과 구분하여 별도로 저작재산권 행사의 제한이 규정되어 있다. 컴퓨터프로그램저작물의 경우 저작권법 제101조의3 제1항 각 호 가운데 하나에 해당하는 경우에는 그 목적상 필요한 범위에서 공표된 프로그램을 복제 또는 배포할 수 있다. 다만, 프로그램의 종류·용도, 프로그램에서 복제된 부분이 차지하는 비중 및 복제의 부수 등에 비추어 프로그램의 저작재산권자의 이익을 부당하게 해치는 경우에는 권리 제한이 적용되지 않는다.

아울러, 컴퓨터의 유지·보수를 위하여 그 컴퓨터를 이용하는 과정에서 프로그램(정당하게 취득한 경우에 한한다)을 일시적으로 복제할 수 있으며, 교과용 도서에 프로그램을 게재하려는 자는 문화체육관광부장관이 고시하는 기준에 따른 보상금을 해당 저작재산권자에게 지급하여야 한다. 보상금 지급에 대하여는 앞서 살펴본 교육목적에의 이용의 규정을 준용한다.

3. 프로그램의 코드 역분석

제101조의4(프로그램코드역분석) ① 정당한 권한에 의하여 프로그램을 이용하는 자 또는 그의 허락을 받은 자는 호환에 필요한 정보를 쉽게 얻을 수 없고 그 획득이 불가피한 경우에는 해당 프로그램의 호환에 필요한 부분에 한정하여 프로그램의 저작재산권자의 허락을 받지 아니하고 프로그램코드역분석을 할 수 있다.
② 제1항에 따른 프로그램코드역분석을 통하여 얻은 정보는 다음 각 호의 어느 하나에 해당하는 경우에는 이를 이용할 수 없다.
　　1. 호환 목적 외의 다른 목적을 위하여 이용하거나 제3자에게 제공하는 경우
　　2. 프로그램코드역분석의 대상이 되는 프로그램과 표현이 실질적으로 유사한 프로그램을 개발·제작·판매하거나 그 밖에 프로그램의 저작권을 침해하는 행위에 이용하는 경우

정당한 권한에 의하여 컴퓨터프로그램을 이용하는 자 또는 그의 허락을 받은 자는 호환에 필요한 정보를 쉽게 얻을 수 없고, 그 획득이 불가피한 경우에는 해당 프로그램의 호환에 필요한 부분에 한하여 프로그램의 저작재산권자의 허락을 받지 않고도 프로그램코드를 역분석(reverse engineering) 할 수 있다.

이에 프로그램코드 역분석을 통하여 얻은 정보는, ⅰ) 호환 목적 외의 다른 목적을 위하여 이용하거나 제3자에게 제공하는 경우, ⅱ) 프로그램코드역분석의 대상이 되는 프로그램과 표현이 실질적으로 유사한 프로그램을 개발·제작·판매하거나

그 밖에 프로그램의 저작권을 침해하는 행위에 이용하는 경우 중 어느 하나에 해당하는 경우에 이를 이용할 수 없다.

4. 정당한 이용자에 의한 보존을 위한 복제

제101조의5(정당한 이용자에 의한 보존을 위한 복제 등) ① 프로그램의 복제물을 정당한 권한에 의하여 소지·이용하는 자는 그 복제물의 멸실·훼손 또는 변질 등에 대비하기 위하여 필요한 범위에서 해당 복제물을 복제할 수 있다.
② 프로그램의 복제물을 소지·이용하는 자는 해당 프로그램의 복제물을 소지·이용할 권리를 상실한 때에는 그 프로그램의 저작재산권자의 특별한 의사표시가 없으면 제1항에 따라 복제한 것을 폐기하여야 한다. 다만, 프로그램의 복제물을 소지·이용할 권리가 해당 복제물이 멸실됨으로 인하여 상실된 경우에는 그러하지 아니하다.

프로그램의 복제물을 정당한 권한에 의하여 소지·이용하는 자는 그 복제물의 멸실·훼손 또는 변질 등에 대비하기 위하여 필요한 범위에서 해당 복제물을 복제할 수 있다. 이는 컴퓨터프로그램의 특성상 통상의 저작물에 비하여 쉽게 멸실 및 훼손될 수 있음을 고려하여 보존을 위한 복제물을 만들 수 있도록 한 사항이다. 이는 복제 대상 컴퓨터프로그램에 대한 정당한 권한 보유를 전제로 하므로, 프로그램의 복제물을 소지·이용하는 자가 해당 프로그램의 복제물을 소지·이용할 권리를 상실한 때에는 그 프로그램의 저작재산권자의 특별한 의사표시가 없는 한 복제한 것을 폐기하여야 하도록 한다. 다만, 프로그램의 복제물을 소지·이용할 권리가 해당 복제물이 멸실됨으로 인하여 상실된 경우에는 이러한 폐기 의무의 예외로 인정한다.

5. 프로그램 임치 제도

제101조의7(프로그램의 임치) ① 프로그램의 저작재산권자와 프로그램의 이용허락을 받은 자는 대통령령으로 정하는 자(이하 이 조에서 '수치인'이라 한다)와 서로 합의하여 프로그램의 원시코드 및 기술정보 등을 수치인에게 임치할 수 있다.
② 프로그램의 이용허락을 받은 자는 제1항에 따른 합의에서 정한 사유가 발생한 때에 수치인에게 프로그램의 원시코드 및 기술정보 등의 제공을 요구할 수 있다.

프로그램 임치 제도는 에스크로우(escrow) 제도의 일종으로 프로그램 거래 시 저작권자가 사용을 허락받은 자(이하 '사용권자')를 위하여 소스코드 및 기술정보 등을 신뢰성 있는 제3의 기관에 임치해 두고, 저작권자의 폐업·파산 또는 자연재해로 인한 소스코드의 멸실 등으로 유지보수를 계속할 수 없게 되는 조건이 발생되는 경우 수치기관이 해당 원시코드(이하 '소스코드') 및 기술정보를 사용권자에게 교부함으로써 저작권자의 폐업·파산·자연재해 등의 경우에도 사용권자가 안정적·계속적으로 당해 프로그램을 사용할 수 있도록 하는 제도이다. 실무적으로는 프로그램 임치라는 표현보다는 소프트웨어(SW) 임치라는 용어를 주로 사용하고 있다.[146]

프로그램 임치는 현행법 하에서 한국저작권위원회만 임치기관으로서 자격을 갖고 있으며, 프로그램 임치 계약은 '삼자간 임치계약'과 '다자간 임치계약'의 두 가지로 구분되어 있다. 삼자간 임치계약은 임치기관을 중심으로 저작권자와 사용권자를 대상으로 직접 임치계약을 체결하는 구조이며, 다자간 임치계약은 우선 임치기관과 저작권자가 체결한 임치계약에 근거하여 요건 발생 시 계약 시 특성된 다수의 사용권자가 임치물을 양도받을 수 있도록 하는 구조이다. 주로 정보시스템구축(SI) 등의 경우에는 삼자간 임치계약이 활용되며, 패키지 소프트웨어 등의 경우에는 다자간 임치계약이 활용된다.

제6절 기술적 보호조치의 무력화 금지 등

제104조의2(기술적 보호조치의 무력화 금지) ① 누구든지 정당한 권한 없이 고의 또는 과실로 제2조제28호가목의 기술적 보호조치를 제거·변경하거나 우회하는 등의 방법으로 무력화하여서는 아니 된다. 다만, 다음 각 호의 어느 하나에 해당하는 경우에는 그러하지 아니하다.
  1. 암호 분야의 연구에 종사하는 자가 저작물등의 복제물을 정당하게 취득하여 저작물등에 적용된 암호 기술의 결함이나 취약점을 연구하기 위하여 필요한 범위에서 행하는 경우. 다만, 권리자로부터 연구에 필요한 이용을 허락받기 위하여 상당한 노력을 하였으나 허락을 받지 못한 경우로 한정한다.
  2. 미성년자에게 유해한 온라인상의 저작물등에 미성년자가 접근하는 것을 방지하기 위하여 기술·제품·서비스 또는 장치에 기술적 보호조치를 무력화하는 구성요소나 부품을 포함하는 경우. 다만, 제2항에 따라 금지되지 아니하는 경우로 한정한다.
  3. 개인의 온라인상의 행위를 파악할 수 있는 개인 식별 정보를 비공개적으로 수집·유포하는 기능을 확인하고, 이를 무력화하기 위하여 필요한 경우. 다만, 다른 사람들이 저작물등에 접근하는 것에 영향을 미치는 경우는 제외한다.
  4. 국가의 법집행, 합법적인 정보수집 또는 안전보장 등을 위하여 필요한 경우

---

146) 한국저작권위원회 홈페이지 SW임치제도 안내 참조.

5. 제25조제3항 및 제4항에 따른 학교·교육기관·교육훈련기관 및 수업지원기관, 제31조제1항에 따른 도서관(비영리인 경우로 한정한다) 또는 「공공기록물 관리에 관한 법률」에 따른 기록물관리기관이 저작물등의 구입 여부를 결정하기 위하여 필요한 경우. 다만, 기술적 보호조치를 무력화하지 아니하고는 접근할 수 없는 경우로 한정한다.

6. 정당한 권한을 가지고 프로그램을 사용하는 자가 다른 프로그램과의 호환을 위하여 필요한 범위에서 프로그램코드역분석을 하는 경우

7. 정당한 권한을 가진 자가 오로지 컴퓨터 또는 정보통신망의 보안성을 검사·조사 또는 보정하기 위하여 필요한 경우

8. 기술적 보호조치의 무력화 금지에 의하여 특정 종류의 저작물등을 정당하게 이용하는 것이 불합리하게 영향을 받거나 받을 가능성이 있다고 인정되어 대통령령으로 정하는 절차에 따라 문화체육관광부장관이 정하여 고시하는 경우. 이 경우 그 예외의 효력은 3년으로 한다.

② 누구든지 정당한 권한 없이 다음과 같은 장치, 제품 또는 부품을 제조, 수입, 배포, 전송, 판매, 대여, 공중에 대한 청약, 판매나 대여를 위한 광고, 또는 유통을 목적으로 보관 또는 소지하거나, 서비스를 제공하여서는 아니 된다.

1. 기술적 보호조치의 무력화를 목적으로 홍보, 광고 또는 판촉되는 것

2. 기술적 보호조치를 무력화하는 것 외에는 제한적으로 상업적인 목적 또는 용도만 있는 것

3. 기술적 보호조치를 무력화하는 것을 가능하게 하거나 용이하게 하는 것을 주된 목적으로 고안, 제작, 개조되거나 기능하는 것

③ 제2항에도 불구하고 다음 각 호의 어느 하나에 해당하는 경우에는 그러하지 아니하다.

1. 제2조제28호가목의 기술적 보호조치와 관련하여 제1항제1호·제2호·제4호·제6호 및 제7호에 해당하는 경우

2. 제2조제28호나목의 기술적 보호조치와 관련하여 제1항제4호 및 제6호에 해당하는 경우

기술적 보호조치란, ⅰ) 저작권, 그 밖에 저작권법에 따라 보호되는 권리의 행사와 관련하여 저작권법에 따라 보호되는 저작물 등에 대한 접근을 효과적으로 방지하거나 억제하기 위하여 그 권리자나 권리자의 동의를 받은 자가 적용하는 기술적 조치, ⅱ) 저작권, 그 밖에 저작권법에 따라 보호되는 권리에 대한 침해 행위를 효과적으로 방지하거나 억제하기 위하여 그 권리자나 권리자의 동의를 받은 자가 적용하는 기술적 조치 중 어느 하나에 해당하는 조치를 의미한다. 전자의 경우를 '접근통제 기술적 보호조치', 후자의 경우를 '복제(이용)통제 기술적 보호조치'라 한다. 즉, 저작물에 대한 접근을 통제(제한)하거나 복제(이용)를 통제(제한)하기 위하여 저작자가 취하는 기술적인 조치를 의미한다.

저작권법에 의하여 저작자의 저작권에 대한 보호를 제공하고 있음에도 불구하고, 일단 침해가 발생하면 저작자에게는 회복하지 못할 손해가 발생할 수 있기 때문에 최근에는 자구적 방안으로서 기술적 조치를 활용하고 있다. 하지만 이와 같은 기술

적 조치 역시 또 다른 기술에 의하여 무력화될 수밖에 없는데, 이러한 행위를 금지하는 것이 저작권법에서 규정하고 있는 기술적 보호조치의 무력화 등의 금지에 관한 사항이다.

> **대법원 2002. 6. 28. 선고 2001도2900 판결('시리얼 번호' 사건)**
>
> 구 컴퓨터프로그램보호법(2000. 1. 28. 법률 제6233호로 전문 개정되기 전의 것)의 보호대상인 프로그램은 특정한 결과를 얻기 위하여 컴퓨터 등 정보처리능력을 가진 장치 내에서 직접 또는 간접으로 사용되는 일련의 지시, 명령으로 표현된 것을 말하는데(동법 제2조 제1호), 컴퓨터프로그램 시리얼번호는 컴퓨터프로그램을 설치 또는 사용할 권한이 있는가를 확인하는 수단인 기술적 보호조치로서, 컴퓨터프로그램에 특정한 포맷으로 된 시리얼번호가 입력되면 인스톨을 진행하도록 하는 등의 지시, 명령이 표현된 프로그램에서 받아 처리하는 데이터에 불과하여 시리얼번호의 복제 또는 배포행위 자체는 컴퓨터프로그램의 공표·복제·개작·번역·배포·발행 또는 전송에 해당하지 아니할 뿐 아니라 위와 같은 행위만으로는 컴퓨터프로그램저작권이 침해되었다고 단정할 수 없다.

이에 누구든지 정당한 권한이 없이 고의 또는 과실로 기술적 보호조치를 제거·변경하거나 우회하는 등의 방법으로 무력화시키는 것은 금지된다(법 제104조의2 제1항). 아래의 PS2 모드칩 사건의 판결이 선고된 시기는 당시 저작권법 규정이 복제(이용)통제 기술적 보호조치만을 보호하는 형태를 취하고 있는 상황에서 현실에서 나타나는 접근을 통제하는 형식의 기술조치들을 다루어야 하는 문제를 갖는 시기였다. 그러한 배경에서 이 판결에 대해 저작권법(컴퓨터프로그램보호법)상 보호되는 기술적보호조치의 범위가 복제통제 기술적보호조치인지 아니면 접근통제 기술적보호조치까지 포함하는 것인지 분명하게 판단하지 않고 엑세스 코드가 갖는 실질적인 또는 간접적인 효과에 중점을 두고 있다는 등의 비판이 있었다. 특히 이 시기에는 이 사건에서와 같이 접근을 통제하는 기술조치가 저작권법(컴퓨터프로그램보호법)이 규정하는 기술적 보호조치에 해당하는지 여부에 대해 논란이 많았다.[147] 물론 현재

---

147) 이를 긍정하는 근거로는 ① 기술적 보호조치를 엄격히 해석하면 실제 다양하게 행해지는 기술적 보호조치 중 법의 보호 테두리에서 벗어나는 것이 있어 적절한 저작권보호가 어렵다는 점, ② 실질적으로 엑세스 코드는 복제를 방지하는 기능을 한다는 점 및 ③ 우리 법은 기술적 보호조치를 좁게 한정하여 해석하도록 하지 않고 법원에 해석을 어느 정도 맡기고 있다는 점 등을

는 저작권법 개정을 통해 접근통제 기술적 보호조치와 복제(이용)통제 기술적 보호
조치 모두를 보호하고 있으므로 이러한 논란은 종식되었다.

대법원 2006. 2. 24. 선고 2004도2743 판결('PS2 모드칩[148]' 사건)

기록에 의하면, 소니 엔터테인먼트사가 제작한 플레이스테이션2라는 게임기 본체
(이하 'PS2'라고만 한다)에서만 실행되는 이 사건 게임프로그램은 CD-ROM이나
DVD-ROM과 같은 저장매체(이하 'CD'라고만 한다)에 저장되어 판매되고 있는데, 그
정품 게임 CD에는 게임프로그램 외에도 엑세스 코드(Access Code)가 수록/저장되어
있고, PS2에는 부트롬(BOOT ROM)이 내장되어 있어 PS2에 삽입되는 게임 CD에
엑세스 코드가 수록되어 있는지를 검색한 후 엑세스 코드 없이 게임프로그램만 저장된
CD는 프로그램 실행이 되지 않도록 설계되어 있는 사실, 한편, 통상적인 장치나 프로
그램에 의해서도 이 사건 게임프로그램의 복제는 가능하지만 엑세스 코드의 복제는 불
가능하기 때문에 불법으로 복제된 게임 CD로는 PS2에서 프로그램을 실행할 수 없는
사실, 피고인이 PS2에 장착하여 준 모드칩(Mod Chip, 일명 '블루메시아칩')이라는 부
품은 엑세스 코드가 수행하는 역할을 대신하는 것으로서, 엑세스 코드 없이 게임프로
그램만 복제/저장된 CD가 PS2에 삽입되더라도 PS2의 부트롬으로 하여금 엑세스 코
드가 수록되어 있는 정품 CD인 것으로 인식하게 함으로써 불법으로 복제된 게임 CD
도 프로그램 실행이 가능하도록 하는 장치인 사실을 인정할 수 있다.

위 인정사실과 같이, 엑세스 코드나 부트롬만으로 이 사건 게임프로그램의 물리적인
복제 자체를 막을 수는 없는 것이지만, 통상적인 장치나 프로그램만으로는 엑세스 코
드의 복제가 불가능하여 설사 불법으로 게임프로그램을 복제한다 하더라도 PS2를 통
한 프로그램의 실행은 할 수 없는 만큼, 엑세스 코드는 게임프로그램의 물리적인 복제
를 막는 것과 동등한 효과가 있는 기술적보호조치에 해당한다고 할 것이고, 따라서 피

들고 있다. 또한 부정하는 근거는 ① 직접 또는 물리적으로 복제 등 저작물의 이용을 금지하거
나 제한하는 경우에 한정한다는 입법취지에 맞지 않다는 점, ② 지나치게 보호되는 기술적 보호
조치의 범위가 넓어진다는 점 및 ③ 이렇게 행하여진 형사처벌은 형법의 보충성에 반하고 소비
자의 권리를 침해할 수 있다고 주장된다. 이규홍, "기술적 보호조치에 관한 소고", 정보법학, 제
11권 제1호, 2007, 174면.

148) 모드칩(Mod Chip)은 다른 지역에서는 해당 소프트웨어를 구동할 수 없도록 기기 또는 소프트
웨어에 걸려 있는 잠금기능을 해제하기 위해 기기에 장치하는 부품인데, 특히 'Mod Chip'을 게
임기에 장착할 경우 불법 복제한 게임을 구동할 수 없도록 하는 게임기의 기능을 무력화할 수
있다는 특징이 있다. 이러한 'Mod Chip'의 장착행위에 관하여 불법 복사된 소프트웨어를 구동
하기 위한 것은 불법이지만, 적법한 권한을 갖고 있는 DVD플레이어의 지역코드를 해제하는 등
의 행위 등과 관련해서는 소비자의 선택의 권리를 존중하기 위해 용인해야 한다는 견해도 있다.

고인이 모드칩을 장착함으로써 엑세스 코드가 없는 복제 게임 CD도 PS2를 통해 프로그램 실행이 가능하도록 하여 준 행위는 법 제30조 제2항 소정의 상당히 기술적보호조치를 무력화하는 행위에 해당한다고 봄이 상당하다.

서울남부지방법원 2009. 6. 8. 선고 2008고단2104 판결('R4칩' 사건)

범죄사실

피고인은 ○○무역을 실질적으로 운영하고 있다.

피해자 닌텐도 주식회사에서는 불법 복제된 게임용 소프트웨어의 사용을 방지하기 위해 닌텐도 DS 게임기 및 정품 카트리지(게임용 소프트웨어는 카트리지에 저장되어 있고, 카트리지를 닌텐도 DS 게임기 본체에 삽입한 후, 게임 소프트웨어를 구동하게 된다)에 다음과 같은 기술적 보호조치를 하였다.

닌텐도 정품 카트리지용 ROM은 노멀 모드(Normal Mode), 시큐어 모드(Secure Mode) 및 게임 모드(Game Mode)의 세 가지 모드를 가지고 있으며, 닌텐도 DS 게임기는, 노멀 모드에서 정품 카트리지에 저장되어 있는 ROM 내 등록 데이터를 읽어 내고 Nintendo 로고 데이터의 CRC, ROM 내 등록 데이터의 CRC가 소정의 값이 되고 있는지 체크하는 절차를 진행하고, 시큐어 모드에서 암호화된 명령을 보내어 정품 카트리지가 암호화된 명령을 정상적으로 해석하고 정상적으로 데이터를 스크램블하여 닌텐도 DS 게임기 본체에 공급할 수 있는지에 대해 체크하며, 게임 모드에서 정품 카트리지의 Nintendo 로고 데이터를 체크하도록 만들어져 있으며, 닌텐도 DS 게임기는 상기 체크의 각 단계를 전부 정상으로 통과할 경우에만 게임을 실행하게 되며, 위 각 단계 중 어느 한 부분에서라도 통과가 되지 않을 경우에는 게임 카드의 게임이 실행 불능 또는 정지하도록 만들어져 있다.

그리고 시큐리티 체크를 위한 하드웨어적 장치로서, 닌텐도 정품 게임카트리지의 회로 중에는 시큐리티 회로(Security Circuit)가 포함되어 있는데, 시큐리티 회로는 게임 모드에서 난수를 생성해서 명령을 디스크램블하고, 시큐어 모드 및 게임 모드에서 데이타를 스크램블하는 스크램블 회로(Scramble Circuit), 시큐어 모드에서 암호화한 명령을 복호화하기 위한 드크립트 회로(Decrypt Circuit), 일련의 명령을 처리하는 커멘드 시퀀서(Command Sequencer)로 구성되어 있다.

피고인은 불법 복제된 닌텐도용 게임소프트웨어를 게임기 본체에 사용할 수 있는 장치인 R4 및 DSTT 카트리지를 국내에 수입·판매하면 많은 수익을 낼 수 있을 것으로 판단하고, 중국과 홍콩에서 이를 수입한 후 온라인상에서 판매하기로 마음먹었다. 그런데 R4 및 DSTT는 각 카트리지의 ROM 메모리 맵에 위치한 Boot Segment 영역에는 Nintendo 로고 테이터가 저장되어 있으며, 그 외에 닌텐도 DS 게임기의 모든 시큐리티 절차를 통과할 수 있는 시큐리티 회로를 포함하고 있어 위와 같은 피해자 회사의 기술적 보호조치를 무력화하고 있다.

피고인은 2007. 12. 13.경 서울 강서구 공항동에 있는 김포공항에서, ○○무역을 수입자로 하여 R4 카트리지 1,000개를 국내로 반입한 것을 비롯하여 별지 범죄일람표 기재와 같이 R4 27,620개, DSTT 800개를 수입하였다.

이로써 피고인은 위와 같은 방법으로 피해자 회사의 기술적 보호조치를 무력화하는 기기를 수입하였다.

피고인의 주장에 대한 판단

피고인은 불법 복제된 게임프로그램이 들어 있지 않은 알포 및 디에스티티를 수입하여 판매할 계획을 세운 후, 혹시 이것도 법률적으로 무슨 문제가 있는지에 대하여 변호사와 변리사에게 문의하였고, 그들은 알포 및 디에스티티는 전혀 문제가 없으나, 닌텐도 디에스 게임용 소프트웨어가 불법으로 복제된 티에프메모리카드를 알포 및 디에스티티에 끼워서 판매한다면 문제가 될 수 있을 것이라고 조언을 하여, 피고인으로서는 위법성의 인식이 없었고, 닌텐도 디에스 게임기의 경우 정품 타이틀 외에는 별도로 음악이나 영화나 동영상의 데이터를 읽을 수 있는 방법이 알포와 같은 장치가 없으면 불가능하고 알포가 불법 소프트웨어의 구동 외에도 다양한 컨텐츠를 이용하는 데 필수적인 방법임에도 이를 무조건 불법이라고 하는 것은 저작권자의 권리 외에도 공정이용을 도모하여 문화향상에 이바지한다는 저작권법의 기본원칙을 고려하지 않는 것이라고 주장한다.

그러나 피고인이 이 법정에서 알포나 디에스티티를 구입하는 사람들 대부분이 불법 복제된 게임프로그램을 구동하기 위하여 알포를 사용한다는 사실을 피고인도 알고 있었다고 진술한 점에 비추어 볼 때, 피고인에게 위법성의 인식이 없었다고 볼 수 없고, 알포, 디에스티티를 구입한 사용자들이 이를 이용하여 비침해적 자료를 읽을 수 있다고 하더라도, 알포나 디에스티티가 닌텐도 디에스 게임기의 기술적 보호조치를 무력화하기 위하여 제조, 수입된 이상, 위와 같은 사실이 피고인의 이 사건 범죄사실을 정당화할 수는 없다.

따라서 피고인의 위 주장은 받아들일 수 없다.

그러나 이 같은 금지에도 불구하고 공공적 필요성 등에 따라 다음의 경우 중 하나에 해낭할 때는 기술적 보호조치 무력화 행위가 예외적으로 인정된다(법 제104조의2 제1항 단서).

ⅰ) 암호 분야의 연구에 종사하는 자가 저작물등의 복제물을 정당하게 취득하여 저작물 등에 적용된 암호 기술의 결함이나 취약점을 연구하기 위하여 필요한 범위에서 행하는 경우. 다만, 권리자로부터 연구에 필요한 이용을 허락받기 위하여 상당한 노력을 하였으나 허락을 받지 못한 경우에 한한다.

ⅱ) 미성년자에게 유해한 온라인상의 저작물 등에 미성년자가 접근하는 것을 방지하기 위하여 기술·제품·서비스 또는 장치에 기술적 보호조치를 무력화하는 구성요소나 부품을 포함하는 경우. 다만, 제2항에 따라 금지되지 아니하는 경우에 한한다.

ⅲ) 개인의 온라인상의 행위를 파악할 수 있는 개인 식별 정보를 비공개적으로 수집·유포하는 기능을 확인하고, 이를 무력화하기 위하여 필요한 경우. 다만, 다른 사람들이 저작물 등에 접근하는 것에 영향을 미치는 경우는 제외한다.

ⅳ) 국가의 법집행, 합법적인 정보수집 또는 안전보장 등을 위하여 필요한 경우

ⅴ) 제25조제2항에 따른 교육기관·교육지원기관, 제31조제1항에 따른 도서관(비영리인 경우로 한정한다) 또는 「공공기록물 관리에 관한 법률」에 따른 기록물관리기관이 저작물 등의 구입 여부를 결정하기 위하여 필요한 경우. 다만, 기술적 보호조치를 무력화하지 아니하고는 접근할 수 없는 경우에 한한다.

ⅵ) 정당한 권한을 가지고 프로그램을 사용하는 자가 다른 프로그램과의 호환을 위하여 필요한 범위에서 프로그램코드역분석을 하는 경우

ⅶ) 정당한 권한을 가진 자가 오로지 컴퓨터 또는 정보통신망의 보안성을 검사·조사 또는 보정하기 위하여 필요한 경우

ⅷ) 기술적 보호조치의 무력화 금지에 의하여 특정 종류의 저작물등을 정당하게 이용하는 것이 불합리하게 영향을 받거나 받을 가능성이 있다고 인정되어 대통령령으로 정하는 절차에 따라 문화체육관광부장관이 정하여 고시하는 경우. 이 경우 그 예외의 효력은 3년으로 한다.[149]

---

149) 저작권법 시행령 제46조의2(기술적 보호조치의 무력화 금지에 대한 예외) 문화체육관광부장관은 법 제104조의2제1항제8호에 따라 기술적 보호조치의 무력화 금지에 대한 예외를 정하여 고시하는 경우에는 미리 저작물등의 이용자를 포함한 이해관계인의 의견을 들은 후 위원회의 심의를 거쳐야 한다.

아울러 누구든지 정당한 권한 없이 다음과 같은 장치, 제품 또는 부품을 제조, 수입, 배포, 전송, 판매, 대여, 공중에 대한 청약, 판매나 대여를 위한 광고, 또는 유통을 목적으로 보관 또는 소지하거나, 서비스를 제공하여서는 안된다(법 제104조의2 제2항)고 하여 기술적 보호조치의 무력화 예비행위를 금지하고 있다.

ⅰ) 기술적 보호조치의 무력화를 목적으로 홍보, 광고 또는 판촉되는 것
ⅱ) 기술적 보호조치를 무력화하는 것 외에는 제한적으로 상업적인 목적 또는 용도만 있는 것
ⅲ) 기술적 보호조치를 무력화하는 것을 가능하게 하거나 용이하게 하는 것을 주된 목적으로 고안·제작·개조되거나 기능하는 것

저작권, 그 밖에 이 법에 따라 보호되는 권리를 가진 자는 저작권법 제104조의2 의 규정을 위반한 자에 대하여 침해의 정지·예방, 손해배상의 담보 또는 손해배상 이나 이를 갈음하는 법정손해배상의 청구를 할 수 있으며, 고의 또는 과실 없이 저작권법 제104조의2 제1항의 행위를 한 자에 대하여는 침해의 정치·예방을 청구할 수 있다. 이 경우 저작권법 제123조, 제125조, 제125조의2, 제126조 및 제129조를 준용한다(법 제104조의8).

제 7 절 권리관리정보의 제거·변경 등 기타의 금지

1. 권리관리정보의 제거·변경 등의 금지

제104조의3(권리관리정보의 제거·변경 등의 금지) ① 누구든지 정당한 권한 없이 저작권, 그 밖에 이 법에 따라 보호되는 권리의 침해를 유발 또는 은닉한다는 사실을 알거나 과실로 알지 못하고 다음 각 호의 어느 하나에 해당하는 행위를 하여서는 아니 된다.
　1. 권리관리정보를 고의로 제거·변경하거나 거짓으로 부가하는 행위
　2. 권리관리정보가 정당한 권한 없이 제거 또는 변경되었다는 사실을 알면서 그 권리관리 정보를 배포하거나 배포할 목적으로 수입하는 행위
　3. 권리관리정보가 정당한 권한 없이 제거·변경되거나 거짓으로 부가된 사실을 알면서 해당 저작물등의 원본이나 그 복제물을 배포·공연 또는 공중송신하거나 배포를 목적 으로 수입하는 행위
② 제1항은 국가의 법집행, 합법적인 정보수집 또는 안전보장 등을 위하여 필요한 경우에는 적용하지 아니한다.

권리관리정보는 ⅰ) 저작물 등을 식별하기 위한 정보, ⅱ) 저작권, 그 밖에 저작권법에 따라 보호되는 권리를 가진 자를 식별하기 위한 정보, ⅲ) 저작물 등의 이용방법 및 조건에 관한 정보 중 어느 하나에 해당하는 정보나 그 정보를 나타내는 숫자 또는 부호로서 각 정보가 저작권, 그 밖에 저작권법에 따라 보호되는 권리에 의하여 보호되는 저작물 등의 원본이나 그 복제물에 부착되거나 그 공연·실행 또는 공중송신에 수반되는 것을 의미한다. 권리관리정보의 보호는 불법복제의 발견 및 적법한 이용을 위한 권리처리 수행 등을 용이하기 위하여 저작권법에 규정된 것이다.

이에 관하여 누구든지 정당한 권한 없이 저작권, 그 밖에 저작권법에 따라 보호되는 권리의 침해를 유발 또는 은닉한다는 사실을 알거나 과실로 알지 못하고 다음의 어느 하나에 해당하는 행위를 하는 것은 금지된다.

ⅰ) 권리관리정보를 고의로 제거·변경하거나 거짓으로 부가하는 행위
ⅱ) 권리관리정보가 정당한 권한 없이 제거 또는 변경되었다는 사실을 알면서 그 권리관리정보를 배포하거나 배포할 목적으로 수입하는 행위
ⅲ) 권리관리정보가 정당한 권한 없이 제거·변경되거나 거짓으로 부가된 사실을 알면서 해당 저작물 등의 원본이나 그 복제물을 배포·공연 또는 공중송신하거나 배포를 목적으로 수입하는 행위

이러한 권리관리정보에 대한 보호는 국가의 법집행, 합법적인 정보수집 또는 안전보장 등을 위하여 필요한 경우에는 적용되지 않는다.

저작권, 그 밖에 이 법에 따라 보호되는 권리를 가진 자는 저작권법 제104조의3의 규정을 위반한 자에 대하여 침해의 정지·예방, 손해배상의 담보 또는 손해배상이나 이를 갈음하는 법정손해배상의 청구를 할 수 있다(법 제104조의8).

2. 암호화된 방송 신호의 무력화 등의 금지

제104조의4(암호화된 방송 신호의 무력화 등의 금지) 누구든지 다음 각 호의 어느 하나에 해당하는 행위를 하여서는 아니 된다.
　1. 암호화된 방송 신호를 방송사업자의 허락 없이 복호화(復號化)하는 데에 주로 사용될 것을 알거나 과실로 알지 못하고, 그러한 목적을 가진 장치·제품·주요부품 또는 프로그램 등 유·무형의 조치를 제조·조립·변경·수입·수출·판매·임대하거나 그

밖의 방법으로 전달하는 행위. 다만, 제104조의2제1항제1호·제2호 또는 제4호에 해당하는 경우에는 그러하지 아니하다.
2. 암호화된 방송 신호가 정당한 권한에 의하여 복호화된 경우 그 사실을 알고 그 신호를 방송사업자의 허락 없이 영리를 목적으로 다른 사람에게 공중송신하는 행위
3. 암호화된 방송 신호가 방송사업자의 허락 없이 복호화된 것임을 알면서 그러한 신호를 수신하여 청취 또는 시청하거나 다른 사람에게 공중송신하는 행위

저작권법은 암호화된 방송 신호를 보호함으로써 건전한 시청질서 확립 및 방송사의 투자 보호를 도모하기 위하여 암호화된 방송 신호의 무력화 등의 행위를 금지하고 있다. 따라서 저작권법은 다음 중 어느 하나에 해당하는 행위를 금지한다(법 제104조의4).

ⅰ) 암호화된 방송 신호를 방송사업자의 허락 없이 복호화(復號化)하는 데에 주로 사용될 것을 알거나 과실로 알지 못하고, 그러한 목적을 가진 장치·제품·주요부품 또는 프로그램 등 유·무형의 조치를 제조·조립·변경·수입·수출·판매·임대하거나 그 밖의 방법으로 전달하는 행위. 다만, 암호 분야의 연구에 종사하는 자가 저작물등의 복제물을 정당하게 취득하여 저작물등에 적용된 암호 기술의 결함이나 취약점을 연구하기 위하여 필요한 범위에서 행하는 경우(다만, 권리자로부터 연구에 필요한 이용을 허락받기 위하여 상당한 노력을 하였으나 허락을 받지 못한 경우에 한한다.), 미성년자에게 유해한 온라인상의 저작물등에 미성년자가 접근하는 것을 방지하기 위하여 기술·제품·서비스 또는 장치에 기술적 보호조치를 무력화하는 구성요소나 부품을 포함하는 경우(다만, 제2항에 따라 금지되지 아니하는 경우에 한한다.), 국가의 법집행, 합법적인 정보수집 또는 안전보장 등을 위하여 필요한 경우에는 예외로 한다.

ⅱ) 암호화된 방송 신호가 정당한 권한에 의하여 복호화된 경우 그 사실을 알고 그 신호를 방송사업자의 허락 없이 영리를 목적으로 다른 사람에게 공중송신하는 행위

ⅲ) 암호화된 방송 신호가 방송사업자의 허락 없이 복호화된 것임을 알면서 그러한 신호를 수신하여 청취 또는 시청하거나 다른 사람에게 공중송신하는 행위

저작권, 그 밖에 이 법에 따라 보호되는 권리를 가진 자는 저작권법 제104조의4의 규정을 위반한 자에 대하여 침해의 정지·예방, 손해배상의 담보 또는 손해배상이나 이를 갈음하는 법정손해배상의 청구를 할 수 있다(법 제104조의8).

3. 라벨 위조 등의 금지

> 제104조의5(라벨 위조 등의 금지) 누구든지 정당한 권한 없이 다음 각 호의 어느 하나에 해당하는 행위를 하여서는 아니 된다.
>   1. 저작물등의 라벨을 불법복제물이나 그 문서 또는 포장에 부착·동봉 또는 첨부하기 위하여 위조하거나 그러한 사실을 알면서 배포 또는 배포할 목적으로 소지하는 행위
>   2. 저작물등의 권리자나 권리자의 동의를 받은 자로부터 허락을 받아 제작한 라벨을 그 허락 범위를 넘어 배포하거나 그러한 사실을 알면서 다시 배포 또는 다시 배포할 목적으로 소지하는 행위
>   3. 저작물등의 적법한 복제물과 함께 배포되는 문서 또는 포장을 불법복제물에 사용하기 위하여 위조하거나 그러한 사실을 알면서 위조된 문서 또는 포장을 배포하거나 배포할 목적으로 소지하는 행위

특정의 저작물이 정품인지 여부를 판단하는 데는 라벨이 중요한 역할을 하게 된다. 이에 저작권 침해품을 정품인 것처럼 속이기 위해 라벨을 위조하는 것을 저작권법은 금지하고 있다. 이에 누구든지 정당한 권한 없이 다음 중 어느 하나에 해당하는 행위를 하는 것은 금지된다(법 제104조의5).

ⅰ) 저작물 등의 라벨을 불법복제물이나 그 문서 또는 포장에 부착·동봉 또는 첨부하기 위하여 위조하거나 그러한 사실을 알면서 배포 또는 배포할 목적으로 소지하는 행위

ⅱ) 저작물 등의 권리자나 권리자의 동의를 받은 자로부터 허락을 받아 제작한 라벨을 그 허락 범위를 넘어 배포하거나 그러한 사실을 알면서 다시 배포 또는 다시 배포할 목적으로 소지하는 행위

ⅲ) 저작물 등의 적법한 복제물과 함께 배포되는 문서 또는 포장을 불법복제물에 사용하기 위하여 위조하거나 그러한 사실을 알면서 위조된 문서 또는 포장을 배포하거나 배포할 목적으로 소지하는 행위

4. 영상저작물 녹화 등의 금지

제104조의6(영상저작물 녹화 등의 금지) 누구든지 저작권으로 보호되는 영상저작물을 상영 중인 영화상영관등에서 저작재산권자의 허락 없이 녹화기기를 이용하여 녹화하거나 공중송신하여서는 아니 된다.

누구든지 저작권으로 보호되는 영상저작물을 상영 중인 영화상영관 등에서 저작재산권자의 허락 없이 녹화기기를 이용하여 녹화하거나 공중송신하여서는 아니 된다(법 제104조의6). 영화의 경우 상영하는 영상저작물을 무단으로 녹화하여 이를 P2P, 웹하드 등을 통하여 공중에게 전송하게 되면 해당 영화의 저작권자 및 영상제작자 등에게 막대한 손해를 초래할 수 있으므로 저작권법에서 이를 금지하고 있다.

5. 방송전 신호의 송신 금지

제104조의7(방송전 신호의 송신 금지) 누구든지 정당한 권한 없이 방송사업자에게로 송신되는 신호(공중이 직접 수신하도록 할 목적의 경우에는 제외한다)를 제3자에게 송신하여서는 아니 된다.

누구든지 정당한 권한 없이 방송사업자에게로 송신되는 신호(공중이 직접 수신하도록 할 목적의 경우에는 제외한다)를 제3자에게 송신하여서는 아니 된다(법 제104조의7).

제 **8** 장

저작권집중관리제도 및 다양한 공적제도

"다들 평생을 뭘 가져 보겠다고 고생 고생을 하면서
나는 어떤 인간이라는 걸 보여주기 위해서 아등바등
사는데
뭘 갖는 건지도 모르겠고
어떻게 원하는 걸 갖는다고 해도
나를 안전하게 만들어 준다고 생각했던 것들에
나라고 생각했던 것들에 금이 가기 시작하면
못견디고 무너지고
나라고 생각했던 것들
나를 지탱하는 기둥인 줄 알았던 것들이
사실은 진정한 내 내력이 아닌 것 같고
그냥 다 아닌 거 같다고"

드라마 〈아저씨〉 중에서 박동훈역 故 이선균 배우의 대사

제8장 저작권집중관리제도 및 다양한 공적제도

제 1 절   저작권집중관리제도

제105조(저작권위탁관리업의 허가 등) ① 저작권신탁관리업을 하고자 하는 자는 대통령령으로 정하는 바에 따라 문화체육관광부장관의 허가를 받아야 하며, 저작권대리중개업을 하고자 하는 자는 대통령령으로 정하는 바에 따라 문화체육관광부장관에게 신고하여야 한다. 다만, 문화체육관광부장관은 「공공기관의 운영에 관한 법률」에 따른 공공기관을 저작권신탁관리단체로 지정할 수 있다.

② 제1항에 따라 저작권신탁관리업을 하고자 하는 자는 다음 각 호의 요건을 갖추어야 하며, 대통령령으로 정하는 바에 따라 저작권신탁관리업무규정을 작성하여 이를 저작권신탁관리허가신청서와 함께 문화체육관광부장관에게 제출하여야 한다. 다만, 제1항 단서에 따른 공공기관의 경우에는 제1호의 요건을 적용하지 아니한다.

　　1. 저작물등에 관한 권리자로 구성된 단체일 것
　　2. 영리를 목적으로 하지 아니할 것
　　3. 사용료의 징수 및 분배 등의 업무를 수행하기에 충분한 능력이 있을 것

③ 제1항 본문에 따라 저작권대리중개업의 신고를 하려는 자는 대통령령으로 정하는 바에 따라 저작권대리중개업무규정을 작성하여 저작권대리중개업 신고서와 함께 문화체육관광부장관에게 제출하여야 한다.

④ 제1항에 따라 저작권신탁관리업의 허가를 받은 자가 문화체육관광부령으로 정하는 중요 사항을 변경하고자 하는 경우에는 문화체육관광부령으로 정하는 바에 따라 문화체육관광부장관의 변경허가를 받아야 하며, 저작권대리중개업을 신고한 자가 신고한 사항을 변경하려는 경우에는 문화체육관광부령으로 정하는 바에 따라 문화체육관광부장관에게 변경신고를 하여야 한다.

⑤ 문화체육관광부장관은 제1항 본문에 따른 저작권대리중개업의 신고 또는 제4항에 따른 저작권대리중개업의 변경신고를 받은 날부터 문화체육관광부령으로 정하는 기간 내에 신고·변경신고 수리 여부를 신고인에게 통지하여야 한다.

⑥ 문화체육관광부장관이 제5항에서 정한 기간 내에 신고·변경신고 수리 여부나 민원 처리 관련 법령에 따른 처리기간의 연장을 신고인에게 통지하지 아니하면 그 기간이 끝난 날의 다음 날에 신고·변경신고를 수리한 것으로 본다.

⑦ 다음 각 호의 어느 하나에 해당하는 자는 제1항에 따른 저작권신탁관리업 또는 저작권대리중개업(이하 '저작권위탁관리업'이라 한다)의 허가를 받거나 신고를 할 수 없다.
1. 피성년후견인
2. 파산선고를 받고 복권되지 아니한 자
3. 금고 이상의 실형을 선고받고 그 집행이 종료(집행이 종료된 것으로 보는 경우를 포함한다)되거나 집행이 면제된 날부터 1년이 지나지 아니한 자
4. 금고 이상의 형의 집행유예 선고를 받고 그 유예기간 중에 있는 자
5. 이 법을 위반하거나「형법」제355조 또는 제356조를 위반하여 다음 각 목의 어느 하나에 해당하는 자
  가. 금고 이상의 형의 선고유예를 받고 그 유예기간 중에 있는 자
  나. 벌금형을 선고받고 1년이 지나지 아니한 자
6. 대한민국 내에 주소를 두지 아니한 자
7. 제1호부터 제6호까지의 어느 하나에 해당하는 사람이 대표자 또는 임원으로 되어 있는 법인 또는 단체
⑧ 제1항에 따라 저작권위탁관리업의 허가를 받거나 신고를 한 자(이하 '저작권위탁관리업자'라 한다)는 그 업무에 관하여 저작재산권자 그 밖의 관계자로부터 수수료를 받을 수 있다.
⑨ 제8항에 따른 수수료의 요율 또는 금액 및 저작권신탁관리업자가 이용자로부터 받는 사용료의 요율 또는 금액은 저작권신탁관리업자가 문화체육관광부장관의 승인을 받아 이를 정한다. 이 경우 문화체육관광부장관은 대통령령으로 정하는 바에 따라 이해관계인의 의견을 수렴하여야 한다.
⑩ 문화체육관광부장관은 제9항에 따른 승인을 하려면 위원회의 심의를 거쳐야 하며, 필요한 경우에는 기간을 정하거나 신청된 내용을 수정하여 승인할 수 있다.
⑪ 문화체육관광부장관은 제9항에 따른 사용료의 요율 또는 금액에 관하여 승인 신청을 받거나 승인을 한 경우에는 대통령령으로 정하는 바에 따라 그 내용을 공고하여야 한다.
⑫ 문화체육관광부장관은 저작재산권자 그 밖의 관계자의 권익보호 또는 저작물등의 이용편의를 도모하기 위하여 필요한 경우에는 제9항에 따른 승인 내용을 변경할 수 있다.

제106조(저작권신탁관리업자의 의무) ① 저작권신탁관리업자는 그가 관리하는 저작물등의 목록과 이용계약 체결에 필요한 정보를 대통령령으로 정하는 바에 따라 분기별로 도서 또는 전자적 형태로 작성하여 주된 사무소에 비치하고 인터넷 홈페이지를 통하여 공개하여야 한다.
② 저작권신탁관리업자는 이용자가 서면으로 요청하는 경우에는 정당한 사유가 없으면 관리하는 저작물등의 이용계약을 체결하기 위하여 필요한 정보로서 대통령령으로 정하는 정보를 상당한 기간 이내에 서면으로 제공하여야 한다.
③ 문화체육관광부장관은 음반을 사용하여 공연하는 자로부터 제105조제9항에 따른 사용료를 받는 저작권신탁관리업자 및 상업용 음반을 사용하여 공연하는 자로부터 제76조의2와 제83조의2에 따라 징수하는 보상금수령단체에 이용자의 편의를 위하여 필요한 경우 대통령령으로 정하는 바에 따라 통합 징수를 요구할 수 있다. 이 경우 그 요구를 받은 저작권신탁관리업자 및 보상금수령단체는 정당한 사유가 없으면 이에 따라야 한다.
④ 저작권신탁관리업자 및 보상금수령단체는 제3항에 따라 사용료 및 보상금을 통합적으로 징수하기 위한 징수업무를 대통령령으로 정하는 자에게 위탁할 수 있다.
⑤ 저작권신탁관리업자 및 보상금수령단체가 제4항에 따라 징수업무를 위탁한 경우에는 대통령령으로 정하는 바에 따라 위탁수수료를 지급하여야 한다.
⑥ 제3항에 따라 징수한 사용료와 보상금의 정산 시기, 정산 방법 등에 관하여 필요한 사항

은 대통령령으로 정한다.

⑦ 저작권신탁관리업자는 다음 각 호의 사항을 대통령령으로 정하는 바에 따라 누구든지 열람할 수 있도록 주된 사무소에 비치하고 인터넷 홈페이지를 통하여 공개하여야 한다.

1. 저작권 신탁계약 및 저작물 이용계약 약관, 저작권 사용료 징수 및 분배규정 등 저작권 신탁관리 업무규정
2. 임원보수 등 대통령령으로 정하는 사항을 기재한 연도별 사업보고서
3. 연도별 저작권신탁관리업에 대한 결산서(재무제표와 그 부속서류를 포함한다)
4. 저작권신탁관리업에 대한 감사의 감사보고서
5. 그 밖에 권리자의 권익보호 및 저작권신탁관리업의 운영에 관한 중요한 사항으로서 대통령령으로 정하는 사항

제106조의2(이용허락의 거부금지) 저작권신탁관리업자는 정당한 이유가 없으면 관리하는 저작물등의 이용허락을 거부해서는 아니 된다.

제107조(서류열람의 청구) 저작권신탁관리업자는 그가 신탁관리하는 저작물등을 영리목적으로 이용하는 자에게 해당 저작물등의 사용료 산정에 필요한 서류의 열람을 청구할 수 있다. 이 경우 이용자는 정당한 사유가 없으면 그 청구를 따라야 한다.

제108조(감독) ① 문화체육관광부장관은 저작권위탁관리업자에게 저작권위탁관리업의 업무에 관하여 필요한 보고를 하게 할 수 있다.

② 문화체육관광부장관은 저작자의 권익보호와 저작물의 이용편의를 도모하기 위하여 저작권위탁관리업자의 업무에 대하여 필요한 명령을 할 수 있다.

③ 문화체육관광부장관은 저작자의 권익보호와 저작물의 이용편의를 도모하기 위하여 필요한 경우 소속 공무원으로 하여금 대통령령으로 정하는 바에 따라 저작권위탁관리업자의 사무 및 재산상황을 조사하게 할 수 있다.

④ 문화체육관광부장관은 저작권위탁관리업자의 효율적 감독을 위하여 공인회계사나 그 밖의 관계 전문기관으로 하여금 제3항에 따른 조사를 하게 할 수 있다.

⑤ 문화체육관광부장관은 제2항부터 제4항까지의 명령 및 조사를 위하여 개인정보 등 필요한 자료를 요청할 수 있으며, 요청을 받은 저작권위탁관리업자는 이에 따라야 한다.

제108조의2(징계의 요구) 문화체육관광부장관은 저작권신탁관리업자의 대표자 또는 임원이 직무와 관련하여 다음 각 호의 어느 하나에 해당하는 경우에는 저작권신탁관리업자에게 해당 대표자 또는 임원의 징계를 요구할 수 있다.

1. 이 법 또는 「형법」제355조 또는 제356조를 위반하여 벌금형 이상을 선고받아(집행유예를 선고받은 경우를 포함한다) 그 형이 확정된 경우
2. 회계부정, 부당행위 등으로 저작재산권, 그 밖에 이 법에 따라 보호되는 재산적 권리를 가진 자에게 손해를 끼친 경우
3. 이 법에 따른 문화체육관광부장관의 감독업무 수행을 방해하거나 기피하는 경우

제109조(허가의 취소 등) ① 문화체육관광부장관은 저작권위탁관리업자가 다음 각 호의 어느 하나에 해당하는 경우에는 6개월 이내의 기간을 정하여 업무의 정지를 명할 수 있다.

1. 제105조제9항의 규정에 따라 승인된 수수료를 초과하여 받은 경우
2. 제105조제9항의 규정에 따라 승인된 사용료 이외의 사용료를 받은 경우
3. 제108조제1항에 따른 보고를 정당한 사유 없이 하지 아니하거나 거짓으로 한 경우
4. 제108조제2항의 규정에 따른 명령을 받고 정당한 사유 없이 이를 이행하지 아니한 경우

5. 제106조제3항에 따른 통합 징수 요구를 받고 정당한 사유 없이 이에 따르지 아니한 경우
6. 제106조제7항에 따라 공개하여야 하는 사항을 공개하지 않은 경우
7. 제108조제3항부터 제5항까지의 규정에 따른 조사 및 자료요청에 불응하거나 이를 거부·방해 또는 기피한 경우
8. 제108조의2에 따른 징계의 요구를 받고 정당한 사유 없이 그 요구를 이행하지 아니한 경우
9. 허가를 받거나 신고를 한 이후에 제105조제7항 각 호의 어느 하나의 사유에 해당하게 된 경우. 다만, 제105조제7항제7호에 해당하는 경우로서 6개월 이내에 그 대표자 또는 임원을 바꾸어 임명한 경우에는 그러하지 아니하다.
② 문화체육관광부장관은 저작권위탁관리업자가 다음 각 호의 어느 하나에 해당하는 경우에는 저작권위탁관리업의 허가를 취소하거나 영업의 폐쇄명령을 할 수 있다.
1. 거짓이나 그 밖의 부정한 방법으로 허가를 받거나 신고를 한 경우
2. 제1항의 규정에 따른 업무의 정지명령을 받고 그 업무를 계속한 경우

제110조(청문) 문화체육관광부장관은 제109조에 따라 저작권위탁관리업의 허가를 취소하거나 저작권위탁관리업자에 대하여 업무의 정지 또는 영업의 폐쇄를 명하려는 경우에는 청문을 실시하여야 한다.

제111조(과징금 처분) ① 문화체육관광부장관은 저작권위탁관리업자가 제109조제1항 각 호의 어느 하나에 해당하여 업무의 정지처분을 하여야 할 때에는 그 업무정지처분을 갈음하여 대통령령으로 정하는 바에 따라 직전년도 사용료 및 보상금 징수액의 100분의 1 이하의 과징금을 부과·징수할 수 있다. 다만, 징수금액을 산정하기 어려운 경우에는 10억원을 초과하지 아니하는 범위에서 과징금을 부과·징수할 수 있다.
② 문화체육관광부장관은 제1항에 따라 과징금 부과처분을 받은 자가 과징금을 기한까지 납부하지 아니하는 때에는 국세체납처분의 예에 의하여 이를 징수한다.
③ 제1항 및 제2항에 따라 징수한 과징금은 징수주체가 건전한 저작물 이용 질서의 확립을 위하여 사용할 수 있다.
④ 제1항에 따라 과징금을 부과하는 위반행위의 종별·정도 등에 따른 과징금의 금액 및 제3항의 규정에 따른 과징금의 사용절차 등에 관하여 필요한 사항은 대통령령으로 정한다.

1. 저작권집중관리제도의 의의

저작권집중관리제도는 집중관리단체가 특정 분야의 저작권을 일괄하여 집중관리함으로써 권리자에게는 관리의, 그리고 이용자에게는 이용의 편리성을 주여 규모의 경제를 실현하고자 하기 위한 제도이다.[1] 일반적으로 저작권 등의 집중관리는 저작물이용의 대래, 중개 또는 신탁행위라는 형태로 이루어진다.[2] 이러한 형태를 고려하여 우리 저작권법은 저작권집중관리제도를 규정함에 있어 저작권신탁관리업과

---

1) 이영록, 「저작권 집중관리단체 활성화 제고방안 연구」, 저작권위원회, 2007, 5면.
2) 이해완(2019), 1088면.

저작권대리중개업을 묶어 저작권위탁관리업으로 다루고 있다.

저작권신탁관리업은 저작재산권자, 배타적발행권자, 출판권자, 저작인접권자 또는 데이터베이스제작자의 권리를 가진 자를 위하여 그 권리를 신탁받아 이를 지속적으로 관리하는 업을 말하며, 저작물 등의 이용과 관련하여 포괄적으로 대리하는 경우를 포함한다. 저작권신탁관리는 신탁법상의 신탁에 해당하여 그 권리가 수탁자에게로 이전되므로 수탁자는 자신의 이름으로 권리침해자를 상대로 소송을 제기할 수 있다.[3] 또한 저작권신탁관리의 목적상 저작재산권의 처분권은 신탁대상에서 제외되며, 저작인격권은 일신전속적 성질을 갖는바, 그 권리가 수탁자에게 이전될 수 없으므로 신탁관리의 대상에서 제외된다.

저작권대리중개업은 저작재산권자, 배타적발행권자, 출판권자, 저작인접권자 또는 데이터베이스제작자의 권리를 가진 자를 위하여 그 권리의 이용에 관한 대리 또는 중개행위를 하는 업을 말한다(법 제2조 제27호). 저작권대리중개는 저작권의 귀속에 관하여 아무런 변동을 초래하지 않는다. 저작권 행사의 대리 또는 중개업무를 위임받은 특정한 저작권대리중개업자가 구체적으로 특정된 사항을 대리하거나 중개하는데 그친다. 이에 저작권대리중개업자는 자신의 이름으로 권리침해자를 상대로 소송을 제기할 수 없다. 저작권신탁관리업에 대한 허가 없이 저작권대리중개업자가 포괄적으로 저작물 이용 등에 관하여 대리행위를 하게 되면, 그 행위를 사실상 신탁관리업에 의한 것과 유사한 것으로 보아 형사적 처벌을 받을 수 있다(법 제137조 제1항 제4호).

---

3) 서울고등법원 1996. 7. 12. 선고 95나41279 판결: "신탁관리업은 저작권법 제78조에 근거하는 것으로서 그 법적 성질은 신탁법상의 신탁에 해당된다고 할 것인바, 신탁법상의 신탁은 위탁자와 수탁자 간의 특별한 신임관계에 기하여 위탁자가 특정의 재산권을 수탁자에게 이전하거나 기타의 처분을 하고 수탁자로 하여금 수익자의 이익을 위하여 또는 특정의 목적을 위하여 그 재산권을 관리·처분하게 하는 법률관계를 말하므로 신탁자와 수탁자 간에 어떤 권리에 관하여 신탁계약이 체결되면 그 권리는 법률 상 위탁자로부터 수탁자에게 완전히 이전하여 수탁자가 권리자가 되고 그 권리에 대하여 소제기의 권한을 포함한 모든 관리처분권이 수탁자에게 속하게 된다."

2. 저작권위탁관리업의 허가 및 신고

(1) 저작권신탁관리업의 허가

(가) 허가제의 원칙

저작권신탁관리업을 하고자 하는 자는 대통령령으로 정하는 바에 따라 문화체육관광부장관의 허가를 받아야 한다. 다만, 문화체육관광부장관은 「공공기관의 운영에 관한 법률」에 따른 공공기관을 저작권신탁관리단체로 지정할 수 있다(법 제105조 제1항).

(나) 허가를 위한 요건

저작권신탁관리업을 하고자 하는 자는 다음 각 호의 요건을 갖추어야 하며, 대통령령으로 정하는 바에 따라 저작권신탁관리업무규정을 작성하여 이를 저작권신탁관리허가신청서와 함께 문화체육관광부장관에게 제출하여야 한다. 다만, 「공공기관의 운영에 관한 법률」에 따른 공공기관의 경우에는 제1호의 요건을 적용하지 아니한다(법 제105조 제2항).

ⅰ) 저작물등에 관한 권리자로 구성된 단체일 것
ⅱ) 영리를 목적으로 하지 아니할 것
ⅲ) 사용료의 징수 및 분배 등의 업무를 수행하기에 충분한 능력이 있을 것

저작권신탁관리업의 허가를 받은 자가 문화체육관광부령으로 정하는 중요 사항을 변경하고자 하는 경우에는 문화체육관광부령으로 정하는 바에 따라 문화체육관광부장관의 변경허가를 받아야 한다(법 제105조 제4항 전단).

(다) 허가가 제한되는 경우

다음 각 호의 어느 하나에 해당하는 자는 저작권신탁관리업의 허가를 받을 수 없다(법 제105조 제7호).

ⅰ) 피성년후견인
ⅱ) 파산선고를 받고 복권되지 아니한 자
ⅲ) 금고 이상의 실형을 선고받고 그 집행이 종료(집행이 종료된 것으로 보는 경우

를 포함한다)되거나 집행이 면제된 날부터 1년이 지나지 아니한 자

iv) 금고 이상의 형의 집행유예 선고를 받고 그 유예기간 중에 있는 자

v) 이 법을 위반하거나 형법 제355조 또는 제356조를 위반하여 금고 이상의 형의 선고유예를 받고 그 유예기간 중에 있는자 혹은 벌금형을 선고받고 1년이 지나지 아니한 자 중 어느 하나에 해당하는 자

vi) 대한민국 내에 주소를 두지 아니한 자

vii) 제1호부터 제6호까지의 어느 하나에 해당하는 사람이 대표자 또는 임원으로 되어 있는 법인 또는 단체

(라) 수수료

저작권위탁관리업의 허가를 받은 자는 그 업무에 관하여 저작재산권자나 그 밖의 관계자로부터 수수료를 받을 수 있다(법 제105조 제8항). 이때 수수료의 요율 또는 금액 및 저작권신탁관리업자가 이용자로부터 받는 사용료의 요율 또는 금액은 저작권신탁관리업자가 문화체육관광부장관의 승인을 받아 이를 정한다. 이 경우 문화체육관광부장관은 대통령령으로 정하는 바에 따라 이해관계인의 의견을 수렴하여야 한다(동조 제9항). 문화체육관광부장관이 수수료 또는 사용료 요율 등을 승인하려면 한국저작권위원회의 심의를 거쳐야 하며, 필요한 경우에는 기간을 정하거나 신청된 내용을 수정하여 승인할 수 있다(동조 제10항). 문화체육관광부장관은 수수료의 요율 또는 금액 및 저작권신탁관리업자가 이용자로부터 받는 사용료의 요율 또는 금액에 관하여 승인 신청을 받거나 승인을 한 경우에는 대통령령으로 정하는 바에 따라 그 내용을 공고하여야 한다(동조 제11항). 그리고 문화체육관광부장관은 저작재산권자 그 밖의 관계자의 권익보호 또는 저작물등의 이용 편의를 도모하기 위하여 필요한 경우에는 이 승인 내용을 변경할 수 있다(동조 제12항).

(2) 저작권대리중개업의 신고

(가) 신고제의 원칙

저작권대리중개업을 하고자 하는 자는 대통령령으로 정하는 바에 따라 문화체육관광부장관에게 신고하여야 한다(법 제105조 제1항).

(나) 신고를 위한 요건

저작권대리중개업의 신고를 하려는 자는 대통령령으로 정하는 바에 따라 저작권대리중개업무규정을 작성하여 저작권대리중개업 신고서와 함께 문화체육관광부장관에게 제출하여야 한다(법 제105조 제3항). 이때 신고서는 전자문서로 된 신고서를 포함하며, 제출하여야 하는 저작권대리중개업무규정에는 저작권대리중개 계약 약관과 저작물 이용계약 약관이 포함되어야 한다(법 시행령 제48조 제1항).

저작권대리중개업을 신고한 자가 신고한 사항을 변경하려는 경우에는 문화체육관광부령으로 정하는 바에 따라 문화체육관광부장관에게 변경신고를 하여야 한다 (법 제105조 제4항 후단).

문화체육관광부장관은 저작권대리중개업의 신고 또는 저작권대리중개업의 변경신고를 받은 날부터 문화체육관광부령으로 정하는 기간(20일)[4] 내에 신고·변경신고 수리 여부를 신고인에게 통지하여야 한다(동조 제5항). 문화체육관광부장관이 이 정한 기간 내에 신고·변경신고 수리 여부나 민원 처리 관련 법령에 따른 처리기간의 연장을 신고인에게 통지하지 아니하면 그 기간이 끝난 날의 다음 날에 신고·변경신고를 수리한 것으로 본다(동조 제6항).

(다) 신고가 제한되는 경우

다음 각 호의 어느 하나에 해당하는 자는 저작권대리중개업의 신고를 할 수 없다 (법 제105조 제7호).

ⅰ) 피성년후견인
ⅱ) 파산선고를 받고 복권되지 아니한 자
ⅲ) 금고 이상의 실형을 선고받고 그 집행이 종료(집행이 종료된 것으로 보는 경우를 포함한다)되거나 집행이 면제된 날부터 1년이 지나지 아니한 자
ⅳ) 금고 이상의 형의 집행유예 선고를 받고 그 유예기간 중에 있는 자
ⅴ) 이 법을 위반하거나 형법 제355조 또는 제356조를 위반하여 금고 이상의 형의 선고유예를 받고 그 유예기간 중에 있는자 혹은 벌금형을 선고받고 1년이 지나지 아니한 자 중 어느 하나에 해당하는 자

---

4) 저작권법 시행규칙 제19조의3.

ⅵ) 내한민국 내에 주소를 두지 아니한 사

ⅶ) 제1호부터 제6호까지의 어느 하나에 해당하는 사람이 대표자 또는 임원으로
되어 있는 법인 또는 단체

(라) 수수료

저작권위탁관리업의 신고를 한 자는 그 업무에 관하여 저작재산권자나 그 밖의
관계자로부터 수수료를 받을 수 있다(법 제105조 제8항).

3. 저작권신탁관리업자의 의무

저작권신탁관리업자는 그가 관리하는 저작물등의 목록과 이용계약 체결에 필요
한 정보를 대통령령으로 정하는 바에 따라 분기별로 도서 또는 전자적 형태로 작성
하여 주된 사무소에 비치하고 인터넷 홈페이지를 통하여 공개하여야 한다(법 제106
조 제1항). 저작권신탁관리업자는 이용자가 서면으로 요청하는 경우에는 정당한 사
유가 없으면 관리하는 저작물등의 이용계약을 체결하기 위하여 필요한 정보로서 대
통령령으로 정한느 정보를 상당한 기간 이내에 서면으로 제공하여야 한다(동조 제2
항). 문화체육관광부장관은 음반을 사용하여 공연하는 자로부터 제105조 제9항에
따른 사용료를 받는 저작권신탁관리업자 및 상업용 음반을 사용하여 공연하는 자로
부터 제76조의2[5]와 제83조의2[6]에 따라 징수하는 보상금수령단체에 이용자의 편의
를 위하여 필요한 경우 대통령령으로 정하는 바에 따라 통합 징수를 요구할 수 있
다. 이 경우 그 요구를 받은 저작권신탁관리업자 및 보상금수령단체는 정당한 사유

---

5) 저작권법 제76조의2(상업용 음반을 사용하여 공연하는 자의 실연자에 대한 보상) ① 실연이 녹음
된 상업용 음반을 사용하여 공연을 하는 자는 상당한 보상금을 그 실연자에게 지급하여야 한다.
다만, 실연자가 외국인인 경우에 그 외국에서 대한민국 국민인 실연자에게 이 항의 규정에 따른
보상금을 인정하지 아니하는 때에는 그러하지 아니하다.
② 제1항에 따른 보상금의 지급 및 금액 등에 관하여는 제25조제7항부터 제11항까지 및 제76조제
3항·제4항을 준용한다.

6) 저작권법 제83조의2(상업용 음반을 사용하여 공연하는 자의 음반제작자에 대한 보상) ① 상업용
음반을 사용하여 공연을 하는 자는 상당한 보상금을 해당 음반제작자에게 지급하여야 한다. 다만,
음반제작자가 외국인인 경우에 그 외국에서 대한민국 국민인 음반제작자에게 이 항의 규정에 따른
보상금을 인정하지 아니하는 때에는 그러하지 아니하다.
② 제1항에 따른 보상금의 지급 및 금액 등에 관하여는 제25조제7항부터 제11항까지 및 제76조제
3항·제4항을 준용한다.

가 없으면 이에 따라야 한다(동조 제3항).

저작권신탁관리업자 및 보상금수령단체는 제3항에 따라 사용료 및 보상금을 통합적으로 징수하기 위한 징수업무를 대통령령으로 정하는 자(법 제106조제3항 전단에 따른 저작권신탁관리업자, 법 제106조제3항 전단에 따른 보상금수령단체, 「공공기관의 운영에 관한 법률」에 따른 공공기관, 그 밖에 문화체육관광부장관이 통합 징수 업무를 수행하기에 적합하다고 인정하는 법인, 기관 또는 단체)⁷⁾에게 위탁할 수 있다. 이때 위탁업무를 수행하는 자는 징수 주기마다 징수가 끝난 후 60일 이내에 총징수액 및 단체별 징수액, 단체별 징수액의 세부내역, 단체별 징수액의 산출근거(저작물의 사용내역을 포함한다), 정산 결과 지급하여야 하는 금액이 포함된 정산 결과를 징수업무를 위탁한 저작권신탁관리업자 및 보상금수령단체에 통지하여야 한다(법 시행령 제51조의2 제3항). 저작권신탁관리업자 및 보상금수령단체가 징수업무를 위탁한 경우에는 대통령령으로 정하는 바에 따라 위탁수수료를 지급하여야 한다(법 제106조 제5항). 징수한 사용료와 보상금의 정산 시기, 정산 방법 등에 관하여 필요한 사항은 대통령령으로 정한다(동조 제6항).

저작권신탁관리업자는 다음 각 호의 사항을 대통령령으로 정하는 바에 따라 누구든지 열람할 수 있도록 주된 사무소에 비치하고 인터넷 홈페이지를 통하여 공개하여야 한다.

ⅰ) 저작권 신탁계약 및 저작물 이용계약 약관, 저작권 사용료 징수 및 분배규정 등 저작권신탁관리 업무규정
ⅱ) 임원보수 등 대통령령으로 정하는 사항을 기재한 연도별 사업보고서
ⅲ) 연도별 저작권신탁관리업에 대한 결산서(재무제표와 그 부속서류를 포함한다)
ⅳ) 저작권신탁관리업에 대한 감사의 감사보고서
ⅴ) 그 밖에 권리자의 권익보호 및 저작권신탁관리업의 운영에 관한 중요한 사항으로서 대통령령으로 정하는 사항

저작권신탁관리업자는 정당한 이유가 없으면 관리하는 저작물등의 이용허락을 거부해서는 아니 된다(법 제106조의2). 그리고 저작권신탁관리업자는 그가 신탁관리하는 저작물등을 영리목적으로 이용하는 자에게 해당 저작물등의 사용료 산정에 필

---

7) 저작권법 시행령 제51조의2 제2항.

요한 서류의 열람을 청구할 수 있다. 이 경우 이용자는 정당한 사유가 없으면 그 청구를 따라야 한다(법 제107조).

4. 감   독

문화체육관광부장관은 저작권위탁관리업자에게 저작권위탁관리업의 업무에 관하여 필요한 보고를 하게 할 수 있으며(법 제108조 제1항), 저작자의 권익보호와 저작물의 이용편의를 도모하기 위하여 저작권위탁관리업자의 업무에 대하여 필요한 명령을 할 수 있다(동조 제2항). 저작자의 권익보호와 저작물의 이용편의를 도모하기 위하여 필요한 경우, 문화체육관광부장관은 소속 공무원으로 하여금 대통령령으로 정하는 바에 따라 저작권위탁관리업자의 사무 및 재산상황을 조사하게 할 수 있다(동조 제3항). 아울러 문화체육관광부장관은 저작권위탁관리업자의 효율적 감독을 위하여 공인회계사나 그 밖의 관계 전문기관으로 하여금 제3항에 따른 조사를 하게 할 수 있으며(동조 제4항), 제2항부터 제4항까지의 명령 및 조사를 위하여 개인정보 등 필요한 자료를 요청할 수 있다. 요청을 받은 저작권위탁관리업자는 이에 따라야 한다(동조 제5항).

문화체육관광부장관은 저작권신탁관리업자의 대표자 또는 임원이 직무와 관련하여 다음 각 호의 어느 하나에 해당하는 경우에는 저작권신탁관리업자에게 해당 대표자 또는 임원의 징계를 요구할 수 있다.

i) 이 법 또는 「형법」 제355조 또는 제356조를 위반하여 벌금형 이상을 선고받아(집행유예를 선고받은 경우를 포함한다) 그 형이 확정된 경우
ii) 회계부정, 부당행위 등으로 저작재산권, 그 밖에 이 법에 따라 보호되는 재산적 권리를 가진 자에게 손해를 끼친 경우
iii) 이 법에 따른 문화체육관광부장관의 감독업무 수행을 방해하거나 기피하는 경우

문화체육관광부장관은 저작권위탁관리업자가 다음 각 호의 어느 하나에 해당하는 경우에는 6개월 이내의 기간을 정하여 업무의 정지를 명할 수 있다(법 제109조).

i) 제105조제9항의 규정에 따라 승인된 수수료를 초과하여 받은 경우

ⅱ) 제105조제9항의 규정에 따라 승인된 사용료 이외의 사용료를 받은 경우

ⅲ) 제108조제1항에 따른 보고를 정당한 사유 없이 하지 아니하거나 거짓으로 한 경우

ⅳ) 제108조제2항의 규정에 따른 명령을 받고 정당한 사유 없이 이를 이행하지 아니한 경우

ⅴ) 제106조제3항에 따른 통합 징수 요구를 받고 정당한 사유 없이 이에 따르지 아니한 경우

ⅵ) 제106조제7항에 따라 공개하여야 하는 사항을 공개하지 않은 경우

ⅶ) 제108조제3항부터 제5항까지의 규정에 따른 조사 및 자료요청에 불응하거나 이를 거부·방해 또는 기피한 경우

ⅷ) 제108조의2에 따른 징계의 요구를 받고 정당한 사유 없이 그 요구를 이행하지 아니한 경우

그리고 문화체육관광부장관은 저작권위탁관리업자가 다음 각 호의 어느 하나에 해당하는 경우에는 저작권위탁관리업의 허가를 취소하거나 영업의 폐쇄명령을 할 수 있다(동조 제2항).

ⅰ) 거짓이나 그 밖의 부정한 방법으로 허가를 받거나 신고를 한 경우

ⅱ) 제1항의 규정에 따른 업무의 정지명령을 받고 그 업무를 계속한 경우

문화체육관광부장관은 제109조에 따라 저작권위탁관리업의 허가를 취소하거나 저작권위탁관리업자에 대하여 업무의 정지 또는 영업의 폐쇄를 명하려는 경우에는 청문을 실시하여야 한다(법 제110조). 그리고 문화체육관광부장관은 저작권위탁관리업자가 제109조제1항 각 호의 어느 하나에 해당하여 업무의 정지처분을 하여야 할 때에는 그 업무정지처분을 갈음하여 대통령령으로 정하는 바에 따라 직전년도 사용료 및 보상금 징수액의 100분의 1 이하의 과징금을 부과·징수할 수 있다. 다만, 징수금액을 산정하기 어려운 경우에는 10억원을 초과하지 아니하는 범위에서 과징금을 부과·징수할 수 있다(법 제111조 제1항). 문화체육관광부장관은 제1항에 따라 과징금 부과처분을 받은 자가 과징금을 기한까지 납부하지 아니하는 때에는 국세체납처분의 예에 의하여 이를 징수한다(동조 제2항). 제1항 및 제2항에 따라 징

수한 과징금은 징수주체가 건전한 저작물 이용 질서의 확립을 위하여 사용할 수 있다(동조 제3항). 제1항에 따라 과징금을 부과하는 위반행위의 종별·정도 등에 따른 과징금의 금액 및 제3항의 규정에 따른 과징금의 사용절차 등에 관하여 필요한 사항은 대통령령으로 정한다(동조 제4항).

제 2 절   저작권분쟁조정·감정·등록제도

1. 저작권분쟁조정제도

제113조의2(알선) ① 분쟁에 관한 알선을 받으려는 자는 알선신청서를 위원회에 제출하여 알선을 신청할 수 있다.

② 위원회가 제1항에 따라 알선의 신청을 받은 때에는 위원장이 위원 중에서 알선위원을 지명하여 알선을 하게 하여야 한다.

③ 알선위원은 알선으로는 분쟁해결의 가능성이 없다고 인정되는 경우에 알선을 중단할 수 있다.

④ 알선 중인 분쟁에 대하여 이 법에 따른 조정의 신청이 있는 때에는 해당 알선은 중단된 것으로 본다.

⑤ 알선이 성립한 때에 알선위원은 알선서를 작성하여 관계 당사자와 함께 기명날인하거나 서명하여야 한다.

⑥ 알선의 신청 및 절차에 관하여 필요한 사항은 대통령령으로 정한다.

제114조(조정부) ① 위원회의 분쟁조정업무를 효율적으로 수행하기 위하여 위원회에 1명 또는 3명 이상의 위원으로 구성된 조정부를 두되, 그중 1명은 변호사의 자격이 있는 사람이어야 한다.

② 제1항의 규정에 따른 조정부의 구성 및 운영 등에 관하여 필요한 사항은 대통령령으로 정한다.

제114조의2(조정의 신청 등) ① 분쟁의 조정을 받으려는 자는 신청취지와 원인을 기재한 조정신청서를 위원회에 제출하여 그 분쟁의 조정을 신청할 수 있다.

② 제1항에 따른 분쟁의 조정은 제114조에 따른 조정부가 행한다.

제115조(비공개) 조정절차는 비공개를 원칙으로 한다. 다만, 조정부의 장은 당사자의 동의를 얻어 적당하다고 인정하는 자에게 방청을 허가할 수 있다.

제116조(진술의 원용 제한) 조정절차에서 당사자 또는 이해관계인이 한 진술은 소송 또는 중재절차에서 원용하지 못한다.

제117조(조정의 성립) ① 조정은 당사자 간에 합의된 사항을 조서에 기재함으로써 성립된다.

② 3명 이상의 위원으로 구성된 조정부는 다음 각 호의 어느 하나에 해당하는 경우 당사자들의 이익이나 그 밖의 모든 사정을 고려하여 신청 취지에 반하지 아니하는 한도에서 직권으로 조정을 갈음하는 결정(이하 '직권조정결정'이라 한다)을 할 수 있다. 이 경우 조정부의

장은 제112조의2제2항제2호에 해당하는 사람이어야 한다.
　1. 조정부가 제시한 조정안을 어느 한쪽 당사자가 합리적인 이유 없이 거부한 경우
　2. 분쟁조정 예정가액이 1천만원 미만인 경우
③ 조정부는 직권조정결정을 한 때에는 직권조정결정서에 주문(主文)과 결정 이유를 적고 이에 관여한 조정위원 모두가 기명날인하여야 하며, 그 결정서 정본을 지체 없이 당사자에게 송달하여야 한다.
④ 직권조정결정에 불복하는 자는 결정서 정본을 송달받은 날부터 2주일 이내에 불복사유를 구체적으로 밝혀 서면으로 조정부에 이의신청을 할 수 있다. 이 경우 그 결정은 효력을 상실한다.
⑤ 다음 각 호의 어느 하나에 해당하는 경우에는 재판상의 화해와 동일한 효력이 있다. 다만, 당사자가 임의로 처분할 수 없는 사항에 관한 것은 그러하지 아니하다.
　1. 조정 결과 당사자 간에 합의가 성립한 경우
　2. 직권조정결정에 대하여 이의 신청이 없는 경우

제118조(조정비용 등) ① 조정비용은 신청인이 부담한다. 다만, 조정이 성립된 경우로서 특약이 없는 때에는 당사자 각자가 균등하게 부담한다.
② 조정의 신청 및 절차, 조정비용의 납부방법에 관하여 필요한 사항은 대통령령으로 정한다.
③제1항의 조정비용의 금액은 위원회가 정한다.

제118조의2(「민사조정법」의 준용) 조정절차에 관하여 이 법에서 규정한 것을 제외하고는 「민사조정법」을 준용한다.

　저작권법은 저작권 분쟁의 신속하고 원활한 해결을 도모하기 위하여 분쟁조정제도를 두고 있으며, 한국저작권위원회가 분쟁조정업무를 담당하고 있다.
　한국저작권위원회의 조정은 '행정형 조정'의 하나이다. 우리나라에는 여러 행정형 조정기구들이 있다. 언론중재중재위원회 조정, 금융감독원 조정, 공정거래조정, 환경분쟁조정 등이 모두 행정형 조정이다. 조정(mediation)은 중재(arbitration)와 함께 대표적인 대안적 분쟁해결수단이다.[8] 저작권분쟁의 경우 조정이 가지고 있는 분쟁해결제도로서의 장점이 잘 살아나는 대표적인 경우이다.
　저작권분쟁조정은 조정의 신청 시 그 내용에 따라 1만 원 내지 10만 원의 비용만을 부담하고 종결 시까지 추가되는 비용이 없으므로 상당히 경제적인 분쟁해결이 가능하며, 3인의 전문가로 구성된 조정부에 의하여 분쟁의 조정이 이루어지므로 분쟁해결에 있어서 상당한 전문적 조력을 받을 수 있다. 또한 저작권분쟁조정은 비공개를 원칙으로 하여 진행되며, 조정이 신청된 날로부터 3개월 이내에 사건이 처리될 수 있도록 하고 있으므로 매우 신속한 해결이 가능하다. 아울러 조정이 성립되

---

8) 최승재, 조정을 통한 공정거래 사건처리에 대한 법경제학적 분석과 전망, 영남법학(2009), 89면 이하.

면 재판상 화해와 같은 효력이 부어되며, 성립된 사항을 이행하지 않을 때에는 별도의 소송과정 없이 조정조서에 집행문을 부여받아 강재집행이 가능하다. 한편, 조정제도는 강제성이 없다는 조정의 본질적 특성으로 인하여 분쟁해결의 실효성이 부족하다는 지적이 있어왔는데, 2020년 직권조정결정제도를 신설함으로써 어느 정도 이러한 지적에 대해 개선이 이루어졌다.

절차적으로는 한국저작권위원회에 조정을 신청하게 되면 담당조정부를 지정 및 조정기일이 지정되고, 기일 진행을 위한 당사자 자료제출 및 검토, 기일진행 등의 과정을 거치게 된다.

2. 저작권감정제도

제119조(감정) ① 위원회는 다음 각 호의 어느 하나에 해당하는 경우에는 감정을 실시할 수 있다.
　　1. 법원 또는 수사기관 등으로부터 재판 또는 수사를 위하여 저작권의 침해 등에 관한 감정을 요청받은 경우
　　2. 제114조의2에 따른 분쟁조정을 위하여 분쟁조정의 양 당사자로부터 프로그램 및 프로그램과 관련된 전자적 정보 등에 관한 감정을 요청받은 경우
② 제1항의 규정에 따른 감정절차 및 방법 등에 관하여 필요한 사항은 대통령령으로 정한다.
③ 위원회는 제1항의 규정에 따른 감정을 실시한 때에는 감정 수수료를 받을 수 있으며, 그 금액은 위원회가 정한다.

저작권 분쟁이 점차 전문화됨으로 인하여 법관 등의 판단을 보조할 전문적 조력이 중요하게 대두됨에 따라 저작권법은 감정제도를 두고 법원 및 수사기관 등에서 요청하는 경우에 저작권 분쟁에 대해 전문적인 의견을 제시하여 감정증거로서 활용할 수 있도록 제도를 두고 있다. 한국저작권위원회가 감정업무를 수행하고 있다.

한국저작권위원회의 감정은 '기관형 감정'이다. 그러므로 감정을 위탁받은 주체 및 감정의견을 내는 주체가 모두 위원회이다. 한국저작권위원회는 공적 감정을 하는 기관으로 감정인의 감정결과에 대하여 감정전문위원회의 심의를 거치도록 한다.

이에 법원 또는 수가기관 등으로부터 재판 또는 수사를 위하여 저작권의 침해 등에 관한 감정을 요청받은 경우, 저작권분쟁조정을 위하여 분쟁조정의 양 당사자로부터 프로그램 및 프로그램과 관련된 전자적 정보 등에 관한 감정을 요청받은 경우 중 하나에 해당하는 때에 한국저작권위원회는 감정을 실시할 수 있다.

절차적으로는 한국저작권위원회에 감정이 신청되면, 감정사건의 분석, 비용납입을 거쳐 감정이 실시되고, 감정전문위원회의 심의를 거쳐 감정결과가 통보되는 과정을 거친다.

실무적으로 감정제도는 컴퓨터프로그램저작물에 대한 경우와 그 외 일반저작물에 대한 경우로 이원화되어 운영되고 있다.

3. 등록제도

제53조(저작권의 등록) ① 저작자는 다음 각 호의 사항을 등록할 수 있다.
   1. 저작자의 실명·이명(공표 당시에 이명을 사용한 경우로 한정한다)·국적·주소 또는 거소
   2. 저작물의 제호·종류·창작연월일
   3. 공표의 여부 및 맨 처음 공표된 국가·공표연월일
   4. 그 밖에 대통령령으로 정하는 사항
② 저작자가 사망한 경우 저작자의 특별한 의사표시가 없는 때에는 그의 유언으로 지정한 자 또는 상속인이 제1항 각 호의 규정에 따른 등록을 할 수 있다.
③ 제1항 및 제2항에 따라 저작자로 실명이 등록된 자는 그 등록저작물의 저작자로, 창작연월일 또는 맨 처음의 공표연월일이 등록된 저작물은 등록된 연월일에 창작 또는 맨 처음 공표된 것으로 추정한다. 다만, 저작물을 창작한 때부터 1년이 지난 후에 창작연월일을 등록한 경우에는 등록된 연월일에 창작된 것으로 추정하지 아니한다.

제54조(권리변동 등의 등록·효력) 다음 각 호의 사항은 이를 등록할 수 있으며, 등록하지 아니하면 제3자에게 대항할 수 없다.
   1. 저작재산권의 양도(상속 그 밖의 일반승계의 경우는 제외한다) 또는 처분제한
   2. 제57조에 따른 배타적발행권 또는 제63조에 따른 출판권의 설정·이전·변경·소멸 또는 처분제한
   3. 저작재산권, 제57조에 따른 배타적발행권 및 제63조에 따른 출판권을 목적으로 하는 질권의 설정·이전·변경·소멸 또는 처분제한

제55조(등록의 절차 등) ① 제53조 및 제54조에 따른 등록은 위원회가 저작권등록부(프로그램의 경우에는 프로그램등록부를 말한다. 이하 같다)에 기록함으로써 한다.
② 위원회는 다음 각 호의 어느 하나에 해당하는 경우에는 신청을 반려할 수 있다. 다만, 신청의 흠결이 보정될 수 있는 경우에 신청인이 그 신청을 한 날에 이를 보정하였을 때에는 그러하지 아니하다.
   1. 등록을 신청한 대상이 저작물이 아닌 경우
   2. 등록을 신청한 대상이 제7조에 따른 보호받지 못하는 저작물인 경우
   3. 등록을 신청할 권한이 없는 자가 등록을 신청한 경우
   4. 등록신청에 필요한 자료 또는 서류를 첨부하지 아니한 경우
   5. 제53조제1항 또는 제54조에 따라 등록을 신청한 사항의 내용이 문화체육관광부령으로 정하는 등록신청서 첨부서류의 내용과 일치하지 아니하는 경우
   6. 등록신청이 문화체육관광부령으로 정한 서식에 맞지 아니한 경우

③ 제2항에 따라 등록신청이 반려된 경우에 그 등록을 신청한 자는 반려된 날부터 1개월 이내에 위원회에 이의를 신청할 수 있다.

④ 위원회는 제3항에 따른 이의신청을 받았을 때에는 신청을 받은 날부터 1개월 이내에 심사하여 그 결과를 신청인에게 통지하여야 한다.

⑤ 위원회는 제2항에 따른 반려처분에 대한 이의신청을 각하 또는 기각하는 결정을 한 때에는 신청인에게 행정심판 또는 행정소송을 제기할 수 있다는 취지를 이의신청 결과를 통지할 때 함께 알려야 한다.

⑥ 위원회는 제1항에 따라 저작권등록부에 기록한 등록 사항에 대하여 등록공보를 발행하거나 정보통신망에 게시하여야 한다.

⑦ 위원회는 저작권등록부의 열람 또는 사본 발급을 신청하는 자가 있는 경우에는 이를 열람하게 하거나 그 사본을 내주어야 한다.

⑧ 제1항부터 제7항까지에서 규정한 사항 외에 등록, 등록신청의 반려, 이의신청, 등록공보의 발행 또는 게시, 저작권등록부의 열람 및 사본의 발급 등에 필요한 사항은 대통령령으로 정한다.

제55조의2(착오·누락의 통지 및 직권 경정) ① 위원회는 저작권등록부에 기록된 사항에 착오가 있거나 누락된 것이 있음을 발견하였을 때에는 지체 없이 그 사실을 제53조 또는 제54조에 따라 등록을 한 자(이하 '저작권 등록자'라 한다)에게 알려야 한다.

② 제1항의 착오나 누락이 등록 담당 직원의 잘못으로 인한 것인 경우에는 지체 없이 그 등록된 사항을 경정(更正)하고 그 내용을 저작권 등록자에게 알려야 한다.

③ 위원회는 제1항 및 제2항에 따른 등록 사항의 경정에 이해관계를 가진 제3자가 있는 경우에는 그 제3자에게도 착오나 누락의 내용과 그에 따른 경정사실을 알려야 한다.

제55조의3(변경등록등의 신청 등) ① 저작권 등록자는 다음 각 호의 어느 하나에 해당하는 경우에는 문화체육관광부령으로 정하는 바에 따라 해당 신청서에 이를 증명할 수 있는 서류를 첨부하여 위원회에 변경·경정·말소등록 또는 말소한 등록의 회복등록(이하 '변경등록등'이라 한다)을 신청할 수 있다.

1. 저작권등록부에 기록된 사항이 변경된 경우
2. 등록에 착오가 있거나 누락된 것이 있는 경우
3. 등록의 말소를 원하는 경우
4. 말소된 등록의 회복을 원하는 경우

② 위원회는 변경등록등 신청서에 적힌 내용이 이를 증명하는 서류의 내용과 서로 맞지 아니하는 경우에는 신청을 반려할 수 있다.

③ 제2항에 따라 등록신청이 반려된 경우에 그 등록을 신청한 자는 이의를 신청할 수 있다. 이 경우 이의신청에 관하여는 제55조제3항부터 제5항까지 및 제8항을 준용한다.

④ 위원회는 변경등록등의 신청을 받아들였을 때에는 그 내용을 저작권등록부에 기록하여야 한다.

⑤ 그 밖에 변경등록등의 신청, 신청의 반려 등에 필요한 사항은 대통령령으로 정한다.

제55조의4(직권 말소등록) ① 위원회는 제53조 또는 제54조에 따른 등록이 제55조제2항제1호부터 제3호까지 및 제5호의 어느 하나에 해당하는 것을 알게 된 경우에는 그 등록을 직권으로 말소할 수 있다.

② 위원회는 제1항에 따라 등록을 말소하려면 청문을 하여야 한다. 다만, 제1항에 따른 말소 사유가 확정판결로 확인된 경우에는 그러하지 아니하다.

③ 위원회는 제2항 단서에 따라 청문을 하지 아니하고 등록을 말소하는 경우에는 그 말소의 사실을 저작권 등록자 및 이해관계가 있는 제3자에게 알려야 한다.

제55조의5(비밀유지의무) 제53조부터 제55조까지, 제55조의2부터 제55조의4까지의 규정에 따른 등록 업무를 수행하는 직에 재직하는 사람과 재직하였던 사람은 직무상 알게 된 비밀을 다른 사람에게 누설하여서는 아니 된다.

우리나라는 저작권 발생에 관하여 무방식주의를 채택하고 있으므로, 등록되지 않더라도 저작물 성립요건만 충족한다면 당연히 저작권이 발생한다. 그럼에도 저작권법은 등록제도를 두고 일정한 효력을 등록한 저작권자 등에게 부여하고 있다. 등록제도는 한국저작권위원회가 담당하고 있다.

한국저작권위원회는 저작권등록을 하는 과정에서 신청만 하면 등록을 시켜야 하는 것은 아니다. 그렇지만 무방식주의라는 점으로 인해서 등록이 되었다고 해서 저작권(특히 저작물성 내지 창작성)이 인정되는 것도 아니며 반대로 등록이 되지 않았다고 해서 저작권이 발생하지 않는 것도 아니다. 다만, 저작권법은 저작권 등록을 대항요건으로 규정하고 있으며(법 제54조), 등록에 대하여 일정한 효과를 부여하고 있다. 저작권법 제53조는 저작권등록에 관해 규정하고 있지만, 등록을 하지 않더라도 저작권자가 자신의 저작권을 주장하고 저작권침해자에게 권리를 행사하는 데 아무런 문제가 없다. 다만 저작권등록을 한 경우 저작권침해자는 침해행위에 과실이 있는 것으로 추정한다(저작권법 제125조 제4항). 저작재산권의 양도 또는 처분제한 시에도 등록을 요하지 않는다. 다만 등록을 하지 않으면 제3자에게 대항할 수 없다(저작권법 제54조). 등록을 하지 않으면 악의의 제3자에 대해서도 대항할 수 없다.[9]

저작권신탁과의 관계에서, 저작권자로부터 저작권을 양수받은 자는 등록을 하지 않더라도 저작권침해자에 대하여 침해정지청구 및 불법행위 손해배상청구를 할 수 있다. 저작권을 신탁받았는데 신탁등록을 마치지 않은 자도 마찬가지이다. 저작권 양수인이 등록을 마치지 않은 상태에서 저작권 양도계약이 해지 또는 합의해지된 경우, 원저작권자는 원칙적으로 그 즉시 저작권을 취득한다(물권적 효력).[10] 이 경우 원저작권자는 등록을 하지 않더라도 자신의 저작권을 제3자에게 주장·행사할 수 있다.[11]

---

9) 최준규, "민법의 관점에서 본 저작권 신탁의 법률관계-대법원 2006. 7. 13. 선고 2004다10756 판결 및 대법원 2012. 7. 12. 선고 2010다1272 판결-", 저스티스 통권 제192호(2022. 10.), 310면.
10) 최준규(2022), 329면.

저작자는 저작자의 실명·이명(공표 당시에 이명을 사용한 경우에 한한다)·국적·주소 또는 거소, 저작물의 제호·종류·창작연월일, 공표의 여부 및 맨 처음 공표된 국가·공표연월일, 그 밖에 대통령령이 정하는 사항으로서 2차적저작물의 경우 원저작물의 제호 및 저작자, 저작물이 공표된 경우에는 그 저작물이 공표된 매체에 관한 정보, 등록권리자가 2명 이상인 경우 각자의 지분에 관한 사항을 등록할 수 있다.

저작물을 등록하게 되면 다양한 효력이 발생한다. 첫째, 추정력이다. 저작자로 실명이 등록된 자는 그 등록저작물의 저작자로, 창작연월일 또는 맨 처음 공표연월일이 등록된 저작물은 등록된 연월일에 창작 또는 맨 처음 공표된 것으로 추정된다. 다만, 저작물을 창작한 때부터 1년이 경과한 후에 창작연월일을 등록한 경우에는 등록된 연월일에 창작된 것으로 추정하지 않는다. 등록된 저작권 등을 침해한 자는 그 침해 행위에 과실이 있는 것으로 추정하게 된다(입증책임의 전환). 둘째, 대항력이다. 저작재산권의 양도, 처분제한, 질권설정 등 권리변동등록의 경우 제3자에 대한 대항력이 부여된다. 셋째, 법정손해배상의 청구가 가능하다. 침해행위가 일어나기 전에 미리 저작권을 등록하였다면 원고가 실손해를 입증하지 않은 경우라도 사전에 저작권법에서 정한 일정한 금액(저작물마다 1천만 원, 영리를 목적으로 고의의 경우 5천만 원 이하)을 법원이 원고의 선택에 따라 손해액으로 인정할 수 있도록 한 법정손해배상제도의 이용이 가능하다. 넷째, 보호기간의 연장이다. 무명 또는 널리 알려지지 않은 이명으로 공표된 경우 저작자가 실명을 등록하면 저작물의 보호 기간이 공표 후 70년에서 저작자 사후 70년으로 연장된다. 또한 미공표 업무상저작물과 영상저작물의 경우 공표연월일을 등록하면 창작 후 70년에서 공표 시 기준으로 70년까지 연장된다. 다섯째, 침해물품 통관 보류 신고자격의 취득이다. 저작권 등록을 한 자는 세관에 저작권 등록 사실 등을 신고하여 침해물품의 수출입으로부터 자신의 저작권을 보호할 수 있다.

이러한 저작권 등록은 저작권등록부(컴퓨터프로그램저작물의 경우에는 프로그램등록부)에 기재됨으로써 완료된다.

---

11) [심화학습] 최승재, "저작권신탁계약종료 시 저작권신탁관리업자가 체결한 계약의 효력", 대법원 판례해설 103(2015).

4. 인증제도

제56조(권리자 등의 인증) ① 문화체육관광부장관은 저작물등의 거래의 안전과 신뢰보호를 위하여 인증기관을 지정할 수 있다.

② 제1항에 따른 인증기관의 지정과 지정취소 및 인증절차 등에 관하여 필요한 사항은 대통령령으로 정한다.

③ 제1항의 규정에 따른 인증기관은 인증과 관련한 수수료를 받을 수 있으며 그 금액은 문화체육관광부장관이 정한다.

문화체육관광부장관은 저작물 등의 거래의 안전과 신뢰보호를 위하여 인증기관을 지정할 수 있다. 인증기관의 지정과 지정취소 및 인증절차 등에 관하여 필요한 사항은 대통령령으로 정한다. 인증기관은 인증과 관련한 수수료를 받을 수 있으며 그 금액은 문화체육관광부장관이 정한다. 현재 한국저작권위원회가 인증업무를 수행하고 있다.

제 3 절 한국저작권위원회와 한국저작권보호원

1. 한국저작권위원회

제112조(한국저작권위원회의 설립) ① 저작권과 그 밖에 이 법에 따라 보호되는 권리(이하 이 장에서 '저작권'이라 한다)에 관한 사항을 심의하고, 저작권에 관한 분쟁(이하 '분쟁'이라 한다)을 알선·조정하며, 저작권 등록 관련 업무를 수행하고, 권리자의 권익증진 및 저작물등의 공정한 이용에 필요한 사업을 수행하기 위하여 한국저작권위원회(이하 '위원회'라 한다)를 둔다.

② 위원회는 법인으로 한다.

③ 위원회에 관하여 이 법에서 정하지 아니한 사항에 대하여는 「민법」의 재단법인에 관한 규정을 준용한다. 이 경우 위원회의 위원은 이사로 본다.

④ 위원회가 아닌 자는 한국저작권위원회의 명칭을 사용하지 못한다.

제112조의2(위원회의 구성) ① 위원회는 위원장 1명, 부위원장 2명을 포함한 20명 이상 25명 이내의 위원으로 구성한다.

② 위원은 다음 각 호의 사람 중에서 문화체육관광부장관이 위촉하며, 위원장과 부위원장은 위원 중에서 호선한다. 이 경우 문화체육관광부장관은 이 법에 따라 보호되는 권리의 보유자와 그 이용자의 이해를 반영하는 위원의 수가 균형을 이루도록 하여야 하며, 분야별 권리자 단체 또는 이용자 단체 등에 위원의 추천을 요청할 수 있다.

1. 대학이나 공인된 연구기관에서 부교수 이상 또는 이에 상응하는 직위에 있거나 있었던 사람으로서 저작권 관련 분야를 전공한 사람
2. 판사 또는 검사의 직에 있는 사람 및 변호사의 자격이 있는 사람

　　3. 4급 이상의 공무원 또는 이에 상응하는 공공기관의 직에 있거나 있었던 사람으로서 저
　　　작권 또는 문화산업 분야에 실무경험이 있는 사람
　　4. 저작권 또는 문화산업 관련 단체의 임원의 직에 있거나 있었던 사람
　　5. 그 밖에 저작권 또는 문화산업 관련 업무에 관한 학식과 경험이 풍부한 사람
③ 위원의 임기는 3년으로 하며, 한 차례만 연임할 수 있다. 다만, 직위를 지정하여 위촉하
는 위원의 임기는 해당 직위에 재임하는 기간으로 한다. 〈개정 2021. 5. 18.〉
④ 위원에 결원이 생겼을 때에는 제2항에 따라 보궐위원을 위촉하여야 하며, 그 보궐위원의
임기는 전임자 임기의 나머지 기간으로 한다. 다만, 위원의 수가 20명 이상인 경우에는 보궐
위원을 위촉하지 아니할 수 있다.
⑤ 위원회의 업무를 효율적으로 수행하기 위하여 분야별로 분과위원회를 둘 수 있다. 분과
위원회가 위원회로부터 위임받은 사항에 관하여 의결한 때에는 위원회가 의결한 것으로 본다.
⑥ 제1항부터 제5항까지에서 규정한 사항 외에 위원회의 구성과 운영에 필요한 사항은 대
통령령으로 정한다.

제113조(업무) 위원회는 다음 각 호의 업무를 행한다.
　　1. 저작권 등록에 관한 업무
　　2. 분쟁의 알선·조정
　　3. 제105조제10항에 따른 저작권위탁관리업자의 수수료 및 사용료의 요율 또는 금액에
　　　관한 사항 및 문화체육관광부장관 또는 위원 3명 이상이 공동으로 회의에 부치는 사
　　　항의 심의
　　4. 저작물등의 이용질서 확립 및 저작물의 공정한 이용 도모를 위한 사업
　　5. 저작권 진흥 및 저작자의 권익 증진을 위한 국제협력
　　6. 저작권 연구·교육 및 홍보
　　7. 저작권 정책의 수립 지원
　　8. 기술적보호조치 및 권리관리정보에 관한 정책 수립 지원
　　9. 저작권 정보 제공을 위한 정보관리 시스템 구축 및 운영
　　10. 저작권의 침해 등에 관한 감정
　　11. 삭제
　　12. 법령에 따라 위원회의 업무로 정하거나 위탁하는 업무
　　13. 그 밖에 문화체육관광부장관이 위탁하는 업무

제120조(저작권정보센터) ① 제113조제8호 및 제9호의 업무를 효율적으로 수행하기 위하여
위원회 내에 저작권정보센터를 둔다.
② 저작권정보센터의 운영에 필요한 사항은 대통령령으로 정한다.

제122조(운영경비 등) ① 위원회의 운영에 필요한 경비는 다음 각 호의 재원(財源)으로 충당
한다.
　　1. 국가의 출연금 또는 보조금
　　2. 제113조 각 호의 업무 수행에 따른 수입금
　　3. 그 밖의 수입금
② 개인·법인 또는 단체는 제113조제4호·제6호 및 제9호에 따른 업무 수행을 지원하기
위하여 위원회에 금전이나 그 밖의 재산을 기부할 수 있다.
③ 제2항의 규정에 따른 기부금은 별도의 계정으로 관리하여야 하며, 그 사용에 관하여는
문화체육관광부장관의 승인을 얻어야 한다.

저작권법은 저작권과 그 밖에 저작권법에 따라 보호되는 권리에 관한 사항을 심의하고 저작권에 관한 분쟁을 알선·조정하며, 권리자의 권익증진 및 저작물 등의 공정한 이용에 필요한 사업을 수행하기 위하여 한국저작권위원회를 두고 있다.

한국저작권위원회는 다음과 같은 업무를 수행한다.

ⅰ) 저작권 등록에 관한 업무

ⅱ) 분쟁의 알선·조정

ⅲ) 제105조제10항에 따른 저작권위탁관리업자의 수수료 및 사용료의 요율 또는 금액에 관한 사항 및 문화체육관광부장관 또는 위원 3명 이상이 공동으로 회의에 부치는 사항의 심의

ⅳ) 저작물등의 이용질서 확립 및 저작물의 공정한 이용 도모를 위한 사업

ⅴ) 저작권 진흥 및 저작자의 권익 증진을 위한 국제협력

ⅵ) 저작권 연구·교육 및 홍보

ⅶ) 저작권 정책의 수립 지원

ⅷ) 기술적보호조치 및 권리관리정보에 관한 정책 수립 지원

ⅸ) 저작권 정보 제공을 위한 정보관리 시스템 구축 및 운영

ⅹ) 저작권의 침해 등에 관한 감정

ⅺ) 법령에 따라 위원회의 업무로 정하거나 위탁하는 업무

ⅻ) 그 밖에 문화체육관광부장관이 위탁하는 업무

2. 한국저작권보호원

제122조의2(한국저작권보호원의 설립) ① 저작권 보호에 관한 사업을 하기 위하여 한국저작권보호원(이하 '보호원'이라 한다)을 둔다.

② 보호원은 법인으로 한다.

③ 정부는 보호원의 설립·시설 및 운영 등에 필요한 경비를 예산의 범위에서 출연 또는 지원할 수 있다.

④ 보호원에 관하여 이 법과 「공공기관의 운영에 관한 법률」에서 정한 것을 제외하고는 「민법」의 재단법인에 관한 규정을 준용한다.

⑤ 이 법에 따른 보호원이 아닌 자는 한국저작권보호원 또는 이와 비슷한 명칭을 사용하지 못한다.

제122조의3(보호원의 정관) 보호원의 정관에는 다음 각 호의 사항이 포함되어야 한다.

1. 목적

2. 명칭

3. 사무소 및 지사에 관한 사항

4. 임직원에 관한 사항

5. 이사회의 운영에 관한 사항

6. 제122조의6에 따른 저작권보호심의위원회에 관한 사항

7. 직무에 관한 사항

8. 재산 및 회계에 관한 사항

9. 정관의 변경에 관한 사항

10. 내부규정의 제정 및 개정・폐지에 관한 사항

제122조의4(보호원의 임원) ① 보호원에는 원장 1명을 포함한 9명 이내의 이사와 감사 1명을 두고, 원장을 제외한 이사 및 감사는 비상임으로 하며, 원장은 이사회의 의장이 된다.

② 원장은 문화체육관광부장관이 임면한다.

③ 원장의 임기는 3년으로 한다.

④ 원장은 보호원을 대표하고, 보호원의 업무를 총괄한다.

⑤ 원장이 부득이한 사유로 직무를 수행할 수 없을 때에는 정관으로 정하는 순서에 따라 이사가 그 직무를 대행한다.

⑥ 「국가공무원법」 제33조 각 호의 어느 하나에 해당하는 사람은 제1항에 따른 보호원의 임원이 될 수 없다.

제122조의5(업무) 보호원의 업무는 다음 각 호와 같다.

1. 저작권 보호를 위한 시책 수립지원 및 집행

2. 저작권 침해실태조사 및 통계 작성

3. 저작권 보호 기술의 연구 및 개발

3의2. 저작권 보호를 위한 국제협력

3의3. 저작권 보호를 위한 연구・교육 및 홍보

4. 「사법경찰관리의 직무를 수행할 자와 그 직무범위에 관한 법률」 제5조제26호에 따른 저작권 침해 수사 및 단속 사무 지원

5. 제133조의2에 따른 문화체육관광부장관의 시정명령에 대한 심의

6. 제133조의3에 따른 온라인서비스제공자에 대한 시정권고 및 문화체육관광부장관에 대한 시정명령 요청

7. 법령에 따라 보호원의 업무로 정하거나 위탁하는 업무

8. 그 밖에 문화체육관광부장관이 위탁하는 업무

제122조의6(심의위원회의 구성) ① 제103조의3, 제133조의2 및 제133조의3에 따른 심의 및 저작권 보호와 관련하여 보호원의 원장이 요청하거나 심의위원회의 위원장이 회의에 부치는 사항의 심의를 위하여 보호원에 저작권보호심의위원회(이하 '심의위원회'라 한다)를 둔다.

② 심의위원회는 위원장 1명을 포함한 15명 이상 20명 이내의 위원으로 구성하되, 이 법에 따라 보호되는 권리 보유자의 이해를 반영하는 위원의 수와 이용자의 이해를 반영하는 위원의 수가 균형을 이루도록 하여야 한다.

③ 심의위원회의 위원장은 위원 중에서 호선한다.

④ 심의위원회의 위원은 다음 각 호의 사람 중에서 문화체육관광부장관이 위촉한다. 이 경우 문화체육관광부장관은 분야별 권리자 단체 또는 이용자 단체 등에 위원의 추천을 요청할 수 있다.

1. 「고등교육법」 제2조에 따른 학교의 법학 또는 저작권 보호와 관련이 있는 분야의 학과에서 부교수 이상 또는 이에 상응하는 직위에 있거나 있었던 사람
2. 판사 또는 검사의 직에 있는 사람 또는 변호사의 자격이 있는 사람
3. 4급 이상의 공무원 또는 이에 상응하는 공공기관의 직에 있거나 있었던 사람으로서 저작권 보호와 관련이 있는 업무에 관한 경험이 있는 사람
4. 저작권 또는 문화산업 관련 단체의 임원의 직에 있거나 있었던 사람
5. 이용자 보호기관 또는 단체의 임원의 직에 있거나 있었던 사람
6. 그 밖에 저작권 보호와 관련된 업무에 관한 학식과 경험이 풍부한 사람
⑤ 심의위원회 위원의 임기는 3년으로 하며, 한 차례만 연임할 수 있다.
⑥ 심의위원회의 업무를 효율적으로 수행하기 위하여 분과위원회를 둘 수 있다. 분과위원회가 심의위원회로부터 위임받은 사항에 관하여 의결한 때에는 심의위원회가 의결한 것으로 본다.
⑦ 그 밖에 심의위원회의 구성과 운영에 필요한 사항은 대통령령으로 정한다.

제122조의7(사무소・지사의 설치 등) 보호원은 그 업무 수행을 위하여 필요하면 정관으로 정하는 바에 따라 국내외의 필요한 곳에 사무소・지사 또는 주재원을 둘 수 있다.

저작권법은 저작권 보호에 관한 사업을 하기 위하여 한국저작권보호원을 두고 있다.

한국저작권보호원은 다음과 같은 업무를 수행한다.

ⅰ) 저작권 보호를 위한 시책 수립지원 및 집행

ⅱ) 저작권 침해실태조사 및 통계 작성

ⅲ) 저작권 보호 기술의 연구 및 개발

ⅳ) 저작권 보호를 위한 국제협력

ⅴ) 저작권 보호를 위한 연구・교육 및 홍보

ⅵ) 「사법경찰관리의 직무를 수행할 자와 그 직무범위에 관한 법률」 제5조제26호에 따른 저작권 침해 수사 및 단속 사무 지원

ⅶ) 제133조의2에 따른 문화체육관광부장관의 시정명령에 대한 심의

ⅷ) 제133조의3에 따른 온라인서비스제공자에 대한 시정권고 및 문화체육관광부장관에 대한 시정명령 요청

ⅸ) 법령에 따라 보호원의 업무로 정하거나 위탁하는 업무

ⅹ) 그 밖에 문화체육관광부장관이 위탁하는 업무

제 9 장

저작권의 침해와 구제

"To leave the world a bit better,
whether by a healthy child,
a garden patch
or a reddemed social condition
To know even one life has breathed easier
because you have lived
This is to have succeeded"

Ralph Waldo Emerson의 시(詩)
〈What is Success〉 중에서

제9장 저작권의 침해와 구제

제1절 저작권 침해 여부의 판단기준

1. 소송의 구조

저작권자의 허락 없이 무단으로 저작물을 이용하는 것은 기본적인 저작권 침해 행위이다. 이때 침해자에 의하여 만들어진 이용결과물이 저작권자의 권리를 침해한 것인지, 아니면 단순히 저작권자의 저작물을 참고한 것에 불과한 것인지 등에 대해서 판단하기란 쉽지 않다. 따라서 어떠한 경우에 저작권 침해로 볼 수 있는지, 즉 저작권 침해 여부를 판단하기 위한 기준에 대해 많은 논의가 있어왔다.

저작권 침해 여부를 판단하기 위한 요건 및 기준은 각 사건에서 법원의 판단과 개별적인 이론의 전개를 통하여 정립이 되고 있다.[1] 실무상 저작권 침해 여부를 판단 및 입증은 다음과 같이 하고 있다.

저작권침해소송의 경우 그 요건사실로 원고가 증명하여야 할 것은, ① 원고가 유효한 저작권을 보유하고 있으면, ② 원고는 피고가 원고의 저작물에 의거(依據)하여 자신의 작품을 작성하였을 것(의거성), ③ 피고의 작품과 원고의 저작물 간에 동일성 내지 실질적 유사함(실질적 유사성, substantial similarity)을 증명하여야 한다. 이에 대해서 피고는 항변으로 원고의 저작물이 저작물성 내지 창작성이 없음을 증명하여야 한다(창작성 부재의 항변).

---

1) Roger E. Schechter & John R. Thomas, *Principles of Copyright Law*, Thomson Reuters (2010), p.364.

만약 원고의 저작물과 피고의 작품 사이에 실질적으로 유사한 관계가 인정될 수 없다면, 이는 저작권이 침해되었다고 할 수 없다. 반면, 원고의 저작물과 피고의 작품이 실질적으로 유사하더라도 피고가 원고의 저작물에 의거하지 않았다면 이 역시 저작권 침해가 되지 않는다.[2] 그런데 실무에서 직접증거에 의한 의거성의 증명은 거의 어렵기 때문에 실질적 유사성의 크기(현저성, 현저한 유사=strikingly similar)에 의해서 의거성을 추정하는 방식을 취하게 된다.[3] 이처럼 원고의 저작권이 침해당한 것을 입증하기 위해서는 사실문제(matter of fact)로서의 의거와 법률문제(matter of law)로서의 실질적 유사성(동일성 포함) 요건의 충족은 서로 관련을 맺고 있다.

2. 요건사실별 검토: 저작권자가 증명하여야 할 요건사실

(1) 유효한 저작권자일 것

저작권을 주장하는 자가 '유효한 저작권자'여야 한다. 이것은 일단 저작권 침해는 저작권법이 보호하는 법익(권리)을 훼손하여야 하는 것이므로 당연히 저작권자가 적합한 저작권을 보유하고 있는 것을 전제로 하는 것이다. 따라서 적절한 저작권의 보유 여부는 보호기간이 도과하지 않았는지, 저작재산권의 양도 등이 있지는 않았는지 등을 모두 고려하여야 한다. 저작권자가 아닌 이용허락을 받은 자는 독점배타적으로 이용허락을 받았다고 해도 저작권자에게 침해의 금지를 요구할 수 있을 뿐 스스로 자신이 원고로서 저작권 침해금지를 구할 수 없다. 이 경우 제3자 채권침해로 인한 손해배상을 구할 수 있을 뿐이다.

(2) 보고 베낀 행위가 있을 것

침해자가 피침해자의 저작물에 의거(依據)하여 자신의 작품을 작성하였어야 한

---

2) Melville B. Nimmer & David Nimmer, Nimmer on Copyright, Vol.Ⅳ, LexisNexis (2010), pp.13-10.

3) 대법원 1996. 6. 14. 선고 96다6264 판결, 서울고등법원 2005. 7. 27. 자 2005라194 결정, 서울중앙지방법원 2006. 4. 26. 선고 2005가합58156, 79993 판결; 서울남부지방법원 2004. 3. 18. 선고 2002가합4017 판결; 서울남부지방법원 2004. 11. 4. 선고 2002가합4871 판결 등 참조. 그러나 의거여부를 명시적으로 판단 없이 실질적 유사성만을 다루는 경우도 많다. 대법원 2000. 10. 24. 선고 99다10813 판결; 대법원 1999. 11. 26. 선고 98다46259 판결; 서울고등법원 1998. 7. 7. 선고 97나15229 판결; 서울중앙지방법원 2010. 7. 23. 선고 2008나40136(본소), 2008나40143(반소) 판결; 부산지방법원 2004. 7. 15. 선고 2004노167 판결 등 참조.

다. 즉 침해자가 피침해사의 저작물을 보고 베껴아 한다. '의거'라는 것은 침해자의
침해물이 저작자의 저작물을 보고 베끼는 행위이다. 저작권은 특허권과 달리 동일
한 창작이 동시에 이루어질 수 있고 동시에 이루어지지 않고 서로 다른 때에 이루
어져도 서로 보고 창작을 하지 않으면 침해라고 할 수 없다. 등록권리인 특허권은
하나의 특허권만 인정되고 2등은 인정되지 않지만 저작권은 '보고 베껴야'(의거해
야) 침해가 될 수 있다.

의거 여부를 판단하기 위해서는 직접증거(direct evidence)와 간접증거(indirect
evidence)가 활용된다. 직접증거는 당사자의 자백 등을 의미하는 것인데, 현실적으
로는 저작권 분쟁에서 '당사자의 자백'을 통한 입증은 용이하지 않다. 따라서 의거
의 입증은 주로 간접증거를 통하여 이루어진다. '간접증거'는 주로 접근가능성
(accessibility) 또는 유사성(similarity) 등을 입증함으로써 활용하게 된다. 접근가능
성은 침해자가 실제 피침해자의 저작물을 직접 보고 베꼈음을 증명하지 못하더라
도, 침해자가 피침해자의 저작물을 볼 수 있는 기회, 즉 그 저작물에 접근할 수 있
는 가능성이 있었는지 등을 고려하여 의거 여부를 판단하는 것을 의미한다.

한편, 동일한 오류가 존재하는 경우에도 '접근(access)'이 추정될 수 있다. 아울러
유사성의 판단은 침해자의 침해물이 피침해자의 저작물에 의거하지 않고서는 나타
날 수 없는 정도로 양자가 유사한지 여부를 판단함으로써 의거여부를 입증하는 수
단이다. 이는 저작권법에 의하여 보호받는 표현만을 대상으로 유사성을 판단하는
실질적 유사성과는 달리 유사성의 비교 대상을 작품 전체, 즉 표현 및 아이디어 등
을 구분하지 않는다.

(3) 실질적 유사성이 존재할 것

피고의 작품과 원고의 저작물 간에 동일성 내지 실질적 유사성이 존재하여야 한
다. 실무상 동일한 경우(dead copy)보다는 유사한 경우가 많기 때문에 소송등에서
쟁점이 되는 것은 실질적 유사성이다. 실질적 유사성은 피침해자의 저작물의 창작
성이 있는 표현이 침해자의 것과 실질적으로 유사하다는 것을 의미한다. 어느 정도
의 유사함이 인정되어야 실질적 유사성이 인정되는지에 대해서는 일률적인 기준이
존재할 수는 없으며 개별적·구체적으로 판단될 수밖에 없다.

실질적 유사성은 유사성의 비교대상이 저작권법에 의하여 보호받을 수 있는 창

작적 표현만을 대상으로 한다는 점에 의거의 입증요건인 유사성과 구별된다. 침해자의 작품과 피침해자의 저작물이 그 표현에 있어서 일정한 정도의 유사성이 인정된다고 하더라도 그 유사한 정도가 실질적인 수준이 아니라면, 일정한 정도로 유사함에도 불구하고 저작권 침해는 인정되지 않는다.

3. 실질적 유사성 판단방식

(1) 분해적 판단방식과 전체적 판단방식

분해적 판단방식(anatomical approach)은 실질적 유사성을 판단함에 있어서 저작권 보호를 받을 수 있는 부분만을 유사성 판단의 대상으로 하는 것을 의미한다. 해부를 하듯이 하나하나의 요소를 분해하여 그 분해된 부분들을 대비하는 것이다. 음악으로 보면 가락을 마디별로 비교하여 그 이동(異同)을 비교하는 방식이다.

전체적 판단방식(wholistic approach)은 실질적 유사성을 판단함에 있어서 저작권 보호를 받지 못하는 영역까지 포함하여 해당 저작물 전체를 대상으로 하여 유사성을 판단하는 방식을 의미하며, '외관이론(外觀理論)'이라고도 한다. 물론 저작권은 전체적인 인상(look and feel)을 보는 것은 아니며 표현만을 아이디어와 분리하여 비교하여야 한다. 그런 점에서 단독적으로 전체적 판단방식만을 사용하는 것은 한계가 있으나 전체적 판단을 하는 것도 필요하다. 이 점에서 분해적 판단방식과 전체적 판단방식은 상보적이라고 할 수 있다.

(2) 문자적 유사성 판단방식과 비문자적 유사성 판단방식

문자적 유사성 판단방식과 비문자적 유사성 판단방식은 그 자체로서 독립적인 판단방식이라기보다는 어떠한 표현요소를 대상으로 하여 유사성을 비교 및 판단하는 기준이다. 이에 시각적으로 쉽게 현출되는 표현을 대상으로 유사성을 비교하는 것을 문자적 유사성 판단방식이라 하고, 문자적 표현 이면에 감추어져 있는 비문자적 표현을 대상으로 유사성을 판단하는 방식을 비문자적 유사성 판단방식이다.

(3) 추상화(abstraction)-여과(filteration)-비교(comparison)의 3단계 테스트 방식

3단계 테스트는 미국의 제2연방항소법원의 Altai 판결[4]에서 적용된 기준이다. 이 기준은 실질적 유사성을 판단하기 위한 과정으로 추상화-여과-비교의 3단계를 거쳐 진행되도록 한 방식이다. 본 판결에 따르면, 추상화 과정은 프로그램의 소스 코드로부터 시작하여 프로그램의 궁극적 기능에서 끝나는 것으로 역분석(reverse engineering)과 유사한 방식으로 비문언적 표현 요소를 구분하고, 아이디어와 표현을 구분하는 것이다. 여과 과정은 보호받지 못하는 표현으로부터 보호받는 표현을 분리하기 위한 것인데, 추상화를 거친 구조적 요소(structural components)들을 효율성에 의해서 지배되는 요소들(elements dictated by efficiency)인지, 외부요인에 의하여 지배되는 요소들(elements dictated by external factors)인지 및 공유영역으로부터 가져온 요소들(elements taken from the public domain)인지 여부를 살펴보고 이를 제거한다. 이러한 요소들을 여과(제거)하는 과정을 거치게 되면 컴퓨터프로그램에서 보호받는 표현의 핵심(core)만 남게 된다.[5] 이에 비교 과정에서는 핵심(core)에 해당하는 표현에 대해 피고가 보호받는 표현의 실질적인 부분을 복제하였는지를 판단한다.[6]

---

4) Computer Assocoates International, Inc. v. Altai, Inc., 982 F.2d 693, 23 U.S.P.Q. 2d 1241 (2d Cir. 1992).
5) 이를 '컴퓨터프로그램의 golden nugget'으로 표현하기도 한다. David I. Bainbridge, *Intellectual Property*, Pearson Education, fifth edition (2002), p.201.
6) 일반적으로 컴퓨터프로그램을 제작하는 과정에서는 대체로 공유영역에 속하는 부분이 많을 수밖에 없고, 점차 이러한 경향이 강해지고 있기 때문에 3단계테스트 방식이 컴퓨터프로그램의 저작권에 대해 상대적으로 약한 수준의 보호를 제공할 수밖에 없다는 견해가 있다. David I. Bainbridge (2002), p.202.

제 2 절 침해사례

1. 음악저작물에 관한 사례[7]: 창작성 없는 부분에 대한 자유이용 항변[8]

학습문제

작곡가 1은 자신이 프로듀싱한 곡을 자신이 대표로 있는 엔터테인먼트회사의 소속 가수에게 주었다. 그런데 이 곡을 들은 작곡가 2는 자신이 이미 발표하여 공간된(저작권위원회에 등록도 됨) 곡과 유사하다고 생각하여 저작권침해소송을 제기하였다. 그러자 작곡가 1은 작곡가 2의 곡도 쟁점이 된 두 곡이 창작되기 이전에 이미 유명한 곡이었던 찬송가와 실질적으로 유사한 곡이라고 주장하면서 자신의 침해에 대해서 다투었다.

음악저작물은 일정한 법칙에 따라서 음이 선택되고 배열됨으로써 음악적 구조를 이루게 된다. 음악저작물은 청각에 의해서 인식되는 저작물이라는 점에서 어문이나 미술저작물과 같은 시각에 의해서 인식되는 저작물과 구별된다. 음악저작물의 창작성 여부를 판단할 때에는 음악저작물의 표현에 있어서 가장 구체적이고 독창적인 형태로 표현되는 가락을 중심으로 하여 리듬, 화성 등의 요소를 종합적으로 고려하여 판단하여야 한다는 것이 판례이다.

우리 저작권법은 표현매체에의 고정화(악보나 음반에서의 고정)를 저작물 성립요소로 하지 않는다. 그래서 우리 저작권법에서 음악저작물이 고정되어 있는 매체인 악보가 별개의 저작물에 해당하는가에 대해서 논란이 있다. 유형물인 원고지나 책이 그 안에 내재되어 있는 어문저작물의 고정수단에 불과하고 그 내재된 어문저작물을 떠나 독립한 저작물로 성립되는 것은 아닌 것처럼, 악보는 음악저작물의 고정수단에 불과하므로 그 자체를 독립한 저작물이라고 할 수는 없다.[9] 따라서 악보를

---

7) 이에 대한 심화학습은 최승재, 「음악저작권침해」, 커뮤니케이션북스, 2016; 최승재·김시열·이경호, 「음악저작권 침해 분쟁의 구조와 대응의 논리」, 커뮤니케이션북스, 2022 참고. 이 책은 음악저작권만을 대상으로 한 책이다.

8) 박준우, "저작물의 실질적 유사성 판단에서 창작성 없는 부분의 '자유이용'의 보호-'토끼버블건 사건(2019도17068)', '지방이인형 사건(2018가합517228)', 그리고 상표법과의 비교", 서강법률논총, 제10권 제3호, 2021 참조.

9) 박성호(2023), 75면.

부단복제한다는 것은 곧 악보에 내재된 음악저작물을 무단복제하는 것이 되어 저작권 침해를 형성하는 것이지만, 만약 그 음악저작물이 보호기간의 경과 등으로 저작권이 소멸하였다면 그 악보를 복제하였다 하더라도 음악저작물에 대한 저작권 침해는 성립하지 않는다고 보아야 할 것이다.[10]

대법원 2015. 8. 13. 선고 2013다14828 판결('섬데이' 사건)[11]

원저작물이 전체적으로 볼 때에는 저작권법이 정한 창작물에 해당한다 하더라도 그 내용 중 창작성이 없는 표현 부분에 대해서는 원저작물에 관한 복제권 등의 효력이 미치지 않는다. 따라서 음악저작물에 관한 저작권침해소송에서 원저작물 전체가 아니라 그중 일부가 상대방 저작물에 복제되었다고 다투어지는 경우에는 먼저 원저작물 중 침해 여부가 다투어지는 부분이 창작성 있는 표현에 해당하는지를 살펴보아야 한다. (중략)

① 원심이 인용한 제1심 판시 비교대상1 저작물은 원고 음악저작물보다 앞서 2002년 미국에서 공표되었는데, 이를 부른 가수인 소외인은 그래미상을 수상하는 등 가스펠(gospel) 음악사상 영향력 있는 가수로 손꼽힐 정도로 널리 알려졌고, 한편 원고는 미국에서 음악대학을 수료한 이후 계속하여 음악활동을 해 오고 있는 작곡가이다.

② 그런데 원고 대비 부분을 원심이 인용한 제1심 판시 비교대상1 부분과 대비해 보면, 원고 대비 부분의 시작음이 '솔'인 데 비해 비교대상1 부분의 시작음이 '도'인 정도의 차이가 있을 뿐이어서 두 부분의 가락은 현저히 유사하고, 리듬도 유사하다.

③ 또한 원고 대비 부분의 화성은 원고 음악저작물보다 앞서 공표된 다수의 선행 음악저작물들의 화성과 유사한 것으로서 음악저작물에서 일반적으로 사용되는 정도의 것이다.

(2) 위와 같은 비교대상1 저작물에 대한 원고의 접근가능성과 원고 대비 부분 및 비교대상1 부분 사이의 유사성을 종합하면 원고 대비 부분은 비교대상1 부분에 의거하여 작곡된 것으로 추정되고, 또한 원고 대비 부분과 비교대상1 부분은 가락을 중심으로 하여 리듬과 화성을 종합적으로 고려할 때 실질적으로 유사하다고 할 것이며, 원고 대비 부분에 가해진 수정·증감이나 변경은 새로운 창작성을 더한 정도에는 이르지 아니한 것으로 보인다.

그렇다면 원고 대비 부분은 창작성이 있는 표현에 해당한다고 볼 수 없어, 이 부분에 대해서까지 원고의 복제권 등의 효력이 미치는 것은 아니라고 할 것이다.

---

10) 오승종(2023), 109면.
11) 이에 대한 심화학습은 최승재, "음악저작물 침해 판단 기준", 법률신문 4361호(2015); 김정아, "음악저작물의 창작성 판단 기준", 대법원판례해설 제106호(2016) 참조.

서울중앙지방법원 2011. 4. 13. 선고 2010가단86875 판결('외톨이야' 사건)

저작권법에 의하여 보호되는 저작물은 문학·학술 또는 예술의 범위에 속하는 창작물이어야 하는바, 여기에서 창작물이라 함은 저작자 자신의 작품으로서 남의 것을 베낀 것이 아니라는 것과 수준이 높아야 할 필요는 없지만 저작권법에 의한 보호를 받을 가치가 있는 정도로 최소한도의 창작성이 있다는 것을 의미한다(대법원 1999. 11. 26. 선고 98다46259 판결). 음악저작물에 있어서 저작권의 침해가 성립하기 위해서는 침해자가 저작자의 창작적인 표현을 부당하게 이용하여 실질적으로 같거나 유사한 복제물을 작성하는 것을 말한다(저작권법 제2조 제1, 2호 각 참조). 또한 음악저작물은 일반적으로 가락(melody), 리듬(rhythm), 화성(chord)의 3가지 요소로 구성되고, 이세 가지 요소들이 일정한 질서에 따라 선택·배열됨으로써 음악적 구조를 이루게 되는바, 음악저작물을 서로 대비하여 그 유사성 여부를 판단함에 있어서는 해당 음악저작물을 향유하는 수요자를 판단의 기준으로 삼아 음악저작물의 표현에 있어서 가장 구체적이고 독창적인 형태로 표현되는 가락을 중심으로 하여 대비 부분의 리듬, 화성, 박자, 템포 등의 요소도 함께 종합적으로 고려하여야 하고, 각 대비 부분이 해당 음악저작물에서 차지하는 질적·양적 정도를 감안하여 실질적 유사성 여부를 판단하여야 한다.

서울중앙지방법원 2014. 6. 13. 선고 2013가합7566 판결('강남스타일' 사건)

원고 음악저작물은 비교적 느리게 연주되는 발라드곡으로 전체적으로 가락이 많고 잔잔하고 부드럽게 흘러가는 반면, 피고 음악저작물은 가볍고 빠르며 경쾌하게 연주되는 댄스곡으로 상당 부분이 랩으로 이루어져 있어 원고 음악저작물을 들어서는 바로 피고 음악저작물이 연상되지 아니할 뿐만 아니라 각 음악저작물을 비교하여 느낄 수 있는 감흥이 서로 차이가 나서 그 청각적 심미감이 다르고, 이 사건 대비 부분을 구체적으로 대비하더라도 앞서 본 바와 같이 가락, 리듬 및 화성에 있어 상당한 차이가 있으며, 가사 역시 '헤이' 또는 '강남스타일'이라는 짧은 단어를 제외하고는 구체적인 표현에 동일한 부분이 없고, 원고가 주장하는 일부 유사한 특징은 창작적인 표현형식에 해당하지 않아 실질적 유사성 판단의 근거로 할 수 없는바, 결국 원고 음악저작물과 피고 음악저작물은 실질적인 유사성이 없는 전혀 별개의 독립된 저작물이라 할 것이다. 따라서 피고의 원고에 대한 저작인격권 및 저작재산권의 침해는 인정되지 않는바, 저작인격권 및 저작재산권 침해를 전제로 한 원고의 손해배상청구는 이유 없다.

2. 안무저작물에 관한 사례

학습문제

무용학원 원장 1은 무용학원에서 걸그룹 시크릿의 샤이보이의 안무를 학생들에 가르치면서 촬영한 동영상을 유튜브에 올렸다.

무용은 시간과 공간을 활용하여 신체의 동작으로 예술적 가치를 표현하는 것을 말한다. 무용은 대사의 전달 없이 공연이 행해지고, 뮤지컬이나 연극에 비하여 분장·조명·의상 등이 무용의 가치에 미치는 영향이 작다는 점에서, 무용을 표현하는 것에는 상당한 제약이 따른다.[12] 하지만 무용의 경우 안무가에 의하여 만들어지는 '동작의 형'이 창작성 등 요건을 갖출 경우에는 연극저작물로 인정될 수 있다. 무용저작물의 보호범위에 관해서는 무용을 이루는 스텝, 특정 포즈 등 기본 요소들이 결합되어 안무가의 사상이나 감정이 예술적으로 표현되는 경우에 한하여 저작권을 인정해야 할 것이다. 따라서 연속된 움직임이 창작적인지 판단하는 것은 쉽지 않지만, 개별 요소들로 결합된 연속 동작이 창작적으로 표현되어야 저작물로 인정될 수 있을 것이다.[13] 그리고 저작권법은 안무가인 저작자와 그 안무를 실연하는 무용수의 권리를 구분하여, 무용수는 일반적으로 실연자로서 저작인접권을 가진다. 즉, 무용수는 일반적으로 실연자이지 저작자가 아니다.[14]

무용저작물과 관련하여 논의가 될 수 있는 문제로, ① 사교댄스의 안무가 무용저작물에 해당하는지가 문제된다. 사교댄스의 안무라 하여 모두 창작성이 없다고 보기 어렵고, 기존 스텝의 조합을 넘어 특별한 창조적 개성이 인정되는 경우 무용저작물로 봄이 타당하다.[15] ② 피겨스케이팅, 리듬체조, 수중발레 등과 같이 스포츠 경기 중에 연기적 요소를 가진 것을 연극저작물로 볼 수 있는지 여부가 문제된다. 스포츠경기에서의 안무도 창작성을 인정할 수 있는 경우가 있을 것이므로 일률적으로 저작물성을 부정할 것은 아니다.[16] ③ 대중음악용 안무는 노래 가사 등에 맞추

---

12) 서재권, "무용의 저작권법적 보호범위에 관한 고찰", 한국무용기록학회, 제16권, 2009, 55면.
13) 서재권(2009) 68면.
14) 이해완(2015), 83면.
15) 이해완(2015), 84면.
16) 이해완(2015), 84면.

어 연속적인 동작이 이루어진다는 점에서 선택의 폭이 넓어 창조적 개성을 인정하는데 문제가 없고, 따라서 그러한 안무를 전체적으로 하나의 저작물로 인정할 수 있다.[17]

> **서울고등법원 2012. 10. 24. 선고 2011나104668 판결('샤이보이' 사건)**
>
> 이 사건 안무는 '샤이보이'라는 노래의 전체적인 흐름, 분위기, 가사 진행에 맞게 종합적으로 재구성된 것이고, 4인조 여성 그룹 시크릿 구성원의 각자 역할(랩, 노래, 춤 등)에 맞게 춤의 방식과 동선을 유기적으로 구성하였으며, 기존에 알려진 다양한 춤 동작도 소녀들로 구성된 '시크릿'과 '샤이보이'라는 악곡의 느낌에 맞게 상당한 창조적 변형이 이루어졌고, 각 춤 동작들이 곡의 흐름에 맞게 완결되어 이 사건 안무 역시 전체적으로 하나의 작품으로 인식되는 점 등을 종합하면, 이 사건 안무는 전문 안무가인 원고가 '샤이보이' 노래에 맞게 소녀들에게 적합한 일련의 신체적 동작과 몸짓을 창조적으로 조합·배열한 것으로서 원고의 사상 또는 감정을 표현한 창작물에 해당한다.

3. 디자인에 관한 사례[18]

산업이 발전하면서, 패션디자인뿐만 아니라, 자동차 라디에이터 그릴과 같은 영역까지 저작권에 의한 보호는 더 중요해지고 있다. 디자인보호법이 있으나 급변하는 디자인 트렌드를 따라가기에는 저작권법이나 부정경쟁방지법이 우위에 있다.

> **대법원 2014. 5. 16. 선고 2012다55068 판결('호랑이코 그릴' 사건)**
>
> 저작권법이 보호하는 복제권이나 2차적저작물작성권의 침해가 성립하기 위하여는 대비대상이 되는 저작물이 침해되었다고 주장하는 기존의 저작물에 의거하여 작성되었다는 점이 인정되어야 한다. 이와 같은 의거관계는 기존의 저작물에 대한 접근가능성, 대상 저작물과 기존의 저작물 사이의 유사성이 인정되면 추정할 수 있고, 특히 대상 저작물과 기존의 저작물이 독립적으로 작성되어 같은 결과에 이르렀을 가능성을 배제할 수 있을 정도의 현저한 유사성이 인정되는 경우에는 그러한 사정만으로도 의거관계를 추정할 수 있다. 그리고 두 저작물 사이에 의거관계가 인정되는지 여부와 실질적 유사성이 있는지 여부는 서로 별개의 판단으로서, 전자의 판단에는 후자의 판단과 달

---

17) 이해완(2015), 84-85면.
18) [심화학습] 최승재, 「디자인의 새로운 지형, 저작권과 상표권」, 커뮤니케이션북스(2016) 참조.

리 서작권법에 의하여 보호받는 표현뿐만 아니라 저직권법에 의하여 보호받지 못히는 표현 등이 유사한지 여부도 함께 참작될 수 있다.

원심은, 오른쪽 아래와 같은 피고들 디자인 등은 돌출부의 돌출정도가 비교적 낮아 그 사이에 로고를 배치하고도 여유가 있는 점, 공간이 분할된 느낌 없이 중앙 부분이 약간 눌린 느낌만 주는 점, 상부라인이 직선을 이루고 있는 점 등에 비추어 볼 때 오른쪽 위와 같은 원고 스케치와 차이가 있으므로, 원고 스케치와 피고들 디자인 등 사이에 현저한 유사성을 인정하기 어렵고, 나아가 원고가 제출한 증거만으로는 피고들의 원고 스케치에 대한 접근가능성을 인정하기 부족하다고 보아, 피고들 디자인 등이 원고 스케치에 의거하여 작성된 것으로 볼 수 없다고 판단하였다.

서울고등법원 2011. 4. 13. 선고 2009나111823 판결('삼베질감무늬' 사건)

저작재산권 침해행위란 저작물 중 저작재산권의 보호대상이 되는 부분, 즉 창작성 있는 표현 부분을 무단으로 복제·공연·공중송신·전시·배포하거나 이를 이용하여 2차적저작물 또는 편집저작물을 작성하는 행위를 말한다.

그런데 선을 상하 및 좌우로 교차시켜 삼베의 질감을 묘사하는 기법은, ① 자연계에 이미 존재하는 삼베의 질감을 사실적으로 묘사하는 것인 점, ② 삼베의 질감을 묘사하기 위해서는 선을 상하 및 좌우로 교차시키는 것이 필수적인 점 등에 비추어 보면, 이른바 아이디어의 영역에 해당하는 것이지 표현에 해당하는 것은 아니어서 저작권의 보호대상이 아니라고 봄이 타당하다.

따라서 원고의 주장과 같이 이 사건 문양이 이 사건 삼베 바탕을 모방하여 자유롭고 끊어진 선을 상하 및 좌우로 교차시켜 삼베 질감을 나타낸 것이라 하더라도, 이는 저작권의 보호대상이 아닌 아이디어를 차용한 것에 불과하므로, 이를 두고 이 사건 작품에 대한 저작권을 침해한 것이라고 할 수는 없다.

4. 이미지에 관한 사례

대법원 2014. 8. 26. 선고 2012도10786 판결('멀티비츠 이미지' 사건)

이 사건 저작물은 'Be The Reds!'라는 2002년 한·일월드컵 당시 널리 알려진 응원문구를 소재로 한 것으로서, 그 창조적 개성은 전통적인 붓글씨체를 사용하여 역동적이고 생동감 있는 응원의 느낌을 표현하고 있는 도안 자체에 있다. 그런데 이 사건 사진들 중 일부 사진들(이하 '이 사건 침해사진들'이라 한나)에는 이 사건 저작물의 원래 모습이 온전히 또는 대부분 인식이 가능한 크기와 형태로 사진의 중심부에 위치하여 그 창조적 개성이 그대로 옮겨져 있다. 또한 이 사건 저작물의 위와 같은 창작적 요소에 담겨 있는 월드컵 응원문화에 대한 상징성과 이 사건 침해사진들의 성질, 내용, 전체적인 구도 등에 비추어 볼 때, 이 사건 저작물은 월드컵 분위기를 형상화하고자 하는 위 사진들 속에서 주된 표현력을 발휘하는 중심적인 촬영의 대상 중 하나로 보인다. 즉, 이 사건 저작물에 표현되어 있는 역동적이고 생동감 있는 응원의 느낌이 이 사건 침해사진들 속에서도 그대로 재현되어 전체적으로 느껴지는 사진의 개성과 창조성에 상당한 영향을 주고 있다. 이와 같이 이 사건 침해사진들에서 이 사건 저작물의 창작적인 표현형식이 그대로 느껴지는 이상 위 사진들과 이 사건 저작물 사이에 실질적 유사성이 있다고 보아야 한다.

서울중앙지방법원 2015. 2. 5. 선고 2014가합13223 판결('플래시이미지' 사건)

원고의 캐릭터와 대상 캐릭터를 대비하여 보건내, 원고의 캐릭터와 대상 캐릭터는 자연 상태의 인간의 신체를 사실적으로 묘사한 것이 아니라 특정 부분을 부각시켜 희화화한 것을 특징으로 하는데, 머리가 몸통에 비해서 상대적으로 크고 머리와 몸통의 비율이 비슷한 점, 원형의 얼굴에 붉은 뺨, 붉은 입술이 강조된 점, 머리카락, 귀, 목 등이 생략된 점, 한쪽 손으로 턱을 괴고 있는 자세를 취한 점, 간단한 곡선으로 턱의 위치를 설정한 점, 뺨과 입술 외에는 흑백으로 구성한 점, 그 밖에 얼굴형태, 색조, 전체적인 이미지 등의 표현형식에 있어서 상당히 유사한 점에 비추어 볼 때, 원고의 캐릭터와 대상 캐릭터는 실질적으로 유사하다고 할 것이다.

5. 응용미술저작물에 관한 사례

2000년 저작권법은 명문으로 응용미술저작물을 정의규정에 두었다. 저작권법 제2조 제11의2호에서 '응용미술저작물'을 "물품에 동일한 형상으로 복제될 수 있는 미술저작물로서 그 이용된 물품과 구분되어 독자성을 인정할 수 있는 것을 말하며, 디자인 등을 포함한다."고 규정하고, 동법 제4조 제1항 제4호에서 응용미술저작물 등을 저작물로 예시함으로써 응용미술저작물이 저작권의 보호대상임을 명백히 하였다.

응용미술은 물품과 미술적 요소가 존재형태에 따라서 실용품 그 자체인 경우(예: 귀고리, 반지 등의 장신구), 실용품인 가구의 조각과 같이 미술적 표현이 실용품 그 자체에 있는 경우, 대량생산되는 실용품의 양산을 위한 모형에 미술적 표현이 있는

경우, 의류디자인 등 실용품의 모양으로 이용되는 경우가 있다.[19] 대법원은 응용미
술저작물에 해당하기 위해서는 미술저작물의 일반적인 요건인 '창작성'의 요건을
갖추는 이외에 ① 산업적 목적으로의 이용을 위한 '물품에 동일한 형상으로 복제될
수 있는 미술저작물일 것', ② 당해 물품의 실용적·기능적 요소로부터 구분되어
독자성(분리가능성)을 인정할 수 있을 것이라는 2가지 요건을 충족하여야 한다고 판
시하였다.[20]

대법원 2004. 7. 22. 선고 2003도7572 판결('히딩크 넥타이 사건' 사건)[21]

[**원심**] 원심은, 응용미술작품이 상업적인 대량생산에의 이용 또는 실용적인 기능을
주된 목적으로 하여 창작된 경우 그 모두가 바로 저작권법상의 저작물로 보호될 수는
없고, 그중에서도 그 자체가 하나의 독립적인 예술적 특성이나 가치를 가지고 있어 예
술의 범위에 속하는 창작물에 해당하는 것만이 저작물로서 보호된다는 전제에 서서(대
법원 1996. 2. 23. 선고 94도3266 판결, 1996. 8. 23. 선고 94누5632 판결, 2000. 3. 28.
선고 2000도79 판결 등 참조), 판시 '히딩크 넥타이' 도안은 우리 민족 전래의 태극문
양 및 팔괘문양을 상하 좌우 연속 반복한 넥타이 도안으로서 응용미술작품의 일종에
해당된다고 할 것이나, 그 제작 경위와 목적, 색채, 문양, 표현기법 등에 비추어 볼 때
저작권법의 보호대상이 되는 저작물에 해당하지 않는다고 판단하였다.

[**대법원**] '히딩크 넥타이' 도안은 고소인이 저작권법이 시행된 2000. 7. 1. 이후에
2002 월드컵 축구대회의 승리를 기원하는 의미에서 창작한 것인 사실, 고소인은 위 도
안을 직물에다가 선염 또는 나염의 방법으로 복제한 넥타이를 제작하여 판매하였고,
피고인 1 역시 같은 방법으로 복제한 넥타이를 제작하여 판매한 사실을 각 인정할 수
있고, 원심의 인정과 같이 위 도안이 우리 민족 전래의 태극문양 및 팔괘문양을 상하
좌우 연속 반복한 넥타이 도안으로서 응용미술작품의 일종이라면 위 도안은 '물품에
동일한 형상으로 복제될 수 있는 미술저작물'에 해당한다고 할 것이며, 또한 그 이용된
물품(이 사건의 경우에는 넥타이)과 구분되어 독자성을 인정할 수 있는 것이라면 저작
권법 제2조 제11의2호에서 정하는 응용미술저작물에 해당한다고 할 것이다.

---

19) 전문영(2021), 165면.
20) 대법원 2004. 7. 22. 선고 2003도7572 판결.
21) [심화학습] 박형옥, "의류 디자인의 미국 저작권법상 보호에 관한 연구", 정보법학, 제22권 제3
　　호, 2018; 이상정, "이른바 '히딩크 넥타이'의 도안의 저작물성", 창작과 권리, 제42호, 2006; 차
　　상육, "응용미술의 저작물성 판단기준", 창작과 권리, 제45호, 2006, 66-80면.

서울고등법원 2010. 12. 16. 선고 2010나36737 판결('아트월' 사건)

이 사건 아트월은 붉은색 바탕벽에 인쇄용지를 형사화한 사각형 내지 사각틀의 형상을 불규칙하게 배치하되, 그중 일부 사각형 내지 사각틀의 형상을 불규칙하게 배치하되, 그중 일부 사각형은 반투명한 소재로 만들고 뒤에 등을 설치하였고, 나머지 사각형 내지 사각틀은 바탕벽보다는 조금 밝은 색깔의 붉은색으로 배치하였던바, 위 각 디자인은 아트월의 바탕벽과 구분되고, 동일한 형상으로 반복 설치가 가능하므로 응용미술저작물에 해당한다 할 것이다.

서울고등법원 2011. 3. 23. 선고 2010나42886 판결('요플레 요구르트' 사건)

원고 포장의 특징부로 볼 수 있는 그라데이션 부분은 장(腸)의 모양 내지 원활한 소화기능을 나타내고, 과일이나 스푼 도형 그리고 초록 바탕색은 관련 업계에서 흔히 사용되고 있거나, 싱품인 발효유의 재료 특성 또는 떠먹는 요구르트의 음용방법을 공통으로 가지는 상품이라면 누구나 자유롭게 사용할 수 있는 포장으로 보인다. 이러한 원고포장에서 살펴볼 수 있는 구체적인 형상, 색상과 그 전체적인 선택, 조정, 배열 등을 두루 고려할 때, 원고 포장이 그 상품과 분리되어 실용적/기능적 측면으로부터 독립된 미적 가치를 가진다고 볼 수 없고, 달리 원고 포장이 저작권법의 보호 대상이 되는 저작물에 해당된다고 볼만한 증거가 없다.

서울중앙지방법원 2010. 1. 13. 자 2009카합3104 결정('교과서 디자인' 사건)

이 사건 교과서는 중·고등학교 영어 또는 수학 교재로서 개별 단원별로 학습 과제 설명 및 문제 풀이 등으로 구성되어 있는데, 그 성질상 각 학교의 학생들에게 배포할 목적으로 대량 생산되는 물품이라 할 것이므로, 응용미술저작물의 요건 중 '복제가능성'은 쉽게 충족된다. 그러나 다른 요건인 '분리가능성'에 관하여 살펴보면, 이는 예를 들어 넥타이의 문양과 같이 당해 물품의 기능적 요소와는 구분되는 미적인 요소로서 그 독자성이 인정됨에 따라 그 자체로 얼마든지 다른 물품에도 적용될 수 있는 성질을 의미한다고 할 것인데, 신청인이 담당하였다는 이 사건 교과서의 편집이나 구성 등 형식적인 부분은 모두 그 내용(교과서 원고)의 존재를 전제로 이를 효과적으로 전달하기 위한 수단에 불과하므로, 문자, 그림의 형태나 배열 등의 형식적 요소 자체만으로는 하나의 미술저작물이라고 할 수 있을 정도의 독자적인 실체가 인정되지 않는다. 교과서를 비롯한 학습도서는 원칙적으로 문자를 그 구성요소로 하고 있고 신청인의 작업 부분도 상당부분 문자의 형태나 배치와 관련되어 있는데, 이는 도서의 고유한 특성으로서 문자를 구성요소로 하지 않는 대부분의 물품에는 이를 그대로 적용할 수가 없으므로, 이 점에서도 신청인의 작업물이 물품과의 '분리가능성'을 요건으로 하는 응용미술 저작물에 해당한다고 보기 어렵다.

6. 무대디자인에 관한 사례

> **서울중앙지방법원 2009. 2. 6. 선고 2008가합1908(본소), 2008가합30029(반소) 판결('컨츄리꼬꼬 무대장치' 사건)**
>
> 원통형 게이트는 원고가 자신의 공연에 사용하기 위하여 공연의 전체적인 주제, 의도 및 분위기에 맞추어 원통의 지름, 높이, 색상, 재질, 원통에 뚫린 구멍의 수·위치·크기, 내부 조명의 크기 및 위치 등을 조절함으로써 설계·도안한 조형물로서 창작성이 인정된다.

7. 건축저작물에 관한 사례

건축저작물 침해에 대한 리딩 케이스는 '테라로사' 판결[22]이다. 이외에도 법원은 삼각형펜션 사건,[23] 호텔모형도 사건,[24] PC방 평면도 사건,[25] 아파트단지배치도 사건[26] 등에서도 각 건축물, 도면 등에 창작성이 있어 저작권법이 보호하는 저작물에 해당한다고 판시하였다.

> **대법원 2020. 4. 29. 선고 2019도9601 판결('테라로사' 사건)[27]**
>
> 건축사인 피고인이 갑으로부터 건축을 의뢰받고, 을이 설계·시공한 카페 건축물(이하 '을의 건축물'이라 한다)의 디자인을 모방하여 갑의 카페 건축물을 설계·시공함으로써 을의 저작권을 침해하였다는 내용으로 기소된 사안에서, 을의 건축물은 외벽과 지붕슬래브가 이어져 1층, 2층 사이의 슬래브에 이르기까지 하나의 선으로 연결된 형상, 슬래브의 돌출 정도와 마감 각도, 양쪽 외벽의 기울어진 형태와 정도 등 여러 특

---

22) 이 사건은 유명 커피점인 '테라로사'의 외관에 대한 저작권 침해 판결이다.
23) 서울중앙지방법원 2013. 9. 6. 선고 2013가합23179 판결.
24) 서울지방법원 1995. 8. 18. 선고 95가합52463 판결.
25) 서울동부지방법원 2004. 7. 2. 선고 2003가합9191 판결.
26) 서울중앙지방법원 2005. 11. 30. 선고 2005가합3613 판결.
27) 박준우, "건축저작물의 창작성 판단기준: 강릉 테라로사 카페 사건: 대법원 2020. 4. 29. 선고 2019도9601 판결", 정년기념논문집, 2022; 박준우, "건축저작물의 실질적 유사성 판단기준에 관한 검토 건축물 유형별 고려요소를 중심으로", 계간 저작권, 2018 가을호, 2018.

징이 함께 어우러져 창작자 자신의 독자적인 표현을 담고 있어, 일반적인 표현방법에 따른 기능 또는 실용적인 사상만이 아니라 창작자의 창조적 개성을 나타내고 있으므로 저작권법으로 보호되는 저작물에 해당한다는 이유로, 같은 취지에서 을의 건축물의 창작성이 인정되고, 피고인이 설계·시공한 카페 건축물과 을의 건축물 사이에 실질적 유사성이 인정된다고 본 원심판단을 수긍한 사례이다.

저작권법은 제4조 제1항 제5호에서 '건축물·건축을 위한 모형 및 설계도서 그 밖의 건축저작물'을 저작물로 예시하고 있다. 그런데 건축물과 같은 건축저작물은 이른바 기능적 저작물로서, 건축분야의 일반적인 표현방법, 용도나 기능 자체, 저작물 이용자의 편의성 등에 따라 표현이 제한되는 경우가 많다. 따라서 건축물이 그와 같은 일반적인 표현방법 등에 따라 기능 또는 실용적인 사상을 나타내고 있을 뿐이라면 창작성을 인정하기 어렵지만, 사상이나 감정에 대한 창작자 자신의 독자적인 표현을 담고 있어 창작자의 창조적 개성이 나타나 있는 경우라면 창작성을 인정할 수 있으므로 저작물로서 보호를 받을 수 있다.(=저작물로서 창작성 인정)

저작권 침해가 인정되기 위해서는 침해자의 저작물이 저작권자의 저작물에 의거(依據)하여 그것을 이용하였어야 하고, 침해자의 저작물과 저작권자의 저작물 사이에 실질적 유사성이 인정되어야 한다(대법원 2007. 12. 13. 선고 2005다35707 판결, 대법원 2018. 5. 15. 선고 2016다227625 판결 등 참조). 저작권의 보호 대상은 인간의 사상 또는 감정을 말, 문자, 음, 색 등으로 구체적으로 외부에 표현한 창작적인 표현형식이므로, 저작권 침해 여부를 가리기 위하여 두 저작물 사이에 실질적인 유사성이 있는지를 판단할 때에는 창작적인 표현형식에 해당하는 것만을 가지고 대비해 보아야 한다(대법원 2013. 8. 22. 선고 2011도3599 판결 등 참조).(=실질적 유사성 인정)

서울고등법원 2004. 9. 22. 자 2004라312 결정('아파트 설계도' 사건)

저작권법 제4조 제1항 제5호에 의하여 설계도서는 건축저작물의 일종으로서 그 표현에 있어 창작성을 구비할 경우에는 저작권법에 의한 보호를 받을 수 있으나, 이러한 건축저작물은 기본적으로 기능적 저작물로서 이를 기초한 건축물의 편의성, 실용성 및 효율성 등의 기능적 가치에 중점을 둘 수밖에 없으며, 아파트 설계도와 같은 경우에는 그 기능을 구현하는 표현방법에 있어 다양성이 제한되어 있는 관계로, 이른바 '합체의 원칙'(merger doctrine)에 의하여 현실적으로 저작권적 보호가 인정되는 부분은 극히 제한될 수밖에 없다.

대법원 2009. 1. 30. 선고 2008도29 판결('아파트 설계도' 사건)

아파트의 경우 해당 건축관계 법령에 따라 건축조건이 이미 결정되어 있는 부분이 많고 각 세대전용면적은 법령상 인정되는 세제상 혜택이나 그 당시 유행하는 선호 평형이 있어 건축이 가능한 각 세대별 전용면적의 선택에서는 제약이 따를 수밖에 없으며, 그 결과 아파트의 경우 공간적 제약, 필요한 방 숫자의 제약, 건축관계 법령의 제약 등으로 평면도, 배치도 등의 작성에 있어서 서로 유사점이 많은 점, 이 사건 평면도 및 배치도는 기본적으로 건설회사에서 작성한 설계도면을 단순화하여 일반인들이 보기 쉽게 만든 것으로서, 발코니 바닥무늬, 식탁과 주방가구 및 숫자 등 일부 표현방식이 독특하게 되어 있기는 하지만, 이는 이미 존재하는 아파트 평면도 및 배치도 형식을 다소 변용한 것에 불과한 것으로 보이는 점에 비추어 보면, 이 사건 각 평면도 및 배치도는 저작물로서의 창작성이 있다고 보기 어렵다.

대법원 2011. 7. 14. 선고 2011다32747 판결('경주엑스포' 사건)

상징건축물 설계의 전체 구성에 관하여 '대지, 돌, 금속, 유리 및 숲으로 틀을 잡고, 그중 '유리의 탑'의 '비움(Void)'에 상징건축물을 투영하여 음양을 실존화시키는 상징탑을 설정하였고, 설계한 상징탑은 높이 70m의 유리탑으로 가운데에 석탑을 음각하여 그 자체로 석탑의 존재와 음양을 상기시키는 모양을 표현하는 한편, 상징탑 최상층에 전망대와 카페를 설치하고 그 아래 두 개 층에 조직위원회 사무국과 프레스센터를 설치하는 내용으로 구성된 사실을 인정할 수 있는바, 해당 상징건축물의 설계는 독자적인 사상이 담겨 있고, 나름대로의 정신적 노력의 소산으로서의 특성이 부여되어 있는 표현물로서 저작권법에 의한 저작물에 해당한다.

건축저작물은 광의의 미술저작물이나 우리 법은 별도로 규정하고 있다. 그러면서 저작권법 제4조 제1항 제5호는 건축저작물을 예시하면서 건축물·건축을 위한 모형 및 설계도서를 들고 있다. 건축저작물은 반드시 주거용도로 사용해야 하는 것도 아니며 부동산등기부에 등기가 되어야 하는 것도 아니다.[28] 건축물의 일부만으로도 저작권법의 보호대상이 될 수 있다. 예를 들어 정원이나 건축물에 부속된 조각과 같이 건축물의 일부의 경우도 저작물이 될 수 있다.[29] 골프존 사건[30]과 같이 골프

28) 박성호(2017), 108면.
29) 계승균, "정원의 저작물성", 지식재산정책, 제19권, 2014, 130면.
30) 대법원 2016다276467 판결. 이 사건에서 1심은 저작권 침해를 인정하였으나 항소심은 저작권 침

장의 코스 구성의 경우도 헤저드나 벙커 등 전형적인 골프코스 구성이 이루어져야
하는 부분이 있을 것이나 이런 부분을 제외하고 부분적으로 저작권법의 보호대상이
될 수 있다고 본다.

> ### 서울고등법원 2016. 12. 1. 선고 2015나2016239 판결('골프존' 판결)(='골프코스'의 저작물성 인정)[31]
>
> 갑 주식회사가 을 주식회사 등이 소유하는 골프장들을 무단 촬영한 후 그 사진 등을
> 토대로 3D 컴퓨터 그래픽 등을 이용하여 위 골프장들의 골프코스를 거의 그대로 재현
> 한 입체적 이미지의 골프코스 영상을 제작한 다음 이를 스크린골프장 운영업체에 제공
> 하였는데, 을 회사 등이 위 행위가 구 부정경쟁방지 및 영업비밀보호에 관한 법률 제2
> 조 제1호 (차)목에서 정한 부정경쟁행위 등에 해당한다며 손해배상을 구한 사안에서,
> 골프장의 종합적인 '이미지'는 골프코스 설계와는 별개로 골프장을 조성·운영하는 을
> 회사 등의 상당한 투자나 노력으로 만들어진 성과에 해당하고, 갑 회사의 행위는 을 회
> 사 등의 성과 등을 공정한 상거래 관행이나 경쟁질서에 반하는 방법으로 자신의 영업
> 을 위하여 무단으로 사용함으로써 을 회사 등의 경제적 이익을 침해하는 행위에 해당
> 한다고 본 원심판단에 위 (차)목의 보호대상 등에 관한 법리오해 등의 잘못이 없다고
> 한 사례이다.
>
> 골프장의 코스를 그대로 재현한 스크린골프 시뮬레이션용 3D 골프영상 제작자에 대
> 해서도 골프장의 골프코스 구성요소의 배치 등은 자연적으로 이루어진 것이 아니라 골
> 프코스를 창작한 저작자 나름대로의 정신적 노력의 소산으로서 창조적 개성이 표현되
> 어 있다.

대법원의 골프코스 설계 저작권에 대한 판단:
대법원 2020. 3. 26. 선고 2016다276467 판결

원심은 저작권에 근거한 손해배상청구를 기각하였다. 그 이유로 이 사건 골프장의 골
프코스는 저작권법에 따라 보호되는 저작물에 해당하나, 저작자인 설계자들로부터 원고
들이 저작권을 양수했다는 주장·증명이 없다는 등을 들었다.

또한 원심은 원고 주식회사 신태진, 주식회사 동강홀딩스, 주식회사 스마트홀딩스에

해를 부정하였다. 대법원은 저작권 침해는 인정하지 않으면서 부정경쟁방지법 위반을 인정해서
손해배상청구를 인용하였다.

31) 대법원 2020. 3. 26. 선고 2016다276467 판결(상고기각으로 원심 유지).

관해서는 위 2. 나.항과 같은 이유로 피고 등의 행위가 2014. 1. 30.까지는 민법상 불법
행위, 그 이후는 (카)목의 부정경쟁행위에 해당한다고 판단하고 변론 전체의 취지와 증
거조사의 결과에 기초하여 상당한 손해액을 원심 판단의 각 금액으로 인정하였다. 원고
경산개발 주식회사는 피고 등에게 성과 등의 사용허락을 하였다는 이유로 원고 경산개
발 주식회사의 청구를 기각하였다.

원고들의 상고이유 주장은 실질적으로 사실심 법원의 자유심증에 속하는 증거의 취
사선택과 증거가치의 판단을 다투는 것으로 받아들일 수 없다. 골프장 명칭을 포함한 골
프코스의 종합적인 이미지를 성과로 볼 수 있으므로 골프장 명칭은 성과에 해당하지 않
는다는 원심판결 이유는 적절하지 않으나, 원고 경산개발 주식회사를 제외한 나머지 원
고들의 성과 등을 인정하고 적정한 손해액을 산정한 원심의 결론은 정당하고 판결 결과
에 영향을 미친 잘못이 없다. 원고들의 나머지 상고이유 주장과 같이 (카)목의 성과 등
과 손해배상의 범위 등에 관한 법리를 오해하거나 필요한 심리를 다하지 않고 자유심증
주의의 한계를 벗어나는 등의 잘못도 없다.

건축물의 모형이나 건축을 위한 모형 및 설계도서는 건축저작물에 포함되는데
건축저작물에 포함되는 설계도서가 도형저작물에 해당하는 것인지에 대하여 논의
가 있으나 저작권법 제4조는 저작물의 유형에 대한 예시에 불과하므로 양쪽에 모두
포함된다고 해석하는 것이 타당하다.[32]

심화학습 기능적 저작물과 저작권 침해

1. 기능적 저작물

기능적 저작물은 예술적 표현보다는 기능이나 실용적인 사상의 표현을 주된 목적으
로 하는 저작물을 말한다. 건축저작물, 도형저작물, 컴퓨터프로그램저작물 등과 같이
달성하고자 하는 기능과 실용적 목적에 중점이 있다.

---

32) 박성호(2023), 113면.

2. 기능적 저작물의 창작성

대법원은 기능적 저작물의 경우 누가 작성하더라도 달리 표현될 여지가 없는 경우에는 설령 작성자에 따라서 다소 다르게 표현될 수 있는 여지가 있다고 하더라도 작성자의 창조적 개성이 드러나 있다고 볼 수 없다고 판단하여 저작물성을 부정한다(대법원 2007도4848 판결-현대방폭 기계제품도면 사건 등).

대법원의 아파트 평면도와 배치도에 대해서 창작성을 부정하였다.[33]
구 저작권법(2006. 12. 28. 법률 제8101호로 전문 개정되기 전의 것, 이하 같다) 제2조 제1호는 저작물을 "문학·학술 또는 예술의 범위에 속하는 창작물"로 규정하고 있는바, 위 법조항에 따른 저작물로서 보호를 받기 위해서 필요한 창작성이란 완전한 의미의 독창성을 말하는 것은 아니며, 단지 어떠한 작품이 남의 것을 단순히 모방한 것이 아니고 작자 자신의 독자적인 사상 또는 감정의 표현을 담고 있음을 의미하므로, 누가 하더라도 같거나 비슷할 수밖에 없는 표현, 즉 저작물 작성자의 창조적 개성이 드러나지 않는 표현을 담고 있는 것은 창작성이 있는 저작물이라고 할 수 없다. 한편, 구 저작권법은 제4조 제1항 제5호에서 "건축물·건축을 위한 모형 및 설계도서를 포함하는 건축저작물"을, 같은 항 제8호에서 "지도·도표·설계도·약도·모형 그 밖의 도형저작물"을 저작물로 예시하고 있는데, 설계도서와 같은 건축저작물이나 도형저작물은 예술성의 표현보다는 기능이나 실용적인 사상의 표현을 주된 목적으로 하는 이른바 기능적 저작물로서, 기능적 저작물은 그 표현하고자 하는 기능 또는 실용적인 사상이 속하는 분야에서의 일반적인 표현방법, 규격 또는 그 용도나 기능 자체, 저작물 이용자의 이해의 편의성 등에 의하여 그 표현이 제한되는 경우가 많으므로 작성자의 창조적 개성이 드러나지 않을 가능성이 크다(대법원 2005. 1. 27. 선고 2002도965 판결 참조). 그리고 어떤 아파트의 평면도나 아파트 단지의 배치도와 같은 기능적 저작물에 있어서 구 저작권법은 그 기능적 저작물이 담고 있는 기술사상을 보호하는 것이 아니라, 그 기능적 저작물의 창작성 있는 표현을 보호하는 것이므로, <u>설령 동일한 아파트나 아파트 단지의 평면도나 배치도가 작성자에 따라 정확하게 동일하지 아니하고 다소간의 차이가 있을 수 있다고 하더라도, 그러한 사정만으로 그러한 기능적 저작물의 창작성을 인정할 수는 없고</u> 작성자의 창조적 개성이 드러나 있는지 여부를 별도로 판단하여야 할 것이다(대법원 2007. 8. 24. 선고 2007도4848 판결 참조).

---

33) [심화학습] 박태일, 건축설계도서의 저작물성: 대법원 2021. 6. 24. 선고 2017다261981 판결, 윤선희교수 정년기념판례평석집, 2022 참조.

3. 기능적 저작물과 침해 여부의 판단
(서울서부지방법원 2023. 9. 14. 선고 2019가합41266 판결)[34]

　기능적 저작물의 경우에는 침해 여부의 판단을 하더라도 기능적인 부분을 배제하고 나머지를 가지고 대비하여야 한다고 본다. 서울서부지방법원은 저작권침해 건축물에 대해서 철거를 명하면서 기능적 저작권 침해에 대한 판단을 하였다.

　이 판결에서 카페라는 공간을 건축함에 있어서 건축이 가지는 기능적인 속성이 쟁점이 되었다. 대법원은 건축저작물이 기능적 저작물이어서 표현이 제한되는 경우가 많다고 하면서 건축물이 단순히 일반적인 표현방법 등에 따라 기능 또는 실용적인 사상을 나타내고 있을 뿐이라면 창작성을 인정하기 어렵다고 보았다(대법원 2021. 6. 24. 선고 2017다261981 판결).

　이 사건에서 1심 법원은 건물의 철거를 명하면서, 이 사건 카페의 경우 어느 방향으로도 바다가 보일 수 있도록 설계된 건물로서, 내부와 외부의 조형에서 창작성이 인정된다고 하면서 대비에서 두 건물이 내부 계단을 따라서 형성된 콘크리트 경사벽을 가지고 있고, 경사벽 및 돌출 공간을 떠받치는 형태의 유리벽, 기울여진 '디근자' 형태의 발코니 벽, 상부 건물 저면 중앙통창 등이 실질적으로 유사하다고 보아 저작권 침해를 인정했다.

8. 도형저작물(설계도서)에 관한 사례

　도형저작물에는 지도·도표·설계도·약도·모형 그 밖의 도형 등에 사람의 사상 또는 감정이 표현된 저작물을 말한다. 2차적인 작품인 설계도·분석표·그래프·도해 등에서 부터 지구본·인체모형·동물모형 등과 같이 3차원의 작품까지 포함된다.[35] 설계도도 저작권법상 도형저작물의 한 형태로 예시되어 있다. 다만, 설계도서나 모형 등은 이른바 '기능적 저작물'에 해당하므로 저작물로 성립한다고 하더라도 그 보호범위는 상당히 좁게 인정되어야 한다.

34) 최승재, "저작권 침해 건축물에 대한 철거 주문", 저작권동향, 2023 제7호, 2023.
35) 박성호(2017), 128면.

대법원 2005. 1. 27. 선고 2002도965 판결('지하철 통신설비 중 화상전송설비에 대한 제안서도면' 사건)(=기능적 저작물로서의 특성을 감안하여 그 창작성을 부정)

저작권법 제2조 제1호는 저작물을 "문학·학술 또는 예술의 범위에 속하는 창작물"로 규정하고 있는바, 위 법조항에 따른 저작물로서 보호를 받기 위해서 필요한 창작성이란 완전한 의미의 독창성을 말하는 것은 아니며 단지 어떠한 작품이 남의 것을 단순히 모방한 것이 아니고 작자 자신의 독자적인 사상 또는 감정의 표현을 담고 있음을 의미하므로, 누가 하더라도 같거나 비슷할 수밖에 없는 표현, 즉 저작물 작성자의 창조적 개성이 드러나지 않는 표현을 담고 있는 것은 창작성이 있는 저작물이라고 할 수 없고, 한편 저작권법은 제4조 제1항 제8호에서 "지도·도표·설계도·약도·모형 그 밖의 도형저작물"을 저작물로 예시하고 있는데, 이와 같은 도형저작물은 예술성의 표현보다는 기능이나 실용적인 사상의 표현을 주된 목적으로 하는 이른바 기능적 저작물로서, 기능적 저작물은 그 표현하고자 하는 기능 또는 실용적인 사상이 속하는 분야에서의 일반적인 표현방법, 규격 또는 그 용도나 기능 자체, 저작물 이용자의 이해의 편의성 등에 의하여 그 표현이 제한되는 경우가 많으므로 작성자의 창조적 개성이 드러나지 않을 가능성이 크며, 동일한 기능을 하는 기계장치나 시스템의 연결관계를 표현하는 기능적 저작물에 있어서 그 장치 등을 구성하는 장비 등이 달라지는 경우 그 표현이 달라지는 것은 당연한 것이고, 저작권법은 기능적 저작물이 담고 있는 사상을 보호하는 것이 아니라, 그 저작물의 창작성 있는 표현을 보호하는 것이므로, 기술 구성의 차이에 따라 달라진 표현에 대하여 동일한 기능을 달리 표현하였다는 사정만으로 그 창작성을 인정할 수는 없고 창조적 개성이 드러나 있는지 여부를 별도로 판단하여야 한다.

대법원 2007. 8. 24. 선고 2007도4848 판결(=저작물성 부정)

이 사건 도면들은 피해자 회사가 생산하는 제품의 모양, 구조, 치수, 구성부분의 재질 등을 도면에 표시한 것으로서, 이 도면들에는 제품의 모양을 간략하게 도시한 평면도와 단면도가 그려져 있고, 제품의 치수, 구성부분의 재질 등 그에 관한 정보를 나타낸 표가 기재되어 있으며, 도면의 하단부에 회사 상호, 작성일, 작성자 등이 기재되어 있는바, 이 사건 도면들이 제품의 모양을 평면도와 단면도로 표현하고, 제품의 치수, 구성부분의 재질, 규격 등을 표에 의하여 나타낸 것은 제품의 도면을 작성하는 자가 통상적으로 사용하는 방법에 의한 것으로 보이고, 달리 이 사건 도면들에서 작성자가 제품에 관한 아이디어를 표현함에 있어 창조적 개성이 드러난 부분을 찾을 수 없으므로, 이 사건 도면들은 저작권법에 의하여 보호되는 저작물이 아니라고 할 것이다.

서울중앙지방법원 2011. 9. 23. 선고 2009가합84030 판결(=저작물성 부정)

이 사건 설계도면에 의해 표현되는 무대기계 형상 자체에 특별한 미감을 느끼게 하는 디자인적 요소가 부여되어 있지는 아니하고, 이 사건 설계도면은 단지 기능적인 무대기계 설치에 관한 내용을 객관적으로 표현하고 있을 뿐 그 표현방식에 있어 통상적으로 사용되는 설계도면은 피고의 과업지침서상의 상세한 기준에 의하여 작성된 것으로 그 기준에 따른 설계에는 상당한 제약이 있을 수밖에 없을 뿐만 아니라, 이 사건 준공도면과 비교하더라도 그 표현방식에 있어 별다른 차이가 없어 사회통념상 새로운 저작물이 될 수 있을 정도로 새로운 창작성이 부가되어 있다고 할 수도 없다.

9. 도형저작물(지도)에 관한 사례

대법원 2003. 10. 9. 선고 2001다50586 판결

저작권법에 의하여 보호되는 저작물이기 위하여는 문학·학술 또는 예술의 범위에 속하는 창작물이어야 하므로 그 요건으로서 창작성이 요구되는바, 일반적으로 지도는 지표상의 산맥·하천 등의 자연적 현상과 도로·도시·건물 등의 인문적 현상을 일정한 축적으로 미리 약속한 특정한 기호를 사용하여 객관적으로 표현한 것으로서 지도상에 표현되는 자연적 현상과 인문적 현상은 사실 그 자체로서 저작권의 보호대상이 아니라고 할 것이어서 지도의 창작성 유무의 판단에 있어서는 지도의 내용이 되는 자연적 현상과 인문적 현상을 종래와 다른 새로운 방식으로 표현하였는지 여부와 그 표현된 내용의 취사선택에 창작성이 있는지 여부가 기준이 된다.

대법원 2003. 11. 28. 선고 2001다9359 판결(=지도가 포함된 여행책자와 같은 편집물)

저작물로서 보호를 받으려면 일정한 방침 혹은 목적을 가지고 소재를 수집·분류·선택하고 배열하여 편집물을 작성하는 행위에 창작성이 있어야 한다.

서울중앙지방법원 2009. 5. 15. 선고 2008가합36201 판결('관광지도' 사건)

각 도시의 여러 구조물 중 주요 관광지나 구조물만을 선택하여 지도에 표시하거나, 전체 도시 중 주요 관광구역 내지 상업구역을 선택/구획하여 지도에 표시하는 방법 및 전체적으로는 평면으로 나타내고 주요 구조물만 3D 등의 입체적인 형태로 표시하며, 그 구조물 등을 실제 모습에 가까울 정도로 세밀하게 묘사하는 등의 표현방식은 원고의 이 사건 지도 서비스가 제공되기 이전에 이미 국내외의 디지털 지도에서 널리 사용되고 있던 표현방법이고, 3D 형태로 지도를 제작하는 방법 등은 아이디어에 불과하여 그 자체만으로는 독자적인 저작물이 될 수 없다.

10. 도형저작물(종이퍼즐)에 관한 사례

서울고등법원 2014. 3. 31. 자 2013라293 결정('종이퍼즐 전개도' 사건)

이 사건에서 채권자와 채무자의 입체 퍼즐은 모형 그 밖의 도형저작물로서 예술성 보다는 특별한 기능을 주된 목적으로 하는 기능적 저작물에 해당한다. 그런데 채권자와 채무자의 숭례문, 광화문, 첨성대 모형의 유사한 부분은 동일하거나 같은 시대의 유사한 건축양식이 반영된 역사적 건조물을 우드락 퍼즐의 조립이라는 방식적 한계 속에서 최대한 실제와 유사하도록 구현하기 위한 것으로 누가 하더라도 같거나 비슷할 수밖에 없어 저작물 작성자의 창조적 개성이 드러나지 않는 표현을 담고 있어 창작물이라고 할 수 없으므로 저작권법에서 보호대상으로 하고 있는 표현이라기보다는 아이디어 또는 보호받지 못하는 표현에 해당한다고 보아야 한다. 한편 전개도에서 가장 중요한 표현요소인 조각 퍼즐의 구성, 모양, 배치, 개수 등이 다르므로 그 모형의 전개도는 실질적으로 유사하다고 보기 어렵다.

또한 채권자와 채무자의 서대문형무소 모형 중 채권자의 모형은 건물의 외관보다는 건물 내부의 모습을 주로 보여주는 형태의 전개도이고, 채무자의 서대문형무소 모형은 건물의 외관을 주로 보여주면서 건물 일부의 내부 모습을 보여주는 전개도인데, 건물 내부의 모습을 보여주는 부분은 아이디어에 불과하고, 그 구체적인 표현도 다르며, 최종적인 구현의 형태와 전개도에서 가장 중요한 표현요소인 조각 퍼즐의 구성, 모양, 배치, 개수 등이 다르므로 그 모형은 실질적으로 유사하다고 보기 어렵다.

그리고 채권자의 상해임시정부청사 모형과 채무자의 서대문형무소 모형의 유사한 부분은 같은 시대의 유사한 건축양식이 반영된 역사적 건조물을 우드락 퍼즐의 조립이라는 방식적 한계 속에서 최대한 실제와 유사하도록 구현하기 위한 것으로 누가 하더라도 같거나 비슷할 수밖에 없어 저작물 작성자의 창작적 개성이 드러나지 않는 표현을 담고 있어 창작물이라고 할 수 없으므로 저작권법에서 보호대상으로 하고 있는 표현이라기보다는 아이디어 또는 보호받지 못하는 표현에 해당한다고 보아야 한다. 또한 건물 내부의 모습을 보여주는 부분도 아이디어에 불과하고, 그 구체적인 표현도 다르며, 최종적인 구현 대상 자체가 다르고, 전개도에서 가장 중요한 표현요소인 조각 퍼즐의 구성, 모양, 배치, 개수 등이 다르므로 그 모형의 전개도는 실질적으로 유사하다고 보기 어렵다.

대법원 2018. 5. 15. 선고 2016다227625 판결('광화문 모형' 사건)[36]

저작권법 제2조 제1호는 저작물을 '인간의 사상 또는 감정을 표현한 창작물'로 규정하여 창작성을 요구하고 있다. 여기서 창작성은 완전한 의미의 독창성을 요구하는 것은 아니라고 하더라도 창작성이 인정되려면 적어도 어떠한 작품이 단순히 남의 것을 모방한 것이어서는 아니 되고 사상이나 감정에 대한 작자 자신의 독자적인 표현을 담고 있어야 한다.

실제 존재하는 건축물을 축소한 모형도 실제의 건축물을 축소하여 모형의 형태로 구현하는 과정에서 건축물의 형상, 모양, 비율, 색채 등에 관한 변형이 가능하고, 그 변형의 정도에 따라 실제의 건축물과 구별되는 특징이나 개성이 나타날 수 있다. 따라서 실제 존재하는 건축물을 축소한 모형이 실제의 건축물을 충실히 모방하면서 이를 단순히 축소한 것에 불과하거나 사소한 변형만을 가한 경우에는 창작성을 인정하기 어렵지만, 그러한 정도를 넘어서는 변형을 가하여 실제의 건축물과 구별되는 특징이나 개성이 나타난 경우라면, 창작성을 인정할 수 있어 저작물로서 보호를 받을 수 있다(＝원고의 광화문 모형은 실제 광화문을 축소하여 모형으로 구현하는 과정에서 사소한 정도를 넘어서는 변형을 가한 것으로서 창작성이 인정).

저작권의 침해 여부를 가리기 위하여 두 저작물 사이에 실질적인 유사성이 있는지를 판단할 때에는, 창작적인 표현형식에 해당하는 것만을 가지고 대비해 보아야 한다. 따라서 건축물을 축소한 모형 저작물과 대비 대상이 되는 저작물 사이에 실질적인 유사성이 있는지를 판단할 때에도, 원건축물의 창작적인 표현이 아니라 원건축물을 모형의 형태로 구현하는 과정에서 새롭게 부가된 창작적인 표현에 해당하는 부분만을 가지고 대비하여야 한다(＝원고의 광화문 모형에 부가된 창작적 표현이 피고들 숭례문 모형에도 나타나므로 실질적 유사성이 인정됨).

11. 도형저작물(보드게임)에 관한 사례

서울고등법원 2018. 4. 26. 선고 2017나2064157 판결[저작권 침해금지 등 청구의 소]('블루마블' 사건)[37]

모바일 게임 '부루마불'에서 저작물성을 인정할 수 있는 구성요소인 ① 황금열쇠카드 이름과 화면 부분, ② 랜드마크 건물의 구채적 표현 부분, ③ 모바일 게임 '부루마불

---

36) 대법원 2018. 5. 15. 선고 2016다227625 판결; 서울고등법원 2016. 5. 12. 선고 2015나2015274 판결; 서울서부지방법원 2015. 2. 12. 선고 2012가합32560 판결.
37) 대법원 2018. 8. 16. 선고 2018다237138 판결: 심리불속행기각.

2008'의 '더블' 표시 부분, ④ 주사위 이름과 주사위를 구매·선택·강화하는 화면 부분, ⑤ 아이템의 이름과 아이템을 구입·선택·사용하는 화면 부분과 이에 대응하는 피고 게임 '모두의마블'의 구성요소를 비교한 결과, 양 구성요소가 실질적으로 유사하다고 볼 수 없다.

12. 영상저작물(드라마 · 영화)에 관한 사례

한류 드라마, 영화의 성장으로 영상저작물의 중요성이 커지고 있다. 웹툰의 드라마화는 2020년대 이후 트렌드이기도 하다. 〈이태원클라스〉등 다수의 웹툰이 원소스멀티유스 트렌드에 따라 영상화되고 있다.[38]

서울중앙지방법원 2014. 7. 17. 선고 2012가합86524 판결('아이리스' 사건)

다. 의거관계의 존부

1) 판단 기준

대상 저작물이 기존의 저작물에 의거하여 작성되었다는 사실이 직접 인정되지 않더라도, 기존의 저작물에 대한 접근가능성, 대상 저작물과 기존의 저작물 사이에 실질적 유사성 등의 간접사실이 인정되면 대상 저작물이 기존의 저작물에 의거하여 작성되었다는 점이 사실상 추정된다고 할 수 있지만, 대상 저작물이 기존의 저작물보다 먼저 창작되었거나 후에 창작되었다고 하더라도 기존의 저작물과 무관하게 독립적으로 창작되었다고 볼 만한 간접사실이 인정되는 경우에는 대상 저작물이 기존의 저작물에 의거하여 작성되었다는 점이 추정된다고 단정하기 어렵다. 이 가선에서, 피고 E 등이 이 사건 드라마 대본을 집필함에 있어 이 사건 소설에 의거하였다는 점을 인정할 직접적인 증거는 없으므로, 접근가능성 또는 실질적 유사성 등의 간접사실을 통해 의거관계를 추정할 수 있는지를 살펴야 할 것이다.

라. 실질적 유사성

1) 판단 기준

가) 아이디어와 표현의 구별

저작권의 보호 대상은 학문과 예술에 관하여 사람의 정신적 노력에 의하여 얻어진 사상 또는 감정을 말이나 문자 등에 의하여 구체적으로 외부에 표현한 창작적인 표현

---

38) 최승재, 「원소스멀티유스와 저작권 침해」, 커뮤니케이션북스(2015) 참고.

형식일 뿐이고, 표현되어 있는 내용 즉 아이디어나 이론 등의 사상 및 감정 그 자체는 설사 그것이 독창성이나 신규성이 있다 하더라도 원칙적으로 저작권의 보호 대상이 되지 않는다. 따라서 저작권의 침해 여부를 가리기 위하여 두 저작물 사이에 실질적인 유사성이 있는가의 여부를 판단할 때에도 창작적인 표현형식에 해당하는 것만을 가지고 대비하여야 하며, 소설이나 시나리오 등에 등장하는 추상적인 인물의 유형 혹은 어떤 주제를 다루는 데 있어 전형적으로 수반되는 사건이나 배경 등은 아이디어의 영역에 속하는 것으로서 저작권법에 의한 보호를 받을 수 없다.

나) 부분적 · 문언적 유사성과 포괄적 · 비문언적 유사성

실질적 유사성에는 작품 속의 근본적인 본질 또는 구조를 복제함으로써 전체로서 포괄적인 유사성이 인정되는 경우(이른바 포괄적 · 비문언적 유사성: comprehensive nonliteral similarity)와, 작품 속의 특정한 행이나 절 또는 기타 세부적인 부분이 복제됨으로써 양 저작물 사이에 문장 대 문장으로 대칭되는 유사성이 인정되는 경우(이른바 부분적 · 문자적 유사성: fragmented literal similarity)가 있는데, 위 두 가지 유사성 중 어느 하나가 있는 경우에는 실질적 유사성이 인정된다.

다) 극적 저작물의 저작권 침해 여부를 판단함에 있어 고려할 요소

이른바 어문저작물 중 소설, 극본, 시나리오 등과 같은 극적 저작물은 등장인물과 작품의 전개과정(이른바 sequence)의 결합에 의하여 이루어지는 것이고, 작품의 전개과정은 아이디어(idea), 주제(theme), 구성(plot), 사건(incident), 대화와 어투(dialogue and language) 등으로 이루어지는 것인데, 이러한 각 구성요소 중 각 저작물에 특이한 사건이나 대화 또는 어투는 그 저작권침해 여부를 판단함에 있어서 중요한 요소가 된다.

또한, 극적 저작물의 경우 등장인물이 일정한 배경 하에서 만들어 내는 구체적인 사건들의 연속으로 이루어지고, 그 사건들은 일정한 패턴의 전개과정을 통해서 구체적인 줄거리로 파악되어 인물들의 갈등과 그 해결과정을 내용으로 하고 있으며, 인물들의 갈등과 해결과정은 인물들 성격의 상호관계와 그 대응구도에 의하여 그려지는 것인바, 이는 아이디어의 차원을 넘어 표현에 해당하는 부분으로 보아야 하므로, 이러한 부분들이 같거나 유사하다면 포괄적 · 비문언적 유사성은 인정될 수 있을 것이나, 해당 저작물의 주제 등을 다루는 데 있어 전형적으로 수반되는 사건이나 배경(필수 장면)에 해당하는 부분은 아이디어의 영역에 속하는 것으로 보아야 할 것이어서, 그러한 부분이 유사하다는 사정만으로 포괄적 · 비문언적 유사성을 쉽게 인정하여서는 아니 된다.

서울고등법원 2006. 11. 14. 자 2006라503 결정('왕의 남자' 사건)

신청인의 어문저작물인 희곡 '키스' 제1부에서는 이 사건 대사 및 이 사건 대사의 변주된 표현들을 치밀하게 배치하여 이러한 일련의 표현들의 결합을 통하여 인간 사이의 '소통의 부재'라는 주제를 표현하고 있는 반면, 영화 '왕의 남자'에서 사용된 이 사건 대사는 영화대본 중의 극히 일부분(영화대본은 전체 83장으로 되어 있는데, 그중 2개의 장의 일부에 인용되고 있다)에 불과할 뿐만 아니라, 이 사건 대사는 장생과 공길이 하는 '맹인들의 소극(笑劇)'에 이용되어 관객으로 하여금 웃음을 자아내게 하거나(8장), 영화가 끝난 뒤 엔드 크레딧과 함께 '맹인들의 소극' 장면을 보여줌으로써 관객으로 하여금 영화 '왕의 남자'가 광대들의 눈을 통하여 조선시대 제10대 왕인 연산군을 둘러싼 갈등과 이로 인한 죽음을 표현하고자 하였던 다소 무거운 이야기에서 벗어나 다시 일상으로 돌아가 웃을 수 있게 만드는 것이어서, 이 사건 대사가 '소통의 부재'라는 주제를 나타내기 위한 표현으로 사용되었다고 볼 수 없으므로, 양 저작물은 실질적인 유사성이 없다고 할 것이다.

대법원 2014. 7. 24. 선고 2013다8984 판결('선덕여왕' 사건)[39]

1. 의거관계에 관한 법리

저작권법이 보호하는 복제권이나 2차적저작물작성권의 침해가 성립되기 위하여는 대비대상이 되는 저작물이 침해되었다고 주장하는 기존의 저작물에 의거하여 작성되었다는 점이 인정되어야 한다. 이와 같은 의거관계는 기존의 저작물에 대한 접근가능성, 대상 저작물과 기존의 저작물 사이의 유사성이 인정되면 추정할 수 있고, 특히 대상 저작물과 기존의 저작물이 독립적으로 작성되어 같은 결과에 이르렀을 가능성을 배제할 수 있을 정도의 현저한 유사성이 인정되는 경우에는 그러한 사정만으로도 의거관계를 추정할 수 있다. 그리고 두 저작물 사이에 의거관계가 인정되는지 여부와 실질적 유사성이 있는지 여부는 서로 별개의 판단으로서, 전자의 판단에는 후자의 판단과 달리 저작권법에 의하여 보호받는 표현뿐만 아니라 저작권법에 의하여 보호받지 못하는 표현 등이 유사한지 여부도 함께 참작될 수 있다(대법원 2014. 5. 16. 선고 2012다55068 판결 등 참조).

2. 위 법리와 기록에 비추어 의거관계에 관한 상고이유에 대하여 살펴본다.

---

39) [심화학습] 박태일, "저작권 침해의 요건인 의거관계 판단을 위한 현저한 유사성 여부-대법원 2014. 7. 24. 선고 2013다8984 판결", 대법원판례해설 제102호, 2015; 이현, "역사서의 창작성 및 실질적 유사성 판단", LAW&TECHNOLOGY, 제14권 제5호, 2018, 110-120면.

가. 원심은, 원고가 2005년경 뮤지컬 제작을 위한 대본으로 창작한 'The Rose of Sharon, 무궁화의 여왕 선덕'(이하 '이 사건 대본'이라고 한다)에 대한 피고들의 접근 가능성을 인정할 수 있고, 피고 주식회사 문화방송(이하 '피고 문화방송'이라고 한다)이 2007. 3.경부터 기획하여 피고 3, 4로 하여금 그 극본을 작성하게 한 다음 2009. 5. 25.부터 같은 해 12. 22.까지 주 2회씩 총 62회를 방송한 '선덕여왕'이라는 제목의 드라마(이하 '이 사건 드라마'라고 한다)와 이 사건 대본은 모두 역사적 사실로부터는 유추하기 매우 어려운 원고의 독창적인 창작의 산물인 '덕만공주(선덕여왕의 이름을 이 사건 대본에서는 '만'으로, 이 사건 드라마에서는 '덕만'으로 부르고 있으나, 편의상 '덕만'으로 통일하여 표기한다)의 서역 사막에서의 고난, 금관의 꽃 또는 동로마 등 서역의 문화와 사상의 습득, 덕만공주와 미실의 정치적 대립구도, 덕만공주와 김유신의 애정관계, 미실 세력으로 인한 진평왕의 무력함'과 같은 역사적 오류를 포함할 뿐만 아니라, 주제, 인물의 성격과 역할, 인물 사이의 관계, 줄거리, 구성 등에서 실질적인 유사성이 인정되는바, 이는 우연의 일치나 공통의 소재만으로는 설명되기 어렵고 오직 이 사건 드라마가 이 사건 대본에 의거한 것에 의해서만 설명될 수 있을 정도의 유사성이라 할 것이므로, 이 사건 드라마는 이 사건 대본에 의거하여 이를 이용하여 제작·방송된 것으로 봄이 상당하다고 판단하였다.

나. 그러나 원심의 판단은 다음과 같은 이유에서 수긍하기 어렵다.

(1) 먼저 접근가능성에 대하여 살펴본다.

(가) 원심판결 이유와 기록에 의하면, ① 원고는 2005년경 이 사건 대본을 창작하였는데, 그 완성 전인 2003. 9.경 세계 지식 포럼, 2003. 12.경 신라 호텔 크리스마스 선덕여왕 갈라 디너쇼, 2004. 12.경 워커힐 W 호텔 GE코리아 임직원 대상 갈라쇼 등에서 일부 내용을 공연하였고, 이러한 공연은 언론에 보도된 사실, ② 또한 원고는 이 사건 대본으로 뮤지컬을 공연하는 데 필요한 자금을 투자받기 위하여 2005. 6.경 IMM INVESTMENT와 투자교섭을 하고, 2005. 11.경 주식회사 아이에이치큐와 뮤지컬 공연에 관한 투자계약을 체결하는 과정에서 투자유치에 필요한 심사를 받기 위해 이 사건 대본을 이들 회사 측에 제공한 사실, ③ 나아가 원고는 2007. 12. 말경 피고 문화방송의 사극 담당자 소외 1을 만나 뮤지컬 등 선덕여왕과 관련된 여러 프로젝트를 진행하고 있다는 점을 이야기하고, 그에게 2007. 12. 5. 출판한 책으로서 선덕여왕의 리더십에 관한 자신의 연구내용 등이 담겨 있는 '크레이추얼파워'를 교부한 사실, ④ 한편 피고 문화방송의 자회사인 피고 주식회사 엠비씨씨앤아이(이하 '피고 엠비씨씨앤아이'라고 한다) 소속(출판팀) 직원 소외 2는 2008. 10. 7.경 원고에게 '선덕여왕이 왕이 되기까지의 사연을 통해 오늘날 여성들의 처세, 리더십, 철학에 관한 소개를 다루는 책을

함께 발간하자'는 내용의 이메일을 발송한 사실, ⑤ 이 외에 피고 3은 2009. 12. 16.자 언론과의 인터뷰에서 "신라사에 대해서는 학계에서도 입장이 엇갈리고 정답이 없다. 가급적 역사적 근거에 충실하면서 작가적 상상력을 더했다. 물론 덕만과 천명은 쌍둥이가 아니다. 비담 또한 미실의 아들이 아니다. 그러나 그게 사실인가 아닌가 보다 어느 면이 더 리얼한가, 정치적 상황으로서 리얼리티가 있는가를 우선시했다. 정적을 악마로 묘사해서 역사를 지나치게 판타지로 풀어가는 게 더 문제이고, 역사의식이 없는 거라고 생각한다."라고 말한 바 있는 사실, ⑥ 피고 문화방송이 2007. 6.경 이 사건 드라마 기획 초기에 예정하였던 드라마의 주제는 천명, 덕만, 선화 등 세 자매를 중심으로 한 이야기였는데, 이후 피고 3, 4가 2008. 3.경 작성한 시놉시스(synopsis, 개요)는 미실과 선덕여왕의 대결을 중심으로 한 이야기로 변경된 사실을 알 수 있다.

(나) 그러나 원심판결 이유와 기록에 의하여 알 수 있는 다음과 같은 사정에 비추어 보면 위 사실만으로는 이 사건 대본에 대한 피고들의 접근가능성을 인정하기에 부족하고 달리 이를 인정할 만한 증거가 없다.

① 먼저 이 사건 대본은 출판되지 아니하였고 저작권등록도 되지 아니하였으며 대본이 완성되기 전에 주로 갈라쇼 형식으로 일부 내용이 공연되었을 뿐 그 전체 내용이 공연된 바는 없고, 위 공연과 관련된 언론보도 사실의 증명을 위한 증거들 어느 것으로부터도 당시 이 사건 대본의 구체적인 내용을 알 수 있는 공연이 이루어졌음을 확인하기 어려운 이상, 이 사건 드라마 극본 완성 전에 피고들이 정상적인 방법으로 이 사건 대본을 입수하거나 그 구체적인 내용을 알 수 없는 상태였던 것으로 보인다.

② 또한 투자심사를 위해 원고로부터 이 사건 대본을 제공받은 IMM INVEST-MENT나 주식회사 아이에이치큐의 투자심사에 피고들이 관여하였거나 이들 회사로부터 이 사건 대본이 피고들에게 유출되었음을 보여주는 증거는 기록상 찾아볼 수 없다.

③ 그리고 원고가 소외 1에게 교부한 '크레이추얼파워' 책에는 이 사건 대본의 내용이 기술되어 있는 것은 아니고, 기록상 원고가 소외 1에게 이 사건 대본의 구체적인 내용을 구두로 설명하였음을 인정할 신빙성 있는 증거를 찾아볼 수 없다.

④ 한편 소외 2가 원고에게 보낸 이메일은 이 사건 드라마를 기초로 한 부가 사업을 담당하는 피고 엠비씨씨앤아이에서 선덕여왕 관련 저술의 출판을 타진해 보는 내용에 불과하여, 이러한 이메일 발송 사실은 이 사건 드라마 극본 완성 전에 피고들이 이 사건 대본에 접근하였음을 보여주는 정황이 된다고 하기 어렵다.

⑤ 이 외에 피고 3의 위 2009. 12. 16.자 언론과의 인터뷰는 이 사건 대본이 대중에게 전혀 알려져 있지도 아니한 상태에서 이 사건 대본과는 아무런 관계없이 이루어진 것이고, 그 전체적인 답변 내용상 '판타지'는 '리얼리티'에 대응되는 용어로 사용되었

다고 보일 뿐 이 사건 대본을 언급한 것이라고 단정하기도 어려우므로, 이 역시 이 사건 드라마 극본 완성 전에 피고들이 이 사건 대본에 접근하였음을 보여주는 정황이 된다고 하기 어렵다.

⑥ 끝으로 이 사건 드라마 기획 초기 예정된 주제는 이 사건 드라마의 작가인 피고 3, 4와 무관하게 설정되었으므로 이후 위 작가들의 창작과정을 거쳐 작성된 시놉시스가 당초 기획안과 다른 내용으로 작성되는 일은 얼마든지 일어날 수 있다고 할 것이고, 아래에서 보는 바와 같이 덕만공주와 미실의 정치적 대립구도가 이 사건 대본과 드라마가 독립적으로 작성되어 같은 결과에 이르렀을 가능성을 배제할 수 있을 정도로 현저히 유사한 부분이라고 보기도 어려우므로, 위와 같이 시놉시스가 당초 기획안과 다르게 변경된 것 또한 이 사건 드라마 극본 완성 전에 피고들이 이 사건 대본에 접근하였음을 보여주는 정황이 된다고 하기 어렵다.

(2) 다음 현저한 유사성에 대하여 살펴본다.
(가) 덕만공주의 서역 사막에서의 고난에 대하여
원심판결 이유와 기록에 의하면, 이 사건 대본과 드라마에는 모두 덕만공주가 신라를 떠나 서역의 사막에서 고난을 겪는 내용이 나오는데, 신라의 왕자나 공주가 신라 밖의 다른 나라, 특히 서역의 사막을 다녀온 후 왕위에 오른 적이 있다는 역사적 기록이 없음을 알 수 있다.

그러나 원심판결 이유와 기록에 의하여 알 수 있는 다음과 같은 사정에 비추어 보면, 이 부분이 이 사건 대본과 드라마가 독립적으로 작성되어 같은 결과에 이르렀을 가능성을 배제할 수 있을 정도로 현저히 유사한 부분이라고 보기 어렵다.

먼저 이 사건 대본과 드라마 이전부터 이미 사막은 극적 저작물에서 주인공의 고난을 상징하는 배경으로 사용되어 왔으므로, 주인공인 덕만공주가 사막에서 고난을 겪는 장면이 나오는 것 자체는 이 사건 대본만의 독특한 특징이라고 볼 수 없다. 뿐만 아니라, 이 사건 대본에서 덕만공주는 왕궁에서 공주로 자랐고, 어릴 때부터 여왕이 되고자 하는 꿈을 키우던 인물이었으며, 여왕이 되기 위해 미실과 제사 대결을 벌이다 마계(마계)의 방해로 실패하여 서역의 사막으로 쫓겨 가게 된 것으로 설정되어 있는 반면에, 이 사건 드라마에서는 천명공주와 함께 덕만공주가 쌍둥이로 태어나자 '왕후가 쌍둥이를 출산하면 성골의 씨가 마른다'는 예언으로 인해 왕후가 폐비를 당할까 우려한 진평왕이 시녀 소화에게 덕만공주를 데리고 도망가도록 하였고, 이 때문에 덕만공주는 자신이 공주라는 사실도 모른 채 소화를 어머니로 알고 서역의 사막에서 자란 것으로 설정되어 있으므로, 이 사건 대본과 드라마에서 덕민공주의 서역 사막에서의 고난이 나타나는 원인과 구체적인 내용에 상당한 차이가 있다.

(나) 금관의 꽃 또는 동로마 등 서역의 문화와 사상의 습득에 대하여

원심판결 이유와 기록에 의하면, 이 사건 대본에는 덕만공주가 서역의 사막으로 가기 전 신라 왕궁에서 아라비아 상인으로부터 서역의 책을 구해 읽는 장면과 후에 서역의 사막에서 신라의 전설로 내려오는 금관의 꽃을 얻어 신라로 돌아와 금관의 꽃의 신령한 힘으로 마계를 이기고 신라의 왕이 되는 내용이 나오고, 한편 이 사건 드라마에는 덕만공주가 서역의 사막에서 자랄 때 동로마어를 배운 일, 위나라의 달력인 정광력을 얻은 일이 있었고 후에 동로마어 구사능력과 정광력을 이용하여 당시 미실이 독점하고 있었던 '달력을 통해 천문의 변화와 그 시기를 예측하고 이를 이용할 수 있는 힘'을 미실로부터 빼앗고 공주의 신분을 회복한 다음 첨성대를 건축하여 위와 같이 독점되었던 권력을 백성에게 나누어 주는 내용이 나오는데, 이러한 두 작품의 내용 가운데 첨성대 건축을 제외하고는 모두 역사적 기록이 없음을 알 수 있다.

그런데 이 사건 대본에서 금관의 꽃은 그 실체를 알 수 없는 상징적이고 추상적인 존재이자 힘을 상징하는 어떤 것으로 나타나 있을 뿐이어서 그 자체가 서역의 문화와 사상을 상징한다고 보기는 어렵고, 이 사건 대본에는 이 사건 드라마에서 그리고 있는 위와 같은 첨성대 건축의 경위와 의미는 전혀 나타나 있지 아니하다.

따라서 이 사건 대본과 드라마가 서역의 문화와 사상에 관한 부분에서 서로 유사하다고 하기는 어렵다.

(다) 덕만공주와 미실의 정치적 대립구도에 대하여

원심판결 이유와 기록에 의하면, 이 사건 대본과 드라마에는 모두 덕만공주와 미실이 대립구도를 형성하고 서로 제사 또는 천문으로 대결하는 내용이 나오는데, 미실은 삼국사기나 삼국유사에는 나타나지 않는 인물이고, 덕만공주와 미실이 정치적으로 대립하였음을 보여주거나 이를 유추할 수 있는 역사적 기록이 없음을 알 수 있다.

그러나 원심판결 이유와 기록에 의하여 알 수 있는 다음과 같은 사정에 비추어 보면, 이 사건 드라마의 미실은 필사본 화랑세기에 의거하여 작가적 상상력에 의해 덕만공주의 대적자로 재설정된 현실 정치가로 보일 뿐, 마계에 사로잡혀 인간계를 짓밟는 이 사건 대본의 미실과는 그 성격이 다른 캐릭터라 할 것이어서, 덕만공주와 미실의 정치적 대립구도가 이 사건 대본과 드라마가 독립적으로 작성되어 같은 결과에 이르렀을 가능성을 배제할 수 있을 정도로 현저히 유사한 부분이라고 보기 어렵다.

먼저 비록 진위 여부에 논란은 있으나, 미실은 화랑의 우두머리인 풍월주의 이야기가 1대 풍월주부터 32대 풍월주까지 연대기 순으로 기술되어 있는 필사본 화랑세기에 등장하는 인물로서, 진흥왕, 진지왕, 진평왕에 이르는 삼대의 왕에게 색공(색공)하며 수십 년 동안 신라 조정에 영향력을 행사하였고, 특히 진지왕이 자신을 왕후로 봉하겠다는 약속을 지키지 못하자 사도태후와 함께 낭도를 일으켜 진지왕을 폐위하고 진평왕

을 즉위시킨 바 있으며, 필사본 화랑세기에 등장하는 풍월주들 가운데 5대 풍월주 사다함과는 결혼 전 연인관계, 6대 풍월주 세종과는 정식 부부관계, 7대 풍월주 설원과는 내연관계, 10대 풍월주 미생과는 남매관계(미생이 미실의 남동생), 11대 풍월주 하종 및 16대 풍월주 보종과는 각 모자관계(하종은 미실과 세종 사이의 아들, 보종은 미실과 설원 사이의 아들)에 있었던 것으로 나오는데, 이러한 미실의 지위와 풍월주들과의 인적 관계는 이 사건 드라마에도 재연되어 있고, 또 필사본 화랑세기의 5대부터 18대까지 풍월주들 중 대부분이 이 사건 드라마에서 주요 등장인물로 그려지고 있다.

한편 이 사건 대본에서 미실은 단순히 마계에 사로잡혀 인간계의 백성을 괴롭히고 나라를 어지럽히는 존재로 나올 뿐 정치 감각과 통찰력을 발휘하여 국사를 자신의 뜻대로 이끌어가는 정치가의 모습으로는 그려지고 있지 아니하고, 마계에 사로잡혀 악행을 저지르면서도 덕만공주가 사막에서 고난을 이기고 금관의 꽃을 얻어 신라로 돌아와 마계의 지배를 끊음으로써 미실 자신의 영혼을 구제해 주기를 바라는 인물로 나온다. 반면에, 이 사건 드라마의 미실은 진흥왕 치하에서 색공뿐만 아니라 군사적 공로를 통해 권력을 얻고 뛰어난 정치 감각 및 사람에 대한 통찰력을 발휘하여 수많은 사람들을 자기편으로 포섭함으로써 진흥왕 사후 왕을 능가할 정도의 최고 권력자가 된 인물로 나오고, 합리적이고 이성에 입각하여 통치하며 대의를 중시하는 정치가로서, 덕만공주가 역량을 키우고 성장하는 데에 긍정적인 영향을 미치는 면도 많은 인물로 묘사되고 있다.

나아가 이 사건 대본에서 미실이 자신이 독을 발라둔 금관을 일부러 쓰고 자살한 것인지 아니면 금관을 가로채 쓰려다 죽음에 이르는 것인지 명확하게 나타나 있지는 아니한데, 다만 이 사건 대본에서 미실이 자살한 것으로 보더라도, 이는 어디까지나 미실이 근본적으로 자신의 의지가 아니라 마계에 사로잡혀 악행을 일삼으며 스스로가 괴물이 되었다고 여기고 있었고, 이러한 상황을 덕만공주가 대신 타개해주기를 바라는 마음도 가지고 있었던 인물이라는 점에서 근거하는 것이다. 반면에, 이 사건 드라마에서 미실이 자살을 선택한 것은 더 이상의 내전 확대로 자신과 전우들이 피 흘리며 이룩한 신라의 영토가 타국에 침탈되는 사태를 방지하고자 하는 대의와 함께, 덕만공주와 끝까지 대립하여 내전을 지속함으로써 자신의 세력이 완전히 붕괴되는 위험을 감수하는 대신에, 자신의 사람들이 덕만공주의 치세에서도 숙청되지 않고 세력을 유지하다가 미실의 아들인 비담을 왕으로 만들도록 하려는 의도에서이다.

(라) 덕만공주와 김유신의 애정관계에 대하여

원심판결 이유와 기록에 의하면, 이 사건 대본과 드라마에서 모두 김유신이 덕만공주에게 사랑의 감정을 느끼나 신라의 왕으로서 길을 가고자 하는 덕만공주의 태도에 사랑의 감정을 절제하며 군신관계에서 충절의 감정으로 승화시키는 인물로 묘사되는

데, 덕만공주와 김유신 사이에 애정관계가 있었음을 보여주거나 이를 유추할 수 있는 역사적 기록이 없음은 알 수 있다.

그러나 원심판결 이유와 기록에 의하여 알 수 있는 다음과 같은 사정에 비추어 보면, 이 부분이 이 사건 대본과 드라마가 독립적으로 작성되어 같은 결과에 이르렀을 가능성을 배제할 수 있을 정도로 현저히 유사한 부분이라고 보기 어렵다.

먼저 역사적으로 애정관계가 있었다고 유추하기 어려운 인물이더라도 그들이 극 중 주요한 남성과 여성으로 나오는 이상 이들 사이에 애정관계를 설정하는 것 자체는 극적 저작물에서 일반적으로 이루어질 수 있는 수준의 창작이라고 볼 수 있다. 나아가 이 사건 대본에는 덕만공주가 김유신을 사랑하였음을 보여주는 장면은 나타나지 아니하고 다만 김유신이 덕만공주를 사모하였다가 스스로의 감정을 숨긴 채 충성심으로 승화시키는 것으로만 그려지고 있을 뿐이다. 반면에, 이 사건 드라마에서 덕만공주는 자신의 신분을 모른 상태로 남자 행세를 하면서 김유신의 낭도가 되어 김유신과 고난을 함께 겪다가 나중에 서로 사랑하는 사이로 발전하게 되나, 언니인 천명공주의 죽음을 계기로 개인적 행복을 버리고 여왕이 되고자 결심함으로써 김유신과의 사랑을 포기하는 것이고, 또한 김유신은 가문조차 버리고 덕만공주와의 사랑의 도피를 선택하려 하였고 이러한 자신의 강렬한 감정을 덕만공주에게 솔직하게 고백하였으나, 덕만공주의 여왕이 되고자 하는 강한 의지와 두 감정을 공존시킬 수 없는 김유신 자신의 성품 때문에 사랑을 포기하고 신하로서 충성을 다하기로 마음을 바꾸는 것으로 그려지고 있다. 이와 같이 이 사건 대본과 드라마에서 덕만공주와 김유신의 애정관계의 양상 및 전개과정에 상당한 차이가 있다.

(마) 미실 세력으로 인한 진평왕의 무력함에 대하여

원심판결 이유와 기록에 의하면, 이 사건 대본에서 진평왕은 미실과 비담 세력을 제압하지 못하고 덕만공주를 후대 왕으로 지정한 후 마야부인과 함께 덕만공주의 앞날을 걱정하다 살해되는 등 무력한 왕으로 묘사되어 있고, 이 사건 드라마에서 진평왕은 미실에 의해 왕위에 오르고 이후 인사권과 병권 등을 실질적으로 행사하지 못한 채 미실에게 휘둘리는 무력한 왕으로 묘사되는데, 역사학계에서 다수의 사학자들에 의해 받아들여지고 있는 역사적 사실은 진평왕이 즉위 직후 군사권과 인사권을 장악하여 강력한 왕권을 구축하였을 뿐만 아니라 체제 정비를 통하여 장기간 재위하며 칠숙과 석품의 반란을 진압하고 덕만공주가 왕이 되는 데 장애가 되는 세력을 모두 제거하는 등 강력한 왕권을 행사하였다는 것임을 알 수 있다.

그러나 원심판결 이유와 기록에 의하여 알 수 있는 다음과 같은 사정에 비추어 보면, 이 부분이 이 사건 대본과 드라마가 독립적으로 작성되어 같은 결과에 이르렀을 가능성을 배제할 수 있을 정도로 현저히 유사한 부분이라고 보기 어렵다.

먼저 선덕여왕을 주인공으로 하는 극적 서작물에서 선왕이 강력한 왕권에 의히여 선덕여왕을 보위에 올렸다고 묘사하는 것보다는 선왕의 미약한 왕권과 강력한 귀족세력의 반대라는 어려움을 선덕여왕 스스로가 극복하고 여왕의 자리를 쟁취하였다는 내용으로 구성하는 것이 자연스럽고 흥미를 유발할 수 있으므로, 역사적 사실과 무관하게 선덕여왕의 선왕인 진평왕을 강력한 귀족세력으로 인해 무력한 군주로 묘사하는 것 자체는 극적 저작물에서 일반적으로 이루어질 수 있는 수준의 창작이라고 볼 수 있다. 그리고 진평왕이 미실에 의해 왕위에 오르게 되는 사건은 이미 필사본 화랑세기에 나타나 있는 것인 이상, 이를 받아들여 극적 저작물을 작성할 경우 진평왕 즉위 후 미실 세력에 의해 왕권을 제약받는 것으로 묘사하는 정도는 다른 저작물에 의거하지 아니하더라도 충분히 가능한 수준의 창작으로 보인다. 나아가 이 사건 대본에서는 미실이 마계에 사로잡혀 마계의 힘으로 인간계에 해악을 끼치는 결과 인간계의 진평왕이 무력하게 묘사되고 있는 반면에, 이 사건 드라마에서는 진평왕이 애초에 미실 세력의 힘에 의하여 즉위하였고 이후에도 조정이 미실의 사람들로 채워져 있어 진평왕은 제대로 왕권을 행사하지 못하는 것으로 그려지고 있어, 이 사건 대본과 드라마에서 미실 세력이 진평왕을 무력하게 만드는 원천 자체가 다르다.

(바) 주제, 인물의 성격과 역할, 인물 사이의 관계, 줄거리, 구성에 대하여

덕만공주의 서역 사막에서의 고난, 금관의 꽃 또는 동로마 등 서역의 문화와 사상의 습득, 덕만공주와 미실의 정치적 대립구도, 덕만공주와 김유신의 애정관계, 미실 세력으로 인한 진평왕의 무력함은 모두 이 사건 대본과 드라마의 주제, 인물의 성격과 역할, 인물 사이의 관계, 줄거리, 구성에 큰 영향을 미치는 개별 요소들이라고 할 것이다. 그런데 위에서 본 바와 같이, 이러한 개별 요소들이 이 사건 대본만의 독특한 특징이라거나 이 사건 대본과 드라마가 독립적으로 작성되어 같은 결과에 이르렀을 가능성을 배제할 수 있을 정도로 현저히 유사한 부분이라고 보기 어려운 이상, 이 사건 대본과 드라마의 주제, 인물의 성격과 역할, 인물 사이의 관계, 줄거리, 구성 역시 양 작품 사이의 현저한 유사성을 인정할 수 있는 근거가 되기는 어렵다고 할 것이다.

(3) 그렇다면 피고들의 이 사건 대본에 대한 접근가능성이 인정되지 아니할 뿐만 아니라, 이 사건 드라마와 이 사건 대본이 독립적으로 작성되어 같은 결과에 이르렀을 가능성을 배제할 수 있을 정도의 현저한 유사성이 인정되지도 아니하므로, 두 저작물 사이에 의거관계가 있다고 할 수 없다.

그럼에도 이 사건 드라마의 극본이 이 사건 대본에 의거하여 작성되었다고 판단하고 이러한 판단을 전제로 하여, 이 사건 드라마가 이 사건 대본에 관한 원고의 저작권을 침해하였다거나, 피고들의 이 사건 드라마 극본 작성, 드라마 제작, 방송 및 판매,

이 사건 드라마의 DVD 제품과 관련 소설의 제작 및 판매와 같은 행위가 이 사건 대본에 관한 원고의 보호할 가치 있는 이익을 침해하는 것으로서 민법상 불법행위를 구성한다고 본 원심판결에는 저작권 침해 요건으로서의 의거관계 및 민법상 불법행위 성립에 관한 법리를 오해하여 판결 결과에 영향을 미친 위법이 있다. 이 점을 지적하는 상고이유 주장은 이유 있다.

이 판결은 MBC '선덕여왕'이라는 드라마와 뮤지컬 사이에서 저작권 침해가 쟁점이 된 사건으로 드라마가 큰 흥행을 하였고, ① 저작권학자들이 모두 감정인으로 감정의견서를 내었고, 1심과 2심의 결론이 서로 상반되는 결론이 나왔다는 점에서 흥미로운 사건이었다. 그리고 ② 이 사건은 역사적인 사실에 기반을 둔 창작물로 소위 faction과 관련해서 중요한 의미를 가지는 사건이다.[40] 드라마 창작과정에서 역사에 기반을 두면서도 비어 있는 역사적 사실을 채워나가는 방식으로 이루어지는 창작의 경우 이와 유사한 것으로 주장되는 저작권 침해사건에서 선례적인 의미가 있다고 본다.

13. 컴퓨터프로그램저작물에 관한 사례

컴퓨터프로그램저작물은 특정한 결과를 얻기 위하여 컴퓨터 등 정보처리능력을 가진 장치 내에서 직접 또는 간접으로 사용되는 일련의 지시·명령으로 표현된 저작물을 말한다. 컴퓨터프로그램 저작물로 성립하기 위해서는 정보처리능력을 가진 장치를 작동시키는 것일 것, 특정한 결과를 얻을 수 있을 것, 컴퓨터 내에서 직접·간접으로 사용되는 일련의 지시·명령일 것, 외부에 표현된 것일 것, 창작성이 있을 것 등의 요건이 구비되어야 한다.

서울고등법원 2008. 4. 11. 자 2006라124 결정('환경오염계측 프로그램' 사건)

소갑3 내지 13호증의 각 기재와 제1심 감정결과에 심문 전체의 취지를 종합하면, ① 채권자 회사의 임원이던 김○○는 2002. 7. 31. 채권자 회사에서 퇴직하고 그 무렵 동

---

40) 관련사건으로 대법원 2000. 10. 24. 선고 99다10813 판결(까레이스키 사건); 서울중앙지방법원 2022. 5. 20. 선고 2019가합513215 판결(명량 v 임진왜란 1592 사건); 이 판결에 대한 평석으로 홍승기, "KBS에 대든 「명량」", 저작권문화, 제339호, 한국저작권위원회(2022. 11.) 참조.

종 영업을 영위하는 채무자 회사를 설립한 사실, ② 채권자 회사의 직원이던 소○○은 2004. 5. 31. 채권자 회사에서 퇴직하고 그 무렵 채무자 회사에 입사하였는데, 퇴직 당시 채권자 회사가 제조·판매하는 COD 수질오염측정기의 설계도와 이 사건 프로그램이 내장된 CPU보드 등을 반출한 사실, ③ 채무자 제품의 롬(ROM)에 수록된 기계어를 분석한 바이너리(binary, 2진법) 파일과 채권자의 이 사건 프로그램의 바이너리 파일은 97.47%의 유사도를 보이고 있는 사실이 각 소명된다(한편 채무자는 이 사건 프로그램 자체의 창작성 여부에 관하여는 다투지 아니한다).

위 소명사실에 의하면, 채무자는 채권자가 프로그램저작권을 갖고 있는 것으로 추정되는 이 사건 프로그램에 의거하여 그 표현형식을 복제한 구동 프로그램을 제작한 다음, 위 구동 프로그램을 채무자 제품에 장착하여 이를 제조·판매하고 있다고 봄이 상당하므로, 특별한 사정이 없는 한 채무자는 채권자의 프로그램저작권을 침해하고 있다.

서울고등법원 2009. 8. 5. 자 2008라1199 결정('인터넷교환기 프로그램' 사건)

채무자들 프로그램이 채권자 프로그램저작권을 침해한 것인지 여부를 판단하기 위해서는 채무자들 프로그램이 채권자 프로그램에 의거하여 제작되었는지 여부 및 실질적 유사성이 인정되는지 여부를 살펴보아야 할 것인데, 일반적으로 의거관계의 인정에 관하여는 저작물에 대한 상당한 접근(access)의 기회가 있었다면 이를 인정할 수 있고, 실질적 유사성에 관하여는 프로그램저작물 중 저작권으로 보호받지 못하는 요소들(예컨대, 알고리즘과 같이 추상적인 아이디어에 해당하는 요소, 프로그램의 조작방법에 해당하는 요소, 당업자 사이에서 사실상 확립된 표준인 요소 등)을 제외한 다음 남아 있는 핵심적 요소(core)인 창작적 표현만을 비교하여 실질적 유사 여부를 판단하여야 할 것이며, 이때 컴퓨터프로그램은 그 기능성과 논리성 때문에 표현의 독창성 및 다양한 표현 가능성이 낮아 이를 강하게 보호하는 것은 사회적 비용을 증가시키게 되므로 실질적 유사성의 범위를 다른 저작물에 비하여 좁게 보는 것이 상당하다고 할 것이다. (중략)

채권자 및 채무자들 프로그램간의 실질적 유사성에 관하여 살피건대, 한국저작권위원회 위원장의 감정 결과에 의하면 채무자들 프로그램과 채권자 프로그램의 유사도가 별지3의 각 표와 같이 산출된 사실은 앞서 본 바와 같으나, 한편 위 감정결과 및 한국저작권위원회 위원장의 사실조회결과에 변론 전체의 취지를 종합하여 인정되는 다음 각 사정, 즉 이 사건 감정결과는, 채무자들이 제출한 공개된 프로그램 소스 일부를 제외하는 절차를 거치기는 하였으나 채무자들 프로그램 중 인터넷전화 교환기의 표준적인 기능을 구현하기 위하여 필수적으로 사용되어야 하거나, 그와 결합하여 사용될 것으로 예상되는 다른 프로그램과의 호환성을 위하여 필요하거나, 기타 일반적으로 받아들여지는 프로그래밍 관행 등으로 인하여 표현이 유사할 수밖에 없는 부분을 여과하는 절차를 거치지 아니하고 소스코드의 유사성을 비교하였다고 보여지는 점, 채권자 프로그램 역시 공개된 소스코드에 기초하여 개발되었을 것이므로 채권자 및 채무자들의 프로그램의 변수와 클래스의 이용이 동일한 것은 인터넷전화교환기 프로그램과 같이 기능적 프로그램에 있어서 사실상 표준화된 표현으로 볼 여지가 있는 점, 이 사건 감정결과에 따르더라도 채권자 및 채무자들 프로그램의 주요 세부 요소들은 이미 널리 공개되어 있다고 보여지고, 개별 모듈 및 파일의 유사성을 살펴보면 채무자들이 공개된 프로그램 소스를 사용하였다고 주장하는 부분과 기능적으로 유사한 부분에 있어서 높은 유사도를, 그렇지 않은 부분에서는 매우 낮은 유사도를 보이는 점 등에 비추어 보면 이 사건 감정결과만으로는 채무자들 프로그램이 채권자 프로그램과 실질적으로 유사하다고 보기 어렵다.

대법원 2011. 6. 9. 선고 2009다52304, 52311 판결('코어뱅킹 프로그램' 사건)[41]

C언어로 작성된 위 ProBank와 코볼 언어로 작성된 위 Bancs의 소스코드를 구성하는 파일에 대한 호출관계그래프(call graph)를 도출한 다음 이들을 파일의 개수, 줄 수, 함수 수에 따라 정량적으로 비교한 결과 소스코드 중 50% 이상에서 유사성을 지니는 파일의 비율이 42.74% 정도이고, 정성적 방법에 따른 감정결과에서도 위 ProBank 소스코드에 사용된 함수들의 이름과 명령문, 주석 내용으로 보아 이미 존재하는 Bancs 소스코드를 일정하게 정해진 규칙에 따라 사람 혹은 기계를 사용하여 번역한 것으로 판단되었는데, 원심판결 별지 제2항 기재 프로그램은 위와 같이 감정대상이 되었던 ProBank에 모두 포함되어 있던 프로그램이거나 그 동일성을 해하지 않는 범위에서 이를 변형한 프로그램이고, 별지 제3항 기재 프로그램은 그 상당부분이 감정대상이 되었던 ProBank 구동에 필요한 프로그램이므로, 이와 같은 제반 정황들에 비추어 Bancs와 ProBank 중 상당부분 사이에는 실질적 유사성이 있다고 볼 수 있다.

---

41) 컴퓨터프로그램 사이의 실질적 유사성을 판단하기 위하여 호출관계그래프와 같은 비문언 요소를 활용하는 방식은 문언적 요소에 대한 비교가 어려운 상황에서 보조적인 대안으로는 어느 정도 합리성을 인정할 수 있다. 다만 이를 통한 비교 시 실질적 유사성을 인정할 수 있는 수준으로 유사한 기준을 어느 지점에서 설정할 것인지 그 기준을 쉽게 정할 수 없다는 문제가 존재한다. 특히 호출관계그래프와 같은 요소를 비교할 때 도출될 수 있는 유사도는 창작자의 보호받는 표현에 대한 직접적인 유사 정도를 나타내는 것이 아니라, 그 표현의 유사한 정도를 추측한 결과로 이해할 수 있다. 따라서 이를 직접적인 근거로 하여 실질적 유사성을 판단하는 것은 상당한 주의가 필요할 것으로 생각한다. 김시열(2018), 169-170면.

> **대법원 2001. 5. 15. 선고 98도732 판결('서체파일' 사건)**
>
> 　서체파일이 지시·명령을 포함하고 있고 그 실행으로 인하여 특정한 결과를 가져오며 컴퓨터 등의 장치 내에서 직접 또는 간접으로 사용될 수 있으므로 단순한 데이터파일이 아닌 구 컴퓨터프로그램보호법상의 컴퓨터프로그램에 해당하고, 그 제작 과정에 있어 글자의 윤곽선을 수정하거나 제작하기 위한 제어점들의 좌표 값과 그 지시·명령어를 선택하는 것에 제작자의 창의적 개성이 표현되어 있으므로 그 창작성도 인정된다.

　서체파일에 대해 우리 법원은 '컴퓨터프로그램저작물'로 파악한다. 실무에서 자주 침해와 관련된 논란이 생기고 있다.

비교: 서체도안

◆ **서울고등법원 1994. 4. 6. 선고 93구25075 판결**

　"원고들이 제작한 서체도안도 그 자체가 미적 감상의 대상으로 할 것을 주된 의도로 하여 작성되었다고 보기는 어렵다. 서체도안은 일부 창작성이 포함되어 있고 문자의 실용성에 부수하여 미감을 불러일으킬 수 있는 점은 인정되나, 그 미적 요소 내지 창작성이 문자의 본래의 기능으로부터 분리, 독립되어 별도로 감상의 대상이 될 정도의 독자적 존재를 인정하기는 어렵다 할 것이어서, 그 자체가 예술에 관한 사상 또는 감정의 창작적 표현물이라고 인정하기에는 미흡하다고 보여지므로 이를 저작권법상 보호의 대상인 저작물 내지 미술저작물로 인정하기는 어렵다."

◆ **서울고등법원 1997. 9. 24. 선고 97나15236 판결('영화 축제' 사건)**

　"원고가 쓴 위 '춘향가' 서체는 원고의 사상 또는 감정 등을 창작적으로 표현한 지적·문화적 정신활동의 소산으로서 하나의 독립적인 예술적 특성과 가치를 지니는 창작물이라 할 것이므로, 원고는 이 사건 글자를 포함한 위 '춘향가'의 서체에 대하여 저작재산권과 저작인격권을 취득하였다고 할 것이다."(= 서예와 같이 문자의 실용적 기능으로부터 독립한 미적 특성을 인정할 수 있는 특수한 디자인서체의 경우에는 저작물로 인정되어 보호받을 수 있다고 판시하였다.)

14. 방송프로그램 포맷에 관한 사례

'나 홀로 산다', '런닝맨', '짝' 등 방송에서 리얼리티를 표방한 예능을 포함한 소위 방송포맷의 거래가 이루어지면서 이를 사용한 경우 저작권 침해가 되는지 여부가 쟁점이 되었다.[42]

> ### 서울고등법원 2014. 7. 3. 선고 2013나54972 판결('짝' 사건)
>
> 피고 영상물 1, 2는 원고 영상물을 기초로 하여 구상, 기획되었으나, 원고가 독창적인 장면으로서 저작권법의 보호 대상이라 주장하는 원고 영상물의 내용은 저작권법의 보호대상이라 할 수 없는 아이디어의 영역에 포함되는 것에 불과하거나, 이미 다른 영상물에서 사용되고 있었던 장면으로서 창작성을 인정하기 어려우며 실질적인 유사성이 있는지를 판단함에 있어서 고려할 수 없는 부분이다. 이러한 요소들을 사용한 영상이 원고 영상물 자체의 특징적인 요소가 될 수 있다고 하더라도 그 자체로 창작성이 있다고 단정할 수는 없다. 그 이유는 다음과 같다.
>
> (가) 저작물의 제목을 표현하는 방식
>
> 간판 내에 표시된 '짝'이라는 글자는 원고 영상물의 제목인 '짝'을 원고 영상물에 표시하기 위하여 만들어졌고, 원고 영상물의 장면에 제목을 표시하기 위해서 사용되었으므로 순수 서예작품처럼 그 자체로 독립하여 감상의 대상으로 삼기 위해서 창작된 것이라 볼 수 없으며, 글자 자체가 독립된 미술저작물에 해당한다 할 수 없다. 그리고 '짝' 간판은 '짝'이라는 글자를 제외하면 흰색 바탕을 가진 원형 물체의 내부에 검정색 원을 그려 넣은 것에 불과하여 그 자체로 특별한 창작성을 인정할 요소를 가진다고 보기 어렵다.
>
> (나) 등장인물을 표현하는 방식
>
> … (중략) …
>
> (파) 대사의 동일·유사성(피고 영상물1에 대하여)
>
> 상황 설명을 위한 내레이션이나 제작진의 규칙 소개 또는 진행을 위한 안내에 관한 대사의 문구는 단순히 정보전달을 위한 내용에 불과하거나, 이미 관용적으로 사용되는 표현을 원고가 인용한 것에 불과하여 원고 영상물의 창작적 표현에 해당한다고 볼 수 없다.

---

42) [심화학습] 홍승기, "TV 방송 프로그램 포맷 보호방안: 저작권법적 보호를 중심으로", 정보법학, 2016: 홍승기, "방송 프로그램 포맷의 저작물성-대법원 2014다49180 판결을 중심으로-", 정보법학, 2018 참조.

그리고 원고 영상물의 내레이션 중 '우리는 모두 애정의 시대를 살고 있다. 당신은 그리고 당신의 짝은 애정촌의 그 누구와 닮아 있는가'라는 문구는 '사회의 축소판인 애정촌이라는 장소, 상황을 설정하고 그 안에서 결혼적령기인 일반 남녀가 실제 짝을 찾아가는 과정을 통해서 한국인의 짝에 대한 희생과 배려, 그리고 사랑을 돌아보게 한다는 원고의 기획 의도가 함축적으로 표현된 문구로서 창작성이 인정되는 표현에 해당한다고 볼 여지가 있다. 그러나 피고 영상물1에서 위와 유사한 문구가 사용된 장면은 '재소자 특집 1부' 마지막에서 애정촌에 모인 재소자들이 상대방에 대하여 폭행하는 등 난동이 일어난 상황에서 방화범인 남자4호가 그 기회를 이용하여 불을 질러 팬션에 화재가 발생한 장면과 '재소자 리턴즈' 마지막에서 동성 성추행범으로 묘사되는 남자 1호가 여자 2호가 여장을 한 남성임을 알아차리고 여자 2호를 성추행하는 장면이다. 따라서 피고 영상물1에 위와 같이 유사한 문구가 사용되었다고 하더라도 이는 '한국인의 짝에 대한 희생과 배려, 그리고 사랑'을 묘사하기 위한 것이 아님이 분명하고 원고 영상물과 피고 영상물1에서 문구를 통하여 표현한 형식이 동일하거나 유사하다고 단정하기 어렵다.

또 리얼리티 짝짓기방송이라는 원고 영상물의 특성에 비추어 원고 영상물의 창작성은 위와 같이 출연자 사이에 일어나는 구체적 사건 진행에 있다고 보는 것이 타당하고, 코미디물로서 실제 발생하기 어려운 상황을 주로 표현하고 있는 피고 영상물1과 출연자인 게이머들이 마치 게임처럼 수행할 과제를 부여받고 이를 완수하는 과정에서 일어나는 사건을 주로 표현하고 있는 피고 영상물2는 구체적인 사건의 진행에 있어서 원고 영상물과 상당한 차이가 있다.

결과적으로 원고 영상물과 피고 영상물1, 2에 일부 유사해 보이는 장면과 내레이션이 있다고 하더라도 피고 영상물1, 2에서 그 부분이 차지하는 질적·양적 비중이 미미하여 원고 영상물의 저작권법 보호대상이 되는 창작적 특성이 피고 영상물1, 2에 나타난다고 보기 어렵고, 피고 영상물1, 2는 출연자 사이의 구체적 사건을 원고 영상물과 다르게 표현함으로써 그 표현형식에 상당한 차이가 있으므로 원고 영상물과 피고 영상물1, 2가 실질적으로 유사하다거나 종속관계에 있다고 보기 어렵다. 따라서 피고 영상물1, 2가 원고의 영상저작물의 저작재산권과 저작인격권을 침해하였음을 전제로 하는 원고의 위 주장은 나아가 볼 필요 없이 이유 없다."

15. 저작물의 실질적 유사성과 디자인 유사의 관계

**대법원 2021. 6. 30. 선고 2019도17068 판결('과일토끼 자동버블건' 사건, 상고
기각: 공소사실에 대해 무죄를 선고한 원심을 수긍한 판결)**

피해자의 이 사건 과일토끼 자동버블건(이하 '피해자 저작물'이라고 한다)의 창작적
인 표현형식에 해당하는 기다란 귀에 나타난 과일 단면의 문양, 토끼 얼굴 내 이목구비
의 표현 등을 가지고 피고인의 이 사건 바니 자동버블건(이하 '피고인 제품'이라고 한
다)과 대비하여 보면, 그 표현이 서로 달라 피해자 저작물과 피고인 제품이 실질적으
로 유사하다고 보기 어렵다.

피고인 제품의 등록디자인이 그 출원 전에 공지된 피해자 저작물의 디자인과 유사
하여 등록이 무효라는 취지의 특허법원 판결은, 디자인 등록요건을 판단할 때의 관련
법리에 따라 공지된 부분까지 포함한 외관을 전체로서 관찰하여 디자인의 유사 여부를
판단한 사안이어서, 저작물의 실질적 유사성 여부를 판단하기 위해 창작적인 표현형식
에 해당하는 것만을 가지고 대비하여야 하는 이 사건에 원용할 수 없다.

피고인은 2015. 2.경부터 2015. 11.경까지 위 'C'에서, 피해자 D에게 저작권이 있는,
토끼의 형상 및 모양에 비눗물 통 총 및 권총의 방아쇠와 손잡이를 부분적으로 결합한
것으로, 손잡이 부분 위에 토끼가 네 발로 낮게 엎드려 있는 듯한 자세를 하고 있고,
토끼의 머리는 동그랗고, 비눗방울 분사구가 크게 벌린 토끼의 입안에 노즐형태로 형
성되어 있으며, 토끼의 귀는 길쭉하고 귀안에 과일을 형상화한 무늬가 그려져 있으며,
토끼의 네 발은 짧고, 토끼의 꼬리는 동그랗고 뭉툭한 별지 목록 사진과 같은 "E" 장
난감의 디자인을 복제하여 "F" 장난감을 제작, 판매함으로써 피해자의 저작권을 침해
하였다.

① 피해자의 K 캐릭터와 같이 실제 존재하는 동물인 토끼를 전제로 하는 저작물의
경우 둥근 얼굴과 그 위쪽으로 쫑긋하게 솟은 기다란 귀, 짧은 팔다리 등 토끼의 특성
상 필연적으로 유사하게 표현될 수밖에 없는 측면이 있어 창작형식이 상대적으로 제한
되는 점, ② 따라서 이 사건 E과 이 사건 F에서 공통적으로 표현된 토끼의 특징적인
형태적 유사성, 즉 동그란 머리와 길고 동그란 귀, 손잡이 부분 위에 네발로 엎드려 있
는 듯한 토끼의 자세와 짧은 팔다리, 동그랗고 뭉툭한 꼬리 부분 등은 토끼라는 동물
캐릭터를 단순화하여 귀여운 이미지로 표현하는 데에 흔히 사용되는 것으로서 양자의
실질적 유사성이 있는지 여부에 관하여 판단함에 있어서는 고려할 요소라고 보기 어려
운 점, ③ 이 사건 E과 이 사건 F이 I으로서 공통적으로 보이는 표현방식, 즉 캐릭터의
입 부분에서 비눗방울이 분사되도록 한 것이나 캐릭터 머리 아래에 비눗물을 넣은 플
라스틱 병을 끼울 수 있도록 하고 몸체 아래에는 이를 잡을 수 있는 손잡이와 방아쇠

를 배지한 섯 또한 피고인이 피해자와 K 캐릭터 상품화 계약을 체결하기 이전인 2010
년 무렵부터 호랑이, 고래 등 다양한 동물 캐릭터 형상의 L 제품을 생산하면서 공통적
으로 적용하여 온 형태인 점, ④ 한편 이 사건 E에서 창조적 개성이 가장 잘 드러나는
부분은 '기다란 귀에 나타난 수박이나 키위, 레몬 등 과일 단면의 문양'인데, 이 사건 F
은 '귀 부분에 흰색을 바탕으로 줄기와 잎이 있는 당근 전채의 모양'이 그려져 있어 양
자가 구별되고, 그 밖에 이 사건 E와 이 사건 F은 눈 사이의 간격, 눈의 크기와 모양,
볼터치의 유무, 벌린 입의 각도 등 토끼 얼굴 내 이목구비의 표현이 서로 다르며, 단순
화된 캐릭터일수록 이와 같은 미세한 표현과 배치의 차이만으로 전체적 심미감이 확연
하게 달라지는 속성이 있는 점 등을 종합적으로 고려하면, 창작적인 표현방식에 해당
하는 것만을 기초로 이 사건 E과 이 사건 F을 대비하여 볼 때 양자가 실질적으로 유
사하다고 보기는 어렵다.

제 3 절 요건사실별 검토: 저작권침해를 의심받는 자가 증명하여야 할 요건사실

1. 저작물성 또는 창작성 부재 항변

저작물성이 인정될 수 있는지가 문제되는 사안에서 저작권침해를 의심받는 자는
심지어 동일한 저작물이라고 하더라도 저작물성이 없다는 점을 증명하면 침해를 부
인할 수 있다. 그런 의미에서 저작물성 · 창작성 부재사실은 항변(抗辯)사실이다.[43]
언어나 문자에 의해 표현된 저작물인 어문저작물은 소설, 각본, 논문 등과 같이
문서로 표현된 저작물과 강연, 강의, 연설, 구연, 좌담회의 담화 등과 같이 구술로
표현된 저작물로 나눌 수 있다.[44] 일기, 대학입학시험문제,[45] 국한옥편,[46] 홍보용 팜
플렛[47] 기타 문서로 표현된 저작물은 문자나 문자에 대용되는 기호, 숫자 등으로
기술된 저작물은 물론 구술로 표현된 저작물은 자기의 사상 또는 감정을 창작적으

---

[43] 이에 대해서는 저작물성이 인정되지 않으면 저작권침해를 주장할 수 없으므로 침해의 요건사실
이라고 보는 견해도 가능하다고 본다.
[44] 박성호(2023), 70면.
[45] 대법원 1997. 11. 25. 선고 97도2227 판결.
[46] 서울고등법원 1962. 5. 18. 선고 61나1243 판결.
[47] 대법원 1991. 9. 10. 선고 91도1597 판결.

로 연술하는 것이기 때문에 스스로 창작한 것을 구술한 것도 어문저작물이다.[48] 문제는 이름이나 표어, 캐치프레이즈, 슬로건 등과 같이 간단하고 짧은 문구인데, 이 경우에는 창작성이 인정되기 어려워 보호되지 않는다는 것이 통설적인 견해이다.[49]

(1) 광고문구

광고문구의 저작권 침해문제가 있다. 법원은 대체적으로 저작물성을 부정하였다.

[하이트 사건] '가장 맛있는 온도가 되면 암반천연수 마크가 나타나는 하이트. 눈으로 확인하세요'라는 문구를 사용하여 광고한 하이트맥주 사건에서 "원고가 제안한 예시문구는 짧고 의미도 단순하여 그 표현형식에 위 내용 외에 어떤 보호할 만한 독창적인 표현형식이 포함되어 있다고 볼 여지도 없어 위 광고문구에 저작권을 인정할 수 있는 전제로서의 창작성을 인정할 수 없다."라고 판시히였다.[50]

[글라스락 사건] '글라스락은 강하고 안전합니다. 글라스락은 간편합니다. 글라스락은 깨끗합니다'라는 문구를 사용하여 광고한 글라스락 사건에서 "문장이 극히 간결할 뿐만 아니라 주방용 유리밀폐용기의 특성이나 용도에 비추어 쉽게 연상되고 그 아래 기재된 개개의 문구나 문구가 전달하고자 하는 특성을 요약한 것으로서 창조적 개성이 있다고 보기 어렵다."라고 판시하여 저작물성을 부정하였다.[51]

(2) 트윗글

트윗글도 그 길이가 단문이어서 제호나 광고와 같이 저작물을 인정받기 어렵다. 그러나 이와 관련하여, 작가 이외수씨의 트위터에 게시된 56개의 트위터 글을 무단 복제하여 "이외수 어록 24억짜리 언어의 연금술"이라는 제목의 전자책 파일을 만들어 자신의 어플리케이션을 통해 다른 사람들에게 전송한 사건에서 법원은 "이외수의 트윗글은 짧은 글귀 속에서 삶의 본질을 꿰뚫는 촌철살인의 표현이나 시대와 현실을 풍자하고 약자들의 아픔을 해학으로 풀어내는 독창적인 표현형식이 포함되어 있는 것이 대부분이고, 각 글귀마다 이외수 특유의 함축적이면서도 역설적인 문체가 사용되어 그의 개성을 드러내기에 충분한 사실을 인정할 수 있다. 따라서 이

---

48) 박성호(2023), 70면.
49) 박성호(2023), 70면.
50) 서울고등법원 1998. 4. 28. 선고 97나15229 판결.
51) 서울중앙지방법원 2008. 4. 17. 선고 2007가합80973 판결.

사건 트윗글은 이외수의 시상 또는 감정이 표현된 글로서 저작물이라 보는 것이 옳다."라고 판시하였다.[52]

(3) 저작물의 제목 또는 제호(題號)

저작물의 제목 또는 제호(題號)가 당해 저작물과는 별개의 독자적인 저작물 또는 그 중요한 일부로서 보호받을 수 있을지 여부에 관하여 본다.

['영어공부 절대로 하지마라' 사건][53] "일반적으로 저작물의 제호 자체는 저작물의 표지에 불과하고 독립된 사상, 감정의 창작적 표현이라고 보기 어려워 저작물로서의 조건을 구비하지 못하고 있으므로 저작물로서 보호를 받을 수 없는 것인바, 이 사건 제호인 '영어공부 절대로 하지마라' 또한 반어적인 의미의 문장적 구성을 가지고 있기는 하나, 기존의 통념화된 영어학습방법을 거부한다는 구호적 의미를 전달하는 것으로서 일견 독특하게는 보이더라도 창작적 표현이라기보다는 아이디어의 영역에 해당하여, 그 자체만으로는 저작물로 보기 어렵다."라고 판시하는 등 제호에 대한 저작물성을 부인한다.

[또복이 사건] 대법원은 만화제명 "또복이"[54]가 빵 상품에 사용된 사례에서 저작물성을 부인했다.

['바보처럼 공부하고 천재 처럼 꿈꿔라' 사건] "'바보처럼 공부하고 천재처럼 꿈꿔라' 제호의 책에서 사용된 이 사건 제호는 이 사건 저작물을 나타내는 상징적인 표현으로 이 사건 저작물의 주요 부분이라 할 것인데, 피신청인 서적은 이 사건 제호를 그대로 사용하고 있는 점, 별지2 목록 비교표와 같이 피신청인 서적에는 신청인이 창작하여 이 사건 저작물에 포함된 다양한 에피소드에 관한 표현 및 기술방식 등이 매우 유사하게 기재되어 있는 점, 위 유사부분의 분량이 전체 서적에서 상당한 부분을 차지하고 있는 점 등을 고려하면, 피고 서적은 이 사건 저작물과 실질적으로 유사한 것으로 보인다."[55]

['불타는 빙벽' 사건] '불타는 빙벽'이라는 제호의 책에 대해 "이 사건 제호 역시 저작물로 보호받을 수 없다 할 것이다. 또한 설사 현대 사회에서 제호가 갖는 사회

---

52) 서울남부지방법원 2013. 5. 9. 선고 2012고정4449 판결.
53) 서울고등법원 2006. 11. 28. 선고 2005나62640(본소), 2005나62657(반소) 판결.
54) 대법원 1977. 7. 12. 선고 77다90 판결.
55) 서울서부지방법원 2012. 7. 13. 자 2012카합710 결정.

적·경제적 중요성 등을 고려하여 제호의 저작물성을 일률적으로 부인하지 않고 제호 중 창작적 사상 또는 감정을 충분히 표현한 것을 선별하여 독립된 저작물로 보호하는 입장에 선다고 하더라도, 완성된 문장의 형태가 아닌 불과 두 개의 단어로만 구성되어 있는 이 사건 제호가 독자적으로 특정의 사상이나 감정 혹은 기타의 정보를 충분히 표현한 것으로 보기 어렵다."라고 판시하여,[56] 이 사건 제호의 저작물성은 부정하였으나, 제호의 저작물성을 일률적으로 부인하지 않고 제호 중 창작적 사상 또는 감정을 충분히 표현한 것을 선별하여 독립된 저작물로 보호하는 입장에 설 수 있다는 가능성을 판시하여 제호의 저작물성이 인정될 가능성에 관해 언급하였다.

[기타] 소설제목 "애마부인",[57] 연극제목 "품바"[58] 또는 "크라운"[59]이라는 제호가 상호가 사상이나 감정의 충분한 표현이라고 볼 수 없기 때문에 저삭물로서 보호될 수 없다고 판시하였다.

2. 저작재산권 제한사유 항변

피고는 항변으로 원고가 주장하는 저작재산권에 대하여 저작권법상 저작재산권 제한사유(공정이용항변, 저작권법 제35조의5 포함)에 해당하여 위법성이 조각된다는 항변을 할 수 있다. 관련 상세는 제5장 참조.

3. 기타 항변

피고는 항변으로 자신이 사용한 저작물이 공용영역(public domain)에 있는 것이라는 항변(특허법상 '자유실시기술 항변' 유사)을 할 수 있다. 공서양속 위반을 이유로 해서 침해의 위법성을 벗어날 수 있는가에 대해서 논란이 있으나 음란물에 대한 사건에서 대법원은 음란물이라고 해서 저작권법에 의한 보호를 받지 못하는 것은 아니라고 해서 양자를 구별하였다(구별설).

---

56) 서울남부지방법원 2005. 3. 18. 선고 2004가단31955 판결.
57) 서울고등법원 1991. 9. 5. 자 91라79 결정.
58) 서울고등법원 1989. 4. 11. 자 89라28 결정.
59) 대법원 1996. 8. 23. 선고 96다273 판결.

음란물이나 이적표현물 등 관련법에 의해 허용되지 않는 저작물도 저작권법에 의해 보호받을 수 있는지 문제된다. 특허법은 공공의 질서 또는 선량한 풍속을 문란하게 하거나 공중의 위생을 해할 염려가 있는 발명에 대하여는 특허를 받을 수 없다고 규정(특허법 제32조)하고 있고, 상표법은 일반인의 통상적인 도덕관념인 선량한 풍속에 어긋나는 등 공공의 질서를 해칠 우려가 있는 상표에 대하여 상표등록을 받을 수 없다고 규정(상표법 제34조 제1항 제4호)하고 있으나, 저작권법에는 그러한 규정이 없다. 이에 대해서는 긍정설과 부정설이 대립된다. 긍정설의 입장에서는 ① 다른 관련법에 의해 금지되는 저작물이라 하더라도 저작권법에 의한 보호는 받을 수 있다고 해석, ② 음란성이나 이적성 등 다른 불법성은 저작권법상 저작물로서의 보호와는 무관한 것이며, 그러한 불법성에 대한 규제는 다른 법률에 맡겨 두면 되는 것이지 저작권법에 의한 저작물의 성립 여부의 판단기준은 될 수 없다고 본다.[60] 반면, 부정설의 입장에서는 ① 음란물에 대해서는 패미니즘 법학의 시각에서 이런 저작물에 대한 보호는 여성에 대한 보호의 부재로 이어질 수 있다는 비판, ② 하나의 법제에서 어느 법은 권리로서 보호하고 다른 법은 처벌하는 것은 타당하지 않다고 본다.

> ### 대법원 2015. 6. 11. 선고 2011도10872 판결('성인비디오' 사건)[61]
>
> 저작권법은 제2조 제1호에서 저작물을 '인간의 사상 또는 감정을 표현한 창작물'이라고 정의하는 한편, 제7조에서 보호받지 못하는 저작물로서 헌법·법률·조약·명령·조례 및 규칙(제1호), 국가 또는 지방자치단체의 고시·공고·훈령 그 밖에 이와 유사한 것(제2호), 법원의 판결·결정·명령 및 심판이나 행정심판절차 그 밖에 이와 유사한 절차에 의한 의결·결정 등(제3호), 국가 또는 지방자치단체가 작성한 것으로서 제1호 내지 제3호에 규정된 것의 편집물 또는 번역물(제4호), 사실의 전달에 불과한 시사보도(제5호)를 열거하고 있을 뿐이다. 따라서 저작권법의 보호대상이 되는 저작물이란 위 열거된 보호받지 못하는 저작물에 속하지 아니하면서도 인간의 정신적 노력에 의하여 얻어진 사상 또는 감정을 말, 문자, 음, 색 등에 의하여 구체적으로 외부에 표현한 것으로서 '창작적인 표현형식'을 담고 있으면 족하고, 표현되어 있는 내용 즉

---

60) 남형두, "합법성과 저작권 보호요건-음란물을 중심으로", 민사판례연구, 2012, 967면.

61) [심화학습] 박준석, "음란물의 저작물성 및 저작권침해금지청구 등의 가능성-대법원 2015. 6. 11. 선고 2011도10872 판결-", 법조, 제65권 제9호, 2016.

사상 또는 감정 자체의 윤리성 여하는 문제 되지 아니하므로, 설령 내용 중에 부도덕하거나 위법한 부분이 포함되어 있다 하더라도 저작권법상 저작물로 보호된다.[62]

서울고등법원 2016. 11. 29. 자 2015라1490 결정('성인비디오' 사건)

영상물이 성행위 장면 등을 내용으로 삼고 있다 하더라도 그것이 아무런 창작적인 표현 없이 남녀의 실제 성행위 장면을 단순히 녹화하거나 몰래 촬영한 것이 아니라면 그 창작성을 부인할 수 없고, 영상물이 음란물에 해당하는 경우, 형법, 정보통신망 이용촉진 및 정보보호 등에 관한 법률 등에 의하여 배포, 판매, 전시 등의 행위가 처벌되는 등으로 해당 영상저작물의 저작권자가 그 배포권, 판매권, 전시권 등 권리행사에 제한을 받을 수 있으나 저작권자의 의사에 반하여 영상저작물이 유통되는 것을 막아달라는 취지의 저작권 등의 침해금지청구권까지 제한되는 것은 아니다.(=채권자들의 청구 인용)

서울중앙지방법원 2016. 1. 27. 선고 2015가합513706 판결('주권방송' 사건)[63]

[사실관계]

피고들은 종합 뉴스프로그램의 제작 및 공급 등의 사업을 영위하는 방송사업자들이다.

2014. 11. 19.자 F 이후 보수단체들이 위 F에서 북한을 찬양하였다는 등의 이유로 A, E를 국가보안법위반 혐의로 수사기관에 고발하였고, 수사기관은 2014. 11.경 'B' 등의 인터넷방송 진행 및 'F' 등의 개최로 인한 국가보안법위반(찬양·고무등) 혐의 등으로 A, E에 대한 수사를 시작하였다. 이후 검찰은 2015. 1. 8.경 위 2014. 11. 19.자 및 AS자 각 F와 관련하여 F 개최에 의한 국가보안법상 찬양·고무·선전의 범죄사실에 관하여 E를 기소유예하였다. 그리고 검찰은 그 무렵 원고 영상물 4, 5 'B' 프로그램 진행과 관련한 국가보안법상 이적표현물 반포 및 위 2014. 11. 19.자 및 AS자 각 F 개최와 관련한 국가보안법상 찬양·고무·선전 등의 범죄사실로 A에 대하여 서울중앙지방법원에 구속영장을 신청하여, 그 무렵 서울중앙지방법원은 A에 대한 구속영장을 발부하였고, 검찰은 2015. 2. 9. A을 국가보안법위반(찬양·고무등)의 범죄사실로 서울중앙지방법원에 구속기소하였다.

피고들은 위와 같이 A 및 E에 대한 수사가 시작될 무렵인 CG부터 A이 'B' 프로그

---

62) 대법원 1990. 10. 23. 선고 90다카8845 판결에서 누드사진의 저작물성을 인정했다.

63) 서울고등법원 2017. 1. 26. 선고 2016나2018997 판결; 대법원은 2017년 6월 사건에서 손해배상을 인정한 원심을 확정하였다(심리불속행기각).

램 등 인터넷방송 및 'F' 등에서, E가 'F' 등에서 각각 북한을 찬양하는 듯한 발언을 하였다는 내용 및 A, E에 대한 수사 진행 내용에 관한 뉴스프로그램 또는 A 및 E의 북한 관련 발언 등을 비판하는 내용의 시사프로그램인 [별지2] 목록 제1 내지 7항 기 재 각 영상물(이하 '피고들 각 영상물'이라 한다)을 제작·방송하였는데, 피고 한국방 송공사를 제외한 나머지 피고들은 피고들의 각 영상물 제작 과정에서 원고의 이용허락을 받지 않고 피고들 각 영상물에 이 사건 각 영상물을 그대로 또는 편집(크기 조정, 원고 로고 제거, 음 소거 등)하여 삽입하였고, 피고 한국방송공사는 아래에서 보는 바와 같이 원고로부터 이용허락을 받아 이 사건 각 영상물을 사용한 뉴스를 제작하다가, 원고의 이용허락 철회 이후에도 이 사건 각 영상물 중 한 편을 사용하여 뉴스 한 편을 제작하였다.

[법원의 판단]

저작권법 제7조는 "다음 각 호의 어느 하나에 해당하는 것은 이 법에 의한 보호를 받지 못한다."라고 규정하여 일정한 창작물을 저작권법에 의한 보호대상에서 제외하면서 제5호에 '사실의 전달에 불과한 시사보도'를 열거하고 있는바, 이는 원래저작권법의 보호대상이 되는 것은 외부로 표현된 창작적인 표현 형식일 뿐 그 표현의 내용이 된 사상이나 사실 자체가 아니고, 시사보도는 여러 가지 정보를 정확하고 신속하게 전달하기 위하여 간결하고 정형적인 표현을 사용하는 것이 보통이어서 창작적인 요소가 개입될 여지가 적다는 점 등을 고려하여, 독창적이고 개성 있는 표현 수준에 이르지 않고 단순히 '사실의 전달에 불과한 시사보도'의 정도에 그친 것은 저작권법에 의한 보호대상에서 제외한 것이라고 할 것이다(대법원 2006. 9. 14. 선고 2004도5350 판결의 취지 참조).

사진저작물은 피사체의 선정, 구도의 설정, 빛의 방향과 양의 조절, 카메라 각도의 설정, 셔터의 속도, 셔터찬스의 포착, 기타 촬영방법, 현상 및 인화 등의 과정에서 촬영자의 개성과 창조성이 인정되어야 저작권법에 의하여 보호되는 저작물에 해당된다(대법원 2001. 5. 8. 선고 98다43366 판결, 대법원 2010. 12. 23. 선고 2008다44542 판결 등 참조).

① 공표된 저작물의 인용이 정당한 것으로 인정되기 위해서는 인용의 목적과 방법이 '공정한 관행에 합치'되어야 한다. 따라서 보도나 비평 목적의 공표 저작물 인용의 경우에도 인용된 부분이 자신의 저작물이 아니라 타인의 저작물이라는 점을 분명히 하고 그 출처를 명시하여야 비로소 그 '인용의 방법'이 공정한 관행에 합치된다고 볼 수 있을 것이다. 그러나 이 부분 각 영상물의 경우 피인용저작물에 표시되어 있던 "주권방송", "615TV" 또는 "B"라는 로고 표시 부분을 의도적으로 삭제하는 방법으로 그 출처를 표시하지 않았는바, 이러한 인용 방법은 공정한 관행에 합치되는 인용 방법이

라고 평가하기 어렵다.

② 이 부분 각 영상물은 피고들이 운영하는 인터넷 웹사이트 서버에 저장되고 일정한 기간 동안 계속적으로 인터넷 웹사이트 등을 통해 불특정 다수인에게 제공된다는 점에서, 이 부분 각 영상물에서의 이 사건 각 저작영상물 인용은 큰 계속성과 파급력을 가지게 되므로, 피인용저작물의 출처를 명시할 당위성·필요성은 더욱 높다고 할 것이다.

① 침해영상물은 기본적으로 보도나 비평을 위해 제작된 것이나, 피고들은 침해영상물과 관련하여 광고료를 받거나 타 방송사에 유료로 판매할 수 있게 되어 영리적·상업적 이용으로서의 성격도 있는 점, ② 침해영상물 제작시 이 사건 각 저작영상물의 인용은 영상 매체에 고정하는 방법으로 이루어지고, 불특정 다수인에게 제공된다는 점에서 매우 큰 계속성과 파급력을 가지게 되는 점, ③ 침해영상물 중 과다 인용 영상물의 경우 앞서 본 바와 같이 그 인용의 정도가 정당한 범위를 넘어 과다한 점, ④ 위 라.의 1)의 나)항에서 본 바와 같은 이유로, 저작권법 제35조의3에 따라 저작물을 이용할 때 그 출처를 명시하였는지 여부는 저작권법 제35조의3 소정의 '저작물의 공정 이용' 여부 판단시 중요한 고려사항이 된다고 보아야 할 것이고, 따라서 출처를 명시하지 않은 채 영상저작물을 무단 사용한 경우, 출처를 명시할 수 없는 특별한 사정(피인용저작물이 출처 불명인 경우 등)이 없는 한, 이는 저작물의 통상적인 이용 방법과 충돌하거나 저작자의 정당한 이익을 부당하게 해치는 이용이라고 볼 여지가 클 것인데, 침해영상물 중 부적절 인용 영상물의 경우, 피고들은 부적절 인용 영상물 제작시 피인용저작물에 표시되어 있던 "주권방송", "615TV" 또는 "B"라는 로고 표시 부분을 의도적으로 삭제하는 방법으로 그 출처를 표시하지 않은 점 등을 종합적으로 고려하면, 피고들이 침해영상물을 제작하면서 원고의 이 사건 각 저작영상물을 무단 사용한 행위가 저작물의 통상적인 이용 방법과 충돌하지 아니하고 저작자의 정당한 이익을 부당하게 해치지 아니하는 경우로서 저작권법 제35조의3에서 정하고 있는 저작물의 공정한 이용에 해당한다고 평가하기는 어려우므로, 피고들의 이 부분 주장은 이유 없다.[64]

---

64) 원고의 청구에 대해서 피고는 저작물성, 저작재산권 제한사유로 제28조(인용), 구 저작권법 제35조의3(현 저작권법 제35조의5, 공정이용) 등을 주장하였으나 법원은 원고의 청구를 일부인용하였다.

제 4 절 저작권 침해의 의제

저작권법은 일정한 행위에 대하여 저작권 침해로 의제한다. 이에 다음의 행위 중 어느 하나에 해당하게 되면 저작권 침해를 한 것으로 간주된다.

ⅰ) 수입 시에 대한민국 내에서 만들어졌더라면 저작권 그 밖에 저작권법에 따라 보호되는 권리의 침해로 될 물건을 대한민국 내에서 배포할 목적으로 수입하는 행위

ⅱ) 저작권 그 밖에 저작권법에 따라 보호되는 권리를 침해하는 행위에 의하여 만들어진 물건(제1호의 수입물건을 포함한다)을 그 사실을 알고 배포할 목적으로 소지하는 행위

ⅲ) 프로그램의 저작권을 침해하여 만들어진 프로그램의 복제물(제1호에 따른 수입 물건을 포함한다)을 그 사실을 알면서 취득한 자가 이를 업무상 이용하는 행위

또한 저작자의 명예를 훼손하는 방법으로 저작물을 이용하는 행위는 저작인격권의 침해로 간주한다.

제 5 절 민사상 구제

1. 손해배상 청구

제125조의2(법정손해배상의 청구) ① 저작재산권자등은 고의 또는 과실로 권리를 침해한 자에 대하여 사실심(事實審)의 변론이 종결되기 전에는 실제 손해액이나 제125조 또는 제126조에 따라 정하여지는 손해액을 갈음하여 침해된 각 저작물등마다 1천만원(영리를 목적으로 고의로 권리를 침해한 경우에는 5천만원) 이하의 범위에서 상당한 금액의 배상을 청구할 수 있다.
② 둘 이상의 저작물을 소재로 하는 편집저작물과 2차적저작물은 제1항을 적용하는 경우에는 하나의 저작물로 본다.
③ 저작재산권자등이 제1항에 따른 청구를 하기 위해서는 침해행위가 일어나기 전에 제53조부터 제55조까지의 규정(제90조 및 제98조에 따라 준용되는 경우를 포함한다)에 따라 그

저작물등이 등록되어 있어야 한다.
④ 법원은 제1항의 청구가 있는 경우에 변론의 취지와 증거조사의 결과를 고려하여 제1항의 범위에서 상당한 손해액을 인정할 수 있다.

저작재산권 그 밖에 저작권법에 따라 보호되는 권리(저작인격권 및 실연자의 인격권은 제외)를 가진 자(이하 '저작재산권자 등')가 고의 또는 과실로 권리를 침해한 자에 대하여 그 침해행위에 의하여 자기가 받은 손해의 배상을 청구하는 경우에 그 권리를 침해한 자가 그 침해행위에 의하여 이익을 받은 때에는 그 이익의 액을 저작재산권자 등이 받은 손해의 액으로 추정한다(법 제125조 제1항).

저작재산권자 등이 고의 또는 과실로 그 권리를 침해한 자에 대하여 그 침해행위에 의하여 자기가 받은 손해의 배상을 청구하는 경우에 그 권리의 행사로 통상 받을 수 있는 금액에 상당하는 액을 저작재산권자 등이 받은 손해의 액으로 하여 그 손해배상을 청구할 수 있다. 그럼에도 불구하고 저작재산권자 등이 받은 손해의 액이 그 권리의 행사로 통상 받을 수 있는 금액에 상당하는 액을 초과하는 경우에는 그 초과액에 대하여도 손해배상을 청구할 수 있다. 만일 손해가 발생한 사실은 인정되나 위의 손해액을 산정하기 어려운 때에는 법원에 의하여 변론의 취지 및 증거조사의 결과를 참작하여 상당한 손해액을 인정받을 수 있다. 실무상으로는 저작권 침해로 인한 손해배상액 산정의 곤란으로 인해서 다수의 손해배상은 저작권법 제125조의2 제4항에 의한 재량배상이 이루어진다.

등록되어 있는 저작권, 배타적발행권, 출판권, 저작인접권 또는 데이터베이스제작자의 권리를 침해한 자는 그 침해행위에 과실이 있는 것으로 추정한다. 이는 저작권 등록의 실익이라고 할 수 있다.

한편, 저작권법은 저작권 침해에 따른 손해입증의 어려움으로 인하여 적절한 배상을 받지 못하는 문제를 해결하기 위하여 법정손해배상제도를 두고 있다. 따라서 저작권자 등은 고의 또는 과실로 권리를 침해한 자에 대하여 사실심(事實審)의 변론이 종결되기 전에는 실제 손해액이나 법원에 의하여 정해진 손해액을 갈음하여 침해된 각 저작물 등마다 1천만 원(영리를 목적으로 고의로 권리를 침해한 경우에는 5천만 원) 이하의 범위에서 상당한 금액의 배상을 청구할 수 있다. 이때 법원은 변론의 취지와 증거조사의 결과를 고려하여 법정손해배상액의 범위 내에서 상당한 손해액을 인정할 수 있다. 이때 둘 이상의 저작물을 소재로 하는 편집저작물과 2차적저

작물은 법정손해배상을 적용함에 있어서 하나의 저작물로 본다. 다만, 저작재산권
자 등이 법정손해배상을 청구하기 위해서는 침해행위가 일어나기 전에 해당 저작물
등이 등록되어 있어야 한다(법 제125조의2 제3항)는 점을 주의하여야 한다.

인천지방법원 2016. 4. 1. 선고 2014가합51967 판결('합의금 장사' 사건)[65]

원고는 실제로 41명의 피고들에 대하여는 합의금을 수령한 후 그 소를 각 취하하였
는바, 이처럼 원고의 주된 목적이 속칭 '합의금 장사'에 있었다면 소액사건심판법에 따
른 이행권고결정에 의하여 상호 무관한 116명의 피고들에 대하여 각기 별개로 간이하
며 신속한 소송절차에 의하여 분쟁해결을 진행하여야 할 것이지, 원고의 합의금 제안
에 대하여 각개의 피고들이 이의를 제기하는 경우에 피고들로 하여금 장기간의 공동소
송 절차에 시달리게끔 하는 것은 민사합의부와 관련된 사물관할의 본질에도 맞지 않
는다.

대법원 1996. 6. 11. 선고 95다49639 판결('합의금 장사' 사건)

저작권법 제93조 제2항에서는 저작재산권을 침해한 자가 침해행위에 의하여 이익을
받았을 때에는 그 이익의 액을 저작재산권자 등이 입은 손해액으로 추정한다고 규정하
고 있고, 그 제3항에서는 저작재산권자 등은 제2항의 규정에 의한 손해액 외에 그 권리
의 행사로 통상 얻을 수 있는 금액에 상당하는 액을 손해액으로 하여 그 배상을 청구
할 수 있다고 규정하고 있는바, 이는 피해 저작재산권자의 손해액에 대한 입증의 편의
를 도모하기 위한 규정으로서 최소한 제3항의 규정에 의한 금액은 보장해 주려는 것이
므로, 결국 제2항에 의한 금액과 제3항에 의한 금액 중 더 많은 금액을 한도로 하여 선
택적으로 또는 중첩적으로 손해배상을 청구할 수 있다.

저작권 침해자로부터 그 침해 사실을 모르고 저작물작성권을 취득한 자는 침해한
새로운 저작물 자체에 대한 2차적저작물작성권을 취득한 것이 되어 원저작자에 대한
관계에서 법률상 원인 없이 이익을 얻고, 이로 인하여 원저작자에게 손해를 가한 것이
된다고 볼 수는 없다고 설시한 다음, 피고 공사 및 피고 제작단은 피고 3이 원고의 저

---

65) 방송국 및 프로그램제작사가 원저자의 저작권을 침해한 사실을 알고 있었다거나 이를 알 수 있었
음에도 그 대본을 감독, 심의할 주의의무를 위배하였음을 인정할 증거가 없을 뿐만 아니라, 방송
국 및 프로그램제작사와 연속극 대본 집필자 사이에는 사용자 및 피용자의 관계가 존재하지 아니
하여 대본 집필자의 저작권 침해행위에 대하여 방송국 및 프로그램제작사가 특별한 주의, 감독을
하여야 할 의무가 있다고 할 수 없고, 달리 방송국 및 프로그램제작사기 원저자의 저작권 침해를
방지하여야 할 의무가 있음에도 불구하고 이를 해태하였다고 인정할 증거가 없다고 하여, 방송국
및 프로그램제작사에 대한 손해배상청구를 기각한 원심판결을 수긍한 사례이다.

작권을 침해한 사실을 모르고, 피고 3과의 연속극 대본집필계약에 의하여 피고 3으로부터 연속극 대본에 대한 방영권 및 영상저작물작성권을 취득한 이상 피고 공사와 피고 제작단은 원고에 대하여는 부당이득이 성립되지 아니한다.

2. 침해정지 등 금지 청구

저작권 그 밖에 저작권법에 따라 보호되는 권리를 가진 자는 그 권리를 침해하는 자에 대하여 침해의 정지를 청구할 수 있으며, 그 권리를 침해할 우려가 있는 자에 대하여 침해의 예방 또는 손해배상의 담보를 청구할 수 있다. 침해정지 등의 청구권 행사에는 손해배상 청구와 달리 침해자의 권리침해에 대한 고의·과실을 요하지 않는다.

3. 침해물의 폐기 등

저작권 그 밖에 저작권법에 따라 보호되는 권리를 가진 자는 침해정지나 침해예방 또는 담보제공 등의 청구를 하는 경우에 침해행위에 의하여 만들어진 물건의 폐기나 그 밖의 필요한 조치를 청구할 수 있다. 이에 무단으로 출판된 인쇄물, 음반 등이 폐기청구 대상에 해당한다.

최근 서부지방법원이 건축물에 대해서 철거를 명한 것을 금지청구의 일부로 방해배제를 명한 것으로 건축저작물 침해의 경우 건축물의 사회경제적 가치로 인해서 인용하지 않던 건물철거를 명하였다는 점에 의의가 있다고 본다.[66]

생각할 문제

두 건물은 바닷가에 접한 입지는 물론 외관도 닮은꼴이다. 두 덩이의 거대한 콘크리트 구조물을 비틀어 쌓은 형태를 갖췄고 연면적(약 490㎡)과 높이(11~12m), 규모(지상 3층)가 모두 비슷하다.

내부 인테리어도 판박이다. 1~3층엔 가운데가 뻥 뚫린 '오픈 스페이스' 형태의 중앙 계단이 배치됐다. 게다가 웨이브온은 '서울 고소영 빌딩'(테티스), '강원도 정선 원빈 집'(42nd 루트하우스)을 설계한 곽희수 건축가(이뎀건축사사무소 소장)의 대표작 중 하나로,

---

66) 서울서부지방법원 2023. 9. 14. 선고 2019가합41266 판결.

2017년 세계건축상(WA), 2018년 한국건축문화대상 국무총리상을 받은 작품이다.

　출처: 중앙일보, [단독] 다른 건물 베낀 짝퉁건물, 법원 "아예 철거하라" 첫 판결, 2023.
　　9. 19.자.

　위와 같은 첫 판결이 나온 것에 대해서 토론하여 보자.

---

4. 가 처 분

　가처분은 다중의 대상에 관한 가처분과 임시의 지위를 정하는 가처분이 있다.[67]
침해정지, 예방청구권, 침해물의 폐기 등을 청구하는 경우, 또는 저작권법에 따른
형사의 기소가 있는 때에는 법원은 원고 또는 고소인의 신청에 따라 담보를 제공하
거나 제공하지 아니하게 하고, 임시로 침해행위의 정지 또는 침해행위로 말미암아
만들어진 물건의 압류 그 밖의 필요한 조치를 명할 수 있다. 영화의 상영금지를 구
하는 경우와 같이 다툼 있는 권리관계 특히 계속하는 권리관계에 대하여 본안 재판
이 끝날 때까지 채권자에게 끼칠 현저한 손해를 피하거나 급박한 위험을 막기 위하
여 응급적·잠정적 가처분(임시의 지위를 정하기 위한 가처분)을 할 수 있다(민사집행
법 제300조 제2항). 이 경우 저작권 그 밖에 저작권법에 따라 보호되는 권리의 침해
가 없다는 뜻의 판결이 확정된 때에는 신청자는 그 신청으로 인하여 발생한 손해를
배상하여야 한다.

　권리침해의 배제 또는 예방에 긴급을 요하는 경우가 많으므로 본안소송에 앞서
서 가처분을 통한 보전조치를 구하는 것이 일반적이다. 이러한 가처분결정에 따라
가처분이 집행되었더라도 본안소송에서 침해가 아닌 것으로 판단된다면, 신청인은
그에 대한 무과실의 손해배상책임을 부담하게 된다.[68] 그리고 고의나 과실은 추정
된다.[69]

---

67) 이시윤, 「민사집행법」(제8개정판), 박영사(2020), 647-649면.
68) 대법원 1995. 12. 12. 선고 95다34095 판결; 대법원 2002. 9. 24. 선고 2000다46184 판결; 대법원
　　2002. 10. 11. 선고 2002다35461 판결 등.
69) 대법원 1999. 9. 3. 선고 98다3757 판결 등.

5. 명예회복 등의 청구

저작자 또는 실연자는 고의 또는 과실로 저작인격권 또는 실연자의 인격권을 침해한 자에 대하여 손해배상에 갈음하거나 손해배상과 함께 명예회복을 위하여 필요한 조치를 청구할 수 있다. 명예회복을 위하여 필요한 조치로는 침해사실만을 인정하는 해명광고문, 판결문 또는 정정문의 게재를 들 수 있다. 이는 저작인격권이 침해된 경우에는 금전적 손해 이외에도 정신적 손해의 발생이 필연적이라 보고 이에 대한 명예회복 조치를 요구하는 것이다(법 제127조).

아울러 저작권법은 저작자가 사망한 후에도 인격적 이익을 보호하고 있다. 저작인격권은 저작자의 사망과 동시에 권리가 소멸하는 것이 일반적인 원칙이나, 예외적으로 사망자의 인격적 이익을 보호할 수 있는 규정을 두고 있는 것이다. 이에 저작자가 사망한 후에 그 유족(사망한 저작자의 배우자·자·부모·손·조부모 또는 형제자매를 말한다)이나 유언집행자는 당해 저작물에 대하여 저작자의 사망 후에 그의 저작물을 이용하는 자는 저작자가 생존하였더라면 그 저작인격권의 침해가 될 행위를 하거나, 행위를 할 우려가 있는 자에 대하여는 침해의 정지 등을 청구할 수 있다. 또한 고의 또는 과실로 저작인격권을 침해하거나 저작자의 사망 후에 그의 저작물을 이용하는 자는 저작자가 생존하였더라면 그 저작인격권의 침해가 될 행위를 하는 자에 대하여는 명예회복 등의 청구를 할 수 있도록 규정한다(법 제128조).

6. 부당이득반환청구권

저작권법에 명문의 규정은 없지만 저작권 침해자가 법률상 원인 없이 저작권자의 재산 또는 노무로 인하여 부당이득을 얻은 경우, 저작권자는 이에 대한 부당이득반환청구를 할 수 있다.

7. 공동저작물의 권리침해(법 제129조)

공동저작물의 각 저작자 또는 각 저작재산권자는 다른 저작자 또는 다른 저작재산권자의 동의 없이 침해정지 등의 청구를 할 수 있으며 그 저작재산권의 침해에 관하여 자신의 지분에 관한 손해배상의 청구를 할 수 있다.

8. 정보의 제공(법 제129조의2)

법원은 저작권, 그 밖에 저작권법에 따라 보호되는 권리의 침해에 관한 소송에서 당사자의 신청에 따라 증거를 수집하기 위하여 필요하다고 인정되는 경우에는 다른 당사자에 대하여 그가 보유하고 있거나 알고 있는 ⅰ) 침해 행위나 불법복제물의 생산 및 유통에 관련된 자를 특정할 수 있는 정보, ⅱ) 불법복제물의 생산 및 유통 경로에 관한 정보를 제공하도록 명할 수 있다.

그럼에도 불구하고 다른 당사자는 ⅰ) 다른 당사자, 다른 당사자의 친족이거나 친족 관계가 있었던 자, 다른 당사자의 후견인 중 어느 하나에 해당하는 자가 공소 제기되거나 유죄판결을 받을 우려가 있는 경우, 혹은 ⅱ) 영업비밀 또는 사생활을 보호하기 위한 경우이거나 그 밖에 정보의 제공을 거부할 수 있는 정당한 사유가 있는 경우 중 어느 하나에 해당하는 경우에는 정보의 제공을 거부할 수 있다. 이때 정당한 사유의 존재 여부를 판단하기 위해서 필요하다고 인정되는 경우에는 다른 당사자에게 정보를 제공하도록 요구할 수 있다. 이 경우 정당한 사유가 있는지를 판단하기 위하여 정보제공을 신청한 당사자 또는 그의 대리인의 의견을 특별히 들을 필요가 있는 경우 외에는 누구에게도 그 제공된 정보를 공개하여서는 아니 된다.

다른 당사자가 정당한 이유 없이 정보제공 명령에 따르지 않는 경우에는 법원은 정보에 관한 당사자의 주장을 진실한 것으로 인정할 수 있다.

9. 비밀유지명령(법 제129조의3)

법원은 저작권 등의 침해소송에서 소송의 진행 중에 제시한 문서 또는 증거 등에 영업비밀이 포함되어 있는 것을 소송당사자가 소명한 경우에 법원은 해당 소송으로 인하여 이를 알게 된 자에게 해당 영업비밀을 해당 소송의 계속적인 수행 외의 목적으로 사용하거나 해당 영업비밀에 관계된 이 항에 따른 명령을 받은 자 외의 자에게 공개하지 말 것을 명할 수 있다.

비밀유지의 효력은 ⅰ) 다른 당사자, ⅱ) 당사자를 위하여 소송을 대리하는 자, ⅲ) 그 밖에 해당 소송으로 인하여 영업비밀을 알게 된 자에게 미친다.

제 6 절   형사처벌

저작권법 제11장은 벌칙을 규정하고 있다.

제136조(벌칙) ① 다음 각 호의 어느 하나에 해당하는 자는 5년 이하의 징역 또는 5천만원 이하의 벌금에 처하거나 이를 병과(倂科)할 수 있다.

1. 저작재산권, 그 밖에 이 법에 따라 보호되는 재산적 권리(제93조에 따른 권리는 제외한다)를 복제, 공연, 공중송신, 전시, 배포, 대여, 2차적저작물 작성의 방법으로 침해한 자
2. 제129조의3제1항에 따른 법원의 명령을 정당한 이유 없이 위반한 자

② 다음 각 호의 어느 하나에 해당하는 자는 3년 이하의 징역 또는 3천만원 이하의 벌금에 처하거나 이를 병과할 수 있다.

1. 저작인격권 또는 실연자의 인격권을 침해하여 저작자 또는 실연자의 명예를 훼손한 자
2. 제53조 및 제54조(제90조 및 제98조에 따라 준용되는 경우를 포함한다)에 따른 등록을 거짓으로 한 자
3. 제93조에 따라 보호되는 데이터베이스제작자의 권리를 복제·배포·방송 또는 전송의 방법으로 침해한 자
   3의2. 제103조의3제4항을 위반한 자
   3의3. 업으로 또는 영리를 목적으로 제104조의2제1항 또는 제2항을 위반한 자
   3의4. 업으로 또는 영리를 목적으로 제104조의3제1항을 위반한 자. 다만, 과실로 저작권 또는 이 법에 따라 보호되는 권리 침해를 유발 또는 은닉한다는 사실을 알지 못한 자는 제외한다.
   3의5. 제104조의4제1호 또는 제2호에 해당하는 행위를 한 자
   3의6. 제104조의5를 위반한 자
   3의7. 제104조의7을 위반한 자
4. 제124조제1항에 따른 침해행위로 보는 행위를 한 자
5. 삭제 〈2011. 6. 30.〉
6. 삭제 〈2011. 6. 30.〉

제137조(벌칙) ① 다음 각 호의 어느 하나에 해당하는 자는 1년 이하의 징역 또는 1천만원 이하의 벌금에 처한다.

1. 저작자 아닌 자를 저작자로 하여 실명·이명을 표시하여 저작물을 공표한 자
2. 실연자 아닌 자를 실연자로 하여 실명·이명을 표시하여 실연을 공연 또는 공중송신하거나 복제물을 배포한 자
3. 제14조제2항을 위반한 자
   3의2. 제104조의4제3호에 해당하는 행위를 한 자
   3의3. 제104조의6을 위반한 자
4. 제105조제1항에 따른 허가를 받지 아니하고 저작권신탁관리업을 한 자
5. 제124조제2항에 따라 침해행위로 보는 행위를 한 자
6. 자신에게 정당한 권리가 없음을 알면서 고의로 제103조제1항 또는 제3항에 따른 복제·전송의 중단 또는 재개요구를 하여 온라인서비스제공자의 업무를 방해한 자

7. 제55조의5(제90조 및 제98조에 따라 준용되는 경우를 포함한다)를 위반한 자
② 제1항제3호의3의 미수범은 처벌한다.

제138조(벌칙) 다음 각 호의 어느 하나에 해당하는 자는 500만원 이하의 벌금에 처한다.
1. 제35조제4항을 위반한 자
2. 제37조(제87조 및 제94조에 따라 준용되는 경우를 포함한다)를 위반하여 출처를 명시하지 아니한 자
3. 제58조제3항(제63조의2, 제88조 및 제96조에 따라 준용되는 경우를 포함한다)을 위반하여 저작재산권자의 표지를 하지 아니한 자
4. 제58조의2제2항(제63조의2, 제88조 및 제96조에 따라 준용되는 경우를 포함한다)을 위반하여 저작자에게 알리지 아니한 자
5. 제105조제1항에 따른 신고를 하지 아니하고 저작권대리중개업을 하거나, 제109조제2항에 따른 영업의 폐쇄명령을 받고 계속 그 영업을 한 자

제139조(몰수) 저작권, 그 밖에 이 법에 따라 보호되는 권리를 침해하여 만들어진 복제물과 그 복제물의 제작에 주로 사용된 도구나 재료 중 그 침해자 · 인쇄자 · 배포자 또는 공연자의 소유에 속하는 것은 몰수한다. 〈개정 2011. 12. 2.〉

제140조(고소) 이 장의 죄에 대한 공소는 고소가 있어야 한다. 다만, 다음 각 호의 어느 하나에 해당하는 경우에는 그러하지 아니하다. 〈개정 2009. 4. 22., 2011. 12. 2.〉
1. 영리를 목적으로 또는 상습적으로 제136조제1항제1호, 제136조제2항제3호 및 제4호(제124조제1항제3호의 경우에는 피해자의 명시적 의사에 반하여 처벌하지 못한다)에 해당하는 행위를 한 경우
2. 제136조제2항제2호 및 제3호의2부터 제3호의7까지, 제137조제1항제1호부터 제4호까지, 제6호 및 제7호와 제138조제5호의 경우
3. 삭제 〈2011. 12. 2.〉

제141조(양벌규정) 법인의 대표자나 법인 또는 개인의 대리인 · 사용인 그 밖의 종업원이 그 법인 또는 개인의 업무에 관하여 이 장의 죄를 저지른 때에는 행위자를 벌하는 외에 그 법인 또는 개인에 대하여도 각 해당조의 벌금형을 과한다. 다만, 법인 또는 개인이 그 위반행위를 방지하기 위하여 해당 업무에 관하여 상당한 주의와 감독을 게을리하지 아니한 경우에는 그러하지 아니하다.

제142조(과태료) ① 제104조제1항에 따른 필요한 조치를 하지 아니한 자에게는 3천만원 이하의 과태료를 부과한다.
② 다음 각 호의 어느 하나에 해당하는 자에게는 1천만원 이하의 과태료를 부과한다.
1. 제103조의3제2항에 따른 문화체육관광부장관의 명령을 이행하지 아니한 자
2. 제106조에 따른 의무를 이행하지 아니한 자
2의2. 제106조의2를 위반하여 정당한 이유 없이 이용허락을 거부한 자
3. 제112조제4항을 위반하여 한국저작권위원회의 명칭을 사용한 자
3의2. 제122조의2제5항을 위반하여 한국저작권보호원의 명칭을 사용한 자
4. 제133조의2제1항 · 제2항 및 제4항에 따른 문화체육관광부장관의 명령을 이행하지 아니한 자
5. 제133조의2제3항에 따른 통지, 같은 조 제5항에 따른 게시, 같은 조 제6항에 따른 통보를 하지 아니한 자
③ 제1항 및 제2항에 따른 과태료는 대통령령으로 정하는 바에 따라 문화체육관광부장관이

부과·징수한다.
④ 삭제 〈2009. 4. 22.〉
⑤ 삭제 〈2009. 4. 22.〉

1. 저작재산권침해죄(법 제136조 제1항)

저작재산권, 그 밖에 저작권법에 따라 보호되는 재산적 권리를 복제, 공연, 공중송신, 전시, 배포, 대여, 2차적저작물 작성의 방법으로 침해한 자는 5년 이하의 징역 또는 5천만 원 이하의 벌금에 처하거나 이를 병과할 수 있도록 하고 있다.

2. 저작인격권침해죄 등(법 제136조 제2항)

다음 중 어느 하나에 해당하는 자는 3년 이하의 징역 또는 3천만 원 이하의 벌금에 처하거나 이를 병과할 수 있다.

ⅰ) 저작인격권 또는 실연자의 인격권을 침해하여 저작자 또는 실연자의 명예를 훼손한 자
ⅱ) 저작물 등의 등록을 거짓으로 한 자
ⅲ) 데이터베이스제작자의 권리를 복제·배포·방송 또는 전송의 방법으로 침해한 자
ⅳ) 온라인서비스제공자로부터 복제·전송자의 정보를 제공받은 자가 이를 목적 외의 용도로 사용한 자
ⅴ) 업으로 또는 영리를 목적으로 기술적 보호조치의 무력화 금지 규정을 위반한 자(과실로 저작권 또는 저작권법에 따라 보호되는 권리침해를 유발 또는 은닉한다는 사실을 알지 못한 자는 제외)
ⅵ) 암호화된 방송신호의 무력화 등에 해당하는 행위를 한 자
ⅶ) 라벨 위조 등에 해당하는 행위를 한 자
ⅷ) 방송 전 신호의 송신에 해당하는 행위를 한 자
ⅸ) 저작권 침해로 간주되는 행위를 한 자

3. 비밀유지명령위반죄

법원의 비밀유지명령을 정당한 이유 없이 위반한 자는 5년 이하의 징역 또는 5천만 원 이하의 벌금에 처하거나 이를 병과할 수 있다.

4. 부정발행 등의 죄

다음 중 어느 하나에 해당하는 자는 1년 이하의 징역 또는 1천만 원 이하의 벌금에 처한다.

ⅰ) 저작자 아닌 자를 저작자로 하여 실명·이명을 표시하여 저작물을 공표한 자

ⅱ) 실연자 아닌 자를 실연자로 하여 실명·이명을 표시하여 실연을 공연 또는 공중송신하거나 복제물을 배포한 자

ⅲ) 저작자의 사망 후에 그의 저작물을 이용하는 자는 저작자가 생존하였더라면 그 저작인격권의 침해가 될 행위를 한 자

ⅳ) 암호화된 방송 신호가 방송사업자의 허락 없이 복호화된 것임을 알면서 그러한 신호를 수신하여 청취 또는 시청하거나 다른 사람에게 공중송신하는 행위를 한 자

ⅴ) 영상저작물 녹화 등의 금지 규정을 위반한 자

ⅵ) 허가를 받지 아니하고 저작권신탁관리업을 한 자

ⅶ) 저작자의 명예를 훼손하는 방법으로 저작물을 이용한 자

ⅷ) 자신에게 정당한 권리가 없음을 알면서 고의로 복제·전송의 중단 또는 재개요구를 하여 온라인서비스제공자의 업무를 방해한 자

ⅸ) 직무상 알게 된 비밀을 다른 사람에게 누설한 등록 업무를 수행하는 자 및 그 직에 있었던 자

5. 출처명시위반죄 등[70]

다음 중 어느 하나에 해당하는 자는 500만 원 이하의 벌금에 처한다.

---

70) [심화학습] 김형렬, "출처명시의무에 대한 고찰", 한국지식재산학회지, 제32권 제32호, 2010, 193-229면.

ⅰ) 위탁에 의한 초상화 또는 이와 유사한 사진저작물을 위탁자의 동의 없이 이용한 자

ⅱ) 저작물 이용에 관한 출처명시의무를 위반한 자

ⅲ) 복제물에 저작재산권자의 표지를 하지 않은 자

ⅳ) 저작물의 재출판 시 이를 저작자에게 알리지 아니한 자

ⅴ) 신고를 하지 않고 저작권대리중개업을 하거나 저작권위탁관리업 영업의 폐쇄명령을 받고 계속 그 영업을 한 자

6. 몰   수

저작권, 그 밖에 저작권법에 따라 보호되는 권리를 침해하여 만들어진 복제물과 그 복제물의 제작에 주로 사용된 도구나 재료 중 그 침해자·인쇄자·배포자 또는 공연자의 소유에 속하는 것은 몰수한다. 대법원은 "형법 제49조 단서는 "행위자에게 유죄의 재판을 아니할 때에도 몰수의 요건이 있는 때에는 몰수만을 선고할 수 있다."라고 규정하고 있으나, 우리 법제상 공소의 제기 없이 별도로 몰수만을 선고할 수 있는 제도가 마련되어 있지 않으므로, 위 규정에 근거하여 몰수를 선고하기 위해서는 몰수의 요건이 공소가 제기된 공소사실과 관련되어 있어야 하고, 공소가 제기되지 않은 별개의 범죄사실을 법원이 인정하여 그에 관하여 몰수나 추징을 선고하는 것은 불고불리의 원칙에 위반되어 허용되지 않는다."라고 판시하였다.[71]

7. 과 태 료

온라인서비스제공자가 권리자의 요청이 있는 경우 해당 저작물 등의 불법적인 전송을 차단하는 기술적인 조치 등 필요한 조치를 하지 않은 자에게는 3천만 원 이하의 과태료를 부과한다.

아울러 다음 중 어느 하나에 해당하는 자는 1천만 원 이하의 과태료를 부과한다.

ⅰ) 온라인서비스제공자에게 해당 복제·전송자의 정보를 제출하도록 한 문화체육관광부장관의 명령을 이행하지 아니한 자

---

71) 대법원 2022. 11. 17. 선고 2022도8662 판결.

ⅱ) 서작권신탁관리업자의 의무를 이행하지 아니한 자

ⅲ) 한국저작권위원회의 명칭을 사용한 자

ⅳ) 한국저작권보호원의 명칭을 사칭한 자

ⅴ) 온라인서비스제공자로서 정보통신망을 통한 불법복제물 등의 삭제명령, 복제·전송자의 계정 정지명령 등을 이행하지 아니한 자

ⅵ) 온라인서비스제공자로서 계정정지 사실의 통보를 하지 아니한 자

8. 친 고 죄

저작권침해죄 등 대부분의 저작권법상의 죄는 친고죄이므로 저작권자 등의 고소가 없으면 공소를 할 수 없다. 다만, 예외적으로 영리를 목적으로 또는 상습적으로 저작권을 침해하는 행위 등 일부의 침해행위에 대해서는 저작권자의 고소 없이도 공소가 가능하다.

9. 양벌규정

법인의 대표자나 법인 또는 개인의 대리인·사용인 그 밖의 종업원이 그 법인 또는 개인의 업무에 관하여 저작권법에서 정하고 있는 죄를 범한 때에는 행위자를 벌하는 외에 그 법인 또는 개인에 대하여도 각 해당조의 벌금형을 과한다. 다만, 법인 또는 개인이 그 위반행위를 방지하기 위하여 해당 업무에 관하여 상당한 주의와 감독을 게을리 하지 아니한 경우에는 그러하지 않는다.

10. 저작권침해죄의 기수시기

응용문제

인터넷 링크를 제공하는 행위를 대법원이 판례변경을 통해서 형사처벌을 하는 것으로 태도를 변경하였다(대법원 2021. 9. 9. 선고 2017도19025 전원합의체 판결).[72] 대법원은 일본

---

72) [심화학습] 이한상, "침해 게시물에 연결되는 링크를 제공하는 행위와 공중송신권 침해의 방조 여부: 대법원 2021. 9. 9. 선고 2017도19025 전원합의체 판결", 자율과 공정: 김재형 대법관 재임 기념 논문집, Ⅱ (2022), 435-462면; 류동훈, "공중송신권 침해 게시물로의 링크행위와 저작권법 위반죄-대법원 2021. 9. 9. 선고 2017도19025 전원합의체 판결을 중심으로-", 법학연구, 제33권

애니메이션 판결에서 인터넷의 특징인 링크의 자유에 기초하여 저작권침해죄를 인정하지 않았다.[73] 대법원은 "이른바 인터넷 링크(Internet link)는 인터넷에서 링크하고자 하는 웹페이지나, 웹사이트 등의 서버에 저장된 개개의 저작물 등의 웹 위치 정보나 경로를 나타낸 것에 불과하여, 비록 인터넷 이용자가 링크 부분을 클릭함으로써 링크된 웹페이지나 개개의 저작물에 직접 연결된다 하더라도 링크를 하는 행위는 저작권법이 규정하는 복제 및 전송에 해당하지 아니한다."라고 판단하였다.[74]

그러나 우리나라에서는 이 판결에 대한 비판이 있었다. 이는 우리나라 저작권 집행이 기형적으로 형사에 많이 의존하는 문제와도 관련이 있다고 본다. 형사처벌을 '비범죄화'하는 것이 중요한 입법적 과제이다.[75] 그리고 저작권침해 문제는 본질이 재산권 분쟁이므로 민사손해배상으로 문제를 해결하도록 하는 것이 바람직한 입법방향이다. 대법원이 판례변경을 한 것은 입법적으로 기다려야 할 문제를 판례변경을 한 것인지, 판례를 통해서 사회적 문제를 해결한 것인지에 대해서는 논란이 있다. 더해서 이 전원합의체 판결과 관련해서 공중송신권 침해죄의 기수시기가 문제된다.

업로드 시기를 기수시기로 한 점과 방조행위를 인정한 대법원의 판례변경에 대해서도 토론을 진행하여 보자.

제4호, 2022, 169-188면.

　이 판례의 따름 판결로 대법원 2021. 9. 16. 선고 2015도12632 판결, 대법원 2021. 9. 30. 선고 2016도8040 판결, 대법원 2021. 11. 25. 선고 2021도10903 판결, 대법원 2022. 6. 30. 선고 2020도7866 판결, 대법원 2023. 6. 29. 선고 2022도6278 판결, 대법원 2023. 6. 29. 선고 2017도9835 판결, 대법원 2023. 10. 18. 선고 2022도15537 판결.

73) 형법상 방조행위는 정범의 실행을 용이하게 하는 직접, 간접의 모든 행위를 가리키는데, 링크를 하는 행위 자체는 인터넷에서 링크하고자 하는 웹페이지 등의 위치 정보나 경로를 나타낸 것에 불과하여, 인터넷 이용자가 링크 부분을 클릭함으로써 저작권자에게서 이용 허락을 받지 아니한 저작물을 게시하거나 인터넷 이용자에게 그러한 저작물을 송신하는 등의 방법으로 저작권자의 복제권이나 공중송신권을 침해하는 웹페이지 등에 직접 연결된다고 하더라도 침해행위의 실행 자체를 용이하게 한다고 할 수는 없으므로, 이러한 링크 행위만으로는 저작재산권 침해행위의 방조행위에 해당한다고 볼 수 없다. 대법원 2015. 3. 12. 선고 2012도13748 판결[저작권법위반방조].

74) 대법원 2015. 3. 12. 선고 2012도13748 판결.

75) 대법원 2021. 9. 9. 선고 2017도19025 전원합의체 판결(소수의견) 참조.

대법원 2021. 9. 9. 선고 2017도19025 전원합의체 판결[저작권법위반방조]

① 링크행위는 공중손신권 침해죄의 구성요건에 해당하지 않음[76]

공중송신권을 침해하는 게시물이나 그 게시물이 위치한 웹페이지 등(이하 통틀어 '침해 게시물 등'이라 한다)에 연결되는 링크를 한 행위라도, 전송권(공중송신권) 침해 행위의 구성요건인 '전송(공중송신)'에 해당하지 않기 때문에 전송권 침해가 성립하지 않는다. 이는 대법원의 확립된 판례이다.

링크는 인터넷에서 링크하고자 하는 웹페이지나 웹사이트 등의 서버에 저장된 개개 의 저작물 등의 웹 위치 정보 또는 경로를 나타낸 것에 지나지 않는다. 인터넷 이용자 가 링크 부분을 클릭함으로써 침해 게시물 등에 직접 연결되더라도, 이러한 연결 대상 정보를 전송하는 주체는 이를 인터넷 웹사이트 서버에 업로드하여 공중이 이용할 수 있도록 제공하는 측이지 그 정보에 연결되는 링크를 설정한 사람이 아니다. 링크는 단 지 저작물 등의 전송을 의뢰하는 지시나 의뢰의 준비행위 또는 해당 저작물로 연결되 는 통로에 해당할 뿐이므로, 링크를 설정한 행위는 전송에 해당하지 않는다. 따라서 전 송권(공중송신권) 침해에 관한 위와 같은 판례는 타당하다.

② '업로드'시 기수설

[다수의견] (가) 공중송신권 침해의 방조에 관한 종전 판례는 인터넷 이용자가 링크 클릭을 통해 저작자의 공중송신권 등을 침해하는 웹페이지에 직접 연결되더라도 링크 를 한 행위가 '공중송신권 침해행위의 실행 자체를 용이하게 한다고 할 수는 없다.'는 이유로, 링크 행위만으로는 공중송신권 침해의 방조행위에 해당한다고 볼 수 없다는 법리를 전개하고 있다.

링크는 인터넷 공간을 통한 정보의 자유로운 유통을 활성화하고 표현의 자유를 실 현하는 등의 고유한 의미와 사회적 기능을 가진다. 인터넷 등을 이용하는 과정에서 일 상적으로 이루어지는 링크 행위에 대해서까지 공중송신권 침해의 방조를 쉽게 인정하 는 것은 인터넷 공간에서 표현의 자유나 일반적 행동의 자유를 과도하게 위축시킬 우 려가 있어 바람직하지 않다.

그러나 링크 행위가 어떠한 경우에도 공중송신권 침해의 방조행위에 해당하지 않는 다는 종전 판례는 방조범의 성립에 관한 일반 법리 등에 비추어 볼 때 재검토할 필요 가 있다. 이는 링크 행위를 공중송신권 침해의 방조라고 쉽게 단정해서는 안 된다는 것 과는 다른 문제이다.

(나) 정범이 침해 게시물을 인터넷 웹사이트 서버 등에 업로드하여 공중의 구성원 의 개별적으로 선택한 시간과 장소에서 접근할 수 있도록 이용에 제공하면, 공중에게

---

76) 대법원 2009. 11. 26. 선고 2008다77405 판결; 대법원 2010. 3. 11. 선고 2009다4343 판결.

침해 게시물을 실제로 송신하지 않더라도 공중송신권 침해는 기수에 이른다. 그런데
정범이 침해 게시물을 서버에서 삭제하는 등으로 게시를 철회하지 않으면 이를 공중의
구성원이 개별적으로 선택한 시간과 장소에서 접근할 수 있도록 이용에 제공하는 가별
적인 위법행위가 계속 반복되고 있어 공중송신권 침해의 범죄행위가 종료되지 않았으
므로, 그러한 정범의 범죄행위는 방조의 대상이 될 수 있다.

(다) 저작권 침해물 링크 사이트에서 침해 게시물에 연결되는 링크를 제공하는 경
우 등과 같이, 링크 행위자가 정범이 공중송신권을 침해한다는 사실을 충분히 인식하
면서 그러한 침해 게시물 등에 연결되는 링크를 인터넷 사이트에 영리적·계속적으로
게시하는 등으로 공중의 구성원이 개별적으로 선택한 시간과 장소에서 침해 게시물에
쉽게 접근할 수 있도록 하는 정도의 링크 행위를 한 경우에는 침해 게시물을 공중의
이용에 제공하는 정범의 범죄를 용이하게 하므로 공중송신권 침해의 방조범이 성립한
다. 이러한 링크 행위는 정범의 범죄행위가 종료되기 전 단계에서 침해 게시물을 공중
의 이용에 제공하는 정범의 범죄 실현과 밀접한 관련이 있고 그 구성요건적 결과 발생
의 기회를 현실적으로 증대함으로써 정범의 실행행위를 용이하게 하고 공중송신권이
라는 법익의 침해를 강화·증대하였다고 평가할 수 있다. 링크 행위자에게 방조의 고
의와 정범의 고의도 인정할 수 있다.

(라) 저작권 침해물 링크 사이트에서 침해 게시물로 연결되는 링크를 제공하는 경
우 등과 같이, 링크 행위는 그 의도나 양태에 따라서는 공중송신권 침해와 밀접한 관련
이 있는 것으로서 그 행위자에게 방조 책임의 귀속을 인정할 수 있다. 이러한 경우 인
터넷에서 원활한 정보 교류와 유통을 위한 수단이라는 링크 고유의 사회적 의미는 명
목상의 것에 지나지 않는다. 다만 행위자가 링크 대상이 침해 게시물 등이라는 점을 명
확하게 인식하지 못한 경우에는 방조가 성립하지 않고, 침해 게시물 등에 연결되는 링
크를 영리적·계속적으로 제공한 정도에 이르지 않은 경우 등과 같이 방조범의 고의
또는 링크 행위와 정범의 범죄 실현 사이의 인과관계가 부정될 수 있거나 법질서 전체
의 관점에서 살펴볼 때 사회적 상당성을 갖추었다고 볼 수 있는 경우에는 공중송신권
침해에 대한 방조가 성립하지 않을 수 있다.

③ 무죄설[77]

[대법관 조재연, 대법관 김선수, 대법관 노태악의 반대의견] 다음과 같은 이유로 다
수의견에 동의할 수 없다. 첫째, 다수의견은 규제와 처벌의 필요성을 내세워 저작권 침

---

77) 이 견해에 찬성하는 글로 이동형, "대법원 2021. 9. 9. 선고 2017도19025 전원합의체 판결의 문제
점", 저작권문화 2021년 11월호(2021). 위의 류동훈의 논문도 대법원의 다수의견에 대해서 비판
적인 태도를 취하고 있다.

해물 링크 사이트에서 침해 게시물에 연결되는 링크를 제공하는 링크 행위를 처벌하고
자 형법 총칙상 개념인 방조에 대한 확장해석, 링크 행위 및 방조행위와 정범의 범죄
사이의 인과관계에 관한 확장해석을 통해 형사처벌의 대상을 확대하고 있는데, 이는
형사처벌의 과잉화를 초래하고 사생활 영역의 비범죄화라는 시대적 흐름에 역행하는
것이다. 둘째, 다수의견은 방조범 성립 범위의 확대로 말미암아 초래될 부작용을 축소
하고자 영리적·계속적 형태의 링크 행위만을 방조범으로 처벌할 수 있다고 하나, 이
는 일반적인 방조범의 성립과 종속성, 죄수 등의 법리에 반하고, 법원으로 하여금 방조
범의 성립이 문제 될 때마다 그 성립 요건을 일일이 정해야만 하는 부담을 지우며, 죄
형법정주의 원칙에 따른 법적 안정성과 예측가능성에 커다란 혼란을 가져올 수밖에 없
다. 셋째, 저작권 침해물 링크 사이트에서 침해 게시물에 연결되는 링크를 제공하는 링
크 행위에 대하여 종전 판례를 변경하여 유죄로 판단할 정당성은 인정되기 어렵다. 비
록 저작권 침해물 링크 사이트에서의 영리적·계속적 링크 행위의 폐해가 증가하고 있
다고 하더라도 이에 대해서는 입법을 통해 대처하는 것이 바람직하다. 링크 행위의 유
형화와 그에 따른 처벌의 필요성 및 근거 조항 마련을 위한 입법 논의가 이루어지고
있는 현시점에서 대법원이 구성요건과 기본 법리를 확장하여 종전에 죄가 되지 않는다
고 보았던 행위에 관한 견해를 바꾸어 형사처벌의 범위를 넓히는 것(사실상 소급처벌
에 해당한다)은 결코 바람직하지 않다. 충분한 논의를 통해 사회적 합의를 끌어내고,
그에 따른 입법적 결단을 기다려주는 것이 올바른 제도 도입을 위해서도 필요하다. 결
론적으로 쟁점에 관한 종전 판례의 견해는 여전히 타당하므로 유지되어야 한다.

제 7 절 온라인서비스제공자의 책임 및 제한

제102조(온라인서비스제공자의 책임 제한) ① 온라인서비스제공자는 다음 각 호의 행위와 관
련하여 저작권, 그 밖에 이 법에 따라 보호되는 권리가 침해되더라도 그 호의 분류에 따라
각 목의 요건을 모두 갖춘 경우에는 그 침해에 대하여 책임을 지지 아니한다.
  1. 내용의 수정 없이 저작물등을 송신하거나 경로를 지정하거나 연결을 제공하는 행위 또
    는 그 과정에서 저작물등을 그 송신을 위하여 합리적으로 필요한 기간 내에서 자동
    적·중개적·일시적으로 저장하는 행위
    가. 온라인서비스제공자가 저작물등의 송신을 시작하지 아니한 경우
    나. 온라인서비스제공자가 저작물등이나 그 수신자를 선택하지 아니한 경우
    다. 저작권, 그 밖에 이 법에 따라 보호되는 권리를 반복적으로 침해하는 자의 계정(온
      라인서비스제공자가 이용자를 식별·관리하기 위하여 사용하는 이용권한 계좌를
      말한다. 이하 이 조, 제103조의2, 제133조의2 및 제133조의3에서 같다)을 해지하
      는 방침을 채택하고 이를 합리적으로 이행한 경우

    라. 저작물등을 식별하고 보호하기 위한 기술조치로서 대통령령으로 정하는 조건을 충족하는 표준적인 기술조치를 권리자가 이용한 때에는 이를 수용하고 방해하지 아니한 경우

  2. 서비스이용자의 요청에 따라 송신된 저작물등을 후속 이용자들이 효율적으로 접근하거나 수신할 수 있게 할 목적으로 그 저작물등을 자동적·중개적·일시적으로 저장하는 행위

    가. 제1호 각 목의 요건을 모두 갖춘 경우

    나. 온라인서비스제공자가 그 저작물등을 수정하지 아니한 경우

    다. 제공되는 저작물등에 접근하기 위한 조건이 있는 경우에는 그 조건을 지킨 이용자에게만 임시저장된 저작물등의 접근을 허용한 경우

    라. 저작물등을 복제·전송하는 자(이하 '복제·전송자'라 한다)가 명시한, 컴퓨터나 정보통신망에 대하여 그 업계에서 일반적으로 인정되는 데이터통신규약에 따른 저작물등의 현행화에 관한 규칙을 지킨 경우. 다만, 복제·전송자가 그러한 저장을 불합리하게 제한할 목적으로 현행화에 관한 규칙을 정한 경우에는 그러하지 아니한다.

    마. 저작물등이 있는 본래의 사이트에서 그 저작물등의 이용에 관한 정보를 얻기 위하여 적용한, 그 업계에서 일반적으로 인정되는 기술의 사용을 방해하지 아니한 경우

    바. 제103조제1항에 따른 복제·전송의 중단요구를 받은 경우, 본래의 사이트에서 그 저작물등이 삭제되었거나 접근할 수 없게 된 경우, 또는 법원, 관계 중앙행정기관의 장이 그 저작물등을 삭제하거나 접근할 수 없게 하도록 명령을 내린 사실을 실제로 알게 된 경우에 그 저작물등을 즉시 삭제하거나 접근할 수 없게 한 경우

  3. 복제·전송자의 요청에 따라 저작물등을 온라인서비스제공자의 컴퓨터에 저장하는 행위 또는 정보검색도구를 통하여 이용자에게 정보통신망상 저작물등의 위치를 알 수 있게 하거나 연결하는 행위

    가. 제1호 각 목의 요건을 모두 갖춘 경우

    나. 온라인서비스제공자가 침해행위를 통제할 권한과 능력이 있을 때에는 그 침해행위로부터 직접적인 금전적 이익을 얻지 아니한 경우

    다. 온라인서비스제공자가 침해를 실제로 알게 되거나 제103조제1항에 따른 복제·전송의 중단요구 등을 통하여 침해가 명백하다는 사실 또는 정황을 알게 된 때에 즉시 그 저작물등의 복제·전송을 중단시킨 경우

    라. 제103조제4항에 따라 복제·전송의 중단요구 등을 받을 자를 지정하여 공지한 경우

  4. 삭제

② 제1항에도 불구하고 온라인서비스제공자가 제1항에 따른 조치를 취하는 것이 기술적으로 불가능한 경우에는 다른 사람에 의한 저작물등의 복제·전송으로 인한 저작권, 그 밖에 이 법에 따라 보호되는 권리의 침해에 대하여 책임을 지지 아니한다.

③ 제1항에 따른 책임 제한과 관련하여 온라인서비스제공자는 자신의 서비스 안에서 침해행위가 일어나는지를 모니터링하거나 그 침해행위에 관하여 적극적으로 조사할 의무를 지지 아니한다.

제103조(복제·전송의 중단) ① 온라인서비스제공자(제102조제1항제1호의 경우는 제외한다. 이하 이 조에서 같다)의 서비스를 이용한 저작물등의 복제·전송에 따라 저작권, 그 밖에 이 법에 따라 보호되는 자신의 권리가 침해됨을 주장하는 자(이하 이 조에서 "권리주장자"라 한다)는 그 사실을 소명하여 온라인서비스제공자에게 그 저작물등의 복제·전송을 중단시킬

것을 요구할 수 있다.

② 온라인서비스제공자는 제1항에 따른 복제·전송의 중단요구를 받은 경우에는 즉시 그 저작물등의 복제·전송을 중단시키고 권리주장자에게 그 사실을 통보하여야 한다. 다만, 제102조제1항제3호의 온라인서비스제공자는 그 저작물등의 복제·전송자에게도 이를 통보하여야 한다.

③ 제2항에 따른 통보를 받은 복제·전송자가 자신의 복제·전송이 정당한 권리에 의한 것임을 소명하여 그 복제·전송의 재개를 요구하는 경우 온라인서비스제공자는 재개요구사실 및 재개예정일을 권리주장자에게 지체 없이 통보하고 그 예정일에 복제·전송을 재개시켜야 한다. 다만, 권리주장자가 복제·전송자의 침해행위에 대하여 소를 제기한 사실을 재개예정일 전에 온라인서비스제공자에게 통보한 경우에는 그러하지 아니하다.

④ 온라인서비스제공자는 제1항 및 제3항의 규정에 따른 복제·전송의 중단 및 그 재개의 요구를 받을 자(이하 이 조에서 "수령인"이라 한다)를 지정하여 자신의 설비 또는 서비스를 이용하는 자들이 쉽게 알 수 있도록 공지하여야 한다.

⑤ 온라인서비스제공자가 제4항에 따른 공지를 하고 제2항과 제3항에 따라 그 저작물등의 복제·전송을 중단시키거나 재개시킨 경우에는 다른 사람에 의한 저작권 그 밖에 이 법에 따라 보호되는 권리의 침해에 대한 온라인서비스제공자의 책임 및 복제·전송자에게 발생하는 손해에 대한 온라인서비스제공자의 책임을 면제한다. 다만, 이 항의 규정은 온라인서비스제공자가 다른 사람에 의한 저작물등의 복제·전송으로 인하여 그 저작권 그 밖에 이 법에 따라 보호되는 권리가 침해된다는 사실을 안 때부터 제1항에 따른 중단을 요구받기 전까지 발생한 책임에는 적용하지 아니한다.

⑥ 정당한 권리 없이 제1항 및 제3항의 규정에 따른 그 저작물등의 복제·전송의 중단이나 재개를 요구하는 자는 그로 인하여 발생하는 손해를 배상하여야 한다.

⑦ 제1항부터 제4항까지의 규정에 따른 소명, 중단, 통보, 복제·전송의 재개, 수령인의 지정 및 공지 등에 관하여 필요한 사항은 대통령령으로 정한다. 이 경우 문화체육관광부장관은 관계중앙행정기관의 장과 미리 협의하여야 한다.

제103조의2(온라인서비스제공자에 대한 법원 명령의 범위) ① 법원은 제102조제1항제1호에 따른 요건을 충족한 온라인서비스제공자에게 제123조제3항에 따라 필요한 조치를 명하는 경우에는 다음 각 호의 조치만을 명할 수 있다.

　1. 특정 계정의 해지
　2. 특정 해외 인터넷 사이트에 대한 접근을 막기 위한 합리적 조치

② 법원은 제102조제1항제2호 및 제3호의 요건을 충족한 온라인서비스제공자에게 제123조제3항에 따라 필요한 조치를 명하는 경우에는 다음 각 호의 조치만을 명할 수 있다.

　1. 불법복제물의 삭제
　2. 불법복제물에 대한 접근을 막기 위한 조치
　3. 특정 계정의 해지
　4. 그 밖에 온라인서비스제공자에게 최소한의 부담이 되는 범위에서 법원이 필요하다고 판단하는 조치

제103조의3(복제·전송자에 관한 정보 제공의 청구) ① 권리주장자가 민사상의 소제기 및 형사상의 고소를 위하여 해당 온라인서비스제공자에게 그 온라인서비스제공자가 가지고 있는 해당 복제·전송자의 성명과 주소 등 필요한 최소한의 정보 제공을 요청하였으나 온라인서비스제공자가 이를 거절한 경우 권리주장자는 문화체육관광부장관에게 해당 온라인서비스제공자에 대하여 그 정보의 제공을 명령하여 줄 것을 청구할 수 있다.

② 문화체육관광부장관은 제1항에 따른 청구가 있으면 제122조의6에 따른 저작권보호심의위원회의 심의를 거쳐 온라인서비스제공자에게 해당 복제·전송자의 정보를 제출하도록 명할 수 있다.

③ 온라인서비스제공자는 제2항의 명령을 받은 날부터 7일 이내에 그 정보를 문화체육관광부장관에게 제출하여야 하며, 문화체육관광부장관은 그 정보를 제1항에 따른 청구를 한 자에게 지체 없이 제공하여야 한다.

④ 제3항에 따라 해당 복제·전송자의 정보를 제공받은 자는 해당 정보를 제1항의 청구 목적 외의 용도로 사용하여서는 아니 된다.

⑤ 그 밖에 복제·전송자에 관한 정보의 제공에 필요한 사항은 대통령령으로 정한다.

제104조(특수한 유형의 온라인 서비스제공자의 의무 등) ① 다른 사람들 상호 간에 컴퓨터를 이용하여 저작물등을 전송하도록 하는 것을 주된 목적으로 하는 온라인서비스제공자(이하 '특수한 유형의 온라인서비스제공자'라 한다)는 권리자의 요청이 있는 경우 해당 저작물등의 불법적인 전송을 차단하는 기술적인 조치 등 필요한 조치를 하여야 한다. 이 경우 권리자의 요청 및 필요한 조치에 관한 사항은 대통령령으로 정한다.

② 문화체육관광부장관은 제1항의 규정에 따른 특수한 유형의 온라인서비스제공자의 범위를 정하여 고시할 수 있다.

③ 문화체육관광부장관은 제1항에 따른 기술적인 조치 등 필요한 조치의 이행 여부를 정보통신망을 통하여 확인하여야 한다.

④ 문화체육관광부장관은 제3항에 따른 업무를 대통령령으로 정하는 기관 또는 단체에 위탁할 수 있다.

1. 온라인서비스제공자의 책임

디지털 시대가 등장하면서 1990년대 말 디지털 저작권에 대해서 어떻게 대응하여야 할지에 대한 문제가 있었다. 이에 대한 대응으로 미국은 DMCA(Digital Millennium Copyright Act)를 입법하였다. 1998년 클린턴 대통령이 서명하여 발효된 이 법의 특징의 하나는 온라인서비스제공자들에 대해서 일정한 경우 면책을 할 수 있도록 함으로써 기술발전에 저작권법이 대응할 수 있도록 하였다.

1998년 디지털밀레니엄저작권법(Digital Millennium Copyright Act)은 '온라인저작권침해책임제한법(Online Copyright Infringement Liability Limitation Act, OCILLA)'[78]이라는 제하에 기존의 성문저작권법인 법 17편(Title 17) 중 제511조에 연이어 서비스제공자(service provider)의 책임제한을 상세한 다룬 제512조[79]를 저작권법의 일부로 신설했다.[80]

---

78) DMCA TITLE Ⅱ sec 201.
79) 17 U.S.C. § 512, 이하 § 512 또는 미국 저작권법 제512조라고 한다.
80) 상세는 박태일, "미국에서의 온라인서비스제공자 책임론의 정립과 발전: 미국 노스캐롤라이나

DMCA에서는 '서비스제공자'를 두 가지 경우로 나누어 정의한다. 협의의 제512조(a)에서 지칭하는 서비스제공자란, 이용자가 선택한 자료를, 송신, 수신시 그 자료에 수정을 가함이 없이, 이용자가 특정한 두 지점이나 여러 지점 사이의 전송, 라우팅(routing)을 제공하거나 혹은 디지털 온라인 통신을 위한 접속을 제공하는 자'이다.[81] 광의로는 제512조(a) 이외의 제512조의 다른 곳에서 지칭하는 서비스제공자란, 온라인 서비스 또는 네트워크 접속의 제공자 또는 그것을 위한 시설의 제공자를 의미하며, 위 제512조(a)에서 지칭하는 서비스제공자를 포함한다.[82]

DMCA가 '서비스제공자'를 폭 넓게 포섭하고 있고, 미국의 하급심 판례들은 DMCA에 정한 서비스제공자 개념을 더욱 폭넓게 확장하는 경향을 보이고 있다. 즉, 정형적인 인터넷접속서비스업체인 Verizon[83]이나 AOL[84]은 물론 정보를 직접 저장하지는 않더라도 전송을 매개하는 넵스터(Napster)[85]나 에임스터(Aimster)[86] 같은 P2P관련 업체, 아울러 인터넷상에서 온라인경매서비스를 수행하는 업체[87], 인터넷상에서 다른 서비스업체들을 이용할 이용자들의 나이를 인증해주는 보조서비스를 하는 업체[88]에 DMCA 적용을 이미 긍정한 바 있다.

나아가 온라인서비스제공자의 피용자들에 대하여도, 만일 이들에게 면책조항이 적용되지 않으면 저작권자 측에 의하여 우회적으로 면책규정이 무력화될 수 있다는 근거를 들어 피용자들에 대한 면책까지 긍정하고 있다.[89]

온라인서비스제공자(Online Service Provider, OSP)란 ⅰ) 이용자가 선택한 저작물 등을 그 내용의 수정 없이 이용자가 지정한 지점 사이에서 정보통신망(「정보통신

대학 해외연수보고서", 재판자료. 제119집: 외국사법연수논집(29) (2010) 329-404면.

81) 17 U.S.C. § 512(k) DEFINITION (A).

82) 17 U.S.C. § 512(k) DEFINITION (B).

83) Recording Industry Association of America, Inc. v. Verizon Internet Services, Inc. 240 F. Supp. 2d 24 (DDC 2003) 및 그 항소심(351 F.3d 1229) 참조.

84) Ellison v. Robertson, 189 F. Supp. 2d 1051 (C.D. Cal. Mar 13, 2002) 및 그 항소심[357 F.3d 1072 (9th Cir. 2004)] 참조.

85) 넵스터 사건의 항소심인 A&M Records, Inc. v. Napster, Inc., 239 F.3d 1004, 1025 (9th Cir. 2001)에서 1심과 달리 DMCA의 적용가능성을 긍정하였다.

86) In re Aimster Copyright Litigation, 252 F. Supp. 2d 634 (N.D. Ill. 2002) 및 항소심[334 F.3d 643 (June 30, 2003)] 참조.

87) Hendrickson v. eBay, 165 F. Supp. 2d 1082 (C.D. Cal., 2001) 참조.

88) Perfect 10, Inc. v. Cybernet Ventures, Inc., 213 F. Supp. 2d 1146 (C.D. Cal. 2002) 참조.

89) 위 Hendrickson v. eBay, 사건 참조.

망 이용촉진 및 정보보호 등에 관한 법률」 제2조 제1항 제1호의 정보통신망을 말한다. 이하 같다)을 통하여 전달하기 위하여 송신하거나 경로를 지정하거나 연결을 제공하는 자, 또는 ⅱ) 이용자들이 정보통신망에 접속하거나 정보통신망을 통하여 저작물 등을 복제·전송할 수 있도록 서비스를 제공하거나 그를 위한 설비를 제공 또는 운영하는 자를 말한다.

현대의 디지털 및 인터넷 기술의 발전은 매우 손쉬운 저작물 이용환경을 제공하고 있으므로 저작권자의 이용허락 없이 저작물의 무단이용의 가능성이 상당히 높아지고 있다. 온라인서비스제공자는 저작물 유통에 상당한 역할을 담당하고 있다. 그런데 온라인상에서 이루어지는 저작권침해행위에 대해서는 그 책임의 추궁이 쉽지 않아, 온라인을 통한 저작권침해에 효과적으로 대응하기 위해 온라인서비스제공자에 대한 법적책임을 부여하고 있다.

역사적으로 보면, 정보통신망, 구체적으로 컴퓨터들 사이의 네트워크기술은 시간이 흐름에 따라 발전하여 왔다. 초기에는 가령 '천리안'이나 '하이텔'과 같이 특정한 가입자들에게만 국한된 PC통신의 형태였는데, 이때 정보교환의 주된 수단은 전자게시판시스템(Bulletin Board System[90])이었다. 그러다가 인터넷이 등장하자, 종전과 달리 이제 BBS는 인터넷에 접속할 수 있는 불특정 다수인들 누구에게나 개방되게 되었다. 그리고 2000년을 전후하여 BBS와는 구별되는 P2P(Peer to Peer) 네트워크기술이 새롭게 등장하였다.

이러한 BBS 운영자나 P2P 네트워크 제공자의 법적 지위가 저작권과 관련하여 주로 문제되는 경우는, 그들 자신이 직접 저작권을 침해한 경우라기보다는, 오히려 BBS나 P2P 네트워크의 이용자들 중 일부가 가령 전자게시판상에 무단복제한 타인의 저작물을 게시하거나 P2P 네트워크를 통하여 불법복제파일을 전송하는 것과 같이 저작권을 침해하였을 때 그러한 침해가 가능하도록 수단을 제공한 BBS 운영자나 P2P 네트워크 제공자에게 과연 부수적인 저작권침해책임을 인정할 수 있을지 논란의 대상이었다.

그러나 인터넷의 급속한 발달로 2000년대 인터넷 빅뱅시절 소위 블릭과 모르타르(Brick and Mortar)에서 벗어나 이후 유통의 혁신이 논의되던 시기 아마존이 세

---

90) 이하 'BBS'라고 한다. BBS를 통해서 게임프로그램을 교환한 것이 문제된 BBS 관련된 판례로, Sega Enterprises v. Maphia, 857 F. Supp. 679 (N.D. Cal 1994).

상을 바꾸고 있었고, 구글이나 페이스북과 같은 인터넷 플랫폼 공룡 등이 이 시기에 태동하였다. 바로 이들의 사업기반이 된 제도적인 장치가 바로 온라인서비스제공 개념이다.

2002년 개정 컴퓨터프로그램보호법은 최초로 온라인서비스제공자의 책임에 관한 규정을 도입한 바 있고[91], 2003년 개정 저작권법에서도 그와 거의 동일한 규정이 도입되었다. 이들 규정들의 골격은 2006. 12. 1. 전문개정된 저작권법에서도 거의 그대로 유지되었다.[92]

2006. 12. 1. 전문개정된 저작권법은 특수한 유형의 온라인 서비스제공자에게 기술적 조치의무를 부과한 제104조, 문화관광부장관에게 온라인 서비스제공자에 대한 불법복제물의 삭제·중단 명령권을 부여한 제133조 제4항[93], 이들 의무나 명령을 위반한 경우 과태료를 부과하도록 한 제142조를 각각 신설하고 있다. 2006년 개정 저작권법 제133조(불법복제물의 수거·폐기 및 삭제)는 문화관광부장관에게 이른바 불법복제물의 복제·전송에 대하여 온라인서비스제공자에게 이를 삭제 또는 중단하도록 명할 수 있는 권한을 부여하고 있다.

저작권법은 온라인서비스제공자에 대한 책임을 직접침해책임과 방조책임으로 구분하여 부여하고 있다.

직접침해책임은 온라인서비스제공자가 스스로 송신을 개시하거나 구체적으로 저작물 등을 선택, 즉 침해행위를 능동적이고 적극적으로 수행하는 등의 경우 온라인서비스제공자 책임의 면책 사유에 해당하지 않아 저작권침해에 따른 직접적인 책임(침해정지청구, 손해배상청구 등)이 인정되는 것이다. 반면, 방조책임은 온라인서비스

---

91) 구 컴퓨터프로그램보호법 제2조 제11호, 제34조의2, 제34조의3.

92) 제2조 (정의) 30. 온라인서비스제공자: 다른 사람들이 정보통신망(정보통신망이용촉진및정보보호등에관한법률 제2조 제1항 제1호의 정보통신망을 말한다)을 통하여 저작물등을 복제 또는 전송할 수 있도록 하는 서비스를 제공하는 자를 말한다.

93) 구 저작권법 제133조(불법복제물의 수거·폐기 및 삭제)
   ④ 문화관광부장관은 정보통신망을 통하여 저작권 그 밖에 이 법에 의하여 보호되는 권리를 침해하는 복제물의 전송 등으로 인하여 저작권등의 이용질서를 심각하게 훼손한다고 판단되는 경우 제112조의 규정에 의한 저작권위원회의 심의를 거쳐 대통령령이 정하는 바에 따라 복제·전송자 또는 온라인서비스제공자에게 이를 삭제 또는 중단하도록 명할 수 있다.
   ⑤ 문화관광부장관은 제1항 및 제4항의 규정에 따른 업무를 위하여 필요한 기구를 설치·운영할 수 있다.
   ⑥ 제1항 내지 제4항의 규정이 다른 법률 규정과 경합하는 경우에는 이 법을 우선하여 적용한다.

제공자에 대하여 가장 빈번하게 인정되는 책임으로서, 온라인서비스제공자가 직접 저작권침해행위를 하지는 않았으나 제3자의 저작권침해행위에 일정한 관여를 하여 침해행위를 방조한 경우에 인정되는 것이다.

우리 대법원이 저작권침해 방조에 대한 민사책임을 넓게 인정한 계기가 된 판결이 소리바다 판결[94]이다. P2P 서비스에서는 P2P 서비스제공자의 정보통신망을 통하지 아니하고 이용자들의 개인컴퓨터끼리 직접 연결되어 MP3파일과 같은 저작물이 복제·전송된다. P2P 서비스제공자 역시 저작권법이 정한 온라인서비스제공자의 개념에 포섭된다. 우리 하급심판례 역시 동일한 입장을 취하고 있는 것으로 보인다.[95] 대법원은 "저작권법이 보호하는 복제권의 침해를 방조하는 행위란 타인의 복제권 침해를 용이하게 해주는 직접·간접의 모든 행위를 가리키는 것으로서 복제권 침해행위를 미필적으로만 인식하는 방조도 가능함은 물론 과실에 의한 방조노 가능하다고 할 것인바, 과실에 의한 방조의 경우에 있어 과실의 내용은 복제권 침해행위에 도움을 주지 않아야 할 주의의무가 있음을 전제로 하여 그 의무를 위반하는 것을 말하고, 위와 같은 침해의 방조행위에 있어 방조자는 실제 복제권 침해행위가 실행되는 일시나 장소, 복제의 객체 등을 구체적으로 인식할 필요가 없으며 실제 복제행위를 실행하는 자가 누구인지 확정적으로 인식할 필요도 없다."라고 하면서, "'소리바다' 서비스 제공자는 그 이용자들이 음반제작자들의 저작인접권을 침해하리라는 사정을 미필적으로 인식하였거나 적어도 충분히 예견할 수 있었음에도 불구하고 소리바다 프로그램을 개발하여 무료로 나누어 주고 소리바다 서버를 운영하면서 그 이용자들에게 다른 이용자들의 접속정보를 제공함으로써, 이용자들이 음악 CD로부터 변환한 MPEG-1 Audio Layer-3(MP3) 파일을 Peer-To-Peer(P2P) 방식으로 주고받아 복제하는 방법으로 저작인접권 침해행위를 실행하는 것을 용이하게 하였으므로 그에 대한 방조책임을 부담한다."고 판시하여 P2P 서비스제공자 역시 저작권법이 정한 온라인서비스제공자의 개념에 포함된다고 보았다.[96]

이와 비교하여, 미국에서 벌어진 넵스터(Napster) 분쟁에서 피고 넵스터가 미국

---

94) 대법원 2007. 1. 25. 선고 2005다11626 판결. 참고로 소리바다 판결은 여러 건이 있다.
95) 서울고등법원 2005. 1. 25. 선고 2003나80798 판결(소리바다 손해배상 항소심). 나아가 서울중앙지방법원 2005. 1. 12. 선고 2003노4296 판결(소리바다 형사 항소심)도 동일한 입장을 전제한 것이라는 해석으로는 박준석, 전게논문, 206면 참조.
96) 대법원 2007. 1. 25. 선고 2005다11626 판결.

저작권법 제512조(a)[97]에서 정한 '일시적인 디지털-네트워크 통신 서비스제공자'로서 면책된다고 주장한 것에 대하여 1심법원은, 정보가 서비스제공자의 서버를 통하여(through) 전송되는 경우이어야 위 면책조항이 적용되는데 이 사건의 경우 정보가 냅스터의 서버를 통하지 않고 이용자들의 컴퓨터 사이에 직접 전달되므로 위 면책조항이 적용되지 않는다는 이유로 피고의 주장을 배척한 바 있다.[98]

이후 판결인 그록스터 판결은 냅스터와 유사하지만 기술적으로 중앙서버가 없어서 미국법상 기여침해를 인정하기 어려운 사건이다. 이 사건에서 미국법원은 기여침해 대신 유도침해를 인정하여 파일교환시스템의 위법성을 인정하였다.[99] 이 사건에서 연방지방법원과 연방항소법원은 그록스터의 파일공유 소프트웨어에 대해서 종전 냅스터 판결과 달리 중앙서버가 없다는 점을 지적하면서 그록스터는 이용자들의 저작권 침해행위에 대한 실질적 인식이 없다고 보았다. 이에 따라 소프트웨어 이용자들이 파일의 검색 및 저장을 통해서 지적접적으로 저작권을 침해하는 행위에 대해서 실질적인 기여가 인정되지 않아서 기여책임을 인정할 수 없다고 보았다. 그리고 그록스터가 광고를 통해서 실질적으로 금전적인 이익을 취한 것은 인정되지만, 그록스터가 이용자들의 직접적인 침해행위를 통제할 능력이 있다고 보기 어려워 대위침해도 인정할 수 없다고 보았다. 그러나 미국 연방대법원은 유도침해를 인정하여 중앙서버가 없는 경우에도 침해를 인정함으로써 이런 유형의 저작권침해도 사실상 금지하였다.[100]

우리 민법 제760조 제3항의 성립 여부와 관련하여, ① 온라인서비스제공자의 특정한 행위, 가령 '장차 일부 이용자들에 의한 저작권 침해행위가 발생하리라는 사정을 온라인서비스공급자들이 알았거나 알 수 있었음에도 서비스 혹은 서비스용 프로그램을 공급한 행위'가 위 방조에 해당하는지 여부가 문제, ② 과실에 의한 방조의

---

97) 17 U.S.C. § 512(a) '서비스제공자는 서비스제공자에 의하거나, 서비스제공자를 위하여 통제되거나 운영되는 시스템이나 네트워크를 통하여 정보가 서비스제공자에 의해 전송, 라우팅, 접속되었음을 이유로 한 저작권 침해에 대한 책임을 부담하지 않는다.'

98) Opinion on Section 512(a), A&M Records, Inc. v. Napster, Inc., No. 99-05183, 2000 WL 573136 (N.D. Cal. May 12, 2000). DMCA § 512(a)가 저작물 등이 서비스제공자를 위하여 통제되거나 운영뇌는 시스템이나 네트워크를 '통하여' 전송될 것을 명시적으로 요구하고 있다.

99) MGM Studios, Inc. v. Grokster, Ltd., 545 U.S. 913 (2005).

100) MGM Studios, Inc. v. Grokster, Ltd., 259 F. Supp. 2d 1029 (C.D. Cal. 2003); MGM Studios, Inc. v. Grokster, Ltd., 380 F.3d 1154 (9th Cir. 2004).

성립 여부, ③ 특정 복제권 침해자(직접침해행위자)의 인식 없이 방조에 의한 불법행위가 성립하는지 여부가 쟁점이 된다.

법원은 온라인서비스제공자가 방조에 의한 공동불법행위책임을 부담한다고 본다. 그러므로 온라인서비스제공자는 고의로 방조행위를 한 경우는 물론 민사적으로는 과실에 의한 방조행위 책임도 부담할 수 있다.[101] 고의로 방조행위를 한 경우 이때 온라인서비스제공자가 서비스를 개시한 이후 이용자들의 침해행위가 발생하는 상황을 용인하거나, 정보의 이동을 충분히 감시하지 않았고 불법통신의 저지 가능성을 충분히 기대할 수 있음에도 이를 저지하지 아니한 경우에 책임이 인정되는 것이므로 온라인서비스제공자의 방조행위가 부작위에 의한 것이라고 보는 것이 타당하다고 본다. 침해행위방지를 위한 조치 없이 서비스만 계속 제공한 상황에서는 부작위에 의한 방조책임이 문제될 뿐이다.[102]

2019년 대법원은 인터넷 포털사이트를 운영하는 온라인서비스제공자가 자신이 제공한 인터넷 게시공간에 타인의 저작권을 침해하는 게시물이 게시되었으나 피해자로부터 구체적·개별적인 게시물의 삭제와 차단 요구를 받지 않아 게시물이 게시된 사정을 구체적으로 인식하지 못하였거나 기술적·경제적으로 게시물에 대한 관리·통제를 할 수 없는 경우, 게시물의 삭제와 차단 등 적절한 조치를 취할 의무를 부담하는지 여부에 대해서 원칙적 소극설을 취했다.[103] 대법원은 "갑이 인터넷 포털사이트를 운영하는 을 주식회사를 상대로 을 회사 사이트의 회원들이 갑이 제작한 동영상을 위 사이트에 개설된 인터넷 카페에 무단으로 게시하여 갑의 저작권을 침해하는데도 을 회사가 게시물의 삭제와 차단 등 적절한 조치를 취할 의무를 이행하지 않는다며 부작위에 의한 방조에 따른 공동불법행위책임을 물은 사안에서, 갑이 을 회사에 위 동영상에 대한 갑의 저작권을 침해하는 게시물에 대하여 구체적·개별적으로 삭제와 차단 요구를 한 것으로 보기 어렵다는 등의 이유로 을 회사가 게시물의 삭제와 차단 등의 조치를 취할 의무를 부담한다고 보기 어렵다."고 판단하였다. 즉 대법원은 "인터넷 포털사이트를 운영하는 온라인서비스제공자가 제공

---

101) 대법원 1998. 12. 23. 선고 98다31264 판결을 비롯하여 대법원 2003. 1. 10. 선고 2002다35850 판결 등 참조.
102) 서울중앙지방법원 2005. 1. 12. 선고 2003노4296 판결(소리바다 형사 항소심).
103) 대법원 2019. 2. 28. 선고 2016다271608 판결.

한 인터넷 게시공간에 타인의 저작권을 침해하는 게시물이 게시되었고 그 검색 기능을 통하여 인터넷 이용자들이 위 게시물을 쉽게 찾을 수 있더라도, 그러한 사정만으로 곧바로 온라인서비스제공자에게 저작권 침해 게시물에 대한 불법행위책임을 지울 수는 없다. 온라인서비스제공자가 제공한 인터넷 게시공간에 타인의 저작권을 침해하는 게시물이 게시되었다고 하더라도, 온라인서비스제공자가 저작권을 침해당한 피해자로부터 구체적·개별적인 게시물의 삭제와 차단 요구를 받지 않아 게시물이 게시된 사정을 구체적으로 인식하지 못하였거나 기술적·경제적으로 게시물에 대한 관리·통제를 할 수 없는 경우에는, 게시물의 성격 등에 비추어 삭제 의무 등을 인정할 만한 특별한 사정이 없는 한 온라인서비스제공자에게 게시물을 삭제하고 향후 같은 인터넷 게시공간에 유사한 내용의 게시물이 게시되지 않도록 차단하는 등의 적절한 조치를 취할 의무가 있다고 보기 어렵다."고 판시하여 의무의 인정을 제한하였다.[104]

대법원은 "인터넷 포털사이트를 운영하는 온라인서비스제공자가 제공한 인터넷 게시공간에 타인의 저작권을 침해하는 게시물이 게시되었고 그 검색 기능을 통하여 인터넷 이용자들이 위 게시물을 쉽게 찾을 수 있다 하더라도, 위와 같은 사정만으로 곧바로 위 서비스제공자에게 저작권 침해 게시물에 대한 불법행위책임을 지울 수는 없다. 다만 저작권 침해 게시물이 게시된 목적, 내용, 게시기간과 방법, 그로 인한 피해의 정도, 게시자와 피해자의 관계, 삭제 요구의 유무 등 게시에 관련한 쌍방의 대응태도, 관련 인터넷 기술의 발전 수준, 기술적 수단의 도입에 따른 경제적 비용 등에 비추어, 위 서비스제공자가 제공하는 인터넷 게시공간에 게시된 저작권 침해 게시물의 불법성이 명백하고, 위 서비스제공자가 위와 같은 게시물로 인하여 저작권을 침해당한 피해자로부터 구체적·개별적인 게시물의 삭제 및 차단 요구를

---

104) 이 판결에 대한 평석으로 김병일, "온라인서비스제공자의 저작권 침해 방조책임에 대한 고찰", 계간 저작권, 2019 겨울호, 123-155면; 최승재, [2019년 분야별 중요판례해석] 19. IT법, 법률신문, 제4802호, 12-13면; 박성호, "2019년 지적재산법 중요판례평석", 인권과 정의, 제489호, 2020 참조.
　　이 주제에 대한 선행연구문헌으로는 이헌, "온라인서비스제공자의 저작권 침해 방조책임", LAW & TECHNOLOGY, 제15권 제3호, 77-94면; 장선종, "온라인서비스제공자의 방조책임 성립요건으로서 피해자의 삭제요구와 침해게시물 특정의 범위", LAW & TECHNOLOGY, 제16권 제3호, 3-31면. 김병일 교수의 논문은 김병일, "포털사이트의 동영상 저작권 침해 방조책임", 특별법연구, 제16권, 사법발전재단, 2019도 같이 참고하길 바란다.

받은 경우는 물론, 피해자로부터 직접적인 요구를 받지 않은 경우라 하더라도 그 게시물이 게시된 사정을 구체적으로 인식하고 있었거나 그 게시물의 존재를 인식할 수 있었음이 외관상 명백히 드러나며, 또한 기술적, 경제적으로 그 게시물에 대한 관리·통제가 가능한 경우에는, 위 서비스제공자에게 그 게시물을 삭제하고 향후 같은 인터넷 게시공간에 유사한 내용의 게시물이 게시되지 않도록 차단하는 등의 적절한 조치를 취하여야 할 의무가 있으므로, 이를 위반하여 게시자의 저작권 침해를 용이하게 하는 경우에는 위 게시물을 직접 게시한 자의 행위에 대하여 부작위에 의한 방조자로서 공동불법행위책임이 성립한다."고 하여 직접침해자에 더해서 온라인서비스제공자의 방조책임을 인정하기 위한 기준을 제시한 바 있다.[105]

판례 중 일부는 저작권 침해행위가 발생하리라는 사정을 온라인서비스제공자들이 미필적으로 인식하였거나 충분히 예견할 수 있었음에도 P2P 프로그램을 개발하고 서비스를 제공한 이상 온라인서비스제공자들에게 방조책임이 있다고 결론을 내린 반면에, 형사판결인 다른 일부[106]는, 공급된 물건 등의 핵심적 혹은 유일한 용도가 저작권침해목적인 경우에는 위와 같은 물건 등의 판매행위 자체로서 다른 사람의 저작권 침해행위를 도와준 것이 되어 방조범으로서 형사책임을 부담하지만 그 물건 등이 실질적으로 비침해적·합법적인 용도로 사용되고 있거나, 장차 그와 같이 사용될 개연성이 높은 경우에는 그 물건 등의 일부 용도가 현재 침해적으로 사용되고 있다는 사정만으로는 그 물건 등의 판매행위 자체를 방조행위라고 볼 수 없다는 입장을 취하고 있다.[107] 미국 연방대법원이 소니 판결에서 VTR 이용자 중 일부에 의하여 원고의 저작권에 대한 침해행위가 발생하리라는 사정을 VTR 제조공급자인 피고 소니가 알았거나 알 수 있었음에도 VTR을 공급한 경우 그 공급행위만으로는 문제되는 상품이 상당부분의 비침해적 용도(substantial non-infringing uses)를 가진 경우에는 이후 실제로 발생한 이용자들의 침해행위에 따른 침해책임을 부담하지 않는다고 하여 기술혁신과 저작권발전의 균형점을 제시하였다.[108] 소

---

105) 대법원 2010. 3. 11. 선고 2009다4343 판결. 관련한 선행문헌으로는 박준석, "이미지 검색엔진의 인라인 링크 등에 따른 복제, 전시, 전송 관련 저작권침해 책임", 민사판례연구, 제33-1권, 627-702면; 김경숙, "링크사이트의 저작권 침해 방조책임", (계간)저작권, 2016 가을호, 5-40면.
106) 위 2003노4296 판결.
107) 위 2003나21140 판결(소리바다 가처분이의 항소심) 및 위 2003나80798 판결(손해배상 항소심) 참조.

비 판결은 수십 년이 지나도록 계속 언급되는 기술저작권 사건의 마그나카르타로 불리는 판결이다.

2005년 미국에서는 그락스터(Grokster)를 둘러싼 분쟁109)에 관한 연방대법원의 판결110)을 통하여 당초 소니 판결의 적용이 논란이 되었던바, 연방대법원은 에임스터 판결에서 유도침해(inducement infringement)법리를 사용하였다. 연방대법원은 이 사건에서 당해 상품공급자에게 당해 상품이 침해에 이용될 수도 있다는 인식을 넘어, 이용자들에 의한 침해를 조장하기 위한 언동이 있었음이 입증된 경우에는 비록 당해 상품이 상당부분의 비침해적 용도를 가지고 있다고 하더라도 상품공급자인 피고에게 침해책임이 있다고 보았다.111)

이 판결은 이후 그록스터 판결은 물론 Aereo 판결112)에서도 논점이 되었다. 저작권법 학계에서 논란이 된 사건의 하나인 이 판결의 사실관계를 보면, 2012년부터 에어리오는 방송사의 방송신호를 수신한 후에 인터넷망으로 가입자에게 방송을 전송하는 서비스를 제공했다. 에어리오는 이런 서비스의 제공을 위해 중앙서버 내에 수 만 개의 안테나를 설치하고 각 안테나마다 한명의 가입자만 할당했고, 공중파 방송은 스트리밍 방식으로 해당 가입자에게 실시간으로 전송하였다. 이런 개인할당 안테나에서 수신한 신호를 개인에게 송출하는 방식에 더해서 가입자는 그 안테나를 통해서 수신된 프로그램을 녹화할 수 있었고, 녹화된 프로그램은 그 가입자에게만 할당된 클라우드 저장공간에 저장되고, 오로지 그 가입자만이 그 저장공간에서 당해 프로그램을 전송받을 수 있었다(장비＝안테나＋저장장치＋기타). 뉴욕남부연방지방법원에서 자신은 장비만 제공한 것일 뿐, 1976년 저작권법이 말하는 전송(transmission)에 의한 공연(public performance)을 한 바 없다는 에어리오의 주장을 받아들여 방송사의 저작권침해소송을 기각하였다.113) 그리고 연방항소법원도 에어리오

---

108) Sony Corp. of America v. Universal City Studios, 104 S.Ct. 774, 464 U.S. 417 (1984).

109) 종전 냅스터와 달리 피고회사의 중앙서버에 의한 P2P 서비스는 원칙적으로 존재하지 않고, 여기서 피고는 단지 "Grokster"라는 P2P 프로그램만 공급하였다. 이 판결에 대해서는 최승재, 「IT 기술과 법 1」 중 "미국 연방대법원의 그록스터 판결과 P2P 기술의 전개", 홍익대학교 출판부(2008), 211-258면.

110) Metro-Goldwyn-Mayer Studios, v. Grokster, 2005 WL 1499402 (U.S.).

111) In re Aimster Copyright Litigation, 334 F.3d 643 (7th Cir. 2003).

112) American Broadcasting Companies, Inc. v. Aereo, Inc., 573 U.S. _____ (2014)(소위 '에어리오' 판결).

113) American Broadcasting Companies, Inc. v. AEREO, Inc., 874 F. Supp. 2d 373 (S.D.N.Y.

의 서비스는 가입자의 사적 용도에 의한 전송에 불과하여 저작권법상 공연권 침해가 아니라고 보았다. 그러나 2014년 6월 25일 미국 연방대법원은 서비스 방식에 다소 차이가 있으나 본질적으로 에어리오의 서비스는 케이블TV와 같고 1976년 저작권법은 케이블TV의 서비스도 저작권법상의 공연으로 보기 때문에 저작권 없이 이런 서비스를 제공하는 것은 저작권침해행위이며, 저작권침해행위로서의 공중에 대한 송신은 반드시 직접적인 송신만에 의해야 하는 것은 아니며 일련의 행위(a set of actions)에 의해서도 이루어질 수 있는 것이라고 보아 방송사들이 에어리오를 상대로 제기한 저작권침해소송에서 원심판결을 파기하고 에어리오의 클라우드 방송 녹화서비스를 저작권침해행위라고 판단하였다.[114]

> ### 대법원 2007. 1. 25. 선고 2005다11626 판결('소리바다' 사건)[115]
>
> 저작권법은 특허법이 전용실시권제도를 둔 것과는 달리 침해정지청구권을 행사할 수 있는 이용권을 부여하는 제도를 마련하고 있지 아니하여, 이용허락계약의 당사자들이 독점적인 이용을 허락하는 계약을 체결한 경우라도 그 이용권자가 독자적으로 저작권법상의 침해정지청구권을 행사할 수는 없다. 따라서 이용허락의 목적이 된 저작권법이 보호하는 재산권의 침해가 발생하는 경우에도 그 권리자가 스스로 침해정지청구권을 행사하지 아니하는 때에는 독점적인 이용권자로서는 이를 대위하여 행사하지 아니하면 달리 자신의 권리를 보전할 방법이 없을 뿐만 아니라, 저작권법이 보호하는 이용허락의 대상이 되는 권리들은 일신전속적인 권리도 아니어서 독점적인 이용권자는 자신의 권리를 보전하기 위하여 필요한 범위 내에서 권리자를 대위하여 저작권법 제91조에 기한 침해정지청구권을 행사할 수 있다.
>
> 임시의 지위를 정하기 위한 가처분은 다툼 있는 권리관계에 관하여 그것이 본안소송에 의하여 확정되기까지 가처분권리자가 현재의 현저한 손해를 피하거나 급박한 위험을 막기 위하여, 또는 그 밖의 필요한 이유가 있는 경우에 허용되는 응급적·잠정적

2012).

114) 최승재, "[2014년 분야별 중요판례분석] (10) IT법", 법률신문 2015. 4. 16.자.

115) '소리바다' 서비스 제공자는 그 이용자들이 음반제작자들의 저작인접권을 침해하리라는 사정을 미필적으로 인식하였거나 적어도 충분히 예견할 수 있었음에도 불구하고 소리바다 프로그램을 개발하여 무료로 나누어 주고 소리바다 서버를 운영하면서 그 이용자들에게 다른 이용자들의 접속정보를 제공함으로써, 이용자들이 음악CD로부터 변환한 MPEG-1 Audio Layer-3(MP3) 파일을 Peer-To-Peer(P2P) 방식으로 주고받아 복제하는 방법으로 저작인접권 침해행위를 실행하는 것을 용이하게 하였으므로 그에 대한 방조책임을 부담한다고 한 사례이다.

인 처분이므로, 이러한 가처분이 필요한지 여부는 당해 가처분신청의 인용 여부에 따른 당사자 쌍방의 이해득실관계, 본안소송의 승패의 예상, 기타 여러 사정을 고려하여 법원의 재량에 따라 합목적으로 결정하여야 할 것인바, 가처분신청을 인용하는 결정에 따라 권리의 침해가 중단되었다고 하더라도 가처분 채무자들이 그 가처분의 적법 여부에 대하여 다투고 있는 이상 권리 침해의 중단이라는 사정만으로 종래의 가처분이 보전의 필요성을 잃게 되는 것이라고는 할 수 없다.

저작권법이 보호하는 복제권의 침해를 방조하는 행위란 타인의 복제권 침해를 용이하게 해주는 직접·간접의 모든 행위를 가리키는 것으로서, 복제권 침해행위를 미필적으로만 인식하는 방조도 가능함은 물론 과실에 의한 방조도 가능하다고 할 것인바, 과실에 의한 방조의 경우에 있어서 과실의 내용은 복제권 침해행위에 도움을 주지 않아야 할 주의의무가 있음을 전제로 하여 이 의무에 위반하는 것을 말하는 것이고(대법원 2000. 4. 11. 선고 99다41749 판결, 2003. 1. 10. 선고 2002다35850 판결 등 참조), 위와 같은 침해의 방조행위에 있어서 방조자는 실제 복제권 침해행위가 실행되는 일시나 장소, 복제의 객체 등을 구체적으로 인식할 필요가 없으며 실제 복제행위를 실행하는 자가 누구인지 확정적으로 인식할 필요도 없다고 할 것이다.

저작권법은 이외에도 다른 사람들 상호간에 컴퓨터를 이용하여 저작물 등을 전송하도록 하는 것을 주된 목적으로 하는 온라인서비스제공자를 '특수한 유형의 온라인서비스제공자'로 정의하여 일반적인 온라인서비스제공자와 구분하여 이에 대하여는 좀 더 엄격한 책임을 부여하고 있다. 이에 특수한 유형의 온라인서비스제공자의 경우에는 저작물침해에 대한 높은 위험성으로 인하여 방조책임이 상대적으로 쉽게 인정될 수 있으며, 저작권침해를 방지하기 위한 상당한 노력이 요구된다. 특수한 유형의 온라인서비스제공자는 이용자 상호간 저작물 공유를 할 수 있도록 지원하는 서비스로서 주로 P2P나 공유형 웹하드 서비스 등이 이에 해당한다.

대법원 2013. 9. 26. 선고 2011도1435 판결('인터넷 파일관리 시스템' 사건)

구 저작권법(2008. 2. 29. 법률 제8852호로 개정되기 전의 것)은 제102조 제1항에서 '온라인서비스제공자가 저작물의 복제·전송과 관련된 서비스를 제공하는 것과 관련하여 다른 사람에 의한 저작물의 복제·전송으로 인하여 그 저작권이 침해된다는 사실을 알고 당해 복제·전송을 방지하거나 중단시킨 경우에는 다른 사람에 의한 저작권의 침해에 관한 온라인서비스제공자의 책임을 감경 또는 면제할 수 있다'고 규정하고, 같은 조 제2항에서 '온라인서비스제공자가 저작물의 복제·전송과 관련된 서비스를 제공하는 것과 관련하여 다른 사람에 의한 저작물의 복제·전송으로 인하여 그 저작권이 침해된다는 사실을 알고 당해 복제·전송을 방지하거나 중단시키고자 하였으나 기술적으로 불가능한 경우에는 그 다른 사람에 의한 저작권의 침해에 관한 온라인서비스제공자의 책임은 면제된다'고 규정하고, 같은 법 제103조 제5항에서 '온라인서비스제공자가 저작권자로부터 불법 저작물의 복제·전송을 중단시킬 것을 요구받고 즉시 그 저작물의 복제·전송을 중단시킨 경우에는 온라인서비스제공자의 책임을 감경 또는 면제할 수 있다'고 규정하고 있는데, 위 각 조항의 입법 취지나 위 각 조항의 해당 문구상 별다른 제한이 없는 점 등에 비추어 보면, 위 각 조항은 형사상 책임에도 적용된다고 보아야 한다.

구 저작권법(2008. 2. 29. 법률 제8852호로 개정되기 전의 것, 이하 같다) 제102조 제2항이 규정하고 있는 '기술적으로 불가능한 경우'란 온라인서비스의 제공 자체는 유지함을 전제로 이용자들의 복제·전송행위 중 저작권의 침해행위가 되는 복제·전송을 선별하여 방지 또는 중단하는 것이 기술적으로 불가능한 경우를 말하므로, 비록 온라인서비스이용자들이 해당 온라인서비스를 이용하여 저작물을 복제·전송함으로써 그 저작권을 침해하였다고 하더라도, 온라인서비스제공자가 그와 같은 침해사실을 알고 저작권의 침해가 되는 복제·전송을 선별하여 이를 방지 또는 중단하는 기술적 조치를 다하였다고 인정되는 경우에는 해당 침해행위에 대한 형사상 책임이 면제된다. 그리고 온라인서비스제공자가 구 저작권법 제103조 제5항에 의하여 그 책임을 감경 또는 면제받을 수 있기 위해서는 저작권자로부터 중단 요구를 받은 즉시 그 저작물의 복제·전송을 중단시켜야 하는 점에 비추어, 온라인서비스제공자가 스스로 저작권 침해사실을 알게 된 경우에도 그 즉시 당해 복제·전송을 중단시켜야 구 저작권법 제102조 제1항에 의하여 그 책임을 감경 또는 면제받을 수 있다고 보아야 한다.

2. 온라인서비스제공자의 책임 제한

온라인서비스제공자에 대해 책임만을 지나치게 강하게 요구한다면 현대 저작물 유통의 가장 핵심적인 역할을 하고 있는 온라인서비스제공자의 순기능까지도 위축될 수 있다. 이에 저작권법은 일정한 경우 온라인서비스제공자의 책임을 면책하는 예외를 인정하고 있다. 미국은 DMCA를 통해서 OSP에 면책을 부여함으로써 OSP가 산업으로 발전하도록 하였다.

그 예외는 온라인서비스제공자의 서비스 유형 구분, 즉 인터넷 접속서비스(단순

도관), 캐싱서비스, 저장서비스, 정보검색도구서비스로 구분하여 각각의 면책요건을
달리하고 있다.

저작권법 제102조는 제103조와 함께 온라인서비스제공자에게 책임을 지우기 위
한 요건(책임근거규정)이 아니라 온라인서비스제공자가 책임을 면하기 위한 요건,
즉 면책요건만을 정하고 있다. 즉 위 저작권법 규정이 정한 바를 온라인서비스제공
자가 이행하지 않았더라도 단지 위 규정에 의거한 면책을 주장하지 못할 뿐이지 그
러한 불이행사실만으로 곧바로 온라인서비스제공자의 책임이 긍정되지는 않는다.
이런 점에서 이들 조문은 같은 제6장의 제104조와 성격을 달리한다.

따라서, 온라인서비스제공자에게 책임을 추궁하려는 원고가 먼저 위 규정들이 아
니라 책임요건에 관한 근거규정을 들어 청구원인 사실을 입증하여야 한다. 그 다음
에야 피고인 온라인서비스제공자는 여러 가지 항변, 가령 이용자들의 복제행위가
사적복제에 해당하여 결과적으로 온라인서비스제공자의 부수적인 책임도 성립하지
않는다는 항변 등을 제출하거나 혹은 저작권법 제102조 혹은 제103조에 정한 요건
을 입증하여 면책항변을 할 수 있다.

이러한 사정은 미국의 DMCA의 경우도 마찬가지로, 온라인서비스제공자의 책임
요건에 관하여 저작권자는 성문저작권법에 따른 직접책임(direct infringement)의
성립이나[116] 판례법에 따른 기여책임(contributory liability) 혹은 대위책임(vicarious
liability)의 성립을 먼저 입증하여야 한다.[117] 그 다음에야 피고 온라인서비스제공자
가 항변으로 DMCA에 따른 면책요건을 입증하는 순서로 법원의 판단이 진행된다.

미국법상 기여침해는 침해행위에 대한 인식이 있고, 다른 사람의 침해행위를 유
인, 야기 또는 침해행위에 실질적으로 관여한 경우에 인정되는 책임이다.[118] 이에
비해 대위책임은 접침해자를 감독·통제할 권리와 능력이 있고 침해행위로부터 직

---

116) 17 U.S.C. § 106 참조.
117) 미국 저작권법은 직접침해, 기여침해, 대위책임의 세 가지 유형으로 배상책임을 지우는 책임형태
를 나눈다. 이해완(2015), 1054-1055면. Netcom 판결(Religious Technology Center v. Netcom,
907 F. Supp. 1361 (N.D. Cal. 1995))을 통해서 미국법원의 판단상 논리전개를 볼 수 있다. 이
사건은 신흥종교단체인 원고와 원래 그 단체 소속의 목사였으나 뒤에 맹렬한 비판자가 된
Dennis Erlich라는 개인 간의 분쟁이다. 이 목사는 원고가 저작권을 가지고 있는 위 단체의 창
시자의 교전을 유즈넷이라는 소규모 BBS에 원고의 허락 없이 올렸고, 그러자 교단이 이런 행위
가 저작권법 침해행위라고 문제 삼았다. 사건의 상세는 이해완(2015), 1057-1060면 참조.
118) 이해완(2015), 1055면.

접적으로 경제적 이익이 있을 경우 이와 같은 이익을 받은 자에게 인정되는 책임이다.[119]

한편, 2006. 12. 1. 개정으로 새로 도입된 제104조의 경우는 해석상, 종전의 제102조 및 제103조와 달리 책임의 근거규정으로 기능할 수도 있다. 제104조는 적용범위가 대통령령이 정한 특수한 유형의 온라인 서비스제공자에 국한되기는 하지만 제6장의 입법취지가 온라인 서비스제공자의 면책근거를 마련하여 관련 생태계를 활성화하려고 하는 것이라는 점에서 체계정합성이 문제가 있다고 볼 여지가 있다. 이런 점에서 제104조의 해석을 통한 책임부여는 엄격하게 제한될 필요가 있다고 본다.

미국의 DMCA나 이를 따른 일본의 서비스제공자책임제한법은 모두 온라인서비스제공자가 저작권침해사실을 알지 못하였을 경우에도 정당한 범위 내에서는 온라인서비스제공자가 저작권침해사실을 알고 방지·중단의 노력을 한 경우와 동일하게 책임제한을 인정하고 있다.[120] 2006년 저작권법의 책임제한규정은 온라인서비스제공자가 저작권침해사실을 알았을 것과 당해 복제·전송을 방지하거나 중단시켰을 것을 각각 요구하는 것 같은 표현을 사용하고 있었다. 이 문제는 2011년 저작권법 개정을 통해서 "온라인서비스제공자는 다음 각 호의 행위와 관련하여 저작권, 그 밖에 이 법에 따라 보호되는 권리가 침해되더라도 그 호의 분류에 따라 각 목의 요건을 모두 갖춘 경우에는 그 침해에 대하여 책임을 지지 아니한다."라고 규정함으로써 해소되었다.

미국법원은 DMCA의 면책요건의 판단을 책임요건의 입증보다 먼저 할 수 있다고 본다.[121] 즉 원고가 주장하는 책임요건이 미처 입증되지 않아 판단하기 곤란한 경우라도 피고 측이 이미 별도의 면책요건을 구비하고 있다고 판단되는 경우 곧바로 피고를 면책시킬 수 있다는 입장을 취하고 있다. 우리 저작권법에서도 마찬가지로 침해 여부에 대한 심리를 하기 이전에 면책요건의 구비가 인정되면 더 나아가 침해성립 여부를 살펴볼 필요 없이 법원은 온라인서비스제공자의 면책을 인정할 수 있다고 본다.

---

119) 이해완, 1055면.

120) 17 U.S.C. § 512(c)(A)~(C) 및 서비스제공자책임제한법 제3조 1항 참조.

121) Ellison v. Robertson, 189 F. Supp. 2d 1051 (C.D. Cal. Mar 13, 2002) 및 그 항소심[357 F.3d 1072 (9th Cir. 2004)], 아울러 Costar Group v. Loopnet, 164 F. Supp. 2d 688 (D. Md. Sept. 28, 2001).

인터넷 접속서비스(단순도관)은 내용의 수성 없이 저작물 등을 송신하거나 경로를 지정하거나 연결을 제공하는 행위 또는 그 과정에서 저작물 등을 그 송신을 위하여 합리적으로 필요한 기간 내에서 자동적·일시적으로 저장하는 행위에 해당한다. 이 경우에는 다음의 요건을 모두 충족 시 면책이 이루어진다.

ⅰ) 온라인서비스제공자가 저작물 등의 송신을 시작하지 아니한 경우

ⅱ) 온라인서비스제공자가 저작물 등이나 그 수신자를 선택하지 아니한 경우

ⅲ) 저작권, 그 밖에 저작권법에 따라 보호되는 권리를 반복적으로 침해하는 자의 계정을 해지하는 방침을 채택하고 이를 합리적으로 이행한 경우

ⅳ) 저작물 등을 식별하고 보호하기 위한 기술조치로서 대통령령으로 정하는 조건을 충족하는 표준적인 기술조치를 권리자가 이용한 때에는 이를 수용하고 방해하지 아니한 경우

캐싱서비스는 서비스이용자의 요청에 따라 송신된 저작물 등을 후속 이용자들이 효율적으로 접근하거나 수신할 수 있게 할 목적으로 그 저작물 등을 자동적·중개적·일시적으로 저장하는 행위에 해당한다. 이 경우에는 다음의 요건을 모두 충족 시 면책이 이루어진다.

ⅰ) 인터넷 접속서비스(단순도관)의 면책요건을 모두 갖춘 경우

ⅱ) 온라인서비스제공자가 그 저작물 등을 수정하지 아니한 경우

ⅲ) 제공되는 저작물 등에 접근하기 위한 조건이 있는 경우에는 그 조건을 지킨 이용자에게만 임시저장된 저작물 등의 접근을 허용한 경우

ⅳ) 저작물 등을 복제·전송하는 자가 명시한, 컴퓨터나 정보통신망에 대하여 그 업계에서 일반적으로 인정되는 데이터통신규약에 따른 저작물 등의 현행화에 관한 규칙을 지킨 경우. 다만, 복제·전송자가 그러한 저장을 불합리하게 제한할 목적으로 현행화에 관한 규칙을 정한 경우에는 그러하지 아니하다.

ⅴ) 저작물 등이 있는 본래의 사이트에서 그 저작물 등의 이용에 관한 정보를 얻기 위하여 적용한, 그 업계에서 일반적으로 인정되는 기술의 사용을 방해하지 아니한 경우

ⅵ) 온라인서비스제공자의 복제·전송 중단 요구를 받은 경우, 본래의 사이트에

서 그 저작물 등이 삭제되었거나 접근할 수 없게 된 경우, 또는 법원, 관계
중앙행정기관의 장이 그 저작물 등을 삭제하거나 접근할 수 없게 하도록 명
령을 내린 사실을 실제로 알게 된 경우에 그 저작물 등을 즉시 삭제하거나
접근할 수 없게 한 경우

저장서비스는 복제·전송자의 요청에 따라 저작물 등을 온라인서비스제공자의
컴퓨터에 저장하는 행위에 해당한다. 이 경우에는 다음의 요건을 모두 충족 시 면
책이 이루어진다.

ⅰ) 인터넷 접속서비스(단순도관)의 면책요건을 모두 갖춘 경우
ⅱ) 온라인서비스제공자가 침해행위를 통제할 권한과 능력이 있을 때에는 그 침
　 해행위로부터 직접적인 금전적인 이익을 얻지 아니한 경우
ⅲ) 온라인서비스제공자가 침해를 실제로 알게 되거나 온라인서비스제공자의 복
　 제·전송 중단 요구 등을 통하여 침해가 명백하다는 사실 또는 정황을 알게
　 된 때에 즉시 그 저작물 등의 복제·전송을 중단시킨 경우
ⅳ) 온라인서비스제공자의 복제·전송 중단 요구 등을 받을 자를 지정하여 공지
　 한 경우

정보검색도구서비스는 정보검색도구를 통하여 이용자에게 정보통신망상 저작물
등의 위치를 알 수 있게 하거나 연결하는 행위에 해당한다. 이 경우에는 다음의 요
건을 모두 충족 시 면책이 이루어진다.

ⅰ) 온라인서비스제공자가 저작물 등의 송신을 시작하지 아니한 경우
ⅱ) 온라인서비스제공자가 침해행위를 통제할 권한과 능력이 있을 때에는 그 침
　 해행위로부터 직접적인 금전적인 이익을 얻지 아니한 경우
ⅲ) 온라인서비스제공자가 침해를 실제로 알게 되거나 온라인서비스제공자의 복
　 제·전송 중단 요구 등을 통하여 침해가 명백하다는 사실 또는 정황을 알게
　 된 때에 즉시 그 저작물 등의 복제·전송을 중단시킨 경우
ⅳ) 온라인서비스제공자의 복제·전송 중단 요구 등을 받을 자를 지정하여 공지
　 한 경우

한편, 저작권법은 온라인서비스제공자(네 가지 서비스 유형 중 '인터넷 접속서비스(단순도관)'는 제외)의 복제·전송 중단 절차에 관하여 명확하게 규정하고 있다. 이에 온라인서비스제공자(네 가지 서비스 유형 중 '인터넷 접속서비스(단순도관)'는 제외)의 서비스를 이용한 저작물 등의 복제·전송에 따라 저작권, 그 밖에 저작권법에 따라 보호되는 자신의 권리가 침해됨을 주장하는 자는 그 사실을 소명하여 온라인서비스제공자에게 그 저작물 등의 복제·전송을 중단시킬 것을 요구할 수 있다. 복제·전송의 중단요구를 받은 온라인서비스제공자는 즉시 그 저작물 등의 복제·전송을 중단시키고 권리주장자에게 그 사실을 통보하여야 하며, 저장서비스 및 정보검색도구서비스의 제공자는 그 저작물 등의 복제·전송자에게도 이를 통보하여야 한다. 이러한 통보를 받은 복제·전송자가 자신의 복제·전송이 정당한 권리에 의한 것임을 소명하여 그 복제·전송의 재개를 요구하는 경우 온라인서비스제공자는 재개요구사실 및 재개예정일을 권리주장자에게 지체 없이 통보하고 그 예정일에 복제·전송을 재개시켜야 한다. 다만, 권리주장자가 복제·전송자의 침해행위에 대하여 소를 제기한 사실을 재개예정일 전에 온라인서비스제공자에게 통보한 경우에는 그러하지 않는다. 온라인서비스제공자가 이러한 요건을 이행한 경우에는 다른 사람에 의한 저작권 그 밖에 저작권법에 따라 보호되는 권리의 침해에 대한 온라인서비스제공자의 책임 및 복제·전송자에게 발생하는 손해에 대한 온라인서비스제공자의 책임을 면제받을 수 있게 된다.

일반적인 온라인서비스제공자의 경우와 구분하여 저작권법은 특수한 유형의 온라인서비스제공자의 의무를 별도로 명시하고 있다. 특수한 유형의 온라인서비스제공자는 다른 사람들 상호 간에 컴퓨터를 이용하여 저작물 등을 전송하도록 하는 것을 주된 목적으로 하는 온라인서비스제공자를 의미한다. 특수한 유형의 온라인서비스제공자는 권리자의 요청이 있는 경우 해당 저작물 등의 불법적인 전송을 차단하는 기술적인 조치 등 필요한 조치를 하여야 한다. 이때 기술적인 조치는 ⅰ) 저작물등의 제호등과 특징을 비교하여 저작물 등을 인식할 수 있는 기술적인 조치, ⅱ) ⅰ)에 따라 인지한 저작물 등의 불법적인 송신을 차단하기 위한 검색제한 조치 및 송신제한 조치, ⅲ) 해당 저작물 등의 불법적인 전송자를 확인할 수 있는 경우에는 그 저작물 등의 전송자에게 저작권침해금지 등을 요청하는 경고문구의 발송을 의미한다.

문화체육관광부는 고시를 통하여 특수한 유형의 온라인서비스제공자의 범위를 특정하고 있다. 이에 따라 다음과 같은 경우에는 특수한 유형의 온라인서비스제공자로 본다.

　ⅰ) 개인 또는 법인(단체 포함)의 컴퓨터 등에 저장된 저작물 등을 공중이 이용할 수 있도록 업로드 한 자에게 상업적 이익 또는 이용편의를 제공하는 온라인서비스제공자[122]

　ⅱ) 개인 또는 법인(단체 포함)의 컴퓨터 등에 저장된 저작물 등을 공중이 다운로드 할 수 있도록 기능을 제공하고 다운로드 받는 자가 비용을 지불하는 형태로 사업을 하는 온라인서비스제공자[123]

　ⅲ) P2P 기술을 기반으로 개인 또는 법인(단체 포함)의 컴퓨터 등에 저장된 저작물 등을 업로드 하거나 다운로드 할 수 있는 기능을 제공하여 상업적 이익을 얻는 온라인서비스제공자[124]

　ⅳ) 개인 또는 법인(단체 포함)의 컴퓨터 등에 저장된 저작물 등을 검색하여 전송할 수 있는 프로그램의 제공을 주된 목적으로 하는 온라인서비스제공자

제 8 절　행정적 구제

제130조(권한의 위임 및 위탁) 문화체육관광부장관은 대통령령으로 정하는 바에 따라 이 법에 따른 권한의 일부를 특별시장·광역시장·특별자치시장·도지사·특별자치도지사에게 위임하거나 위원회, 보호원 또는 저작권 관련 단체에 위탁할 수 있다.

제130조의2(저작권 침해에 관한 단속 사무의 협조) 문화체육관광부장관은 「사법경찰관리의 직무를 수행할 자와 그 직무범위에 관한 법률」 제5조제26호에 따른 저작권 침해에 관한 단속 사무와 관련하여 기술적 지원이 필요할 때에는 보호원 또는 저작권 관련 단체에 협조를 요청할 수 있다.

---

122) 유형 예시: 적립된 포인트를 이용해 쇼핑, 영화 및 음악감상, 현금교환 등을 제공하거나, 사이버머니, 파일 저장공간 제공 등 이용편의를 제공하여 저작물 등을 불법적으로 공유하는 자에게 혜택이 돌아가도록 유도하는 서비스.

123) 유형 예시: 저작물 등을 이용 시 포인트 차감, 쿠폰사용, 사이버머니 지급, 공간제공 등의 방법으로 비용을 지불해야 하는 서비스.

124) 유형예시: 저작물 등을 공유하는 웹사이트 또는 프로그램에 광고게재, 타 사이트 회원가입 유도 등의 방법으로 수익을 창출하는 서비스.

제131조(벌칙 적용에서의 공무원 의제) 위원회의 위원·직원, 보호원의 임직원 및 심의위원회의 심의위원은 「형법」 제129조부터 제132조까지를 적용하는 경우에는 이를 공무원으로 본다.

제132조(수수료) ① 이 법에 따라 다음 각 호의 어느 하나에 해당하는 사항의 신청 등을 하는 자는 문화체육관광부령으로 정하는 바에 따라 수수료를 납부하여야 한다.

　　1. 제50조부터 제52조까지에 따른 법정허락 승인(제89조 및 제97조의 규정에 따라 준용되는 경우를 포함한다)을 신청하는 자

　　2. 제53조부터 제55조까지, 제55조의2부터 제55조의4까지의 규정에 따른 등록(제90조 및 제98조에 따라 준용되는 경우를 포함한다) 및 이와 관련된 절차를 밟는 자

　　3. 제105조의 규정에 따라 저작권위탁관리업의 허가를 신청하거나 신고하는 자

② 제1항에 따른 수수료는 문화체육관광부령으로 정하는 바에 따라 특별한 사유가 있으면 감액하거나 면제할 수 있다.

제133조(불법복제물의 수거·폐기 및 삭제) ① 문화체육관광부장관, 특별시장·광역시장·특별자치시장·도지사·특별자치도지사 또는 시장·군수·구청장(자치구의 구청장을 말한다)은 저작권이나 그 밖에 이 법에 따라 보호되는 권리를 침해하는 복제물(정보통신망을 통하여 전송되는 복제물은 제외한다) 또는 저작물등의 기술적 보호조치를 무력하게 하기 위하여 제작된 기기·장치·정보 및 프로그램을 발견한 때에는 대통령령으로 정한 절차 및 방법에 따라 관계공무원으로 하여금 이를 수거·폐기 또는 삭제하게 할 수 있다.

② 문화체육관광부장관은 제1항의 규정에 따른 업무를 대통령령으로 정한 단체에 위탁할 수 있다. 이 경우 이에 종사하는 자는 공무원으로 본다.

③ 문화체육관광부장관은 제1항 및 제2항에 따라 관계 공무원 등이 수거·폐기 또는 삭제를 하는 경우 필요한 때에는 관련 단체에 협조를 요청할 수 있다.

④ 삭제

⑤ 문화체육관광부장관은 제1항에 따른 업무를 위하여 필요한 기구를 설치·운영할 수 있다.

⑥ 제1항부터 제3항까지의 규정이 다른 법률의 규정과 경합하는 경우에는 이 법을 우선하여 적용한다.

제133조의2(정보통신망을 통한 불법복제물등의 삭제명령 등) ① 문화체육관광부장관은 정보통신망을 통하여 저작권이나 그 밖에 이 법에 따라 보호되는 권리를 침해하는 복제물 또는 정보, 기술적 보호조치를 무력하게 하는 프로그램 또는 정보(이하 '불법복제물등'이라 한다)가 전송되는 경우에 심의위원회의 심의를 거쳐 대통령령으로 정하는 바에 따라 온라인서비스제공자에게 다음 각 호의 조치를 할 것을 명할 수 있다.

　　1. 불법복제물등의 복제·전송자에 대한 경고

　　2. 불법복제물등의 삭제 또는 전송 중단

② 문화체육관광부장관은 제1항제1호에 따른 경고를 3회 이상 받은 복제·전송자가 불법복제물등을 전송한 경우에는 심의위원회의 심의를 거쳐 대통령령으로 정하는 바에 따라 온라인서비스제공자에게 6개월 이내의 기간을 정하여 해당 복제·전송자의 계정(이메일 전용 계정은 제외하며, 해당 온라인서비스제공자가 부여한 다른 계정을 포함한다. 이하 같다)을 정지할 것을 명할 수 있다.

③ 제2항에 따른 명령을 받은 온라인서비스제공자는 해당 복제·전송자의 계정을 정지하기 7일 전에 대통령령으로 정하는 바에 따라 해당 계정이 정지된다는 사실을 해당 복제·전송자에게 통지하여야 한다.

④ 문화체육관광부장관은 온라인서비스제공자의 정보통신망에 개설된 게시판(「정보통신망 이용촉진 및 정보보호 등에 관한 법률」 제2조제1항제9호의 게시판 중 상업적 이익 또는 이용 편의를 제공하는 게시판을 말한다. 이하 같다) 중 제1항제2호에 따른 명령이 3회 이상 내려진 게시판으로서 해당 게시판의 형태, 게시되는 복제물의 양이나 성격 등에 비추어 해당 게시판이 저작권 등의 이용질서를 심각하게 훼손한다고 판단되는 경우에는 심의위원회의 심의를 거쳐 대통령령으로 정하는 바에 따라 온라인서비스제공자에게 6개월 이내의 기간을 정하여 해당 게시판 서비스의 전부 또는 일부의 정지를 명할 수 있다.

⑤ 제4항에 따른 명령을 받은 온라인서비스제공자는 해당 게시판의 서비스를 정지하기 10일 전부터 대통령령으로 정하는 바에 따라 해당 게시판의 서비스가 정지된다는 사실을 해당 온라인서비스제공자의 인터넷 홈페이지 및 해당 게시판에 게시하여야 한다.

⑥ 온라인서비스제공자는 제1항에 따른 명령을 받은 경우에는 명령을 받은 날부터 5일 이내에, 제2항에 따른 명령을 받은 경우에는 명령을 받은 날부터 10일 이내에, 제4항에 따른 명령을 받은 경우에는 명령을 받은 날부터 15일 이내에 그 조치결과를 대통령령으로 정하는 바에 따라 문화체육관광부장관에게 통보하여야 한다.

⑦ 문화체육관광부장관은 제1항, 제2항 및 제4항의 명령의 대상이 되는 온라인서비스제공자와 제2항에 따른 명령과 직접적인 이해관계가 있는 복제·전송자 및 제4항에 따른 게시판의 운영자에게 사전에 의견제출의 기회를 주어야 한다. 이 경우 「행정절차법」 제22조제4항부터 제6항까지 및 제27조를 의견제출에 관하여 준용한다.

⑧ 문화체육관광부장관은 제1항, 제2항 및 제4항에 따른 업무를 수행하기 위하여 필요한 기구를 설치·운영할 수 있다.

제133조의3(시정권고 등) ① 보호원은 온라인서비스제공자의 정보통신망을 조사하여 불법복제물등이 전송된 사실을 발견한 경우에는 심의위원회의 심의를 거쳐 온라인서비스제공자에 대하여 다음 각 호에 해당하는 시정 조치를 권고할 수 있다.

1. 불법복제물등의 복제·전송자에 대한 경고
2. 불법복제물등의 삭제 또는 전송 중단
3. 반복적으로 불법복제물등을 전송한 복제·전송자의 계정 정지

② 온라인서비스제공자는 제1항제1호 및 제2호에 따른 권고를 받은 경우에는 권고를 받은 날부터 5일 이내에, 제1항제3호의 권고를 받은 경우에는 권고를 받은 날부터 10일 이내에 그 조치결과를 보호원에 통보하여야 한다.

③ 보호원은 온라인서비스제공자가 제1항에 따른 권고에 따르지 아니하는 경우에는 문화체육관광부장관에게 제133조의2제1항 및 제2항에 따른 명령을 하여 줄 것을 요청할 수 있다.

④ 제3항에 따라 문화체육관광부장관이 제133조의2제1항 및 제2항에 따른 명령을 하는 경우에는 심의위원회의 심의가 필요하지 아니하다.

1. 불법복제물의 수거·폐기 및 삭제

문화체육관광부장관, 특별시장·광역시장·특별자치시장·도지사·특별자치도지사 또는 시장·군수·구청장(자치구의 구청장을 말한다)은 저작권이나 그 밖에 이 법에 따라 보호되는 권리를 침해하는 복제물(정보통신망을 통하여 전송되는 복제물은 제

외한다) 또는 저작물 등의 기술적 보호조치를 무력하게 하기 위하여 제작된 기기·
장치·정보 및 프로그램을 발견한 때에는 대통령령으로 정한 절차 및 방법에 따라
관계공무원으로 하여금 이를 수거·폐기 또는 삭제하게 할 수 있다(법 제133조 제1
항). 이를 위하여 문화체육관광부장관은 업무를 대통령령으로 정한 단체(한국저작권
보호원, 그 밖에 불법복제물 등의 수거·폐기·삭제 업무를 수행할 능력과 자격이 있다고
문화체육관광부장관이 인정하는 법인 또는 단체)[125]에 위탁할 수 있다. 이 경우 이에 종
사하는 자는 공무원으로 본다(동조 제2항). 이에 따라 관계 공무원 등이 수거·폐기
또는 삭제를 하는 경우 필요한 때에는 문화체육관광부장관이 관련 단체에 협조를
요청할 수 있다(동조 제3항). 그리고 문화체육관광부장관은 수거·폐기 또는 삭제
업무를 위하여 필요한 기구를 설치·운영할 수 있다(동조 제4항). 제1항부터 제3항
까지의 규정이 다른 법률의 규정과 경합하는 경우에는 이 법을 우선하여 적용한다
(동조 제5항).

2. 정보통신망을 통한 불법복제물에 대한 행정적 대응

(1) 삭제 명령 및 계정정지 명령

문화체육관광부장관은 정보통신망을 통하여 저작권이나 그 밖에 이 법에 따라
보호되는 권리를 침해하는 복제물 또는 정보, 기술적 보호조치를 무력하게 하는 프
로그램 또는 정보(이하 '불법복제물등'이라 한다)가 전송되는 경우에 심의위원회의 심
의를 거쳐 대통령령으로 정하는 바에 따라 온라인서비스제공자에게 '불법복제물등
의 복제·전송자에 대한 경고', '불법복제물등의 삭제 또는 전송 중단'의 조치를 할
것을 명할 수 있다(법 제133조의2 제1항). 이때 불법복제물등의 복제·전송자에 대
한 경고(동조 제1항 1호)를 3회 이상 받은 복제·전송자가 불법복제물등을 전송한
경우에는 심의위원회의 심의를 거쳐 대통령령으로 정하는 바에 따라 온라인서비스
제공자에게 6개월 이내의 기간을 정하여 해당 복제·전송자의 계정(이메일 전용 계
정은 제외하며, 해당 온라인서비스제공자가 부여한 다른 계정을 포함한다. 이하 같다)을 정
지할 것을 명할 수 있다(동조 제2항). 이에 따른 명령을 받은 온라인서비스제공자는
해당 복제·전송자의 계정을 정지하기 7일 전에 대통령령으로 정하는 바에 따라 해

---

125) 저작권법 시행령 제70조 제1항.

당 계정이 정지된다는 사실을 해당 복제·전송자에게 통지하여야 한다(동조 제3항).

온라인서비스제공자는 제1항에 따른 명령을 받은 경우에는 명령을 받은 날부터 5일 이내에, 제2항에 따른 명령을 받은 경우에는 명령을 받은 날부터 10일 이내에 그 조치결과를 대통령령으로 정하는 바에 따라 문화체육관광부장관에게 통보하여야 한다(동조 제6항). 문화체육관광부장관은 제1항 및 제2항의 명령의 대상이 되는 온라인서비스제공자와 제2항에 따른 명령과 직접적인 이해관계가 있는 복제·전송자에게 사전에 의견제출의 기회를 주어야 한다. 이 경우 「행정절차법」 제22조 제4항부터 제6항까지 및 제27조를 의견제출에 관하여 준용한다(동조 제7항). 문화체육관광부장관은 제1항 및 제2항에 따른 업무를 수행하기 위하여 필요한 기구를 설치·운영할 수 있다(동조 제8항).

(2) 게시판 정지 명령

문화체육관광부장관은 온라인서비스제공자의 정보통신망에 개설된 게시판(「정보통신망 이용촉진 및 정보보호 등에 관한 법률」 제2조 제1항 제9호의 게시판 중 상업적 이익 또는 이용 편의를 제공하는 게시판을 말한다. 이하 같다) 중 제1항 제2호에 따른 명령이 3회 이상 내려진 게시판으로서 해당 게시판의 형태, 게시되는 복제물의 양이나 성격 등에 비추어 해당 게시판이 저작권 등의 이용질서를 심각하게 훼손한다고 판단되는 경우에는 심의위원회의 심의를 거쳐 대통령령으로 정하는 바에 따라 온라인서비스제공자에게 6개월 이내의 기간을 정하여 해당 게시판 서비스의 전부 또는 일부의 정지를 명할 수 있다(법 제133조의2 제4항). 이에 따른 명령을 받은 온라인서비스제공자는 해당 게시판의 서비스를 정지하기 10일 전부터 대통령령으로 정하는 바에 따라 해당 게시판의 서비스가 정지된다는 사실을 해당 온라인서비스제공자의 인터넷 홈페이지 및 해당 게시판에 게시하여야 한다(동조 제5항).

온라인서비스제공자는 제4항에 따른 명령을 받은 경우에는 명령을 받은 날부터 15일 이내에 그 조치결과를 대통령령으로 정하는 바에 따라 문화체육관광부장관에게 통보하여야 한다(동조 제6항). 문화체육관광부장관은 제4항의 명령의 대상이 되는 온라인서비스제공자 및 제4항에 따른 게시판의 운영자에게 사전에 의견제출의 기회를 주어야 한다. 이 경우 행정절차법 제22조 제4항부터 제6항까지 및 제27조를 의견제출에 관하여 준용한다(동조 제7항). 문화체육관광부장관은 제4항에 따른 업무를 수행하기 위하여 필요한 기구를 설치·운영할 수 있다(동조 제8항).

(3) 시정권고

저작권법 제133조의2에 의한 문화체육관광부장관의 대응조치에 앞선 절차로 한국저작권보호원은 온라인서비스제공자의 정보통신망을 조사하여 불법복제물 등이 전송된 사실을 발견한 경우에는 심의위원회의 심의를 거쳐 온라인서비스제공자에 대하여 다음 각 호에 해당하는 시정 조치를 권고할 수 있다(법 제133조의3 제1항).

ⅰ) 불법복제물 등의 복제·전송자에 대한 경고

ⅱ) 불법복제물 등의 삭제 또는 전송 중단

ⅲ) 반복적으로 불법복제물 등을 전송한 복제·전송자의 계정 정지

온라인서비스제공자는 제1항 제1호 및 제2호에 따른 권고를 받은 경우에는 권고를 받은 날부터 5일 이내에, 제1항 제3호의 권고를 받은 경우에는 권고를 받은 날부터 10일 이내에 그 조치결과를 보호원에 통보하여야 한다(동조 제2항). 한국저작권보호원은 온라인서비스제공자가 제1항에 따른 권고에 따르지 아니하는 경우에는 문화체육관광부장관에게 제133조의2 제1항 및 제2항에 따른 명령을 하여 줄 것을 요청할 수 있다(동조 제3항). 이 요청에 따라 문화체육관광부장관이 제133조의2 제1항 및 제2항에 따른 명령을 하는 경우에는 심의위원회의 심의가 필요하지 아니하다(동조 제4항).

참고문헌

[국내도서]

관계부처합동, 「창조경제 실현을 위한 지식재산금융 활성화 방안」, 2013. 7.

권영준, 「저작권 침해판단론: 실질적 유사성을 중심으로」, 박영사, 2007.

김상용, 「물권법」, 제3판, 화산미디어, 2016.

김시열, 「소셜크라우드펀딩(Social Crowdfunding)을 활용한 지식재산의 신규 사업화를 위한 법적 제언」, Issue Paper, No.5, 한국지식재산연구원, 2012.

_____, 「저작권 교양강의」, 개정판, 도서출판 범한, 2017.

_____, 「컴퓨터프로그램 저작권 유사도록」, 세창출판사, 2018.

김용재, 「자본시장과 법」, 고려대학교 출판문화원, 2016.

김정완, 「저작권법 개설」, 제2판, 전남대학교출판부, 2014.

김홍기, 「자본시장법」, 박영사, 2021.

나종갑, 「영업비밀보호법의 철학적·규범적 토대와 현대적 적용-존 로크의 재산권 철학을 바탕으로」, 홍진기법률재단, 2022.

문화관광부·저작권위원회, 「한국 저작권 50년사」, 저작권위원회, 2007.

박성호, 「저작권법」, 제3판, 박영사, 2023.

_____, 「저작권법」, 제2판, 박영사, 2017.

박진훈, 「공동저작물 규정의 입법 개선방안 연구」, 한국저작권위원회, 2021.

사법연수원, 「저작권법」, 사법연수원, 2007.

사토 겐이치, 「소설 프랑스 혁명」, 한길사, 2012.

석광현, 「UNCITRAL 담보권 입법지침 연구」, 법무부, 2010.

손승우, 「지식재산 담보권에 관한 UNCITRAL 담보거래 입법지침 부속서」, 법무부, 2011.

송영식·이상정, 「저작권법개설」, 제9판, 세창출판사, 2015.

스티븐 슈와르츠(박웅 외 번역), 「자산유동화의 이론과 실제」, 매일경제신문사, 2003.

신용우, 「데이터 경제 활성화를 위한 입법정책 방안」, 국회입법조사처, 2020.

안현배, 「미술관으로 간 인문학자」, 어바웃어북, 2022.

안형준, 「동산·채권 등의 담보에 관한 법률 해설서」, 법무부, 2010.

오승종, 「저작권법」, 제5판, 박영사, 2020.

_____, 「저작권법 강의」, 제4판, 2023.

윌리엄 M. 렌디스, 리처드 A. 포스너(정갑주·정병석·정기화 역), 「지적재산권법의 경제 구조」, 일조각, 2011.

윤선희, 「지적재산권법」, 18정판, 세창출판사, 2020.

윤태식, 「저작권법」, 박영사, 2020.

이시윤, 「민사소송법」, 제16판, 박영사, 2023.

이영록, 「저작권 집중관리단체 활성화 제고방안 연구」, 저작권위원회, 2007.

이해완, 「신저작권법입문」, 박영사, 2024.

_____, 「저작권법」, 제4판, 박영사, 2019.

_____, 「저작권법」, 제3판(전면개정판), 박영사, 2015.

_____, 「저작권법」, 제2판, 박영사, 2012.

_____, 「저작권법」, 박영사, 2007.

_____, 「저작물의 공정이용에 관한 가이드라인」, 저작권상생협의체, 2012.

임원선, 「실무자를 위한 저작권법」, 제7판, 한국저작권위원회, 2022.

임재연, 「자본시장법」, 박영사, 2014.

전문영, 「저작권 노트/저작물과 저작자 편」, TERRA, 2021.

전삼현, 「프로그램지적재산권 담보제도 수립을 위한 법적 연구」, 프로그램심의조정위원회, 2000.

정상조 편, 「저작권법 주해」, 박영사, 2007.

주명철, 「Liberte: 프랑스 혁명사」, 여문책, 2015.

中山信弘(윤선희 외 번역), 「著作權法」, 법문사, 2007.

최경수, 「북한 저작권법 및 남북 간 저작권 분야 교류·협력에 관한 연구」, 한국저작권위원회, 2015.

_____, 「저작권법 개론」, 한울, 2010.

최경수 역, 「저작물의 새로운 기술적 이용에 관한 국립위원회의 최종보고서(CONTU)」, 저작권심의조정위원회, 1994.

최승재, 「IT기술과 법」, 홍익대학교 출판부, 2008.

_____, 「음악저작권침해」, 커뮤니케이션북스, 2015.

_____, 「음악저작권침해」, 커뮤니케이션북스, 2016.

_____, 「개인정보」, 커뮤니케이션북스, 2016.

_____, 「디자인 보호의 새로운 지형, 저작권과 상표권」, 커뮤니케이션북스, 2016.

최승재·김시열·이경호, 「음악저작권 침해 분쟁의 구조와 대응의 논리」, 커뮤니케이션북스, 2022.

최승재·김영기·박현우, 「신미국특허법」, 제2판, 법문사, 2023.

최 철, 「저작권 유동화 사업 도입 타당성 연구」, 한국저작권위원회, 2013.

컴퓨터프로그램보호위원회, 「컴퓨터프로그램보호위원회 20년사: u-SW 强國을 향하다」, 2007.

한국증권법학회 편, 「자본시장법주석서」, 박영사, 2009.

허 영, 「한국헌법론」, 전정20판, 박영사, 2024.

허희성, 「신저작권법 축조개설」, 명문프리컴, 2011.

허희성 역, 「로마협약과 음반협약의 해설」, WIPO(한국저작권법학회 한국어번역본), 1986.

황적인·정순의·최현호, 「저작권법」, 법문사, 1988.

[국내논문]

계승균, "소유권행사로서 저작물폐기행위의 동일성유지권 침해여부", 계간 저작권, 2013 봄호, 2013.

_____, "저작권법상 소유권을 의식한 조항에 관한 일 고찰", 정보법학, 제14권 제3호, 2010.

_____, "정원의 저작물성", 지식재산정책, 제19권, 2014.

_____, "편집저작물의 일부를 함부로 이용하여 저작권법위반이 문제된 사안: 대법원 2021. 8. 26. 선고 2020도13556 판결", 저작권문화, 통권 제328호, 2021.

권태상, "예술품 파괴와 인격권-대법원 2015. 8. 27. 선고 2012다204587 판결-", 법학논집, 제21권 제1호, 2016.

김경숙, "미국에서 추급권 도입을 위한 논의의 동향", 고려법학, 제76호, 2015.

김상호, "북한 저작권법의 내용과 특징", 법학연구, 제11집, 2002.

_____, "소련 저작권 제도의 해설-저작자의 인격적 권리", 계간 저작권, 1990 가을호, 1990.

김시열, "컴퓨터프로그램의 실질적 유사성 판단을 위한 정량적 분석에 관한 연구", 지식재산연구, 제6권 제4호, 2011.

_____, "균형적인 남북 저작권 교류를 위한 교섭력 확보 방안에 관한 연구", 통일정책연구, 제25권 제1호, 2016.

_____, "지식재산권 분야 데이터 소유권 논의의 평가 및 방향성 검토", 법학논총, 제51집, 2021.

김시열·김민정, "지식재산권 담보물로서 저작권의 특수성", 경희법학, 제53권 제1호, 2018.

김시열·최재식·임윤혜, "크라우드펀딩 도입에 따른 지식재산권 관점에서 투자자 보호에 관한 연구", 지식재산연구, 제9권 제4호, 2014.

김용길, "지적재산권의 담보활용 방안에 관한 고찰", 동아법학, 제51호, 2011.

김형렬, "동일성유지권의 성질", 정보법학, 제14권 제1호, 2010.

_____, "동일성유지권의 침해요건", 창작과 권리, 제57호, 2009.

_____, "저작인격권에 관한 연구", 성균관대학교 대학원 박사학위논문, 2009.

_____, "출처명시의무에 대한 고찰", 한국지식재산학회지, 제32권 제32호, 2010.

남형두, "합법성과 저작권 보호요건-음란물을 중심으로", 민사판례연구, 2012.

박덕영, "WTO TRIPs 협정상의 저작권 보호체계와 최근 동향", 국제법학회논총, 제96호, 2003.

박상돈·김일환, "제도보장 관련 헌법재판소 판례에 대한 관견", 인하대학교 법학연구, 제2 집 제1호, 2021.

박성민, "저작권침해행위의 계속범 성립여부에 관한 형법적 고찰-대법원 2015. 3. 12. 선고 2012도13748 판결을 중심으로-", 비교형사법연구, 제19권 제4호, 2018.

박성필·고영희·김영길, "미국의 지적재산권 담보제도에 대한 고찰-통일상법전 제9편과 자산유동화 방식을 중심으로-", 법학연구, 제21권 제1호, 2010.

박성호, "구 저작권법 제29조 제2항, 제76조의2 및 제83조의2에서 규정하는 '판매용 음반'의 개념과 의미", 정보법학, 제20권 제3호, 2016.

_____, "공동저작물의 성립요건과 그 권리행사의 방법", 법학논총, 제35권 제2호, 2018.

_____, "동일성유지권에 관한 규정의 재검토", IT와 법연구, 제8집, 2014.

_____, "[판례평석]음악저작물의 미리듣기 서비스와 동일성유지권의 침해", 법조신문, 2015. 4. 24.자.

_____, "2015년 지적재산법 중요 판례", 인권과 정의, 제456호, 2016.

박익환, "2차적저작물의 이용과 동일성유지권 침해", 계간 저작권, 2008 겨울호, 2008.

박인회, "동일성 유지권의 비판적 고찰", 法學論文集, 제42권 제2호, 2018.

박재원, "지적재산권 담보거래 법제에 관한 연구-UNCITRAL 담보거래 입법론을 중심으로", 단국대학교 대학원 박사학위논문, 2010.

박종배, "남북한 저작권법제의 비교에 관한 연구", 지식재산연구, 제6권 제1호, 2011.

박준석, "이미지 검색엔진의 인라인 링크 등에 따른 복제, 전시, 전송 관련 저작권침해 책임", 민사판례연구, 제33-1권, 2011.

_____, "음란물의 저작물성 및 저작권침해금지청구 등의 가능성-대법원 2015. 6. 11. 선고 2011도10872 판결-", 법조, 제65권 제9호, 2016.

_____, "저작권법 제28조 인용조항 해석론의 변화 및 그에 대한 비평", 법학, 제57권 제3호, 2016.

박준우, "건축저작물의 실질적 유사성 판단기준에 관한 검토 건축물 유형별 고려요소를 중심으로", 계간 저작권, 2018 가을호, 2018.

_____, "건축저작물의 창작성 판단기준: 강릉 테라로사 카페 사건: 대법원 2020. 4. 29. 선고 2019도9601 판결", 정년기념논문집, 2022.

_____, "공동저작자 간의 지적재산권 침해", 연세법학, 제27호, 2016.

_____, "저작물의 실질적 유사성 판단에서 창작성 없는 부분의 '자유이용'의 보호-'토끼버블건 사건(2019도17068)', '지방이인형 사건(2018가합517228)', 그리고 상표법과의 비교", 서강법률논총, 제10권 제3호, 2021.

박태일, 건축설계도서의 저작물성: 대법원 2021. 6. 24. 선고 2017다261981 판결, 윤선희교수 정년기념판례평석집, 2022.

_____, "저작권 침해의 요건인 의거관계 판단을 위한 현저한 유사성 여부-대법원 2014. 7. 24. 선고 2013다8984 판결", 대법원판례해설, 제102호, 2015.

_____, "최근 컴퓨터프로그램 저작권 침해사건의 주요 쟁점", 사법, 제59호, 2022.

박형옥, "의류 디자인의 미국 저작권법상 보호에 관한 연구", 정보법학, 제22권 제3호, 2018.

백대열, "데이터 물권법 시론(試論)", 민사법학, 제90호, 2020.

송진호, "북한법 이해의 새로운 모델: 분류와 체계", 제2회 아시아법제포럼 남북법제분과, 2012. 6.

손승우 · 김태원, "지식재산 담보의 범위와 공시제도", 지식재산연구, 제8권 제3호, 2013.

서재권, "무용의 저작권법적 보호범위에 관한 고찰", 한국무용기록학회, 제16권, 2009.

신재호, "복수의 저작자가 관여한 저작물에 관한 검토-대법원 2016. 7. 29. 선고 2014도16517 판결-", 법조, 제66권 제2호, 2017.

신창환, "썸네일 이미지 검색 서비스의 저작권 침해 여부", 계간 저작권, 제70호, 2005.

신현욱, "북한의 저작권 전담 행정기구 설립에 따른 남북 저작권 교류의 환경 변화 연구", 현대북한연구, 제12권 제3호, 2009.

신현철, "링크행위의 저작권 침해 가능성-한국 대법원 2017다222757 판결과의 비교법연구-", 법학연구, 제59권 제1호, 2018.

윤민섭, "자금조달수단으로서 Crowd funding에 관한 법적 연구", 기업법연구, 통권 제49호, 2012.

윤성근, "담보거래에 관한 UNCITRAL 입법가이드와 국내 담보거래 현황", 국제거래법연구, 제15권 제2호, 2006.

이규호, "공정이용법리 도입의 필요성과 과제에 대한 연구", 정보법학, 제13권 제3호, 2010.

_____, "인공지능 학습용 데이터세트 보호를 위한 특허법상 주요 쟁점 연구", 2020년도 한국지식재산학회 공동 추계학술대회, 2020.

이규홍, "기술적 보호조치에 관한 소고", 정보법학, 제11권 제1호, 2007.

이대희, "저작권법상의 공정이용이 법리에 관한 비교법적 연구", 경영법률, 제13집 제1호, 2002.

이동기 · 박경신, "장소특정적 미술에 대한 동일성유지권", 원광법학, 제27권 제1호, 2011.

이미현, "자산유동화와 진정한 매매(True Sale)", 법조, 통권 제565호, 2003.

_____, "자산유동화에관한법률에 대한 고찰", 인권과 정의, 제275호, 1999.

이상정, "소유자의 작품 파괴와 저작인격권", 계간 저작권, 2012 봄호, 2012.

_____, "이른바 '히딩크 넥타이'의 도안의 저작물성", 창작과 권리, 제42호, 2006.

_____, "저작인격권의 연혁과 해석상 몇 가지 쟁점에 관한 소고", 정보법학, 제23권 제2호, 2019.

이철남, "불법 링크 행위로 인한 저작권 침해의 법적 쟁점과 해결 방안", 저작권문화, 제293호, 2019.

이해완, "인터넷 링크와 저작권 침해 책임", 성균관법학, 제27권 제3호, 2015.

이 현, "역사서의 창작성 및 실질적 유사성 판단", LAW&TECHNOLOGY, 제14권 제5호, 2018.

전영선, "남북 문화교류와 저작권 문제", 지적재산권, 2008. 7.

정윤경, "드라마 극본을 소설로 각색한 경우 2次的著作物과 共同著作物의 判斷에 따른 著作權 侵害 問題-대법원 2016. 7. 29. 선고 2014도16517 판결을 중심으로-", 법학논총, 제23권 제3호, 2016.

정찬모, "국제저작권법상 3단계 테스트의 변천", 계간 저작권, 제65호, 2004.

조채영, "공정이용과 동일성유지권의 충돌에 관한 연구: 현대예술에서 독창성의 의미와 차용예술을 중심으로", 연세대학교 법학박사학위논문, 2017.

차상육, "미술저작물의 저작인격권과 소유권의 충돌과 조화를 위한 해결방안", 법학논고, 제55집, 2016.

_____, "응용미술의 저작물성 판단기준", 창작과 권리, 제45호, 2006.

최경환·이기용, "지적재산권의 담보활용방안", 성균관법학, 제19권 제2호, 2007.

최기성, "SNS상 인라인 링크의 저작권 침해-일본 최고재판소 리트윗 판결을 중심으로-", 동북아법연구, 제14권 제3호, 2021.

최상필, "남북한 저작권법의 비교에 관한 연구", 동아법학, 제67호, 2015.

최승재, "미국에서의 디지털 콘텐츠의 공정이용 법리의 적용과 한계-유튜브(Youtube)를 둘러싼 일련의 소송을 중심으로-", 계간 저작권, 제21권 제4호, 2008.

_____, "저작권법 제35조의3의 적용을 위한 공정이용 판단기준에 대한 소고: 미국법원의 공정이용에 대한 판례동향과 시사점", 강원법학, 제57권, 2019.

_____, "저작권 증권화와 저작권법 금융의 쟁점", 경영법률, 제32권 제4호, 2022.

_____, "저작권 침해 건축물에 대한 철거 주문", 저작권동향, 제7호, 2023.

_____, "조약의 국내법적 효력에 대한 연구", 서울대학교 법학석사학위논문, 2000.

_____, "특허권남용법리(特許權濫用法理)의 역사적(歷史的) 전개(展開)와 독점금지법(獨

占禁止法)", 문화・미디어・엔터테인민트법, 제3권 제1호, 2009.

_____, "2013년 주요 저작권법 및 상표법 분야 주요 판례 해설", 정보법학, 제17권 제3호, 2013.

최은석, "북한의 저작권법과 남한에서의 북한 저작물 이용 및 쟁점", 서강법학, 제11권 제2호, 2009.

최호진, "썸네일 이미지와 공정이용", LAW&TECHNOLOGY, 제8권 제3호, 2012.

한지영, "공연권의 제한에 관한 연구-공연의 보호 범위와 공연권 보호를 위한 민사적 구제수단-", 아주법학, 제9권 제4호, 2016.

_____, "개정 저작권법에 의한 상업용 음반의 의의와 실연자의 보상청구권에 관한 고찰", 재산법연구, 제33권 제4호, 2017.

_____, "데이터베이스의 법적 보호에 관한 연구", 서울대학교 대학원, 박사학위 청구논문, 2005.

_____, "북한에서 컴퓨터소프트웨어 저작물의 법적 보호", 창작과 권리, 통권 제51호, 2008.

_____, "예술작품의 폐기와 예술가의 권리침해", 법학연구, 제19집 제3호, 2016.

함철훈, "지적재산담보제도와 민법상의 담보방법론", 가톨릭 법학, 창간호, 2002.

홍승희, "인터넷링크행위와 저작권침해-대법원 2015.3.12. 선고 2012도13748 판결-", 형사판례연구, 제24권, 2016.

황현준, "뮤직카우[플랫폼]", DB 금융투자, 2021.

[국외자료]

Atkinson, Robert D., "IP Protection in the Data Economy: Getting the Balance Right on 13 Critical Issues", *ITIF*, January 2019.

Axe, Kenneth B., "Creation, Perfection and Enforcement of Security Interests in Intellectual Property Under Revised Article 9 of the Uniform Commercial Code", *Banking Law Journal*, Vol.119 No.1 (January 2002).

Bainbridge, David I., *Intellectual Property*, fifth edition, Pearson Education (2002).

Barron, Anne, "Kant, Copyright and Communicative Freedom", *Law and Philosophy*, London School of Economics (2011).

Goldstein, Paul, *Goldstein on Copyright*, Vol.2, LexisNexis (2010).

House Report of the Berne Convention Implementation Act of 1988, H.R. REP. NO. 100-609 (1988).

Lockridge, Lee W., *The Myth of Copyright's Fair Use Doctrine as a Protector of Free Speech*, 24 Santa Clara High Tech. L.J. 31 (2012).

Nguyen, Xuan-Thao, "Financing Innovation: Legal Development of Intellectual Property as Security in Financing, 1845-2014", 48 Ind. L. Rev. 509 (2015).

Nimmer, Melville B. & David Nimmer, *Nimmer on Copyright*, Vol.Ⅳ, LexisNexis (2010).

Owens-Richards, Marilee, "The Collateralisation and Securitisation of Intellectual Property", Thesis, Queen Mary, University of London, May 2016.

Rehbinder, Manfred, *Urheberrecht*, 14. Auflage, Verlag C.H. Beck (2006).

Ricketson, Samuel, *The Birth of the Berne Union*, 11 Colum.-VLA J.L. & Arts 9 (1986).

Schack, Haimo, *Urheber- und Urhebervertragsrecht*, 5. Auflage, Mohr Siebeck (2010).

Schechter, Roger E. & John R. Thomas, *Principles of Copyright Law*, Thomson Reuters (2010).

加戸守行, 「著作権法逐条講義(六訂新版)」, 著作権情報センター, 2013.

大路正浩(内閣官房知的財産戦略推進事務局内閣参事官), "知的財産戦略の展望－権利制限の一般規定(日本版フェアユース規定）の導入", NBL, 2009(No.896).

半田正夫・松田政行 編, 著作権法コンメンタール, 第2版, 勁草書房, 2015.

半田正夫, 「著作權法概說」, 第11版, 2003.

山川隆一＝荒木尚志, "ディアローグ労働判例この1年の争点", 日本労働研究雑誌496号, 2001.

上野達弘, "「判批」民商法雑誌130巻1号", 2004.

山根崇邦, "著作権法15条1項をめぐる系譜的考察", 知的財産権の帰属, 2015.

小野奈穂子, "知的財産の担保性(1)－取引という側面からみた知的財産法制度の現状と課題－", 一橋法学 第11巻 第2号(2012).

桜井勉, "知的財産で資金調達ができる－知的財産權と証券化の関係－", Right Now!, 通巻 2號(税務経理協會), 2003.

村井麻衣子, "「判批」知的財産法政策学研究4号", 2004.

日本知的財産仲裁センターIP評価研究会, 「知的財産権 (特許権を中心として) の経済的価値評価とその紛争解決方法に関する報告書」, 2004年 3月.

長谷川浩二, "「判解」L&T22号", 2004.

潮海久雄, "「判批」ジュリスト1269号", 2004.

中山信弘・三山裕三, "対談 デジタル・ネット時代における著作権のあり方 (下)", NBL 2009(No.899).

平野聖, "知的財産権の金融担保法上の位置付け", 川崎医療福祉学会誌 VOl. 14 No. 1 2004.

판례색인

[미국판례]

사항색인

저자 약력

◆ 최 승 재

최승재 교수(세종대학교 법학과)는 사법연수원 29기(1997년 사법시험합격)로 한국특허법학회 부회장, 한국무역구제학회 부회장, 저작권위원회 감정전문위원, 대한상사중재원 중재인, 중앙행정 심판위원회 비상임위원, 언론중재위원회 중재위원, 금융감독원 분쟁조정위원회 자문위원, 국세청 법률고문, 서울지방변호사회 법제연구원장 등의 직을 수행하고 있으며 국제적인 지적재산권보호 협회인 AIPPI의 본부(Paris) Standing Committee 위원 및 한국부회장을 맡고 있다. 경력으로 한국지식재산보호원 이사, 금융위원회 옴부즈만, 대법원 재판연구관, 김・장법률사무소 변호사, 경북대학교 법학전문대학원 교수, 삼성과 마이크로소프트 변호사, 국가지식재산위원회 전문위원 등을 역임하였다.

변호사(전문분야: 지식재산, 조세)・변리사로서 여러 건의 국내외 특허소송을 비롯한 지식재 산권 소송과 자문을 했다. 공정거래위원회를 대리하여 퀄컴을 상대로 한 소송에서 과징금 전부 승소를 하였고(2019, 2023), 영국에서의 제약분야 국제중재, 김・장법률사무소 재직시 삼성과 애 플 사이의 소송, 마이크로소프트 재직시 공정위를 상대로 한 소송 등 다수의 국내 및 국외 특허소 송을 포함한 기술계 사건에 관여하였다. 학력은 서울대학교에서 학사, 석사, 박사학위를 받았고, 미국 Columbia Law School에서 유학(LL.M.)했다. 또 금융/회계공부를 위해서 MBA를, 세무 회계/재정학/조세법을 공부하기 위해서 서울시립대학교 세무전문대학원에서 세법박사과정 수료 하고 조세소송/심판사건을 수행했다.

저서로 "표준필수특허와 법(박영사, 2021)", "미국특허법(법문사, 2011)", "특허권남용의 경쟁 법적 규율(세창출판사, 2010)", "변호사와 의뢰인 사이의 비밀보호를 위한 제도연구(법률신문, 2013)", "음악저작권침해(2015)", "개인정보(2016)", "디자인 보호의 새로운 지형, 저작권과 상 표권(이상 커뮤니케이션북스, 2016)", "금융거래법(PNC미디어, 2016)", "미국대법관이야기(경 북대학교출판부, 2010)", "경쟁전략과 법(한국학술정보, 2009)", "전략적 기업경영과 법(한국학 술정보, 2010)" 등 15여 권 이상의 단독저서와 "부정경쟁방지법 판례백선(법원 지적재산권법연 구회・사단법인 한국특허법학회)(박영사, 2024)", "음악저작권침해분쟁의 구조와 대응의 논리 (커뮤니케이션북스, 2022)", "신미국특허법(법문사, 2020, 2023)", "직무발명제도해설(2015)", "영업비밀보호법(2017)", "특허판례연구(2009, 2012, 2017)(이상 한국특허법학회 편, 박영사)", "미국특허판례연구 I, II(대한변리사회, 2013, 2017)", "상사중재법(박영사, 2018)", "부정경쟁 방지법 주해(박영사, 2020)", "Intellectual Property Law in Korea(coauthor, Wolters Kluwer, 2015)" 등 30여 권 공저가 있다. 주요 학술지 기고논문 100여 편을 게재하였고, '경쟁저널', '법률 신문' 등에 다수의 소논문을, 주요 일간지에 칼럼을 기고하고 있다.

◆ 김 시 열

　　김시열 교수(전주대학교 로컬벤처학부)는 상문고등학교와 숭실대학교 법학과를 거쳐 동 대학원에서 법학박사(2012) 학위를 받았으며, 주로 지식재산권법(저작권법, 특허법, 상표법, 영업비밀, 부경법 등)과 과학기술법, 문화예술법 등에 관한 연구를 수행해 오고 있다. 최근에는 데이터, 인공지능, 기술사업화 및 창업 등과 연계한 문제들에 관심을 두고 있다. 한국저작권위원회와 한국지식재산연구원을 거쳐 현재 전주대학교 로컬벤처학부에서 학부장으로 재직 중에 있다. 그리고 국가지식재산위원회 4기 전문위원, 변리사시험 채점위원, 소프트웨어평가위원회 위원, 지식재산네트워크(IPMS) 학술분과장 등을 역임하였다. 특히 저작권과 소프트웨어 분야의 소송감정에 전문성을 갖고 있으며 오랜 기간 소송감정에 실무적으로 참여해 많은 사건의 감정을 수행한 바 있다. 학술분야에서는 (사)한국소프트웨어감정평가학회 부회장, (사)한국저작권법학회 이사 등의 직책을 현재 수행하고 있으며, 여러 국책연구기관의 연구윤리위원으로 활동하는 등 연구윤리 분야에서도 오랜 기간 활동하고 있다.

　　저서로는 "Intellectual Property-Global Perspective Advances and Challenges(공저, 2023)", "음악저작권 침해 분쟁의 구조와 대응의 논리(공저, 2022)", "저작권 소송과 소프트웨어 포렌식(공저, 2021)", "컴퓨터프로그램 저작권 유사도론(2018)", "저작권 교양강의(2017)" 등이 있으며, "방송에서의 저작물 이용 여부에 대한 의사결정 모델 연구(2023)", "인공지능 활용에 따른 특허법상 통상의 기술자 기술수준에 관한 연구(2023)", "데이터베이스의 저작권 침해 판단 방법론 개선에 대한 시론적 검토(2023)", "저작권 침해 판단을 위한 유사도 산출 시 임계치 활용에 관한 비판적 검토(2023)", "일본의 한정제공데이터 보호 규정 재논의와 데이터에 관한 우리 부정경쟁방지법의 개정 방안(2023)", "특허법 제41조 개정에 관한 소고(2022)", "일본의 특허출원 비공개 제도 도입에 관한 연구(2022)" 등 40여 편의 논문을 발표하였다.

저작권법

2024년 7월 15일 초판 인쇄
2024년 7월 20일 초판 1쇄 발행

저 자 최 승 재 · 김 시 열
발행인 배   효   선

발행처 도서출판 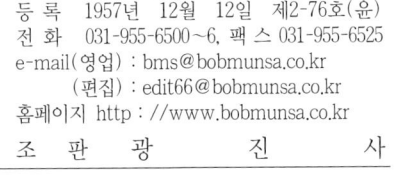法 文 社

주 소 10881 경기도 파주시 회동길 37-29
등 록 1957년 12월 12일 제2-76호(윤)
전 화 031-955-6500~6, 팩 스 031-955-6525
e-mail(영업) : bms@bobmunsa.co.kr
    (편집) : edit66@bobmunsa.co.kr
홈페이지 http://www.bobmunsa.co.kr

조 판 광 진 사

정가 36,000원   ISBN 978-89-18-91521-0